Transsib-Handbuch

Unterwegs mit der Transsibirischen Eisenbahn

Hans Engberding
Bodo Thöns

Trescher Verlag

5., überarbeitete und erweiterte
Auflage 2008
© Trescher Verlag
Reinhardtstraße 9
10117 Berlin
www.trescher-verlag.de

ISBN 978-3-89794-113-7

Herausgegeben von Bernd Schwenkros
und Detlev von Oppeln
Reihenentwurf: Bernd Chill
Gestaltung: Tom Schülke
Lektorat: Sabine Fach
Stadtpläne und Karten: Johann Maria
Just, Martin Kapp
Mitarbeit: Heinz Thannheiser,
Starnberg.

Alle Angaben in diesem Buch wurden
sorgfältig recherchiert und überprüft,
trotzdem kann für die Richtigkeit keine
Gewähr übernommen werden.
Hinweise und Informationen unserer
Leserinnen und Leser nimmt der
Verlag gerne entgegen. Bitte schreiben
oder mailen Sie unter obiger Adresse.
Gedruckt auf chlorfrei gebleichtem
Papier

Printed in Germany

Inhalt

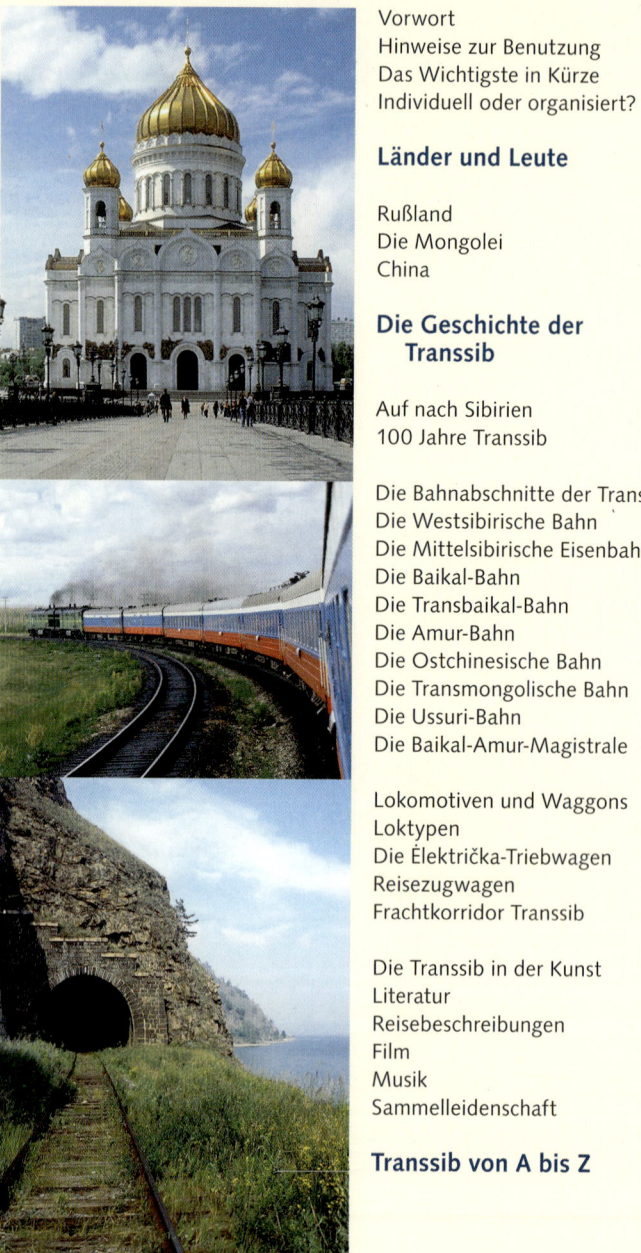

Städte entlang der Transsib 98

Essays

Vorwort

Die Transsibirische Eisenbahn ist die *Bahnreise auf der ganzen Welt. Alles andere sind Peanuts.*

Eric Newby

Abenteuer und Freiheit entlang des Schienenstranges: endlose Weiten und phantastische Landschaften, Eisenbahnromantik pur, Zwiebeltürmchen und buddhistische Klöster, Taiga und Wüste, Millionenmetropolen und Jurten, der tiefste See oder die längste Mauer der Welt – die Liste der Sehenswürdigkeiten und Erfahrungen ist kaum kürzer als die Transsibirische Eisenbahn lang ist. Doch lohnt sich eine solche Reise? Muß man sich das so oft in den Medien behauptete Horrorszenario einer Reise gen Osten wirklich antun? Man muß nicht, aber von denen, die es taten, haben es die wenigsten bereut, und viele bezeichnen ihre Fahrt mit der Transsib als die faszinierendste Reise ihres Lebens.

Mittlerweile begeistert die längste Eisenbahnstrecke der Welt schon über 100 Jahre ihre Fangemeinde. Anfang des 20. Jahrhunderts wuchs der Strom der abenteuerlustigen Bahnfahrer beachtlich, was sich noch heute anhand der Reiseliteratur jener Zeit sehr anschaulich nachvollziehen läßt. Der Erste Weltkrieg, die Oktoberrevolution und der Bürgerkrieg verhießen in der Folgezeit alles andere als berauschende Reiseerlebnisse. Später folgte der Eiserne Vorhang, der sich zwar mit den Jahren etwas lockerte, aber trotzdem nur wenige lockte. Ab 1954 fuhr der ›Vostok‹-Expreß zwischen Moskau und Peking. Eine solche Reise gen Osten galt aber in jenen Jahren als extrem exotischer Geheimtip.

Heute nun zeichnet sich in der westlichen Sicht der Dinge ein klarer Silberstreifen am östlichen Horizont ab. Die diese endlose Bahntrasse befahrenden Züge und die sie bevölkernden Menschen sind wieder interessant geworden. Mehr politische Stabilität in Rußland und China wecken auch wieder die Neugier und das Interesse für Reisen mit der Transsibirischen Eisenbahn.

Wir sind sicher, mit diesem Buch eine Beantwortung der Frage zu erleichtern, ob es reizvoll sein könnte, sich heute für eine solche Reise zu entscheiden. Natürlich findet man auch für die Vorbereitung und die Reise selbst umfassende Informationen und Tips zur Transsib in allen ihren Facetten vom Moskauer Kreml über den Baikalsee bis zur Großen Chinesischen Mauer, vom Visumsformular über die richtige Vodka-Sorte bis zum Toilettenpapier. Je nachdem wieviel Abenteuerlust und praktische Vorkenntnisse über Rußland und die beiden anderen Destinationen man mitbringt – jeder findet heute die passende Variante für eine Reise mit der Transsib.

Alle Angaben basieren auf aktuellen Recherchen. Die Zeit ist aber bekanntlich manchmal etwas schneller als der Expreß der Transsibirischen Eisenbahn und dieses ihn begleitende Handbuch. Wenn Ihnen also irgendwo entlang des Schienenstranges neuere und aktuellere Informationen in die Hände fallen, sind Ihnen Autoren und Verlag für Hinweise jeglicher Art dankbar.

Der ›Transsibirien Express‹ im Bahnhof Port Bajkal

Hinweise zur Benutzung dieses Reiseführers

Im ersten Teil des Buches gibt es **allgemeine Informationen** über die Geographie, die Geschichte und die heutige Situation in China, der Mongolei und Rußland, wobei hier das besondere Augenmerk auf Sibirien gerichtet wird.

Der zweite Teil ist der Entstehungsgeschichte und der wechselvollen **Geschichte der Transsibirischen Eisenbahn** gewidmet und präsentiert im Kapitel **Transsib von A bis Z** den längsten Aufenthaltsort auf der Reise – den Zug selbst – samt aller Besonderheiten und Regeln.

Schaffnerin im Zug ›Rossija‹ zwischen Moskau und Vladivostok

Die Qual der Auswahl der Möglichkeiten für längeres Aussteigen und Verweilen erleichtern im dritten Teil die den **wichtigsten Städten** entlang des Schienenstranges gewidmeten kurzen Stadtführungen einschließlich der jeweiligen Stadtpläne. Wir bewegen uns bei den Städteporträts zunächst in Rußland von West nach Ost. Aufgrund verschiedener Streckenführungen fährt man nicht auf jeder Route durch alle vorgestellten Orte. Nach dem russischen Fernen Osten folgen dann die Mongolei und China.

Während man in der Vorfreude oder in der Nachbereitung einer Transsib-Reise in der Vergangenheit bestenfalls mit dem berühmten Finger auf der Landkarte schwelgen konnte, bietet Google Earth uns heute mit recht komfortablen Satellitenbilder vollkommen neue Möglichkeiten für die Vor- bzw. Nachbereitung mit dem Finger auf der Maustaste, so daß man einige Streckenabschnitte aus der Vogelperspektive schon recht gut verfolgen kann. Das trifft insbesondere auf die meisten größeren Städte und deren Umgebung zu. Um die Suche bei Google Earth zu erleichtern, haben wir für alle größeren Orte die entsprechenden Koordinaten des jeweiligen Bahnhofsgebäudes in den praktischen Hinweisen zum jeweiligen Ort oder bei den Routenplänen angegeben.

Im vierten Abschnitt findet man alle möglichen **Reiserouten auf der Transsib**. Neben der Transmongolischen und der Transmandschurischen Bahn werden innerhalb Rußlands sowohl die klassische Route von Moskau über Jaroslavl' gen Osten als auch die ursprünglich Route über Čeljabinsk, die tatarische Route über Kazan und die heute von den Regelzügen am stärksten frequentierte Route über Nižnij Novgorod sowie die alte Hauptstadtroute aus St. Petersburg mit allen Bahnhöfen entlang der Strecke vorgestellt.

Dem **Sprachführer** mit dem jeweiligen Basisvokabular schließen sich – nach Ländern geordnet – praktische **Reisetips von A bis Z** an, die der Vorbereitung und der Orientierung vor Ort dienen.

Im **Anhang** findet man Hinweise zu

weiterführenden Büchern, Filmen sowie aktuellen Internetseiten, desweiteren Faksimiles der wichtigsten benötigten Dokumente.

Schreibweisen

Das **Russische** nutzt das kyrillische Alphabet, für das es aber unterschiedliche gebräuchliche Transkriptionen gibt, was erfahrungsgemäß zu Verwirrungen führen kann. Das Buch folgt der **wissenschaftlichen Transliteration**, da diese keinen Zweifel über die Schreibweise des Originals aufkommen läßt und jeder Begriff problemlos ›rekonstruiert‹ werden kann. Diese Transliteration ist im Sprachführer Russisch in diesem Buch (S. 328) und in jedem Rechtschreibduden zu finden. Wenn in russischen Quellen vom Flugticket bis zum Stadtplan Transkriptionen vorgenommen werden, orientieren sich diese zumeist an der im Englischen üblichen Schreibweise, so daß es hier zu Unterschieden kommen kann. In wörtlichen Zitaten wurde die jeweils dort verwendete Schreibweise von Eigennamen beibehalten. Dies gilt auch für bibliographische Angaben.

Auch das **Mongolische** benutzt nach wie vor das kyrillische Alphabet, mit einigen vom Russischen abweichenden Zeichen (S. 339). In den Legenden zu den Stadtplänen sowie bei wichtigen Eigennamen ist in den Passagen über Rußland und die Mongolei auch immer die kyrillische Originalbezeichnung angegeben.

Ein Sonderfall ist das **Chinesische**, kaum jemand wird in der Lage sein, sich die wichtigsten Schriftzeichen auf die Schnelle einzuprägen, aber man kann zum Beispiel im Taxi auf die Zeichen im Sprachführer deuten und wird so auch ans Ziel gelangen (S. 346).

Zeichenlegende

🛈 Information über Postämter, Banken, Reisebüros etc.

🚆 Bahnhöfe und Zugverbindungen

🚌 Busbahnhöfe

✈ Flughäfen und wichtige Flugverbindungen

⚓ Flußhäfen und Schiffsverbindungen

🛏 Hotels

🍴 Restaurants

🛒 Einkaufsmöglichkeiten

💻 Internetseiten zum Standort, Internetcafés

Häufig vorkommende Abkürzungen in russischen Straßennamen

pl.	ploščad'	Platz
ul.	ulica	Straße
per.	pereulok	Gasse
pr.	prospekt	breite, große Hauptstraße
nab.	naberežnaja	Uferstraße
bul.	bul'var	Boulevard

Das Wichtigste in Kürze

Einreise

Rußland: Es besteht Visumpflicht, die Prozedur ist kompliziert und kann nur persönlich oder per Visumservice bei der Botschaft erledigt werden. Wer keine Erfahrung hat, sollte sich an eine spezielle Agentur wenden.

Mongolei: Für die Einreise benötigt man ein Visum, das unkompliziert per Post beantragt werden kann.

China: Westeuropäer können nur mit Visum nach China einreisen. Dieses muß persönlich oder per Visumservice (nicht per Post) bei einer der diplomatischen Vertretungen beantragt werden. Bei Pauschalreisen erledigt dies in allen drei Fällen der Veranstalter. Benötigt wird immer ein mindestens noch sechs Monate über das Reiseende hinaus gültiger Reisepaß.

Geldwechsel

Rußland: 1 Euro entspricht ca. 35 Rubel. Man bekommt Rubel nur vor Ort. Es gibt zahlreiche Wechselstuben, in den größeren Städten auch Geldautomaten, an denen man mit der ec-Karte abheben kann. Euro und US-Dollar können problemlos getauscht werden.

Mongolei: 1 Euro entspricht derzeit ca. 1600 Tugrik. Euro und Dollar sind inoffizielle ›Zweitwährungen‹, man sollte entsprechend kleine Scheine dabeihaben. Man kann kleine Summen überall privat oder an der Hotelrezeption tauschen.

China: 1 Euro entspricht ca. 10 Yuan, Kreditkarten sind mittlerweile in den Großstädten weit verbreitet, Reiseschecks werden in den staatlichen Banken gerne genommen, und an vielen Geldautomaten bekommt man Geld mit der ec-Karte. Schwarztausch ist illegal.

Verständigung

Rußland: Ohne Russischkenntnisse ist es schwierig, Englischkenntnisse kann man außerhalb der großen Hotels nicht unbedingt erwarten.

Mongolei: Neben Mongolisch sprechen die meisten Menschen Russisch, in Ulaanbaatar wird man manchmal mit Englisch oder Deutsch Erfolg haben.

China: Bei touristischen Dienstleistern in Peking oder Shanghai kann man rudimentäre Englischkenntnisse erwarten. Dies gilt allerdings nicht unbedingt für Taxifahrer! Im Chinesisch-Sprachführer ab S. 348 finden Sie die wichtigsten Sehenswürdigkeiten Pekings in chinesischen Schriftzeichen – zum Vorzeigen im Taxi.

Zeitzonen

Rußland: Das Land erstreckt sich über elf Zeitzonen, die Fahrpläne der Transsib werden stets in Moskauer Zeit angegeben (MEZ + 2 Stunden ganzjährig).

Mongolei: Es gibt drei Zeitzonen, Ulaanbaatar befindet sich in der mittleren (MEZ + 6, im Winter + 7).

China: Trotz seiner immensen Ost-West-Ausdehnung gibt es nur eine einzige Zeitzone (MEZ + 6, im Winter +7)

Gesundheit

Rußland: Es sind keine Impfungen vorgeschrieben. Im Sommer gibt es viele Zecken und Stechmücken. Die Apotheken in den größeren Städten sind gut ausgestattet.

Mongolei: Keine Impfvorschriften. Man kann nicht damit rechnen, benötigte Medikamente im Land kaufen zu können.

China: Keine allgemeinen Impfvorschriften. Die Apotheken in den größeren Städten sind gut ausgestattet. Eine Reisekrankenversicherung, die auch die Kosten eines Rücktransportes abdeckt, ist für alle drei Länder unbedingt zu empfehlen. Ebenso sollte Impfschutz gegen Polio, Tetanus, Diphterie und Hepatitis A bestehen.

Sicherheit

Rußland: Bei Beachtung der allgemein üblichen Vorsichtsmaßnahmen besteht nicht mehr Gefahr als in westeuropäischen Ländern. Der Straßenverkehr ist deutlich rücksichtsloser als hierzulande, vor allem gegenüber Fußgängern.

Mongolei: Taschendiebstähle sind auf Märkten nicht selten; ansonsten ist die Mongolei ein sicheres Reiseland.

China: Tätliche Angriffe auf Ausländer sind selten, und auch Frauen können sich allein sicher bewegen. Vor Taschendieben sollte man sich dennoch in acht nehmen. Der Straßenverkehr ist für Westeuropäer chaotisch.

Zentrale Notrufnummer für **Kartensperren** aller Art (Handy-, Kredit- und ec-Karten): 00 49/11 61 16.

Ausführliche Informationen in den Reisetips von A bis Z ab Seite 357.

Individuell oder organisiert?

Wer sich zum ersten Mal aufmacht, um seine eigenen Vorstellungen über Rußland und gegebenenfalls die Mongolei und China vorsichtig an der Realität abzuklopfen, sollte sich für eine Reise im **Sonderzug** entscheiden. In einer zumeist bunt zusammengewürfelten Gruppe Gleichgesinnter findet er ein von erfahrenen Reiseveranstaltern betreutes Programm, das neben dem Reiseerlebnis eine westlichen Gewohnheiten entsprechende Logistik gewährleistet.

Wer sich hingegen eine gründlichere Bekanntschaft mit den Menschen und Landschaften der ausgewählten Transsib-Route wünscht und zutraut, sollte eine individuell zusammengestellte Reise oder eine **Kleingruppenreise auf Regelzügen** durchgehend buchen, um so mit der Rückendeckung des westlichen Reiseveranstalters vor allzu unerwarteten Überraschungen gefeit zu sein.

Wem ein richtiges Abtauchen in die Realitäten vor Ort vorschwebt, sollte bereits über eine gewisse Rußlanderfahrung und auch über Grundkenntnisse der Sprache oder aber über die in diesem Zusammenhang notwendige Flexibilität verfügen. Dann kann man sich auch gemäß seiner eigenen Prioritäten vor Ort entsprechend erfolgreich durchschlagen und eine **individuelle Reise auf Regelzügen** in Angriff nehmen.

Hinsichtlich des **Preis-Leistungs-Verhältnisses** gilt für alle drei Möglichkeiten der Zusammenhang von Zeit und Geld. Im ersten Fall benötigen Sie mehr Geld und stehen die gesamte Zeit im Mittelpunkt. Im dritten Fall benötigen Sie mehr Zeit, um ihren Mittelpunkt und die Logistik jeden Tag neu zu bestimmen und dabei insgesamt auch preiswerter zu reisen.

Im vorliegenden Handbuch finden Sie alle wichtigen Informationen, um ihre Pläne auf der Transsib Realität werden zu lassen.

Ursprünglich war die Transsibirische Eisenbahn ein rein russisches Phänomen. Heute eröffnen die Routen über die Mongolei und die Mandschurei nach Peking reizvolle Touren durch mehrere Länder, doch bei allen Routen werden Sie den längsten Teil der Fahrt durch Rußland reisen. Daher haben wir insbesondere auch in den landeskundlichen Abschnitten den Schwerpunkt auf Rußland gelegt und mit entsprechenden Ausführungen zu den Streckenabschnitten in der Mongolei und in China ergänzt.

»Die Eisenbahn. Das ist noch so eins der letzten Abenteuer. Einmal im Leben muß man da drauf. Auf die Transsibirische Eisenbahn.«

Hardy Krüger

Länder und Leute

Rußland

Mit vielen Sehnsüchten und Ängsten ist unsere Vorstellung von diesem riesigen Reich verbunden: unendliche Weiten und extremes Klima, Zwiebeltürmchen und rote Sterne, eiserner Vorhang und russische Gastfreundschaft, Schwanensee und Kosakenchöre, Neureiche und Hungerhilfe, Matrjoschkas und Mafia – die Liste der Extreme läßt sich wohl endlos fortsetzen. Sie enthalten einige negative Klischees, die unser Rußlandbild auch heute noch bestimmen. In Klischees steckt zwar immer das berühmte Körnchen Wahrheit, aber das Imperium zwischen Ostsee und Pazifik vermittelt eine sehr viel größere Vielfalt von Eindrücken. Es ist ein mit der mitteleuropäischen Elle schwer zu vermessendes Land der Extreme und Sibirien ist ohne Zweifel sein extremster Teil. Ein altes russisches Sprichwort besagt, daß es besser ist, etwas einmal selbst gesehen als hundertmal darüber gehört zu haben. Gehen Sie also flexibel mit ihrer Elle um und machen Sie sich Ihr eigenes Bild von Rußland.

Geographie

Die Russische Föderation macht mit einer Fläche von 17 Millionen Quadratkilometern heute etwa 75 Prozent der ehemaligen Sowjetunion aus. Hier leben ungefähr 147 Millionen Menschen, Tendenz leicht fallend. Von Kaliningrad im Westen bis zur Halbinsel Kamčatka durchstreift man fast die halbe Welt, denn Rußland erstreckt sich über elf Zeitzonen. Mit der Transsibirischen Eisenbahn ist man von Moskau bis Vladivostok fast eine Woche nonstop unterwegs, mit dem Flugzeug bewältigt man dieselbe Strecke in einem Direktflug von neuneinhalb Stunden. Zum Vergleich: Von Berlin aus würde man in Richtung Westen in dieser Zeit bis hinter Chicago kommen. Rußland ist geographisch wie mental die Klammer zweier Kontinente, Europa und Asien. Sibirien erstreckt sich östlich des Urals bis zur Pazifikküste und lieferte seit seiner russischen Eroberung die Landmenge und seine Naturreichtümer, die Rußlands Bedeutung ausmachen.

Geschichte

Rußlands Geschichte ist lang und wohl für seine entscheidenden Abschnitte am besten mit dem Satz »Rußland ist groß, und der Zar ist weit« umschrieben. Von Rußland spricht die Geschichte aber erst ab dem 16. Jahrhundert. Seine Ursprünge liegen in der alten Kiever Rus'. Aus Skandinavien kommende, Varäger genannte Vikinger begannen im 9. Jahrhundert entlang der Flüsse seßhaft zu werden und, sich mit den einheimischen Ostslaven vermischend, die ersten Fürstentümer zu bilden. Die Varäger wurden auch ›Ruotsi‹ - ›die über das Meer Gekommenen‹ - genannt. Daraus wurde dann Rus' und Russen als Bezeichnung für das Gemeinwesen und seine Bewohner. Die bedeutendsten Fürstentümer entstanden zunächst in Novgorod unter Fürst Rurik und danach unter Großfürst Vladimir (ca. 955–1015) ab 980 in Kiev. Heute ist die vielbeschworene ›Mutter aller russischen Städte‹ die Hauptstadt der unabhängigen Ukraine.

Die Kiever Rus'

Die Kiever Rus' wurde unter Vladimir 899 nicht mit Blick nach Rom, sondern nach Byzanz (später Konstantinopel, heute Istanbul) zum christlichen Glauben bekehrt, so daß sich die russisch-orthodoxe Kirche in der Folgezeit unter dem Einfluß der griechisch-orthodoxen Ostkirche konstituierte. Obwohl sich Vladimirs Sohn Jaroslav (ca. 978–1054) in blutigen Thronzwistigkeiten durchsetzen und das Gebiet seines Reiches ausdehnen konnte, entstanden vor allem im Nordosten neue Machtzentren. Vladimir, Suzdal', Rostov und Jaroslavl' hießen die neuen Hauptstädte der kleinen Fürsten, die Kiev den Führungsanspruch streitig machten. In dieser Zeit gründete auch der Suzdaler Fürst Jurij Dolgorukij Moskau als Außenposten seines kleinen Fürstentums. Sein Sohn marschierte 20 Jahre später gegen Kiev und besiegelte den Zerfall des einstigen Reiches. Doch die untereinander zerstrittenen Fürstentümer waren einer neuen Bedrohung in keiner Weise gewachsen – dem Ansturm der Mongolen und Tataren.

Dschingis Khan und die Folgen

Nach der ersten 1223 durch das Heer Dschingis Khans gewonnenen Schlacht eroberten seine Nachfahren zwischen 1236 und 1241 alle russischen Fürstentümer mit Ausnahme Novgorods. Hier trat Großfürst Aleksandr Nevskij (1220–1263) auf die Bühne, der in seinen Schlachten mit dem Westen siegreich war – 1240 auf der Neva gegen die Schweden und 1242 auf dem Peipus-See gegen die Kreuzritter. Im Osten mußte er sich aber den Tataren und Mongolen bedingungslos unterwerfen. Ungeachtet später gewonnener Schlachten zahlten die russischen Fürsten fast 250 Jahre Tribut an die Herrscher aus dem Osten. Im Jahr 1328 ernannte der Großkhan den Fürsten Ivan I. (auch Ivan Kalita genannt, ca. 1295–1340) zum

Winter am Baikalsee.

Großfürsten in der neuen Residenzstadt Moskau. Damit wurde Moskau zum Zentrum der Sammlung russischen Landes und der Idee eines eigenständigen Staatswesens. Als Ivan III. (1440–1505) die Nichte des letzten byzantinischen Kaisers heiratete, rief er Rußland zum Nachfolger von Byzanz aus und die Kirchenmetropole Moskau zum ›Dritten Rom‹.

Ivan der Schreckliche

Das Reich dehnte sich aus, Ivan IV. (auch Ivan der Schreckliche genannt, 1530–1584) ließ sich 1547 zum Zaren krönen. Nach der Eroberung der tatarischen Khanate Kazan' und Astrachan' forcierte er den 1581 begonnenen Vormarsch russischer Kosaken nach Sibirien. Dem ersten Kosakenataman Ermak folgten weitere Eroberer. Nach weniger als 70 Jahren wehte die russische Fahne an der

Der Moskauer Kreml

Pazifikküste. Das Russische Reich hatte sich in einem in der Weltgeschichte einzigartigen Tempo die größte Landmenge der Erde einverleibt. Und Moskau war weit und steuerte diese Eroberung zunächst kaum, wenn auch der Tribut an wertvollen Fellen als bald größte Einnahmequelle des Hofes sehr willkommen war. In Moskau kam zunächst der Zarengünstling Boris Godunov (ca. 1552–1605) auf den Thron. In den folgenden, auch ›Zeit der Wirren‹ genannten acht zarenlosen Jahren kämpften hier mehrere Prätendenten um ihre Pfründe. Nach der Vertreibung des polnisch-litauischen Heeres wurde Michajl Romanov zum Zaren gewählt. Damit ging die Krone bis zum Zarenmord 1918 an die Romanov-Dynastie über.

Rußland im 17. und 18. Jahrhundert

Ende des 17. Jahrhunderts ging die Macht an Peter I. (auch Peter der Große, 1672–1725) über. Rußland orientierte sich an westeuropäischen Reformen und wurde zu einer europäischen Großmacht, das neu gegründete St. Petersburg als

›Fenster nach Europa‹ zur neuen Hauptstadt. Zar Peter erkannte zugleich die Bedeutung Sibiriens und leitete umfangreiche Expeditionen zu seiner Erforschung ein, die unter anderem zur Eroberung Alaskas führten. Nach Peters Tod kamen mit seiner Frau Ekaterina I., seiner Nichte Anna I. und seiner Tochter Elizaveta I. drei Zarinnen auf den Petersburger Thron.

Nach der Ermordung ihres Mannes wurde aus der deutschen Prinzessin von Anhalt-Zerbst Rußlands Zarin Ekaterina II. (auch Katharina die Große, 1729-1796), die das Land in einer Mischung aus Aufklärung und Absolutismus weiter reformierte.

Zu Beginn des 19. Jahrhunderts stoppte der russische Winter Napoleons Expansionsdrang und der als ›Vaterländischer Krieg‹ bekannte Gegenschlag der russischen Armee ließ Zar Alexander I. (1777-1825) auf dem Wiener Kongreß zum ›Retter Europas‹ avancieren. Die in Rußland vorenthaltenen bürgerlichen Freiheiten ließen nach seinem Tode Teile der Aristokratie rebellieren. Die Niederschlagung des sogenannten Dekabristenaufstandes endete mit Hinrichtung und Verbannung. Die Leibeigenschaft wurde in Rußland 1861 durch den später bei einem Attentat ermordeten Aleksandr II. (1818-1881) abgeschafft, immerhin vier Jahre, bevor in Amerika die Sklaverei aufgehoben wurde.

Industrialisierung

Die Industrialisierung erfaßte Rußland mit Verzögerung. Dieser Prozeß ließ die Ressourcen und den Markt Sibiriens stärker in das Blickfeld rücken. Mit dem Bau der Transsibirischen Eisenbahn, der 1891 begonnen wurde, sollte Sibirien gerade auch wirtschaftlich in das große Reich integriert werden. Die freien Bauern zogen als Neusiedler nach Sibirien oder verdingten sich als Arbeiter in den Industriemetropolen. Dort nahmen die sozialen Spannungen zu, und die Ideen einer sozialen Revolution gewannen Anhänger. Nach der schlimmen Niederlage im Russisch-Japanischen Krieg scheiterte 1905 ein erster Revolutionsversuch. Zehn Jahre später kämpfte das Land in der Entente gegen die Mittelmächte, doch der Patriotismus verlor sich in der katastrophalen wirtschaftlichen Lage im Land. Der Zar dankte zwar ab, doch die provisorische Regierung wurde am 7. November 1917 gestürzt.

Die Sowjetunion

Die sich als Diktatur des Proletariates verstehenden neuen Machthaber unter Vladimir Uljanov (Lenin, 1870-1924) konnten sich in einem dreijährigen Bürgerkrieg durchsetzen, wobei auch die Transsib Gegenstand und Ort erbitterter Auseinandersetzungen war. Nach umfassenden Enteignungen begann man mit dem Aufbau der sozialistischen Ordnung. Ende 1922 wurde die Union der Sozialistischen Sowjetrepubliken gegründet. Nach Lenins Tod übernahm Iosif Džugašvili (Stalin, 1879-1953) die Führung und ließ die Sowjetunion zu einem brutalen Polizeistaat umbauen. Mit enormen Opfern für die Bevölkerung wurde Rußland zur bedeutenden Industriemacht, die aus einem System von Arbeitslagern in

Sibirien billige Arbeitskräfte rekrutierte. Die zwangsweise Kollektivierung der Landwirtschaft brachte Hungersnöte. Doch der wirtschaftliche Erfolg legitimierte damals für die sowjetische Führung jedes Mittel.

Der Zweite Weltkrieg

Eine enge militärtechnische Kooperation mit Deutschland gipfelte 1939 im Nichtangriffspakt zwischen Hitler und Stalin. Als die deutschen Truppen im Sommer 1941 dennoch die Sowjetunion überfielen, begann der ›Große Vaterländische Krieg‹ – der entscheidende Schauplatz des Zweiten Weltkrieges. Viele Industriebetriebe wurden in den Ural und nach Sibirien verlagert. Der Krieg endete in Europa im Mai 1945 mit der bedingungslosen Kapitulation Deutschlands, in Asien im August mit der Kapitulation Japans.

Dieser Krieg kostete in der Sowjetunion etwa 20 Millionen Menschen das Leben, unzählige Ortschaften wurden zerstört, ganze Landstriche verwüstet. Er ist daher im Bewußtsein der Menschen noch immer tief verankert, ebenso wie der eigene Diktator, dessen lange verschwiegenen Todesmühlen das Land nicht weniger Opfer kosteten. Im Ergebnis des Krieges konnte die Sowjetunion den Radius ihres Machtzirkels durch die Entstehung ihr verbundener Staaten in Osteuropa bis zur Oder ausdehnen.

Der Kalte Krieg

Mit dieser Entwicklung wurde auch der Kalte Krieg eingeleitet, der für die nächsten 45 Jahre die Fronten in der Welt und nicht zuletzt an der innerdeutschen Grenze bestimmte. Die Sowjetunion bot den USA im nuklearen Wettrüsten Paroli und hatte lange Jahre in der Weltraumerforschung die Nase vorn. Ab 1956 begann mit der Aufarbeitung des Stalinschen Personenkults eine vorsichtige Öffnung, ›Tauwetter‹ genannt. Gleichzeitig wurde die Industrialisierung Sibiriens mit dem Bau zahlreicher Wasserkraftwerke und der Erschließung neuer Öl- und Gaslagerstätten in Westsibirien forciert. Wie schon in der Vergangenheit eröffneten die Erlöse aus Sibiriens Reichtümern Rußland den Spielraum für seine Weltpolitik. Nun kamen zu den Reichtümern Zobelfelle, Elfenbein und Gold bis hin zu Diamanten auch Erdöl und Erdgas hinzu.

Rußland heute

Doch die mangelnde Effizienz des sowjetischen Wirtschaftssystems trat in den folgenden Jahrzehnten immer deutlicher hervor und rief, zusammen mit der innenpolitischen Stagnation, in den 1980er Jahren immer größere Unzufriedenheit hervor. Gorbatschows Umgestaltungspläne scheiterten an ihren ideologischen Scheuklappen und spitzten die Ausweglosigkeit zu. Der 1991 gescheiterte Putsch öffnete dann das Land für den überfälligen, radikalen Wandel: Die UdSSR löste sich selbst auf und wurde durch die Gemeinschaft unabhängiger Staaten (GUS) abgelöst.

Der heute spürbaren nationalen Besinnung auf Rußland steht der Demütigungsschmerz der ehemaligen Weltmacht gegenüber. Die Geburtswehen und Auswüchse des heutigen russischen Nomenklatur-Kapitalismus stellten die vielzitierte Leidensfähigkeit der Menschen in Rußland erneut auf eine harte Probe. Viele Entwicklungen sind nicht unumstritten, doch Rußlands Entscheidung für ein marktwirtschaftlich orientiertes Wirtschaftsmodell mit einer gemäß eigener Wortwahl ›gesteuerten Demokratie‹ erscheint unumkehrbar.

Seit Boris Jelzin Silvester 1999 das Machtzepter überraschend an Vladimir Putin weitergereicht hatte und dieser bei den Präsidentschaftswahlen 2000 und 2004, wie erwartet, die demokratische Legitimation seiner Präsidentschaft erhielt,

sind knapp acht Jahre vergangen, die Rußland verändert haben. In Rußland spielten immer weniger Parteien als eher konkrete Politiker die entscheidende Rolle. Die neugegründete und auf das ›System Putin‹ zugeschnittene Partei wurde nur wenige Wochen nach ihrer Gründung bei den Parlamentswahlen zur stärksten Fraktion. Seitdem zogen – positiv formuliert – Präsident und Parlament im Reformprozeß an einem Strang – unverkennbare autokratische Risiken und Nebenwirkungen inbegriffen. Jetzt steht Putin auch an der Spitze der Partei und wird nun voraussichtlich 2008 Ministerpräsident. An der Wahl des von Putin vorgeschlagenen Präsidentschaftskandidaten Dmitrij Medvedev zweifelt niemand. So erhält der russische Bär mit Medvedev (Medved' bedeutet Bär) staatstragend zwar ein neues Antlitz, aber die spannende Frage der Zukunft ist wohl vor allem, wie die Doppelspitze Putin–Medvedev die Zepterführung untereinander aufteilt.

Kathedrale in Irkutsk

Staat und Verwaltung

Rußland ist eine zentralistische Föderation und umfaßte bis vor kurzem 89 sogenannte Föderations-Subjekte, die sich in verschiedene Kategorien einteilen lassen. Es gibt mit Moskau und St. Petersburg zwei Städte darunter. Das Gros bilden die den alten Gouvernements vergleichbaren Gebiete (oblast') mit einem unter Jelzin gewählten und neuerdings unter Putin eingesetzten Gouverneur an der Spitze. Fast alle große Städte entlang der Transsib (Jaroslavl', Kirov, Novosibirsk etc.) sind Hauptstädte entsprechender Gebiete. Daneben gibt es als Regionen (kraj) bezeichnete Gebiete, in denen in autonomen Bezirken nationale Minderheiten leben. An der Transsib trifft das auf Krasnojarsk, Chabarovsk und Primorje mit Vladivostok als Hauptstadt zu. Bislang separate autonome Gebiete werden derzeit nach diesem Muster in ihrer Autonomie beschnitten und integriert, so daß aktuell mehrere Gebiete in Regionen umgewandelt werden und sich die Anzahl der Förderationssubjekte von 89 auf aktuell 85 reduziert hat. Entlang der Transsib sind davon Perm' und Čita betroffen. Daneben gibt es innerhalb Rußlands noch mehrere eigenständige Republiken, in denen nichtrussische Völkerschaften die Mehrheit der Bevölkerung bilden. Das einzige Beispiel an der Transsib ist Burjatien mit Ulan-Udė als Hauptstadt und je nach Reiseverlauf noch Kazan' als Metropole der Republik Tatarstan.

Während Jelzin mit dem progammatischen Satz »Nehmt Euch so viel Souveränität, wie ihr verkraften könnt« in der Folgezeit einige Probleme mit den Konsequenzen (Stichwort: Tschetschenien) zu verkraften hatte, setzt Putin wieder konsequent auf die Stärkung der Zentralmacht. Er unterteilte das Land in sieben mit den zaristischen Generalgouvernements vergleichbare Verwaltungsbezirke, in denen von ihm eingesetzte Vertreter nun darüber wachen, daß die lokalen Größen nicht allzu große Souverinität erringen und mit ihren lokalen Regularien nicht gesamtrussische Vorgaben aushebeln. Mit der Ausnahme Tschetschenien konnte er diese Politik auch durchsetzen.

Wirtschaft

Rußlands Wirtschaft ist zu Beginn des 21. Jahrhunderts im Aufwind. Diesen Aufschwung hatte das Land auch bitter nötig, etwa ein Fünftel der Bevölkerung lebt unter der offiziellen Armutsgrenze. Die Konjunktur hängt stark von der Entwicklung des Ölpreises ab, da Öl und Gas als Hauptexportgüter den Großteil der Devisen erbringen. Doch auch die Binnenkonjunktur hat sich vom Schock der großen Krise vor 10 Jahren gut erholt. Nach dem Run auf ausländische Waren

Blick auf Krasnojarsk

besinnt man sich nicht zuletzt aufgrund der neuen Wechselkursrelationen auf heimische Erzeugnisse. Nicht mehr nur der Handel, auch die Produktion wird dank neuer Technologien und Verpackungen wieder interessant und lukrativ. Die Privatisierung ist weitgehend abgeschlossen. Auslandsinvestoren stehen Schlange.

Mit Ausnahme weniger staatlich kontrollierter Monopole wie der Gaswirtschaft (Gasprom), den Energieversorgern und der Eisenbahn wird das Gros des Bruttoinlandproduktes in der Privatwirtschaft erzeugt. Gleichzeitig werden aber die strategisch wichtigen Ressourcen und Wirtschaftszweige unter starker Einflußnahme des Kremls zentralisiert und gegen eventuelle ausländische Mehrheitsbeteiligungen abgeschottet.

Im internationalen Vergleich liegt das Bruttosozialprodukt Rußlands heute bei ca. 1408 Mrd. US-Dollar (zum Vergleich Deutschland 2362 Mrd.). Pro Kopf bedeutet das in Rußland etwa 9800 Dollar, in Deutschland sind es ca. 28 700 Dollar.

Die ausufernde und ineffiziente Bürokratie war und ist ein großes Problem in Rußland, aber man arrangiert sich. Moderne Wirtschafts- und Steuergesetzgebungen sind ebenso wie das die sozialistische Rechtssprechung ablösende neue Bürgerliche Gesetzbuch auf den Weg gebracht worden. Es wird wohl einige Jahre dauern, bis sich die Verhältnisse stabilisiert haben, aber die Prognosen stimmen optimistisch und geben den Hoffnungen auf eine Verbesserung der Situation eine solide Grundlage.

Rußland und Deutschland

Rußland und Deutschland sind auf eine tragfähige Partnerschaft beider Länder angewiesen. Die Traditionen sind lang und bieten Anknüpfungspunkte ohne Ende. Deutsche Prinzessinnen am russischen Hof, deutsche Forschungsreisende in Sibirien, russische Intellektuelle in der deutschen Emigration – Deutschland war für Rußland immer das Tor nach Europa, Rußland für Deutschland geheimnisvolle Herausforderung im Osten. Ernsthafte Konflikte hatten hingegen, wie vor allem die beiden Weltkriege zeigen, verheerende Auswirkungen. Sensibilität ist also gefordert, und beide Seiten haben noch Entwicklungspotential, was das gegenseitige Verständnis anbetrifft – Impulse dazu müssen nicht nur aus Saunafreundschaften und Aufsichtsratsmandaten beim Gasleitungsbau resultieren.

Zum Verständnis Rußlands gehört maßgeblich ein Gefühl für die Vorzüge und Nachteile seiner kaum vorstellbaren Größe. Das Land besteht nicht nur aus Moskau, und eine Reise mit der Transsib ist die kompakte wie komfortable Möglichkeit, diese Erfahrung hautnah zu erleben. Man mag die Deutschen als Gäste und Geschäftspartner in Rußland. Vielleicht liegt es auch daran, daß sich noch nicht allzuviele und in der Regel nur vorbereitete Reisende dorthin getraut haben. Man schätzt dort Qualität made in Germany, unsere Zuverlässigkeit, die nach Perfektion strebende Gründlichkeit und den Ordnungssinn, auch wenn wir vielleicht im vergleichenden Seelenverständnis der Russen zumeist nur in der Rubrik Krämerseele landen.

Rußland kann seinen deutschen Besuchern interessante Denkanstöße bieten. Und ein Urlaub dort kann manchen Touristen rußlandsüchtig werden lassen.

Na zdorovje!

Das Wort ›Vodka‹ ist eine Verkleinerungsform des Wortes ›Voda‹ (Wasser). Aber es darf als allgemein bekannt vorausgesetzt werden, daß es dieses Wässerchen in sich hat. Ob der erste Vodka in Polen oder in Rußland gebrannt wurde, ist eine delikate Frage, die hier unbeantwortet bleiben soll. Klar benennen läßt sich hingegen das Ausgangsprodukt: In der Ukraine, in Polen und anderen europäischen Ländern gelten Kartoffeln als vollwertige Basis, während diese in Rußland als minderwertig angesehen werden. Rußlands Vodka wird aus Getreide hergestellt.

Ein gängiges Urteil besagt ›Vodka macht keinen schweren Kopf‹. Das stimmt, denn bei einem qualitativ guten Vodka sind alle Stoffe außer seinem Alkohol und Wasser herausgefiltert und -destilliert. Russischer Vodka enthält 40 Prozent Alkohol. Die renommiertesten und auch international bekannten Marken aus der russischen Hauptstadt sind ›Moskovskaja‹ und ›Stoličnaja‹. Die relativ neue Marke ›Russischer Standard‹ ist ebenfalls gut etabliert. Obwohl die Russen allen möglichen Geschmacksvariationen beim Alkohol eher skeptisch gegenüberstehen, haben sich doch mehrere Varianten erfolgreich etablieren können: ›Percovka‹ (Vodka mit Peperoni), ›Limonnaja‹ (Vodka mit Zitrone) sowie ›Starka‹ – Vodka mit Kräutern. An anderen hochgeistigen Getränken sind vor allem die ›Balsam‹ genannten Kräuterbrandys zu empfehlen. Aus dem Altaj und der Ussurij-Taiga mit Ginseng und vielen Heilkräutern angereichert und herb im Geschmack, verbindet man bei deren Genuß das Angenehme mit dem Nützlichen – es handelt sich schließlich dabei fast ohne Einschränkungen um Medizin.

Schwarzbrennerei ist zwar strafbar, aber nach wie vor insbesondere in ländlichen Gegenden weit verbreitet. ›Samogon‹ heißt das selbstgebrannte, extrem hochprozentige Getränk (bis zu 96 Prozent Alkohol), das man sich aber eher nicht antun sollte. Vorsicht ist bei Spirituosen geboten, die in den Kiosken und auf den Bahnsteigen angeboten werden, wo Methylalkoholvergiftungen keine Ausnahmeerscheinungen sind.

In Rußland gehört Vodka zu jeder Feier und zu jedem guten Tisch. So liegt auch eine tiefe Dialektik in der Frage, ob man in Sibirien so viel trinkt, weil die russische Küche so fett ist, oder ob die fetthaltige Küche nur entstand, um den Vodkamengen Paroli bieten zu können. Aber entgegen vielen Vermutungen gibt es in Rußland kein Gesetz, wonach das Sich-Betrinken obligatorisch ist. In Rußland trinkt man nicht zum Essen, man ißt zum Trinken. Im Unterschied zu Deutschland kommt der Alkoholgenuß nicht nach einem möglichst reichlichen Essen, er ist bereits unverzichtbarer Bestandteil des reichlichen Essens. Trinken ohne etwas zu essen ist verpönt, und wenn das reichliche Mahl fehlt, so ist ein Stück Schwarzbrot, ein Happen Speck oder Dörrfisch oder eine saure Gurke das Minimalprogramm.

Die immer zu beherzigenden Regeln für den kultivierten und zivilisierten Vodkagenuß, die auch das Katerrisiko deutlich reduzieren: Gut und reichlich essen und den Alkohol immer mit viel alkoholfreier Flüssigkeit (am besten Mineralwasser) mischen. Nicht mit anderem Alkohol zusammen trinken. Vodka wird nur in Gesellschaft und ausschließlich nach einem entsprechenden Trinkspruch getrunken.

Zum Wohl!

Die Mongolei

Kaum ein Ländername hat heute noch einen so exotischen Klang wie die Mongolei – nach wie vor nicht verwunderlich, obwohl sich die Anzahl der Gäste aus dem deutschsprachigen Raum in den letzten 5 Jahren auf durchschnittlich etwa 15 000 pro Jahr verdreifacht hat. Transitreisende per Transsib, die meist nur einen Stop in Ulaanbaatar einlegen, bereits eingerechnet.

Weite, fast menschenleere Steppen, die von tausendköpfigen Rinder- und Antilopenherden durchzogen werden, Wiesen voller Enzian und Edelweiß, Wolkenformationen von nie gesehener Schönheit, Vulkane und Berggipfel, die noch nie von einem Europäer bestiegen wurden, Yaks und anderes seltenes Großwild und die berühmten mongolischen Steppenpferde bilden für den Touristen eine exotische Mischung. Für Kulturinteressierte sind vor allem die Spuren Dschingis Khans und die Klosteranlagen des Buddhismus tibetanischer Prägung einen Besuch wert. Nahezu alle Reisenden, die diese Landschaft mit der Bahn durchfahren, sind beeindruckt ihrer Schönheit, wie sie sich vor allem um Ulaanbaatar präsentiert.

Ein Name, zwei Länder

Zwei Regionen auf der Welt nennen sich ›Mongolei‹: der selbständige Staat mit der Hauptstadt Ulaanbaatar, früher als ›Äußere Mongolei‹ und ›Mongolische Volksrepublik‹ bekannt, und die ›Innere Mongolei‹ als nordwestlicher Bestandteil der Volksrepublik China mit dem offiziellen Status einer autonomen Provinz. Die Zweiteilung in innere und äußere Mongolei entstand, als die Landstriche ab Ende des 17. Jahrhunderts zur Mandschurei gehörten und spiegelt die unterschiedliche Integration in das Reich der Mitte wider. Während die Innere Mongolei wirtschaftlich und demographisch sinisiert wurde, blieb die Äußere Mongolei nur von militär-strategischem Interesse.

Im Staat Mongolei stellen die Mongolen bei weitem den größten Anteil der Bevölkerung, in der chinesischen Inneren Mongolei haben sie die Mehrheit infolge der Umwandlung der für die nomadischen Mongolen lebenswichtigen Weiden in Ackerland für die gezielt angesiedelten chinesischen Bauern längst verloren.

Zwischen Rußland und China

Die Unabhängigkeit der äußeren Mongolei kam 1911 mit dem Zusammenbruch der Qing-Dynastie in China. Ein eigenständiger Staat entstand aber erst 1924. Die Volksrepublik Mongolei war zwar formal immer ein selbständiger Staat, aber politisch, militärisch und wirtschaftlich ganz vom großen Nachbarn Sowjetunion abhängig, der das Land fast wie eine der eigenen Sowjetrepubliken behandelte. In ihren sozialistischen Zeiten wurde die Mongolei einerseits als militärisches Aufmarschgebiet gegen China genutzt und diente als Rohstofflieferant (Erze, Vieh); andererseits kostete sie die Sowjetunion aber auch viel Entwicklungshilfe.

Gleich nach der Perestroika orientierte sich das Land, vor allem in seinen Handelsbeziehungen, mehr an China. Die Euphorie ist inzwischen einer gewissen

Ernüchterung gegenüber dem Nachbarn im Süden gewichen; man versucht nun, mit beiden großen Nachbarstaaten gut auszukommen. »Wir sind wie ein rohes Ei zwischen zwei Mühlenrädern«, umschreibt ein mongolischer Bekannter die Lage des Landes sehr treffsicher.

Besucher aus der Inneren Mongolei, zu Besuch bei ihren Namensbrüdern im Norden, treten nicht selten hochnäsig auf, da der materielle Fortschritt in den chinesisch-mongolischen Großstädten Baotau und Hohhot mit ihren glitzernden Hochhauszentren und dem unvergleichbar größeren Konsumangebot die Bewohner der Republik Mongolei auf den ersten Blick als ärmlich erscheinen lassen. Hier kommen die ›reichen Brüder und Schwestern‹ nicht aus dem Westen, sondern aus dem Süden. Verwandschaftliche Bindungen bestehen aber kaum noch, so daß die Situation kaum Parallelen zu Deutschland oder Korea bietet. Das Wohlstandsgefälle ist aber auch auf den ersten Blick unschwer zu erkennen und beeinflußt die Stimmungen.

Die fast 1000 Kilometer lange Grenze zwischen Mongolei und Innerer Mongolei hat zwei öffentliche Grenzübergänge, von denen nur der bei Erlian (an der Bahnlinie Ulaanbaatar–Peking) für Ausländer geöffnet ist. Inzwischen verbinden wöchentlich zwei Züge (via Erlian) und zwei Flüge die Hauptstadt Ulaanbaatar und Hohhot miteinander.

Geschichte

Neuere archäologische Forschungen schätzen das Alter der frühesten Siedlungszeugnisse auf über 300 000 Jahre. Die im 3. Jahrhundert vor Christus vollendete berühmte Chinesische Mauer wurde zum Schutz gegen die im Gebiet der heutigen Mongolei als Nomaden lebenden Hunnen (oder Xiongnu) errichtet. Später entstand auf dem Gebiet ein Turk-Khanat, das dann im tungussischen Kitan-Reich aufging.

Dschingis Khan und seine Nachfolger

Der bekannteste Mongole war und ist Dschingis Khan (1167–1227). Das mongolische Weltreich unter Dschingis Khan und seinen Nachfolgern war das größte aller Reiche, die jemals in der Geschichte der Menschheit existierten. Es umfaßte das Gebiet von Schlesien bis Korea und von Indien bis Nordrußland.

Die Einigung der mongolischen Clans gelang um 1140 Chabul Khan, dem Großvater Dschingis Khans. Dieser organisierte zunächst das Reich und seine Armee neu: nicht mehr die Zugehörigkeit zu den Clans, sondern der militärische Verdienst gegenüber dem Herrscher zählte. Seine getreutesten Gefolgsleute übernahmen die Zehntausendschaften, und die Eroberungszüge begannen. Weder die Chinesische Mauer noch die Weiten Sibiriens konnten die Mongolenreiter aufhalten.

Mitte des 13. Jahrhunderts entstanden drei Teilreiche. Ein Enkel Dschingis Khans saß bis 1294 auf dem chinesischen Kaiserthron in Peking, das Il-Khanat umfaßte den Orient, und die Goldene Horde herrschte im Osten Europas.

Unter mandschurischer Herrschaft

Seit dem Ende des 17. Jahrhunderts geriet die Mongolei für 200 Jahre unter chinesische, genauer: mandschurische Herrschaft. In dieser Zeit kam auch der Buddhismus ins Land. Die äußere Mongolei erklärte sich nach dem Ende der Monarchie in China 1911 für unabhängig und errichtete eine eigene Monarchie unter der Herrschaft des höchsten Geistlichen der lamaistischen-buddhistischen Staatsreligion.

In den Folgejahren war das Land mit seiner begrenzten Autonomie ein Spielball in der durch die eigenen Probleme im jeweiligen Land geprägten russisch-chi-

Jurte in der mongolischen Steppe

nesischen Diplomatie. Im entsprechenden Vertrag von 1915 wurden die russischen Handelsrechte, die chinesische Rechtssprechung und Verzicht auf außenpolitische Souveränität festgeschrieben.

Die Volksrepublik Mongolei

Für kurze Zeit konnten die Chinesen mit dem Einmarsch ihrer Truppen 1918 wiederum die Macht über das Land gewinnen. Doch 1920 erfaßte der russische Bürgerkrieg auch die Mongolei, und 1921 zog die Rote Armee mit mongolischen Partisanen in die Hauptstadt ein. Mit der unter dem Revolutionär Suche Baatar beginnenden Sowjetisierung erlangte das Land mit Hilfe Sowjetrußlands somit seine eigenstaatliche Unabhängigkeit wieder.

Nach dem Tod des letzten Khans 1924 wurden die Weichen auf Sozialismus gestellt und die Volksrepublik Mongolei ausgerufen. Die sozialistischen Reformen

riefen vor allem die Opposition in den lamaistischen Klostern auf den Plan. Nach Aufständen 1932 wurden in den folgenden Jahren mit barbarischer Brutalität und sowjetischer Unterstützung fast alle Gebetsstätten und Zeugnisse des Buddhismus ausgemerzt und nahezu alle Priester ermordet.

Im Vorfeld des zweiten Weltkrieges kam es an der mongolisch-mandschurischen Grenze zur ersten militärischen Auseinandersetzung zwischen Japan und der Sowjetunion. Die Gefechte am Chalchin-Gol im Herbst 1938 waren der erste militärische Erfolg des späteren sowjetischen Oberkommandierenden Žukov.

Nach dem Krieg wurde die Kollektivierung der Landwirtschaft forciert und eine sozialistische Industrialisierung eingeleitet. Gleichzeitig wurde für das Mongolische die kyrillische Schriftsprache eingeführt. 1961 wurde die Mongolei Mitglied der Vereinten Nationen, ein Jahr später folgte die Mitgliedschaft im COMECON.

In den 1980er Jahren nahmen die für den Ostblock typischen wirtschaftlichen Probleme auch in der Mongolei zu. 1990 trat die Parteiführung geschlossen zurück. Es folgten Parlamentsneuwahlen, die zum ersten Mal mehrere politische Parteien neben der Kommunistischen Partei zuließen und damit eine Demokratisierung des Landes einleiteten. Jede Wahl brachte eine neue politischen Wende. Derzeit regiert auch in der Mongolei eine große Koalition aus Demokraten und Postkommunisten.

Wirtschaft und Gesellschaft

Die Mongolei ist mit gut 1,5 Millionen Quadratkilometern flächenmäßig fast fünfmal so groß wie Deutschland, hat aber nur knapp 2,5 Millionen Einwohner. Fast die Hälfte der Erwerbstätigen sind in der Land- und Forstwirtschaft tätig, die amtliche Arbeitslosenquote beträgt 20 Prozent. Die durchschnittliche Lebenserwartung ist elf Jahre niedriger als in Österreich oder Deutschland.

Die Bevölkerung besteht zu fast 90 Prozent aus Mongolen; mit gut fünf Prozent bilden Kasachen die größte nichtmongolische ethnische Gruppe, gefolgt von Burjaten mit knapp zwei Prozent.

Die wirtschaftlichen Probleme des Landes sind nicht zu übersehen. Gleichzeitig prägt ein eindrucksvoller Bauboom das Bild der Hauptstadt. Das Bruttosozialprodukt des Landes liegt bei ca. 5 Mrd. US-Dollar (2005, zum Vergleich Schweiz 255 Mrd., Österreich 250 Mrd.). Pro Kopf bedeutet das in der Mongolei etwa 1900 US-Dollar (zum Vergleich: in der Schweiz sind es ca 33 800 Dollar und in Österreich 31 300). Die Liberalisierung des Außenhandels offenbarte vor allem im Vergleich zu China eine kaum konkurrenzfähige Inlandsproduktion. Es gibt kaum eigene Industrie. In den ländlichen Gebieten dominiert nomadische Viehzucht, es gibt wenig Ackerbau. Devisenbringer sind Kaschmirwolle, Felle und die gigantische Kupfermine Erdenet.

Wie in allen ehemals sozialistischen Ländern hat die nachdrückliche Förderung des Schulbesuchs zur Folge, daß es kaum Analphabeten gibt. Die Verstän-

Auf dem mongolischen Frühjahrsfest ›Naadam‹

digung in den Städten ist wenig problematisch: Die Jugend lernt Englisch, fast alle über Dreißigjährigen beherrschen gut Russisch – und erstaunlich viele dieser Altersgruppe sprechen und verstehen auch gut Deutsch. Die DDR war so etwas wie die Patentante der Mongolei. Tausende Mongolen erhielten eine mehrjährige Ausbildung zwischen Karl-Marx-Stadt und Rostock und befinden sich heute oft in Führungspositionen von Wirtschaft und Politik. Die Mongolen stehen nicht zuletzt dank der sozialistischen Kooperation in der Vergangenheit den Deutschen sehr aufgeschlossen und positiv gegenüber.

Auch die Transsib spielte dabei eine gewisse Rolle, wie folgende Anekdote zeigt: Rechtzeitig zum 20. Jahrestag der DDR schickte die Regierung der Mongolei 1000 Schafe als Geschenk nach Berlin – per Transsibirischer Eisenbahn. Als der Transport nach gut neun Wochen die polnische Grenze erreichte, wollten die Polen das Staatsgeschenk nicht durchlassen. Als Grund wurden falsche Dokumente angegeben – aus den 1000 Schafen waren inzwischen 1038 geworden. Angeblich mußte die russische Regierung intervenieren, damit der Transport rechtzeitig ankommen konnte.

Unterwegs in der Mongolei

Das Reisen im Lande ist reizvoll, aber anstrengend, denn an Infrastruktur fehlt außerhalb der Hauptstadt vieles: Hotels in den wenigen Orten mit städtischen Funktionen sind selten und bieten nur Komfort ohne Sterne, so daß ›outdoor‹ in Zelten oder Jurten angesagt ist. Ein Problem beim Vorwärtskommen im Land sind häufig fehlende Brücken – man wartet an Furten, bis das Wasser im Fluß weitgehend abgelaufen ist. So ist das Reisen über Land anstrengend und zeitraubend. Gleichzeitig ist das ausgeprägt kontinentale Klima sehr hart. Ulaanbaatar hat den Ruf, die kälteste Hauptstadt der Welt zu sein.

Das meiste an touristischem Bedarf muß importiert werden – von der Bettdecke über Fahrzeuge bis zum Getreide und Gemüse –, entsprechend teuer kann es werden, wenn man einen gewohnten Standard auf Reisen im Lande aufrecht erhalten möchte. Mongolen wirken auf Ausländer zunächst nicht sonderlich freundlich, eher indifferent. Das ändert sich, wenn man Gelegenheit hat, eine mongolische Familie näher kennenzulernen oder zumindest in eine Jurte einkehren darf.

Wenn Komfort und Schnelligkeit die entscheidenden Kriterien sind, ist die Transmongolische Eisenbahn zweifellos die erste Wahl. Bereits im Transit erhält man einen durchaus repräsentativen Eindruck von den Weiten der Steppe und den eigentümlichen, meist wenig spektakulären Gobi-Landschaften, von der geringen Bevölkerungsdichte und auch ein wenig von der nomadischen Lebensform. Einblicke in die Kulturgeschichte fehlen im Transit jedoch ganz, ebenso die sehr attraktiven Gebirgslandschaften und vor allem Einblicke in die Lebensweise der Einheimischen. Wer die Möglichkeit hat, sollte die Reise unbedingt zunächst in Ulaanbaatar unterbrechen und auch eine Übernachtung in der Jurte einplanen. In der Umgebung der Hauptstadt gibt es dazu inzwischen zahlreiche Gelegenheiten, fast ausnahmslos in wunderschöner Natur gelegen und leicht erreichbar in zwei Stunden Autofahrt.

Dschingis Khan

Man darf schon davon ausgehen, daß Dschingis Khan wirklich gelebt hat. Fast alle Darstellungen beruhen auf einer von anonymen Autoren verfaßten historischen Beschreibung, die über zehn Jahre nach Dschingis Khans Tod verfaßt wurde, der ›Geheime Geschichte der Mongolen‹ – geheim, da es sich um ein Auftragswerk des Hofes handelte, daß nur zur Lektüre für Familienmitglieder bestimmt war. Geboren zwischen 1154 und 1166, verlor Temudschin (Dschingis Khan) den Vater bereits im Kindesalter. Es gelang ihm ungefähr 1200, die verschiedenen, bisher zumeist zerstrittenen Stämme der Mongolen erstmals unter seiner Fahne zu einigen. ›Dschingis Khan‹ ist ein Titel und bedeutet ›Herrscher der Welt‹, den Temudschin um 1205 von der Versammlung der mongolischen Fürsten zugesprochen bekam.

Mit der ›Yasa des Dschingis Khan‹ gab es gegen 1210 das erste Gesetzwerk, das das Leben der Mongolen in den damals wichtigen Fragen zu regeln versuchte, und zwar auf der Basis militärischer Strukturen und Grundsätze.

Als Dschingis Khans Macht gefestigt erschien, unternahm er gegen 1215 seinen ersten großen Feldzug gegen den bedrohlichen großen Nachbarn im Süden, China. Danach begannen die Eroberungszüge gegen im Westen gelegene Reiche in Zentralasien, Nordindien und die russischen Fürstentümer. Es gelang den Mongolen, mit einem Minimum eigener Landsleute für begrenzte Zeit ein Vielfaches fremder Völker unter Besatzung zu halten und das größte Reich der Menschheitsgeschichte zu etablieren. Etwa 1220 erfolgte die Gliederung in Teilreiche – Dschingis vergab sie an seine Söhne und Enkel, blieb aber Großkhan als übergeordneter Herrscher. Seine Nachfolger konnten der Geschichte weiter Teile Asiens und Osteuropas, für kurze Zeit auch Mitteleuropas bis in die Territorien des heutigen Polens und Ungarns, einen nachhaltigen Stempel aufdrücken.

Reiterspiele in der Mongolei

Dschingis Khan starb ungefähr im Alter von 60 Jahren während eines Feldzuges gegen die Tungussen und wurde an einem geheimgehaltenen Platz begraben. Heute konkurrieren mindestens vier Orte in der Mongolei um den Ruf, letzte Heimat des größten Mongolen aller Zeiten zu sein.

In Rußland, das (ausgehend von seinen heutigen Grenzen) über Jahrhunderte unter der Besatzung durch die Mongolen und ihre Nachfolger zu leben hatte, blieb das Thema ›Dschingis Khan‹ lange Zeit ein großes Tabu. Die Unterwerfung fast des gesamten Gebietes der Weltmacht Sowjetunion durch die Vorfahren des kleinen Satellitenstaates sollten im Bewußtsein bestenfalls als Fußnote der Geschichte verankert bleiben. Auch der ›kleine Bruder‹ Mongolei bekam die Order, sich nicht all zu sehr an seinen ›großen Sohn‹ zu erinnern. So unterdrückte die Mongolei selbst ab 1924 weitestgehend die Erwähnung ihres berühmtesten Ahnen.

China

Auf dem Weg nach China über die Mongolei betritt man in Erlian (Erenhot) bzw. auf der Mandschurei-Strecke in Manzhouli chinesischen Boden und damit eine neue Welt. Der Unterschied zwischen dem boomenden China und den recht trostlosen Grenzstationen Dzamin Uud (Mongolei) bzw. Zabajkalsk (Rußland) ist schon deutlich sichtbar. Unser Verhältnis zu China ist immer noch mit vielen, sehr unterschiedlichen Vorurteilen belastet, wobei sich zu den auf den Berichten alter Reisender, der Kolonialmächte, der Politiker aller Richtungen des vergangenen Jahrhunderts auch neue, vor allem vom Wirtschaftsboom getragene, hinzu gesellen. Laotse soll einmal gesagt haben: »Wer reist, der tut es um Augen und Ohren

Der Himmelstempel in Peking

zu öffnen und seine Seele zu erleichtern ...« Touristen neigen oft dazu, die Orte und Bilder zu suchen, die vor allem ihre Vorurteile bestätigen. Damit umschifft man natürlich die Konfusion, die sich durch die vielfach unverständlichen neuen Eindrücke breit zu machen droht.

Erleichtern Sie Ihre Seele von Vorurteilen und machen Sie sich Ihr eigenes Bild von China. Beobachten Sie unvoreingenommen, wie alles funktioniert; denken Sie ein bißchen quer; überlegen Sie, ob nicht 1,3 Milliarden Chinesen etwas anders regiert werden müssen als 260 Millionen Amerikaner; prüfen Sie, ob die Ideale westlicher Philosophen mit den Idealen der großen chinesischen Denker übereinstimmen und inwieweit unser Begriff von Demokratie weltweit einheitlicher Auffassung unterliegen muß. Autorität hängt in Asien an der Person und nicht am Papier. Wenn Sie in Europa jemand auf eine Regel hinweisen, dann fragt er, wo das steht. In Asien kommt die Frage, wer das sagt. (Rußland liegt hier übrigens nicht nur geographisch, sondern auch mental auf halber Strecke zwischen Europa und Asien). China modernisiert sich mit Riesenschritten, aber es will die Nachteile dieses Prozesses vermeiden. Deng Xiaoping, der Vater der Öffnungspolitik, brachte es auf die Formel: »Den frischen Wind einlassen – die Moskitos fernhalten.«

Die Kulturrevolution hat eine ganze Generation ihrer Ausbildungsmöglichkeiten beraubt. Diese Generation kommt jetzt in Führungspositionen. Sie hat mit großem Fleiß versucht, die Wissenslücken zu schließen, aber das Fundament fehlt. So gilt das Wort Grillparzers »Die Ignoranz gibt die Freiheit zur Entscheidung«, und deswegen findet man im heutigen China teilweise kuriose, ja sogar bizarre Übernahmen westlicher Lebensart. Aber das wird sich sehr schnell ändern. In den heutigen Schulen und Ausbildungsstätten werden wieder Prüfungen abgehalten, vor denen sich die Studenten genauso fürchten müssen wie früher vor dem Mandarinexamen.

Ein Volk von Erfindern

Die Chinesen haben bedeutende Erfindungen lange vor den Europäern gemacht, unter anderem Papier, Schießpulver und Porzellan, Kompaß, Erdbebenmesser, Zeitungen, Buchdruck und Fliegerei. Schon 400 Jahre vor Gutenberg wurde in China mit beweglichen Lettern gedruckt, und 1400 Jahre vor den Gebrüdern Wright gelang einem Chinesen ein Flug über drei Kilometer mit einem Drachen. Das Kreuzworträtsel ist eine chinesische Erfindung. Eine Rechenoperation mit dem Abakus, dem chinesischen Rechenbrett, geht schneller als das Eintippen der gleichen Aufgabe in einen Taschenrechner. Ohne die chinesische Erfindung des binären Rechnens gäbe es keine EDV. Der Lehrsatz des Pythagoras vom rechtwinkligen Dreieck stand schon 500 Jahre vor ihm in einem chinesischen Rechenbuch. Das größte Lexikon und das größte Arzneimittelbuch der Welt entstanden in China, lange bevor es in Europa Ähnliches gab. Amerika wurde wahrscheinlich auch lange vor Kolumbus durch chinesische Seefahrer erreicht.

Den sparsamen Umgang mit erneuerbarer Energie haben nicht die Grünen erfunden, sondern die Chinesen. Brennstoff ist schon immer knapp gewesen. Also erfanden die Chinesen die punktförmige Verbrennung von scharf gebündeltem Stroh und Reisig unter dem Mittelpunkt eines halbkugelförmigen Gefäßes (Wok) und schnippelten alle Speisen in kleine Stückchen. Auf diese Weise liefert auch ein schwacher Energieträger noch genügend Hitze zum Garen.

Diese Liste ließe sich beliebig fortsetzen. China ist das Land der großen zivilisatorischen Errungenschaften, die die westliche Welt in der Summe nie zu überbieten vermochte. Es konnte nur sehr oft nicht davon Gebrauch machen. Durch die Geschichte Chinas zieht sich wie ein roter Faden das Bestreben der Mächtigen, alle Neuerungen erst einmal daraufhin zu prüfen, ob sie ihrer Herrschaft schaden könnten. Ging diese Prüfung positiv aus, dann verschwand die

Neuerung in Akten, Magazinen, Arsenalen und Gefängnissen, und Fortschritt fand nicht statt.

Die Geschichte

Die Geschichte Chinas ist lang, und nirgendwo ist der Spruch von Ben Akiba, daß alles schon mal dagewesen sei, berechtigter als hier. Berichte über Macht, Willkür, Größe und Unfähigkeit der Kaiserzeit, die Wirren der Republik, die Volksrepublik Maos mit der Kulturrevolution, die Öffnung zur Welt mit dem Makel der ›Purpurnacht‹, Menschenrechtsverletzungen, Korruption und Modernisierung des Landes bilden ein fast unentwirrbares Knäuel von widersprüchlicher Information. Von all dem sollte man sich nicht verwirren lassen.

Nach der Legende entstand China aus dem Reich der drei höchsten Machthaber und fünf Kaiser. Der erste Machthaber, Fuxi, gewöhnlich Seite an Seite dargestellt mit seiner Schwester und Gemahlin, der Göttin Nügua, als Menschen mit Drachenschwänzen statt Beinen. Nügua soll den Menschen aus Lehm geschaffen und die Ehe gestiftet haben, während Fuxi ihn mit den Fähigkeiten zu Jagd, Fischfang und Viehzucht ausstattete. Der dritte Machthaber, der ochsenköpfige Shennong, führte den Ackerbau ein und verbreitete das Wissen über die medizinischen Eigenschaften aller Pflanzen.

Den fünf Kaisern wird die Einführung einiger wichtiger Kulturgüter nachgesagt wie die Erfindung landwirtschaftlicher Kalender, die Entwicklung von Booten, Waffen, Keramik, Schreibpinseln und der Monarchie.

Die Zeit der Dynastien

Noch wenig weiß man über die ersten Dynastien der Xia, Shang und Zhou (2200–300 vor Christus). Ihr Untergang wird der Unfähigkeit und Korruption ihrer Regenten zugeschrieben. In dieser Zeit lebte und lehrte Konfuzius (551–479 vor Christus). Wesentliche Eigenschaften des chinesischen Bildungssystems, das bis 1911 beibehalten wurde, entstanden in dieser Zeit.

Der für seine Grausamkeit und die Terrakotta-Armee seines Grabmals bekannte Kaiser Qin Shi Huang (221–207 vor Christus) ist der eigentliche Gründer Chinas, der Qin-Dynastie und der Großen Mauer. Unter ihm erhielt das Land eine Verwaltung, deren Prinzipien für mehr als 2000 Jahre galten. Die nachfolgende Han-Dynastie (206 vor Christus bis 220) brachte den ersten großen Kontakt mit der Welt außerhalb Chinas und öffnete die Handelswege bis nach Rom.

Bis zur Sui-Dynastie (589–618) zerfiel das Land in ziemliches Durcheinander, kleine Reiche und Völkerstämme bekämpften einander, bis der General Yang Jian, bekannt als Kaiser Wendi, das Land wieder einigte und durch verschiedene Reformen den Grundstein für die Tang-Dynastie legte.

Die Tang-Dynastie (618–907) wird als die ruhmreichste und beste Chinas bezeichnet. Einflüsse aus dem Ausland internationalisierten die chinesische Gesellschaft in nie gekannter Weise. Der Höhepunkt der Tang-Dynastie wurde unter dem Kaiser Xuanzong (685–761) erreicht. Seine Hauptstadt Khang An (heute

Die Chinesische Mauer

Xi'an) gehörte mit einer Million Einwohnern zu den größten Städten der damaligen Welt. Die Tangzeit endete im Chaos. Erst die Song-Dynastie (960–1279) einigte das Land wieder und erzielte große wirtschaftliche Fortschritte. Das beste Porzellan stammt aus dieser Zeit.

Der Mongolensturm brachte die Yuan-Dynastie (1271–1368), deren Höhepunkt unter Kublai Khan durch die Berichte Marco Polos auch in Europa bekannt wurden. Die Mongolen regierten das Land mit harter Hand, mischten sich jedoch kaum in die wirtschaftliche Entwicklung ein. Das ›Wirtschaftswunder‹ der Song-Dynastie konnte, gestützt durch das mongolische Law-and-Order System, ungehindert weitergehen. Die Mongolenherrschaft endete durch eine Rebellion der Chinesen, deren wichtigster Führer, Zhu Yuanzhang, 1368 die Ming-Dynastie begründete.

In der Ming-Dynastie (1368–1644) wurde die Große Mauer vollendet. Der Kontakt mit dem Ausland, insbesondere Europa, war eng. Am Kaiserhof wirkten jesuitische Berater und erhielten teilweise hohe Ämter. Am Ende stand jedoch der Staatsbankrott wegen großer Korruption, Eunuchenherrschaft, Isolation und teuren Kriegen gegen Korea und Japan. Eine Hungersnot in Shaanxi war der Zündfunken für eine Rebellion, die es dem Volk der Mandchus erlaubte, die Macht an sich zu reißen und die Qing-Dynastie zu begründen.

Die erste Zeit der Qing-Dynastie (1644–1911) brachte erneut große wirtschaftliche Fortschritte. Die Mandchus übten die Macht vollständig mit eigenen Leuten aus, unbeeinflußt von chinesischer Lebensart. Die Ablehnung der Mandchu-Herrschaft durch die Chinesen führte zur Bildung von geheimen Gesellschaften, die gegen sie konspirierten und die bis heute als Triaden oder Chinesenmafia, als Verbrecherbanden, überlebten. Die Kaiser Kanxi, Yongcheng und Qianlong gehörten zu den fähigsten Regenten, die China je besessen hat. Ihre Nachfolger wurden jedoch immer mehr von chinesischer Lebensart korrumpiert und konnten bald nicht mehr von den Chinesen unterschieden werden. China blieb eine auf sich selbst fixierte Nation und versäumte die großen technischen und wissenschaftlichen Revolutionen der westlichen Welt. Kaum auszudenken, wie die Welt heute aussehen würde, wenn China unter Kaiserin Cixi die gleiche Entwicklung genommen hätte wie Japan unter ihrem Zeitgenossen und Kollegen Meiji.

Republik und Bürgerkrieg

Die europäischen Kolonialmächte beschleunigten den Fall der Mandchus und legten so den Grundstein für das China von heute. Opiumkrieg, Boxeraufstand und die unfähige, despotische Kaiserin Cixi leiteten den Niedergang der Qing-Dynastie ein; die Revolution von Dr. Sun Yatsen beendete sie endgültig im Jahre 1911. Er konnte aber die junge Republik nicht zusammenhalten, und so zerfiel China in Bürgerkriegsgebiete unter der Herrschaft einzelner Kriegsherren und der japanischen Besatzung. Erst Mao Zedong konnte nach dem Zweiten Weltkrieg das Land wieder vereinen und 1949 die Volksrepublik ausrufen.

Die Volksrepublik China

Unter Mao Zedongs Führung verabschiedete sich China mehr oder weniger für fast dreißig Jahre von der Welt. Anfangs florierte die durch den Krieg und Bürgerkrieg total ruinierte Wirtschaft. 1953 konnte die Inflation aufgehalten, die Industrieproduktion wieder auf Vorkriegsniveau gebracht und alles Ackerland an die Bauern verteilt werden. Die ideologische Kontrolle wurde aber immer mehr verstärkt und führte zunehmend zu Auseinandersetzungen mit den Intellektuellen. Durch den ›Großen Sprung nach vorn‹, strenge ideologische Bevormundung, den Bruch mit der Sowjetunion 1960, Dürrekatastrophen und Zwangskollektivierung von Landwirtschaft und Industrie versank das Land im wirtschaftlichen Chaos. Nach Schätzungen verhungerten in dieser Zeit zwischen 30 und 60 Millionen Chinesen.

Die Kulturrevolution der Jahre 1966 bis 1970 war als erneuter Sprung nach vorn gedacht. Sie beraubte allerdings das Land seiner kulturellen Entwicklung und nahm vielen Chinesen die Chance zu einer guten Ausbildung. Alle Intellektuellen, die nicht absolut linientreu waren, wurden in die Landwirtschaft und Industrieproduktion zwangsverschickt.

Erst nach dem Tod Maos am 8. September 1976 und dem politischen Aus seiner Nachfolger – oft als ›Viererbande‹ bezeichnet – konnte Deng Xiaoping nach 1980 mit Reformen den Weg zur heutigen wirtschaftlichen Entwicklung ebnen. Inflation, Korruption und Nepotismus als Begleiterscheinungen dieser wirtschaftlichen Liberalisierung führten zu den Demonstrationen auf dem Tian-An-Men-Platz, die 1989 in dem bekannten Massaker endeten. Nach diesem Vorfall wurden zwar noch mehr wirtschaftliche Freiheiten gewährt, die politischen Freiheiten jedoch kaum erweitert, aus Angst vor einem politischen Zerfall des Landes und aus Angst der heutigen Führer, doch noch für das Massaker vor Gericht gestellt zu werden.

China heute

Im Jahre 1997 wurde Hongkong als Sonderverwaltungszone an China zurückgegeben, ebenso Macao im Jahre 2000. Der im Herbst 2002 vollzogene Generationswechsel an der chinesischen Führungsspitze verheißt für die Zukunft eine konsequente Weiterführung der Wirtschaftsreformen. Die Auslandsinvestitionen boomen ungebrochen und dabei sind heute nicht mehr nur die billigen Arbeitskräfte die entscheidende Trumpfkarte. Nach japanischem Vorbild werden die chinesischen Waren aus puren Imitationen immer weiter verbessert, und wie aktuell das Beispiel Transrapid zeigt, agiert man im Aufstieg in die Liga neuer Technologien sehr clever. Trotz des stark gewachsenen sozialen Gefälles zwischen Reich und Arm und zwischen Stadt und Land werden Chinas Verbraucher auch immer kaufkräftiger, und keines der weltweit agierenden Unternehmen kann es sich heute mehr leisten, diesen Markt zu ignorieren. Die KP ist ebenfalls bemüht, ihre Ideologie an die veränderten sozialen Verhältnisse anzupassen und will sich künftig selbst für Unternehmer öffnen.

Die wachsende Wirtschaftskraft im Reich der Mitte läßt das internationale Ansehen und Selbstbewußtsein Chinas steigen. Für das Jahr 2008 erwartet die Weltwirtschaft, daß China Deutschland als Export-Weltmeister ablöst. Mit Blick auf die volkswirtschaftlichen Eckdaten weist China ein Bruttosozialprodukt von 7262 Mrd. US-Dollar (2005, zum Vergleich Deutschland 2362 Mrd.). Pro Kopf bedeutet das in China etwa 5600 US-Dollar (in Deutschland sind es ca. 28 700). Peking wird 2008 die Olympischen Sommerspiele ausrichten. Zwei Jahre später wird die nächste EXPO in Schanghai stattfinden.

Innenpolitisch findet die Öffnungspolitik Zustimmung, doch der von der KP abgesteckte Rahmen bleibt eng. Im nach wie vor gespannten Verhältnis zu Taiwan lieferte Hongkong das Vorbild für das mittelfristig zu erwartende Szenarium der Wiedervereinigung. Heikel wird aber auch in Zukunft das Thema Tibet bleiben.

Der Tourist steht vor allem staunend vor den riesigen Baustellen dieses Aufschwungs Fernost. Die neuen Hochhäuser und Skylines sind mittlerweile keineswegs nur für Peking und Shanghai typisch. Luxushotels, Shopping Malls, eine immer besser werdende Infrastruktur mit neuen U-Bahn-Linien und staatlichen Maut-Autobahnen prägen die Eindrücke und führen die uralte Zivilisation Chinas zu neuer Blüte, allerdings um den Preis von enormen sozialen Verwerfungen sowie immensen Umweltschäden. Viele gigantische Bauvorhaben, von denen der umstrittene Drei-Schluchten-Staudamm am Yangzi nur das prominenteste ist, werden bislang ohne jede Rücksicht auf Umwelt, Klima und die davon betroffene Bevölkerung durchgesetzt.

Auch wenn Touristen, die mit offenen Augen reisen, die Auswirkungen dieser Politik kaum ignorieren können: unter dem Strich ist China derzeit eines der faszinierendsten, sichersten und interessantesten Reiseländer der Erde.

Diktatoren unter dem roten Stern

Sowohl Mao Zedong als auch Vladimir Ilič Uljanov und Iosif Vissarionovič Džugašvili gehörten wohl zu den prägendsten politischen Führern des 20. Jahrhunderts. Ihr Versuch der praktischen Umsetzung der von Karl Marx und Friedrich Engels begründeten Theorien vom Aufbau einer Kommunismus genannten klassenlosen Gesellschaft ist bekanntlich gescheitert. Während sich diese Auffassung in Rußland mittlerweile durchgesetzt hat, schwört China innenpolitisch immer noch auf die allerdings sehr flexible und pragmatische Umsetzung der Sozialismus-Idee.

Der Aufstieg der Sowjetunion zur Weltmacht Nr. 2 und ihr maßgeblicher Einfluß auf die Weltpolitik waren die eine Seite der Medaille, die andere war gekennzeichnet durch die allgegenwärtige Mangelwirtschaft und die Millionen Opfer des Gulags. Wenn auch dem scherzhaft ›homo sovieticus‹ genannten neuen Menschentyp seit über fünfzehn Jahren seine Existenzgrundlage eigentlich abhanden gekommen ist, so werden die guten wie schlechten Erinnerungen, Erfahrungen und Folgen von Lenin und Stalin die derzeitige russische Gesellschaft noch lange nachhaltig beeinflussen.

In China stand im Unterschied zu Rußland nicht die Arbeiterschaft, sondern immer die Bauernschaft im revolutionären Fokus der Partei. Nicht weniger brachial wurde hier zunächst ein zentral verordneter wirtschaftlicher Aufschwung erzielt, der nach Mao durch eine zwar bis heute in keiner Weise politische, aber doch wirtschaftliche Liberalisierung mit beachtlichen Fortschritten fortgeführt werden konnte. Doch im Spagat zwischen dem legitimen Gewinnstreben und der politischen Gleichschaltung hat bereits lange Jahre der Pragmatismus die Oberhand.

Wer waren die großen Steuermänner, die ihre Länder unter dem roten Stern so nachhaltig prägten?

Lenin

Vladimir Uljanov wurde am 22. April 1870 als Sohn eines Schulinspektors mit russischen wie tatarischen, deutschen und jüdischen Vorfahren in Simbirsk, dem heutigen Uljanovsk an der Volga geboren. Als liberaler Intellektueller sympathisierte er früh mit der neuen revolutionären Bewegung. Sein Bruder war 1887 nach einem fehlgeschlagenen Attentat auf den Zaren als einer der Mittäter hingerichtet worden. Nach einem Jura-Studium in Kazan und St. Petersburg wurde er als überzeugter Marxist von 1896 bis 1899 für drei Jahre nach Sibirien verbannt. Sein Pseudonym soll er aus dem Namen des sibirischen Stroms Lena abgeleitet haben. Aus seinem Verbannungsort Šušenskoe am Oberlauf des Enisej bei Abakan wurde zu Sowjetzeiten ein ganzes Museums-Dorf. Aus Sibirien ging er wie viele andere russische Sozialdemokraten ins Exil, wo Leipzig, München, Paris, London und Zürich seine Stationen waren. Er wurde der Führer der 1898 gegründeten Russischen Sozialdemokratischen Partei (RSDRP), als er 1903 auf dem zweiten Parteitag sein Konzept einer revolutionären Elitepartei neuen Typus durchsetzte und sich die Partei in zwei

›Mao-Lokomotive‹ im Eisenbahnmuseum von Peking

Fraktionen spaltete. Lenins Ideen folgte die Mehrheit, nach dem russischen Wort für Mehrheit (bolšinstvo) entstanden für die Bewegung auch die Bezeichnungen Bolschewiki und Bolschewismus. Nach der Abdankung des Zaren kehrte Lenin im April 1917 mit einer Gruppe Gleichgesinnter in einem unter Sonderbewachung stehenden Eisenbahnwaggon nach Petersburg zurück.

Vor dem Hintergrund der sich dramatisch zuspitzenden Konflikte in Rußland gelang es den Bolschewiki, am 7. November 1917 die Macht zu übernehmen. Lenin stand an der Spitze des Rates der Volkskommissare und startete das Gesellschaftsexperiment mit Dekreten über den sofortigen Friedensschluß, die Enteignung von Grund und Boden und die Nationalisierung der Wirtschaft. Mit der Gründung der Čeka (Ausnahmekommission) genannten Geheimpolizei schuf er die Struktur, die alle Gegner seiner Diktatur des Proletariats ohne Rücksicht auf Verluste aus dem Weg räumte. Nach wirtschaftlichen Mißerfolgen sorgte er mit der Neuen Ökonomischen Politik (NÖP) noch für eine gewisse Liberalisierung. Doch durch ein mißlungenes Attentat angeschlagen, mußte er sich nach zwei Schlaganfällen aus der aktiven Politik zurückziehen und das Feld trotz Vorbehalte und mehrfacher Warnungen dem neuen Diktator Iosif Stalin überlassen. Lenin verstarb am 21. Januar 1924. Sein einbalsamierter Leichnam wurde in einem Glassarg ikonenartig im Lenin-Mausoleum auf dem Roten Platz aufgebahrt und bis in die Gegenwart zur Pilgerstätte seiner zwischenzeitlich jedoch stark dezimierten Anhängerschaft. Die in den letzten Jahren vieldiskutierte Überlegung eines Begräbnisses seiner sterblichen Überreste führte allerdings noch zu keiner endgültigen Entscheidung.

Stalin

Iosif Džugašvili wurde am 21. Dezember 1879 in Gory im damals zu Rußland gehörenden Georgien als Sohn eines Schusters geboren. Noch während des Besuch eines Priesterseminars gelangte er zur sozialrevolutionären Bewegung. Er war kein Intellektueller und bahnte sich seinen Weg in die Führungsspitze der Bolschewisten mit seinem populistischen Machtinstinkt. Als Mitglied der Parteiführung verbrachte er die Jahre 1913 bis 1917 in der sibirischen Verbannung im Dorf Kurejka am nördlichen Lauf des Enisej. Hier legte er sich auch das mit ›der Stählerne‹ zu übersetzende Pseudonym Stalin zu. Später an der Spitze der Macht, hat er aber Sibirien nie wieder besucht. Im Rat der Volkskommissare war er zunächst für die Nationalitätenpolitik zuständig. Er kontrollierte alsbald vor allem den Apparat der Partei und konnte sich so gegen Trotzkij in der Auseinandersetzung um die Leninnachfolge durchsetzen. Stalin trieb die sozialistische Industrialisierung und die Zwangskollektivierung ohne Rücksicht auf Verluste voran.

Als in der Partei zaghafter Zweifel aufkam, avancierte Stalin zum in jeder Hinsicht gnadenlosen Diktator. Das Schlüsselereignis war der 17. Parteitag im Jahre 1934, der dem Leningrader Parteichef Sergej Kirov eine größere Popularität als dem Georgier signalisierte. Mit dem von Stalin als Aktion einer schleichenden Konterrevolution inszenierten Mord an Kirov begann die in den Schauprozessen von 1937 gipfelnde Abrechnung mit den ehemaligen Weggefährten. Im Nichtangriffspakt mit dem faschistischen Deutschland verkalkulierte er sich und blieb nach Hitlers

Angriff auf die Sowjetunion zunächst wochenlang sprachlos. Doch mit kaum vorstellbaren Opfern und dem Schlachtruf ›Für die Heimat, für Stalin‹ vernichtete die Rote Armee das Nazi-Regime in Berlin. Doch der Personenkult ging weiter und nahm mit neuen Feindbildern immer abstrusere Formen an, die zugleich immer mehr Menschen in den Gulag trieben.

Stalin starb am 5. März 1953 einsam auf seiner Datsche am Moskauer Stadtrand. Noch drei Jahre sollten vergehen, bis in der berühmten Geheimrede auf dem 20. Parteitag eine mehr als zaghafte Auseinandersetzung mit dem Erbe Stalins begann. Nachdem sich sein zunächst ebenfalls einbalsamierter Leichnam 1953 bis 1960 neben Lenin im Mausoleum befand, wurde er danach an der Kremlmauer in der Reihe berühmter Persönlichkeiten der Sowjetunion begraben.

Mao

Mao Zedong wurde am 26. Dezember 1893 in einem Dorf in der Provinz Hunan geboren. Als Kind einer Bauernfamilie erfuhr er das Leben auf dem Lande und erlebte auch prägend die Hungerrevolte in Hunan einschließlich der sich anschließenden Exekution ihrer Anführer. Er besuchte von 1913 bis 1918 ein Lehrerbildungsinstitut, wo er in patriotischen Zirkeln auch Bekanntschaft mit den marxistischen Ideen des Sozialismus machte. Er arbeitete zunächst als Bibliothekar, dann als Lehrer. Er nahm 1921 an der Gründungsversammlung der Kommunistischen Partei Chinas statt und organisierte in seiner Heimatprovinz Gewerkschaften und den ersten Regionalverband der Partei. Nach dem Massaker der Kuomintang an den Kommunisten im Jahr 1927 war die antiimperialistische Einheitsfront begraben und Chiang Kai-Chek übernahm das Ruder. Mao formierte im Untergrund eine Armee, die auf der ›Langen Marsch‹ genannten Sammlung in Nordwestchina die Ausgangsbasis für eine künftige Revolution schuf. Nach dem Zweiten Weltkrieg gewannen die Kommunisten im Bürgerkrieg die Oberhand und riefen 1949 die Volksrepublik aus.

Nachdem zunächst der sowjetische Zentralismus in der Wirtschaft kopiert wurde und nicht den gewünschten Fortschritt brachte, überwarf sich Mao mit den Sowjets und setzte ab 1958 in den ›Volkskommunen‹ auf die Bauernschaft und Dezentralismus. Doch die proklamierte Politik des wirtschaftlichen ›Großen Sprunges‹ endete mit einer Hungersnot. Vor allem in der Intelligenz sah Mao die Saboteure seiner Politik, so daß er mit der Kulturrevolution als völliger Gleichschaltung die wohl größte Barbarei am chinesischen Volk einleitete. Bedingungsloser egalitärer Gehorsam, Verfolgung von Kunst und Kultur, Arbeitslager und Umerziehung – die berüchtigten ›Roten Garden‹ verbreiteten in der zweiten Hälfte der 60er Jahre Zerstörung, Angst und Schrecken. China wurde zur Militärdiktatur der sogenannten Volksbefreiungsarmee. Der gesundheitlich bereits angeschlagene große Steuermann zog sich aber gezwungenermaßen aus der Öffentlichkeit zurück. In den letzten Lebensjahren fast paralysiert, starb Mao 1976. Sein zu Lebzeiten ungeliebter, liberaler Kontrahent Deng Xiaoping beerbte ihn als Steuermann der chinesichen Revolution, der in den Folgezeit allerdings wenig im Rampenlicht, sondern mehr im Hintergrund als graue Eminenz die Reformfortschritte einleitete. Doch ikonengleich hängt Maos Portrait nicht nur über dem Eingang zur verbotenen Stadt.

»Nach langer Seefahrt in die Heimat zurückgekehrt haben Sie gemäß Meinen Befehlen am 19. Mai 1891 in Wladiwostok die Arbeiten an der Eisenbahnlinie eingeweiht, die gemäß Meinen Plänen quer durch Sibirien gebaut werden soll.«

Zar Aleksandr III. an seinen Sohn Nikolaj

Die Geschichte
der Transsib

Auf nach Sibirien

Die erste Bahnlinie Rußlands wurde 1837 ihrer Bestimmung übergeben. Sie verband die damalige Hauptstadt St. Petersburg mit dem 23 Kilometer entfernt im Vorort Pavlovsk gelegenen Zarenschloß. Die beiden an der Neva und an der Moskva gelegenen größten Metropolen des Landes wurden 1851 nach achtjähriger Bauzeit durch den Schienenstrang miteinander verbunden. Doch der Eisenbahnboom, in dieser Zeit Motor der industriellen Revolution in Westeuropa und den USA, erreichte Rußlands Weiten nur sehr schleppend. Um 1860 beispielsweise, als in den USA bereits 49 000 Schienenkilometer verlegt worden waren und auch in Deutschland die Länge des Bahnnetzes bereits 11 000 Kilometer überschritt, verfügte Rußland nur über insgesamt knapp 2000 Kilometer lange Eisenbahnstrecken und erreichte die 50 000-Kilometer-Grenze erst zur Jahrhundertwende.

Die ersten Pläne für den Eisenbahnbau in Sibirien tauchten um 1850 auf. Durch eine von Amerikanern vorgeschlagene Zugverbindung zwischen dem Enisej und dem Amur sollte Sibirien für den amerikanischen Handel geöffnet werden. Vor allem der Irkutsker Generalgouverneur griff den Eisenbahngedanken auf, um im Interesse der Kaufleute und Fabrikanten Sibirien besser in die innerrussische Wirtschaft einzubinden.

Der Durchbruch kam allerdings mit der Thronbesteigung durch Alexander III. im Jahre 1881. Die seit 1869 bestehende Eisenbahnverbindung quer durch die Vereinigten Staaten von Amerika und die in vollem Gange befindliche Verlegung eines Kanada durchziehenden Schienenstranges ließen auch in Rußland das Interesse an derartigen Projekten wachsen. Im Jahre 1887 begaben sich drei große Expeditionen auf den Weg, um die angedachten Varianten der Trassenführung zu untersuchen. Während man östlich des Enisej sehr schnell die Strecke festlegen konnte, wurde die Frage des Ausgangspunktes im Ural lange diskutiert, bevor man Čeljabinsk gegenüber Perm und Orenburg den Vorzug gab.

Mit dem Projekt der Großen Sibirischen Bahnlinie wurden mehrere Ziele verfolgt. Besonders den strategisch wichtigen Fernen Osten galt es, besser in das Reich einzubinden. Durch eine großangelegte Umsiedlung von Bauern aus dem europäischen Teil Rußlands wollte man östlich des Urals stärker Fuß fassen und auch den zum Ende des 19. Jahrhunderts an Popularität gewinnenden Seperatismusbestrebungen entschieden begegnen. Eine Verbesserung der Zugriffsmöglichkeiten auf den Rohstoffreichtum Sibiriens, die Schaffung neuer Freiräume für die expandierende russische Industrie, die Hoffnung, mit einem derartigen Transportkorridor auch stärker am Welthandel partizipieren zu können – all diese wirtschaftlichen Überlegungen stießen bei den Politikern und Militärs auf fruchtbaren Boden. Die Zeit in Rußland war reif für diese das Land in seiner Ost-West-Ausdehnung durchziehende Eisenbahn. Im Gegensatz zu den Erfahrungen anderer Länder gab in Rußland aber der Staat das Zepter nicht aus der Hand. Obwohl private Geldgeber aus dem In- und Ausland ihr Interesse nachdrücklich signalisierten, wurde der Bau staatlich koordiniert und finanziert. Historische Eisenbahnaktien zum Thema Transsib sucht man also vergebens.

Besonderes Engagement für das Projekt kam vom damaligen Finanzminister Sergej Witte (1849–1915). Der aus einer russisch-holländischen Ehe stammende Witte hatte seine Beamtenlaufbahn in der Odessaer Eisenbahnverwaltung begonnen, wurde Verkehrsminister und führte als Finanzminister den Goldstandard für den Rubel ein. Auf sein Drängen wurde im Dezember 1892 in St. Petersburg unter dem Vorsitz des späteren Zaren Nikolaj II. das Komitee der Sibirischen Eisenbahn gegründet, das parallel zum Bahnbau die weitere Erschließung Sibiriens zu koordinieren hatte. Dieser Ausschuß hatte das Recht, »Mittel zu bewilligen, Kostenbudgets festzusetzen, Grund und Boden, Holz und Gebäude zu beschlagnahmen, Sträflinge und Soldaten zum Arbeitsdienst heranzuziehen, eine Eisenbahnpolizei aufzubauen, über Streckenführungen zu entscheiden ...« Witte zog alle Fäden und gab eineinhalb Jahre nach dem ersten vorsichtigen Spatenstich mit der von ihm entwickelten und vom Zaren abgesegneten Aufteilung in die einzelnen Bauabschnitte das Tempo für den Bau der längsten Bahnstrecke der Welt vor. In Spitzenzeiten wurden an den verschiedenen Abschnitten insgesamt mehr als 100 000 Menschen beschäftigt.

Die Transsibirische Eisenbahn machte aus der zwar nicht durch Meere getrennten, aber doch zuvor weit entfernten Kolonie Sibirien einen Teil des Russischen Reiches. Die Industrialisierung schritt voran, die Ausbeutung der reichen Bodenschätze wurde in Angriff genommen, Landwirtschaft und der Handel boomten. Dank der Neusiedler verdoppelte Sibirien in den ersten zehn Jahren des 20. Jahrhunderts seine Einwohnerzahl, vor allem der prozentuale Anteil der Russen stieg erheblich. Probleme bereiteten allerdings die erheblichen Qualitätsmängel an der Strecke, die noch Nachbesserungen hinsichtlich des Austausches von Holzbrücken, der Verwendung besserer Schienen und der Optimierung der Streckenführung erforderten. Da vielerorts die Abstände zwischen den Bahnhöfen und den Ausweichstellen sehr groß waren, kam auch schnell der zweispurige Ausbau auf die Tagesordnung.

Doch die ingenieurtechnische Leistung und der wirtschaftliche Kraftakt, den Rußland mit der Bau dieser Bahnlinie vollbracht hatte, steht außer Frage und brachte dem Land dank steigender Fahrgastzahlen sowohl die wirtschaftlichen als auch die erhofften politischen Dividenden. Während 1897 nur etwa 600 000 Reisende die bereits in Betrieb befindlichen Teile der Transsib nutzten, überstieg die jährliche Passagierzahl 1900 die Millionengrenze und erreichte 1910 bereits drei Millionen.

100 Jahre Transsib

Mancherorts sieht man auf den Bahnhöfen oder an den Zügen in Rußland noch die Plakate und Schilder ›100 Jahre Transsib‹. Je nach Blickwinkel kamen mehrere Termine als Geburtstag in Betracht. Rußland feierte zur Überraschung nicht weniger Historiker offiziell im Sommer 2001. Am 30. Juni stand der Moskauer Kreml-Palast ganz im Zeichen der Transsib. Tagsüber fand eine diesem Thema gewidmete große Konferenz statt, und abends gab es einen Staatsakt mit großem Festkonzert. Am 9. Juli startete ein Jubiläumsexpreß von Moskau über Ekaterinburg und Čeljabinsk nach Vladivostok. 10 Tage später traf der spektakuläre Sonderzug, dem unterwegs auf jedem Bahnhof auch der entsprechende Bahnhof bereitet wurde, am Pazifik ein. Alle Eisenbahnverwaltungen entlang der Strecke waren jeweils mit einem Waggon ihres Paradezuges vertreten. So war der aus Waggons so bekannter Züge wie ›Rossija‹, ›Bajkal‹, ›Sibirjak‹ und ›Enisej‹ zusammengestellte Sonderzug in beeindruckender farblicher Vielfalt schon eine Sehenswürdigkeit an sich.

Im Juni 1901 waren die Bauarbeiten am letzten fehlenden Teilabschnitt, der Ostchinesischen Eisenbahn, weitestgehend abgeschlossen. Man begann mit dem Probebetrieb. Noch nicht fertiggestellt waren nur zwei Brücken und ein Tunnel. Doch das damals geplante Datum der Inbetriebnahme, der 21. Oktober 2001, fiel wie auch ein Gros der erbauten Bahnanlagen den Auswirkungen des Boxeraufstandes zum Opfer, so daß von einer Aufnahme des Regelzugverkehrs auf absehbare Zeit keine Rede mehr sein konnte. Nach der Niederschlagung des Aufstandes und der Wiederherstellung der Bahnanlagen konnte der Probebetrieb im Frühjahr 1903 beginnen. Der normale Zugbetrieb zwischen St. Petersburg bzw. Moskau und Port Arthur und etwas später Vladivostok sollte zunächst am 14. Juni beginnen und startete dann nach dem alten Kalender am 1. Juli 1903. Da feierte in Rußland niemand. Man sprach damals zwar bereits vom durchgehenden Regelzugverkehr, aber die Bahnlinie war 1903 noch durch die Fähre über den Baikalsee unterbrochen.

Auf der Baikal-Bahn fuhr erstmals am 30. September 1904 ein Zug, für den Regelzugverkehr wurde dieser Streckenabschnitt dann am 15. Oktober 1905 freigegeben. Dieses Jubiläum wurde wiederum 2005 am Baikal einschließlich Pavillion und Gedenktafel am Kilometer 121 der alten Baikal-Bahn gefeiert.

Werbung für eine Fahrt im Luxuszug nach Peking

Last but not least sei noch an den 18. Oktober 1916 erinnert. Hier jährt sich in 2016 mit der Übergabe der Amurbrücke bei Chabarovsk die Vollendung der Amur-Bahn zum 100. Male. Nun fuhr die Transsib zwischen Ural und Pazifik vollständig nur auf russischem Hoheitsgebiet.

Historische Transsib-Führer

Das erste ›Transsib-Handbuch‹ erschien 1901 unter dem Titel ›Reiseführer auf der Großen Sibirischen Eisenbahn‹ unter der Redaktion von A. I. Dmitriev-Mamonov anläßlich der geplanten Inbetriebnahme der durchgängigen Zugbetriebes zwischen Moskau bzw. St. Petersburg und Vladivostok. Es umfaßte sowohl die Ostchinesische Bahn als auch die Schiffsfahrt auf dem Amur. Zum damals stolzen Preis von 3,50 Rubel bot das Buch – flankiert von zwei Anzeigenblöcken von 130 und 144 Seiten – im eigentlichen, 396 Seiten starken Reiseteil umfangreiche Informationen über Land und Leute, die Streckenführung und alle Orte entlang der Bahnstrecke. Insgesamt 190 Fotos, alle Fahrpläne und mehrere Karten ergänzten die Ausführungen. Auch der Vermerk, daß alle Abbildungen von der Zensur genehmigt sind, fehlt nicht. So sah staatliche Tourismus-Förderung vor 100 Jahren aus. Das Buch erschien fast zeitgleich auch in englischer und deutscher Übersetzung.

Schon bald inspizierte die Vorhut der Reiseschriftsteller mutig die neue Route. Zu Zeiten der Sowjetunion editierte die staatliche Reiseagentur ›Intourist‹ 1923 und um 1930 kleine Reisebüchlein in den gängigen Fremdsprachen. Aber nicht nur der Umfang (nur noch 64 Seiten im Kleinformat), auch der Ton ist ein anderer. Zum Stop in Moskau heißt es etwa: »Hier hat der ausländische Reisende während des 5-stündigen Aufenthaltes die Möglichkeit, seinen Wagen zu verlassen und mit Hilfe der Führer des ausländischen Touristenvereins die Sehenswürdigkeiten der alten russischen Residenz, die jetzt Hauptstadt der Sowjetunion ist, in Augenschein zu nehmen.« Es folgten über 50 Jahre ohne Transsib-Reiseführer.

Zwischenzeitlich waren die Zugverbindungen zwischen Moskau und Beijing eröffnet worden. Erst mit der Öffnung des Landes kamen in Deutschland und Großbritannien wieder die ersten Transsib-Reiseführer auf den Markt. Es blieben Exoten, erst etwa ab 2000 hält die Normalität Einzug und in vielen Ländern erschienen Reiseführer zum Thema Transsib.

Damals wie heute kommen aber verschiedene Autoren manchmal zu recht unterschiedlichen Urteilen. So schrieb der renommierte Baedeker-Reiseführer noch 1912: »In Ostsibirien und in der Mandschurei ist im Sommer ein Mückenschleier angenehm. Bei Reisen abseits der Bahn und in der Mandschurei trage man einen Revolver bei sich. Die Gasthäuser sind fast alle sehr mäßig, dabei teuer. Im allgemeinen ist das Reisen in Sibirien um ein Drittel kostspieliger als im europäischen Rußland.« Zwei Jahre später liest man im sehr fundierten Reiseführer von Hendschel: »Was die sonstige Reiseausrüstung betrifft, so sei darauf hingewiesen, daß man sich nicht mit einem Revolver zu bewaffnen braucht. Wer Schießwaffen bei sich führt, kann in große Unannehmlichkeiten kommen, und es gibt auch beim besten Willen in den russischen Bahnen nichts zu schießen.« Dem ist eigentlich auch bis heute nichts hinzuzufügen.

Die ›Tschechische Legion‹

Zu Beginn des Ersten Weltkrieges waren etwa 10 000 in Rußland lebende Tschechen und Slowaken auf der russischen Seite gegen Deutschland und vor allem die Habsburger Monarchie in den Krieg gezogen, da sie sich von einem Sieg der Entente auch die Unabhängigkeit ihrer Länder versprachen. Nachdem Rußland unter den Bolschewisten aus dem Krieg ausgeschieden war, kam die mittlerweile durch die Mobilisierung von Kriegsgefangenen auf eine Stärke von fast 60 000 Mann angewachsene ›tschechische Legion‹ im Rahmen der Entente unter französisches Kommando. Als kürzesten Weg zu den neuen Fronten nach Frankreich sah ein Abkommen zwischen den Sowjets auf der einen und der französischen Regierung sowie dem späteren ersten tschechoslowakischen Präsidenten Tomaš G. Masaryk auf der anderen Seite unter Umgehung der Mittelmächte die Transsibirische Eisenbahn nach Vladivostok mit nachfolgender Verschiffung nach Marseille vor.

Neben dieser Vereinbarung ließ vor allem der am 3. März 1918 zwischen Rußland und Deutschland abgeschlossene Frieden von Brest-Litovsk die Tschechen schnellstmöglich das Weite suchen, da sie ihre Auslieferung an den Feind fürchteten. Ebenso mißtrauten die Russen dieser großen Militärmacht im eigenen Land und überwachten sie mit großer Strenge. So bewegten sich im Frühjahr 1918 insgesamt über 70 Züge mit den Angehörigen der Legion auf der Transsib gen Osten nach Vladivostok, wo bereits etwa ein Fünftel der Truppe angekommen war. Die Lage war gespannt, die Nerven lagen blank, und ein Vorfall im Ural wurde zum Auslöser dramatischer Entwicklungen.

Ein mit Tschechen besetzter Zug gen Osten und ein in Gegenrichtung fahrender, mit heimkehrenden ungarischen und zur Entente haltenden Kriegsgefangenen besetzter Zug standen sich im langen Halt auf den Gleisen des Bahnhofs in Čeljabinsk gegenüber. Aus Sprüchen wurden Handgreiflichkeiten, die brutale Auseinandersetzung kostete auf beiden Seiten Opfer. Der unbeholfene örtliche Sowjet forderte ein unverzügliches Machtwort aus Moskau. Als Trotzkij reagierte und die vollständige Entwaffnung der Legion verlangte, eskalierte die Situation. Die Tschechen revoltierten am 27. Mai 1918 gegen die Rote Armee und besetzten die wichtigsten Bahnhöfe, als erstes Čeljabinsk und Novonikolaevsk. Im Handumdrehen kontrollierte die kampferfahrene Truppe die Hauptschlagader allen öffentlichen Lebens in Sibirien. Die Sowjets waren in der Provinz völlig überrumpelt worden und konnten der Legion kaum Widerstand leisten.

Diesen innerrussischen Widerstand gegen die neue Regierung wollten die Alliierten, die von der bolschewistischen Revolution alles andere als begeistert waren, für ihre eigenen Ziele instrumentalisieren. Die Tschechen spielten mit und wollten nun die gesamte Strecke der Transsib erobern und somit einen Brückenkopf für eine künftige Invasion der Alliierten schaffen. Bereits Ende 1918 kämpften über 70 000 Japaner, 8000 Amerikaner, 2500 Briten sowie etwa je 1500 Franzosen und Italiener auf sibirischem Boden. Der Bürgerkrieg zwischen den roten Kommunisten und ihren mit der Farbe weiß titulierten Gegnern tobte entlang der Transsibirischen Eisenbahn mit erbitterter Grausamkeit. Jeder Panzerzug wurde zur Basis einer Privatarmee und auf dem Schlachtfeld Schienenstrang war häufig nicht mehr nachzuvollziehen, wo rot und wo weiß war, und wer hier eigentlich gegen wen kämpfte. Gekämpft wurde vor allem um die ›Bronewik‹ genannten Panzerzüge und Lokomotiven. Unzählige Züge blieben stecken, weil ihre Loks erobert wurden.

Die Unterstützung der Weißen durch die mehr auf die roten Sowjets hoffende Bevölkerung hielt sich in Grenzen. Zwar hatte sich aus der antibolschewistischen Opposition in Omsk unter General Aleksandr Kolčak eine provisorische Gegenregierung gebildet, doch sie war bald zerstritten und wurde immer handlungsunfähiger. Gleichzeitig terrorisierten Banden unter Kosakenatamanen wie Grigorij Semenov und Ivan Kalmykov mit Waffenunterstützung der Alliierten die Zivilbevölkerung auf brutalste Art und Weise. Angewidert vom unbeschreiblichen Chaos, zogen sich auch die tschechischen Legionäre zurück. Mit der Ausrufung der unabhängigen Republik in Prag im Oktober 1918 sahen sie ihr Ziel nun in einer schnellstmöglichen Rückkehr in die Heimat. Die letzten Soldaten der Legion verließen Rußland

Die Tschechische Legion bewacht die Transsibirische Eisenbahn. Die Inschrift lautet: Wenn jeder von uns ein Stein ist, wird die Nation zum Fels

am 2. September 1920. Doch in Sibirien und vor allem im Fernen Osten tobte der Bürgerkrieg noch über zwei Jahre, bis sich die Sowjets 1922 überall als Sieger etablieren konnten.

Ein berühmter, seit 1915 in der tschechischen Legion kämpfender Tscheche wechselte 1918 bei der Ankündigung der Unterstellung unter französischen Befehl die Fronten und kämpfte die nächsten zweieinhalb Jahre auf der roten Seite der Barrikade, wo er bis zu seiner Rückkehr nach Prag im Dezember 1920 als Politkommissar und Zeitungsredakteur tätig war – Jaroslav Hašek, der Erfinder des braven Soldaten Schwejk. Gedenktafeln in Čeljabinsk (ul. Timirjaševa) und in Irkutsk (ul. Marksa) erinnern an sein Wirken in den beiden Städten.

Die Bahnabschnitte der Transsib

Entsprechend den einzelnen Bauabschnitten wurde die Strecke in sechs Teile geteilt und entsprechenden Verwaltungen unterstellt. Die zunächst zu teure Amur-Bahn ersetzte man durch die Strecke durch die Mandschurei, die aber letztendlich ein Provisorium blieb, da die Amur-Bahn doch gebaut werden mußte.

Die Westsibirische Bahn reichte mit einer Länge von 1418 Kilometern von Čeljabinsk bis zum Ob'.

Die Mittelsibirische Bahn führte über 1831 Kilometer vom Ob' bis nach Irkutsk.

Die Baikal-Bahn bestand aus der Strecke Irkutsk–Port Bajkal und der später folgenden Baikal-Ringbahn. Mit einer Gesamtlänge von 328 Kilometern war sie zwar der kürzeste, aber der landschaftlich schönste und auch teuerste Abschnitt.

Chinesische Lok im Eisenbahnmuseum Peking

Die Transbaikal-Bahn mit einer Länge von 1105 Kilometern verband das Ostufer des Baikalsees mit dem Amur.

Die Ostchinesische Bahn verband zunächst als billigere Alternative zur Amurbahn über 250 Kilometer die heutigen Orte Karymskoe und Ussurijsk über das Territorium der zu China gehörenden Mandschurei. Teile der Strecke werden heute auch als Transmandschurische Bahn bezeichnet.

Die Amur-Bahn entstand als letzter Abschnitt und gewährleistete die durchgehende Streckenführung auf russischem Hoheitsgebiet.

Die Ussuri-Bahn verband mit einer 769 Kilometer langen Strecke die beiden Metropolen des Fernen Ostens, Vladivostok und Chabarovsk.

Die Transmongolische Bahn verbindet seit 1955 über das Territorium der Mongolei Rußland und China. Die Verbindung Moskau–Peking ist unter Transsibreisenden die populärste.

Die Westsibirische Bahn

Am 19. Juni 1892 wurde in Čeljabinsk mit dem Bau der Westsibirischen Bahn begonnen. Parallel dazu begann man am linken Ufer des gewaltigen Stromes Ob' mit der Suche nach einem geeigneten Ort für die künftige Brücke. Aus der damals gegründeten und nach dem Zaren Novonikolaevsk benannten Eisenbahnersiedlung hat sich dann die heute größte Metropole Sibiriens – Novosibirsk

Die Geschichte der Transsib

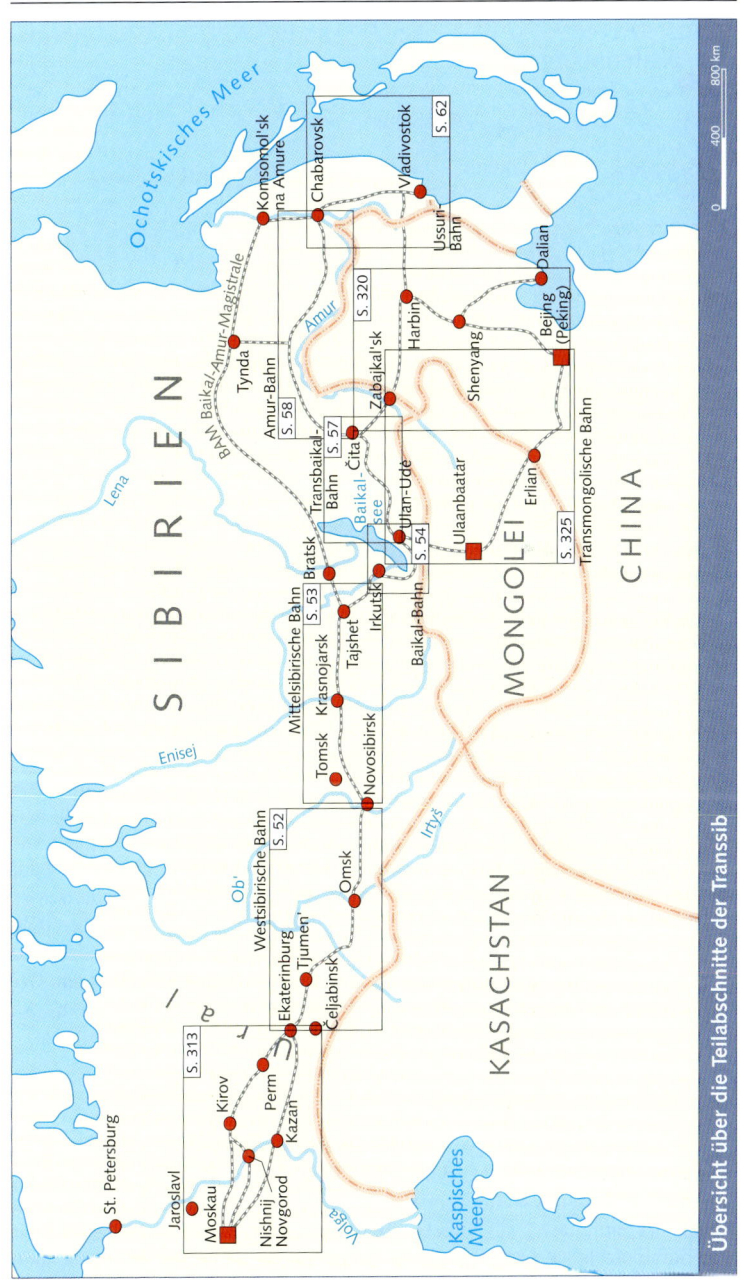

Übersicht über die Teilabschnitte der Transsib

Die Westsibirische Bahn

0   150   300 km

– entwickelt. Die Leitung oblag Konstantin Garin-Michailovskij, dessen Spuren heute vor allem in Novosibirsk noch vielerorts zu finden sind. Die Streckenführung durch die Steppen des Westsibirischen Tieflandes war zwar im Vergleich zu den ostwärts folgenden Abschnitten weniger anspruchsvoll, doch vor allem die Logistik für die aus dem europäischen Teil Rußlands heranzuschaffenden Baumaterialien bereitete Probleme. Der Stahl kam aus dem Ural, der Zement wurde aus Petersburg geliefert, und das vor Ort anzutreffende Baumholz war zu weich. Ein Teil des Materials war in Zügen untergebracht, die auf einem provisorischen Schienenstrang entsprechend dem Baufortschritt der Hauptstrecke vorrückten. Vier Eisenbrücken und über 250 Holzbrücken mußten aufgebaut werden. Vielerorts wurden artesische Brunnen gebohrt, da das Oberflächenwasser zu kalkhaltig für die Wasserversorgung der Lokomotiven war. Im Oktober 1896 wurde der 1415 Kilometer lange Abschnitt vollständig in Betrieb genommen, und auch die noch heute auf ihren Steinpfeilern stehende Stahlbrücke über den Ob' war vollendet. Die durchschnittliche Reisegeschwindigkeit erreichte aufgrund der auf diesem Abschnitt fehlenden Steigungen den Spitzenwert von 34 km/h.

Die Mittelsibirische Eisenbahn

Im Juli 1893 startete am rechten Ob'-Ufer der Bau der Mittelsibirischen Eisenbahn über Krasnojarsk in Richtung Irkutsk. Der Bauabschnitt stand unter der Leitung von Nikolaj Mešeninov. Im Vergleich zum westsibirischen Streckenabschnitt verlief hier ein Viertel der Strecke durch bergiges Gelände. Gleichzeitig fuhr man durch die Taiga, was zwar einerseits den Zugang zu hartem Schwellen- und

Die Mittelsibirische Bahn

Brückenholz erleichterte, aber andererseits auch umfangreiche Rodungen erforderlich machte. Hier kamen auch erstmalig Sträflinge zum Einsatz. Acht Monate beim Eisenbahnbau wurden gegen ein Jahr Zwangsarbeit aufgewogen. Über 800 Brücken wurden errichtet, davon waren 21 aus Eisen. Die Verbindung wurde in zwei in Krasnojarsk getrennten Teilabschnitten errichtet. Die Schienen wurden aus England importiert und kamen über das Nordmeer den Enisej flußaufwärts nach Krasnojarsk. Der westliche Teil der Strecke wurde im Februar 1898 vollendet, der östliche Abschnitt folgte fast genau ein Jahr später, als auch die neue Brücke über den Enisej fertig war. Diese einzigartige Metallkonstruktion wurde auf der Pariser Weltausstellung im Jahre 1900 mit einer Goldmedaille honoriert. Bei den ersten Zugverbindungen wurde eine durchschnittliche Reisegeschwindigkeit von 27 bis 28 km/h erreicht.

Die Baikal-Bahn

Die Baikal-Bahn ist ohne Zweifel einer der landschaftlich schönsten Abschnitte der gesamten Strecke vom Ural bis zum Pazifik. Gleichzeitig war es das ingenieurtechnisch anspruchsvollste und, auf die Baukosten pro Streckenkilometer zurückgerechnet, mit Abstand teuerste Teilstück der Großen Sibirischen Eisenbahn. Nicht von ungefähr kam die Bezeichnung ›Goldschnalle des russischen Stahlgürtels‹, die in zweierlei Hinsicht ihre Berechtigung hat. Vor ihrer Inbetriebnahme waren die beiden Baikalfähren die einzige aus Eisenbahnsicht offene Stelle des das russische Reich zusammenbindenden Stahlgürtels. Nun entstand die Schnalle, die die Teile verband, zu einem Preis, der die Metapher

Die Baikal-Bahn

0   35   70 km

›Goldschnalle‹ nahelegte. Auf Russisch heißt der Abschnitt ›Krugobajkalka‹, weshalb auch Bezeichnungen wie Baikal-Rundeisenbahn oder Circum-Baikalbahn anzutreffen sind.

Mit der Fähre über den Baikalsee

Nicht von ungefähr hatte man bei der ursprünglichen Streckenplanung die Variante, den Baikal mit Fähren zu überqueren, favorisiert. 1896 kam die Eisenbahn nach Irkutsk, der weitere Weg wurde jedoch vom Baikalsee versperrt. Es gab drei Planvarianten des Bahnbaus um den See: die erste führte am Fluß Irkut entlang, auf der zweiten verläuft die in den 1950er Jahren gebaute heutige Haupttrasse und die dritte verlief am Ufer des Baikalsees entlang. Aufgrund des horizontalen Profils der Strecke wurde das am wenigsten effektive und das teuerste dritte Projekt gewählt. Man befürchtete, daß die Lokomotiven den Anstiegen an den östlichen Ausläufern des Sajan-Gebirges nicht gewachsen wären. Die Eisenbahn wurde zunächst entlang des Angaraufers von Irkutsk bis zum Baikalufer gebaut. Der Bau der Strecke um die südliche Hälfte des Sees wurde zugunsten der Fährüberquerung in die Zukunft vertagt. Im Hafen von Port Bajkal wurde eine spezielle Anlegestelle für die Eisenbahnwaggons errichtet. Die Züge, die in Port Bajkal ankamen, wurden auf eine in England georderte Fähre geladen und auf das gegenüber liegende Ufer gebracht, zur Station Mysovaja. Die Überfahrt über den Baikalsee wurde Ende April 1900 eröffnet und die Fahrtdauer in eine Richtung betrug bei gutem Wetter nicht länger als dreieinhalb Stunden.

Der als Mischung aus Eisbrecher und Fährschiff geforderte Dampfer erreichte 1896 über die Angara seinen künftigen Einsatzort. Vom Hersteller, der Werft ›Armstrong & Co. aus Newcastle in durchnumerierte Einzelteile zerlegt, wurde er auf der dafür speziell errichteten Werft im Dorf Listvjanka in ungefähr zwei Jahren wieder zusammengebaut. Im gleichen Jahr wurde zusätzlich ein zweiter, kleinerer Dampfer bestellt. Beide Schiffe erhielten mit ›Bajkal‹ und ›Angara‹ die passenden Namen.

Das Fährschiff ›Bajkal‹ hatte mit knapp 90 Metern Länge und 17,5 Metern Breite eindrucksvolle Maße. Drei Schiffsschrauben leisteten 3750 PS. Das Schiff konnte 300 Passagiere, 25 Eisenbahnwaggons und 500 Tonnen Fracht transportieren.

Doch der nächste Winter zeigte, daß man die Dicke des Baikaleises unterschätzt hatte. Die Hoffnung, dank der Eisbrecher die Navigationsperiode von acht auf neun oder zehn Monate verlängern zu können, blieb eine Hoffnung, so daß die Verbindung von Mitte Januar bis Mitte Mai in bewährter Manier mit Pferdeschlitten erfolgen mußte. Fast dreitausend Pferde wurden im Winter gebraucht, um Passagiere und Gepäck in den Schlitten über den See zu transportieren. Für die Reisenden der 1. und 2. Klasse waren standesgemäß 100 russische Pferdetrojkas im Einsatz, Passagiere der dritten Klasse sowie Gepäck und Fracht wurden mit Einspännern befördert. Im Abstand von sechs Werst (etwa sechseinhalb Kilometer) wurden auf dem See mit Filz ausgekleidete Baracken errichtet, wo man sich bei Bedarf während der Überfahrt aufwärmen konnte.

Übers Eis des Baikalsees während des Russisch-Japanischen Krieges

Geschichten von jeden Winter über das Eis des Sees dampfenden Zügen sind Legenden. Nur einmal, im Winter 1904, wurde der gewagte Versuch unternommen, Gleise auf dem Eis zu verlegen. Ein aus der Not geborenes Risiko, denn Rußland befand sich seit dem japanischen Angriff auf Port Arthur am 8. Februar im Krieg mit Japan, und die Fähren hatten zwei Wochen zuvor ihre Navigation eingestellt. Einerseits mußten schnellstmöglich Geschütze und Munition zum Pazifik befördert werden, andererseits benötigte die Bahn nun zusätzliches rollendes Material auf der Ostseite des Baikalsees, um den Nachschub für die Front zu gewährleisten. Die Strecke war vom 28. Februar bis zum 25. März 1904 in Betrieb. Dabei wurden aber sowohl die Waggons als auch die in Chassis und Oberteil zerlegten Lokomotiven von Pferden über das Eis gezogen. Die Rechnung ging auf: Nur eine Lok versank im See, aber über 60 Lokomotiven und über 2300 Waggons überquerten auf den auf dem Eis verlegten Schienen den Baikalsee. Der Krieg war aber trotz dieses logistischen Erfolges für Rußland nicht zu gewinnen.

Nach der Inbetriebnahme der Baikalbahn wurde der direkte Fährbetrieb eingestellt, doch beide Schiffe verblieben auf dem See. Die größere ›Bajkal‹ stand in Spitzenzeiten für Güterzüge zur Verfügung. Sie sank in den Kämpfen des Bürgerkrieges, die ›Angara‹ fuhr noch lange Jahre als Fahrgastschiff, bevor sie nach ihrer Ausmusterung zum Museum für die Baikalschiffahrt umgebaut wurde und heute an der Irkutsker Staumauer ihre Besucher erwartet.

Die ›Goldschnalle‹

Als die Risiken der Fährverbindung offensichtlich wurden, kam man nicht umhin, dem Schienenstrang eine Trasse in die Felsen des Baikalufers zu sprengen. Anfang 1902 begann man nach umfangreichen geologischen Untersuchungen mit dem Bau. Für einen Kilometer Strecke wurde etwa ein Waggon Sprengstoff verbraucht. Es wurde auch nach speziellen technischen Standards gebaut: Im Vergleich mit anderen Abschnitten der großen Transsibirischen Eisenbahn wurden schwerere Gleise sowie besondere Schwellen verwendet und die Anzahl der Schwellen erhöht. Ursprünglich plante man die erste, eingleisige Linie in etwas mehr als drei Jahren zu bauen. Aber die sich zuspitzende Lage im Fernen Osten und der Russisch-Japanische Krieg zwangen dazu, das Tempo der Bauarbeiten zu beschleunigen, so daß die Bahnstrecke in zwei Jahren und vier Monaten fertiggestellt wurde. Insbesondere während des im Februar 1904 begonnenen Krieges gegen Japan wurde der Baikalsee zum Nadelöhr und Rußland bereute, seine Schnalle nicht nicht schon früher zusammengebunden zu haben.

Die Gesamtlänge der Eisenbahnstrecke von Port Bajkal bis Sljudjanka beträgt 84 Kilometer. Auf diesem Abschnitt wurden 424 Ingenieurbauwerke errichtet. Die größte Sehenswürdigkeit der Bahn stellen die 39 Tunnels dar, deren Gesamtlänge sieben Kilometer beträgt. Der Tunnelbau geschah manuell mit einer Geschwindigkeit von 40 bis 50 Zentimetern pro Tag. Alle Tunnel wurden von innen mit einem speziellen Stein verkleidet. Für diese Arbeiten wurden Spezialisten aus Italien und Albanien eingeladen, die Elemente des zyklopischen Legens verwendeten, bei dem die Steine nicht behauen, sondern je nach Form zurechtgelegt wurden. Jeder Tunnel ist ein Unikat. Am 30. September 1904 fuhr im ersten Zug von Port Bajkal bis Kultuk der Eisenbahnminister Fürst Michajl Ivanovič Chilkov, am 15. Oktober 1905 wurde der permanente Zugverkehr eröffnet. Das zweite Gleis der Baikal-Eisenbahn wurde in den Jahren 1911 bis 1915 fertiggestellt.

Das Ende der alten Strecke

Der letzte durchgehende Zug fuhr am 30. Juni 1956 auf dieser Strecke. Ab 1950 begann man mit dem Bau der heutigen Bahntrasse zwischen Irkutsk und der südwestlichen Baikalspitze in Kultuk. Die neuen Diesel- und Elektroloks verkrafteten die Steigungen im Unterschied zu den Dampflokomotiven aus den Transsib-Gründerjahren ohne Probleme. Gleichzeitig entstand das Irkutsker Wasserkraftwerk, dessen Inbetriebnahme die Angara zwischen Irkutsk und dem Baikalsee aufstaute und die parallel zur Angara verlaufenden Gleise überflutete.

Als Teil der Ostsibirischen Eisenbahn blieb nur die Strecke zwischen Kultuk und Mysovaja noch am Hauptgleis in Betrieb. Auf der anderen Hälfte der Krugobajkalka verkehrten ab Juli 1956 nur noch sporadisch Bummelzüge. Der größte Teil der legendären Goldschnalle des Rußland zusammenhaltenden Stahlgurtes versank in der Bedeutungslosigkeit.

Die Transbaikal-Bahn

Am Ostufer des Baikalsees begann der Bau der Bahn 1895. Die Strecke war zunächst über Čita bis Sretensk geplant, wo man ab 1900 dann auf die Flußschiffe umstieg, die auf der Schilka und dem Amur bis nach Chabarovsk verkehrten. Erst mit der Eröffnung der Ostchinesischen Bahn 1903 und der Amur-Bahn 1916 entstanden durchgehende Bahnverbindungen über die Mandschurei bzw. nördlich des Amurs. In den ersten Jahren sah die erste ganz Rußland durchziehende Route neben der Fährüberquerung des Baikalsees auch eine Dampferfahrt auf dem Amur vor – heute würde man von einer kombinierten Bahn- und Schiffsreise sprechen. Da die Strecke hier über weite Strecken durch die landschaftlich sehr schönen Täler der Selenga, Ingoda und der Schilka verläuft, waren umfangreiche Sprengarbeiten in den Felsen nötig. Hohe Steigungen und enge Kurven sorgten für zusätzliche Probleme. Im Tal des Flußes Ingoda zerstörten Erdrutsche und Überschwemmungen bereits fertige Abschnitte. Aufgrund der geringen Bevölkerungsdichte war auf diesem Bauabschnitt die Arbeitskräftesituation besonders angespannt, so daß man neben Sträflingen auch chinesische Arbeiter anwarb.

Die Transbaikal-Bahn

Mit über einjähriger Verspätung wurde Mitte des Jahres 1900 der regelmäßige Zugverkehr aufgenommen. Die Durchschnittsgeschwindigkeit auf dem Transbaikalien durchziehenden Bahnabschnitt belief sich auf 19 km/h.

Die Amur-Bahn

Am schwierigsten gestalteten sich die Erschließungsarbeiten für die Amurbahn, die Transbaikalien und Chabarovsk miteinander verbinden sollte. Über weite Strecken stieß man auf die südlichen Ausläufer des Dauerfrostbodens, wo die Erdoberfläche im Sommer nur wenige Zentimeter auftaut und alles andere als eine akzeptable Basis für die Trassenführung liefert. Die härtesten Fröste im südsibirischen Winter, viele zu überwindende Flüsse, die im Frühjahr regelmäßig über ihre Ufer treten, Logistikprobleme während der zu kurzen Sommer und andere Probleme verursachten den Technikern und den die Kosten überwachenden Buchhaltern graue Haare. Da stießen Ideen hinsichtlich einer veränderten Trassenführung auf fruchtbaren Boden. So rückte auch die zu China gehörende Mandschurei in das Blickfeld der Transsib-Erbauer. Die Streckenführung durch dieses Gebiet verkürzte die Entfernung zwischen Čita und Vladivostok um fast 700 Kilometer und verlangte bedeutend weniger ingenieurtechnische Extremleistungen.

Doch die politischen Ereignisse zwangen Rußland alsbald erneut, die schon ad acta gelegten Pläne für die Amurbahn erneut auf ihre Machbarkeit zu prüfen. Rußlands verheerende Niederlage im Krieg gegen Japan schürte in Petersburg die Angst, daß im Falle einer japanischen Annexion der Mandschurei samt der durch sie führenden russischen Eisenbahn Rußlands Ferner Osten vom Rest des Reiches mit allen weiteren Konsequenzen abgeschnitten wäre. Also begannen die Arbeiten am Amur erneut im Jahre 1908. In Spitzenzeiten wurden bis zu 20 000 Arbeitskräfte beim Bau der Bahn beschäftigt. Mit der Übergabe der Amur-

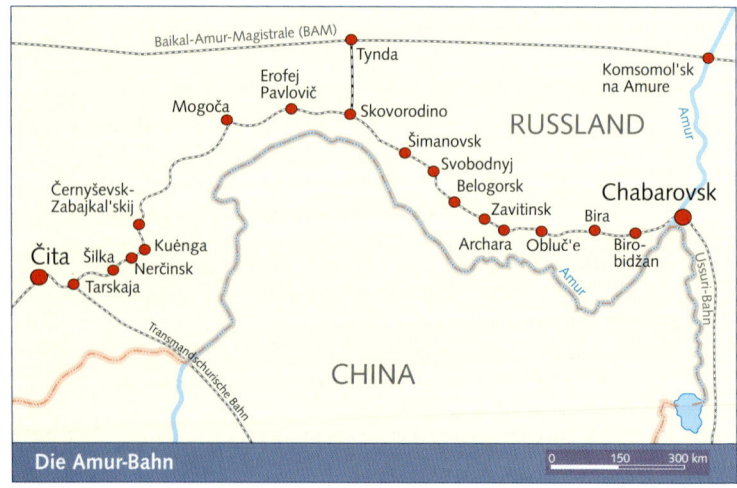

Die Amur-Bahn

Fliegende Händler auf dem Bahnhof in Sljudjanka

Brücke vor Chabarovsk im Oktober 1916 war das Werk vollbracht. Die wichtigsten Metallkonstruktionen für diese Brücke kamen aus Warschau mit der Bahn nach Odessa und dann auf dem Seeweg mit mehreren Schiffen nach Vladivostok. Doch die Inbetriebnahme der bereits 1915 fertiggestellten Strecke verzögerte sich um fast ein Jahr, da ein deutscher Kreuzer eines dieser Schiffe im Indischen Ozean versenkte. Doch Ende gut, alles gut. Das Jahrhundertprojekt Transsibirische Eisenbahn war mit der Einweihung der bis zum Frühjahr des Jahres 2000 in Betrieb befindlichen Brücke abgeschlossen.

Die Ostchinesische Bahn

Als preiswerte Alternativstrecke entstanden, wurde die Streckenführung durch China zu einer Eskapade in der Geschichte der Transsibirischen Eisenbahn. Das Reich der Mitte hatte 1895 den Krieg um Korea gegen die Japaner verloren und war wirtschaftlich wie politisch stark angeschlagen. Rußland sah seine Chance und nutzte sie. Man verhandelte über Konzessionen für einen Eisenbahnkorridor nach Vladivostok und den Zugang zu einem ganzjährig eisfreien Hafen. Zur Finanzierung wurde eine Russisch-Chinesische Bank gegründet, die dann eine de jure unabhängige, aber de facto mit der Staatsräson des Zaren die russischen Interessen durchsetzende ›Gesellschaft der chinesischen Ostbahn‹ finanzierte. Im Frühjahr 1896 wurde der Konzessionsvertrag als Geheimabkommen beider Länder während des Besuches des chinesischen Kanzlers anlässlich der Krönungsfeierlichkeiten für Nikolaj II. in Petersburg unterzeichnet. Drei Jahre später folgte ein weiterer Vertrag, der Rußland für 25 Jahre die Pachthoheit für das sogenannte

Kwantung-Gebiet mit seinen beiden Hafenstädten Port Arthur und dem nun in Dal'nij umbenannten Talienwan zusicherte. Die Bahngesellschaft hatte das Betriebsrecht auf 80 Jahre erhalten, das aber durch eine nach 36 Jahren eintretende Kaufoption der Chinesen eingeschränkt war. Im Sommer 1898 begann unter der Leitung von Aleksandr Jugovič in Harbin der Bau der Bahnlinie.

Doch China brodelte, sein seinerzeitiger Verhandlungsführer mit Rußland wurde zum Tode verurteilt. Die nationalistische und der körperlichen Ertüchtigung frönende Sekte Yihetuan (Faust im Namen des Friedens und der Gerechtigkeit) mobilisierte die Bevölkerung zum sogenannten ›Boxeraufstand‹. Der bereits 1901 fertiggestellte Bahnbau wurde dadurch zwar erheblich in Mitleidenschaft gezogen, doch Rußland verstärkte seine militärische Präsenz in der Mandschurei und eröffnete im Juli 1903 den normalen, durchgehenden Regelzugverkehr auf der Großen Sibirischen Bahn.

Zu dieser Zeit gab es Pläne, Port Arthur anstelle von Vladivostok zum strategischen Stützpunkt Rußlands an der Pazifikküste auszubauen, so daß für geraume Zeit auch Port Arthur (heute Lüshun) bzw. Dalnyj (Dalian) als Endpunkte der Sibirischen Bahn fungierten. Die vertraglichen Rechte an der Eisenbahn lieferten damals zugleich den Vorwand für die militärische Besatzung. Im Ergebnis des Russisch-Japanischen Krieges verlor Rußland jedoch seine Pachtrechte für die chinesischen Häfen, aber dank des Geschicks von Verhandlungsführer Witte verblieb bei der Ostchinesischen Eisenbahn alles wie gehabt. 1931 bewahrheitete sich die drohende Vision von der japanischen Besetzung der Mandschurei. Rußland verlor die Bahn, holte sie sich aber im Ergebnis der Kapitulationsverhandlungen 1945 wieder zurück. Erst 1954 wurden unter Stalin und Mao Zedong die Rechte an der Bahn dem damaligen sozialistisch wie brüderlich verbundenen chinesischen Volk zurückübertragen. Im selben Jahr fuhr auch erstmalig ein durchgängiger Expreß zwischen Moskau und Beijing. Heute ist das Gros der Strecke als Transmandschurische Bahn bekannt (Karte siehe Seite 320), die Streckenführung über Čita in Richtung Beijing folgt zunächst bis Harbin der Strecke der traditionellen Ostchinesischen Bahn und weiter in Richtung Süden bis Shenyang (früher: Mukden) der alten Strecke nach Port Arthur. Der ebenfalls zur alten Ostchinesischen Bahn gehörende Streckenabschnitt zwischen Harbin und Vladivostok besitzt heute nur noch regionale Bedeutung.

Die Transmongolische Bahn

Nachdem die staatlichen Beziehungen zwischen der Sowjetunion und der Volksrepublik China nach 1949 mit dem gemeinsamen Ziel Kommunismus eine neue Qualität erlangt hatten, wurde im darauffolgenden Jahr der Bau einer neuen, etwa 1000 Kilometer kürzeren Eisenbahnverbindung zwischen Peking und Rußland beschlossen. Die der alten Teestraße folgende Streckenführung ab dem südlich des Baikalsees gelegenen Ulan-Udé durch Moskaus Satellitenstaat Mongolei über Datong nach Peking gab der Strecke auch den Namen. Die heute unter Transsib-Touristen populärste Verbindung zwischen Moskau und Peking wurde nach fünfjähriger Bauzeit 1955 dem Verkehr übergeben (Karte siehe Seite 325).

Das Transsib-Fabergé-Ei

In der Sammlung der einzigartigen Prunk-eier von Peter Carl Fabergé befindet sich auch ein der Transsibirischen Eisenbahn gewidmetes Kunstwerk. Das vermutlich 1901 geschaffene Ei hat eine Höhe von 27,3 Zentimetern. Die Spitze ziert der Zarenadler. Drei Greifvögel schützen das Ei. Zwischen den grün leuchtenden Rän-dern dominiert ein breites Silberband mit der Inschrift ›Die Große Sibirische Eisenbahn, 1900‹. Eine eingravierte Kar-te zeigt den Streckenverlauf von Moskau nach Vladivostok. Der dazugehörende Miniaturzug fährt, wenn er mit dem Schlüssel aus purem Gold aufgezogen wird. Er hat mit seiner Lokomotive und den fünf Waggons – ein Gepäckwagen, drei Personenwagen und der berühmt gewordene Kirchenwagen – eine Länge von 39,8 Zentimetern. Das Kunstwerk befindet sich heute in der Sammlung der Rüstkammer im Moskauer Kreml.

Das Transsib-Ei

Ostereier galten auch in der russisch-orthodoxen Kirche als Symbol des Lebens und der Auferstehung und wurden vom Zaren in prunkvoller Gestaltung gern als Geschenke in Auftrag gegeben. Das erste Fabergé-Ei schenkte Alexander III. seiner Gattin im Jahre 1885. Die thematische Gestaltung der Eier variierte und oblag allein Fabergé, der sich auch nicht in die Karten schauen ließ. »Majestät werden zufrieden sein« – so seine Standardantwort auf die Neugier des Zaren.

Peter Carl Fabergé wurde 1846 in St. Petersburg als Sohn eines aus Frank-reich eingewanderten Juweliers geboren. Mit seiner Verknüpfung des Gold- und Silberschmiedehandwerks und der Edelsteinschleiferei sowie der Kunst, durch verschiedene Legierungen von Edelmetallen unzählige Farbnuancen zu erreichen, gelangen seiner Werkstatt vor allem mit den Prunkeiern einzigartige Kunstwerke. Fabergé kümmerte sich vor allem um die Ideen, die Qualität und die Aufträge, die handwerkliche Umsetzung lang in den Händen der Werkmeister.

Mit der Oktoberrevolution kam die Enteignung. Peter Carl Fabergé floh ins Ausland und verstarb 1920 in der Schweiz. Die Firma Fabergé hat ihren Sitz in New York. Das Privileg des Werkmeisters genießt heute eine traditionsreiche Pforzheimer Firma.

Die prunkvollen Fabergé-Eier vom Anfang des 20. Jahrhunderts erzielen bei Auktionen Höchstpreise, Ende 2007 wurde ein kurz vorher aufgetauchtes Ei aus dem Jahr 1902 für 12,5 Millionen Euro bei Christie's versteigert.

Die Ussuri-Bahn

Der erste Spatenstich oder besser gesagt die erste Schubkarre für die Trasse des Jahrhunderts wurde am 19. Mai 1891 um 10 Uhr Ortszeit in der Nähe des heutigen Vladivostoker Bahnhofs ›Vtoraja Rečka‹ durch den Zarenthronfolger Nikolaj ausgekippt. Nach der Rückkehr von einer ihn nach Ägypten, Indien und Japan führenden Weltreise hatte der Zarevič gerade wieder russischen Boden unter den Füßen und durfte diese Zeremonie im Auftrage seines Vaters wahrnehmen. Die Vollmacht des Zaren an seinen Sohn lautete: »Ich befehle nun mit dem Bau einer durch ganz Sibirien gängigen Eisenbahnstrecke zu beginnen, die das Ziel hat, die reichhaltigen Naturschätze der sibirischen Gebiete mit dem inneren Schienenverkehrsnetz zu verbinden. Ich übertrage Euch die Aufgabe, diesen, meinen Willen nach Eurer Heimkehr auf russischen Boden von der Besichtigung der Länder des Ostens kund zu tun. In diesem Zusammenhang übertrage ich Euch in Vladivostok den Vollzug der Grundsteinlegung des zum Bau durch unmittelbare Regierungsverfügung auf Kosten der Staatskasse genehmigten Ussuri-Abschnitte des Großen Sibirischen Schienenstranges.« Hiermit begann der Thronfolger seine Schirmherrschaft für das Jahrhundertprojekt. Auch seine folgende, drei Monate dauernde Rückkehr nach Moskau war zugleich ein Novum für den Zarenhof und Zeichen dafür, daß der Stellenwert Sibiriens deutlich angestiegen war. Erstmalig bereiste ein Mitglied der Zarenfamilie und noch dazu der künftige Zar das russische Reich in seiner ganzen Ausdehnung von Ost nach West und machte sich mit den Zuständen in Sibirien vertraut.

Der Bau der Ussuri-Bahn stand unter der Leitung von Orest Vjazemskij, an den heute die Station bei Kilometer 8651 erinnert. Die Einweihung der insgesamt 769 Kilometer langen Strecke erfolgte 1897. Am 26. Oktober nahm sie ihren Probebe-

Die Ussuri-Bahn

trieb auf, zwei Wochen später begann der reguläre Zugbetrieb. Die durchschnitt-liche Geschwindigkeit schwankte aufgrund der unterschiedlichen Steigungen zwischen 22 km/h in Richtung Norden und 26 km/h in Richtung Süden. Doch wie so oft wurde auch dieser Bau deutlich teurer als geplant. Die realen Baukosten von etwa 43 Millionen Rubel hatten das vorgesehene Budget um das Doppelte über-schritten und lieferten einen Vorgeschmack auf die Rußland noch bevorstehenden Aufwendungen. Die Befürchtungen vom ›bis dahin teuersten Friedensunternehmen der modernen Geschichte‹ sollten sich sehr bald bewahrheiten.

Die Baikal-Amur-Magistrale

Am 27. Oktober 1984 verkündete die Moskauer Nachrichtenagentur ›TASS‹ die Verlegung des ›goldenen Gleises‹ bei Kilometer 877 in der Nähe der Siedlung Kuanda. Die sowjetische Propaganda lief auf Hochtouren, um den Abschluß des Jahrhundertbauwerkes Baikal-Amur-Magistrale als Erfolg der Industrie- und Verkehrspolitik der Partei zu verkünden. Doch auch wenn das goldene Gleis glänzte, befahren werden konnte es noch lange nicht. Im April 1985 befuhr ein sogenannter Wissenschaftsexpreß erstmalig die gesamte Strecke, um ein Bild über den realen Zustand der Bahn zu bekommen. Es gab noch unzählige Provisorien, so daß die 3145 Kilometer lange Strecke von Ust-Kut nach Komsomol'sk am Amur zunächst nur als eine Art ›Light-Version‹ in Betrieb genommen wurde. Die volle Betriebsbereitschaft besteht seit 1991.

Vom GULag zum BAMLag

Die ersten Projekte für den Bau dieser Bahnlinie gehen in die 1930er Jahre zurück, als ein Generalplan für die wirtschaftliche Entwicklung Sibiriens ausgearbeitet wurde. Der östlichste Streckenabschnitt zwischen der gerade am Amur gegründeten Stadt Komsomol'sk und dem 475 Kilometer entfernten Pazifikhafen Sovetskaja Gavan wurde zu Beginn der 1940er Jahre zügig in Angriff genommen und nach kriegsbedingter Unterbrechung Ende der 1940er Jahre übergeben. Planung und Umsetzung der Baikal-Amur-Magistrale übernahm das 1932 in der an der Transsib gelegenen Ortschaft Svobodny angesiedelte BAMLag. Dabei handelte es sich um eine von vielen Unterabteilungen des GULag, die 1934 bereits über 60 000 Häftlinge für den Bau des 180 Kilometer langen, künftigen Verbindungsstückes zwischen Bamovskaja an der Transsib und Tynda im Norden einsetzte. Parallel begannen 1937 in Tajšet die Arbeiten am heutigen westlichen Ausgangspunkt der BAM in Richtung Bratsk und das am Strom Lena gelegene Ust-Kut. Auch diese Strecke bauten in erster Linie Sträflinge. Während des Zweiten Weltkrieges wurde ein Teil der Schienen wieder herausgerissen, da man sie für die Reparatur der zerstörten Strecke Saratov–Stalingrad benötigte. Nach dem Ende des Krieges arbeiteten dane-ben viele japanische Kriegsgefangene beim Bahnbau. Nach Stalins Tod wurde das Projekt BAM auf Eis gelegt und die Bahnstrecke nicht weiter vorangetrieben.

Erst ab 1971 begannen erneut die Arbeiten am fehlenden Hauptstück zwi-schen den Strömen Lena und Amur, den Städten Ust-Kut und Komsomol'sk. Es wurde der größte und der schwierigste Eisenbahnbau in der zweiten Hälfte des 20. Jahrhunderts. Wirtschaftlich sollte die Region mit ihren faktisch die gesamte Mendeleev-Tabelle abdeckenden Bodenschätzen erschlossen werden, politisch waren in dieser Zeit die sowjetisch-chinesischen Beziehungen außerordentlich angespannt. Aus militärstrategischer Sicht wäre die Transsib-Strecke im Ernstfall daher aufgrund ihrer Nähe zur chinesischen Grenze über Nacht Frontgebiet, so daß die BAM zugleich als strategisch sichere Alternative im Hinterland geplant wurde. Die Trasse verläuft zwischen 400 und 700 Kilometern nördlich der Transsib.

Die eingleisige Streckenführung erfolgte auf kaum vorstellbar schwierigem Terrain. Mehr als 2000 Brücken über Flüsse und Schluchten sowie Tunnelbauten durch sieben im Permafrost befindliche Bergrücken waren nötig. Der längste bislang in Rußland gebaute Tunnel durch das Stanovoygebirge erreicht eine Länge von über 15 Kilometern. Obwohl Stalins tödlicher GULag der Vergangenheit angehörte, kamen die Gleisbauer auch hier nicht ohne Strafgefangene aus. Ein populärer Witz jener Jahre beschreibt die Rede des bereits senilen Parteichefs Leonid Brežnev vor den Erbauern der BAM, die er mit den Worten: »Verehrte Genossen Komsomolzen, verehrte Genossen Matrosen« beginnt. Ein einhelliges Räuspern der ihn begleitenden Funktionäre läßt ihn innehalten. Doch auch der zweite Versuch dieser Anrede löst dieselbe Reaktion und Brežnevs Unmut aus. Bevor er ein drittes Mal starten kann, flüstert ihm ein Apparatschik zu: »Aber Genosse Brežnev, Matrosen tragen doch quergestreifte Kleidung«.

Studentenbrigaden

Doch ungeachtet der hohen Häftlingsquote auf dieser Großbaustelle des Kommunismus folgten nicht wenige freiwillig dem Aufruf des Jugendverbandes Komsomol, den die Partei 1974 in Almaty auf einem Komsomol-Kongreß proklamiert hatte. Abenteuergeist, Romantik, gute Verdienstmöglichkeiten und Wohnungsaussichten brachten viele Komsomolzen als stolze Erbauer und Neusiedler in die neu entlang des Schienenstrangs entstehenden Orte. Alljährlich im Sommer verdienten sich auch viele Studenten in sogenannten Studentenbrigaden auf den über das ganze Land verstreuten Großbaustellen ihre ersten Sporen und Rubel in der sozialistischen Produktion. Die Studenten erhielten eine uniformierte Arbeitskleidung und den jeweiligen Einsatz belegende Aufnäher. Die BAM wurde ein Schwerpunkt für solche Einsätze, doch das ist längst Geschichte.

Die BAM hat als zunächst als Provisorium den Sprung in die Marktwirtschaft überlebt. Aufwand und Nutzen bilden für viele Beteiligte ein Fragezeichen. Die geologisch wie klimatisch extreme Region wird ihre Strukturschwäche nicht aus eigener Kraft überwinden können. Doch die wieder an Attraktivität gewinnende Erschließung der Rohstoffreichtümer im Dauerfrostboden Sibiriens einerseits und die verbesserten finanziellen Rahmenbedingungen andererseits ließen den Investitionsstrom entlang der BAM wieder stärker fließen. So konnte im Dezember 2003 mit dem Bau des Severomysker Tunnels das letzte große Nadelör im ursprünglichen Streckenplan beseitigt werden. Der Anspruch des ›goldenen Gleises‹ aus dem Oktober 1984 wurde somit mit knapp 20jähriger Verspätung erfüllt.

Aussteigen auf der stillen Station Sima …

Aussteigen auf der stillen Station Sima.

Doch vorher die Scheibe herunterlassen,
am Fenster stehen und sehn: die vertrauten Häuser der Jugend
mit ihrem uralten Zierat, ockerfarben und rosa.

Dann vom Trittbrett springen, wie früher
den Damm runter über die Schlacke knirschen,
wo der Bahnhofsvorsteher den Gartenschlauch schwenkt
und die Schwüle verflucht nach allen Regeln,
wo die Enten die Köpfe kühlen im Bach,
wo die Hähne laut in den Morgen trompeten,
wo Sterne aus roten und weißen Ziegeln ausgelegt sind
unterm Rangierberg, dem Katzenbuckel …

Die staubigen Platten des Fußwegs betreten,
wo die Uhr ist über der Treppe zum Kreiskomitee
und der alte Zaun, wo der Hafer raschelt,
und der alte Markt, wo die Waage klirrt;
wo farbige Körbe, aus Rinden geflochten,

Der Bahnhof von Zima, dem Geburtsort des Dichters Evgenij Evtušenko; das Gebäude wurde inzwischen leider durch einen Neubau ersetzt

voll Blaubeeren stehn auf niedrigen Tischen,
wo Butterkugeln, hellgelb wie Flaum,
im Wasser der bunten Schüsseln schwimmen ...

Die Nester der Vögel wiedersehn
in der Nische des ausgeblichenen Torwegs,
und dieses Haus wiedersehn – nicht kleiner, nicht größer –
und den brettergeflickten Zaun,
und den Ofen, an dem wie vor Jahren
noch immer die Birkenrute lehnt,
und im Fenster den Steintopf mit Pilzen,
die wackligen Stufen und die Spalte darin,
durch die man im Keller die Champignons sieht...

Wie in Kindertagen eine Schraube aufheben,
in der Faust sie pressen und glücklich sein,
hangabwärts springen und Geröll prasseln lassen
hinunter zur nebelbedeckten Oka,
und den Wald durchstreunen, Türkenbund suchen,
einen Dickichtweg gehen aus Frankraut und Moos,
einem sommersprossigen Bootsmädchen helfen,
ihr die Zugleine halten, ihr das Teertau aufwinden.

Am Bienenstand, nahe am Teich,
den Honig würdigen nach Gebühr,
auf einem Wagen sacht über Feldwege schaukeln,
mit einer Gerte streicheln das Pferd,
über Preiselbeersträucher gehn
mit einer Rotte Jungen
und unter den Brücken beim Angeln lauschen,
wie die Züge hindonnern hoch über uns ...

Im Gras liegen, lachen, das Hemd sich vom Leib ziehn,
vom schrägen Ufer ins Wasser sich stürzen
und plötzlich begreifen: Wie wenig hab ich im Leben getan,
wieviel kann ich im Leben noch tun.

Aus: Jewtuschenko, Jewgenij, Lyrik, Prosa, Dokumente, Nymphenburger
Verlagshandlung 1972, S. 78.

Lokomotiven und Waggons

Dampflokomotiven sind in Rußland heute manchmal bei touristischen Sonder-
zügen noch im Einsatz. Es gab in den 1990er Jahren auf der Transsib mehrere
Sonderreisen nach Vladivostok, die von Jaroslavl' bis zur Pazifikküste vollständig
von historischen Dampfloks gezogen wurden. Auf der 9000 Kilometer langen
Strecke kamen dabei über 70 verschiedene Loks zum Einsatz, die – zumeist im
Doppelpack – den Zug über die einzelnen Streckenabschnitte zogen. Im Bahn-

Die Güterzuglok Feliks Dzeržinskij (FD)

Eine Lok vom Typ P 36-002

alltag werden Dampflokomotiven machmal noch bei Rangierfahrten eingesetzt.
Daneben kann man entlang der Strecke auf einzelnen Bahnhöfen eine Reihe von
rekonstruierten Dampfloks bewundern, die als Denkmal auf entsprechenden
Podesten stehen. Auf verschiedenen Lokfriedhöfen sind ebenfalls noch eine
Vielzahl alter Dampfloks zu besichtigen, die, teilweise noch funktionsfähig, zur
strategischen Transportreserve der Roten Armee gehören oder aber größtenteils
langsam aber sicher verrotten. Dabei finden sich auch viele amerikanische Loks

aus dem Hilfsprogramm während des Zweiten Weltkrieges sowie deutsche Loks aus den Reparationszahlungen nach diesem Krieg. Die russischen Loks tragen übrigens meistens einen grünen Anstrich, während es sich bei schwarzen Loks zumeist um Importe handelt.

Loktypen

Die wichtigsten russischen Loktyps und Baureihen waren die hier kurz vorgestellten Reihen P 36, FD und IS. Aufgrund des breiteren Spurprofils sind die meisten russischen Loks höher als westeuropäische Modelle.

Die Dampfloks für den Güterverkehr stammen aus der Baureihe FD. Der Prototyp der nach dem Gründer des sowjetischen Geheimdienstes Feliks Dzeržinskij benannten Reihe wurde 1931 in Vorošilovgrad (heute Lugansk/Ukraine) gebaut. Mit ihr begann eine grundlegende Erneuerung des sowjetischen Lokomotivparkes auf der Basis heimischer Produktionskapazitäten. Zwei Jahre später begann die bis in die 1950er Jahre dauernde Serienfertigung der 3000 PS starken Lok mit einer Achsfolge von 1E1.

Die Achsfolge wird in Rußland nur mit Ziffern und Bindestrichen ohne Buchstaben beschrieben (Russisch: 1-4-2 bedeutet somit deutsch: 1D2). Die mittlere Ziffer bzw. die Nummer des Buchstabens im Alphabet bezeichnen die Zahl der großen Räder und Achsen der Lokomotive, beispielsweise 4 oder D als vierter Buchstabe des Alphabetes. Es gibt kein Apostroph zur Kennzeichnung nicht zum Hauptrahmen gehörender Achsen (etwa russisch: 1-3-2 = deutsch: 1'C2'). Das bedeutet, daß den drei Achsen des Hauptrahmens eine Achse vorgeschaltet und zwei Achsen nachgeschaltet sind. Einzelachsantrieb ist im Russischen ebenfalls durch eine allerdings kleinere o gekennzeichnet (russisch: 1-5o-1 = deutsch: 1Eo1). Ein Plus steht allerdings nicht nur für auch einzeln fahrbereite Lokeinheiten (z.B. russisch: 0-3-0+0-3-0 kann auf deutsch C'C' oder C'C oder C+C bedeuten).

Neben dem Güterverkehr wurde auch eine neue Lokreihe für den Personenverkehr konzipiert, die nach dem Plattformprinzip eine ganze Reihe von für beide Baureihen austauschbaren Teilen nutzen sollte. Ihr Prototyp mit der Achsfolge 1D2 verließ 1932 die Lokfabrik Kolomna und erhielt ›auf Wunsch des Kollektivs der Arbeiter und Angestellten des Maschinenbaubetriebes Kolomna zu Ehren von Iosif Vissarionovič Stalin‹ die Bauartenbezeichnung IS. Die 3200 PS starke Lok ging zu Beginn des Jahres 1933 in Kolomna mit einem vierachsigen Tender und ab 1936 auch in Vorošilovgrad mit einem sechsachsigen Tender in Serie. Hier erfolgte auch die stromlinienförmige Verkleidung, mit der die Lok eine Höchstgeschwindigkeit von 155 km/h ereichte.

Die Reisezug-Dampflokomotive aus der Baureihe P36 wurde von 1947 bis 1950 mit einer Achsfolge 2D2 und einer Leistung von 2500 PS im Lokomotivenwerk Kolomna entwickelt Der vollständig geschweißte Kessel lag auf einem zweiteiligen Zylinderblock. Das Führerhaus war sehr geräumig. Die Lokomotiven mit einer Höchstgeschwindigkeit von 125 km/h wurden bis 1956 in Serie produziert und sind in ihren Dimensionen mit einer Länge von 30 Metern und einem Gewicht von 130 Tonnen beeindruckend. Dieses Modell fuhr bis 1970 auf der Transsib östlich von Irkutsk noch im Linienverkehr und ist heute als Denkmal an mehreren Bahnhöfen entlang der Strecke zu bewundern.

China begann erst nach dem Zweiten Weltkrieg mit der Produktion eigener Dampflokomotiven in den Fabriken Sifang und Dailang. In den Anfangsjahren wurden aber auch über 1000 gebrauchte Dampflokomotiven aus der Sowjetunion importiert. Die letzte Dampflok der am weitesten verbreiteten Baureihe QJ mit der Achsfolge 1Eo1 wurde 1983 produziert. Wenn auch ohne Personenbezeichnung, so erfolgte die Namensgebung für die Baureihen in China ebenfalls mit revolutionärem Bezug: QJ steht für Qanjin (Fortschritt), SY für Shangyou (Hohes Ziel), JS für Jianshe (Aufbau) und YJ für Yanjing (Vorwärtssprung).

Dieselloks

Diesellokomotiven begegnen dem Reisenden in Rußland auf den in Richtung Mongolei und China führenden Abzweigungen von der Haupttrasse der Transsib. In der Mongolei läuft der gesamte Zugverkehr mit Diesellokomotiven und auch in China fährt man von der Mongolei bis Beijing und in der Mandschurei bis Harbin mit Dieselkraft.

Elektrolok EP 1 im Bahnhof Čita

Die ersten Diesellokomotiven wurden in der Sowjetunion in den 1920er Jahren gebaut. Doch die vor allem in den Leningrader Putilov-Werken entwickelten Loks gingen nicht in Serie. Die Idee, sie vor allem im südlichen Mittelasien für die unter dem Wassermangel leidenden Dampfloks einzusetzen, ging aufgrund von damals nicht auszuräumenden Problemen mit der Kühlung nicht auf. Die Serienfertigung von Streckenlokomotiven auf Dieselbasis begann somit erst 1948 mit der Baureihe TE2 in der Lokomotivenfabrik Charkov (heute Charkiv/Ukraine).

In der Benennung orientierte man sich diesmal nicht an den Parteigrößen, sondern an technischen Parametern: T steht dabei für Teplovoz (Diesellok) und E für elektrische Übertragung im Unterschied zu G für hydraulische Übertragung. Der in 500 Einheiten gebauten Doppellok mit der Achsfolge Bo'Bo'+Bo'Bo' und einer Leistung von zweimal 1200 PS folgte mit der Baureihe TE3 eine neue leistungsstärkere Generation. Außer in Charkov begann ihre Produktion nach dem Aus für die Dampflokomotiven auch in Kolomna und Vorošilovgrad. Bis zum Jahr 1973 wurde sie in verschieden Folgeversionen und Modifikationen (TE 7, TE 10, TE 50, TEP 60 u.a.) in über 10 000 Exemplaren produziert und machte Rußland zum größten Diesellokhersteller der Welt.

Alle diese Lokomotiven haben eine elektrische Kraftübertragung. Mit der gängigeren, hydraulischen Kraftübertragung, die das Gewicht einer Lok um etwa

30 Prozent verringert, wurden zwar Versuchsreihen (TG 16, TGM4) entwickelt, sie konnten sich aber vor allem unter den extremen klimatischen Bedingungen in Sibirien nicht durchsetzen. Auch die hierzulande unter dem Spitznamen ›Taigatrommel‹ bekannte Diesellok TE 109, die die DDR aus der Sowjetunion importierte, trommelt heute noch in der Ussuri-Taiga im Fernen Osten. Die 1990 in Kolomna gebaute Lok TEP 80 hält übrigens aktuell mit einer bei Versuchsfahrten erreichten Höchstgeschwindigkeit von 271 km/h den Rekord der schnellsten Diesellok der Welt. Die Doppeldiesellok für den Güterverkehr mit der Typenbezeichnung TE3 mit einer Leistung von zweimal 2000 PS und einer Co'Co'+Co'Co'- Achsfolge brachte 1953 der Dieseltechnik bei der sowjetischen Bahn den Durchbruch. Mit ihrer Leistung existierte erstmalig eine Diesellok, die den leistungsstarken Dampfloks Paroli bieten konnte. Unter der Bezeichnung TE7 wurde ab 1957 eine Variante für den Schnellzugdienst produziert, die eine Höchstgeschwindigkeit von 140 km/h erreichte.

In China begann die Serienproduktion von Diesellokomotiven 1964 unter der Bezeichnung ›Ostwind‹ mit der Baureihe DF (Dong Feng). Die größte Verbreitung fand die DF4 mit Co-Co-Achsfolge und einer Leistung von 3300 PS sowie einer Höchstgeschwindigkeit von 120 km/h. Die Mongolei setzte lange Jahre nur aus der Sowjetunion importierte Dampf- und Diesellokomotiven ein.

Elektroloks

Die Strecke der Transsibirischen Eisenbahn von Moskau nach Vladivostok ist seit dem 25. Dezember 2002 durchgehend elektrifiziert. Die in Rußland heute eingesetzten Elektroloks stammen aus russischer oder aus tschechischer Produktion. Die ersten E-Loks wurden in der Sowjetunion in den 1930er Jahren gebaut. Nach den positiven Erfahrungen mit dem 1929 elekrifizierten ersten Abschnitt von Moskau nach Mytišči beschloß die Partei 1931, alle wichtigen Strecken des Landes zu elektrifizieren. Parallel dazu wurde beschlossen, anstelle der Lokimporte eine eigene Produktion von Elektroloks aufzubauen. Die Baureihe wurde nach dem Führer der russischen Revolution benannt: VL für Vladimir Lenin. Lenin stand also für Strom und Stalin für Dampf.

Die ersten Elektroloks kamen Ende des Jahres 1932 unter der Bezeichnung VL 19 mit einer Co'Co'-Achsstellung auf das Gleis, wobei die Zahl 19 für die Achslast von 19 Mp steht. Es folgten VL 22 und VL 22M mit einer Leistung von 2750 und 3200 PS, die bis 1955 produziert wurden. Von 1956 bis 1960 folgte die weniger in der Technik als vor allem im äußeren Erscheinungsbild modernisierte VL 23.

Im Reisezugverkehr gelangten ab 1955 im Rahmen der COMECON-Zusammenarbeit auch importierte Škoda-Lokomotiven der Baureihen CS1 bis CS7 zum Einsatz. Nachdem ab 1960 Wechselstrom in der weiteren Elektrifizierung dominierte, kam auch die Lokindustrie mit einer neuen Lokreihe unter dem Namen VL 60 auf die Schiene. Auf diese 5400 PS starke Co'Co'-Lok folgte zwei Jahre später mit der VL 80 eine Bo'Bo'+Bo'Bo'-Doppellok mit einer Leistung von fast 8500 PS. Häufig anzutreffen ist auch die Škoda-Lok CS4, die mit ihrer Achsfolge Co'Co' eine Leistung von 7500 PS aufweist.

Mit den Baureihen VL62 und VL82 gab es auch bereits Universallokomotiven, die sowohl mit Gleich- als auch mit Wechselstrom fahren können und mit der VL85 nochmals weiterentwickelt wurden. Heute sieht man zunehmend rote Loks der neuen Modellreihe EP. Diese Abkürzung steht nun nicht mehr für politische Führer, sondern ganz banal für ›Elektrolok für Personenzüge‹. Das neue Modell für den Güterverkehr, das derzeit in Ostsibirien in der Erprobung heißt, trägt wieder einen stolzeren Namen – Ermak – und erinnert an den die Eroberung Sibiriens einleitenden Kosakenführer. China begann in den 1950er Jahren mit

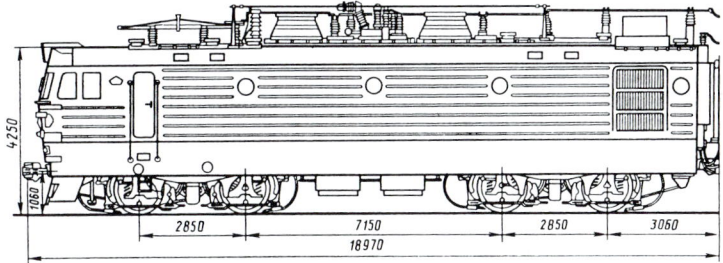

Eine Elektrolok vom Typ Vladimir Lenin (VL84)

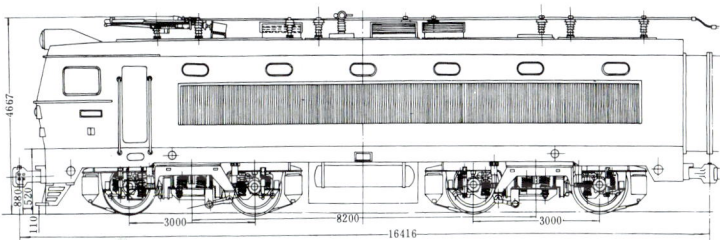

Eine chinesische Lok vom Typ SS4

der Elektrifizierung seines Eisenbahnstreckennetzes und errichtete in der Provinz Hunan eine eigene Fabrik für Elektrolokomotiven. Sie produziert die Lokomotiven der Baureihe SS (Shau Shan), die vor allem als Einzellok SS3 und als Doppellok SS4 überall im Land anzutreffen sind. Das modernste, zumeist blaue Modell hat die Typenbezeichnung SS9.

Die Élektrička-Triebwagen

Viele Metropolen entlang der Transsibirischen Eisenbahn haben in ihrem Umland umfangreiche Nahverkehrssyteme. Dabei werden in Rußland Entfernungen bewältigt, die in Mitteleuropa dem Fernverkehr schon alle Ehre machen würden – die Entfernungen sind in diesen Gefilden nun einmal etwas länger. Hier verkehren ›Élektrička‹ genannte Triebwagen, deren unterschiedlichen Ausführungen

der letzten 40 Jahre man entlang der Strecke in den verschiedenen Orten begutachten kann. Auf die Herstellung solcher Elektrotriebwagen für die gesamte
Sowjetunion spezialisierte sich in den 1950er Jahren das Eisenbahnwerk Riga
im heutigen Lettland, so daß der Nachschub mit dem Zerfall der Sowjetunion
nachhaltig ins Stocken geriet. Heute produziert eine Fabrik im Moskauer Gebiet
die Triebwagen – der Prototyp der neuen Modellgeneration startete als Flugha-
fen-Shuttle zwischen dem Moskauer Zentrum und dem Flughafen Domodedovo.
Die dreigliedrigen Einheiten sind auf eine Höchstgeschwindigkeit von 130 km/h
ausgerichtet und laufen zumeist im Verbund von zwei oder drei Einheiten (sechs
beziehungsweise neun Wagen). Dank der russischen Breitspur haben die Bänke
auf beiden Seiten des Mittelganges jeweils drei Sitze, so daß ein Wagen zwischen
105 und 108 Sitzplätzen hat. Die älteren Züge haben noch Holzbänke, ab 1975
wurde gepolstert.

Reisezugwagen

Die ersten russischen Personenwag-
gons wurden 1846 in St. Petersburg
in verschiedenen Varianten produziert. Man orientierte sich zunächst
sowohl an amerikanischen Mustern
des Großraumwagens als auch an der
europäischen Bauart der Abteilwagen,
die jedoch beide den russischen Gegebenheiten nur bedingt gerecht wurden.
Bereits 1869 wurden Richtlinien für den
Waggonbau erlassen, die neben Vor-
schriften für Bremsen und Beleuchtung
auch aufgrund der Entfernungen Liege-
möglichkeiten und aufgrund der kalten
Winter eine entsprechende Heizung
vorsahen. Es entstand der Seitengang-
wagen mit schmalen Doppelfenstern
und geschlossenen Endplattformen. Es
gab drei, teilweise vier Wagenklassen
und obligatorische Platzkarten. Nach
der Revolution wurden aus den gepol-

Offener Großraum-Liegewagen

sterten Klassen 1 und 2 die ›weiche‹
Klasse (mjagkij vagon), die sich dann erst wieder in den 1950er Jahren in Kategorie 1 und 2 unterteilte, je nachdem ob sich zwei oder vier Schlafplätze im Coupé
befanden. Diese bekamen jetzt mit zwei Schlafplätzen die Bezeichnung ›mjagkij
vagon‹ und mit vier Schlafplätzen die Bezeichnung Coupé-Waggon (›kupejnyj
vagon‹). Aus der zur Zarenzeit vom Material der Bänke zu Recht abgeleiteten
›Holzklasse‹ wurde nach der Revolution die ›harte Klasse‹ (›tverdyj vagon‹), die
sich heute ›Platzkarten-Waggon‹ (›plackartnyj vagon‹) nennt.

In der Zeit des Baus der transsibirischen Eisenbahn betrug die Normlänge eines Passagierwaggons 19,2 Meter. In den 1920er Jahren verlängerte sich die Standardlänge um einen Meter. Die Wagen gab es in folgenden Varianten:

28 ›weiche‹ Liegeplätze in sieben Abteilen
32 ›harte‹ Liegeplätze in acht Abteilen
56 ›harte‹ Liegeplätze im nachtfahrenden Fernverkehr oder 86 Sitzplätze im am Tage fahrenden Nahverkehr, wobei der Innenraum nicht in Coupés unterteilt war und sich neben den quer zur Fahrtrichtung befindlichen Liegen am seitlichen Gang in Längsrichtung zusätzliche Liegen befanden.

In den 1930er Jahren wurde das mit Stahlplatten verkleidete Holzgestell zunächst experimentell in Versuchsserien durch Stahlwaggons ersetzt. Der bis heute gültige Standard des Stahlwaggons mit geriffelten Wagenseiten und einer Kastenlänge von 23,95 Metern kam 1953 auf die Gleise. Ab 1962 wurden die Wagen nicht nur mit Heizung, sondern auch serienmäßig mit Klimaanlage ausgestattet.

Aktuelle Waggons

Das Gros heute in Rußland verkehrenden Reisezugwagen stammt aus Ostdeutschland. Der aus der 1823 gegründeten Wagenfabrik Gottfried Lindner hervorgegangene Waggonbau Ammendorf produzierte die Reisezugwagen zunächst im Rahmen der deutschen Reparationszahlungen und lieferte im Startjahr 1948 die ersten Waggons. Daraus entstand später eine Spezialisierung im Rahmen der COMECON-Arbeitsteilung. Jährlich wurden durchschnittlich 500 bis 600 Reisezugwagen für die Sowjetunion produziert und an den ›großen Bruder‹ ausgeliefert. Das in einem Vorort von Halle an der Saale ansässige Unternehmen besaß geradezu ein Monopol auf dem sowjetischen Markt. Von den in zwölf verschiedenen Ausfertigungen produzierten Waggons, die für eine Geschwindigkeit von 160 km/h und Temperaturen von +50 Grad bis –50 Grad oder sogar –60 Grad Celsius ausgelegt waren, wurden allein von 1948 bis 1990 exakt 26 437 Exemplare an die Sowjetische Eisenbahn übergeben. Die heute in Rußland verkehrenden Reisezugwagen sind in folgenden Varianten anzutreffen:

18 ›weiche‹ Liegeplätze in neun Abteilen (›weicher Waggon‹)
32 ›weiche‹ Doppelstock-Liegeplätze in acht Abteilen (›Coupé-Wagon‹)
36 ›weiche‹ Doppelstock-Liegeplätze in neun Abteilen (›Coupé-Wagon‹ in der am weitesten verbreiteten Ausführung – siehe Zeichnung)
38 ›harte‹ Liegeplätze in neun Abteilen (diese Variante wurde wieder eingestellt)
58 ›harte‹ Liegeplätze oder 87 Sitzplätze im ungeteilten Innenraum.

Das renommierte DDR-Unternehmen wurde nach der Wende an das kanadische Unternehmen Bombardier verkauft, das diese Waggons aber heute in Rußland im ehemaligen Bahnausbesserungswerk Tver' produzieren läßt.

Seit zwei Jahren kehrt nun auch der wahre Eisenbahnluxus auf Rußlands Schienen zurück: ein neuer Schlafwagen mit nur 4 bzw. 5 geräumigen Luxusabteilen und eigener Dusche, der derzeit im neuen Grand-Expreß zwischen Moskau und St. Petersburg und seit 2006 als neue Luxus-Kategorie in den touristischen Sonderzügen auf der Transsib zum Einsatz kommt.

Frachtkorridor Transsib

Der Frachtverkehr auf der Transsibirischen Eisenbahn hat in der postsowjetischen Zeit erhebliche Einbrüche erlitten. Hohe und wohl auch überhöhte Preise für lange Transportzeiten, schlechter Service und hoher Schwund vertrieben in- und ausländische Kunden. Das nicht marktgerechte Funktionieren der Bahn hatte in diesem Bereich weitreichende Konsequenzen für die innerrussischen Wirtschaftsbeziehungen, insbesondere östlich des Baikalsees. Da hier bis heute zum Schienenstrang keine durchgehende Straße als Alternative existiert, zwangen die hohen Frachtkosten viele russische Unternehmen, ihre langjährigen innerrussischen Geschäftskontakte aufzugeben und sich Partner in China oder Japan zu suchen. Gleichzeitig sank die Rolle der Transsib im Frachtverkehr zwischen Europa und Südostasien. Die Konkurrenz schlief nicht, und vor allem die der alten Seidenstraße folgenden Bahntrassen über China und Kasachstan profilierten sich als Alternative. Doch beide Strecken entsprechen den heutigen Anforderungen an eine attraktive Bahntrasse nur mit Einschränkungen, und Rußland möchte seine Marktführerschaft in diesem Bereich nicht verlieren.

Seit 1999 steigen die Frachtvolumen. Man versucht durch garantierte Durchlaufzeiten von den Häfen Nachodka und Vostochnyj an der Pazifikküste bis zur russisch-finnischen Grenze Buslovskaja/Vainikkala bzw. zur weißrussisch-polnischen Grenze Brest/Malaszewicze und entsprechendes Marketing frühere Marktpositionen zurückzugewinnen und auszubauen. So wuchs der Containerverkehr in den letzten Jahren von etwa 100 000 auf über 150 000 Einheiten bei einer nach Angaben des russsischen Eisenbahnministeriums auf 200 000 Einheiten gestiegenen Maximalkapazität.

Täglich gehen drei bis vier mit Transit-Containern beladene, sogenannte ›Blockzüge‹ unter der Bezeichnung ›West- bzw. Ostwind‹ in die Schienenspur. Jeder Container kann über ein satellitengestütztes Informationssystem jederzeit auf der Strecke geortet werden. Die Container werden ›Tür an Tür‹ verladen, und jeder Blockzug wird von einer bewaffneten Wachmannschaft begleitet, so daß sich die Sicherheit der Transporte deutlich verbessert hat.

Seit 1993 existiert eine spezielle Organisation , die den Transsitverkehr auf der Transsib koordiniert – CCTST (Coordination Council for Transsiberian Transport, www.cctst.msk.ru). Heute sind dort bereits über 30 Länder vertreten. Im Jahr 2002 rückte der Transitkorridor zusätzlich mit der Idee einer transkoreanischen Verlängerung der Transsib bis zum südkoreanischen Hafen Pusan in die Aufmerksamkeit der Weltöffentlichkeit. Im Zusammenhang mit der geplanten Wiederaufnahme des Zugverkehrs zwischen Nord- und Südkorea wurden auch entsprechende Verhandlungen mit Nordkorea aufgenommen.

www.transsib.ru

Unter dieser Adresse befindet sich die ultimative Internetseite in russischer Sprache. Der Vater der Idee heißt Sergej Sigačov und lebt in St. Petersburg. Der studierte Betriebswirt wurde 1964 in Irkutsk geboren. Seine Liebe zur Eisenbahn entdeckte er als 8jähriger Knirps bei seiner ersten großen zweitägigen Bahnreise von Chabarovsk nach Petrovskij Zavod. Er begann, alles über die Bahn und ihre Strecken zu sammeln und hatte auf seinen Reisen auch Gelegenheit, Erfahrungen vor Ort zu machen, zumal er in seiner Familienchronik herausfand, daß sein Urgroßvater und sein Großvater in der Mandschurei und in Ostsibirien an dem Jahrhundertbau mitgewirkt hatten. Zwischen 1974 und 2007 befuhr er die gesamte Strecke Moskau– Vladivostok insgesamt elfmal. Die Seite, die am 17. Juni 1998 erstmals im Netz stand und seither ständig aktualisiert und ergänzt wird, kann sich sehen lassen. Dem Untertitel ›Web-Enzyklopädie über die Transsibirische Eisenbahn‹, macht sie alle Ehre. Ein Transsibregister, ein detaillierter Überblick über die Streckenführung, ausführliche Abrisse zur Geschichte der Transsib, umfangreiche Informationen über die Städte entlang der Strecke, eine Fotogalerie mit über 3300 Aufnahmen mit Transsibbezug, eine Linksammlung mit fast 500 Internetverweisen und anderes sind heute abrufbar. Mit allerdings deutlichen inhaltlichen Abstrichen gibt es jetzt auch eine englische und eine deutsche Version. Die deutsche Version www.trans-sib.de ist wirklich nur eine Kurzfassung des sich ständig erweiternden russischen Originals. Der Bindestrich war notwendig, da www.transsib.de bereits vergeben war. Nachdem lange Zeit hier nur der Link zu einem Berliner Reiseveranstalter auftauchte, gewinnt diese Seite seit einiger Zeit ebenfalls an Profil.

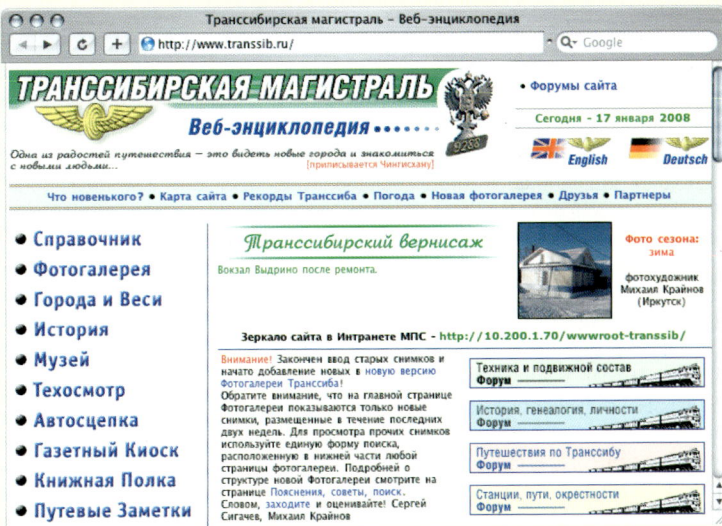

Die Geschichte der Transsib

Die Transsib in der Kunst

Berühmte Routen und ihre Reisenden sind aus künstlerischer Sicht ja bekanntlich ein oft strapaziertes Thema für Romanciers und Filmemacher. Besinnlichkeit und nachdenkliche Reisebekanntschaften, herrliche Landschaftsschilderungen oder Vor- und Nachteile des technischen Bahnfortschritts, aber auch kriminalistische Kammerspiele und aktionsbetonte Verfolgungsjagden finden in Fernzügen bekanntlich eine dankbare Umgebung. Doch auf der längsten Eisenbahnstrecke der Welt hält sich die – zumindestens uns bekannte – Ausbeute der Stoffe, aus dem sich die Transsib-Träume weben lassen, in vergleichsweise bescheidenen Grenzen. Die folgende kurze, international zusammengewürfelte Aufzählung aus den verschiedenen Bereichen der Kunst erhebt keinen Anspruch auf Vollständigkeit.

Literatur

Bereits 1913 machte ein auf einem zwei Meter langen Leporello veröffentlichtes Gedicht in Paris Furore: ›Die Prosa von der Transsibirischen Eisenbahn und der Kleinen Johanne von Frankreich‹. Der experimentierfreudige Autor Blaise Cendrars verarbeitete seine Reiseerfahrungen zur Zeit des Russisch-Japanischen Krieges im Jahr 1904 in harten Bildern zu einer furiosen Metapher über das Leben in seiner zugähnlichen Dynamik – ein ungewöhnliches Transsibirienexpress(ionistisches) Gedicht.

Eine klassische und in Moskau Aufsehen erregende Erzählung aus dem der Revolution folgenden Bürgerkrieg wurde Vsevolod Ivanovs später fürs Theater dramatisierte Erzählung ›Panzerzug 14-69‹ aus dem Jahre 1927. Ein in den Händen der Weißgardisten befindlicher Panzerzug wird, sinnbildlich für den Bürgerkrieg, irgendwo auf der Amur-Bahn von den roten Aufständischen durch Brückensprengungen und Schienenzerstörungen in seinem Aktionsradius immer mehr eingeengt und schließlich erobert.

Viele bekannte russische Schriftsteller wie Boris Pasternak, Vasilij Šukšin, Aleksandr Vampilov oder Andrei Makine schildern in Episoden ihrer Werke Bahnfahrten auf dem Rußland durchziehenden Schienenstrang, explizit sind diesem Thema aber keine ihrer Werke gewidmet.

Dafür griffen aber ausländische Autoren das dankbare Thema auf. So blieb auch die Transsibirische Eisenbahn von Heinz Konsaliks klischeetriefenden Rußlandabenteuern nicht verschont. In seinem ›Transsibirienexpreß‹ (1974) erlebt ein deutscher Ingenieur bei seiner Transsib-Fahrt von Gorkij (heute wieder Nižnij Novgorod) nach Vladivostok sowohl eine Art ›Schuld und Sühne light‹ als auch die russische Seele im weiblichen Körper. Etwas aktionsbetonter vermischen sich die Klischees im ›Trans-Siberian Express‹ (1977) von Warren Adler, der die Abenteuer eines russischstämmigen, amerikanischen Arztes beschreibt, der nach einer Leukämie-Behandlung des KP-Generalsekretärs mit der Transsib über Japan heimkehren soll. Zwar auch nicht gerade eine klischeefreie Zone, aber doch schon lesenswerter ist Hans Herlins ›Sibirien Transfer‹ (1988). Ein englischer

Corto Maltese in Sibirien

Geologe schlägt sich zwischen Rotgardisten, die einen verschollenen Zug mit dem Zarengold suchen, den Weißen und der Tschechischen Legion zumeist auf der Transsib durch die Wirren des russischen Bürgerkriegs. Zur selben Zeit spielt auch ›Der goldene Zug‹ von Miroslaw Bujko. Einerseits um historische Fakten bemüht, verblüfft er andererseits mit klischeehaften erotischen und politischen Eskapaden. Selbst der Comic-Held Corto Maltese aus der Feder des Italieners Hugo Pratt mischte in der Zeit des Bürgerkriegs auf der Transsibirischen Eisenbahn mit. Dank eines sehr fundierten zeitgeschichtlichen Einführungskapitels ist ›Corto Maltese in Sibirien‹ (1974) durchaus mehr als ein Kult-Comic und wurde 2002 als Trickfilm verfilmt.

Wirklich eindrucksvolle Schilderungen der Bahnreisen zwischen Tomsk, Vladivostok und Harbin in den Zeiten ihres Baus sowie der Revolution und des Bürgerkrieges finden sich auch bei Lothar Deeg in seiner halb dokumentarischen, halb belletristischen Geschichte des Vladivostoker Handelshauses Kunst & Albers (1996). Zeitgeschichtlich interessant ist ebenfalls ›Der Blick durch den Spiegel‹ (1998) von Christa Hein, deren Romanheldin 1904 mit der Transsibirischen Eisenbahn von Riga nach Port Arthur reist und dort den russisch-japanischen Krieg erlebt. Lesenswert ist auch ›Die diamantene Kutsche‹ (2006) von Boris Akunin. Rußlands neuer Meisterdetektiv aus der Zarenzeit, Erast Fandorin, der auch in Deutschland bereits eine Fangemeinde hat, verhindert 1904 zwei terroristische Anschläge auf die Transsibirische Eisenbahn.

Reisebeschreibungen

Die Faszination der Route durch Sibirien zog im Laufe des letzten Jahrhunderts unzählige Reisende derart in ihren Bann, daß sie ihre Reiseerlebnisse geplant oder spontan niederschrieben. Ob Forschungsreisende oder Nobelpreisträger, professionelle Journalisten oder Laienschriftsteller, Eisenbahnfreaks oder Weltenbummler, Geschäftsleute oder Lehrer – die Liste derer, die ihre Reiseerinnerungen veröffentlichten, ist lang. Neben ansonsten unbekannt gebliebenen Autoren findet man auch so prominente Namen wie Eugen Zabel, Fridtjof Nansen, Emil Nolde, Egon Erwin Kisch, Sven Hedin, Alexandra David Neel, Sigrid Undset, Paul Theroux, Eric Newby, Ryszard Kapuczinski, Hugo Portisch, Hardy Krüger, Richard Christ, Klaus Bednarz, Bob Geldof, Terziano Terzini, Thomas Roth u.v.a. in der schreibenden Zunft der Transsib-Touristen. Die Autoren dieses Handbuches haben eine Sammlung verschiedenster Reisebeschreibungen zu diesem Thema zusammengestellt. Dieses ›Transsib-Lesebuch‹ erschien 2002 ebenfalls beim Trescher Verlag Berlin. Ein zweiter Band dieses Lesebuches ist in Vorbereitung.

Film

Das große (Rail-) Road-Movie über die Transsib wurde wohl bislang noch nicht gedreht. Erwähnung sollten folgende, die ganze Bandbreite filmischer Erzählvarianten abdeckende Streifen finden. Der renommierte sowjetische Regisseur Julij Raisman drehte 1946 ›Expreß nach Fernost‹ – eine musikalische Komödie über einen Armeeoffizier und eine Lehrerin, die von Moskau zu ihren neuen Arbeitsorten in Sibirien unterwegs sind. Ein romantischer Film, der doch erfrischend aus dem sowjetischen Zeitgeist ausbrach und nach seiner umjubelten Premiere auch für über zehn Jahre in der Versenkung verschwand und auch heute schwer zu finden ist.

›Transsibirienexpress‹

Als Gruselkulisse diente die Transsibirische Eisenbahn nicht nur im Zusammenhang mit dem Eisernen Vorhang. Zwar nicht an Originalschauplätzen, sondern in Spanien entstand 1972 beispielsweise der englisch-spanische ›Horror-Expreß‹. Ein archäologischer Fund wird um 1910 im Gepäckwagen des Transsibirien-Expresses lebendig und versetzt die u.a. von Christopher Lee und Telly Savallas gespielten Passagiere in Angst und Schrecken. Der Film erschien 2007 als DVD unter dem Titel: ›Der Tod fährt 1. Klasse‹.

Einen klassischen ›Eastern‹ drehte El'dor Urazbajev 1978 mit ›Transsibirienexpreß‹. Die Handlung spielt 1927, als ein in der Mandschurei lebender exilrussischer Kaufmann vom Geheimdienst angeworben wird, im Zug von Harbin nach Moskau für einen geplanten Mord den Lockvogel zu spielen. Interessant an dem Film ist aber auch, daß das in Deutschland auch als Taschenbuch erschienene Drehbuch ein gemeinsames Frühwerk der heute so bekannten, wie verschiedenen Brüder Nikita Michalkov und Andrej Michalkov-Končalovskij ist. Beide genießen heute als Filmregisseure Weltruhm inclusive Oscar und Palmen aus Los Angeles und Cannes und verarbeiteten später nochmals das Thema Sibirien in meisterhaften Monumentalfilmen wie ›Sibiriade‹ (A. Michalkov-Končalovskij 1980) und dem im Dezember 2000 in die deutschen Kinos gekommenen ›Barbier von Sibirien‹ (N. Michalkov 1998).

Ein so ungewöhnlicher wie interessanter Film ist auch Ulrike Ottingers ›Johanna D'Arc of Mongolia‹ aus dem Jahr 1989. Vier Frauen, eine Studienrätin, eine Musical-Sängerin, eine Professorengattin und eine Rucksack-Touristin fahren in einem Salonwagen der Transsib in die Mongolei und diskutieren vor dem Hintergrund ihrer exotischen Grenzerfahrungen auf dieser Reise über Gott und die Welt.

Es gibt verschiedene Dokumentarfilme, die die Bahnlinie als Spiegelbild für die jeweils aktuellen Probleme des Riesenreiches thematisch aufgreifen. 2006 war das schweizerische Fernsehen mit Susanne Wille und seiner Sendung › 10 vor 10‹ in acht Reportagen die Transsib entlanggereist. Ebenfalls 2006 begleiteten unter der Regie von Harald Kirchner auch zwei Folgen der SWR-Reihe ›Eisenbahnromantik‹ (Folgen 587 und 588) eine Transsib-Sonderzugreise von Beijing nach Moskau. An Weihnachten 2007 lief in der ARD unter dem Titel ›Von Moskau nach Wladiwostok‹ eine zweiteilige Reisereportage von Albrecht Reinhardt.

Stellvertretend für alle bereits etwas ältere Filme, die manchmal noch im Spätprogramm auftauchen und auch zeitgeschichtlich nicht uninteressant sind, seien hier ›Der stählerne Breitengrad‹ von Achim Roth (DDR-Fernsehen, 1988), die ›Reise nach Sibirien‹ von Peter Welz (Bayrischer Rundfunk, 1991) und ›Orient-Express: Moskau–Peking‹ (Schweizer Fernsehen 1993) genannt.

Musik

Die Radiobeschallung in den Zugabteilen hat ihre Penetranz aus sowjetischen Zeiten verloren. Je nach Laune und musikalischen Vorlieben des Zugchefs spielt ein Dudelprogramm, das man mit dem Drehknopf über dem Abteilfenster oder im Korridor zwischen ganz leise (Stille) und ganz laut variieren kann.

Es gibt bereits eine Vielzahl von Musikstücken mit dem Thema Transsib. An erster Stelle ist hier sicherlich die als Gesamtkunstwerk dem Thema gewidmete CD ›Trans-Siberia‹ der bekannten Berliner Gruppe ›Tangerine Dream‹ zu nennen. Sie erschien 1994 und ist mit gängigen Instrumentalstücken wie ›Jaroslavler Bahnhof‹, ›Sibirische Nächte‹ eine stimmungsvolle Untermalung für das Bahnrattern. Bereits aus dem Jahr 1980 stammt ›Trans Siberian Express‹ von Bardi Blaise – die etwas schrille Rockballade erreichte aber keinen größeren Bekanntheitsgrad. Ähnlich erging es der italienischen Gruppe ›Dirty Mind‹, die 1994 den Titel ›Transsiberiana‹ herausbrachte. Viel melancholischer dagegen fährt die Münchner Interpretin Michaela Dietl auf Ihrer CD ›Siebzehnmal Do it‹ (1996) instrumental sehr melodisch mit Violine und Kontrabaß sechs Minuten ›Transsib‹.

Generell ist wohl in Deutschland das größte musikalische Interesse an der Transsib in Bayern zu konstatieren. Die ›Original Nachtfalter aus Bayern‹ kreierten für ihre CD ›Musik macht das Leben schön‹ sogar eine Polka mit dem Titel ›Transsibirische Eisenbahn‹. Das Gesangsduo ›Die Ulmer‹ steuerten ebenfalls noch einen Transsib-Song bei. Obwohl ›Das Schienenband das Lied der Taiga singt‹ musikalisch mehr nach Transamerika-Expreß klingt, was auch wenig verwundert, da die Melodie eigentlich von Johnny Cash stammt.

In Rußland ist das Thema Reise und Bahn zwar vor allem bei Liedermachern und Chansonniers ein beliebtes Thema, aber die Transsib kommt selten darin vor.

Nur der bekannte Petersburger Chansonnier Aleksandr Rozenbaum veröffentlichte 2001 eine CD unter dem Titel ›Transsibirische Magistrale‹. Viele Gitarrensongs wurden dagegen über die BAM genannte Baikal-Amur-Magistrale geschrieben, als viele Enthusiasten ab 1975 unter der Ägide des kommunistischen Jugendverbandes durch den Schienenbau in der Taiga ihrer Abenteuerlust frönten.

Sammelleidenschaft

Der Mythos Transsibirische Eisenbahn lebt und wird als zeitgeschichtliches Ereignis, Wirtschaftsfaktor, eisenbahntechnischer Superlativ, Reiselegende und mentale Herausforderung gehegt und gepflegt. Das Thema taucht aber auch als Münz- oder Briefmarkenmotiv und selbst als Gesellschaftsspiel auf. Neben Rußland, wo es sowohl Briefmarken als auch die dort weit verbreiteten Motiv-Briefumschläge zum Thema Transsib gibt, brachten auch die Mongolei und Staaten wie Ungarn und Guyana Briefmarken zu diesem Thema heraus.

Unter Münzsammlern sind vor allem die drei russischen Gedenkmünzen begehrt. Aus der Mongolei gibt es ebenfalls eine Gedenkmünze zur Transsib. In Frankreich widmeten sich die Münzer 2004 dem Thema und veröffentlichten eine aus vier Münzen bestehende Serie über die verschiedenen Verkehrsmittel, mit denen man auf dem Weg nach Südostasien Sibirien durch- und überqueren kann. Die Transsibirien-Expreß-Münze in der deutschen Münzedition Eisenbahnlegenden ist dagegen eher der Rubrik Schnickschnack zuzuordnen.

Abzeichen sind in Rußland ebenfalls ein populäres Souvenir und Sammelobjekt. Direkt zum Thema Transsib gibt es allerdings kaum Abzeichen. Allerdings wurde der Bau der auch Transsib des 20. Jahrhunderts umschriebenen Baikal-Amur-Magistrale in vielen Abzeichenserien verewigt. Daneben gibt es aber noch viele andere Bahnmotive mit mehr oder weniger direktem Bezug zur Transsib.

Häufig werden auch die bekannten russischen Teeglashalter aus Metall mit der russischen Eisenbahn und der Transsib assoziiert, denn die meisten Reisenden machen die Bekanntschaft damit. Spezielle Teeglashalter aus vernickeltem Messing mit einem Eisenbahnmotiv und dem Aufdruck der damaligen russische Bahnverwaltung gab es in der Vergangenheit nur in den Jahren von etwa 1925 bis 1940. Jetzt lebt diese Tradition wieder auf, die Marktwirtschaft macht es möglich und die vor allem in den Sonderzügen geforderten Preise je nach Ausstattung von 30 bis 50 Euro beinhalten wohl auch satte Gewinnmargen. Aber auch die örtlichen Eisenbahngesellschaften entdecken die Tee trinkenden Passagiere als Zielgruppe und statten ihre Züge mit neuen Teeglashaltern mit Eisenbahnmotiven aus. Wenn man hier mit der Provodniza über einen Kaufpreis verhandelt, sollte man sich aktuell auf Preise zwischen 300 und 500 Rubel einstellen.

Für Spielernaturen unter den Transsib-Fans gibt es auch ein Gesellschaftsspiele zum Thema. Aus Deutschland stammt das Brettspiel ›Transsib‹, das – vor etwa zehn Jahren entstanden – den Spielern die neuen Regeln des russischen Kapitalismus im Speisewagen des Expreßzuges Irkutsk–Moskau zwischen Mangelwirtschaft, Schutzgelderpressung und viel Vodka erwürfeln läßt. Selbst für ausgewiesene Klischee-Fans ist es aber mittlerweile am ehesten ein zeithistorisches Spielzeug.

Eisenbahnhumor

Der russische Humor ist legendär, und auch die Transsibirische Eisenbahn ist Gegenstand zahlreicher Witze und Karikaturen. Ein beliebtes Objekt teils sarkstischern Humors ist zum Beispiel Tolstojs Romanfigur ›Anna Karenina‹, die den Freitod auf Eisenbahnschienen gewählt hat.

Ein in vielen verschiedenen Variationen erzählter Transsib-Witz lautet wie folgt: Ein Zug steht auf den Gleisen der Transsibirischen Eisenbahn. In einem Waggon sitzen Nikolaus II., Lenin, Stalin, Chruščëv, Brežnev, Gorbačëv und Jelzin. Der Zug rührt sich nicht von der Stelle. Alle sind sich einig, es muß etwas passieren.

Nikolaus II. steht auf.»Ich werde den Zug zum Fahren bringen!« Er steigt aus, sattelt ein Pferd, um zur Zarin zu reiten und ward nicht mehr gesehen. Der Zug steht.

Lenin steht auf.»Ich werde den Zug zum Fahren bringen!« Er verläßt den Waggon und kehrt nach einigen Minuten zurück.»Ich habe die 8-Tage-Arbeitswoche eingeführt!« Der Zug steht.

Stalin steht auf.»Ich werde den Zug zum Fahren bringen!« Er verläßt den Waggon und kehrt nach wenigen Minuten zurück.»Ich habe den Lokführer erschießen lassen!« Der Zug steht.

Chruščëv steht auf.»Ich werde den Zug zum Fahren bringen!« Er verläßt den Waggon und kehrt nach einigen Minuten zurück.»Ich habe den Lokführer rehabilitiert!« Der Zug steht.

Brežnev steht auf.»Ich werde den Zug zum Fahren bringen!« Er schließt die Vorhänge und instruiert alle, sich so zu bewegen, als ob der Zug fahren würde. Doch der Zug steht.

Gorbačëv steht auf.»Ich werde den Zug zum Fahren bringen!« Er steht auf, öffnet das Fenster, schaut hinaus und sagt:»Der Zug fährt wirklich nicht!« Und der Zug steht.

Jelzin steht auf.»Ich werde den Zug gegen einen anderen Zug austauschen, der fährt.« Er verläßt den Zug und kommt bald mit einem neuen Zug zurück. Doch beim Einsteigen sehen die Passagiere an der Zugspitze eine mit einer amerikanischen Flagge geschmückte alte deutsche Reichsbahn-Dampflok ohne Räder. Der Zug steht.

Nachdem Putin die Eisenbahn in die neue Staatsholding Gasneftugolmetatomprommaschseltorgtransaviazheldorflot * integriert hat und die Tochterfirmen eine Lok und Diesel liefern, kommt der Zug in Bewegung. Angeblich will Putin ja nach der zweiten. Amtszeit in die Privatwirtschaft wechseln. Er soll der Chef der Staatsholding werden. Aber ob Angela Merkel auch einen Aufsichtsratsposten erhält?

* In Rußland werden bei Namen von Wirtschaftsunternehmen häufig die ersten Silben der dazu gehörigen Begriffe zu einem neuen Wort zusammengefasst. So heißt Gasprom z.B. eigentlich Gasovaja promyschlennost – Gasindustrie. Diese häufig langen Bezeichnungen sind dann wahre Zungenbrecher. Das beliebig erweiterbare Gasneftugolmetatomprommaschseltorgtransaviazheldorflot* vereinigt die jeweils ersten Silben nahezu aller wichtigen Wirtschaftszweige Rußlands.

Transsib von A bis Z

An- und Abfahrt nach Rußland mit der Bahn

Zugverbindungen, teilweise täglich bzw. mehrmals wöchentlich, sind im deutschsprachigen Raum zum Beispiel von Berlin, Hannover, Wien, Basel oder Zürich

Gepäckträger

aus möglich. Auch auf den Internetseiten der Deutschen Bahn sind die Eisenbahnnetze sowohl Rußlands als auch der Mongolei und Chinas mit allen größeren Bahnhöfen (Fettdruck im Routenplan ab S. 274, allerding teilweise in abweichender Schreibweise) unter Routenplanung und Fahrplaninformation abrufbar. Die dort ausgewisesenen Zugnummern unterscheiden sich aber von den lokalen Zugnummern, und auch Fahrpreisinformationen werden dort nicht angezeigt. (www.bahn.de).

▶ Hannover/Hbf–Moskau. Fahrtdauer ca. 34 Stunden; Kurswagen, Schlafwagenzug.
▶ Berlin–Moskau, Fahrtdauer ca. 28 Stunden.
▶ Berlin–Novosibirsk, Fahrtdauer: ca. 104 Stunden; Kurswagen, Schlafwagenzug.
▶ Wien/Südbf (Ost)–Moskau, Fahrtdauer: ca. 31 Stunden; Schlaf-/Liegewagenzug.
▶ Moskau–Wien/Südbf (Ost), Fahrtdauer: ca. 34 Stunden; Kurswagen, Schlafwagenzug.
▶ Basel SBB–Moskau, Verbindung über Deutschland, Fahrtdauer: ca. 37 Stunden; Kurswagen, Schlafwagenzug.
▶ Zürich–Moskau, Fahrtdauer: ca. 45 Stunden.

Anreise nach Rußland mit dem Flugzeug

▶ Berlin–Moskau, mehrmals täglich.
▶ Frankfurt/M.–Moskau, mehrmals täglich.
▶ Frankfurt/M.–Peking, täglich.
▶ Peking–Frankfurt/M., täglich.
▶ Ulaanbaatar–Frankfurt/M., wöchentlich.
▶ Berlin–Ulaanbaatar, Direktflug wöchentlich.
▶ Ulaanbaatar–Berlin, Direktflug wöchentlich.
▶ Berlin–Novosibirsk, täglich.
▶ Wien–Moskau, täglich.
▶ Wien–Peking, mehrmals wöchentlich.
▶ Peking–Wien, mehrmals wöchentlich.
▶ Zürich–Moskau, täglich.
▶ Moskau–Zürich, täglich.
▶ Peking–Zürich, mehrmals wöchentlich.
▶ Zürich–Peking, mehrmals wöchentlich.

Desweiteren gibt es Flugverbindungen in andere russische Städte, in der Regel über Frankfurt oder Moskau:

▸ Frankfurt–Perm, mehrmals wöchentlich.

▸ Frankfurt–Omsk, wöchentlich.

▸ Wien–Ekaterinburg, täglich.

▸ Zürich–Ekaterinburg, täglich.

▸ Zürich–Novosibirsk, täglich

▸ Wien–Novosibirsk, täglich.

Tägliche Verbindungen bestehen zudem mit Aeroflot zwischen Moskau und Perm', Ekaterinburg, Tjumen, Omsk, Novosibirsk, Krasnojarsk, Irkutsk, Ulan-Udé, Čita, Vladivostok sowie Chabarovsk

Die in diesem Buch (S. 389) genannten Reiseveranstalter helfen auch Individualreisenden bei der Organisation von Anschlüssen und der Buchung von Tickets.

Abfahrt des Zuges in Rußland

Am Abfahrtsbahnhof wird der Zug in der Regel 30 Minuten vor Abfahrt bereitgestellt. An Bahnhöfen, die der Zug auf der Durchreise passiert, schwankt der fahrplanmäßige Aufenthalt je nach Bedeutung und Passagieraufkommen zwischen 2 und 30 Minuten. Der Zugang zu den Bahnsteigen ist frei. Man sollte sich in jedem Fall **rechtzeitig** am Bahnhof einfinden, empfehlenswert ist eine halbe Stunde, um sich entsprechend orientieren zu können und so hat man Zeit, die fast durchweg interessante Atmosphäre zu schnuppern und auch, falls nötig, noch Reisebedarf einzukaufen. Im Umfeld der Bahnhöfe gibt es zahlreiche Kioske und fliegende Händler. Das Bahnpersonal und auch Passanten können weiterhelfen, wenn großes Gepäck in der Gepäckaufbewahrung deponiert werden soll.

Lassen Sie sich nicht durch die unterschiedlichen Uhrzeiten auf dem Bahnhofsgelände irritieren: Die Uhren zum Bahnhofsvorplatz zeigen in der Regel **Ortszeit**, die zum Bahnsteig hin zeigen allesamt **Moskauer Zeit**, die auch für alle Fahrpläne maßgeblich ist. Wagenstandsanzeiger sind nicht üblich.

Die **Numerierung** erfolgt in nahezu allen Fällen aufsteigend. Häufig trifft man auf russische Reisende mit viel Routine, die ungefähr abschätzen können, wo etwa welcher Wagen halten wird, so daß man durchaus fragen kann. Da die Fernzüge der Transsib bis zu 500 Meter lang sind, empfiehlt es sich, seine Mobilität samt Gepäck einzuschätzen oder einen der Gepäckträger zu mieten, die man auf allen großen Bahnhöfen findet. In Moskau und St. Petersburg sind es seit Zarenzeiten Tataren, die das Monopol auf die Gepäckträgerdienste haben. Bei Sonderzugreisen sind diese Dienstleistungen zumeist bereits inclusive.

Die **Ansagen** zur Abfahrt des Zuges erfolgen nur auf Russisch, weitere Signale gibt es nicht. Die Schaffner achten aber auf allen Bahnhöfen unterwegs, manchmal eher übervorsichtig darauf, daß sich niemand allzu weit vom Zug entfernt.

Häufig stehen Bahnpolizisten am Aufgang des Bahnsteiges und schicken Reisende mit **Großgepäck** (über 36 Kilogramm) unweigerlich zurück – Übergepäck darf nicht in die Reisewaggons, sondern wird gegen Zusatzberechnung im Gepäckwaggon transportiert.

Bevor jemand an Bord gelangen kann, bauen sich die Schaffner mit energischem Blick vor der Waggontür auf und prüfen sehr sorgfältig die **Fahrkarten**. Nur wer exakt für diesen Waggon eine Reservierung vorweisen kann, darf einsteigen. Auch für alle Bahnhöfe unterwegs gilt, daß niemand ohne Reservierung an Bord darf. Begleiter werden spätestens fünf Minuten vor Abfahrt nachdrücklich aufgefordert, den Zug zu verlassen.

Abfahrt des Zuges in China

Am Abfahrtsbahnhof wird der Zug in der Regel 30 Minuten vor Abfahrt bereit gestellt. An Bahnhöfen, die der Zug auf der Durchreise passiert, schwankt der fahrplanmäßige Aufenthalt je nach Bedeutung und Passagieraufkommen zwischen 2 und 15 Minuten.

Der **Zugang zum Bahnsteig** ist streng reglementiert. Es gibt im Bahnhofsgebäude Warteräume und der Zugmag zum Bahnsteig wird es mit Einfahrt des Zuges freigegeben. Begleiter dürfen nicht mit auf den Bahnsteig. Man sollte sich in jedem Fall **rechtzeitig** am Bahnhof einfinden, empfehlenswert ist eine halbe Stunde, um sich entsprechend orientieren zu können.

Die **Ansagen** erfolgen nur in chinesischer Sprache, aber die Schaffner haben ihre ›Langnasen‹ (ausländischen Touristen) meistens sicher im Blick und weisen mit Händen und Füßen darauf hin, daß es Zeit ist, einzusteigen.

Abfallentsorgung

An demjenigen Waggonende, das dem Dienstabteil entgegengesetzt liegt, befindet sich entweder rechts ein Abfalleimer mit Holzdeckel oder links in der Wand eine Müllklappe. Mülltrennung ist nicht erforderlich.

Bettwäsche

Die Bettwäsche umfaßt ein Laken, einen Kopfkissenbezug und einen Bettbezug (zumeist Couvert, manchmal aber auch nur ein zweites Laken) und ein kleines Handtuch. Die in Plastik eingeschweißte

Bettwäsche kostet je nach Zug 60 bis 120 Rubel und wird beim Schaffner üblicherweise bar bezahlt. Wer frische Bettwäsche wünscht, kann diese jederzeit gegen erneute Bezahlung bekommen. Auf Sonderzug- und Gruppenreisen ist die Bettwäsche bereits bezahlt und wird etwa alle drei Tage gewechselt. Im Regelzug muß man sein Bett in der Regel allein machen, im Sonderzug kann man sich zumeist ins gemachte Bett legen.

Bezahlung an Bord

In den Waggons bieten die Schaffner neben dem obligatorischen Tee aus dem waggoneigenen Samowar auch Kaffee (Instant), Mineralwasser, Gebäck und andere Kleinigkeiten zum Verkauf an.

Je nach Land, in dem sich der Zug gerade befindet, gelten dabei unterschiedliche Regeln beim Bezahlen an Bord: Auf **Regelzügen** in Rußland wird ausnahmslos in **Rubeln** bezahlt, in China mit **Yuan** und in mongolischen Zügen mit **Tugrik**. Zumeist ist auch eine Zahlung in US-Dollar oder Euro möglich, aber aufwendig, da die Schaffner dann selbst tauschen müssen und sich diesen Aufwand entsprechend honorieren lassen. Wechselgeld gibt es aber dann zumeist nur in Landeswährung, so daß man kleine Scheine parat haben sollte.

Auf **Sonderzugreisen** ist es einfacher, hier bestimmt der Reiseveranstalter die Bordwährung und richtet sich meist nach dem Herkunftsland der Gäste. Hier ist das Zugpersonal auch im Umgang mit Touristen aus verschiedenen Ländern und den jeweiligen Fremdwährungen erfahrener und kann bei diskreten Anfragen weiterhelfen oder entsprechende Empfehlungen geben. Rechnen Sie Ihren Verzehr rechtzeitig bei Ihren Schaffnern vor Verlassen des Zuges ab.

Etikette an Bord

Ein Lächeln und ein freundliches ›Guten Tag‹, in welcher Sprache auch immer, beim Einsteigen zu Schaffnern und Mitreisenden ist der erste Beitrag zu angenehmer Bordatmosphäre. Russen und Ausländer werden genauso wie bislang Frauen und Männer in den Regelzügen im Abteil so zusammengewürfelt, wie

Überschreiten der Gleise verboten

der Computer die Bettplätze zugeteilt hat. Erst seit Sommer 2007 wird erstmalig bei einigen Zügen – zunächst als Experiment – die Möglichkeit offeriert, beim Ticketkauf zwischen einer gleichgeschlechtlichen und gemischtgeschlechtlichen Belegung zu wählen. Es wird aber auf absehbare Zeit die Ausnahme bleiben, daher einige Anmerkungen zu den

ungeschriebenen Regeln in gemischt belegten Abteilen: Beim Aufstehen und zur Schlafenszeit verabschieden sich die Herren der Schöpfung mit der deutlichen Ansage aus dem Abteil, daß sie erst in 15 Minuten zurückkehren.

Fahrplan

In der Mitte des Waggons hängt im Korridor der Fahrplan Ihres Zuges mit allen Haltebahnhöfen nach Moskauer Zeit. Rechts vom Stationsnamen steht die Ankunftszeit, daneben die Abfahrtszeit. Die ein- und zweistelligen Zahlen zwischen eins und dreißig geben die jeweilige Aufenthaltsdauer in Minuten an, so daß Sie vorab entscheiden können, wo Sie sich ein wenig umsehen möchten und wie weit sie sich vom Waggon entfernen können. Prüfen Sie die pünktliche Ankunft, denn bei Verspätung wird der Halt zumeist verkürzt.

Fahrpreise

In den letzten Jahren wurden vielfältige Anstrengungen unternommen, das Leistungsangebot und den Service der Bahn zu verbessern. Allerdings verteuerten sich auch die Fahrkarten drastisch, obwohl sie auf Kilometer zurückgerechnet im Vergleich zu Europa immer noch sehr preiswert sind. Für eine durchgängige Fahrkarte Moskau–Vladivostok muß man derzeit als Grundpreis im Vierbettabteil etwa 220 Euro und im Zweibettabteil 400 Euro veranschlagen. Für die kürzere Strecke Moskau–Peking kosten die durchgängigen Fahrkarten je nach Route im Vierbettabteil zwischen 200 und 230 Euro und zwischen 320 und 360 Euro im Zweibettabteil. Mit der Bahncard kommt man allerdings in Rußland nicht zum Zuge. Die letzte drastische Preiserhöhung 2003 brachte aber eine echte Neuerung, um die Kundenströme aus der Hauptsaison in die Nebensaison zu steuern. Es wurden saisonale Preiskoeffizienten in Abhängigkeit von der Reisezeit eingeführt. Dazu wurde das Kalenderjahr in verschiendene Zeiträume unterteilt, in denen nun je nach durchschnittlicher Nachfrage das Angebot billiger oder teurer wird. Vor allem vor russischen Feiertagen sind die Fahrkarten deutlich teurer.

Fahrpreiskoeffizienten 2007

Zeitraum	Fahrpreiskoeffizient
01.01.–08.01	0 %
09.01.–20.02.	minus 20%
21.03.–27.04.	0 %
28.04.–29.04.	plus 30 %
30.04.–07.06.	plus 3 %
08.06.–09.07.	plus 12 %
10.07.–25.07.	plus 14 %
26.07.–31.08.	plus 20 %
01.09.–30.09.	minus 6 %
01.10.–10.11.	minus 22 %
11.11.–20.12.	minus 20 %
21.12.–24.12.	minus 10 %
25.12.–26.12.	plus 4 %
27.12.–28.12.	plus 15 %
29.12.–30.12.	plus 45 %
31.12	minus 11 %

Um dem Schwarzhandel mit Tickets zu begegnen, muß man sich beim Kauf ausweisen. Der Name wird auf dem Ticket vermerkt, was beim Einsteigen, wo ebenfalls der Ausweis vorzulegen ist, kontrolliert wird.

Fahrkartenkauf

Viele Reisebüros bieten in Deutschland Tickets für die Transsib an, sowohl durchgängig als auch für Teilabschnitte mit entsprechenden Zwischenstops. Die Fahrkarten sind dabei teurer als beim Kauf vor Ort, die Gebühr ist aber in der Regel die vor Ort notwendige Zeit und

Nerven wert, da die Agenturen einen besseren Zugriff auf die verschiedenen Kontingente haben und dann erst der Rest 45 Tage vor Abfahrt in den freien Verkauf kommt. Generell ist diese **45-Tage-Frist** sehr wichtig. Alle definitiven Bestätigungen bekommt man erst nach dem Beginn dieser Frist. Bei längeren Fristen gibt es immer nur unverbindliche Bestellungen oder abschlägige Antworten, da die Termine im Buchungssystem noch nicht freigegeben sind. Die bei hiesigen Reisebüros bestellten Bahnfahrkarten sind dann in den jeweiligen Orten bei einem lokalen Reisebüro abzuholen oder werden bei Hotelbuchungen dort hinterlegt.

Fahrkartenkauf in Rußland

Bei durchgängigen Tickets von Moskau nach Beijing oder Vladivostok ist der günstigere Vorortkauf durchaus eine Alternative, wenn man rechtzeitig kaufen kann. Bei Ticketwünschen mit Zwischenstops und Anschlußfahrkarten ist das **vor Ort verfügbare Ticketkontingent** allerdings oft gering und auf die örtlichen Züge beschränkt. An den Fahrkartenschaltern kann es großen Andrang geben.

In den großen Städten gibt es neuerdings auf den Bahnhöfen spezielle **Servicebüros**, wo man gegen ein Aufgeld von 150 Rubel in einer deutlich kürzeren Schlange komfortabel im Sitzen zur Fahrkarte oder zum Schulterzucken (›Keine freien Plätze!‹) kommt. Im Bahnhof Ulaanbaatar gibt es besondere Service-Schalter für Reisende nach Rußland oder China. In den Beijinger Bahnhöfen gibt es ebenfalls gesonderte Kassen für Ausländer.

Einige russische Reisebüros bieten günstigere Transsib-Fahrkarten an, was aber meist preislich nur bei Programmbuchungen sinnvoll ist, da der Preisvorteil ansonsten durch den teuren DHL-Versand aus Rußland aufgehoben wird.

Einen Preishit für Schnäppchenjäger brachte Ende 2003 der Beitritt Rußlands zum Euro-Domino-System. Der Knackpunkt, an dem aber viele scheiterten, war hierbei die Verbindung des Tickets mit der Reservierung. Da jedoch im April 2007 ›Euro-Domino‹ im Rahmen einer ›Interrail‹-Reform und der künftigen Zweiteilung in ›Global Paß‹ und ›One-Country-Paß‹ abgeschafft wurde, sind diese Erfahrungen vorläufig Geschichte. Bis Anfang 2008 gab es keine Verlautbarungen über eine evtl. Teilnahme Rußlands an dem neuen Programm (www.interrailnet.com).

Fotografieren

Entlang der längsten Bahnstrecke der Welt gibt es unzählige interessante Motive. Im Zug und vor allem auch auf den Bahnhöfen sind die Fotobeschränkungen aus der Zeit des Eisernen Vorhangs aufgehoben. Damals galten alle Bahnhöfe als strategische Objekte ersten Ranges, die man nicht ablichten durfte. Bei militärischen Objekten und an den Grenzübergängen einschließlich der Grenzbahnhöfe ist aber nach wie vor Zurückhaltung angesagt.

Das nun erlaubte Fotografieren aus dem Zug hat aber auch seine Tücken. Wer sich damit begnügt, durch die Scheibe zu fotografieren, sollte ein Fensterputzgerät und im Winter einen **Eiskratzer** im Gepäck haben. Um auch von außen an die Fensterfläche zu gelangen, ist dabei ein ausziehbarer Teleskopgriff zu empfehlen.

Die Hoffnung, seine Schnappschüsse aus dem offenen **Zugfenster** machen zu können, wird häufig enttäuscht. Die Fenster in den Abteilen lassen sich nicht öffnen. Auf der Korridorseite lassen sich im Prinzip zumeist 3 bis 4 Fenster öffnen, wovon viele Schaffner wegen der Klimaanlage bzw. Heizung nur selten begeistert sind und häufig die Fenster geschlossen halten. Während man bei den älteren Waggons das obere Fenster-Viertel runterklappen und gut fotogra-

Reiseleiterin

fieren kann, lassen sich bei den neuen Waggons die Fenster nur noch einen Spalt abklappen. Man kann also entweder die Schaffner bitten, zumindest ein Fenster zu öffnen oder sein Glück am Speisewagen probieren, wo das Küchenpersonal häufig aus Lüftungsgründen eine gittergesicherte Tür offen hält. In den Sonderzügen treffen fotoverrückte Touristen auf mehr Verständnis. Auf der alten Baikalbahn ist häufig sogar eine Mitfahrt auf dem Seitengang der hier zum Einsatz kommenden Rangierlok möglich.

Gepäckablagen

Über der Tür ist Stauraum für drei bis vier Koffer oder Reisetaschen (ca. 160 x 35 x 65 cm). Unter den Betten ist weiterer Stauraum für nochmal zwei weitere Gepäckstücke. Wenn man das untere Bett anhebt, steht ein Container für ein bis zwei mittelgroße Reisetaschen zur Verfügung (jeweils ca. 85 x 40 x 35 cm in den älteren Ammendorf-Waggons und 125 x 43 x 43 – 48 cm trapezförmig in den neueren Tver-Waggons) sowie weiterer nicht durch eine Wand abgetrennter Stauraum unter dem Bett bis zur unter dem Fenster befindlichen Heizung. Wer um Wertgegenstände besorgt ist, legt diese nachts in das Gepäck im abgetrennten Container und schläft dann anschließend beruhigt darauf. Mit sperrigen, großen Gepäckstücken wird schwierig, diese werden dann nachts meist im Abteilkorridor, wo sie aber die Beinfreiheit einschränken und tagsüber auf einem der oberen Betten deponiert.

Kleidung im Zug

Erfahrungen, wie es ist, wenn man mehrere Tage hintereinander im Zug reist, kann man in Europa schwerlich sammeln, in Rußland oder in China sind solche Reisen nichts ungewöhnliches und es gibt dort auch kaum jemanden, der damit keine praktischen Erfahrungen hat. Dementsprechend richtet man sich gewohnheitsmäßig im Zugabteil häuslich ein. **Bequeme Kleidung** ist vor allem bei Regelzugreisen und auch bei Sonderzugreisen angesagt: Trainingsanzug oder Jeans und T-Shirt sowie bequeme Hausschuhe, Sandalen oder Badelatschen (manchmal nasser Fußboden in der Kabine mit Waschbecken und WC). Vergleichen Sie, wie Ihnen die russischen oder chinesischen Mit-reisenden im Regelzug beim Einsteigen auf dem Bahnhof entgegenkamen und wie sie Ihnen nun im Waggonkorridor begegnen.

Bei Sonderzugreisen gibt es im Zug den einen oder anderen Programmhöhepunkt, wo man vielleicht für einige Stunden wiederum ein formelleres Outfit favorisiert, aber generell gilt auch hier ›casual‹ als Kleidergrundsatz.

Nützliche Dinge

Im Reisegepäck sollten sich Tasse, Teller, Besteck (Löffel, Messer, Gabel) befinden. Metall ist besser als Plastik. Ein Dosenöffner, feuchte Hygienetücher und mehrere Tüten als Ordnungssystem und/oder Müllbeutel sind sinnvoll. Mit einem 3- oder 4-Kantschlüssel kann man im Notfall ein Fenster oder die Toilettentür öffnen, darf sich dann aber auch der Rage des Schaffners gewiß sein. Augenmaß ist auch bei der Reiselektüre angesagt. Trotz mehrtägiger Bahnfahrt schafft außer dem Reise-Handbuch kaum jemand mehr als ein Buch.

Raucher/Nichtraucher

Die Diskussionen über die Risiken des Passivrauchens und daraus abgeleitete Rauchverbote etc. sind bislang weder in Rußland, der Mongolei noch in China angekommen. In den Abteilen und auf dem Gang besteht aber in der Transsib schon immer Rauchverbot. Für alle, die aber auch im Zug nicht ohne einen Zug an der Zigarette auskommen, gibt es in jedem Waggon eine rettende Raucherinsel – den Durchgang am dem Schaffnerabteil entgegengesetzten Ende des Waggons, wo es auch einen Aschenbecher gibt. Der zwangsläufig häufig stark verqualmte Durchgang ist zwar für die Reisenden, die ihn durchqueren müssen, zumeist ein ›atemraubender‹

Graus, aber für die Solidargemeinschaft der Raucher auch ein idealer Treff für erste Kontakte.

Reiserichtung

Eine wichtige Entscheidung bei jeder Transsib-Reise ist die Frage, ob man gen Osten oder gen Westen reisen möchte. Da die allerwenigsten sowohl Hin- als auch Rückfahrt mit der Bahn machen, ist hier vor allem ausschlaggebend, ob man den großen Jetlag lieber am Anfang oder am Ende der Reise haben möchte. Mitteleuropa–Moskau bedeutet 2 Stunden Zeitunterschied, den man ziemlich problemlos verkraftet. Am anderen Ende bedeuten aber Mitteleuropa–Baikalsee 7 Stunden, Mitteleuropa–Beijing je nach Sommer- oder Winterzeit 7 bzw. 6 Stunden und Mitteleuropa–Vladivostok 9 Stunden, was schon eine gewisse Umstellung bedeutet. Je nachdem, wann man diese Zeitenreise verkraften möchte, sollte man seine Reiserichtung wählen: entweder nach der Urlaubsrückkehr (dann von Moskau in Richtung Osten reisen) oder in den ersten Reisetagen (dann von Beijing oder Vladivostok in Richtung Westen nach Moskau reisen).

Schaffner(in)

Pro Waggon sind zwei Schaffner(innen) – russisch: Provodnik (männlich) bzw. Provodniza (weiblich) – abwechselnd rund um die Uhr im Einsatz und haben am Waggonende ein Dienstabteil, daneben ein eigenes Schlafabteil. Sie sind verantwortlich für die Sicherheit, die Sauberkeit und das Wohlbefinden der Passagiere einschließlich Heizung, Kühlung, Versorgung etc. Für Ihre Eindrücke von der Reise kann das Verhältnis zu Ihren beiden Schaffner(inne)n ziemlich entscheidend sein. Der erste Schritt für

ein freundliches Betriebsklima schadet also nie. Richten Sie sich vor allem zu Beginn der Reise nach den Hinweisen des Waggonpersonals.

Selbstversorgung

Das Gros der Reisenden setzt in den Regelzügen auf Selbstversorgung und hat häufig Proviant bis Vladivostok und zurück im Gepäck. Daneben gibt es an den Bahnhöfen eine Vielzahl von kleinen Geschäften und Kiosken, die sich auf die Versorgung der Reisenden spezialisiert haben. Auf den kleineren Bahnhöfen in Rußland steht das Angebot in Form vieler ›Tante-Babuschka-Läden‹ Spalier und bietet häufig bei Ankunft der Züge selbstgemachte Hausmannskost an. In der Mongolei ist der Bahnhofsverkauf nur in Ulaanbaatar anzutreffen, und auch in China trifft man auf den Bahnsteigen nur offizielle Verkäufer. Im Hochsommer ist bei den russischen Babuschkas hinsichtlich der Hygiene Vorsicht geboten, aber ansonsten kann man sich hier ebenfalls eindecken und sollte im Zweifelsfalle dort kaufen, wo auch die einheimischen Passgiere kaufen.

Speisewagen

Speisewagen verlassen ihr Heimatland nicht – auf dem internationalen Zug Nr. 4 Moskau–Beijing fährt von Moskau bis zur russisch/mongolischen Grenze ein russisches ›Waggon-Restaurant‹ mit, auf mongolischem Territorium ein mongolischer, in China ein chinesischer Speisewagen. Falls die Öffnungszeiten nicht angeschlagen sind, sollte man danach fragen. Speisekarten sind neben der Landessprache in den Regelzügen manchmal in Englisch vorhanden. Kellner mit Fremdsprachenkenntnissen sind, vor allem in China, wo dafür aber zumeist eine englische Speisekarte mit entspre-

Eine Schaffnerin serviert Tee

te etwas nicht erhältlich sein, wird es auf Anfrage für den nächsten Bahnhof bestellt.

Bei langen Standard-Speisekarten sind nur die Gerichte, hinter denen ein Preis notiert ist, erhältlich. Die Gliederung jeder **Speisekarte** umfaßt landeseinheitlich folgende Rubriken: kalte Vorspeisen, warme Vorspeisen, Suppen, Hauptgerichte, Nachtisch, Zigaretten, Getränke.

Individualreisende wählen ihr Menü selbst. Bei Gruppenreisen in Regelzügen bestellt die Reiseleitung vorab.

Ein typisches **Frühstück** umfaßt einen Brei, Omelett oder Spiegelei, dazu Schwarz- und Weißbrot mit Wurst und Käse, selten auch Marmelade. Kaffee oder Tee werden landesüblich erst nach dem Frühstück gebracht; wünscht man die Getränke zu den Speisen, muß man darauf hinweisen. Milch zum Kaffee ist nicht immer vorhanden. Das Frühstück wird zwischen 8 Uhr und 10 Uhr (manchmal auch 11 Uhr) Ortszeit serviert.

Ein **Mittagessen** umfaßt als übliches Menü für Gruppenreisende zunächst eine kalte Vorspeise, Brot, eine Suppe, schließlich ein Hauptgericht (Fleisch mit Kartoffeln oder Reis und einer Gemüsebeilage, oft Dosenerbsen) und zum Nachtisch Kuchen oder Obst und Kaffee oder Tee.

Das **Abendessen** für Gruppenreisende entspricht dem Mittagessen, nur fehlen die Suppe und die Butter zum Brot.

Nach dem Abendessen sitzt man gern noch bei Bier oder Vodka beisammen; solange die Gäste sympathisch sind oder der Umsatz stimmt (in dieser Reihenfolge), bleibt geöffnet – wenn Sie den Speisewagen regelmäßig besuchen wollen, ist es sinnvoll, die Mitarbeiter am ersten oder zweiten Abend auf ein Getränk einzuladen. In den Sonderzugreisen ist

chenden Nummern zu den Gerichten vorhanden ist, eher die Ausnahme. In den Speisewagen ist man zumeist um den Kunden bemüht. Man hat keine Probleme, einen Platz zu bekommen, eher weil mangels Gästen die Öffnungszeiten verkürzt wurden. Das Preisniveau liegt zumeist über dem Landesdurchschnitt, so daß neben ausländischen Touristen meist nur die örtlichen ›Besserverdienenden‹ die Angebote nutzen.

Speisewagen in Rußland

Jeder Speisewagen hat mindestens fünf Mitarbeiter: einen Koch, einen Kochgehilfen, zwei Kellner und einen Direktor. Sie bereiten fast alles frisch zu, angefangen vom Schälen der Kartoffeln. Frische Ware wird per Zugfunk bestellt und täglich zugeladen.

Ein Speisewagen der Standardkategorie hat 48 Plätze und einen kleinen Verkaufskiosk mit Keksen, Schokolade, Getränken, manchmal auch Kaviar. Solldie gastronomische Versorgung hervorragend. Eine entsprechende Speisekarte mit dem kulinarischem Programm der gesamten Reise liegt auf jedem Tisch.

Speisewagen in der Mongolei

Es gibt pro Fernzug einen Speisewagen mit 32 Plätzen, egal wieviele Reisende oder Touristen sich an Bord befinden. Mongolischen Speisewagen haben zumeist nur drei Mitarbeiter und sind auf ausländische Touristen eingestellt, da sich Mongolen sehr selten im Speisewagen verpflegen. Bei größeren Gruppen braucht man meist entsprechend länger für die Bestellungen. Manchmal mußte auch schon der Reiseleiter kurzerhand vom Servieren bis zum Spülen selbst Hand anlegen, um die ihm Anvertrauten satt zu bekommen. Je weiter der Zug sich von Ulaanbaatar entfernt, um so karger wird das Angebot. Wenn eine englische Speisekarte vorhanden ist, sind die Preise dort meistens höher. Außerdem befindet sich im Speisewagen obligatorisch ein Tisch als Verkaufskiosk mit nationaltypischen Souvenirs und Briefmarken sowie Spirituosen.

Wer sich auf den mongolischen Speisewagen verläßt, sollte ihn ab Ulaanbaatar frühestmöglich besuchen. Wer unabhängig sein möchte, kauft in Ulaanbaatar den Reiseproviant selbst ein, auf den Bahnhöfen in der Steppe und der Wüste Gobi gibt es auch aufgrund der geringen Zugfrequenz, anders als in Rußland, keine mobilen Versorgungsmöglichkeiten. Bei den Sonderzugreisen fährt der russische Speisewagen bis zur mongolisch-chinesischen Grenze mit.

Speisewagen in China

Im Chinesischen Speisewagen gibt es 44 bis 48 Sitzplätze. Meistens schließt der Speisewagen abends um 20 Uhr, so daß die aus Rußland gewohnten abendlichen Runden hier nicht möglich sind. Das Personal (vier bis fünf Personen pro Speisewagen) arbeitet sehr flink. Zwischen Bestellung und Lieferung vergehen meist keine fünf Minuten. Messer und Gabel sind nicht immer vorhanden. Erstaunlicherweise wird aber jeder Hungrige, der zuvor beteuerte, er habe noch nie mit Stäbchen gegessen, gut satt.

Als **Frühstück** gibt es in den chinesischen Zügen aus Richtung Rußland sowohl eine chinesische Variante – Nudelsuppe, Reis und Gemüse – als auch eine ›westliche‹ – Brot, Butter, Marmelade und eine Eierspeise.

Die **Hauptgerichte** zum Mittag- und Abendessen werden frisch zubereitet und bestehen aus Fleisch, Gemüse und Reis. Passen Sie sich einfach der chinesischen Essensweise an und nehmen von allen Gerichten. Da die Suppe in China den Abschluß des Mahles bedeutet, muß man ansagen, wenn man eine ›Vorsuppe‹ möchte.

Stromversorgung im Zug

In den Abteilen gibt es keinen Stromanschluß, im Waschraum und davor aber je eine Steckdose mit 110 oder 220 Volt Spannung für Elektrorasierer und ähnliche kleine Stromverbraucher. In manchen Waggons gibt es noch weitere zwei Steckdosen im Korridor. Es empfiehlt sich, eine Verteilersteckdose im Gepäck zu haben, da die Stromnachfrage mit immer mehr Akkus für Handy, Fotoapparat, Filmkamera und weiteres elektronisches Gerät das Angebot übersteigt und das Netz ursprünglich einmal nur für Kleinverbraucher konzipiert wurde und bei zu viel angeschlossenen Geräten auch die Spannung abfällt. Für Notfälle befinden sich weitere Stromquellen beim Schaffner, im Speisewagen oder beim Zugchef, wobei ein kleines Trinkgeld sicherlich jeden Fall zum Notfall werden läßt.

Temperaturen an Bord

Jeder Zug hat zwei unabhängige Heizsysteme: das von der Oberleitung gespeiste elektrische, das den ganzen Zug versorgt, und ein mit Kohle betriebenes, das nur den jeweiligen Waggon und zumeist auch den Teekocher versorgt. Sollte es im Sommer einmal unerwartet frisch werden, wird die Heizung angeworfen (sie läßt sich im Abteil nicht regulieren). In den russischen Waggons ist die Klimaanlage nur während der Fahrt in Betrieb, bei den chinesischen Waggons funktioniert sie auch im Standbetrieb.

Im Winter sind die Waggons in Rußland und der Mongolei oft sehr gut geheizt – 22 bis 25 Grad sind durchaus üblich. Rechts neben dem Dienstabteil hängt ein Thermometer. Im Winter ist die Temperatur in Thermometerhöhe drei bis vier Grad wärmer als zu Ihren Füßen. Gerade wenn Gäste aus Westeuropa an Bord sind, die man verwöhnen möchte, setzt das Personal seinen Ehrgeiz daran, es möglichst warm an Bord zu halten.

In den chinesischen Zügen orientiert man sich eher an der normalen Zimmertemperatur von ca. 20 Grad. Hier ist man aber offensichtlich sehr stolz auf die Klimaanlagen, die vor allem im Sommer auf vollen Touren laufen und das andere Extrem bedeuten. Beim sich im Laufe des Tages andeutenden Hang zu den beschriebenen Extremen, ist es ratsam, rechtzeitig vor dem Schlafengehen den Schaffner zu bitten, die Heizung/Klimaanlage in Richtung der von den Passagieren gewünschten Temperaturen zu regulieren.

Toiletten

Alle Toiletten werden kurz vor Erreichen eines Bahnhofs abgeschlossen und kurz nach Abfahrt wieder aufgeschlossen, da sie nach wie vor ›im freien Fall‹ entleert werden. In Rußland und in der Mongolei hat man Toilettenbecken, in chinesischen Zügen kann man auch auf Stehtoiletten treffen. Im Einzugsbereich großer Städte gibt es sanitäre Zonen, die in Rußland einschließlich der Haltezeit am Bahnhof schon mal zu einer **Schließzeit** von 2 Stunden und länger führen können. In China beschränkt man sich auf die Haltezeit im Bahnhof. Meistens informiert eine Tabelle an der Toilettentour über die planmäßigen ›Schließzeiten‹. Gleiches gilt für die Bahnhöfe an den Grenzübergängen, wo man dann zwar meist Zugang zu den Bahnhofstoiletten hat, die aber zumeist als Stehklos die Zugtoiletten hinsichtlich Hygiene selten toppen.

In den touristischen Sonderzügen geht es deutlich komfortabler zu, hier gibt es immer mehrere Biotoiletten, die evtl. Probleme lindern helfen.

Trinkgeld

Im Regelzug freut sich der Schaffner über ein Trinkgeld. Wenn Sonderwünsche bestehen, kann dies im Vorfeld auch die Realisierungschancen erhöhen. In den Sonderzügen, wo der Servicestandard des Zugpersonals schon deutlich höher als im Regelzug ist, geben die Reiseveranstalter als Trinkgeldempfehlung 1–2 Euro pro Reisetag pro Reisenden an.

Trinkwasser

Gegenüber dem Dienstabteil steht der Samowar, das typisch russische Heißwassergerät, das die ganze Reise über heißes Wasser für Tee, Kaffee, Tütensuppen etc. liefert. Teegläser gibt es beim Schaffner. Links neben dem Dienstabteil ist ein Hahn, und nur dort können Sie Trinkwasser zapfen, ansonsten empfiehlt sich der Kauf von Mineralwasser.

Waschgelegenheiten

›Katzenwäsche‹ ist die Regel, Duschen im Zug die Ausnahme, und in Einzelfällen macht Not erfinderisch. In jedem russischen Waggon der 1.–3. Klasse gibt es ein Abteil, wo sich neben der Toilette auch ein Waschbecken befindet. Kaltes Wasser gibt es immer, manchmal auch heißes. Manche Reisende haben ein Stück Schlauch dabei und machen somit aus dem Wasserhahn eine Dusche oder improvisieren mit Tasse und Plastiktüten. In den chinesischen Waggons gibt es häufig noch ein kleines Abteil mit 2–3 Waschbecken.

Duschen gibt es bislang nur in den Zügen 3/4 zwischen Moskau und Beijing sowie 9/10 zwischen Moskau und Irkutsk. 30 Minuten kosten 50 Rubel. Da das Angebot noch relativ neu ist, hält sich die Nachfrage bislang in Grenzen.

Bei den Sonderzugreisen gibt es extra von den Reiseveranstaltern eingebaute Duschen für jeweils 2–3 Waggons. Unter den Touristen ist die Nachfrage deutlich größer. Man kann sich in den Duschplan eintragen, jedem Reisenden steht somit die Dusche mit Kalt- und Warmwasser etwa 15 Minuten pro Tag zur Verfügung.

Zeitzonen

Wir empfehlen für die Rußlandreise, **zwei Uhren** mitzunehmen. Eine Uhr läßt man auf **Moskauer Zeit** und die zweite Uhr stellt man auf die jeweilige **Ortszeit** um. Wer es nicht tut, gerät erfahrungsgemäß in Verwirrung: Im russischen Fernen Osten hat man zur Moskauer Frühstückszeit bereits sein Mittagessen hinter sich bzw. steht zur Schlafenszeit schon wieder auf. Züge in Rußland verkehren alle nach Moskauer Zeit. Die Bahnhofsuhr zum Bahnsteig hin zeigt

Zeitzonen in Rußland, der Mongolei und China

Transsib von A bis Z

Imbiß im Abteil

Moskauer Zeit, die Bahnhofsuhr zum Vorplatz hin die jeweilige Ortszeit. In der Mongolei und in China ist es weniger aufregend, da man sich dort innerhalb einer Zeitzone bewegt.

Züge

Auf der Transsib fährt man meistens in Schlaf- oder manchmal in Liegewagen. Jeder Zug umfaßt in Rußland maximal 21 und in China maximal 18 Waggons, darunter immer einen Gepäck- und einen Speisewagen. Die Mindestlänge eines Zuges beträgt aus bremstechnischen Gründen sieben Waggons. Kürzere Züge trifft man manchmal auf Nebenstrekken, wie z.B. der alten Baikalbahn, wo sie dann aber nur deutlich langsamer fahren. In der Zugmitte, meist im Waggon Nr. 9, hat der Zugchef sein Abteil. Er verfügt über das Bordradio und hat Funkkontakt zu den Bahnhöfen.

Die Regelzüge auf der Route der Trans-

sib führen mehrheitlich, also deutlich mehr als die Hälfte Waggons mit Vier-Bett-Abteilen. 1–2 Waggons im Zug haben Zwei-Bett-Abteile. Der Rest, meist ca. ein Drittel der Waggons, sind die offenen Großraum-Liegewagen. Bei der Nostalgie-Klasse und der neuen Luxus-Klasse handelt es sich um Waggons, von denen es nur eine relativ geringe Anzahl gibt und die vor allem bei bei touristischen Sonderzügen zur Anwendung kommen, sie können aber auch an Regelzüge angehängt werden.

Die verschiedenen Waggon-Klassen unterscheiden sich nach Komfort und Preis recht deutlich voneinander. Auch wenn Sie weder in Rußland noch China mit den hier üblichen Zahlen beschrieben werden, lassen sie sich wie folgt unterteilen:

■ 4-Bett-Standard-Abteil

Die am weitesten verbreitete Kategorie ist der Schlafwagen mit 4-Bett-Abteilen, es entspricht etwa unserer 2. Klasse.

Jedes Abteil hat eine Numerierung in römischen Zahlen (I bis IX), dazu die auf dem Fahrschein vermerkten Bettplätze von Nr. 1 bis Nr. 36. Die unteren Betten haben ungerade Zahlen, die oberen Betten haben gerade Zahlen. Die Betten sind ca. 70 cm breit und haben zwei Längenmaße. Die eigentliche Liegefläche ist ca. 180 cm lang. Mit dem Luftraum an den Rändern kommt man zwischen den Wänden auf 196 cm Ausstreckpotential. Das untere Bett hat eine Höhe von knapp 50 cm. Das obere Bett folgt in der Höhe von 160 cm vom Fußboden. Bis zur Abteildecke sind es dann noch gut 100 cm. Neben der gut 50 cm breiten Abteiltür befindet sich eine abklappbare Leiter, die das ›Erklimmen‹ des oberen Bettes erleichtert. Die beiden metallverstärkten Einlagen an der Kante des oberen Bettes dienen als Einschub für einen beim Schaffner erhältlichen Sicherheitsgurt, mit dem man seinen Schlaf in der Höhe zusätzlich sichern kann. Es macht aber so gut wie niemand. Das obere Bett kann am Tage hochgeklappt werden, so daß der Raum dann höher wirkt. Die unteren Betten lassen sich außerdem einige Zentimeter zur Abteilmitte hin herausziehen. Zu jedem Bett gehört eine halbwegs lichtstarke Bettlampe, die individuell an- und ausgeschaltet werden kann. Die umfassende Abteilbeleuchtung hat zwei Helligkeitsstufen.

In China laufen diese bzw. vergleichbare Waggons chinesicher Produktion als ›Hard Sleeper‹ (ying wuo).

■ Das 2-Bett-Abteil

Eine sogenannte 1. Klasse gibt es nicht; in russischer Bahnterminologie heißen die Waggons mit Zwei-Bett-Abteilen ›eswè‹ (oder auch ›ljuks‹). SW steht einfach für ›Spalnyj Wagon‹ (Schlafwagen) und wird bei deutschen Reisebüros auch als ›gehobener Standard‹ beschrieben. Die Betten sind ebenfalls 190 cm lang und 70 cm breit. Hinsichtlich der Gepäckablagemöglichkeiten sieht es genauso wie im 4-Bett-Abteil aus. Da aber nur 2 und nicht 4 Personen ihr Gepäck unterbringen müssen, ist der Stauraum mehr als ausreichend. Zumeist sind auch wirklich nur zwei Betten im Abteil, manchmal werden aber auch nur Vier-Bett-Abteile mit jeweils 2 Personen belegt und somit aufgewertet. Für das Raumgefühl sind zwei Betten angenehmer, in der anderen Variante hat man aber die Wahl, ob man oben oder unten ruht und auch mehr Stauraum.

In China heißt diese Kategorie ›Soft Sleeper‹ (peng wuo). Duschen gibt es in den Regelzügen nicht. Die diese Regel bestätigende Ausnahme bilden der chinesische Zug Nr. 3/4 sowie der russische Zug Nr. 9/10. In den touristischen Sonderzügen gibt es zumeist eine Dusche für drei Waggons dieser Kategorie.

■ Nostalgie-Komfort

Die touristischen Sonderzüge bieten in der Kategorie ›Nostalgie‹ Zwei-Bett-Abteile mit gehobenem Nomenklatura-Komfort. Mit viel Plüsch und Messing ausgestattet, bietet er neben dem Doppelstockbett, das im Vergleich zu den normalen Waggons mit 185 cm etwas kürzer und mit 80 cm breiter ist, noch einen zusätzlichen Sessel.

Je zwei nebeneinander liegende Abteile teilen sich ein kleines Bad mit Handdusche. Hier reist man in den Waggons des alten sowjetischen Regierungszuges, die seit 1990 gern und intensiv von westlichen Reiseveranstaltern für Sonderzugreisen angemietet werden. Die Waggons stammen aus den 1950er Jahren und waren damals von Nikita Chruschtschow in Auftrag gegeben worden.

Von der russischen Regierung werden die Waggons nur noch selten geordert.

■ Der neue Luxus

Seit 2006 hält der neue Luxus auch auf der Transsib Einkehr. Mit nur 5 bzw. 6 entsprechend großen Abteilen pro Waggon wird die Reise komfortabler, was aber auch seinen Preis hat. Jedes Abteil hat eine extra Sitzgelegenheit, einen Tisch und einen Kleiderschrank und verfügt über ein eigenes Bad mit Toilette und richtiger Dusche. Das obere Bett ist 190 cm lang und 70 cm breit. Das untere Bett hat mit 190 cm Länge und 110 cm Breite schon fast Doppelbettqualität. Derzeit fahren in jedem touristischen Sonderzug 1–2 Waggons dieser Luxusklasse, und die Nachfrage nach dieser Kategorie ist nach Aussage der Reiseveranstalter gut.

Im Sommer 2007 bot die Russische Eisenbahn auch erstmalig einen ganzen Sonderzug nur mit Waggons der Luxusklasse an. Man will mit diesem ›Golden Eagle Trans-Siberian Express‹

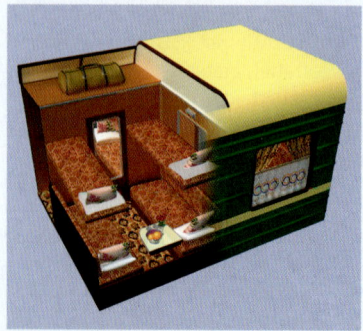

Querschnitt durch einen Luxuswaggon

offensichtlich künftig auch stärker selbst als Reiseveranstalter am Markt in Erscheinung treten.

■ Großraum-Liegewagen

Im Gegensatz zum neuen Luxus gibt es aber auch die alte Schlichtheit. Die einfachste Waggonklasse ist der offene Großraum-Liegewagen mit 54 Betten, wo allerdings die Privatsphäre auf der Strecke bleibt. Die Abteilwände sind hier zum Korridor hin offen. Es gibt, wie in den anderen Schlafwagen Matratzen und Bettwäsche, und die deutlich spürbarere Präsenz der Mitreisenden hindert auch die meisten Passagiere nicht am Schlaf.

Dank der eingesparten Trennwand ist der Durchgang etwas weiter in der Mitte, was an der anderen Fensterreihe Platz für parallel zum Korridor liegende weitere offene Doppelstock-Schlafplätze schafft. Das Mittelteil der unteren Liege läßt sich dabei so umklappen, daß es am Tage als Tisch zwischen den beiden Sitzplätzen dienen kann. Diese auch ›Randplätze‹ (bokovye mesta) genannten Schlafmöglichkeiten erfreuen sich bei gleichem Preis der geringsten Nachfrage und werden in der Regel zuletzt verkauft.

Diese einfache und preisgünstigste Klasse wird zwar von westlichen Touristen in der Regel nicht gebucht, aber für viele Russen ist es die einzige Kategorie, für die sie sich die Fahrkarten leisten können. Wer also das ›einfache‹ Rußland kennen lernen möchte, hat in dieser, in Rußland ›Platzkartnyj‹ genannten Kategorie mit eingeschränktem Komfort die besten Voraussetzungen dafür.

Zugnummern

Jeder Eisenbahnwaggon hat an jeder Seite gut sichtbar seine eigene Nummer, die in Rußland seine Zuordnung zur jeweiligen Eisenbahnverwaltung und den Waggontyp beschreibt. Unter einem in Mode kommenden Symbol in Form eines Wappens oder Logos befinden sich eine Zahl aus drei Ziffern sowie eine Zahl aus fünf Ziffern. Die dreistellige Zahl zeigt die Zuordnung zu den regionalen Einheiten der Russischen Staatsbahnen. Entlang der Transsib sind folgende Kennzeichnungen anzutreffen:

001–004 Oktober-Bahnverwaltung
    (Moskau–St. Petersburg)
017–022 Moskauer Bahnverwaltung
024–026 Gor'kij-Bahnverwaltung
    (Nižnij Novgorod entsprechend dem
    sowjetischen Namen der Stadt)
028–031 Nördliche Eisenbahnverwaltung (Jaroslavl')
076–078 Sverdlovsker Eisenbahnverwaltung (Ekaterinburg entsprechend

dem sowjetischen Namen der Stadt)

083–087 Westsibirische Eisenbahnverwaltung (Novosibirsk)

088 Krasnojarsker Eisenbahnverwaltung

092–093 Ostsibirische Eisenbahnverwaltung (Irkutsk)

094 Transbaikalische Eisenbahnverwaltung (Čita)

096–097 Fernöstliche Eisenbahnverwaltung (Chabarovsk)

Die fünfstellige Zahl darunter zeigt an der 1. Stelle den Waggontyp, an der 2. bis 4. Stelle die eigentliche Waggonnummer und an der 5. Stelle eine Kontrollziffer. Bei den Waggontypen unterscheidet man:

0 Schlafwagen (CB) mit 2 Plätzen je Coupé

1 Schlafwagen (KP) mit 4 Plätzen je Coupé

2 Liegewagen (Platckartnyj)

3 Personenwaggon mit Sitzplätzen

4 Postwaggon

5 Gepäckwagen

6 Speisewagen

7 Spezialwaggon

8 Spezialwaggon, der nicht dem Eisenbahnministerium untersteht, das bedeutet in manchen Fällen Gefängniswaggon oder auch touristischer Sonderzug.

Zugqualitäten

Das sowjetische staatliche Eisenbahnmonopol ist insofern aufgebrochen, als es inzwischen konkurrierende Bahnverwaltungen gibt.

Insgesamt gilt die Faustregel: je niedriger die Zugnummer, umso besser die Zugqualität. Schnellzüge (Skoryj poezd) sind besser als Personenzüge (Passažirskij poezd). Daneben haben aber verschiedene Bahnverwaltungen viel Ehrgeiz darauf gerichtet, gute Zugqualitäten (Waggons, Personal) anzubieten, vor allem auf der jeweiligen Verbindung mit Moskau. Diese Züge werden dann auch als ›Marke‹ propagiert und haben zusätzlich zum Attribut ›Skoryj‹ für Schnellzug noch das Attribut ›Firmennyj‹.

Strahlender Sieger im Urteil der Reisenden ist in den letzten Jahren der **Zug Nr. 10 ›BAJKAL‹ Moskau–Irkutsk** unter Regie der Irkutsker ›Ostsibirischen Eisenbahn‹ (in umgekehrter Richtung lautet seine Bezeichnung Nr. 9), der alle zwei Tage in jeder Richtung verkehrt und auch über Duschen verfügt.

Der zur Sowjetzeit immer als beste Verbindung gerühmte **Zug Nr. 2 ›ROSSIJA‹ Moskau–Vladivostok** (umgekehrte Richtung Zug Nr. 1) hat sich in der letzten Zeit im Urteil der Reisenden wieder hochgearbeitet und fährt heute mit den neuesten Waggon, die im äußeren Erscheinungsbild seit 2007 neben den Nationalfarben Rußlands auch noch viel PR und Eigenreklame zeigen.

Der chinesische **Zug Nr. 4 Moskau–Peking** bzw. Nr. 3 Peking–Moskau wird vielfach als sauberster und stilvollster Regelzug gelobt, hat aber ein großes Manko: Die meist stimmungsvolle Herzlichkeit russischer Schaffner fehlt völlig. Zahlreiche Reisende kritisieren, daß die chinesischen Schaffner viel mit sich selbst beschäftigt sind.

Die Alternative auf der Strecke Moskau – Beijing bietet der russische Zug **Nr. 20 ›VOSTOK‹** (in umgekehrter Richtung Nr. 19), der zwar via Mandschurei länger, aber dafür mit freundlicherem russischen Personal unterwegs ist.

Beim Zug zwischen **Ulaanbaatar und Beijing** muß man Abstriche machen.

»Aber das Thema, in wenigen Wochen durch zwei Drittel Europas sowie ganz Asien zu rollen (...), hatte auch für andere, wie ich mich überzeugen konnte, etwas Hypnotisierendes und phantastisch Aufregendes.«

Eugen Zabel, Auf der sibirischen Bahn nach China, 1904

Städte entlang
der Transsib

Moskau

Rußlands Hauptstadt ist mit knapp zehn Millionen Einwohnern und einer Fläche von 900 Quadratkilometern

Die Basilius-Kathedrale

das Herz des unendlichen russischen Reiches. 1147 erstmalig urkundlich erwähnt, fristete es über Jahrhunderte ein bescheidenes Dasein. Stadtgründer Jurij Dolgorukij ließ die erste, Kreml genannte Burganlage bereits 1158 anlegen. Doch 1238 fiel die Stadt unter das Joch der Mongolen und Tataren. Erst zu Beginn des 14. Jahrhunderts setzte sich Moskau gegen Tver' als Hauptstadt des nun gleichnamigen Fürstentums durch. Wenige Jahre später brannten die Tata-

ren die Stadt aber wieder vollkommen nieder. In seiner Geschichte war Moskau oft heiß umkämpft. Beim Anmarsch Napoleons zündeten die Moskoviter ihre Stadt selbst an. Hitlers Armeen konnten kurz vor der Stadt gestoppt werden. Man sieht das Denkmal der symbolischen letzten Panzersperre auf dem Weg vom Flughafen Šeremet'evo in die Stadt vor dem neuen IKEA-Markt.

Imperiale Ansprüche haben ebenfalls Tradition. Nachdem die meisten russischen Fürstentümer unter Moskaus Führung geeint worden waren, sah man sich im 15. Jahrhundert als Mittelpunkt der Welt und des Christentums und Moskau nach Rom und Konstantinopel in der Rolle des ›Dritten Roms‹. Später avancierte es zum ›Rom der Tataren‹. Der unter dem roten Stern stehende Führungsanspruch Moskaus im 20. Jahrhundert war zwar atheistisch, aber ebenfalls nicht von Erfolg gekrönt.

Insbesondere unter Ivan dem Schrecklichen entwickelte sich die Stadt. Der Kreml nahm seine heute bekannte Größe an, und auch die weltberühmte Basilius-Kathedrale entstand in dieser Zeit. Zu Beginn des 17. Jahrhunderts zählte Mos-

Legende

1. Basiliuskathedrale (Храм Василия Блаженного)
2. Kaufhaus GUM (ГУМ)
3. Historisches Museum (Исторический музей)
4. Leninmausoleum (Мавзолей В.И. Ленина)
5. Dreifaltigkeitstor (Троицкие ворота, Eingang zum Kreml)
6. Erzengel-Michael-Kathedrale (Архангельский собор)
7. Maria-Entschlafenskathedrale (Успенский собор)
8. Glockenturm ›Ivan der Große‹ (Колокольне Иван Великий) und Zarenglocke (цар-колоколь)
9. Facettenpalast (Грановитая палата)
10. Rüstkammer (Оружейная палата)
11. Kremlpalast (Большой Кремлёвский дворец)
12. Senat
13. Manege (Манеж)
14. Alte Universität (Университет)
15. Duma (Дума)
16. Bolschoi-Theater (Большой театр)
17. Geheimdienstzentrale (ФСБ)

kau bereits über 200 000 Einwohner und entwickelte sich auch wirtschaftlich zur wichtigsten Handelsmetropole des Reiches. Doch 1703 gründete Peter der Große seine neue Hauptstadt an der Neva – St. Petersburg. Moskau verlor seine führende Rolle. Über 200 Jahre lag die politische Macht in St. Petersburg, doch Moskau blieb das wirtschaftliche Zentrum und mentale Herz Rußlands. Die Macht kam zwar aus Petrograd und Leningrad an die Moskva zurück, doch die Rivalität beider Städte ist bis heute ungebrochen. Rußlands neue Herrscher, Vladimir Putin und Dimitri Medvedev,

kommen aus Petersburg, was sicherlich dem einen oder anderen Moskoviter Kopfzerbrechen bereitet hat.

Stadtrundgang

Unsere Empfehlungen zu Moskau beschränken sich in diesem Buch auf einige Höhepunkte, denn im Unterschied zu Rußlands Provinz und zur Transsibirischen Eisenbahn gibt es viele Reiseführer, die Moskau detailliert vorstellen.

■ Der Rote Platz

Die größte Anziehungskraft üben ohne Zweifel der Rote Platz und der angren-

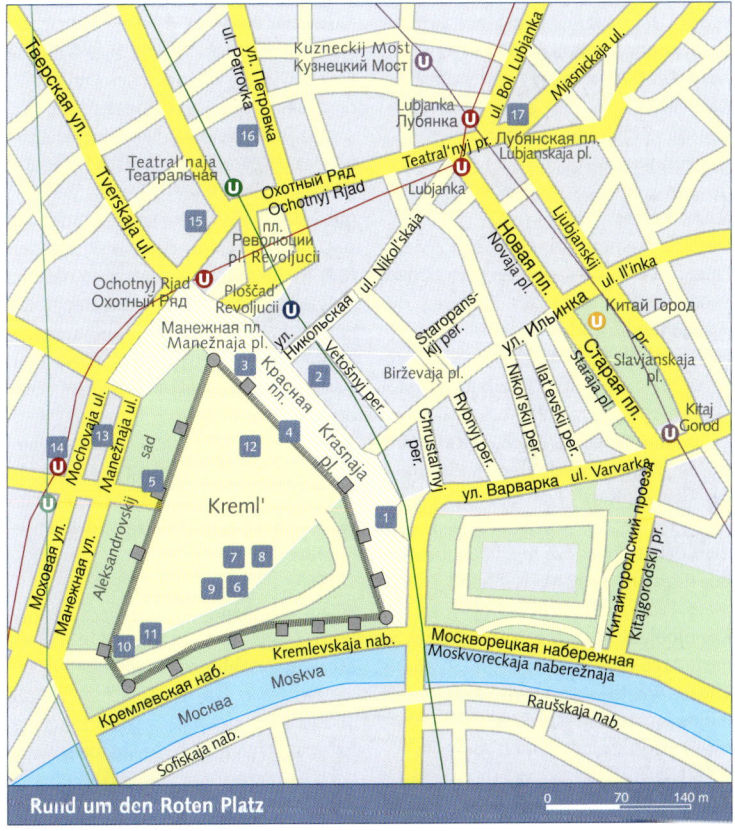

Rund um den Roten Platz

zende Kreml aus. Nach dem Brand im Jahre 1493 befahl Zar Ivan III., einen Landstreifen an der Kremlmauer nicht zu bebauen. Aus dem Brandplatz wurde ein Marktplatz, der seit dem 17. Jahrhundert zum Roten Platz, Krasnaja Ploščad' wurde. Das ursprüngliche Attribut schön (eine alte Bedeutung des Adjektives ›krasnaja‹) beschrieb einen Platz, dessen Gebäude einschließlich der Kremlmauer noch weiß waren. Daraus wurde wegen des verwendeten roten Backsteins das Attribut rot, später noch durch den roten Oktober und die gleichnamige Revolution politisch untermauert. Eingerahmt wird der Platz vom **Historischen Museum**, dem majestätischen **Kaufhaus GUM**, dem **Leninmausoleum** und der aus neun Kirchen bestehenden **Basilius-Kathedrale**, die 1561 zur Erinnerung an den Sieg über die Tataren bei Kazan' geweiht wurde.

■ Der Kreml

Der Kreml ist ein von einer 2235 Meter langen Mauer umgebenes, dreieckiges Areal. Er ist heute der Amtssitz des russischen Präsidenten und teilweise auf einer Route zwischen dem **Borovickij-Turm** und dem **Dreifaltigkeitstor** zu besichtigen. Sehenswert sind vor allem die **Erzengel-Michael-Kathedrale**, die **Maria-Entschlafens-Kathedrale**, der Glockenturm ›Ivan der Große‹, die Zarenglocke, der Facettenpalast, und die **Rüstkammer**, wo in Saal 3 auch das der Transsibirischen Eisenbahn gewidmete Fabergé-Ei zu besichtigen ist. Im **Kremlpalast**, der für kommunistische Parteitage erbaut wurde, finden häufig Theatervorstellungen statt. Im **Senatsgebäude** im Norden des Gebäudes hat der russische Präsident seinen Amtssitz.

Südwestlich des Kreml erhebt sich am Flußufer die neue prächtige **Christus-Er-**

löserkathedrale. Ihre Vorgängerin wurde von den Bolschewisten gesprengt, der Neubau gilt als Symbol eines wiedererstarkten Rußland.

■ Manegenplatz und Bolschoi-Theater

Am Nordende des Roten Platzes gelangt man zum **Manegenplatz**, der von einem auf mehrere Ebenen unter und über der Erde verteilten 1997 eröffneten Einkaufszentrum beherrscht wird, wo sich alles trifft, was Rang und Namen hat. Linker Hand erhebt sich das alte Gebäude der Moskauer Universität und der ›Manege‹ genannte größte Ausstellungssaal Moskaus. Rechter Hand führt hinter der Baustelle der Rekonstruktion des Hotels ›Moskva‹ die breite Straße Ochotnyj Rjad am russischen Parlament, der Duma, vorbei zum Theaterplatz, dessen bedeutendste Attraktion ohne Zweifel das 1824 erbaute **Bolschoi-Theater** (Russisch: Bol'šoj Teatr, Großes Theater) mit 2300 Plätzen ist. Das Gebäude wird seit einigen Jahren einer umfassenden Rekonstruktion unterzogen, so daß die Vorstellungen auf einer extra errichteten und unmittelbar angrenzenden Ersatzbühne stattfinden. Karten kann man bereits von Deutschland aus unter www.bolshoi.ru erwerben.

Die Straße führt weiter zum **Lubjanka-Platz** mit der berühmt-berüchtigten Zentrale des russischen Geheimdienstes FSB, einst unter dem Namen KGB gefürchtet.

■ Die Tverskaja-Straße

Vom Manegenplatz zweigt ebenfalls Moskaus wichtigste Magistrale ab, die ul. Tverskaja. Sie führt fast geradlinig in Richtung des internationalen Flughafens Šeremet'evo sowie über Tver' nach St. Petersburg. Zu Fuß lohnt sich ein Spaziergang bis zum **Puschkin-Platz**

Im Zentrum von Moskau

(Puškinskaja pl.) oder weiter bis zum **Majakovskij-Platz** (Majakovskaja pl.). Das Moskauer Rathaus, gegenüber dem Reiterdenkmal für den Stadtgründer Jurij Dolgorukij, Moskaus beliebtester Rendezvous-Platz am Puschkin-Denkmal und viele bekannte geschichtsträchtige wie auch neue Geschäfte (›Elizeevskij‹) und Theater (›Stanislavskij-Theater‹), Hotels, Restaurants und Bars befinden sich hier.

Am Puschkin-Platz kreuzt die Tverskaja den **Boulevardring**. Mit ausladenden Bäumen und einer breiten Fußgängerallee in der Mitte der beiden vielbefahrenen Fahrbahnen bietet der Boulevard mit Spielplätzen und Parkbänken eine kleine grüne Lunge im Zentrum der Metropole.

■ Der Arbat

In Richtung Süden gelangt man nach etwa zwei Kilometern zu einem Verkehrsknotenpunkt, den Arbat-Platz. Nach links gelangt man über die ul. Vozdviženka geradewegs zurück zum Dreifaltigkeitstor des Kremls. Rechter Hand hat man die Wahl zwischen der das alte Moskau symbolisierenden Fußgängerzone ›Arbat‹ und dem auch ›neuer Arbat‹ genannten Kalinin-Prospekt.

Ein Spaziergang auf dem ›Alten Arbat‹

gestaltet sich beschaulich. Die traditionsreiche Straße war die erste Fußgängerzone der Stadt und lockt mit ihren Läden, Cafés, Ausstellungen und Geschäften Touristen wie auch Straßenmusikanten sowie fliegende Händler und Künstler an.

Der **Neue Arbat** (Novij Arbat) ist dagegen eine durch die Altstadt geschlagene Schneise, die sich heute mit sechs Spuren und den dazugehörigen Hochhäusern als Inbegriff des für die 70er Jahre typischen Verständnisses von moderner sowjetischer Architektur präsentiert. Geschäfte und Restaurants geleiten den Spaziergänger bis zum Moskva-Fluß, wo sich am anderen Ufer das Hotel ›Ukraina‹ erhebt. Es ist neben der Lomonosov-Universität und dem Außenministerium eines der sieben Hochhäuser, die nach dem Zweiten Weltkrieg im sogenannten ›**Stalinschen Zuckerbäckerstil**‹ erbaut wurden und seither das Antlitz der Stadt prägen. Diese Turm-und-Türmchen-Tradition wird heute wieder in vielen Neubauprojekten weiter geführt. Rechts eröffnet sich der Blick auf das ›**Weiße Haus**‹ der russischen Regierung.

■ Die Moskauer Metro

Eine Fahrt mit Moskaus Untergrundbahn ist sehr zu empfehlen. Insbesondere innerhalb der Ringlinie ist jeder Bahnhof des zwischen 1935 und 1955 gebauten Metronetzes ein einzigartiges Schmuckstück. Die aus Marmor erbauten Paläste unter der Erde beeindrucken mit ihren sowjetisch angehauchten Kunstwerken: Mosaike, Glasmalereien und Skulpturen. Besonders zum Aussteigen und Betrachten geeignet sind die folgenden Stationen:

Auf der **Ringlinie** (Braune Linie): Komsomol'skaja (Комсомольская), Novoslobodskaja (Новослободская),

Leningrader und Jaroslavler Bahnhof

Kievskaja (Киевская), Belorusskaja (Белорусская).

Auf der **Linie 1** (Rote Linie): Kropotkinskaja (Кропоткинская).

Auf der **Linie 2** (Grüne Linie): Majakovskaja (Маяковская).

Auf der **Linie 3** (Dunkelblaue Linie): Plošcad' Revoljucii (Площадь Революции)

■ Der Platz der drei Bahnhöfe

Der Platz am Abfahrtsbahnhof der Transsibirischen Eisenbahn ist in Moskau als ›Platz der drei Bahnhöfe‹ bekannt. Hier, nordöstlich der Innenstadt, befinden sich drei nach den hier beginnenden Strecken benannte Sackbahnhöfe: der Leningrader Bahnhof sowie der Jaroslavler Bahnhof auf der Nordseite und gegenüber der Kazaner Bahnhof. Der Verkehr ist hier immer sehr lebhaft, und vor allem im Berufsverkehr sind die Vorortzüge auf allen drei Bahnhöfen sehr stark frequentiert. Lange Jahre war der Platz nach dem Kommunistischen Jugendverband Komsomol benannt (Komsomol'skaja pl.). Seit 2005 trägt er wieder seinen alten Namen, die Metrostation heißt nach wie vor Komsomol'skaja. Von hier kommt man mit der U-Bahn bequem ins Zentrum (Rote Linie 1 bis Ochotnyj Rjad/Охотный Ряд).

Der erste Bahnhof am Platz war der 1851 eröffnete Petersburger beziehungsweise **Leningrader Bahnhof**, der im Moskauer Bahnhof in der Neva-Metropole ursprünglich seinen architektonischen Zwilling hatte. Zu Beginn des 20. Jahrhunderts folgten in unmittelbarer Nachbarschaft der an ein Märchenschloß erinnernde, 1904 eingeweihte **Jaroslaver Bahnhof** und gegenüber auf der Südseite des Platzes der orientalisch angehauchte, von 1912 bis 1926 erbaute **Kazaner Bahnhof**, dessen Turm an den Sjüjümbike-Turm in Kazan' erinnert. Im Gebäude des Bahnhofs befindet sich seit 2006 auch das Eisenbahnmsueum der Moskauer Eisenbahn. Hinter der Überführung der Ringbahn erhebt sich das 1954 eröffnete **Hotel ›Leningrad‹**. Es ist mit seinen 25 Etagen das kleinste der bekannten sieben Hochhäuser aus den 1950er Jahren. Links dahinter erkennt man die Silhouette eines weiteren Gebäudes dieser Serie, das am Gartenring mehrerere Verwaltungseinrichtungen und Wohnungen beherbergt. Am gegenüberliegenden Rand des Platzes befindet sich das nach dem GUM und dem Kaufhaus ›Kinderwelt‹ (Detskij Mir) drittgrößte Kaufhaus der Stadt.

Museen

Die Moskauer Museumslandschaft ist sehr vielfältig, neben den großen Galerien gibt es zahlreiche kleine Literatur- und Kunstmuseen. An dieser Stelle seien nur einige wenige genannt. Viele russische und Moskauer Museen findet man im Internet unter www.museum.ru, die Informationen sind auch in Englisch verfügbar.

■ Tret'jakov-Galerie

Wer sich für Malerei interessiert, sollte in erster Linie der national ausgerichteten Tret'jakov-Galerie südlich der Moskva einen Besuch abstatten. Sie bietet eine phantastastische Sammlung russischer Malerei (Lavrušinskij per. 12, Tel. 230 77 88, Metro ›Tretjakovskaja‹, Orange Linie, tägl. außer Montag 10 bis 19.30, www.tretyakovgallery.ru).

■ Puschkinmuseum für bildende Kunst

Das international ausgerichtete Puschkinmuseum für bildende Kunst verfügt über eine eindrucksvolle Sammlung bildender Kunst aus aller Welt und allen Jahrhunderten (ul. Volchonka 12, Tel. 203 95 78, Metro ›Kropotkinskaja‹, Rote Linie, tägl. außer Montag 10 bis 18 Uhr).

■ Alexander-Puschkin-Museum

Nicht verwechseln sollte man das Puschkinmuseum mit dem Alexander-Puschkin-Museum, welches dem russischen Nationaldichter gewidmet ist, und sich wenige hundert Meter südlich in einem alten Adelspalais befindet (ul. Prečistenka 12, Tel. 202 23 21, Metro ›Kropotkinskaja‹, Rote Linie, Mittwoch bis Sonntag 11 bis 19 Uhr).

■ Neujungfrauenkloster

Berühmt ist das Neujungfrauenkloster im Süden der Stadt, eines der ehemaligen Wehrklöster Moskaus, mit seiner aus dem 16. Jahrhundert stammenden Kathedrale. Der Friedhof des Klosters ist ein Freilichtmuseum mit Gräbern zahlreicher Berühmtheiten, unter anderem sind Anton Tschechow, Michael Bulgakow, Nikita Chruschtschow und Boris Jelzin hier begraben (Lužnezkij pr., Metro ›Sportivnaja‹, Rote Linie, tägl. außer Dienstag und dem ersten Montag im Monat 10 bis 17.30 Uhr).

■ Museum für altrussische Malerei

Wer sich für altrussische Malerei und Ikonenmalerei begeistern kann, sollte das Andrej-Rublëv-Museum im Andronikov-Kloster besuchen (Andron'evskaja pl., Metro ›Pl. Il'iča‹, Gelbe Linie, tägl. außer Mittwoch und dem lezten Freitag im Monat 11 bis 18 Uhr).

■ Eisenbahnmuseum

Ebenfalls erwähnt sei das neue Moskauer Eisenbahnmuseum, das seit 2004 sein Domizil auf einem Freigelände am Rigaer Bahnhof gefunden hat. Über 50 historische Loks und Waggons kann man hier besichtigen, außerdem kann man jeden Mittag eine Fahrt mit einer historischen Dampflok unternehmen (Rižkij vokzal, Metro ›Rižskaja‹, Orange Linie, tägl. außer Monatg 10 bis 18 Uhr).

Städte entlang der Transsib

Moskau-Informationen

Zeitunterschied: MEZ +2 h.
PLZ: 100 000.
Vorwahl: 007/4 95, falls die Vorwahl abweicht, wird sie extra angegeben.
Bank: In allen großen Hotels gibt es Wechselstuben.
Geldautomat: am Flughafen, in den meisten Vier-und Fünfsternehotels sowie um den Roten Platz.
Taxi: Tel. 927 00 00.
GPS: Jaroslavler Bahnhof, 55°46′36″N/37°39′26″O.

Moskau hat **sieben Bahnhöfe**.
Für Transsib-Reisende ist vor allem der ›Platz der drei Bahnhöfe‹ von Interesse. Die beiden Metro-Stationen am Platz der drei Bahnhöfe heißen ›Komsomol'skaja‹ (Ringlinie und Radiallinie). Fast alle regulären Linienzüge Richtung Sibirien fahren vom **Jaroslavler Bahnhof** ab. Die meisten die Transsib angehenden Sonderzüge starten allerdings vom **Kazaner Bahnhof**.
Alle Züge in Richtung Polen, Deutschland und Westeuropa starten vom **Smolensker (Weißrussischen) Bahnhof** (Tverskaja Zastava pl. 1, Ringlinie und Radiallinie der Metro, Station Belorusskaja).
Die Züge nach Prag, Budapest und Wien verkehren vom **Kiever Bahnhof** (pl. Kievskogo vokzala, Ringlinie und Radiallinie der Metro).

Moskau hat fünf Flughäfen.
Das wichtigste Tor zur Welt ist der 1980 erbaute, nordöstlich der Stadt liegende internationale Flughafen Šeremet'evo II. Daneben wird derzeit und im Baufortschritt bereits gut sichtbar, **Šeremet'evo III** errichtet. Hier starten und landen die meisten internationalen Fluggesellschaften. Derzeit startet und landet hier noch die Lufthansa, die aber für Mitte 2008 einen Wechsel nach Domodedovo angekündigt hat. Es gibt täglich Flüge nach Frankfurt, Düsseldorf, München, Hamburg über Berlin, und Wien. Es gibt Busse und Kleinbusse zur Metrostation Rečnoj Vokzal, von dort kommt man mit der grünen U-Bahn-Linie 2 ins Zentrum.
Auf der anderen Seite der Rollbahnen liegt sein Vorgänger **Šeremet'evo I**, von dem aus heute die Linien in Richtung St. Petersburg, Kaliningrad, Sibirien sowie in die Ukraine, nach Weißrußland und ins Baltikum starten.
Die beiden anderen großen Flughäfen liegen südlich von Moskau. Im Südwesten liegt **Vnukovo**, von wo aus die meisten Flüge in Richtung Sibirien starten.
Domodedovo im Südosten entwickelt sich immer mehr zu einem internationalen Flughafen, den heute u.a. DBA, Air Berlin und Swiss aus Berlin, Hannover, Stuttgart oder Zürich und voraussichtlich ab Mitte 2008 auch die Lufthansa anfliegen. Im Inland führen die Flüge in den Ural und in den Fernen Osten. Es verkehrt ein Expresszug zum Pavelecker Bahnhof am südlichen Ring.

Hotels in Moskau sind teuer. Es empfiehlt sich, auch wenn man keine Pauschalreise machen möchte, Zimmer vorab über einen Reiseveranstalter zu buchen (siehe S. 389). Im Internet kann man z.B. über www.

russia-hotels.de oder www.moscow-hotels-russia.com buchen.

Metropol, Teatral'nyj proezd 1, Tel. 499/501 78 00, www.metropol-moscow.ru. Metro Teatral'naja (Grüne Linie). Renoviertes Luxushotel im Jugendstil mit entsprechenden Preisen. DZ ab 350 Euro

Hotel Renaissance, Olimpijskij Prospekt 18/1, Tel. 931 90 00, www.marriott.com, Metro Prospekt Mira (Ringlinie). Zur Marriott-Kette gehörendes Hotel etwa 3 km nördlich des Stadtzentrums. DZ ab 180 Euro

Hotel Cosmos, prosp. Mira 150, Tel. 234 12 06, www.hotelcosmos.ru. Metro VDNCH (Orange Linie). Ein riesiges Gebäude im Norden der Stadt. DZ ab 100 Euro.

Hotel Sovietsky, Leningradskij prosp. 32, Tel. 960 20 00, www.sovietsky.ru. Metro Dinamo (Grüne Linie). Hotel im sowjetischen Retrostil mit gutem Restaurant. DZ ab 200 Euro.

Ukraina, Kutuzovskij Prospekt 2, Tel. 221 55 55, www.ukraina-hotel.ru. Metro Kievskaja (Ringlinie). Imposanter Stalinbau am Ufer der Moskva in der Nähe des Kiever Bahnhofs. War Anfang 2008 wegen Renovierung geschlossen.

Godzillas Hostel, ul. Bol'šoi Karetny 6, Tel. 299 42 23, www.godzillas-hostel.com. Metro Cvetnoj Bul'var. Freundliches Hostel in einem Altbau in der Nähe des Nähe des Puschkin-Platzes, DZ ca. 50 Euro, Schlafsaal ab ca. 16 Euro.

Fischrestaurant Sirena, Bol'šaja Spasskaja ul. 15, Tel. 208 14 12. Ein besseres Restaurant in der Nähe des Platzes der drei Bahnhöfe, wo neben der guten Küche der Fußboden

als riesiges Aquarium mit lebenden Stören beeindruckt.

Transsiberian, Olympijskij pr. 18, Tel. 931 00 00. Anfang 2007 im Keller des Hotels Renaissance eröffnet, nicht gerade preiswert, aber um zugechtes Ambiente bemüht.

Puschkin, Tverskoj bul. 26a. Stilvolles Café und Restaurant südlich des Puschkinplatzes. Metro Puškinskaja (Grüne Linie).

Kitajgorodskaja Stena, Varvarka ul. 14. Russische und Tatarische Küche östlich des Roten Platzes. Metro Kitaj Gorod (Gelbe Linie).

Russkoe Bistro, Varvarka ul. 14. Eine Filiale der weitverbreiteten russischen Fastfood-Kette westlich des Roten Platzes – eine gute Alternative für alle, die mit einem Imbiß zufrieden sind.

Das bekannteste Moskauer Kaufhaus ist das **GUM** auf dem Roten Platz, Metro ›Pl. Revoljucii‹ (Blaue Linie). Das drittgrößte Kaufhaus der Stadt mit Namen **Moskovskij** steht am östlichen Rand des Platzes der drei Bahnhöfe.

Empfehlenswert ist am Wochenende der **Souvenir-Markt im Izmajlovo-Park**.

Wochentags gibt es einen **Flohmarkt am Gorki-Park**, südlich der Krymskij-Brücke über die Moskva, Metro ›Park Kultury‹ (Ringlinie und Radiallinie).

www.moscow-guide.ru (R/E).
all-moscow.ru/moscow.ru.html (R/E).
www.ivan.ru (R/E).
www.mos.ru (R).
www.in.msk.ru (R).
www.moscow.media.ru (R).

Die neuen Russen

Das Phänomen der sogenannten ›neuen Russen‹ ist mittlerweile auch über die Grenzen Rußlands hinaus bekannt. Im Wandel von der sozialistischen Planwirtschaft zur am Westen orientierten Marktwirtschaft bildete sich eine neue Schicht, die es je nach der Situation verstanden hat, über Beziehungen und Posten, mit Cleverness und Rücksichtslosigkeit, unternehmerischem Denken und halblegalen Machenschaften, Riesenglück und krimineller Energie in sehr kurzer Zeit zu sehr großen Reichtümern zu gelangen. Sie wurden zum Inbegriff der Ungerechtigkeiten des russischen ›Transformationsprozesses‹ und verblüfften Ivan Normalverbraucher im eigenen Lande genauso wie beispielsweise Otto Normalverbraucher hierzulande. Für diese Schicht spielt Geld offenbar keine Rolle mehr, aber nicht im kommunistischen Sinne der geldlosen Gleichheit aller, sondern im Sinne der Maßlosigkeit der eigenen Ansprüche. Humor ist bekanntlich, wenn man trotzdem lacht, und das tut man in Rußland zu diesem Thema zur Genüge:

Es treffen sich zwei ›neue Russen‹. Der eine weist stolz auf sein neues Jackett, das er soeben in einer Boutique an der nächsten Straßenecke für 1200 Dollar erworben hat. Darauf antwortet der andere entnervt: »Du hast dich schon wieder über den Tisch ziehen lassen. Zwei Straßenecken weiter kostet genau das gleiche Jackett 1400 Dollar«.

Ein ›neuer Russe‹ kommt zum Zahnarzt. Er zeigt ihm sein Gebiß, das nur aus Goldbrücken, Platin-Inlets und Diamanten besteht. Der Zahnarzt schaut sich die Zähne sorgfältig an und sagt: »Ich weiß gar nicht, welchen Zahn ich behandeln soll!« Darauf der Patient: »Wer redet denn hier von Behandeln, ich brauche eine Alarmanlage!«

Ein ›neuer Russe‹ hatte mit seinem 600er Mercedes einen schweren Verkehrsunfall. Passanten ziehen den Schwerverletzten aus dem Wagen. Mit letzter Kraft tritt er vor sein demoliertes Auto und jammert: »Oh, mein Mercedes, oh mein Mercedes!« Die verblüfften Passanten weisen ihn vorsichtig darauf hin, daß der Totalschaden des Autos doch halb so schlimm wäre, ihm aber bei dem Unfall der linke Arm abgerissen worden sei, worauf der neue Russe entsetzt aufschreit: «Oh, meine Rolex, oh meine Rolex!«

Der Steuerinspektor fragt den ›neuen Russen‹: »Sind sie wirklich sicher, daß Sie Ihre Villa, die Wohnungen und Autos mit ehrlich erworbenem Geld bezahlt haben?« »Mit was für Geld denn sonst!« »Ich habe den Eindruck, daß das alles mit dem Geld des Volkes bezahlt wurde!« »Wo soll das Volk denn solche Summen herhaben?«

Ein ›neuer Russe‹ und ein alter Jude fahren zusammen im Zug. »Wie kommt es, daß die Juden immer so clever sind?« fragt der Russe. »Weil wir Heringsköpfe essen. Die enthalten viel Phosphor, und das regt die Gehirntätigkeit an.« »Dann verkaufen Sie mir den Salzhering, den sie dabei haben.« »Kann ich nicht, das ist mein ganzes

Abendbrot.« »Ich biete 300 Dollar.« »Einverstanden. Bitteschön. Guten Appetit!«
Der ›neue Russe‹ nimmt den Salzhering und beißt zufrieden den Kopf ab. Beim
nächsten Halt des Zuges trinkt er auf dem Bahnsteig ein Bier. Nach der Rückkehr in
das Zugabteil sagt er zu dem Juden: »Ich
bin doch bescheuert. Im Bahnhofsbuffet
kostet der Salzhering fünf Rubel und ich
hab' Ihnen 300 Dollar dafür gegeben.«
»Sehen sie, das Phosphor fängt schon
an zu wirken.«

Ein ›neuer Russe‹ erzählt seinem Freund:
»Weißt du, ich bin wirklich ein kluges
Kerlchen!« »Wieso denn?« »Ich habe
meinem Sohn einen LEGO-Baukasten
gekauft und ihn in nur drei Tagen zusammengebaut.« »Na und?« »Auf der
Packung stand 3–5 Jahre!«

Ein ›neuer Russe‹ erfährt, daß er schwer
krank ist und nur noch ein Jahr zu leben
hat. Niedergeschlagen sucht er Trost bei
einem Pfarrer und bittet in der Hoffnung auf ein längeres Leben innig um
Verzeihung für seine Sünden. Der Pfarrer lauscht verständnisvoll und gibt ihm
folgenden Ratschlag: »Mein Sohn, verkauf deinen 600er Mercedes und kauf dir
einen Lada, laß dich scheiden und heirate eine Obdachlose aus dem Bahnhofsviertel, verkauf deine Villa im Stadtzentrum und kauf dir eine Hütte auf dem Lande.«
»Und dann werde ich länger leben?« fragt der neue Russe den Pfarrer. »Das nicht,
aber das eine Jahr wird dir wie die Ewigkeit vorkommen.«

Städte entlang der Transsib

Jaroslavl'

Jaroslavl' tauchte 1071 erstmals in den Chroniken auf. Der Kiever Fürst Jaroslav der Weise soll 1010 hier am Zufluß des Kotorosl' in die Volga in der Bärenecke genannten Gegend einen Bären erlegt und sich aus diesem Grund für diesen Standort entschieden haben. Ab 1218 befand sich hier ein eigenständiges Fürstentum, und Jaroslavl' entwickelte sich zu einem wichtigen geistlichen und kulturellen Zentrum. Das bekannteste Werk altrussischer Dichtkunst – das ›Lied von der Heerfahrt Igors‹ – wurde Ende des 18. Jahrhunderts in der örtlichen Bibliothek entdeckt. Im Jahre 1463 wurde das Reich um Jaroslavl' dem Moskauer Fürstentum angegliedert. Der Handel florierte, Jaroslavl' entwickelte sich zum wichtigsten Hafen für Moskau und avancierte nach Moskau und Kazan' zur drittwichtigsten Handelsmetropole Rußlands. Das selbstbewußte Bürgertum und die reichen Kaufleute prägten mit ihren Aufträgen das Antlitz der Stadt, in der sich eine eigenwillige Architektur entwickelte.

Nachdem die Stadt durch einen Großbrand im Jahre 1658 fast vollständig vernichtet wurde, setzte man konsequent auf Stein als Baumaterial. In Jaroslavl' fanden farbenfreudige Fresken und Muster sowie glasierten Kacheln eine

Blick über Jaroslavl'

weite Verbreitung; sie verleihen dem Stadtbild sein typisches Flair. Als sich mit dem Umzug der Hauptstadt nach St. Petersburg auch die Handelsströme verlagerten, reagierte man mit der Ansiedlung von Textilmanufakturen, die die Basis für spätere Industrieansiedlungen legten. Die Funktion des Moskauer Fernhafens behielt Jaroslavl' noch bis zur Eröffnung des Volga-Moskva-Kanales im Jahre 1937.

Heute ist Jaroslavl' zwar ein Industriezentrum, in dem vor allem die chemische

Legende

1 Bahnhof (Вокзал)
2 Schauspielhaus (Драматический театр им. Ф.Г. Волкова)
3 Erlöser-Kloster (Спасо-Преображенский монастырь)
4 Christi-Erscheinungskirche (Церковь Богоявления)
5 Korovniki-Vorstadt (Коровницкая слобода)
6 Metropolitenpalast (Митрополичьни палаты)
7 Museum für Stadtgeschichte (Краеведческий музей)
8 Kunstmuseum (Художественный музей)
9 Prophet-Elias-Kirche (Церковь Ильи Пророка)

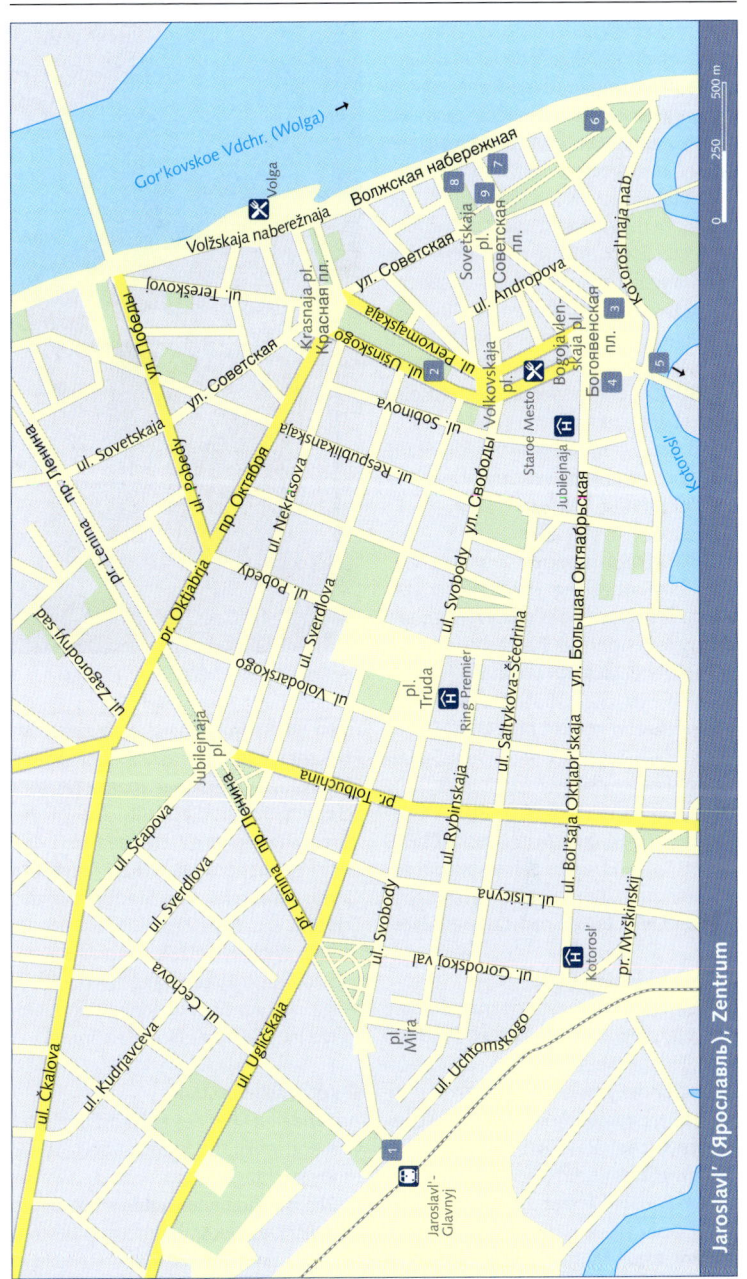

Städte entlang der Transsib

Industrie einen bedeutenden Faktor darstellt, doch umfangreiche Grünanlagen
im Zentrum und die malerische Lage an
der Volga lassen den Besucher nicht viel
davon spüren. Die Stadt hat ein eigenes
Kolorit und beeindruckt den Besucher
durch ihre wachen Kirchen- und Kultur-
traditionen. Vielleicht nicht unbedingt
als erster Stop entlang der noch so langen Transsibirischen Eisenbahn, aber als
lohnenswerter Wochenendausflug von
Moskau ist Jaroslavl' auf jeden Fall sehr
zu empfehlen. In der Stadt leben heute 630 000 Einwohner. Es besteht eine
Städtepartnerschaft mit Kassel.

Seit 2005 gehört das historische Stadtzentrum von Jaroslavl zum UNESCO-
Weltkulturerbe.

Stadtrundgang

Vom Bahnhof gelangt der Besucher über
die ul. Svobody in das etwa zweienhalb
Kilometer entfernte Stadtzentrum. Vorbei an der örtlichen Kunsthalle (ul. Svobody 15, Tel. 32 83 83) und am neuen
Jugendtheater kommt man zum Volkov-
Platz. Hier steht das nach dem Schauspieler Fëdor Volkov benannte örtliche
Schauspielhaus (Tel. 30 91 88). Volkov
(1729–1763) gründete in Jaroslavl' 1750
die in Rußland erste Schauspielbühne,
die einem breiten Publikum zugänglich
war und eine feste Spielstätte aufwies.

Die Erscheinungskirche

■ Bogojavlenskij-Platz

In Richtung Süden gelangt man entlang
der alten Handelsreihen zum Bogoja-
lenskij-Platz, wo sich neben einem dem
Stadtgründer gewidmeten Denkmal sowohl die backsteinrote **Christi-Erschei-
nungs-Kirche** als auch das aus dem
ursprünglichen Kreml hervorgegangene
weiße **Erlöser-Kloster** befinden (Bogojavlenskaja pl. 25, Tel. 30 56 30). Die
umfangreiche Museumsanlage mit mehreren Ausstellungen ist von der dem
Fluß zugekehrten Seite aus zu erreichen.
Vom Glockenturm hat man eine sehr
schöne Sicht auf die Stadt.

In Richtung Volga erheben sich drei
weitere Kirchen, die 1680 geweihte
Garnisons-Kirche, die **Stadtkirche des
Erlösers** aus dem Jahre 1672 und die
1695 erbaute **Nikolaj-Rublennyj-Kirche**.
Hier lohnt ein Spaziergang zum Ufer der
Volga. An der Strelka genannten Land-
spitze hat die Stadt ihren Ursprung.

■ Korovniki-Vorstadt

Am anderen Ufer des Kotorosl' befindet
sich Korovniki, die frühere Vorstadt der
Rinderzüchter (korova – Rind), wo ein
herrliches **Kirchenensemble** die Blicke
anzieht. Das Gesamtkunstwerk besteht
aus zwei einander gegenüberstehenden

und durch das zur Volga gewandte Tor verbundene Kirchen und einem schlanken 37 Meter hohen Glockenturm. Mitte des 17. Jahrhunderts durch Altgläubige erbaut, sind die Kirchen auch heute selten für die Öffentlichkeit zu besichtigen (nab. Portovaja 2). Auf dieser Seite des Flusses ist weiterhin die in der Vorstadt der Gerber gelegene, Johannes dem Täufer gewidmete Kirche mit ihren 15 Kuppeln sehenswert (pr. Tolbuchina).

■ **Uferstraße**

An der Uferstraße an der Volga befindet sich in den Mitropolit-Kammern das **Museum für altrussische Kunst** (Volžskaja nab. 1, Tel. 22 96 65). Vorbei am Volgabzw. Arsenalturm sowie am **Museum für Stadtgeschichte** (Volžskaja nab. 17/1, Tel. 30 41 75) kann man durch den Sovetskij pereulok zum zentralen Platz der Stadt, dem Sovetskaja pl. gelangen. Es lohnt aber auch ein Spaziergang entlang der Uferstraße zum Passagierhafen.

Zwischen dem Sovetskij per. und dem Narodnyj per. befindet sich im 1822 erbauten Gebäude des ehemaligen Gouverneurs-Palastes das eindrucksvolle **Kunstmuseum** (Volžskaja nab. 23,

Tel. 32 98 18). Es folgt – von der 1620 erbauten Nikolaj-Nadein-Kirche und der 1644 vollendeten Christi-Geburts-Kirche eingerahmt – das von Dimitrij Mostoslavskij begründete private **Museum ›Musik und Zeit‹** (Volžskaja nab. 33a). Am modernen Passagierhafen erinnert ein Denkmal an den Dichter Nikolaj Nekrasov (1821–1878), der aus der Umgebung stammte und in der Stadt seine Jugend verbrachte.

Westlich des Hafens liegt der sogenannte Rote Platz (Krasnaja pl.), der aber im Gegensatz zu seinem Moskauer Pendant außer der örtlichen Universität nicht mit besonderen Sehenswürdigkeiten aufwarten kann.

■ **Sovetskaja-Platz**

Vom Roten Platz führt die ul. Pervomajskaja zum bereits bekannten Volkov-Platz, und über die ul. Sovetskaja kommt man zum gleichnamigen zentralen Platz der Stadt, wo sich mit Gebietsadministration und Duma das Verwaltungszentrum befindet. Auf der anderen Seite des Platzes steht die **Elias-Kirche**. Sie wurde 1650 geweiht und ist vor allem für ihre einzigartigen **Kachelfresken** bekannt.

Städte entlang der Transsib

Jaroslavl'-Informationen

Zeitunterschied: MEZ + 2 h.
PLZ: 150 000.
Vorwahl: 007/48 52.
Hauptpostamt: pl. Bogojavlenskaja 22/28.
Bank: Mosstrojekonombank, pr. Lenina 44, Tel. 32 02 02.
Geldautomat: ul. Pjatnickaja 6.
Reisebüro: Inturist, Bol'šaja Oktjabr'skaja ul. 87 (im Hotel ›Kotorosl'‹), Tel. 22 45 94.

Der Hauptbahnhof von Jaroslavl' befindet sich in der nördlichen Hälfte der Stadt am westlichen Rand des Stadtzentrums, ul. Svobody, Tel. 79 21 11.
GPS: 57°37'33''N/39°50'7''O.

Moskovskij pr. 80, Tel. 44 18 37.

Die Stadt hat in Richtung Norden einen kleinen Flughafen, der aber aufgrund der Nähe zu Moskau vollkommen unbedeutend ist.

Ring Premier Hotel, ul. Svobody 55, Tel. 58 11 58, www.win.besteastern.com. Das beste Hotel der Stadt wurde 2004 eröffnet und gehört zur Gruppe Best Eastern.

Hotel Jubilejnaja, Kotorosl'naja nab. 11a, Tel. 22 41 59. Am Kotorosl'-Ufer gelegener akzeptabler Plattenbau, der ebenfalls zu Best Eastern gehört.

Hotel Kotorosl', Bol'šaja Oktjabr'-

skaja ul. 87, Tel. 21 24 15. Auch dieses näher am Bahnhof gelegene 3-Sterne-Hotel ist akzeptabel.

An Restaurants sind das **Staroe Mesto**, ul. Komsomol'skaja, und das **Volga** im Gebäude des Passagierhafens, Volžskaja nab., zu empfehlen.

www.city.yar.ru (R).
http://yyarportal.ru (R).
www.adm.yar.ru (R/E).
http://yinfo.yaroslavl.ru (R/E).

Kirov

Die Stadt zieht sich fast 20 Kilometer am linken, hohen Ufer des Flusses Vjatka entlang. Ursprünglich hieß der 1374 gegründete Ort Chlynov. Dank seiner Lage am Hochufer einer Furt avancierte der Ort schnell zu einem Zentrum des Pelzhandels. Am Sibirischen Trakt gelegen, wurde die Stadt zu Beginn des 19. Jahrhunderts zum wohl westlichsten Verbannungsort auf der Strecke gen Osten. Rußlands liberaler Philosoph Aleksandr I. Gercen (1812–1870), der satirische Schriftsteller Michail Saltykov-Ščedrin (1826–1889) und auch der

spätere Begründer des sowjetischen Geheimdienstes KGB, Feliks E. Dzeržinskij (1877–1926), durchlebten hier Jahre ihrer Verbannung.

Mitte der 30er Jahre wurde die Stadt dann nach dem ermordeten Leningrader Parteiführer Sergej Kirov benannt. Viele Jahre später erst kam die Wahrheit ans Licht, daß dieser den Vorwand für die großen Repressionswellen Stalins liefernde Mord von Stalin selbst veranlaßt war, der damit einen in der Bevölkerung sehr populären Konkurrenten ausschaltete. Die heute 338 000 Einwohner zählende Stadt sollte zwar in den 90er Jahren wieder zurückbenannt werden, aber der

Legende

① Bahnhof (Вокзал)
② Busbahnhof (Автовокзал)
③ Saltykov-Ščedrin-Museum (Дом-музей М.Е. Салтыкова-Щедрина)
④ Trifonov-Kloster (Трифонов монастырь)
⑤ Volkskundemuseum
⑥ Heimatkundemuseum (Краеведческий музей)

⑦ Jungfrauen-Kloster mit Erlöserkirche (Спасо-Преображенский монастырь)
⑧ Aleksandr-Grin-Museum (Музей им. Александра Грина)
⑨ Schauspielhaus (Драматический театр)
⑩ Gemäldegalerie (Художественный музей)
⑪ Diorama (Диорама)

neue ›alte‹ Name konnte sich in der Bevölkerung nicht durchsetzen, und so blieb es bei Kirov. Es ist eine typische russische Provinzstadt, die aber durchaus ihre Reize hat.

Alljährlich am 3. Juni ist Kirov Ausgangspunkt der mit 170 Kilometer läng-sten Pilgerprozession Rußlands. Hinter der Ikone von Nikolaj dem Wundertäter zieht der Pilgerzug in drei Tagen zum Dorf Velikoreckaja.

Stadtrundgang

Vom 2001 umfassend renovierten

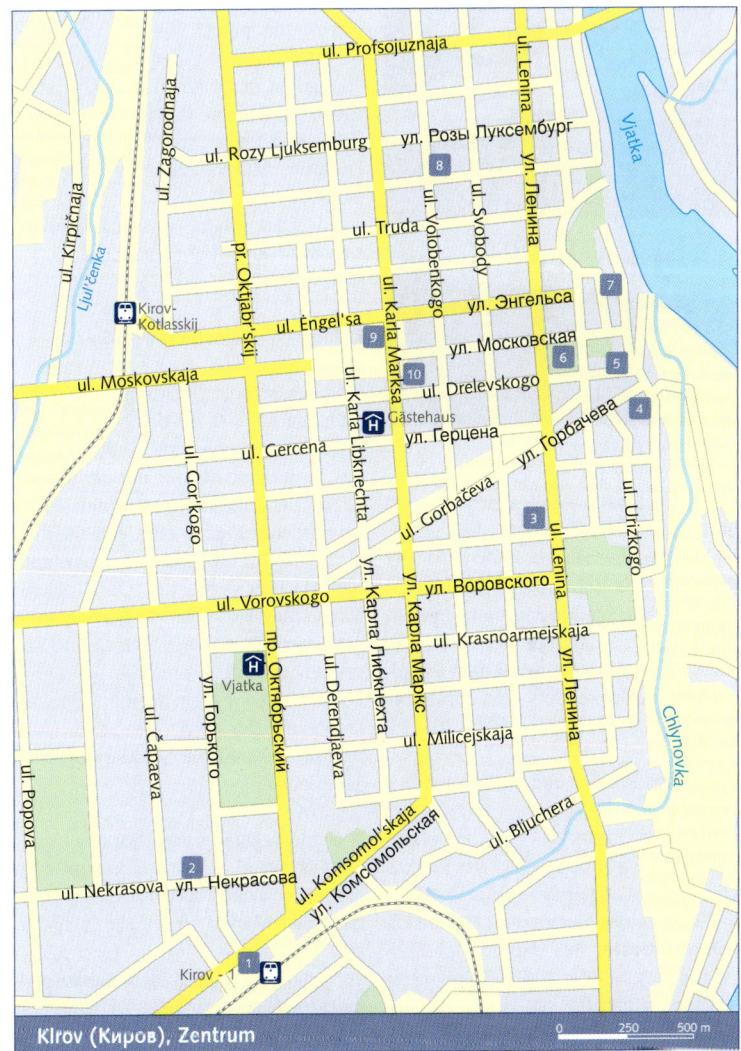

Kirov (Киров), Zentrum

Bahnhof nach rechts gelangt man auf der ul. Komsomol'skaja zur **ul. Marksa**, der zentralen Nord-Süd-Magistrale

Im Bahnhof von Kirov

der Stadt. Eine zweite Hauptstraße, die **ul. Lenina**, verläuft drei Straßen weiter östlich parallel. Hier befinden sich die **Philharmonie** (ul. Lenina 102b) und das **Saltykov-Ščedrin-Museum**. In dem grünen Holzhaus lebte der verbannte Michail Saltykov, der unter dem Pseudonym Ščedrin schrieb, von 1848 bis 1855 (ul. Lenina 93, Tel. 62 53 78).

■ **Trifonov-Kloster und Volkskunstmuseum**
Auf der ul. Gorbačeva, die aber weder wegen Michail noch wegen des Vodkas so heißt, gelangt man in der Altstadt in Richtung des Flusses zum **Uspenskij-Trifonov-Kloster** aus dem 17. Jahrhundert, das neben der von 1684 bis 1689 errichteten und für ihre riesige Ikonenwand bekannten Erlöser-Kathedrale

noch drei weiteren Kirchen aufweist (ul. Bol'ševikov 50, Tel. 69 25 19).

Gegenüber liegt das **Volkskunstmuseum** mit einer Auswahl ortstypischer Souvenirs und Vjatkaer Spitzen (ul. Drelevskogo 4b, Tel. 62 22 50). Bekannt ist Vjatka vor allem für die ›Dymkover Spielsachen‹. Am anderen Ufer der Kirov befindet sich der eingemeindete Stadtteil Dymkovo, der den bekannten Tonfiguren den Namen gibt. Die Spielsachen sind kleine handgeformte Tonfiguren und Pfeifen mit Trachtenfiguren, Husaren, Musikanten oder Tieren als Motiven.

Ein Stück weiter westlich befindet sich das **Heimatkundemuseum** (ul. Lenina 82).

■ **Jungfrauenkloster und Grin-Museum**
Nördlich davon, in Richtung Uferpromenade, befand sich die den Ursprung der Stadt bildende Festung. Dahinter liegt das **Jungfrauen-Kloster** mit der Erlöserkirche und der Johannes dem Täufer gewidmeten Kirche. Hier gelangt man auch zum **Grin-Museum**. Der bekannte Schriftsteller Aleksandr Grin (eigentlich Grinevskij, 1880–1932) stammte aus einem Dorf in der Umgebung. Aus seinem von der Romantik geprägten Schaffen ist vor allem die märchenhafte Erzählung ›Das purpurrote Segel‹ (Alye parusa) bekannt (ul. Volodarskogo 44, Tel. 69 07 77).

■ **Gemäldegalerie und Diorama**
Entlang der ul. Kommuny kommt man am Jugendtheater vorbei zu einem Platz, der die ul. Marksa kreuzt. Hier befinden sich neben der örtlichen Hochschule auch das 1877 gegründete **Schauspielhaus** (ul. Moskovskaja 37, Tel. 62 32 52) und die über die Grenzen der Stadt

hinaus bekannte **Gemäldegalerie** (ul. K. Marksa 70, Tel. 62 78 48).

Auf dem Rückweg zum Bahnhof kann man sich In einem ›**Diorama**‹ genannten Museumszentrum in einem Park auf einer gigantischen Leinwand die revolutionären Ereignisse des 1. Dezember 1917 anschauen (ul. Gor'kogo 32, Tel. 64 04 55).

Kirov-Informationen

Zeitunterschied: MEZ + 3 h.
PLZ: 610 000.
Vorwahl: 007/83 32.
Bank: Sberbank, ul. Derendjaeva 25, Tel. 65 33 66.
Reisebüro: Inturist, ul. Volodarskogo 127, Tel. 909 49.

Der **Hauptbahnhof Kirov I** befindet sich am südlichen Stadtrand in der Komsomol'skaja ul. Hier kreuzt die Transsib die Nord-Südverbindung von Nižnij Novgorod nach Kotlas, an der sich der Kotlasser Bahnhof (ul. Éngel'sa) befindet.
GPS: 58°34'42''N/49°39'7''O.

Der Busbahnhof befindet sich an der ul. Nekrasova.

Der Flughafen Zonovo liegt nordwestlich des Zentrums. Aeroflot unterhält ein Büro in der ul. Gor'kogo 56, Tel. 444 72.

Die besten Unterkünfte der Stadt sind das **Hotel Vjatka**, pr. Oktjabr'skij 145, Tel. 64 83 96, und das auch öffentlich zugängliche **Gästehaus** der Gebietsadministration, ul. Gercena 44, Tel. 38 10 16.

Als bestes Restaurant der Stadt gilt das **Rossija**, ul. Moskovskaja 5. Die beiden Kneipen **Pivnuška** und **Bočka** befinden sich auf dem Oktjabr'skij pr. 20 und 110.

www.8332.ru (R).
www.net.kirov.ru (R).

Nižnij Novgorod

Nižnij Novgorod, das ›untere‹ Novgorod – in Unterscheidung zu Novgorod oder Velikjj Novgorod in der Nähe von St. Petersburg –, wird häufig auch nur einfach ›Nižnij‹ genannt. Von 1932 bis 1990 trug die heute knapp 1,5 Millionen Einwohner zählende Stadt den Namen des hier 1868 geborenen Schriftstellers Maksim Gor'kij.

Der Ort wurde 1221 von Jurij Vsevolodič, elnem Fürsten aus Vladimir, gegründet. Der Handel florierte an den östlich der Mündung des Flußes Oka in die Volga gelegenen Hügeln und ließ die Ansiedlung schnell wachsen und zu Beginn des 14. Jahrhundert sogar für zwei Generationen ein selbständiges Fürstentum entstehen. Doch die Streitigkeiten unter den russischen Fürsten sowie die Bedrohung durch die Tataren und Mongolen stoppten die Entwicklung und ließen Nižnij Novgorod zweimal in Schutt und Asche versinken. Erst im 16. Jahrhundert gab unter Moskauer Herrschaft die Vollendung der steinernen Kremlfestung die in den Auseinandersetzungen mit den Tataren notwendige Sicherheit. Die Stadt expandierte an das westliche Oka-Ufer und umfaßt bis heute im Ortsteil ›Nagornaja‹ (auf dem Berg) um den Kreml herum das Stadtzentrum und den Ortsteil ›Zarečnaja‹ (hinter dem Fluß) mit den Gewerbeansiedlungen und den dazugehörenden Wohnbezirken.

Nižnij Novgorod wurde eine der bedeutendendsten Handels- und Industriestädte Rußlands und ist es bis heute geblieben. Neben der in den letzten Jahren wiederbelebten Messe dominieren der Maschinenbau, die Werftindustrie und der Fahrzeugbau. Hier werden die Autos der Marke ›Volga‹ hergestellt. Zugleich war die Stadt eine bedeutende Waffenschmiede Rußlands, weshalb sie auch zu Sowjetzeiten für Ausländer nicht zugänglich war. Im Stadtbild finden sich viele architektonische Belege für den Reichtum der örtlichen Kaufleute. Heute werden diese Traditionen wieder neu belebt. Vor allem dank des jungen Reform-Gouverneurs Boris Nemcov gilt die Region als eine der dynamischsten Wirtschaftsstandorte des neuen Rußland.

Stadtrundgang

Nižnij Novgorod liegt an beiden Seiten der Oka-Mündung in die Volga. Der **Hauptbahnhof** befindet sich ›hinter dem Fluß‹. Auf dieser Seite der Oka sind die 1817 eröffneten **Messehallen** und die beiden Messe-Kathedralen sehenswert, vor allem die **Aleksandr-Nevskij-Kathedrale** an der ›Strelka‹ genannten Landspitze am Zusammenfluß von Volga und Oka. Die einzige Metrolinie der Stadt bleibt in dieser Stadthälfte. Mit der Straßenbahnlinie 1 gelangt man über die Kanavinskij-Brücke zum Kreml und ins Stadtzentrum. Von der Brücke über die Oka bietet sich auch ein herrlicher Blick auf die Mündung in die majestätische Volga.

■ Kreml

Man gelangt über die Uferpromenade am Flußhafen vorbei oder parallel über die mit ihren im Jugendstil und im Klassizismus gehaltenen **Kaufmannshäusern** beeindruckende ul. Roždestvenskaja hinauf zum Kreml, dessen Eckpunkte fünf dicke, quadratische Türme und sechs kleinere runde Türme bilden. Die **Kremlmauer** ist fast zwei Kilometer lang und über zehn Meter hoch. Durch den Ivan-Turm von der Volga kommend oder durch den Dimitrij-Turm vom Stadtzentrum her, gelangt man in das Innere des Kremls. Hier findet man den Sitz des Gouverneurs, die 1631 erbaute **Erzengel-Michael-Kathedrale**, die **Philharmonie** (Tel. 39 11 87) und die städtische **Gemäldegalerie** (Tel. 39 08 55). Die

Legende

1 Bahnhof (Вокзал)
2 Messegelände (Нижегородская ярмарка)
3 Aleksandr-Nevskij-Kirche (Собор Александра Невского)
4 Kreml' (Кремль)
5 Schauspielhaus (Театр драмы им. М. Горького)
6 Fotografiemuseum (Музей фотографии)
7 Maksim-Gor'kij-Museum (Wohnhaus) (Дом-музей М. Горького)
8 Maksim-Gor'kij-Literaturmuseum
9 Čkalov-Denkmal (Памятник Чкалову)
10 Andrej-Sacharov-Museum (Музей-квартира А. М. Сахарова)

Städte entlang der Transsib

Nižnij Novgorod (Нижний Новгород)

Der Kreml von Nižnij Novgorod

größtenteils überdachte Mauer ist als Museum (Tel. 39 18 88) teilweise ebenfalls begehbar und bietet einen schönen Blick auf die Stadt und die Volga.

■ Fußgängerzone

Durch den Dimitrij-Turm gelangt man auf den nach **Kuzma Minin** und **Dimitrij Požarskij** benannten Platz. Beide kamen aus Nižnij Novgorod, organisierten in der sogenannten ›Zeit der Wirren‹ den Sieg über die polnischen Interventen und legten somit entscheidende Grundlagen für den Beginn der Romanov-Dynastie, was auch auf Moskaus Rotem Platz mit einem Denkmal gewürdigt wird. Hier beginnt die ul. Bol'šaja Pokrovskaja – als **Fußgängerzone** bis zum Gor'kij-Platz die wichtigste Flaniermeile der Stadt. Rechts erhebt sich ein Kaufhaus, kurz dahinter folgt das **Schauspielhaus** (ul. B. Pokrovskaja 13, Tel. 30 58 55). Das **Operntheater** befindet sich in der ul. Belinskogo 39 (Tel. 35 16 40).

Allen Hobby-Fotografen sei das **Fo-**tografie-Museum empfohlen, das in einer Nebenstraße an die beiden bedeutenden russischen Fotografen Andrej Karelin und Maksim Dmitrev erinnert (ul. Piskunova 9, Tel. 34 25 23).

Märchenschloßartig erhebt sich an der nächsten Ecke die örtliche Filiale der Zentralbank. Es folgen die Universität, das Puppentheater (B. Pokrovskaja 39, Tel. 39 07 21) und viele Geschäfte, Cafés und Restaurants.

■ Gorkimuseen

Am Gor'kij-Platz erinnert ein Denkmal an den großen Sohn der Stadt, dem auch zwei Museen gwidmet sind, die beide östlich des Kremls liegen: das Haus, in dem er nach 1902 lebte (ul. Semaško 19, Tel. 36 15 29) und ein Literaturmuseum (ul. Minina 26, Tel. 36 65 83).

■ Uferpromenade

Vom Minin-Požarskij-Platz lohnt auch ein Spaziergang zur Volga. Hier stößt man auf die vielfotografierte **Volga-Treppe** und das Denkmal für den russischen Polarflieger Valery Čkalov. Die Uferpromenade ist ein beliebter Ort für Spaziergänge. Das **Heimatkundemuseum** (offiziell: Museum für Geschichte und Architektur) an der Promenade ist seit geraumer Zeit wegen Rekonstruktion geschlossen (Verchne-Volžskaja nab. 7, Tel. 36 37 61).

■ Andrej-Sacharov-Museum

Einige Kilometer südlich des Zentrums lohnt das Andrej-Sacharov-Museum einen Besuch. Der Kernpysiker Sacharov (1921–1989) war wohl der bekannteste sowjetische Dissident der Brežnev-Ära und von 1980 bis 1986, bis ihm im Rahmen der Perestroika Michail Gorbačév die Rückkehr nach Moskau erlaubte, nach Gor'kij verbannt worden. Seine damalige Neubau-Wohnung beherbergt heute ein ihm und seiner Verbannung gewidmetes Museum (pr. Gagarina 214, Tel. 66 86 23).

Nižnij Novgorod-Informationen

Zeitunterschied: MEZ + 3 h.
PLZ: 603 000.
Vorwahl: 007/83 12.
Hauptpostamt: pl. Gor'kogo 1.
Bank: NBD Bank, pl. Gor'kogo 6, Tel. 34 39 90, www.nbdbank.ru.
Geldautomat: ul. Gor'kogo 4.
Reisebüro: ul. Sovetskaja 12, Tel. 44 46 92.

Der Bahnhof befindet sich vom Kreml aus am anderen Oka-Ufer, Tel. 44 27 24.
GPS: 56°19'19''N/43°56'45''O.

Der Flughafen Strigino befindet sich südwestlich des Stadtzentrums. Das Aeroflot-Büro in der Innenstadt liegt am pl. Lenina, Tel. 44 39 76. Es gibt wöchentlich zwei Lufthansa-Verbindungen nach Frankfurt/M.

Das beste Hotel der Stadt mit Volga-Blick ist das **Oktjabr'skaja**, Verchnevolžskaja nab. 9a, Tel. 32 80 80. Eine Alternative ist das ältere und ebenfalls am Volgaufer gelegene **Hotel Volžskij Otkos** (ehemals Rossija), Verchnevolžskaja nab. 2, Tel. 39 16 41. In Bahnhofsnähe liegt das **Hotel Central'nyj**, ul. Sovetskaja 12, Tel. 77 55 00.

In der Fußgängerzone sind die Gaststätten **Ermitaž**, Bolšaja Pokrovskaja 21, Tel. 33 47 79, und **Vitalič**, B. Pokrovskaja 35, Tel. 33 16 91, zu empfehlen. Gute Küche findet man auch im **Burlatskaja Svoboda**, Georgievskij s'ezd 1, Tel. 36 19 07.

www.unn.runnet.ru/nn (E,R).
www.nnovcity.ru (R),
www.admgor.nnov.ru (R/E).
www.nn.ru (R).

Kazan'

Das 1177 als Bulgar-Dzadid gegründete Kazan' ist heute die Hauptstadt der Republik Tatarstan und einerseits der Inbegriff für die maximal erreichbare Autonomie eines Föderationssubjektes und andererseits das Zentrum des Islams in Rußland. Die moslemischen Tataren machen etwa 48 Prozent der Bevölkerung aus. Die ursprünglich an der Volga ansässigen Volga-Bulgaren wurden im 13. Jahrhundert durch die Mongolen und Tataren vertrieben. Als die Goldene Horde sich auflöste, wurde Kazan' zur Hauptstadt des gleichnamigen, Khanat genannten, Fürstentums.

Im Jahre 1552 wurde die Stadt unter Ivan dem Schrecklichem erobert und an Rußland angegliedert. Die berühmte Moskauer Basilius-Kathedrale wurde übrigens zu Ehren dieser siegreichen Schlacht errichtet. Auch in Kazan' hielt das Kreuz Einzug. Der islamische Halb-

Blick vom Bahnhof zur Kul-Scharif-Moschee

mond wurde unterdrückt und erst Ende des 18. Jahrhunderts unter Ekaterina der Großen wieder toleriert.

Während die Russen sich in Richtung Kreml im Zentrum niederließen, siedelten sich die Tataren in den Vorstädten an. Daher finden sich viele Kirchen im Zentrum, die Moscheen zumeist außer-

halb davon. Heute sind Russisch und Tatarisch gleichberechtigte Amtssprachen. Bis heute prägen sowohl russische Kirchen als auch tatarische Moscheen die Stadtsilhouette.

Im 19. Jahrhundert wurde Kazan' zu einer prosperierenden Handels- und Industriemetropole, was sich auch in der städtebaulichen Entwicklung niederschlug. Mit den ersten Ölfunden Ende des 19. Jahrhunderts kam ein neuer Boom. Heute ist der bedeutende Industriestandort vor allem durch die petrochemische Verarbeitung des in Tatarstan geförderten Erdöls und Erdgases, die Luftfahrttechnik, insbesondere die Herstellung von Flugzeugen und Hubschraubern, und die optische Industrie (Ferngläser, Nachtsichtgeräte) geprägt. In der Stadt lebt etwas mehr als eine Million Menschen.

Kazan' ist die Heimatstadt des Sängers Fëdor Šaljapin (1873–1938) und des Ballettänzers Rudolf Nureev (1938–1993). Die erste islamische Universität Rußlands eröffnete 1999 ihre Pforten.

Obwohl nicht an der klassischen Transsib-Route gelegen, wird Kazan' von einigen Sonderzügen angefahren und deshalb hier beschrieben.

Stadtrundgang

Kazan' liegt heute an der Volga. Früher

Legende

1 Bahnhof (Вокзал)
2 Markt (Рынок)
3 Zirkus (Цирк)
4 Kreml' (Кремль)
5 Nationalmuseum Tatarstans (Национальный музей Республики Татарстан)
6 Nikolai-Kirche (Николо-Низская церковь)

7 Peter-und-Pauls-Kathedrale (Петропавловский собор)
8 Universität (Университет)
9 Gemäldegalerie (Картинная галерея)
10 Gor'kij-Museum (Литературно-мемориальный музей им. М. Горького)
11 Tatarisches Nationaltheater (Татарский национальный театр)

Städte entlang der Transsib

Der Kreml bei Nacht

lag der Ort nur am Fluß Kazanka, sechs Kilometer vom Volgaufer entfernt. Doch seit an der Volga eine Staudamm-Kaskade errichtet wurde und sich von dort ein Rückstau gebildet hat, ist Kazan' eine Hafenstadt, und der Bahndamm liegt jetzt genau am Ufer des Stromes zwischen dem Fluß und dem Zentrum der tatarischen Hauptstadt. Vom Bahnhof gelangt man am besten nach links über die ul. Said-Galieva zum Volganebenfluß Kazanka. In die ul. Novokremlevskaja einbiegend, findet man linker Hand den Zentralmarkt, den auf 2400 Zuschauer ausgelegten Kuppelzirkus (ul. Novokremlëvskaja 2, Tel. 32 48 54) und einen Sportkomplex, wo das auch international bekannte Kazaner Eishockey-Team ›Ak Bars‹ den im Russischen ›Schaiba‹ genannten Puck jagt.

■ **Kreml**

Von weitem sieht man bereits am Ufer der Kazanka den gewaltigen, schneeweißen Kreml, dessen Mauer eine Länge von 1,7 Kilometern erreicht. Neben den **orthodoxen Kirchen** fällt der Blick sofort auf die Kuppel und die sie umgebenden vier Minarette der im Juli 2005

eingeweihten **Kul-Scharif-Moschee**. Die markante neue Sehenswürdigkeit in einer Mischung aus Gotteshaus, Gedenkstätte und Museum soll die größte Moschee außerhalb des unmittelbaren islamischen Einzugsgebietes sein und ist Ausdruck eines neuen, teilweise auch durch nationalistische Züge geprägten Selbstbewußtseins der Tataren.

Durch den 45 Meter hohen Erlöser-Turm gelangt man in das Innere des Kremls. Er stammt wie die **Maria-Verkündigungs-Kathedrale** (Blagoveščenskij sobor) aus der Mitte des 16. Jahrhunderts. 100 Jahre später folgten die **Palast-Kirche** (Dvorcovaja cerkov') und der **Gouverneurs-Palast**, der heutige Sitz des Präsidenten Tatarstans. Die Silhouette des Kremls wird daneben durch den 57 Meter hohen und sich um eineinhalb Meter zur Seite neigenden **Sjüjümbike-Turm** bestimmt. Er ist nach der angeblich von Ivan dem Schrecklichen angebeteten und patriotisch wie tragisch im Freitod endenden Tatarenfürstin Sjüjümbike benannt.

■ **Zentrum**

Vom Kreml gelangt man über die gleichnamige Straße (Kremlevskaja ul.) ins Zentrum von Kazan. Am Beginn erinnert ein Denkmal an den tatarischen Nationaldichter **Musa Džalilja**. Er geriet im Zweiten Weltkrieg in deutsche Gefangenschaft und wurde 1944 im Gefängnis Berlin-Moabit hingerichtet. Innerhalb seines Schaffens sind die aus dem Gefängnis geschmuggelten und später als ›Moabiter Hefte‹ erschienenen Gedichte sehr eindrucksvoll. Auch das Kazaner Opern- und Balletttheater trägt den Namen des Dichters.

Gegenüber befindet sich das **Nationalmuseum Tatarstans** (ul. Kremlevskaja 2, Tel. 292 71 62).

Aus der zentralen Straßen Kazans, der ul. Baumana wurde in den letzten Jahren eine beschauliche Fußgängerzone mit vielen Cafés und Geschäften. Ein Denkmal und der Name eines neuen Nobelhotels erinnern an Rußlands aus Kazan stammenden, großen Opernsänger Fëdor Šaljapin (1873–1938).

Neben der **Nikolaj-Kirche** befindet sich die farbenfreudig gemusterte **Peter-und-Paul-Kathedrale**, eine der schönsten Barockkirchen Rußlands. Hier befand sich zu sowjetischer Zeit, als auch das örtliche Parteiarchiv in dieser Kirche untergebracht war, die heute als ›verschollen‹ geltende wundertätige Ikone der Kazaner Gottesmutter – eines der bedeutendsten Meisterwerke russischer Ikonenkunst.

Bekannt ist die 1804 gegründete **Universität**, die auch mit einem eigenen Museum aufwarten kann (ul. Profso-juznaja). Hier begann auch Lenin sein Studium, wurde dann aber exmatrikuliert. Seine literarisch auch entsprechend verewigte ›Universität des Lebens‹ fand hier auch **Maxim Gorki** (Gor'kij – der Verbitterte, eigentlich Aleksej Maksimovič Peškov, 1868–1936). Er arbeitete damals in einer Kellerbäckerei, die heute ein Museum ist (ul. Gor'kogo 10, Tel. 238 47 78). Zwei Ecken weiter lohnt das eindrucksvolle **Kunstmuseum** ebenfalls einen Besuch (ul. Marksa 64, Tel. 236 69 21).

■ **Wildschweinsee und Tatarenvorstadt**

Über die ul. Puškina, die dann zur ul. Tatarstan wird, gelangt man am gleichnamigen Hotelhochhaus vorbei zum Wildschweinsee (Kabanskoe ozero). Auf dem Boden des Sees sollen sich noch Schätze der Goldenen Horde befinden. An seinem nördlichen Ufer steht das moderne **Tatarische Nationaltheater** ›Galiasgara Kamala‹ (ul. Tatarstan 1, Tel. 232 93 74). Der See galt ursprünglich als eine Trennlinie zwischen den russischen und tatarischen Quartieren der Stadt. Im Viertel westlich des Sees finden sich besonders viele **Moscheen**.

Vom Wildschweinsee kehrt man in Richtung Norden auf einer der beiden Uferstraßen, die den früher schiffbaren Stadtkanal ›Bulak‹ säumten und daher ihren Namen tragen (ul. Pravobulačnaja und ul. Levobulačnaja), ins Zentrum zurück.

Städte entlang der Transsib

Kazan'-Informationen

Zeitunterschied: MEZ + 2 h.
PLZ: 420 000.
Vorwahl: 007/843.

Hauptpostamt: ul. Baumana.
Bank: Bank Ak Bars, ul. Dekabristov 1, Tel. 230 33 03.
Geldautomat: im Hotel ›Tatarstan‹.
Reisebüro: Intur, ul. Profsojuznaja 46, Tel. 238 29 02.

Der Bahnhof liegt am westlichen Rand des Zentrums, unmittelbar am Ufer der hier aufgestauten Volga, ul. Tschernyschevskovo 36/14, Tel. 292 68 07
GPS: 55°74'17''N/49°60'1''O.

Der Flughafen liegt nördlich von Kazan'. Es gibt vier wöchentliche Lufthansa-Flugverbindungen nach Frankfurt/M. Daneben gibt es umfangreiche Inlandverbindungen, darunter täglich zwei Flüge nach Moskau, ul. Aeroportovskaja Tel. 267 88 12.

Das beste Hotel der Stadt ist heute das Shalyapin **Palace Hotel**, ul. Universitetskaja 7, Tel. 238 28 00.

Reisegruppen werden häufig im noch recht sowjetischen Hotel **Tatarstan** untergebracht, ul. Puškina 4, Tel. 264 60 05.

Als bestes landestypisches Restaurant der Stadt gilt das **Haus der tatarischen Kulinarie**, ul. Baumana 31, Tel. 292 70 70.

Das größte Kaufhaus der Stadt befindet sich in der Nähe des Kremls neben dem Zirkus.

www.kazan.ru (R).
www.kcn.ru (R/E).
http://akm.kazan.ru/kazan (R/E).
http://e-kazan.ru (R).

Perm'

Perm' erstreckt sich am Fuße des Urals entlang der in die Volga fließenden Kama auf knapp 60 Kilometer Länge. Der Stadtname stammt aus dem Finno-Ugrischen und bedeutet fernes Land. Perms Geschichte begann im Jahr 1723, als man unweit des Dorfes Egošicha Kupfererz entdeckte. Der Bergbauingenieur V. N. Tatiščev, der auch als Gründer von Ekaterinburg gilt, plante hier ebenfalls den Bau einer Kupferhütte. Um sie herum entstand eine neue Siedlung, die 1796 das Stadtrecht erhielt. Insbesondere dank seines Hafens an der Kama, Nebenfluß der Volga, wurde Perm' zu einem regen Handelsplatz und zum Tor in ein noch ferneres Land – Sibirien.

Aufgrund der Erzlagerstätten entwickelte sich auch die Schwerindustrie, unter anderem entstand hier Mitte des 19. Jahrhunderts die größte Kanonenfabrik Rußlands. Perm' galt damals bereits als Zentrum des russischen Motorenbaus. 1878 erreichte die Eisenbahn die Stadt. Die Transsib fuhr in den ersten Jahren von Moskau weiter südlich zum Ural, erst seit Ende der 20er Jahre verkehren die meisten Züge der Transsib über Perm'.

Doch nicht nur Industrie und Handel, auch kulturelle Traditionen sind in Perm' erwähnenswert. Das die Grundlage des heutigen Heimatmuseums bildende Industriemuseum war bei seiner Gründung 1890 das erste seiner Art in Rußland. Kurz zuvor hatte das Operntheater seinen Spielbetrieb aufgenommen, 1916 wurde die Universität gegründet.

Heute ist die Stadt wirtschaftlich vor allem als Zentrum des Maschinenbaus und für die hier produzierten Flugzeugturbinen und Fahrräder bekannt. Aber auch die Theaterszene genießt einen guten Ruf. Von 1940 bis 1957 hieß die Stadt nach Stalins Außenminister Molotov, beschrieben wird sie auch als Jurjatino. Literatur-Nobelpreisträger Boris Pasternak war häufiger Gast in Perm' und verewigte die Stadt unter in seinem Roman ›Dr. Schiwago‹.

Zu Beginn der 80er Jahre überschritt die Einwohnerzahl die Millionengrenze, heute leben in Perm' ungefähr 1 030 000 Einwohner. Zu Zeiten der Sowjetunion war der Ort wie alle Uralmetropolen eine geschlossene Stadt und für Ausländer nicht zugänglich. Eine Ausnahme bildete nur die DDR, die in den

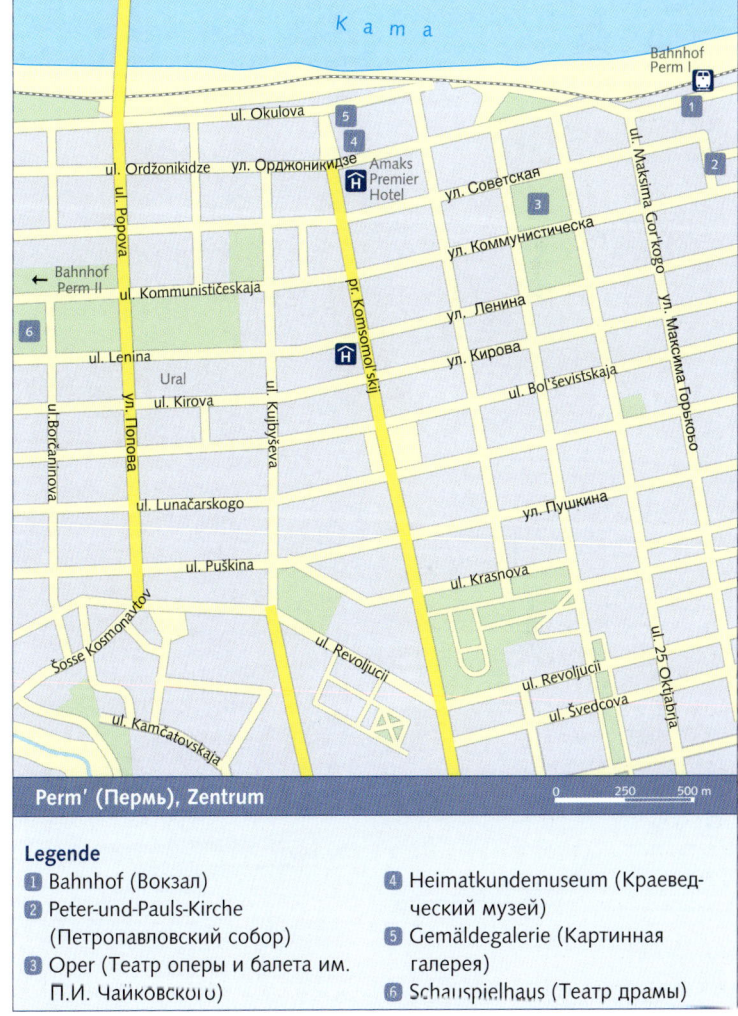

Perm' (Пермь), Zentrum

0   250   500 m

Städte entlang der Transsib

Legende

1 Bahnhof (Вокзал)

2 Peter-und-Pauls-Kirche (Петропавловский собор)

3 Oper (Театр оперы и балета им. П.И. Чайковского)

4 Heimatkundemuseum (Краеведческий музей)

5 Gemäldegalerie (Картинная галерея)

6 Schauspielhaus (Театр драмы)

80er Jahren mit großem Baukontingent und vielen Arbeitskräften im Rahmen der Comecon-Kooperation einen Teilabschnitt der Erdgaspipeline Westsibirien–Mitteleuropa in der Umgebung von Perm' und Kungur errichtete.

Das bislang einzige **GULag-Museum** Rußlands in einem ehemaligen Arbeitslager befindet sich im Dorf Kutschino. Das Lager ›Perm-36‹ wurde bis 1987 genutzt, das Museum wurde 1994 eröffnet und läßt sich in einem Tagesausflug von Perm besuchen (www.gulagmuseum.ru).

Stadtrundgang

Der Bahnhof Perm' I befindet sich heute unmittelbar an der Stelle am südlichen Ufer der Kama, wo der kleine Fluß Egošicha in die Kama mündet und sich ursprünglich das gleichnamige Dorf befand. Direkt daneben erhebt sich das Gebäude des Passagierhafens. Hier befindet sich das alte Perm' mit vielen interessanten **Holzhäusern** und der 1765 errichteten und Petrus und Paulus gewidmeten **Barock-Kathedrale**. Im historischen Stadtkern wurde 2006 der an den Stadtgründer Vasilyj Tatiščev erinnernde Platz mit einem Denkmal neu gestaltet. Das heutige Stadtzentrum von Perm' liegt weiter westlich vom Kamafluß in Richtung Süden. Das weit gestreckte Stadtgebiet zieht sich über verschiedene Hügel und Täler. Zur Hauptgeschäftsstraße der Stadt gelangt man vom Bahnhof am besten über die ul. Ordžonikidze oder die ul. Sovetskaja. Weiter südlich verläuft mit der ul. Lenina parallel zu ihnen eine der bedeutenden Geschäftsstraßen der Stadt. In einer kleinen Parkanlage zwischen beiden Straßen befindet sich das nach Peter Tschaikowsky benannte Permer **Operntheater** (ul. Kommunističeskaja 25a).

Das Opernthheater in Perm'

■ Heimatkundemuseum und Kunstgalerie

Auf allen diesen Straßen gelangt man zur wichtigsten Geschäftsstraße der Stadt, dem **Komsomol'skij prospekt**, der das Zentrum Perms als Nord-Süd-Magistrale auf etwa zweieinhalb Kilometern durchzieht. Hier befinden sich neben vielen wichtigen Einrichtungen der Stadt auch das größte Hotel, verschiedene Restaurants, Geschäfte und das größte Kaufhaus. Interessant wird es vor allem in Richtung des Flusses. Auf der rechten Seite erwartet den Touristen zunächst der **Ausstellungssaal des örtlichen Künstlerverbandes** (Komsomol'skij pr. 10).

Nach der nächsten Kreuzung folgt das **Heimatkundemuseum** mit umfangreichen Expositionen zu den Bereichen Natur, Geschichte, Technik (Komsomol'skij pr. 6, Tel. 212 28 07). Unmittelbar daneben befindet sich im beeindruckenden Gebäude der von 1793 bis 1798 erbauten Erlöserkirche die **Permer Kunstgalerie**. Es wurde eine zweite Decke eingezogen, so daß die Galerie neben der durchgehenden Ikonenwand auf zwei Etagen die ein-

Blick über den Fluß auf die Stadt

Städte entlang der Transsib

zigartigen Stroganov-Ikonen und viele Werke bekannter russischer Maler zeigt. Die Galerie ist eine der größten Kunstsammlungen Rußlands und auf jeden Fall einen Besuch wert (Komsomol'skij pr. 4, Tel. 212 22 50).

Am Ufer der Kama lohnt sich an der ul. Okulova ein Blick auf den Flußlauf.

■ **Esplanade und Bahnhof Perm II**
An der Kreuzung des Komsomol'skij pr. und der ul. Lenina bietet sich ein Spa-ziergang auf der ul. Lenina in Richtung Westen an. Eine gigantische Parkanlage wird hier von der Gebietsadministration und dem modernen Schauspielhaus (ul. Lenina 53) eingerahmt. Im Volksmund wird sie ›Esplanade‹ genannt. Am Theater vorbei gelangt man zum Bahnhof Perm' II.

Perm' ist auch Ausgangspunkt für Flußkreuzfahrten über den Volga-Nebenfluß Kama zur Mutter aller russischen Flüsse.

Perm'-Informationen

Zeitunterschied: MEZ + 4 h.
PLZ: 614 000.
Vorwahl: 007/342
Hauptpostamt: ul. Lenina 68.
Bank: Alfa Bank, ul. Bol'ševist-skaja 120, Tel. 290 40 76.
Geldautomat: ul. Bol'ševistskaja 120.
Reisebüro: Permtourist, ul. Lenina 58, Tel. 212 78 43, www.permtourist.ru.

Perm' hat mit **Perm' I** im Osten der Stadt und mit **Perm' II** im Westen der Stadt zwei Bahnhöfe. Perm' II ist dabei der bedeutendere an der Strecke der Transsib. Die Strecke verläuft nach der Brücke über die Kama parallel zum Fluß, so daß sich der Bahnhof neben dem Passagierhafen am Kama-Ufer befindet.
GPS: Perm II, 58°00'24''N/56°10'54''O.

Der Flughafen Bol'šoe Savino ist etwa 15 Kilometer vom Stadtzentrum entfernt. Er wird auch zweimal wöchentlich aus Frankfurt/M. mit Zwischenlandung in Kazan' von der Lufthansa angeflogen. Stadtbüro: ul. Krisanova 19, Tel. 233 46 68.

Das größte Hotel der Stadt ist das 1984 erbaute, achtstöckige **Hotel Ural**, ul. Lenina 58, Tel. 234 44 17. Eine ebenfalls zentral gelegene Alternative ist das **Amaks Premium Hotel**, ul. Ordžonikidze 43, Tel. 220 60 60, www.amaks-hotels.ru.

Als bestes Restaurant der Stadt gilt das neue **Schiwago** (Živago), ul. Lenina 37, Tel. 235 17 16.
Günstig und gut ist das Selbstbedienungsrestaurant **Kafe Citi**, ul. Komsomol'skij pr. 68, Tel. 244 29 91.

Das größte **Kaufhaus** der Stadt befindet sich an der Ecke der ul. Lenina und des Komsomol'skij pr. Der zentrale **Markt** befindet sich in der ul. Puškina.

www.perm.ru (R).
www.gorodperm.ru (R/E/D).
www.museum.psu.ru (R).

Dr. Schiwago

Das Ehepaar Antipov hatte sich über Erwarten gut in Jurjatino eingelebt. Die Guichards waren überall in bester Erinnerung. Das verringerte ihre Schwierigkeiten, die mit der Umsiedlung an einen neuen Ort immer verbunden sind.

Lara war über und über beschäftigt. Sie hatte für das Haus zu sorgen und für ihre Tochter Katjenka, die jetzt drei Jahre alt war. Sosehr sich auch die rothaarige Marfutka, die bei Antipovs Bedienerin war, bemühte, ihre Hilfe reichte nicht aus. Larissa Fjodorowna nahm an allen Anliegen Pawel Pawlowitschs Anteil. Sie selber unterrichtete am Mädchengymnasium. Sie arbeitete unermüdlich und war glücklich. Eben das war das Leben, das sie sich erträumt hatte.

Zugschaffnerinnen

Es gefiel ihr in Jurjatino. Es war ihre Heimat. Die Stadt lag am Ufer der Rynjwa, die bis zum Oberlauf schiffbar war. Eine Ural-Bahnlinie durchquerte die Stadt.

In Jurjatino kündigte sich das Nahen des Winters dadurch an, daß die Kähne in Bauernwagen in die Stadt hinaufgefahren wurden, wo man sie auf den Höfen ihrer Besitzer ablud. Hier überwinterten sie unter freiem Himmel. Die umgekippten Kähne, die sich im Innern der Höfe als weiße Flecke vom Boden abhoben, bedeuteten für Jurjatino das gleiche wie anderswo der herbstliche Flug der Kraniche oder der erste Schnee.

Katjenka spielte in solch einem umgekippten Boot wie unter dem bauchigen Dach eines Gartenpavillons. Der weißgestrichene Kahn lag im Hof des Hauses, das vom Ehepaar Antipov bewohnt wurde. Das Leben in diesem weltfernen Winkel entsprach vollkommen der Seelenhaltung Larissa Fjodorownas. Die Intellektuellen dieser Stadt – man sprach von der ›Ortsintelligenz‹ – sprachen das ›O‹ wie die Nordrussen aus. Alle trugen Filzstiefel und pelzverbrämte Jacken aus grauem Flanell. Die Vertrauensseligkeit der Bewohner war rührend naiv. Lara fühlte sich zur Erde und zum einfachen Volk hingezogen.

Dagegen entdeckte Pawel Pawlowitsch, obgleich er der Sohn eines Eisenbahners war, seine Liebe zum Leben in den Hauptstädten. Er beurteilte die Bewohner von Jurjatino, deren Wildheit und Kulturlosigkeit ihn immer wieder reizten, viel strenger und unnachsichtiger als seine Frau. (...)

Das Haus, in dem Antipov wohnte, befand sich in einem dem Hafen entgegengesetzten Stadtteil. Es war das letzte der Straße. Hinter ihm begannen die Felder, die von der Bahnlinie überquert wurden. In der Nähe der Bahn befand sich ein Wärterhäuschen. Über die Schienen führte ein Fahrweg.

Aus: Boris Pasternak, Doktor Schiwago, Frankfurt/M. 1967

Kungur

Die 1663 gegründete Stadt ist vor allem wegen ihrer Eishöhle bekannt. Gleichzeitig ist es aber mit heute etwa 68000 Einwohnern eine vielleicht nicht ganz typische, aber doch interessante russische Provinzstadt, die durchaus einen Stop lohnt. Neben der Natur des Urals und der Eishöhle hat die Kreisstadt eine reiche Kaufmanns- und Kirchentradition, die im Stadtbild nach wie vor präsent ist. Aus diesem Grund ist die Stadt auch eine beliebte Filmkulisse für das provinzielle Rußland des 19. Jahrhunderts. Kungur liegt malerisch am Zusammenfluß der beiden Flüsse Sylva und Iren'. Kungur ist heute eines der Zentren für Ballonfahren. Alljährlich findet hier Ende Juni unter dem Titel ›Himmelsjahrmarkt‹ ein großes Treffen für Heißluftballons statt.

Stadtrundgang

Das Stadtzentrum liegt nordöstlich des Bahnhofs. Aus Richtung Perm hat man vor dem Stop einen guten Blick auf die Silhouette der Stadt. Das Stadtzentrum wird vom Fluß Sylva und ihrem Nebenfluß Iren' umrahmt. Die meisten Sehenswürdigkeiten befinden sich zwischen der ul. Lenina und der ul. Gogolja südlich der den Sylva-Bogen überspannenden Eisenbrücke. Die Hauptstraße ist die ul. Lenina.

Am zentalen Platz des Sieges beeindruckt der quadratische **klassizistische Handelshof**. Er stammt aus den Jahren 1865 bis 1876 und steht, wie viele alte Kaufmannshäuser, für die Blüte der

Kungur (Кунгур), Zentrum

0   100   200 m

Legende
1. Bahnhof (Вокзал)
2. Handelshof (Торговый двор)
3. Heimatmuseum (Краебедческий музей)
4. Tichvin-Kirche (Тихвинская церковь)
5. Nikolaikirche (Никольская церковь)
6. Eishöhle (Ледяная пещера)

Stadt im 19. Jahrhundert. Heute spielt sich das Gros des Handels allerdings in den Marktbuden auf dem Platz davor ab. Das nette **Heimatmuseum** ist in der ehemaligen Militärverwaltung gleich hinter dem Handelshof untergebracht (ul. Gogolja 36, Tel. 243 94).

Von den 14 Kirchen, die Kungur einst hatte, sind noch fünf erhalten, worunter die **Verklärungskirche** aus dem Jahre 1782, die sich am rechten Flußufer erhebt, die wohl bedeutendste ist. Bemerkenswert ist außerdem die im in Rußland selten anzutreffenden Backsteinstil erbaute **Tichvin-Kirche** aus dem Jahre 1765 (ul. Sitnikova 52).

Makabre Assoziationen weckt schließlich der Weg zur **Nikolaikirche**, die lange Jahre als Gefängniswerkstatt mißbraucht wurde und noch heute an die Stacheldrahtmauer des örtlichen Gefängnisses grenzt, hinter der sich noch eine weitere Kirche erhebt.

■ Die Eishöhle

Die wohl bekannteste Sehenswürdigkeit von Kungur liegt jedoch etwa zwei Kilometer in Richtung Nordosten außerhalb und unter der Erde. Die bereits seit 1914 für Besucher zugängliche Eishöhle in den Karstausläufen des Urals präsentiert sich auf knapp sechs Kilometern in 58 ›Sälen‹ mit über 50 unterirdischen Seen als einzigartiges Naturspektakel. Touristisch erschlossen sind bis heute etwa zwei Kilometer, die jährlich ungefähr 150 000 Besucher anziehen. Die Temperatur bleibt ganzjährig um 0 Grad, die Seen selbst gefrieren nicht.

Ortseinfahrt von Kungur

Der Dauerfrost ist nur in den ersten Sälen in bizarren Formen zu bewundern. Vor allem in den Monaten Februar bis April lohnt sich der Besuch, denn im Sommer schmilzt durch die Luftzirkulation des Besucherstroms in den Grotten mit den Namen ›Polar‹ und ›Brilliant‹ doch einiges ab.

Die Höhle wurde bereits 1703 erstmalig auf Ukas Peters des Großen vom bekannten sibirischen Kartographen Semën Remizov vermessen (kein Ruhetag, Tel. 397 20)

Kungur-Informationen

Zeitunterschied: MEZ+ 4 h.
PLZ: 617 470.

Vorwahl: 007/342 71.
Hauptpostamt: ul. Krasnaja 15, Tel. 221 79.
Bank: Sberbank, ul. Gogolja 13, Tel. 622 00.

Städte entlang der Transsib

Der Bahnhof von Kungur wurde 2006 rekonstruiert und liegt
auf halber Strecke zwischen dem
Stadtzentrum und der Eishöhle,
ul. Bačurina 56, Tel. 66 32
GPS: 57°25'11''N/56°10'54''O.

Im Stadtzentrum befindet sich das
einfache **Hotel Iren'**, ul. Lenina 30,
Tel. 322 70.
Unweit der Eishöhle ist der **Touristen-
komplex Stalagmit** mit 111 Zimmern

eine Alternative, Tel. 372 85.

Als bestes Restaurant der Stadt gilt
das **Sylva**, ul. Gogolja 19, Tel. 236 66.

Ein gut sortierter Souvenir- und Kunstgewerbeladen ist der ›Gončarnaja
lavka‹, ul. Lenina 16a, Tel. 236 34.

www.kungur.ru (R).
http://splyusn.chat.ru (R/E).

Ekaterinburg

Ekaterinburg bildet eine Schnittstelle
zwischen Europa und Asien. Die Metropole am Ural ist ein Symbol der ewigen
russischen Frage, ob man sich nun als
Eurasien oder Asiopa fühlt. Bei diesem
vielzitierten Wortspiel sollte man aber
wissen, daß sich Asiopa auf die Vul-
gärvariante für Hinterteil reimt und es
jeder sogleich mit dem ›A... der Welt‹
assoziiert.

Der Ort Ekaterinburg entstand 1721
im Rahmen der unter Peter I. forcier-
ten Erschließung der Naturreichtümer

des Urals, als der Bergbauingenieur Vasilyj N. Tatiščev den Ort als optimal
zwischen den geplanten Eisenfabriken
gelegen auswählte. Als offizielles Gründungsjahr gilt 1723, als die erste Fabrik
– offiziell genehmigt und in Rekordtem-
po errichtet – in Betrieb ging und parallel dazu der Bau des Siedlung begann.
Der Name des Ortes wurde zu Ehren der
Zarin Ekaterina I. (Katharina die Große)
gewählt. Ab 1763 verlief der Sibirische
Trakt durch Ekaterinburg. Das Stadtrecht
wurde dem fortan als ›Fenster nach
Asien‹ bezeichneten Ort 1783 verliehen.
Zunächst dominierten die Erzgewinnung

Legende

1 Bahnhof (Вокзал) und Eisenbahnmuseum
2 Auferstehungskirche (Храм Возне-
сения Господня)
3 Zarengedenkstätte/ehem. Ipat'ev-
Haus (Храм во имя всех святых и
быв. Ипатьевский дом)
4 Literaturmuseen (Литературные
музеи)
5 Kriegsmuseum
6 Museum für Stadtgeschichte
7 Museum für Fotografie
8 Museum für Stein- und Juwelierkunst (Музей истории камнерез-
ного и ювелирного искусства)
9 Gemäldegalerie (Картинная
галерея)
10 Naturkundemusem
11 Heimatkundemuseum
12 Oper (Театр оперы и балета)
13 Schauspielhaus (Драматический
театр)
14 Geologiemuseum
15 Zoo

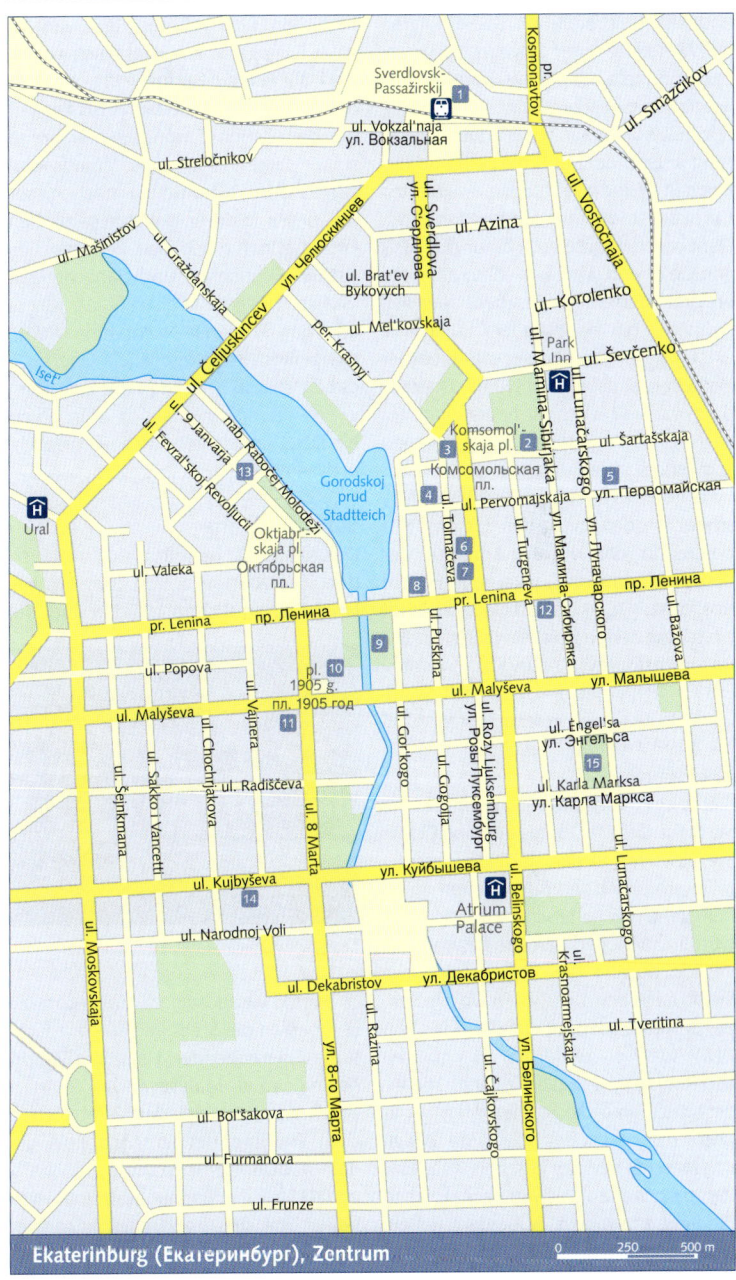

Ekaterinburg (Екатеринбург), Zentrum

Städte entlang der Transsib

0   250   500 m

und die Eisenproduktion. Später folgten der Metallurgie der Schwermaschinenbau und auch die chemische Industrie. Später wurden gigantische Industriebauten, mit Stalins forcierter Industrialisierung entstanden, und die während des Zweiten Weltkrieges hierher evakuierten Fabriken stadt- und stadtbildprägend. Daneben entwickelte sich auf der Basis von Gold- und vor allem Mineralfunden im Ural noch eine angesehene Juwelierindustrie, die insbesondere durch ihre ortstypische Verarbeitung verschiedener Halbedelsteine bekannt wurde. Ekarerinburg war und ist somit heute einer der wichtigsten Standorte der klassischen Schwerindustrie Rußlands.

Heute leben hier knapp 1 400 000 Menschen. An der Spitze der Region steht bereits in der dritten Amtszeit der deutschstämmige Gouverneur Eduard Rossel. Von 1924 bis 1991 war die Stadt nach dem ersten bolschewistischen Ministerpräsidenten Jakov M. Sverdlov (1885–1919) benannt und hieß Sverdlovsk. Er war hier in den Jahren 1905 bis 1907 einer der revolutionären Arbeiterführer.

Traurige Berühmtheit erlangte die Stadt im Jahre 1918, als auf einen Ukas Sverdlovs hin in der Stadt die Zarenfamilie ermordet und ihre Leichen an einem geheimgehaltenen Platz verscharrt wurden. Mit der Perestrojka und der Wende begann die 1991 erfolgreiche Suche nach den sterblichen Überresten, deren Identifizierung auf der Basis von DNA-Analysen entfernter Nachfahren der Romanov-Dynastie gelang. Nichtsdestotrotz sind die Streitigkeiten damit noch nicht aus der Welt, da einige Wissenschaftler das Ergebnis aufgrund der sehr weiten verwandtschaftlichen Bindung anzweifeln. Außerdem fiel ein DNA-Vergleich mit einem in Japan be-

findlichen Tuch mit dem Blut von Nikolai II. negativ aus. Das Tuch wurde dort als Reliquie aufbewahrt, da man damit 1891 nach einem Anschlag auf den russischen Thronfolger während seiner Japan-Reise seine Wunde versorgt hatte. Unmittelbar nach dieser Japanreise legte er in Vladivostok den Grundstein für den Bau der Transsibirischen Eisenbahn. Nach langwierigen Verhandlungen zwischen Staat, Kirche und den Romanov-Nachfahren wurde die gefundenen sterblichen Überreste der Zarenfamilie 1998 in der Petersburger St.-Pauls-Kathedrale in allen Ehren bestattet und später durch die russisch-orthodoxe Kirche heiliggesprochen.

Stadtrundgang

Der Bahnhof befindet sich nördlich des Stadtzentrums. Von ihm aus gelangt man in Richtung Süden über die

Eisenbahnmuseum im alten Bahnhof

ul. Sverdlova und die ul. Libknechta zu den beiden die Stadt in Ost-West-Richtung durchziehenden Hauptstraßen **pr. Lenina** und **ul. Malyševa**. Das Zentrum kann man auch mit der U-Bahn erreichen. Die Stadt hat eine Metrolinie, die das Stadtzentrum (Station: ›Pl. 1905 goda‹) über den Bahnhof (Station ›Uralskaja‹) mit den im Norden liegenden Industriegebieten verbindet. Für Eisenbahnfans sollen sich ab dem Jahr 2008 die Pforten des neuen **Eisenbahnmuseums** im alten und sehr schön rekonstruierten Bahnhofsgebäude öffnen. Es befindet sich unmittelbar neben dem Hauptbahnhof und ist auch als Gebäude eine architektonische Augenweide (ul. Vokzalnaja).

Zarengedenkstätte

Fast am Anfang der ul. Libknechta befindet sich die Komsomol'skaja pl. mit einem entsprechenden Denkmal und der Auferstehungskirche im Hintergrund.

Gegenüber stand die Stadtvilla des Bergbauingenieurs Nikolaj Ipat'ev, in der Zar Nikolaj II., Zarin Aleksandra und ihre Kinder Aleksej, Ol'ga, Tat'jana, Marija und Anastasija im Mai 1918 von den Bolschewiken untergebracht wurden. Im Keller des Hauses wurde die Zarenfamilie in der Nacht vom 16. zum 17. Juli 1918 heimtückisch ermordet. Die Leichen wurden an dem damals geheimgehaltenen Ort Ganins Loch (Ganina Jama) etwa 40 Kilometer außerhalb der Stadt vergraben, wieder ausgegraben und einige Kilometer weiter mit Säure übergossen und erneut verscharrt. Beide Orte am Stadtrand von Ekaterinburg sind heute museale Wallfahrtsorte. Im Wald von Ganina Jama entstand in den letzten Jahren ein Kloster mit mehreren Holzkirchen.

Das Ipat'ev-Haus im Stadtzentrum, das zwischenzeitlich in der bekannten Tradition als Revolutionsmuseum fungierte, blieb der Partei zu Sowjetzeiten als Pilgerort für Monarchisten ein Dorn im Auge. Deshalb ließ es der damalige örtliche Parteichef Boris Jelzin 1977 auf Moskauer Weisung in einer später von ihm bereuten Nacht- und Nebelaktion abreißen. Heute erinnert ein weißes russisch-orthodoxes Kreuz mit der Inschrift

›Falle, Rußland, auf die Knie am Fuß des Zarenkreuzes‹ an die Opfer. Dahinter steht seit 1998 eine Holzkapelle zur

›Stalinbarock‹: das Rathaus

Erinnerung an die als Märtyrerin der Zarenfamilie in den Tod gefolgten Schwester der Zarin die St. Elisabeth-Kapelle. Der Ort der Trauer wird aber heute durch den weit sichtbaren Neubau der ›**Kirche auf dem Blute**‹ geprägt.

Museen

Wenn man weiter südlich von der ul. Libknechta nach rechts in die ul. Pervomajskaja abbiegt, gelangt man auf dem Weg zum Stadtteich in das **Literaturviertel** von Ekaterinburg, wo vier kleine Museen an die Größen der örtlichen Literaturszene, insbesondere an Dimitrij N. Mamin-Sibirjak (1852–1912) erinnern (ul. Puškina 27, Tel. 371 35 76 und ul. Tolmačeva 41, Tel. 351 72 81). Im Garten des letzteren Museums finden im Sommer häufig Konzerte statt.

Wenn man hingegen nach links in die ul. Pervomajskaja abbiegt, kommt man zum **Militärmuseum**. Neben viel Militärtechnik sind hier auch die Überreste des 1960 über dem Ural abgeschossenen amerikanischen Spionageflugzeuges U2 zu besichtigen (nach Voranmeldung geöffnet, ul. Pervomajskaja 27, Tel. 350 17 42),

Weiter auf der ul. Libknechta in Richtung Leninprospekt liegt das interessante **Museum für Stadtgeschichte**, das auch ein Wachsfigurenkabinett aufweist. Es ging aus dem 1940 begründeten Museum für den sowjetischen Namensgeber der Stadt, Sverdlov, hervor (Mo Ruhetag, ul. Libknechta 26, Tel. 371 21 11).

Nicht weit davon entfernt befindet sich das **Museum für Fotografie** (ul. Libknechta 36, Tel. 351 38 14).

Am Leninprospekt gelangt man zum 1821 erbauten Gebäude der früheren Bergapotheke. Heute befindet sich hier das in Rußland einzigartige, 1992 gegründete **Museum für Stein- und Juwelierkunst** (pr. Lenina 37, Tel. 351 00 82). Hinter dem daneben gelegenen Gouverneurssitz eröffnet sich rechter Hand der Blick zum Stadtteich. Seinerzeit wurde hier der die Stadt durchziehende Tobol'-Nebenfluß Iset durch einen Damm gestaut, um den Wasserbedarf der Industrie zu befriedigen. Heute lockern Damm und Stadtteich die Stadtkulisse angenehm auf. Vor allem die südlich des Dammes am Fluß entstandenen Parkanlagen sind mit ihren Fußgängerbrücken heute ein beliebter Treffpunkt.

Auf der rechten Seite vom Flüßchen beeindruckt in der **Gemäldegalerie** neben den Sammlungen russischer und westeuropäischer Malerei ein einzigartiger Pavillon aus Gußeisen, den Rußland auf der Weltausstellung 1900 in Paris präsentiert hatte (ul. Voevodina 5, Tel. 371 06 26) und der kürzlich in die Liste des UNESCO-Weltkulturerbes aufgenommen wurde. Bilder der russischen Avantgarde werden in einem gesonderten Ausstellungsgebäude in der ul. Vajnera 11 (Tel. 376 30 45) gezeigt.

Linker Hand ist die **Naturkundeabteilung des Heimatmuseums** (ul. Gor'-kogo 4, Tel. 371 80 13) zu finden. Die Hauptausstellung des 1871 gegründeten **Heimatkundemuseums** befindet sich schräg gegenüber (ul. Malyševa 46, Tel. 371 80 13).

■ Zentralplatz (pl. 1905 g.)

Über die durch ihre alten Kaufmannsvillen interessante ul. 8 Marta gelangt man an der Metrostation vorbei zum zentralen, nach den revolutionären Ereignissen des Jahres 1905 benannten Platz.

Während das Sverdlov-Denkmal am ebenfalls auf dem pr. Lenina weiter östlich gelegenen Platz der Pariser Kommune vor der Ekaterinburger Oper (pr. Lenina 46a, Tel. 375 81 01) steht, erhebt sich auf dem zentralen Platz – natürlich – ein Denkmal für Vladimir Il'ič Lenin. Westlich des Platzes wurde die ul. Vajnera zur Fußgängerzone umgestaltet. Weiter nördlich in Richtung Stadtteich befindet sich das **Schauspielhaus** (pl. Oktjabr'-skaja 2, Tel. 371 64 21). Insgesamt sind im Zentrum entlang der beiden Hauptstraßen viele **architektonisch interessante Gebäude** aus den letzten beiden Jahrhunderten zu finden.

■ Weitere Sehenswürdigkeiten

Südlich der ul. Malyševa befinden sich in den Querstraßen viele alte **Holzhäuser.** Auch zwei Museen sind hier noch von Interesse. Das **Geologiemuseum** (ul. Kujbyševa 30, Tel. 257 31 09) ist mit der mineralischen Fundgrube Ural vor der Tür natürlich ein Museum der Extraklasse. Ein zweites kleines Museum erinnert an Rußlands **Radio-Pionier**, den Physiker Aleksandr S. Popov (1859–1905), der lange Jahre in Ekatarinburg lebte und hier 1895 sein Radio präsentierte (ul. Rozy Ljuksemburg 9, Tel. 51 85 60).

Der örtliche **Tierpark** wurde in den letzten Jahren grundlegend rekonstruiert und hebt sich positiv von der insgesamt recht trostlosen russischen Zoolandschaft ab (ul. Mamina-Sibirjaka 189, Tel. 35554 69).

Zu einer makabren und in den Medien bereits vielzitierten Attraktion des neuen Rußland hat sich der örtliche Friedhof entwickelt, wo die lokale Mafia mit bombastischen Grabkreationen der – häufig eines unnatürlichen Todes gestorbenen – Opfer aus ihren Reihen gedenkt.

Ekaterinburg-Informationen

Zeitunterschied: MEZ plus vier Stunden.
PLZ: 620000.
Vorwahl: 007/343.
Hauptpostamt: pr. Lenina 39, Tel. 371 1005.
Bank: Alfa Bank, ul. Malyševa 33a, Tel. 3598325.
Geldautomat: pr. Lenina 27.
Reisebüro: Inturist, pr. Lenina 40, Tel. 371 3868.

Am Hauptbahnhof steht immer noch der Schriftzug ›Sverdlovsk‹. Das Gebäude befindet sich am Nordrand des Stadtzentrums.
GPS: 56°51′30″N/60°36′24″O.

Der Busbahnhof dagegen liegt am Südrand des Zentrums in der ul. 8. Marta 145, Tel. 251 95 18.

Der Flughafen Kol'covo liegt etwa 15 Kilometer südöstlich vom Zentrum der Stadt, ul. Sputnikova 22, Tel. 322 12 60. Zweimal wöchentlich fliegt die Lufthansa nach Frankfurt/ M. Daneben gibt es Flugverbindungen in alle wichtigen Metropolen Rußlands. Das Flughafenbüro in der Stadt findet man in der ul. Bol'šakova 99a, Tel. 3299998.

Park Inn, ul. Mamina-Sibirjaka 98, Tel. 216 6000. Gilt als bestes Haus am Platz, 2006 eröffnet, DZ ab 120 Euro.
Atrium Palace Hotel, ul. Kujbyševa 44, Tel. 59 6000. Schon einige Jahre alt, aber auch der Luxusklasse zuzuordnen, DZ ab 200 Euro.
Ural-Hotel, ul. Chomjakova 23, Tel. 371 13 33. In der Nähe des Schauspielhauses, DZ ab 120 Euro.

Magellan, im Park Inn Hotel. Bestes Restaurant der Stadt.
Café Akvarium, ul. Voevodina 6, Tel. 3598219.
Irish Pub, ul. Malyševa 11, Tel. 376 33 18.

Das größte Kaufhaus der Stadt ist das **CUM** (pl. 1905 goda). Der **Zentralmarkt** befindet sich südlich des Zentrums an der Ecke ul. Radiščeva/ ul. Šejnkmana.

www.e-reliz.ru (R/E).
www.midural.ru (R/E).
www.e1.ru (R).
history.e-burg.ru8101 (R).
www.wtc-ural.ru (R/E).
www.ekaterinburg.tv (R/E).
Internetcafé, ul. 8. Marta, im Einkaufszentrum ›Mytnyj Dvor‹.

Städte entlang der Transsib

Rasputin

»Ra-, Ra-, Rasputin – lover of the Russian Queen«. Die Gründe für ein breites Interesse an einzelnen Personen der russischen Geschichte sind manchmal zwar unergründlich, liegen hier aber offensichtlich im seinerzeitigen, übrigens auch in der damaligen Sowjetunion sehr populären Hit von Boney M mit seinem klassischen Schlußsatz »Oh – those Russians« begründet.

Wer war Grigorij Rasputin, der als sibirischer Wunderheiler das Vertrauen der Zarenfamilie genoß? Mit seinem exzessiven Leben zwischen Kirche, Sex und Suff, das mit seiner Ermordung endete, avancierte er zum fragwürdigen Sinnbild für die Agonie und das Ende der Roma-nov-Dynastie auf Rußlands Zarenthron. Doch nach wie vor ranken sich viele Rätsel und Legenden um sein Leben und seinen Tod.

Als Bauernsohn wurde Grigorij Efimovič Novych 1869 im westsibiri-schen Dorf Pokrovskoe geboren, das sich etwa auf halber Höhe zwischen Tjumen' und Tobol'sk am Fluß Tura befindet. Er heiratete früh, hatte drei eheliche Kinder und war den Freuden des Lebens sehr zugetan. Nachdem ihm bei der Feldarbeit die Jungfrau Maria erschienen war, zog er auf der Suche nach der Erleuchtung in die Ferne. Sei-ne Philosophie war ein Bekenntnis zur Sinneslust. Den Menschen gelüstet und er ist ein Ergebnis dieser Gelüste. Sie seien somit die Grundlage des Lebens und jeder Religion. So eilte ihm bald der aufregende Ruf sowohl des Wun-derheilers und Potenzwunders als auch

Romanov-Denkmal vor der Blutkirche in Ekaterinburg

des Frauenhelden und Ganoven voraus, den er in allen Facetten auslebte und der ihm auch schnell den Spitznamen Rasputin einbrachte, denn das Wort Rasputstvo bedeutet in etwa Ausschweifung und Unzucht.

Nach Jahren der Wanderschaft durch die Provinz Rußlands und einer Pilgertour nach Jerusalem kam der zerlumpte Sonderling, der damals Augenzeugen zufolge »einem Stück Schafsfell glich, dem man ein Gesicht angeklebt hatte«, 1903 mit einem Empfehlungsschreiben vom Kazaner Bischof für den Abt des Petersburger Priesterseminars in die Hauptstadt. Die Kirche hatte um die Jahrhundertwende an Einfluß verloren, Spiritismus, Sekten und selbsternannte Gurus hatten Konjunktur, so daß ihn die Kirchenleute als Erneuerer der Kirche hofierten. Rasputin verkörperte eine Synthese aus russischer Ursprünglichkeit und Mystik, so daß er als ›Vater Grigorij‹ dem Zeitgeist entsprach und Eingang in die Petersburger Gesellschaft fand. Auf einem Empfang traf er im Oktober 1905 den Zaren, der diese »Bekanntschaft eines Gottesmannes namens Grigorij aus dem Gouvernement Tobol'sk« immerhin in seinem Tagebuch vermerkte.

Zwei Jahre später erinnerte sich die Zarenfamilie an den Wunderheiler. Der 1904 nach vier Töchtern geborene Sohn und Thronfolger Zarewitsch Aleksej litt an der Bluterkrankheit, die vor der Öffentlichkeit geheimgehalten wurde. Nach einer Verletzung am Knie verschlechterte sich der Zustand des dreijährigen Kindes dramatisch, man rief als letzte Hoffnung nach Vater Grigorij. Nach seiner Sitzung mit dem Jungen stoppte dank der übernatürlichen Heilkräfte Rasputins, einer Hypnose oder schlicht aus Zufall die Blutung. Der Junge wurde wieder gesund, und Rasputin hatte von diesem Zeitpunkt an das volle Vertrauen der Zarenfamilie. Zarin Aleksandra nannte ihn bald in einem Brief ihren »verehrten und unvergeßlichen Lehrer, Erlöser und Mentor«. Nach der Überlieferung rettete er im Oktober 1912 mit einer ›Fernheilung‹ aus dem sibirischen Pokrovskoe dem in Polen befindlichen Zarewitsch ein weiteres Mal das Leben. So lange er – Vater Grigorij – lebe, werde dem Zarewitsch nichts zustoßen. Der Zar glaubte daran.

Mit seiner Rückendeckung wuchs Rasputins Einfluß auf die Petersburger Gesellschaft, den er selbstherrlich ausnutzte. Die Intrigen, Eskapaden und Orgien waren Stadtgespräch und brachten seine Gegner auf den Plan. Sie sahen die Monarchie in Gefahr und beschworen vor allem nach Beginn des Ersten Weltkrieges eine gegen Rußland gerichtete Allianz zwischen der deutschstämmigen Zarin Aleksandra und Rasputin.

Nach einem fehlgeschlagenen Attentatsversuch 1914 schmiedete im Herbst des Jahres 1916 eine Gruppe um den Fürsten Feliks Jussupov einen neuen Plan zur Ermordung des sibirischen Wunderheilers. In der Nacht vom 16. zum 17. Dezember 1916 lockten die Verschwörer Rasputin in eine Falle. Sie wollten ihn vergiften und die Leiche unter dem Eis der Neva versenken, damit ihr Opfer bis zum Frühjahr verschwunden bliebe. Doch das Gift schwächte ihn nur, und auch zwei Pistolenkugeln töteten ihn noch nicht. Jussupov und seine Schergen versenkten den leblosen Körper in der Neva am Rande der Stadt. Doch sie hinterließen Blutspuren, so daß die Leiche bereits zwei Tage später geborgen wurde. Die Obduktion ergab, das Rasputin Zyankali und Kugeln überlebt hatte und erst durch Ertrinken im eiskalten Wasser des Flusses zu Tode gekommen war. Die Zarenfamilie war bestürzt. Die Mörder wurden bald gefunden, in den Wirren des Krieges jedoch weder angeklagt noch verurteilt.

In Pokrovskoe gibt es seit 1991 ein kleines, privates Rasputin-Museum (ul. Sovetskaja 79, Tel. 3452/22 81 64).

Der Ural

Der Gebirgszug des Ural erstreckt sich gleich einem Meridian über 2500 Kilometer von der kalten Tundra im Norden über Taiga und Waldsteppe bis zur Wüstensteppe im Süden und trennt den europäischen Teil Rußlands vom asiatischen. Das Ural-Gebirge hat sich vor etwa 300 Millionen Jahren gebildet. Die Zeit hat ihr Werk der Verwitterung getan und wertvolle Bodenschätze zutage gefördert. Etwa die Hälfe aller Erze und Minerale, die man überhaupt auf der Welt kennt, kommen hier vor. Sie bilden sowohl die Grundlage für viele russische Märchen rund um die ›Steinerne Blumen‹ als auch für die Entwicklung der Metallurgie von der Erzmine bis zum Panzerwerk. Nichtsdestotrotz erfüllt die Fahrt durch den Ural die Erwartungen hinsichtlich eines gewaltigen Gebirgsmassives am Rande Europas nicht. Diese Erwartungen sind im wahrsten Sinne des Wortes etwas ›überhöht‹. Seine höchsten Erhebungen erreicht das Gebirge jedoch im Norden mit dem Narodnajaberg (1894 Meter Höhe) und im Süden mit dem Jamantau (1638 Meter über NN). Der Mittelabschnitt des Kamms, den die Streckenführung der Transsib heute überquert, bewegt sich auf einer Höhe zwischen 400 und 500 Metern über dem Meeresspiegel. Wenn man heutige Reiseeindrücke mit historischen Reisebeschreibungen aus den frühen Transsib-Jahren vergleicht, muß man berücksichtigen, daß die Strecke damals weiter südlich von Samara über Ufa nach Čeljabinsk durch höhere und landschaftlich schönere Berglagen führte.

Eroberung einer Landschaft

Der Name Ural ist in Baschkirien bis heute auch als Vorname anzutreffen und geht auf die Legende vom Recken Ural-Batyr zurück, der seine besiegten Gegner in Berge verwandelte.

Die Erstbesiedlung des Urals erfolgte wohl in der frühen Altsteinzeit, etwa 75 000 Jahre vor unserer Zeitrechnung. Seit dem 11. Jahrhundert kolonisierten Russen den Ural. Im 14. Jahrhundert beherrschten die Novgoroder die Gebiete bis zur Pečora und zu den Nordhängen des Ural. Sie holten sich hier Pelze, Honig, Wachs, Steine, Teer und Salz aus den Gebieten von Vjatka und Perm', Fußperlen aus der Pečora und Dvina, Walroßzähne und Tran aus dem Weißen Meer. Mitte des 14. Jahrhunderts kam der erste koloniale Großunternehmer ins Permer Land; er hieß Svoezemcev, errichtete die ersten Salzsiedereien des Ural und war gegen Ende des Jahrhunderts der reichste Mann Rußlands und Novgorods. Nach den Niederlagen Novgorods 1471/78 war der Weg Moskaus zum Weißen Meer und zum Ural frei. Vorausblickende Novgoroder Kaufleute setzten aber bereits zu dieser Zeit auf die ›Moskauer Karte‹: ein gewisser Luka Stroganov schenkte dem Moskauer Staat eine gewaltige Summe Geld, um den Zaren Vasilij aus der Gefangenschaft der Tataren auslösen zu können. Im Jahr 1558, also rund 150 Jahre später – inzwischen hatte Moskau das Khanat von Kazan' sowie die baschkirischen und udmurtischen Gebiete erobert – stellte Zar Ivan IV. den Nachkommen des Luka eine Urkunde aus, gemäß der alles unbebaute Land an den Nebenflüssen der Kama auf die Zeit von 20 Jahren in den Besitz der Stroganovs fallen sollte; das waren immerhin 22 000 Quadratkilometer. Zusätzlich verlieh der Zar 1574 den Stroganovs auf weitere 20 Jahre auch die ›sibirische Ukraine‹: das Land ›hinter dem großen Fels‹. Die Grundlage

Birken säumen die Strecke

für die erste Sibirienexpedition des Kosaken-Atamans Ermak 1580 war damit gelegt. Die Ausbeutung der Bodenschätze im Ural wurde seit dem 17. Jahrhundert systematisch unter der Kontrolle des Moskauer Staates betrieben. Im 18. Jahrhundert wurden metallurgische Staatsbetriebe errichtet, daneben fanden tüchtige Privatunternehmer genügend Möglichkeiten, sich zu engagieren. Einer davon war der Tulaer Schmied Nikita Demidov. Im Jahre 1702 hatte ihm Peter I. eine Eisenhütte geschenkt, 120 Jahre später gehörte seinen Nachkommen der Ort Nižnij Tagil, eine Stadt mit 3000 Häusern, 17 000 Einwohnern und nochmals 11 000 Einwohnern in der näheren Umgebung. »Es gibt auch wohl kaum einen Ort in der Welt, der in seinen nächsten Umgebungen einen solchen Reichtum an Erzen einschließt«, berichtet Alexander von Humboldt 1829 über die Besitzungen der Demidovs. Ab 1876 wurde der Ural durch Eisenbahnlinien erschlossen: Samara–Orenburg (1876), die Gornozavodskaja Linie

(1878), Ekaterinburg–Tjumen' (1885), Samara–Ufa–Zlatoust–Čeljabinsk (1892), wo bis in die 1930er Jahre die transsibirischen Züge den Ural durchfuhren sowie Ekaterinburg–Čeljabinsk (1896). In der Zeit des Zweiten Weltkrieges spielte der Ural eine entscheidende Rolle bei der Organisation der sowjetischen Kriegswirtschaft. Während der ersten fünf Monate nach dem Überfall Deutschlands auf die Sowjetunion wurden 667 Unternehmen in das Uralgebiet verlegt. Insgesamt produzierte der Ural 40 Prozent der gesamten sowjetischen Kriegswirtschaft. Dieser erzwungene industrielle Schub bestimmte auch in den Folgejahren – und bis heute – die weitere wirtschaftliche Entwicklung der Region mit ihren im Westen fast unbekannten Millionen-Metropolen Ekaterinburg, Perm' und Čeljabinsk.

Industrie und Wirtschaft heute
Der wirtschaftliche Boom hat allerdings seinen ökologischen Preis. Neben fast unberührter Natur und eremitischen

Erholungsmöglichkeiten im Uralgebirge weisen andere Gegenden sehr hohe Umweltbelastungen durch ungefilterte Rauchemission der Schwerindustrie und erhöhte Strahlenwerte durch die Atomwirtschaft auf.

Die Uralregion ist einer der bedeutendsten Wirtschaftstandorte Rußlands.

An der Grenze Europa-Asien

Etwa 1000 Kilometer südlich des Polarkreises beginnt das Industriegebiet Ural in der Stadt Krasnovišersk mit Holzverarbeitung und Papierproduktion. Unweit liegt Solikamsk historisch eine wichtigste Rolle in der russischen Salzproduktion spielte. Die Stadt liegt jetzt an dem Stausee, der durch den Bau des Kama-Kraftwerkes entstanden ist. Hier kann man noch die hohen hölzernen Stollen der alten Salzbergwerke sehen. Von der Stadt Kisel führt eine elektrifizierte Eisenbahnlinie durch eine der schönsten Gegenden des Urals nach Süden. Der Zug fährt auf der halben Höhe der Hänge durch Bergwälder, an tiefen Abgründen vorbei, durch eine Reihe von Tunnels. In der Nähe der Stadt Čusovoj kreuzt der Schienenweg die Čusovaja, einen Nebenfluß der Kama, deren Lauf vor mehr als vier Jahrhunderten die ersten Kosakentrupps folgten, als sie nach Sibirien vordrangen. Östlich von Čusovoj, auf der asiatischen Seite des Urals, also schon zur Region von Ekaterinburg gehörig, führt eine Eisenbahnstrecke weit nach Norden bis zu den von Wäldern umgebenen Stadt Serov. Die Eisenbahnstation liegt an der Stelle einer alten Fabrik, die Schienen erzeugte, mit denen viele der alten Eisenbahnstrecken Rußlands gebaut wurden (Nadeždinskij zavod). Heute – völlig erneuert – produziert sie Stahl und Walzeisen bester Qualität.

Im mittleren Ural, um Ekaterinburg, folgt eine Industriestadt auf die andere: Nižnij Tagil, Krasnoural'sk, Verchnjaja Salda, Revda, Pervoural'sk, Kirovograd, Asbest, Kamensk-Ural'skij. Die Stadt Nižnij Tagil ist exemplarisch für die Region. Der am Fuße des Berges Vysokaja (›der Hohe‹) gewachsene Ort ist Legende, aber der eisenerzhaltige Berg existiert in Wirklichkeit gar nicht mehr, an seine Stelle ist eine tiefe Senke getreten – durchfurcht von den Abbau-Terrassen. Einst war das Eisen von Nižnij Tagil mit der Marke ›Alter Zobel‹ in ganz Europa bekannt. Die Spitzsäule der Admiralität in St. Petersburg war mit Kupferblech aus dieser Stadt bedeckt, das berühmte Malachit-Zimmer des Winterpalastes ist mit Steinen aus dieser Gegend ausgelegt. Im Museum von Nižnij Tagil sind das erste in Rußland von einem Leibeigenen namens Artamonov hergestellte Pedalfahrrad und das Modell der ersten russischen Lokomotive ausgestellt, die ebenfalls von Leibeigenen, Vater und Sohn Čerepanov, gebaut wurden.

Taiga

Die sibirische Taiga ist der weltweit größte Wald mit einem Viertel aller Holzre-
serven der Erde. ›Taiga‹ heißt vor allem
Nadelwald: Kiefer, Fichte und Tanne
dominieren in Westsibirien, die Lärche
in Ostsibirien. Die Birke als Laubbaum
macht ein Fünftel der westsibirischen
Taiga aus, in Ostsibirien hat sie einen
weitaus geringeren Anteil.

Die zahlreichen Birkenwälder, die man
auf einer Transsib-Reise sieht, sind nur
typisch als Südbegrenzung der Taiga.
Unterschieden werden weiterhin die
›dunkle Taiga‹ (Fichten- und Tannenwäl-
der, eher nördlich zu finden und typisch
für eine Reise auf der Baikal-Amur-Magistrale), und die ›helle Taiga‹ aus Kiefern
und Lärchen.

Von Norden nach Süden erstreckt sich
die Taiga im Schnitt über 1300 Kilometer, im Norden begrenzt von der Tundra,
im Süden von der Steppe. Taigabäume
werden nicht höher als 20 Meter und

Kunsthandwerk aus Birkenrinde

bleiben damit deutlich kleiner als die der westeuropäischen Nadelwälder. Nur
zwischen Enisej und Lena herrschen weitgehend geschlossene Wälder vor; in den
übrigen Gebieten nehmen Sümpfe und Steppeninseln nicht selten 50 Prozent der
Gesamtfläche ein.

Die Wurzeln der Taigabäume verlaufen sehr flach bis in eine Tiefe von nur
30 Zentimetern. Darunter herrscht der Dauerfrostboden, der jedoch – paradox –
im Winter den Pflanzen mit einer Frostbodentemperatur von konstanten –10 Grad
Kälteschutz bietet, während die Lufttemperaturen regelmäßig unter –30 Grad
fallen.

Die Nadelstreu in der Taiga zersetzt sich in rund 350 Jahren (in deutschen Laub-
wäldern benötigt das Laub hierfür nur drei Jahre). In den Fällen von Waldsterben
durch Industrieemissionen folgt meist kein natürlicher Bewuchs durch Nadelbäume,
fast immer wachsen Birken zuerst nach. Im Gegensatz zu westeuropäischen Birken
ist die Rinde der Sibirischen Birke weich und diente früher den Einheimischen zur
Herstellung von Schuhen und Behältern aller Art. In Ostsibirien und im russischen
Fernen Osten sind vor allem japanische und chinesische Unternehmen mit dem
Holzeinkauf befasst. Die Wirtschaft in Asien boomt und allein die Einwegstäb-
chen-Eßkultur fordert den Gegenwert von 25 Fußballfeldern Wald – täglich. So
sieht man vor allem im Osten Sibiriens sehr viele mit Holz beladene Güterzüge
auf der Transsib

Čeljabinsk

Im Jahre 1736 wurde Čeljabinsk als Kosakenfestung am Fluß Miass gegründet. 1770 diente die Ansiedlung sechs Monate lang als Ausgangspunkt für die von der Russischen Akademie organisierte Expedition zur Erforschung des Urals und Westsibiriens. Der Bauernaufstand um Emiljan Pugačov besetzte die Festung 1774 für zwei Monate. Das Stadtrecht besitzt Čeljabinsk seit 1791. Die Eisenbahn kam 1892 über Samara nach Čeljabinsk, vier Jahre später wurde die nördliche Strecke nach Ekaterinburg eröffnet.

Mit dem Beschluß zum Bau der Transsibirischen Eisenbahn avancierte die Stadt zum wichtigsten Eisenbahnknotenpunkt zwischen dem europäischen und dem asiatischen Teil Rußlands. Es entstanden große Auffanglager für die Übersiedler nach Sibirien. Der Ort selbst zählte damals ungefähr 20 000 Einwohner und wurde zu einem wichtigen Handelsplatz für die im Südural erwirtschafteten landwirtschaftlichen Überschüsse. Nach der Revolution tobte eineinhalb Jahre der Bürgerkrieg in der Stadt. Als Angehöriger der Roten Armee arbeitete der tschechische Schriftsteller Jaroslav Hašek, der durch seinen Romanhelden Schwejk berühmt wurde, im Jahre 1919 mehrere Monate in Čeljabinsk.

Im Rahmen der sowjetischen Elektrifizierung unter dem Goelro-Plan (»Kommunismus ist gleich Sowjetmacht plus Elektrifizierung«, Lenin) wurde 1930 der Staudamm gebaut, Grundlage für die Ansiedlung der Schwerindustrie. Neben dem 1930 eröffneten Stahlwerk bestimmt die Traktorenfabrik, die 1933 die Produktion aufnahm, das Antlitz der Stadt. Im Zweiten Weltkrieg wurde das Werk ab August 1942 durch den legendären Panzer T 34 zur wichtigsten Panzerschmiede des Landes. Die nicht weniger bekannten Raketenwerfer ›Katjuscha‹ wurden ebenfalls hier hergestellt. Über 60 Industriebetriebe wurden nach Čeljabinsk verlagert, um sie dem Zugriff der deutschen Armeen zu entziehen, was der Stadt den Spitznamen ›Tankograd‹ einbrachte (Tank bedeutet auf russisch Panzer).

Gleichzeitig wurde die Stadt auch eines der Zentren der sowjetischen Kernforschung und war daher für Ausländer zu Sowjetzeiten tabu. In ihrer Umgebung sind nach wie vor mehrere Orte militärisches Sperrgebiet. Čeljabinsk selbst ist bis heute eine typische Industriestadt, deren touristischer Charme sich, obwohl in den letzten Jahren viel im Stadtzentrum erneuert wurde, in Grenzen hält. 1976 erreichte die Einwohnerzahl der Uralmetropole die Millionengrenze, heute zählt die Stadt 1 143 000 Einwohner.

Stadtrundgang

Vom 1965 neu errichteten und 2005 rekonstruierten Bahnhof gelangt man über die rechts abzweigende ul. Cvillinga in das Stadtzentrum. Das 14 Meter

Legende

1 Bahnhof (Вокзал)
2 Schauspielhaus (Драматический театр)
3 Traktorenwerk (Челябинский тракторный завод)
4 Purpurrotes Feld (Алое поле)

5 Kunstgalerie (Картинная галерея)
6 Glinka-Oper (Театр оперы и балета им. М. Глинки)
7 Pfingstkirche (Свято-Троицкая церковь)
8 Busbahnhof (Автовокзал)

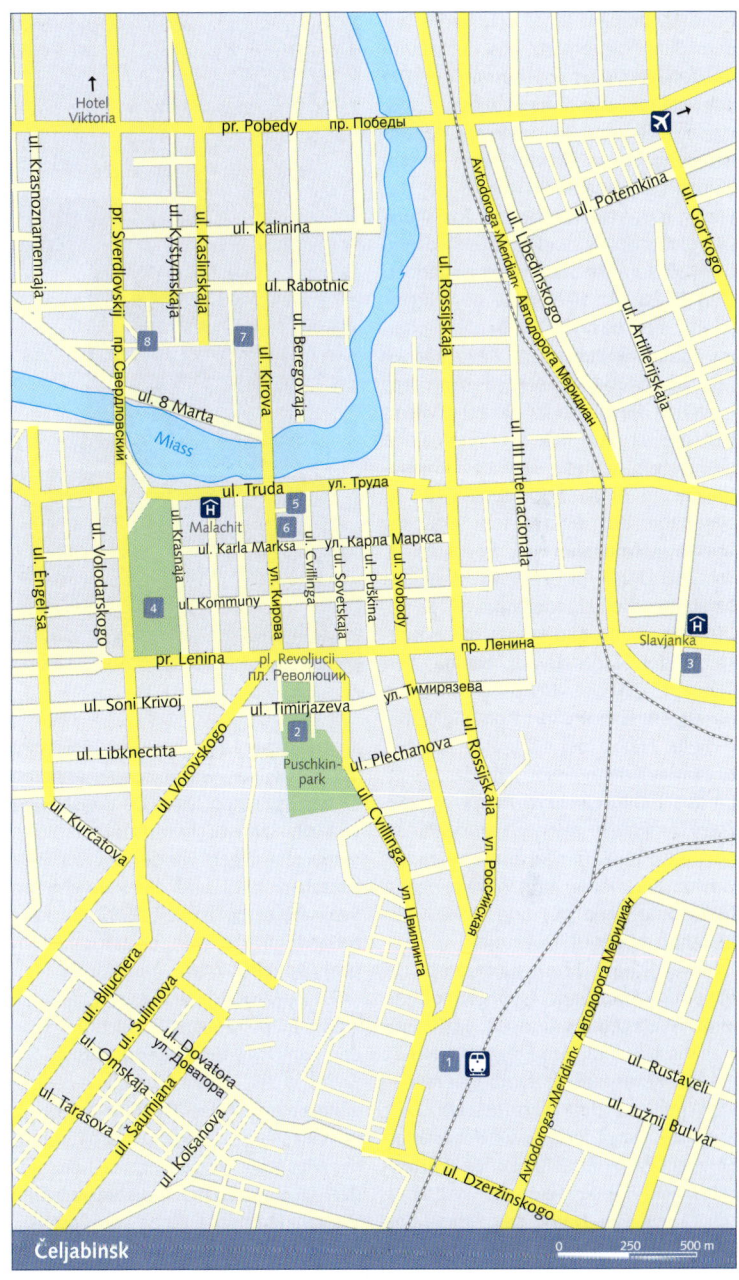

Čeljabinsk

Städte entlang der Transsib

Hotel
Viktoria

pr. Pobedy　пр. Победы

ul. Krasnoznamennaja

pr. Sverdlovskij

пр. Свердловский

ul. Kyštymskaja

ul. Kasinskaja

ul. Kalinina

ul. Rabotnic

ul. Beregovaja

ul. Kirova

ul. 8 Marta

Miass

ul. Truda　ул. Труда

Malachit

ul. Karla Marksa　ул. Карла Маркса

ul. Cvilinga

ul. Krasnaja

ul. Volodarskogo

ul. Ėngel'sa

ul. Kommuny

ул. Кирова

ul. Sovetskaja

ul. Puškina

ul. Svobody

pr. Lenina　пр. Ленина

pl. Revoljucii
пл. Революции

ul. Soni Krivoj

ul. Libknechta

ul. Vorovskogo

ul. Kurčatova

ul. Timirjazeva　ул. Тимирязева

ul. Plechanova

Puschkin-
park

ul. Cvilinga

ул. Цвиллинга

ul. Rossijskaja

ул. Российская

Avtodoroga »Meridian« Автодорога Меридиан

ul. Libedinskogo

ul. III Internacionala

ul. Potemkina

ul. Gorkogo

ul. Artilerijskaja

Slavjanka

ul. Bljuchera

ul. Sulimova

ul. Omskaja

ul. Tarasova

ul. Šaumjana

ul. Dovatora
ул. Доватора

ul. Kolsanova

ul. Dzeržinskogo

Avtodoroga »Meridian« Автодорога Меридиан

ul. Rustaveli

ul. Južnij Bul'var

0　250　500 m

hohe Monument eines Schmiedes auf dem Bahnhofsvorplatz aus dem Jahre 1967 symbolisiert unter dem Titel ›Die Urallegende‹ die Stärken dieses Landstriches. Hinter der Grünanlage des am Fernsehturm zu erkennenden Puschkinparks eröffnet sich vom Hügel der Blick auf den abfallenden **pl. Revoljucii** (Revolutionsplatz) und auf das Stadtzentrum bis zum die Stadt durchziehenden Fluß Miass. An der Spitze des Hügels erhebt sich das 1981 erbaute moderne **Schauspielhaus** (pl. Revoljucii 6, Tel. 263 87 63), das ebenfalls nach dem örtlichen Revolutionär Sergej Cvilling benannt ist. Am linken unteren Ende des Platzes befindet sich das **Jugendtheater** (ul. Kirova 116, Tel. 263 22 03), gegenüber auf der rechten Seite das **Volkskunstmuseum** (pl. Revoljucii 1, Tel. 266 27 06). In der Mitte steht das obligatorische Lenindenkmal.

Denkmal für den Panzer T 34

Am unteren Ende kreuzt die Hauptstraße der Stadt, der **pr. Lenina**, den Platz. In östliche Richtung führt die Hauptgeschäftsstraße in die Gewerbegebiete. Hinter der Bahnunterführung beginnt auf der rechten Seite das Gelände des **Traktoren- bzw. Panzerwerkes**. Zwei Denkmäler erinnern an den T 34 und die Katjuscha genannten Granatwerfer. Sie stehen am Werkseingang (Komsomol'skaja pl.) und unweit des Bahnhofs in der ul. Dovatora.

In westliche Richtung führt der pr. Lenina zum **Stadtpark**. Er liegt inmitten eines Waldgebiets und ist nach Jurij Gagarin benannt. Am Eingang erinnert ein die Kernspaltung symbolisierendes Denkmal an den Kernforscher Igor Kurčatov. Davor lockert auf der rechten Seite ein Park mit dem Namen ›**Purpurrotes Feld**‹ (Aloe pole) die Stadtlandschaft auf. Der Name des Parks (aloe bedeutet purpur- oder blutrot) erinnert

an tragische Ereignisse aus dem Jahre 1905, als hier, wie in vielen anderen Orten Rußlands, eine Demonstration von den zaristischen Truppen blutig niedergeschlagen wurde. Die im Park zwischen 1910 und 1915 errichtete Backsteinkirche ist seit 1987 ein Konzertsaal mit der wohl besten Orgel im Ural (Tel. 236 17 46).

Die zweite Hauptstraße von Čeljabinsk ist die am pl. Revoljucii in Richtung Norden zum Fluß führende **ul. Kirova**. Sie wurde in den letzten Jahren in eine Fußgängerzone umgestaltet und ist heute im Volksmund als kleiner Arbat (nach der Moskauer Fußgängerzone benannt) der ganze Stolz der Čeljabinsker. Eine Vielzahl kurioser Figuren von Puschkin über Moskaus Bürgermeister Lužkov und vom ›Bittsteller vor dem Amt‹ bis zum ›Feuerwehrmann‹ lockern die Flaniermeile auf.

Kurz vor der Brücke über den Miass befinden sich auf der rechten Seite in einer alten Kaufmannsvilla die **Städtische Kunstgalerie** (ul. Truda, 92a, Tel. 2630934) und die **Philharmonie** (ul. Truda 92a, Tel. 2632293). Schräg gegenüber steht die **Michail-Glinka-Oper** (pl. Jaroslavskogo 1, Tel. 2638763). Auf der anderen Seite befindet sich der Neubau des monumentalen **Hei-**

matmuseums, das in Kürze aus seinem bisherigen Domizil am Leninprospekt 49 (Tel. 2630832) hierher umziehen wird (dann ul. Truda, neben der Miass-Brücke). Danach soll auch die Brücke für ein Jahr geschlossen und rekonstruiert werden. Am nördlichen Ufer des Flusses erhebt sich das architektonisch eher belanglose Zirkusgebäude (ul. Kirova 25). Gegenüber steht die Heilige Pfingstkirche (ul. Kirova 60) seit 1994 wieder den Gläubigen offen.

Čeljabinsk-Informationen

Zeitunterschied: MEZ plus 4h.
Vorwahl: 007/351.
PLZ: 454000.
Hauptpostamt: ul. Kirova 161, Tel. 2660095.
Bank: Sberbank, ul. Kirova 7, Tel. 7913674, mit Geldautomat.
Reisebüro: Inturist, ul. Marksa 113, Tel. 334411.

Der Bahnhof liegt zentral am westlichen Rand des Stadtzentrums, Privokzalnaja pl., Tel. 384000.
GPS: 55°8'29''N/61°24'59''O.

Der Busbahnhof befindet sich auf der Nordseite des Flusses Miass, ul. Kyštymskaja 64, Tel. 356601.

Der Flughafen liegt am nordöstlichen Stadtrand und unterhält ein Stadtbüro am pr. Lenina 28, Tel. 2639774. Unter anderem gibt es zwei tägliche Flüge nach Moskau und sporadisch Charterflüge nach Hannover.

Hotel Viktorija, ul. Molodogvardejcev 34, Tel. 7989820, www.victoria. ru. Die beste Unterkunft in der Stadt, nördlich des Zentrums.
Hotel Malachit, ul. Truda 153, Tel. 2635478, und **Hotel Slavjanka**, pr. Lenina 20, Tel. 270935. Beide Hotels sind akzeptabel und liegen im Stadtzentrum.

Tri porosënka (Die drei kleinen Schweinchen), pr. Lenina 78a, Tel. 2656354.
Kamennyj Zal, ul. Cvillinga 34, Tel. 2664682.
Grill Master, pr. Lenina 71 oder pr. Pobedy 166. Die örtliche Fastfood-Kette.

Die wichtigsten Geschäfte der Stadt findet man auf dem pr. Lenina und in der Fußgängerzone ul. Kirova.
Der **Zentralmarkt** befindet sich am pl. Mopra 3.

www.chelyabinsk.ru (R).
www.chelpress.ru (R/E).
www.74.ru (R).

Die Kosaken

Die Kosaken haben an der Entwicklung Sibiriens entscheidenden Anteil, und ihre Traditionen, die lange Jahre unterdrückt wurden, gewinnen heute wieder an Bedeutung. Das Wort Kosake ist türkischen Ursprungs und meint in seiner ursprünglichen Bedeutung ›freier Krieger‹ oder ›Vagabund‹ zunächst die russischen und ukrainischen Bauern, die die Freiheit in den russischen Randgebieten an Dnepr, Don und Volga suchten und sich dort in eigenständigen Gemeinschaften niederließen. Die Kosakendörfer hießen Stanica, der gewählte Führer nannte sich Ataman, und ihre Truppen wurden als Vojsko bezeichnet. Sie waren nicht zimperlich und lebten eher von Raub als von der Landwirtschaft.

Ihr Verhältnis zum Zaren und zu den örtlichen Machthabern gestaltete sich sehr unterschiedlich. Häufig arrangierte man sich, und die Kosaken agierten als Söldnertruppe im Staatsauftrag – ein Verhältnis, das vor allem bei der russischen Eroberung Sibiriens immense Bedeutung hatte. Andererseits kamen viele Kosaken nach Sibirien, weil sie aufgrund ihrer Rolle in den Bauernaufständen vom Zaren zwangsweise in die neuen Gebiete umgesiedelt wurden.

Seit der gesetzlichen Verankerung der Leibeigenschaft im Jahre 1647 hatten die Kosaken viel Zulauf. Seit 1720 kam den Kosakentruppen bei der weiteren Eroberung Sibiriens und der Befestigung der verschiedenen Verteidigungslinien vom Ural bis zum Pazifik eine entscheidende Rolle zu.

Im zaristischen Rußland waren die Kosaken mit Sonderrechten und Traditionen, eigenen Uniformen und Waffenordnungen ein Garant der russischen Identität sowie der inneren und äußeren Sicherheit Sibiriens. Die Sowjetmacht hingegen lehnten die Kosaken fast ausnahmslos ab und schlossen sich im Bürgerkrieg den Weißgardisten an. Folgerichtig wurden alle Organisationsstrukturen durch die Sowjets aufgelöst. Doch die romantische Vorstellung von freiheitsliebenden Kosaken blieb im Bewußtsein der Menschen bestehen – vor allem in der Südukraine, im Don- oder Kubangebiet in Südrußland und, wenn auch deutlich schwächer ausgeprägt, in Sibirien. Mit der Perestrojka wurden auch die alten Kosakentraditionen wiederbelebt, da die Sorge um die Verteidigung der nationalen Identität und die Frage der inneren Sicherheit insbesondere in Südrußland wieder aktuell wurde. Aber auch in Sibirien lebten die Traditionen schnell wieder auf, und man stößt heute fast in allen Städten auf neue Zentren des Kosakentums, deren Anspruch und Einfluß jedoch nicht unumstritten sind.

Der Kosakenhauptmann Ermak, der Eroberer Sibiriens

Tjumen'

Die erste Großstadt hinter dem Ural ist Tjumen', die auch die ›Mutter der sibirischen Städte‹ genannt wird. Nachdem der Kosakenführer Ermak 1581 die tatarische Festung Tschingi Tura erobert hatte, kamen fünf Jahre später die ersten 300 Kosaken und Schützen, um am Fluß Tura die erste russische Stadt und zugleich Hauptstadt Sibiriens zu gründen. Hauptstadt war Tjumen' aber nur vier Jahre, dann wurde Tobol'sk zum administrativen Zentrum der neuen Eroberungen. Zunächst brachte der Handel die Stadt zur Blüte, bald folgten das Handwerk und die sich entwickelnde Industrie. Vor allem der Schiffbau prägte Tjumen' im 19. Jahrhundert.

Obwohl Tjumen' bereits 1885 durch die Inbetriebnahme der Eisenbahnstrecke nach Ekaterinburg den Anschluß nach Europa fand, lag die Stadt nicht an der ursprünglichen Streckenführung der Transsibirischen Eisenbahn, die in diesem Gebiet von Čeljabinsk nach Omsk führte. Die Anbindung erfolgte erste 1916, als auch der Zugverkehr zwischen Tjumen' und Omsk aufgenommen wurde. Die Melodien von ›God bless America‹ und ›White Christmas‹ gehören zu den unlängst geöffneten Seiten der Stadtgeschichte. Amerikas berühmter Komponist Irving Berlin wurde 1888 als Israel Balin in Tjumen' geboren. Jedoch emigrierte die Familie bereits, als er gerade fünf Jahre alt war.

Der heutige Boom der westsibirischen Tiefebene setzte in den 60er Jahren des 20. Jahrhunderts ein. Als zunächst die Erschließung der Ölfelder um Nižnevartovsk und später der Gasvorkommen bei Novyj Urengoj begann, wurde Tjumen' als Zentrum der Verwaltung und des Gütcrumschlages zum In-

Holzfenster in Tjumen

begriff für Rußlands schwarzes Gold und blaue Flamme. Die Bevölkerungszahl verdreifachte sich in 15 Jahren. Lohnzuschläge und Versorgungsprivilegien lockten die notwendigen Arbeitskräfte für Rußlands Exporte und die wichtigen Petro-Dollars in die Kälte. Heute leben 548 000 Menschen in der Stadt, obwohl sich die eigentlichen Förderzentren noch hunderte von Kilometern weiter nördlich befinden. Die Stadt präsentiert sich dem Besucher aber keineswegs als öde Industriemetropole, sondern als durchaus unerwartete Mischung geschichtsträchtiger Holz- und Steingebäude mit sowjetischen Neubaublöcken und modernen Architekturlösungen.

Stadtrundgang

Vom etwas trostlosen Bahnhofsvorplatz gelangt man über die ul. Pervomajskaja in das Stadtzentrum. Vorbei am Theater und am Zirkus kreuzt die Straße die ul. Lenina und die ul. Respubliki, die beide gemeinsam als Einbahnstraßen die wichtigste Nord-Süd-Magistrale der Stadt bilden.

Wenn man Richtung Norden der ul. Lenina folgt, gelangt man zum Ursprung der Stadt. Vorbei am **Mašarov-Haus**, das seit 1996 als Museum an den berühmten Kaufmann der Stadt erinnert (ul. Lenina 24, Tel. 26 13 10) und den Resten der Erlöserkirche (ul. Lenina 43) und der Michailskirche (ul. Lenina 22) kommt man nach einer Biegung zum Zusammenschluß mit der ul. Respubliki. Hier erhebt sich das Gebäude der **alten Stadtduma**, in dem sich heute der naturkundliche Teil des örtlichen Heimatkundemuseums befindet (ul. Respubliki 2, Tel. 26 11 59). Der stadtgeschichtliche Teil des Museums befindet sich noch in der Peter-und-Pauls-Kirche des bereits im Norden sichtbaren Klosters. Neben der alten Stadtduma erinnert eine Stele mit einem ewigen Feuer an die Opfer des Zweiten Weltkrieges.

Näher zum Flußhang an der Tjumen'ka erinnert ein **Gründungsstein** mit einer Inschrift an die Gründung der Stadt. Von hier aus hat man einen wunderschönen Ausblick auf den Tjumen' in einem weitläufigen Bogen durchziehenden Fluß Tura, eine Fußgängerbrücke verbindet beide Seiten miteinander.

Gen Norden führt eine Brücke am linken Flußufer über den Zufluß Tjumen'ka an der Kreuzerhöhungskirche vorbei zum berühmten **Tjumener Männerkloster**, das den Beginn seiner Geschichte im Jahre 1618 nimmt. Zum von Anbeginn aus Stein errichteten sehenswerten Klosterensemble gehören die Pfingstkathedrale und die Peter-und-Pauls-Kirche.

Zurück in Richtung Zentrum eröffnen die 1836 erbauten **Handelsreihen** die ul. Respubliki. Auf der linken Seite steht das **Landwirtschaftsinstitut** (ul. Respubliki 7). In diesem Gebäude befand sich zu Beginn des Jahrhunderts das Heimatmuseum und zwischen 1941 und 1945 diente es unter größter, bis zur Perestrojka währender Geheimhaltung als Heimstatt für den aus dem Moskauer Mausoleum ausgelagerten, einbalsamierten Leichnam Lenins.

Einen Besuch lohnt das **Museum der Geschichte eines Hauses im 19. und 20. Jahrhundert**. Das ehemalige Bljucher-Haus zeigt in kleinen Expositionen, wie in verschiedenen Zeiten verschiedene Besitzer das Haus auf sehr verschiedene Art und Weise nutzten (ul. Respubliki 18, Tel. 46 49 63).

An der nächsten Ecke gelangt man linker Hand zur heute größten Kirche der

---

Legende

1. Bahnhof (Вокзал)
2. Mašarov-Haus (Дом Машарова)
3. Alte Stadtduma/Heimatkundemuseum (Краеведческий музей)
4. Kloster mit Pfingstkathedrale und Peter-und-Pauls-Kirche (Петропавловская церковьТроицкого мужского монастыр)
5. Alte Handelsreihen (Торговые ряды)
6. Landwirtschaftsinstitut (Сельскохозяйственная академия)
7. Museum der Geschichte eines Hauses (Музей истории дома)
8. Kreuzkathedrale (Знаменский собор)
9. Gemäldegalerie (Музей изобразительных искусств)
10. Museum für Geologie, Öl und Gas (Музей геологии, нефти и газа)

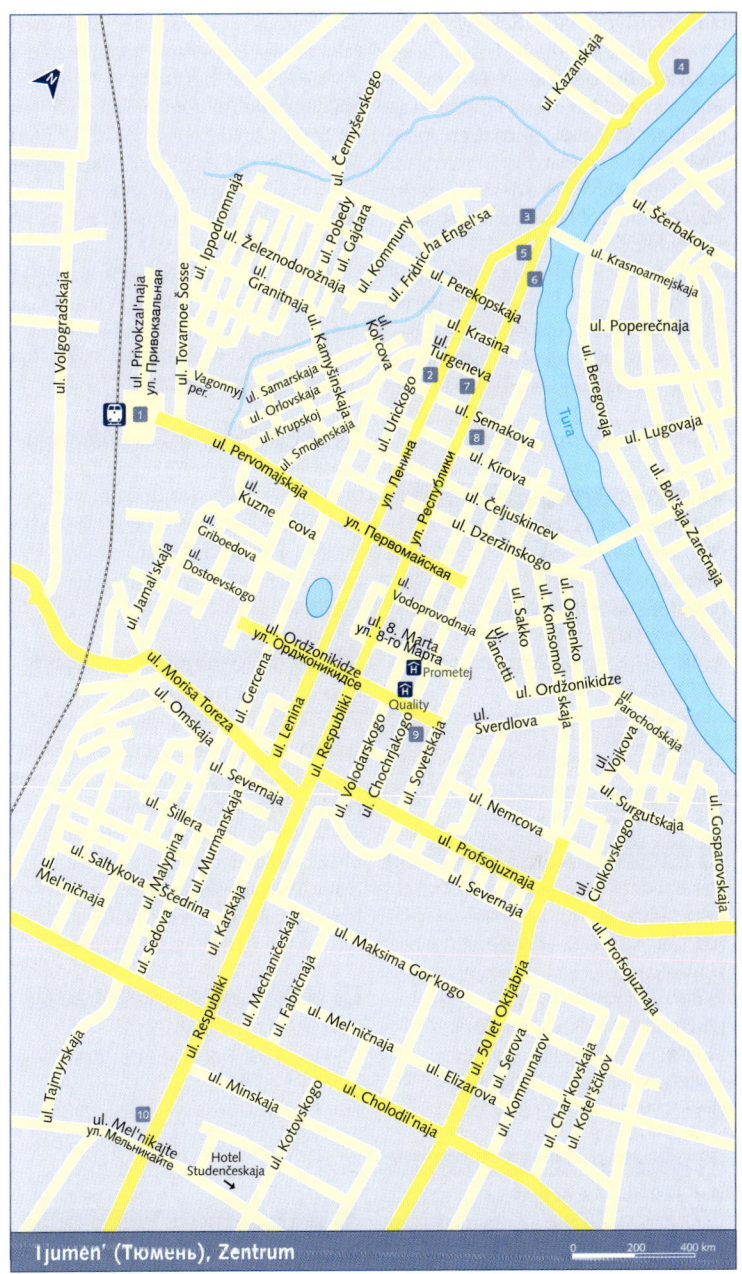

Städte entlang der Transsib

Tjumen' (Тюмень), Zentrum

0   200   400 km

Stadt. Nach erfolgter Rekonstruktion erstrahlt das 1786 erbaute Ensemble der **Kreuzkathedrale** wieder in seiner barocken Schönheit. Auf der ul. Respubliki gelangt man an vielen Geschäften vorbei zu einem großen Platz, wo linker Hand im Schatten Lenins in einem wuchtigen Gebäude die Gebietsadministration ihren Sitz hat.

An der nächsten Kreuzung führt die ul. Ordžonikidze nach links zu den besten Hotels der Stadt. Daneben liegt die Baustelle des neuen imposanten Gebäudes für das Heimatkundemuseum, und im unscheinbaren Gebäude der juristischen Fakultät der Universität findet man die erstaunlich gut bestückte örtliche **Gemäldegalerie** (ul. Ordžonikidze 47, Tel. 36 17 66). In derselben Straße findet man auch des Kaufhaus, den Markt und an den Kreuzungen auch im Berufsverkehr die größte Hektik in der sonst ruhigen Stadt.

Außerhalb des Stadtzentrums zeigt das **Museum für Geologie, Öl und Gas** auf vier Etagen die Erschließung der westsibirischen Naturreichtümer (ul. Respubliki 142, Tel. 22 74 26).

Tjumen'-Informationen

Zeitunterschied: MEZ + 4 h.
PLZ: 720 000.
Vorwahl: 007/34 52.
Hauptpostamt: ul. 8. Marta 7, Tel. 26 20 30.
Bank: Sberbank, ul. Mel'nikajte 54, Tel. 32 24 89.
Geldautomat: u.a. ul. Respubliki 44.
Reisebüro: Tyumenzarubezhtur, ul. Respubliki 55, Tel. 45 14 41, www.tztour.ru.

Der Bahnhof befindet sich südöstlich des Stadtzentrums, ul. Privokzal'naja 1, Tel. 46 18 70. Hier besteht eine Umsteigmöglichkeit zur Kopfbahn in die nördlichen Öl- und Gasgebiete um Surgut und Novyj Urengoj. Vom Bahnhofsvorplatz fahren alle Buslinien über das Stadtzentrum. **GPS:** 57°8'45''N/65°31'22''O.

Der Busbahnhof befindet sich am südlichen Stadtrand, ul. Permjakova 9; Tel. 36 50 35.

Der teilweise neue Flughafen ›Rošino‹ liegt östlich der Stadt. Neben verschiedenen Inlandsflügen (Moskau 4 x tgl.) gibt es im Sommer auch einen wöchentlichen Charterflug nach Hannover, Tel. 49 65 60.

Quality Hotel Tjumen', ul. Ordžonikidze 46, Tel. 49 40 40, www.hotel-tyumen.ru. Das beste Hotel der Stadt mit westlichem Standard.
Hotel Prometej, ul. 8. Marta, Tel. 25 14 23. Einfachere Unterkunft direkt neben dem Quality Hotel.
Hotel Studenčeskaja, ul. Mel'nikajte 61, Tel. 22 65 11. Eine preiswerte Alternative südlich des Zentrums.

Mozart, ul. Respubliki 34, Tel. 45 53 63. Gilt als bestes Restaurant der Stadt.
Empfehlenswert sind außerdem das **Slavutič**, ul. Respubliki 62, sowie das **Šinok**, ul. Kirova 12, Tel. 46 80 88.

Das größte **Kaufhaus** der Stadt –

CUM – befindet sich zentral in der ul. Ordžonikidze 63. Unmittelbar daneben befindet sich der zentrale **Markt** der Stadt. Minerale und Kunstgewerbe findet man noch im Laden **Uralskie**

Samocvety, ul. Respubliki 142.

www.tjumen.de (D).
www.tyumen-city.ru (R/E).
www.tmn.ru (R/E).

Omsk

Im Frühjahr 1716 wählte der Gardeoffizier Ivan Buchgol'c (Buchholz) im Auftrag von Peter dem Großen den Ort an der Mündung des Flüßchens Om' in den mächtigen Irtyš als Festungsplatz aus. Damals wurden hier Rußlands südliche Grenzen befestigt. Heute ist das Zentrum der Millionenstadt Omsk noch ein ganzes Stück von der Mitte der West-Ost-Trasse Rußlands entfernt. Ungeachtet eines schnellen Aufstiegs der Stadt durch den Handel blieb Omsk in erster Linie ein Ort des Militärs und der Verwaltung, der aber bereits 1782 mit 4000 Einwohnern das Stadtrecht erhielt. 1838 löste Omsk Tobol'sk als Hauptstadt des westsibirischen Generalgouvernements ab. Im 19. Jahrhundert erlangte Omsk als Etappenort der zaristischen Verbannung traurigen Ruhm. Fëdor Dostoevskij beschrieb seine Omsker Verbannung in den ›Aufzeichnungen aus dem Totenhaus‹. In der zweiten Hälfte des 19. Jahrhunderts entwickelte sich Omsk zur größten Stadt Sibiriens und zu einem der industriellen Zentren. Der Bau der Transsibirischen Eisenbahn verband 1894 Omsk mit dem Ural und dem europäischen Teil Rußlands. Im Bürgerkrieg nach der Oktoberrevolution befand sich in Omsk die bürgerliche Allrussische Provisorische Regierung, die unter der Regentschaft des Zarenadmirals Aleksandr Kolčak ab November 1918 bis zu seiner Ermordung in Irkutsk Geschichte

machte. Nach dem Zweiten Weltkrieg wurde Omsk, wie viele andere Zentren des russischen militärisch-industriellen Komplexes, zur ›geschlossenen Stadt‹. Ausländer durften Omsk bis Anfang der 1990er Jahre nicht besuchen. Omsk ist heute mit 1 170 000 Einwohnern, die man Omiči nennt, nach Novosibirsk die zweitgrößte Stadt in Sibirien und fühlt sich mit Blick auf die Hauptstadtrolle im Bürgerkrieg als ›heimliche‹ Hauptstadt Sibiriens.

Stadtrundgang

Der **Bahnhof** liegt südlich des Stadtzentrums am Prospekt Marksa, der Omsk in Nord-Süd-Richtung durchziehenden Magistrale. Wenn man diesem Prospekt in Richtung Norden folgt, beginnt das Stadtzentrum mit der Kreuzung der zur Irtyš-Brücke führenden ul. Maslenikova. Kurz davor befindet sich in einer Nebenstraße das **Kondratij-Belov-Museum** – ein sehr empfehlenswertes Kleinod sibirischer Kultur und Malerei (ul. Valichanova 10, Tel. 31 93 22). Hinter der Brücke verlaufen in trauter sozialistischer Eintracht Marx-Prospekt und Lenin-Straße in Richtung des Flusses Om', dem die Stadt ihren Namen zu verdanken hat und der hier in den Irtyš mündet.

Zwischen beiden Straßen befinden sich die Philharmonie (ul. Lenina 27) und die 1833 erbaute **Kosaken-Nikolaj-Kirche** (Kazač'ja Nikol'skaja cerkov'). Ab 1883 befand sich hier die Standarte des Kosakenatamans und Sibirieneroberers

Ermak, die in den Wirren des Bürgerkrieges verlorenging (ul. Lenina 27a).

In unmittelbarer Nachbarschaft befindet sich das **Heimatkundemuseum** (Vereintes Geschichts- und Literaturmuseum) und das Museum für bildende Künste. Das Heimatmuseum ist eines der interessantesten seiner Art in Sibirien (ul. Lenina 23a). In der **Michail-Vrubel'-Gemäldegalerie** befindet sich eine der umfangreichsten Sammlungen von Ikonen, russischer und westeuropäischer Malerei aus dem 19. und 20. Jahrhundert sowie anderer bildender Künste. Neben Arbeiten des berühmten aus Omsk stammenden Malers Michail Vrubel' finden sich Werke vieler bekannter Maler wieder. Das Museum residiert in zwei Gebäuden (ul. Lenina 23, Tel. 31 00 17 und ul. Lenina 3, Tel. 24 15 64).

Am Om' stand hier früher die größte Kirche der Stadt. Die Proroko-Il'inskaja cerkov' aus dem Jahre 1789 war Ende des 19. Jahrhunderts erweitert und dann aber Mitte der 1930er Jahre abgerissen worden. Zunächst entstand zum 100. Todestage Alexander Puschkins ein Denkmal des Dichters, das jedoch 20 Jahre später durch das obligatorische Lenin-Denkmal abgelöst wurde, wobei Lenin hier jedoch nicht wie sonst richtungsweisend, sondern eher zurückhaltend dargestellt ist. Im Hintergrund sieht man das originelle **Musiktheater**, das von den Omskern wegen seiner eigenwilligen Form scherzhaft ›Die Sprungschanze‹ (für bis zu 15 Skispringer gleichzeitig!) genannt wird (ul. 10 let Oktjabrja 2).

Am Fluß Om' in Richtung Irtyš befand sich die Holzfestung, die 1716 den Ursprung der Stadt Omsk begründete. Heute liegt hier der **Passagierhafen**, und auf dem nach dem Begründer Ivan Buchgol'c benannten Vorplatz erinnert ein Memorial an die Gründung der Stadt.

■ Neue Festung

Am Nordufer des Om' wurde die 1908 errichtete und 1928 zerstörte Serafimo-Aleksej-Kapelle 1995 wieder zu einer kleinen Perle im Stadtbild. Linker Hand geht es zur Parkanlage der **Neuen Fe-**

Legende

1. Bahnhof (Вокзал)
2. Kondratij-Belov-Museum (Дом музей им. Кондратия Белова)
3. Kosaken-Nikolaj-Kirche (Казачья-Никольская церковь)
4. Heimatkundemuseum (Краеведческий музей)
5. a/b Michail-Vrubel'-Gemäldegalerie (Картинная галерея им. Михаила Врубеля)
6. Musiktheater (Музыкальный театр)
7. Passagierhafen (Речной вокзал)
8. Serafimo-Aleksej-Kapelle (Серафимо-Алексиевская часовня)
9. Neue Festung (Новая крепость)
10. Fedor-Dostoevskij-Museum (Музей им. Ф. М. Достоевского)
11. Militärmuseum (Музей воинской славы омичей)
12. Schauspielhaus (драматический театр)
13. Bibliothek (Б. им. А.С. Пушкина)
14. Mariä-Himmelfahrts-Kathedrale (Успенский кафедральный собор)
15. Feuerwehrturm (Пожарная башня)
16. Kreuzigungskathedrale (Крестовоздвиженский кафедральный собор)

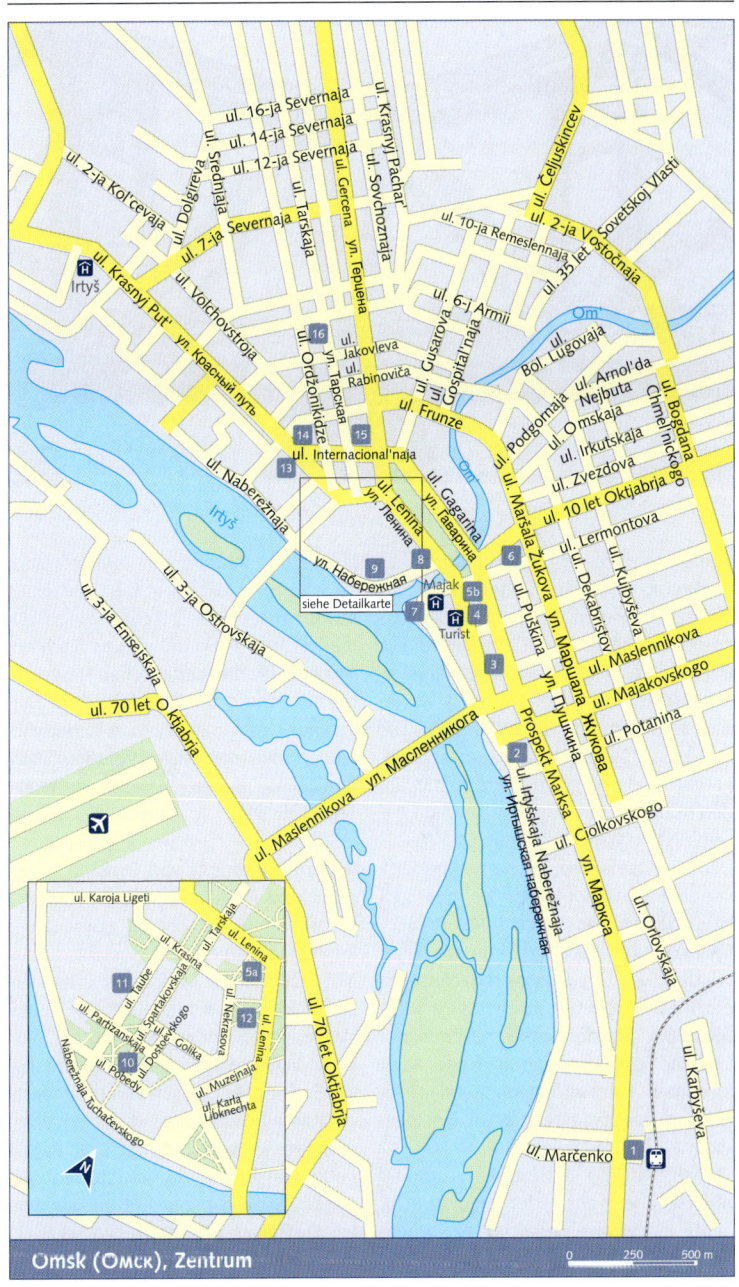

Omsk (Омск), Zentrum

Städte entlang der Transsib

0   250   500 m

Flußüberquerung

stung. Nördlich der Om'-Mündung sind in einem Park einige Spuren dieser ab 1768 errichteten Befestigungsanlage zu finden. Neben dem einzigen direkt am Ufer des Irtyš erhalten gebliebenen Festungstor in Richtung Tobol'sk wurde das 1792 erbaute Taraer Stadttor zu seinem 200-jährigen Jubiläum originalgetreu wiederaufgebaut. Die beiden anderen Tore zu den Flüssen Irtyš und Om' sind nicht erhalten geblieben.

In der ehemaligen, aus dem Jahre 1781 stammenden Hauptwache befindet sich heute das örtliche Wehrkreiskommando. Im Haus des Festungskommandanten wurde 1982 das **Dostoevskij-Museum** eröffnet. Es erinnert an die Jahre 1850 bis 1854, die der Schriftsteller in der Omsker Festung zugebracht und dann in seinen ›Aufzeichnungen aus dem Totenhaus‹ geschildert hatte. (ul. Dostoevskogo 1, Tel. 24 29 65).

Während die orthodoxe Auferstehungskirche neben der Hauptwache heute nur noch Erinnerung ist, wurde die protestantische Festungskirche (Bau-

jahr 1791) Anfang der 1970er Jahre nach Rekonstruktion in den Bau eines Kulturhauses der örtlichen Polizei integriert. Am Parkrand gibt es noch ein **Museum für die militärischen Heldentaten** der Omsker von Revolution und Bürgerkrieg bis Afghanistan und Tschetschenien (Oblastnyj Muzej Vojnskoj Slavy Omičej, ul. Taube 7, Montag Ruhetag, Tel. 25 67 91).

■ **Die Flaniermeile von Omsk**
Zurück zur kleinen Kapelle an der Brücke, nimmt hier auch auf etwa einem Kilometer Länge leicht ansteigend die alte **Prachtstraße** von Omsk – vormals Ljubinskij pr. und heute Teil der Leninstraße – ihren Anfang. Sie verdient auch heute bereits wieder diese Bezeichnung. Die Ende des vergangenen Jahrhunderts errichteten Gebäude sind gut erhalten, und gemäß dem Zug der Zeit halten noble Geschäfte und Gaststätten wieder Einzug. Das breite Trottoir lädt, vorbei an Figuren von Prinzessin Ljudmila und dem Kanalarbeiter Stepan, zum Fla-

nieren. Hinter dem imposanten, 1905 eröffneten **Schauspielhaus**, das als eine der besten Bühnen Sibiriens gilt (ul. Lenina 5), und der Gemäldegalerie auf der gegenüberliegenden Seite erstreckt sich ein Stadtpark mit vielen Springbrunnen und Blumen.

Links an der ul. Lenina erhebt sich das Gebäude der Gebietsadministration. Dahinter beginnt die ul. Krasnyj put' (übersetzt: ›Roter Pfad‹) in Richtung Norden zu den Wohn- und Gewerbegebieten von Omsk. Am Beginn der ul. Krasnyj put' steht in einen kleinen Park eingebettet ein imposanter Neubau: Sibiriens modernste **Bibliothek**, die den Namen Alexander Puschkins trägt. Die Fassade schmücken acht Statuen berühmter russischer Schriftsteller.

Gegenüber der Gebietsadministration erstrahlt seit 2007 die **Mariä-Himmelfahrts-Kathedrale** (Uspenskyj kafedral'nyj sobor) im wiedererbautem Glanz.

Mit ihren türkisfarbenen Zwiebeltürmen bildet sie heute das prunkvolle Herzstück der Stadt. Am anderen Ende des Parks schließt das Rathaus in der ul. Gagarina sozusagen die Nordhälfte des Stadtzentrums ab.

Auf halber Höhe zwischen Gouverneur und Bürgermeister befindet sich der etwa 1913 errichtete **Feuerwehrturm**, der heute auf vielen Fotos als Sinnbild für Omsk auftaucht. Damals wurde er am Stadtrand gebaut, heute begrenzt er gerade das Stadtzentrum. Links davon beginnt in der ul. Tarskaja eine Fußgängerzone, die zwischen liebevoll restaurierten alten Holzhäusern und anderen zumeist weniger liebevoll errichteten Neubauten zur heute größten und schönsten Kirche der Stadt, der 1870 erbauten **Kreuzigungskathedrale** (Krestovozdviženskij kafedral'nyj sobor) führt.

Omsk-Informationen

Zeitunterschied: MEZ + 5 h.
PLZ: 644 000.
Vorwahl: 007/38 12.
Hauptpostamt: ul. Gercena 1.
Banken: Sberbank, ul. 22. Aprelja 19/1, Tel. 36 79 61.
Geldautomaten: u.a. im Kaufhaus CUM, ul. Gercena 2.
Reisebüros: Neue Welt, ul. Krasnyj Put' 10, Tel. 22 06 00, www.neuewelt.ru. Sibtours, www.sibtours.com.

Omsk liegt an der Transsibirischen Eisenbahn, ul. Lobkova 1, Tel. 41 12 01. Die Fahrtzeit nach Moskau beträgt etwa 42 Stunden.
GPS: 54°56'22''/73°23'10''O.

Omsk hat einen eigenen, vergleichsweise zentral gelegenen Flughafen, der ein- bis zweimal wöchentlich Verbindungen nach Hannover und Frankfurt/M. anbietet. Es gibt täglich zwei Flüge nach Moskau, ul. Inženernaja 1, Tel. 31 64 17 und 45 00 77.

Flußhafen, pl. Buchgol'ca 1, Tel. 31 14 93. Im Sommer kann man mit dem Schiff den Irtyš entlang bis nach Tara, Tobol'sk und, nach seiner Einmündung in den Ob', bis zum Eismeer nach Salechard reisen.

Hinsichtlich des Hotelstandards bleibt Omsk im Vergleich zu anderen Städten Sibiriens zurück.

Hotel Majak (Leuchtturm), ul. Lermontova 1, Tel. 31 54 31. Das Vorzeige-Hotel der Stadt liegt am Flußhafen.
Hotel Turist, ul. Broz Tito, Tel. 31 64 14. Etwas schlichter und auch in der Nähe des Flußhafens.
Hotel Irtyš, ul. Krasnyj Put' 155/1, Tel. 23 27 02. Das ehemalige Parteihotel wird oft empfohlen, es ist aber immer noch sehr sowjetisch.

Französische Bistros hatten ihren Ursprung bekanntlich im Drang russischer Husaren nach dem Sieg über Napoleon in Paris, ihr Essen schnell (russisch ›bystro‹) zu bekommen).
Gabel und Löffel (Vilka i Loška), ul. Lenina 21 und pr. Marksa 38. Eine preiswerte, neue Selbstbedienungsrestaurantkette, die auch in anderen Städten Sibiriens zu finden ist.

Restaurant Venčur (Venture), ul. Gercena 19, Eingang Hinterseite, Tel. 25 45 03. Das wohl derzeit beste Restaurant in Omsk.
Restaurant Tarskie Vorota (Taraer Tor), ul. Lenina 2a. Etwas provisorisch, aber doch mit angenehmer Atmosphäre.
Restaurant Sibirskaja Korona, ul. Partizanskaja 1. Eine urige Alternative.
Sibirskoe Bistro, ul. Lenina 14. Die russische Fast-Food-Alternative.

Torgovyj Centr, ul. Internacional'naja 43. Das größte Kaufhaus der Stadt, es liegt nördlich des Zentrums.
Torgovyj Gorod, ul. 70let Oktjabrja 25. Der größte Markt der Stadt.

www.netzwerk-omsk.net (D).
univ2.omsk.su (R/E).
www.infomsk.ru (R).
www.omsk.ru (R/E).
www.omskcult.ru (R).

Novosibirsk

Novosibirsk ist die Hauptstadt Sibiriens. Mit 1,45 Millionen Einwohnern und einer Ausdehnung von 475 Quadratkilometern belegt sie nach der Fläche Platz drei sowie nach der Einwohnerzahl Platz vier unter allen Städten Rußlands. Die Stadtgeschichte nahm im Jahre 1893 ihren Anfang. Damals suchte man beim Bau der Transsibirischen Eisenbahn den günstigsten Platz für die Überquerung des mächtigen Flußes Ob'. Dank geringer Flußbreite und felsiger Ufer entstand während des 1897 abgeschlossenen Brückenbaus am rechten Flußufer die Siedlung Novo-Nikolaevsk mit über 7000 Einwohnern. Mit dem neuen Stadtnamen wollte man den damaligen

Zaren Nikolaj II. ehren. Als Verkehrsknotenpunkt wuchs die Stadt stürmisch und erhielt Spitznamen wie ›amerikanische Stadt‹ oder ›Chicago Sibiriens‹. Ab 1925 wuchs die Bedeutung des Verwaltungszentrums, ein Jahr später wurde der Ort in Novosibirsk umbenannt. Im Gegensatz zu den anderen Metropolen ist Novosibirsk die jüngste Stadt, so daß sie sich auch städtebaulich unterscheidet, denn sie erhielt ihre architektonische Prägung zu sowjetischen Zeiten. Anfang der 1960er Jahre überschritt die Einwohnerzahl erstmalig in Sibirien die magische Grenze von einer Million.

Heute ist Novosibirsk ein Zentrum der Industrie, aber auch ein zentraler Verkehrsknotenpunkt und ein bedeutendes Handels-, Finanz- und Messezentrum für die umliegenden Regionen. Es gibt drei Universitäten, mehrere Akademie-Institute und weitere 15 Hochschulen in der Stadt und ihrem berühmten Vorort Akademgorodok. Die Stadt erstreckt sich heute zu beiden Seiten des Ob', die beiden Stadthälften sind durch mehrere gigantische Brücken miteinander verbunden. Der historische Kern und das Stadtzentrum mit allen Sehenswürdigkeiten liegen im Osten auf der rechten Seite. Am linken Ufer befinden sich überwiegend Gewerbegebiete und Schlafstädte. Seit 1994 besteht in Novosibirsk auch wieder ein Deutsches Generalkonsulat, dessen Zuständigkeitsbereich von Tjumen' bis Čita reicht.

Stadtrundgang

In Novosibirsk befindet sich das **größte Bahnhofsgebäude** entlang der Transsibirischen Eisenbahn. Das grün-weiße Bauwerk wurde von 1930 bis 1941 in Anlehnung an die Silhouette einer gigantischen Lokomotive errichtet und beein-

Der Bahnhof von Novosibirskbirsk

druckt durch seine Dimensionen. Täglich nutzen es durchschnittlich 70 000 Passagiere. Novosibirsk ist ein wichtiger Eisenbahnknotenpunkt, der die Turksibirische Eisenbahn (Mittelasien–Sibirien) an die transrussische Hauptstrecke anbindet. Wer Sibirien ohne Transsib besucht,

kann sich hier einen Überblick über das Leben am Schienenstrang verschaffen (pl. Garina-Michajlovskogo). Auf dem Bahnhofsvorplatz fällt auch mehrmals das berühmte große ›M‹ für Metro auf. Novosibirsk ist die einzige sibirische Stadt mit einer wie überall in Rußland Metro genannten Untergrundbahn. Mit dem Bau begann man im Jahre 1979, und sechs Jahre später wurde die erste Linie übergeben. Das Streckennetz umfaßt heute elf Stationen. Als schönste Stationen gelten ›Sibirskaja‹ und ›Rečnoj Vokzal‹ mit sehenswerten Marmorgemälden bzw. Glasmosaiken.

■ Leninplatz

Vom zentral gelegenen Bahnhof kommt man am besten über die rechts vom Hotelneubau ›Novosibirsk‹ beginnende Vokzal'naja magistral' zum zentralen Platz der Stadt, über den auch die Hauptstraße von Novosibirsk – der Krasnyj prospekt – verläuft.

Auf dem riesigen Leninplatz ist heute das **Staatliche Theater für Oper und Ballett** das markanteste Wahrzeichen der Hauptstadt Sibiriens. Mit dem Bau des sibirischen ›Bol'šoj‹ wurde noch in den 1930er Jahren begonnen. Die erste Premiere fand aber erst 1945 statt, denn während des Zweiten Weltkrieges diente das weitgehend fertiggestellte Gebäude zur Aufbewahrung aus Moskau ausgelagerter Kunstschätze, zum Beispiel aus der berühmten Tret'jakov-Galerie. Die Kuppel beeindruckt mit einer Höhe von 35 Metern und einer Spannweite von 60 Metern. Es ist das größte Theatergebäude Rußlands und für Oper und Ballett eine erstklassige Adresse. (Krasnyj pr., Tel. 29 83 43).

Das vor dem Theater stehende, 1970 errichtete monumentale **Lenindenkmal** soll ursprünglich für den Ostberliner

Leninplatz konzipiert worden sein. Dort fand man es aber wohl etwas zu monumental, so daß die Umsetzung des Entwurfes dann in Novosibirsk landete.

■ **Am Krasnyj prospekt**
Vom Leninplatz in Richtung Süden gelangt man zum Ob' und zum historischen Kern der Stadt. Links hat das Bürgermeisteramt seinen Sitz. Daneben steht das ehemalige Lenin-Haus, das heute der **Philharmonie** eine Heimstatt bietet, die ansonsten noch in der ul. Spartaka 11 (Tel. 22 15 11) spielt. Etwas versetzt fristet dahinter ein kleiner, den sibirischen Revolutionshelden gewidmeter Park in der Verwilderung des Vergessens sein Dasein. Gegenüber dem Rathaus befindet sich in der ehemaligen Handelsreihe das **Heimatkundemuseum** mit zwei netten Kunstgewerbegeschäften. Hier ist die Geschichtssparte des Museums zu besichtigen (Krasnyj prospekt 23, Tel. 21 85 95). Die Natursparte befindet sich im Erdgeschoß eines Plattenbaus neben dem Kaufhaus CUM (Vokzal'naja magistral' 7).

Nach dem sich anschließenden kleinen Park gabelt sich die Straße. Links führt die ul. Kirova zum Jugendtheater ›Globus‹ (ul. Kamenskaja 1, Tel. 23 88 41). Die **Theaterlandschaft** der Stadt genießt generell einen guten Ruf. Unter den Schauspielhäusern sind noch die Bühne des ›Staryj Dom‹ (Altes Haus, ul. Bol'ševistskaja 45, Tel. 66 25 92) und das Theater ›Krasnyj Fakel‹ (›Rote Fackel‹, ul. Lenina 19, Tel. 10 04 28) erwähnenswert.

Nach einer langgezogenen Talbrücke erhebt sich links das Gebäude des ehemaligen Parteihauptquartiers, in dem heute die **Gebietsduma** ihren Sitz hat. Das Gebäude gegenüber sollte ursprünglich ein neuer Pionierpalast werden. Als aber nach dem Rohbau kein Geld mehr vorhanden war, kaufte die Novosibirsker Bank für Außenhandel das Objekt und machte eine Bank daraus.

Zurück an der Gabelung fällt auf der Straßenmitte eine kleine **Kapelle** mit Glockenturm ins Auge. Die ursprünglich 1915 zu Ehren der Romanov-Dynastie gebaute Kapelle wurde zum 100-jährigen Stadtjubiläum originalgetreu wiederhergerichtet. Das Original war in den

---

Legende

1 Bahnhof (Вокзал)
2 Staatliches Theater für Oper und Ballett (Государственный театр оперы и балета)
3 Philharmonie (Филармония)
4a Heimatkundemuseum (Краеведческий музей)
4b Naturkundemuseum (Краеведческий музей, отд. природы и экологии)
5 Kapelle (Часовня)
6 Deutsches Generalkonsulat (Генеральное консульство ФРГ)
7 Verklärungskathedrale (Кафедральный собор Преображения Господня)
8 Gemäldegalerie (Картинная галерея)
9 Aleksandr-Nevskij-Kathedrale (Собор Александра Невского)
10 Zentralmarkt (Центральный рынок)
11 Kulturpark (Парк культуры)
12 Himmelfahrtskathedrale (Вознесенский собор)
13 Richtung Akademgorodok (Академгородок)
14 Flußhafen (Речной вокзал)

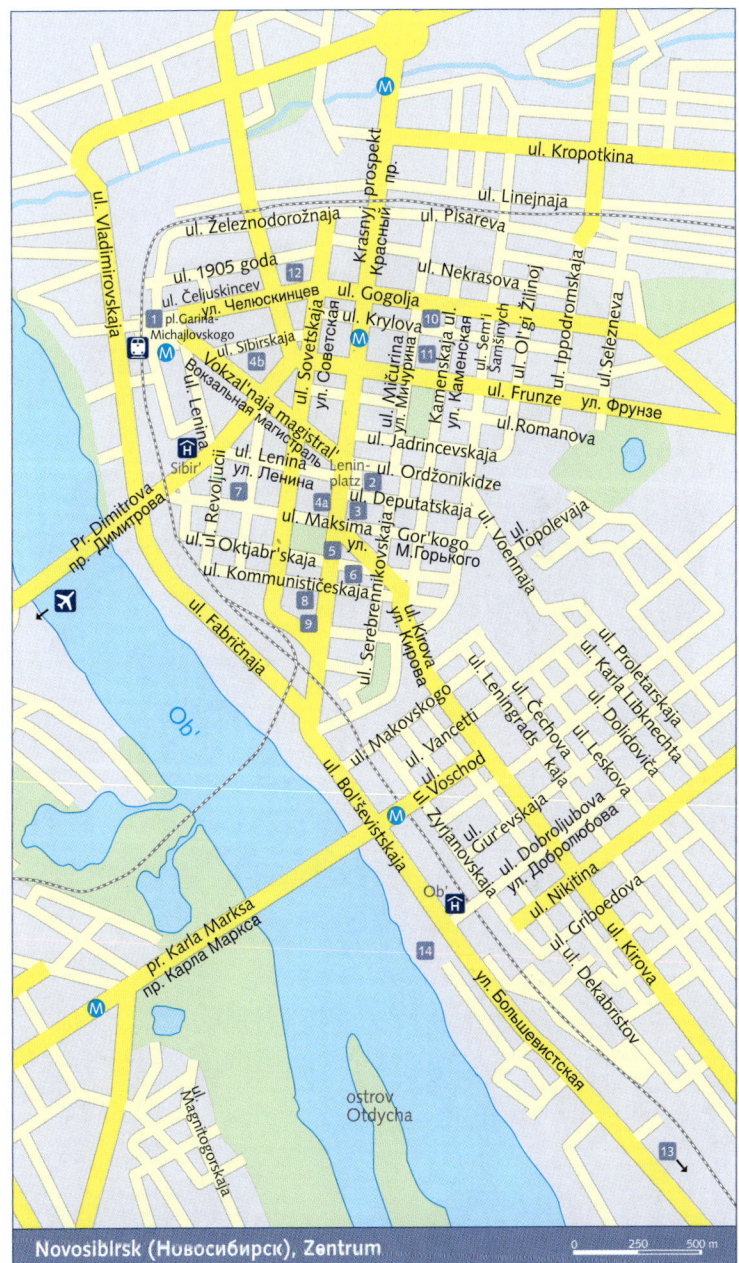

Novosibirsk (Новосибирск), Zentrum

1930er Jahren durch ein Stalindenkmal ersetzt worden, das dann in den 1950er Jahren wieder abgerissen wurde. Angeblich soll hier der geographisch vermessene Mittelpunkt Rußlands liegen, dem auch das in der Nachbarschaft befindliche, gleichnamige Hotel ›Centr Rossii‹ seinen Namen verdankt.

Wenn man am ›Mittelpunkt‹ nach rechts abbiegt, gelangt man in das alte Novosibirsk der Jahrhundertwende und der 1930er Jahre, wo sich interessante Holzhäuser, wie zum Beispiel der Sitz der Novosibirsker Messegesellschaft, und wuchtige verschnörkelte Blocks aus der Stalinzeit abwechseln. Sozusagen direkt und indirekt im ›Zentrum Rußlands‹ (im am Krasnyj Prospekt 28 stehenden Hotel ›Centr Rossii‹) befindet sich seit 1994 auch das **Deutsche Generalkonsulat**. Seit Ende 1997 gibt es noch ein Deutsch-Russisches Haus mit umfangreichen Kulturangeboten für Rußlanddeutsche und an Deutschland interessierte Sibirjaken (ul. Jadrincevskaja 68, Tel. 18 03 13). Last but not least besteht seit mehreren Jahren die wohl flächenmäßig weltweit größte katholische Kirchengemeinde, deren neue Kirche, die **Christi-Verklärungs-Kathedrale** (kafedral'nyj sobor Preobraženija Gospodnja, ul. Gor'kogo 100, Tel. 18 14 30) heute auch schon fast zu den Sehenswürdigkeiten der Stadt gehört.

Gegenüber dem Hotel ›Centr Rossii‹ befindet sich das größte und modernste Kino von Novosibirsk. Es folgen das Gebäude der Gebietsadministration und einige modernistische Bauten aus den 1930er Jahren wie beispielsweise das auch über die Grenzen der Stadt hinaus berühmte 100-Wohnungen-Haus. Gegenüber befindet sich die Novosibirs-

ker **Gemäldegalerie**, in der eine reiche Sammlung russischer Malerei aus dem 19. und 20. Jahrhundert (Ajvasovskij, Šiškin u.a.) zu besichtigen ist. Bekannt ist auch die Sammlung des mystischen russischen Malers und Indien- und Tibetforschers Nikolaj Rerich (Krasnyj prospekt).

Fast schon am Fluß erhebt sich majestätisch der rote Backsteinbau der **Alexander-Nevskij-Kathedrale** (sobor Aleksandra Nevskogo). Sie wurde 1894 mit der Entstehung der Ortschaft Novo-Nikolaevsk als erstes Steingebäude errichtet und ist heute die größte russisch-orthodoxe Kirche der Stadt, deren goldene Kuppeln auch vom anderen Ob'-Ufer gut sichtbar sind. Wenn auch aufgrund laufender Rekonstruktion das Umfeld derzeit etwas von einer Baustelle hat, lohnt sich ein Besuch (Krasnyj prospekt 2).

Am Ob' bieten sich angelegte Promenaden zum Spaziergang bis zur Metro-Brücke mit der Station ›Rečnoj Vokzal‹ (Flußbahnhof) vor dem Hintergrund des Hotels ›Ob'‹ an. Vom **Flußhafen** fahren neben den Linienschiffen auch kleine Dampfer, die zu ein- oder mehrstündigen Rundfahrten auf dem Ob' einladen.

Zurückgekehrt zum Leninplatz, bildet der Krasnyj prospekt in Richtung Norden mit seinen Neben- und Parallelstraßen das **Zentrum von Novosibirsk**. Hier entstanden in der letzten Zeit viele neue Geschäfte und Restaurants, so daß diese Ecke der Stadt boomt. Die ul. Mičurina grenzt an den zentralen **Kulturpark** der Stadt, in dem sich neben Rummel, Estrade, Spielplätzen auch das Operettentheater befindet (ul. Kamenskaja 43, Tel. 24 64 81). Es folgen Sportstadion,

Die Aleksandr-Nevskij-Kathedrale

Zentralmarkt und der alte Tierpark. Über die ul. Čeljuskincev gelangt man wieder zum Bahnhof. Dabei kommt man nach verschiedenen neuen Geschäften am in einem massiven Gebäude untergebrachten Zirkus vorbei.

Vom Zirkus aus ist bereits die zweite reizvolle russisch-orthodoxe Kirche der Stadt zu sehen. Es ist die **Himmelfahrtskathedrale** (Voznesenskij sobor). Sie ist zu Beginn der 1990er Jahre sehr schön und aufwendig restauriert worden und heute mit ihren blau-goldenen Zwiebeltürmchen die schönste Kirche der Stadt (ul. Sovetskaja).

■ **Eisenbahnmuseum Akademgorodok**
Im Jahr 2000 öffnete das größte **Eisenbahnmuseum** Sibiriens in Novosi-

birsk seine Pforten. Die eindrucksvolle Sammlung unter freiem Himmel umfaßt über 60 Exponate, darunter acht Dampfloks, sechs Dieselloks und zehn Elektroloks sowie Personen- und Güterwaggons, Draisinen, Schneeräumer u.a. Die Sammlung ist am Bahnhof ›Sejatel'‹ zu besichtigen. Der Bahnhof gehört zu Akademgorodok und ist für die in Richtung Akademgorodok-Berdsk fahrenden Züge der 10. Haltepunkt ab dem Hauptbahnhof. An der Fernverkehrsstraße Richtung Akademgorodok ist das Museum kurz vor der Abfahrt linker Hand gut sichtbar.

Außerdem gibt es auch in Akademgorodok noch eine sehr interessantes **Geologiemuseum** (Universitetskij prospekt 3, Tel. 35 49 37).

Novosibirsk-Informationen

Zeitunterschied: MEZ + 5 h.
PLZ: 630 000.
Vorwahl: 007/38 32.
Hauptpostamt: ul. Sovetskaja 33, Tel. 22 36 90.
Bank: Novosibirskvneštorgbank, ul. Kirova 44, Tel. 10 35 01.
Geldautomat: Krasnyj pr. 184/1.
Reisebüro: AKRIS, Krasnij pr. 35, Tel. 18 10 11, office@acris.ace.ru.

Novosibirsk ist mit einem eindrucksvollen Bahnhofsgebäude am pl. Garina-Michajlovskogo einer der wichtigsten Standorte der von Moskau bis Vladivostok führenden Transsibirischen Eisenbahn. Auf der Transsib benötigt man für die Strecke Moskau–Novosibirsk (3041 Kilometer) etwa 52 Stunden, Tel. 20 77 11.
GPS: 55°2'7''N/82°53'46''O.

Der Busbahnhof liegt am südlichen Ende der Hauptstraße der Stadt am Ob', Krasnyj prospekt, Tel. 23 43 68.

Die Stadt hat zwei Flughäfen: Tolmačevo und Severnyj. Der größere, ins internationale Flugnetz eingebundene **Airport Tolmačevo** wurde von 1994 bis 1998 auch von dem uns vertrauten Kranich angeflogen. Dann wurde die Linie der Lufthansa allerdings eingefroren und endet derzeit in Ekatarinburg. Direktflüge von und nach Deutschland (ohne Zwischenlandung) bietet der lokale Aeroflot-Ableger ›S7‹ (vormals Sibir') derzeit einmal pro Woche nach Frankfurt und Hannover an. Auf der Strecke Moskau–Novosibirsk gibt es täglich sechs Flüge und in viele andere Orte Rußlands gibt es ebenfalls direkte Flüge, Tel. 92 09 99.

Am Flußbahnhof von Novosibirsk, ul. Bol'ševistskaja, gibt es neben verschiedenen Ausflugsfahrten und Vorortlinien in der Sommersaison von Anfang Juni bis Anfang September interessante Schiffsverbindungen auf dem Ob' bis nach Nižnevartovsk sowie den Ob' bis zur Einmündung hinunter und dann den Nebenfluß Tom' hinauf bis zur Stadt Tomsk .

Hotel Sibir', ul. Lenina 21, Tel. 23 02 03. Es wurde 1991 eröffnet und bietet in verschiedenen Kategorien durchaus westlichen Standard.
Hotel Ob', ul. Dobroljubova 2, Tel. 66 74 01. Wer gern einen schönen Blick auf den Ob' genießen möchte, dem sei dieses Hotel empfohlen. Es liegt direkt am Fluß in der Nähe des Flußhafens, aber abseits vom Stadtzentrum.

Als das beste und teuerste Restaurant der Stadt gilt heute **Vostok**, ul. Bogdana Chmel'nickogo 42, Tel. 76 49 19.
Im Stadtzentrum gibt es mehrere akzeptable Restaurants, so z. B. das **Družba**, ul. Lenina 3, Tel. 22 59 98 – eine kleine ältere, angenehme Gaststätte in zentraler Lage mit vorrangig russischer Küche zu vernünftigen Preisen.
Empfehlenswert ist auch noch das **Dom Aktera**, ul. Serebrjannikovskaja 35, wo sich vor allem die Theaterfans treffen.
Das **Terek** bietet kaukasische Küche und einen Sommergarten, ul. Gorkogo 54, Tel. 23 16 33.
Groß in Mode kommen auch auf

bestimmte Themen ausgerichtete Restaurants. So orientiert sich das **Angar** (Hangar) neben dem Essen und Trinken auch am Traum vom Fliegen, Vokzal'naja magistral' 16, Tel. 22 58 74.
Das zur selben Kette gehörende Pendant für Eisenbahnfans heißt wie der Lokschuppen **Depo**, Vokzal'naja Magistral' 5, Tel. 21 76 44.
Das sehr beliebte **Stone House**, Krasnyj pr. 37, Tel. 27 09 21, präsentiert sich auf drei Etagen als Bierkneipe, Restaurant ›Safari‹ und Bar ›Rock-City‹.

Einen Besuch wert ist der für russische Verhältnisse sehr ordentliche und saubere **Central'nyj rynok** (Zentralmarkt – Ecke ul. Kamenskaja/ul. Gogolja), auf dem Bauern und Händler aus der Umgebung und vor allem auch aus Mittelasien täglich ihre Produkte feilbieten.
Das **Kaufhaus CUM** (Zentralkaufhaus, Vokzal'naja Magistral') wurde nach einem verheerenden Brand 2001 schnell wieder aufgebaut und präsentiert sich heute als Passage edler Nobelboutiqen.
Das **GUM** (Staatliches Kaufhaus) ist eher klassisch und befindet sich am linken Ob'-Ufer an der Metrostation ›Ploščad' Karla Marksa‹.

www.deutsche-nowosibirsk.de (D).
www.novosibirsk.ru (R).
www.sol.ru (R).
www.nstu.ru (R).
www.nvtb.ru (R/E)
www.ku-eichstaett.de/bistum/novosibirsk.
Internetcafé: ul. Trudovaja 1, Tel. 22 55 96.

Städte entlang der Transsib

Akademgorodok

Das berühmte Akademikerstädtchen Akademgorodok liegt 25 Kilometer südlich von Novosibirsk an der rechten Seite des Ob'. Das Städtchen wurde Ende der 50er Jahre durch die sibirische Abteilung der Akademie der Wissenschaften begründet. Dabei ging es aber nicht darum, Wissenschaftler nach Sibirien zu verbannen, sondern jungen und motivierten Wissenschaftlern in einer neuen, auf dem Campus-Prinzip basierenden Siedlung optimale Arbeits- und vergleichsweise gute Lebensbedingungen zu bieten. Viele Forscher kamen und machten Novosibirsk bis heute zu einem führenden Wissenschaftsstandort. Zunächst wurden 14 wissenschaftliche Institute von Kernphysik bis Wirtschaftswissenschaften angesiedelt. Später folgten weitere, und auch die Novosibirsker Universität zog nach Akademgorodok um. Es entstand eine großzügig angelegte, ruhige und sehr grüne Siedlung mit Ein- und Zweifamilienhäusern für die Topwissenschaftler und vielen Plattenbauten für das akademische Fußvolk. In Akademgorodok leben heute etwa 70 000 Einwohner. Auf 2000 Hektar bebaute Fläche kommen fast 10 000 Hektar Wald und Grünflächen.

Obwohl die staatliche Förderung in den letzten Jahren drastisch zurückging und viele Wissenschaftler lukrativere Angebote im Ausland angenommen haben, sind einige Institute nach wie vor Weltspitze und der Ort aufgrund seiner guten Ökologie als Wohngegend nach wie vor beliebt. Daneben paßt man sich erfolgreich den neuen wirtschaftlichen Herausforderungen an und ist ein international angesehener Kooperationspartner. Manche sprechen auch bereits von der ›Silicon Taiga‹, denn hier hat sich mittlerweile eine der auch weltweit führenden Schmieden für Computerprogramme und Programmierer entwickelt, so daß der neue für Software aus Sibirien stehende Markenname ›Sibsoft‹ mit Sicherheit nicht mehr lange ein Geheimtip bleibt.

Akademgorodok ist von Novosibirsk in 45 Minuten mit dem Vorortzug zu erreichen. Alternativ fahren auch Busse von der Metrostation ›Rečnoj Vokzal‹. Im Süden von Akademgorodok schließt sich das größte Naherholungsgebiet der Novosibirsker an. Das sogenannte Obsker Meer ist ein gigantischer Stausee, der den Ob' auf über 200 Kilometern Länge staut. Der 1957 errichtete Staudamm verbindet Akademgorodok mit den auf der westlichen Seite des Ob' liegenden Vororten. Eine parallel gebaute Schleuse gewährleistet die Schiffbarkeit des Stausees. Der große Badestrand am Ostufer, der von Novosibirsk durch einen eigenen Haltepunkt des Vorortzuges zu erreichen ist, erfreut sich im zwar kurzen, aber heißen kontinentalen Sommer großer Beliebtheit.

Hafen am Ob'-Stausee im Winter

Krasnojarsk

Krasnojarsk ist aufgrund der Entfernungen bis zur Grenze in alle vier Himmelsrichtungen Rußlands strategisch zentralste Metropole, was ihr in der Sowjetzeit die Ansiedlung von viel Atom- und Rüstungsindustrie sowie Hochtechnologie und die russische Goldbarrenherstellung bescherte. Als ›geschlossene Stadt‹ war sie für Ausländer tabu.

Die im malerischen Flußtal des gewaltigen, hier fast zwei Kilometer breiten Stromes Enisej gelegene Millionenstadt ist ohne Zweifel eines der beeindruckendsten Zentren Sibiriens. Zwar besitzt Krasnojarsk mit der weltweit zweitgrößten Aluminiumhütte und vielen anderen die Umwelt belastenden Werken den Charakter einer Industriestadt, aber dennoch bildet das Panorama der Stadt einen einzigartigen Reiz durch die Mischung aus interessantem Stadtbild vor dem Hintergrund der einrahmenden Hügel und dem für eine Großstadt so ungewöhnlichen Gefühl unendlicher Weite. Die ökologische Situation der Stadt ist sehr windabhängig und insbesondere im Sommer oft problematisch.

Zwischen 1998 und 2002 rückte die Stadt dank des zum Gouverneur avancierten Ex-Generals Alexander Lebed' auch verstärkt ins politische Rampenlicht Rußlands. Heute ist Alexander Chloponin, Ex-Oligarch und ehemaliger Chef des weltgrößten Nickelproduzenten im nördlichen Norilsk, Gouverneur am Enisej.

Der Kosakenführer Andrej Dubenskij gründete am linken Enisejufer 1628 das Fort ›Krasnyj Jar‹, was soviel wie ›roter Abhang‹ bedeutet, da die felsigen Hügel am Enisejufer hier eine rötliche Färbung aufweisen. Der Aufschwung der Stadt begann im 18. Jahrhundert mit der Eisenindustrie. Die Eröffnung der Transsibirischen Eisenbahn im Jahre 1895 verlieh der Entwicklung der damals 27 000 Einwohner zählenden Stadt neue Impulse. Nach dem Zweiten Weltkrieg wurde die Stadt eines der wichtigsten Zentren der sowjetischen Militärforschung und -produktion, was sie auch zu einem der Zentren der russischern Atomwirtschaft werden ließ. Die in der Umgebung befindlichen Siedlungen Krasnojarsk 26 und Krasnojarsk 45 unterliegen nach wie vor besonderer Geheimhaltung. Heute leben knapp eine Million Menschen in Krasnojarsk und machen sie damit zur drittgrößten Stadt Sibiriens. Die Stadt ist der Ausgangspunkt für Flußkreuzfahrten auf dem gewaltigen Strom Enisej in Richtung Norden bis zum Eismeer sowie für Touren in Richtung Süden nach Chakassien und Tuva.

Stadtrundgang

Der 2004 sehr schön rekonstruierte Bahnhof liegt westlich außerhalb des Stadtzentrums auf der linken Seite des Enisej. Über die ul. Vokzal'naja gelangt man zum **Prospekt des Friedens** (pr. Mira), der Hauptgeschäftsstraße von Krasnojarsk, die in sowjetischer Dreieinigkeit links und rechts durch die beiden nach Lenin und Marx benannten parallelen Straßen flankiert wird. Vertikal dazu läßt sich das Zentrum etwa zwischen der Mündung des Nebenflußes Kača in den Enisej am ploščad' Mira (Friedensplatz) im Norden und der ul. Gor'kogo im Süden eingrenzen. Er bietet neben entsprechender Geschäftigkeit eine angenehme Mischung aus alter Holzarchitektur und Steingebäuden aus der Blütezeit der Stadt im vergangenen Jahrhundert und mehr oder weniger passenden Gebäu-

Die Paraskeva-Kapelle

Ein Wahrzeichen der Stadt ist die – auch vom 10-Rubel-Schein her bekannte – kleine **Paraskeva-Kapelle**, die von vielen Orten im Zentrum aus am Berg zu sehen ist. Die 1845 auf dem nordwestlichen Hügel errichtete Kapelle ist ein exzellenter Aussichtspunkt und eröffnet einen phantastischen Blick auf die Stadt und das Enisej-Tal. Da der 10-Rubel-Schein künftig durch Münzen ersetzt werden soll und somit die Stadt wie auch ganz Sibirien aus dem Rubel-›Schein‹-Geschäft verschwindet, wurde in Krasnojarsk 2007 ein Wettbewerb für ein Denkmal zu Ehren dieses Geldscheins ins Leben gerufen.

■ **Rund um den Opernplatz**

Der zentrale Platz von Krasnojarsk befindet sich vor dem **Operntheater** am Enisej und wurde küzlich neu gestaltet. Das dem berühmten russischen Dramatiker Anton Čechov gewidmete Denkmal – sicherlich auch ein Dankeschön für seine vielzitierte, euphorische Beschreibung des Enisej in seiner ›Reise nach Sachalin‹ – bekam Gesellschaft: eine hochgereckte Apollo-Statue und eine Springbrunnenkaskade, deren Statuen die verschiedenen Flüsse Sibiriens ver-

den modernerer Bauart.

Im Vergleich zu anderen sibirischen Metropolen fällt ins Auge, daß im Zentrum deutlich mehr Geschäfte um westliche Standards bemüht sind. Die sichtbaren Investitionen sind ein Zeichen für aufkommenden Wohlstand.

Legende

1 Bahnhof (Вокзал)
2 Paraskeva-Kapelle (Часовня Параскевы)
3 Operntheater (Театр оперы и балета)
4 Heimatkundemuseum (Краеведческий музей)
5 Erholungs- und Vergnügungspark (Парк отдыха)
6 Passagierhafen (Речной вокзал)
7 Kulturzentrum an der Gabelung (Культурный центр на стрелке)
8 Philharmonie (Филармония)

9 Pfingstkirche (Троицкая церковь)
10 Maria-Gewandniederlegungs-Kathedrale (Покровская церковь)
11 Maria-Verkündigungskirche (Благовещенская церковь)
12 Katholische Kirche (Польский костёл)
13 Synagoge (Синагога)
14 Surikov-Museum (Музей-усадьба В.И. Сурикова)
15 Surikov-Gemäldegalerie (Художественный музей им. В.И. Сурикова)

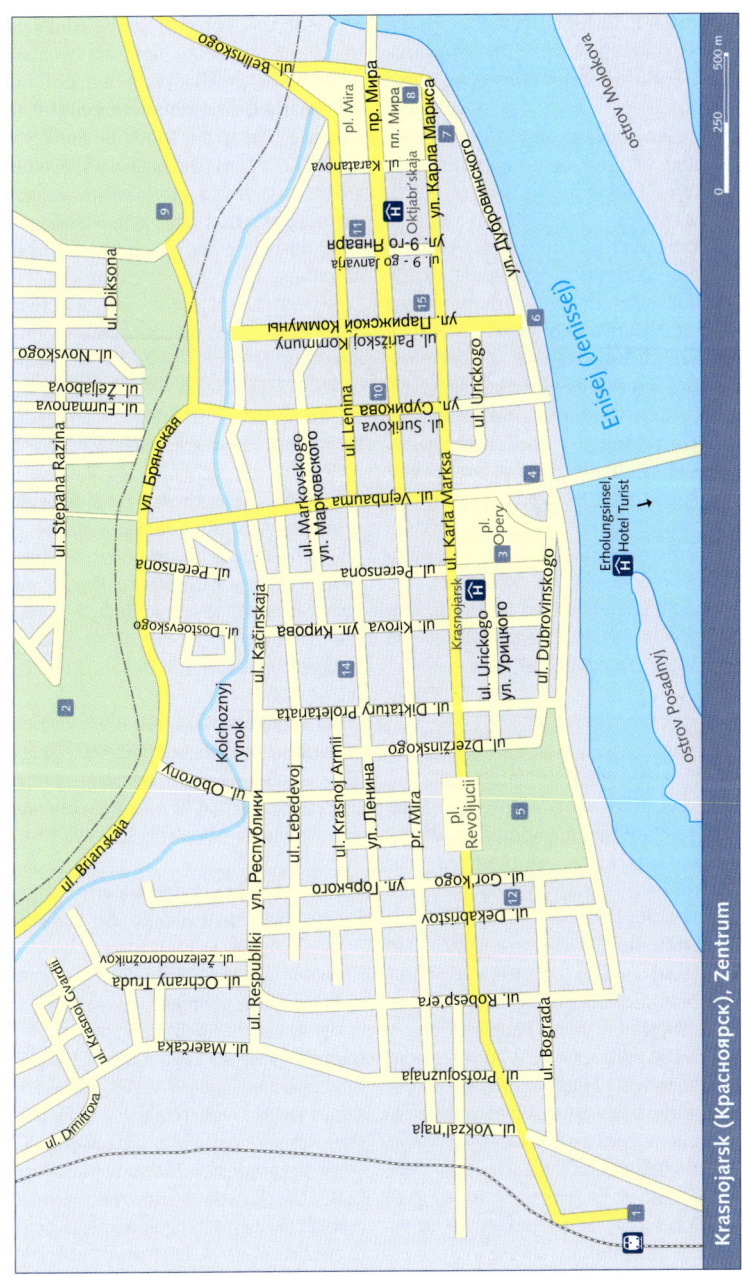

Städte entlang der Transsib

und beliebt. Daneben gibt es auch ein Musiktheater (pr. Mira 129), ein Jugendtheater, eine Puppenbühne und einen Zirkus.

Auf der anderen Seite des pl. Mira befindet sich der Große Saal der Krasnojarsker **Philharmonie** (pl. Mira 2b, Tel. 27 86 86). Der Platz an der Philarmonie wurde 2007 neu gestaltet. Richtung Zentrum entstand der an den Zarenbesuch erinnernde **Triumpfbogen** neu. Das Denkmal erinnert an Nikolai Rezanov (1764–1807). Er gründete die Russisch-Amerikanische Handelsgesellschaft, bereiste Alaska und Kalifornien und starb tragisch früh in Krasnojarsk. Seine unerfüllte Beziehung zur Tochter des spanischen Gouverneurs von Los Angeles lieferte 1983 den Stoff für die bis heute sehr populäre erste sowjetische Rockoper ›Juno & Avos‹.

Eine Fußgängerbrücke führt zur vom Enisej eingebetteten **Tatyšev-Insel**, wo seit 2005 ein exotischer Park errichtet wird.

■ Kirchen

Nördlich des Friedensplatzes befindet sich das 1997 eingeweihte Denkmal für den Stadtgründer Andrej Dubenskij. In Richtung Norden eröffnet sich hier – vorbei am teilweise vollendeten Kinder- und Jugendpalast – der Blick zur **Pfingstkirche** (Troickaja cerkov'). Sie wurde von 1836 bis 1842 errichtet und war die einzige Kirche, die auch zu Sowjetzeiten den Gläubigen offenstand. Die Pfingstkirche wird von einem gleichnamigen Friedhof, dem größten im Krasnojarsker Stadtgebiet, umgeben. Nach dem Zweiten Weltkrieg entstand in unmittelbarer Nachbarschaft der **Park des Sieges** (ul. Enisejskaja) mit dem ewigen Feuer zum Gedenken an die Opfer und einem Museum.

Krasnojarsk hat eine reiche Kirchentradition, die heute langsam wieder auflebt. Die größte Kirche am Ort ist die **Maria-Gewandniederlegungs-Kathedrale** (Pokrovskij sobor, ul. Surikova 26, Tel. 27 92 74). Die blau-weiße Kirche wurde Ende des 18. Jahrhunderts an der damaligen Ortsausfahrt zum Sibirischen Trakt anstelle einer kleinen Holzkirche errichtet.

Unweit davon steht die zwischen 1804 und 1822 gebaute **Maria-Verkündigungs-Kirche** (Blagoveščenskaja cerkov', ul. Lenina 15, Tel. 27 69 74), die vor kurzem der orthodoxen Gemeinde zurückgegeben wurde. Zu sowjetischen Zeiten befand sich hier ein Pelzlager. Der Kirche ist auch ein Frauenkloster angeschlossen (ul. 9. Janvarja 30).

Ein im Jahre 1911 von der polnischen Gemeinde als **katholische Kirche** errichteter neugotischer Backsteinbau war zu Sowjetzeiten nur als Orgelkonzertsaal zugelassen (ul. Dekabristov 20, Tel. 21 12 04).

Die **Synagoge** der Stadt – ein kleines quadratisches Gebäude mit Metallkuppel – wurde unlängst rekonstruiert und steht der jüdischen Gemeinde von Krasnojarsk wieder offen (ul. Surikova 65).

■ Surikov-Museum und Galerie

Ein Muß in Krasnojarsk ist die Surikov-Ausstellung. Der bekannte russische Maler Vasilij Surikov (1846–1916) wurde in Krasnojarsk geboren und verbrachte in dem Haus des heutigen Surikov-Museums in der ul. Lenina seine Jugend (ul. Lenina 98, Tel. 23 15 87). Anläßlich seines 100. Geburtstages wurde das Haus in ein Museum umgewandelt. Seine bekanntesten Monumentalbilder (z.B. ›Die Fürstin Morozova‹, ›Ermak erobert Sibirien‹) hängen heute zwar in der Moskau und St. Petersburg, aber neben einer soliden Sammlung in der Krasnojarsker Surikov-Gemäldegalerie gibt es im Surikov-Museum viele kleinere Arbeiten und interessante Skizzen zu sehen. Die Galerie selbst befindet sich in einer herrlichen Jugendstil-Villa (ul. Parižskoj Kommuny 20, Tel. 65 28 81).

■ Ausflüge

Von Krasnojarsk aus lohnen sich zwei Ausflüge in die südliche Umgebung zum Nationalpark ›Stolby‹ und zum Wasserkraftwerk Divnogorsk. Auf einer Fläche von über 47 000 Hektar liegt am rechten Ufer des Enisej zwischen seinen Nebenflüssen Mana und Basaicha der 1925 geschaffene **Nationalpark ›Stolby‹**, wovon etwa 1400 Hektar touristisch erschlossen und für Besucher zugänglich sind. ›Stolby‹ bedeutet Pfähle und bezieht sich auf über 80 rötlichen Granitfelsen, die mit ihren bizarren Formen und einer Höhe von bis zu 100 Metern der Bergtaiga hier in den Ausläufen des Sajangebirges einen zusätzlichen, einzigartigen Reiz verleihen. Anfahrt u.a. mit der Buslinie 7 oder 50 bis zur vorletzten Haltestelle ›Turbaza Enisej‹.

Dieselbe Ausfallstraße führt durch das landschaftlich wunderschöne Tal des Enisej weiter zum 35 Kilometer entfernten **Wasserkraftwerk Divnogorsk**, das 1967 als Meilenstein in der industriellen Erschließung Sibiriens ans Netz ging. Es ist ebenfalls auf dem 10-Rubel-Schein verewigt. Divnogorsk ist nach Sajano-Šušenskoe das zweitgrößte Wasserkraft-

werk Rußlands und belegt beim realen Stromausstoß sogar Platz eins. Die Staumauer ist 1072 Meter lang, Betreten ist aber leider nicht möglich. Während die Mauer an der Spitze 24 Meter breit ist, beträgt die Breite auf dem Flußbett 140 Meter. Der entstandene Stausee zieht sich auf knapp 400 Kilometern Länge bis Abakan hin. Die augenfällige schräge Rampe rechts neben dem Damm ist ein Schiffshebewerk. Die Fahrt mit dem Tragflächenboot zwischen Krasnojarsk und dem fünf Kilometer entfernten

Im Kraftwerk Divnogorsk

Ort Divnogorsk dauert ca. 45 Minuten. Busse und Vorortzüge brauchen etwas länger, wobei man fast unentwegt am Enisej-Ufer entlang fährt. Lokale Taxis haben sich auf die Touristen zwischen Ort und Staudamm spezialisiert. Samstags fährt neuerdings um 13 Uhr ein touristischer Retrozug (Tel. 56 80 46) ab Krasnojarsk nach Divnogorsk, allerdings nicht ab Hauptbahnhof, sondern ab dem Bahnhof Enisej am anderen Ufer des Flusses.

Krasnojarsk-Inforrmationen

Zeitunterschied: MEZ + 6 h.
PLZ: 660 000.
Vorwahl: 007/39 12.

Hauptpostamt: ul. Lenina 62, Tel. 27 25 22.
Banken: Alfa Bank, ul. Krasnaja 124, Tel. 57 61 07.
Geldautomaten: u.a. am Flughafen Emel'janovo (Abflughalle links), pr. Mira 88.

Reisebüro: Krasintur, ul. Marksa 62, Tel. 23 46 78.

Krasnojarsk ist einer der wichtigsten Standorte an der Transsibirischen Eisenbahn. Die Fahrtzeit nach Moskau beträgt 65 Stunden. Von Interesse sind Zugverbindungen nach Novosibirsk (13 Stunden), Irkutsk (19 Stunden) sowie der BAM-Abzweig (Baikal-Amur-Magistrale) in Richtung Bratsk (13 Stunden) und nach Süden in Richtung Abakan (12 Stunden). Der Bahnhof liegt südlich vom Stadtzentrum, ul. 30. Ijulja 6, Tel. 59 41 49. **GPS**: 56°0'21''N/92°49'47''O.

Der Busbahnhof liegt im Norden der Stadt, ul. Aérovokzal'naja 22, Tel. 52 09 75.

Der Flughafen der Stadt heißt Emel'janovo und ist 30 Kilometer entfernt. Es gibt mit KrasAir 1 bis 2 x pro Woche Direktflüge zwischen Krasnojarsk und Hannover sowie Frankfurt a. M. mit Zwischenlandungen in Barnaul und Omsk. Täglich fliegen mindestens drei Flugzeuge nach Moskau, auch die Anbindung an andere Orte im Inland ist gut, Tel. 23 04 00.

Am Flußbahnhof von Krasnojarsk, ul. Dubrovinskogo 1, Tel. 59 14 86, gibt es verschiedene Ausflugsfahrten und Vorortlinien, beispielsweise in der Sommersaison dreimal täglich zum Wasserkraftwerk Divnogorsk. Hier starten auch die Linienschiffe in Richtung Polarmeer und die Enisejkreuzfahrten, die heute aber nur

noch bis Dudinka fahren.

Das beste Hotel im Stadtzentrum ist das **Hotel Oktjabr'skaja**, pr. Mira 15, Tel. 27 75 08.
Im **Hotel Krasnojarsk** hat man zwar Enisej-Blick, aber es wird noch umgebaut und die Gastronomie ist schlechter, ul. Urickogo 94, Tel. 27 95 07.
Günstigere Übernachtungen gibt es im **Hotel Turist**, ul. Matrosova 2, Tel. 36 14 70, am südlichen Enisej-Ufer.

Es gibt viele gute Gaststätten in Krasnojarsk.
Der beste sibirische Italiener ist das **Restaurant Perzy**, ul. Mira 10, Tel. 52 73 60.
Im sowjetischen Retro-Stil kann man gut und teuer im **Tschemodan** essen, ul. Oborony 2a, Tel. 27 02 59.
Gute solide Küche gibt es in der Restaurant-Kette **Kalinka-Malinka**, z.B. pr. Mira 91a, Tel. 65 03 23.
Eine Filiale von **Gabel und Löffel** (Vilka i Loška) gibt es ebenfalls am pr. Mira 31.
Die PIKRA-Bierstube heißt jetzt **Bärchen** (Medvežonok), pr. Mira 23.

Die größte Einkaufspassage im Zentrum ist das **Kvant**, ul. Krasnoj Armii 10.
Der **Zentralmarkt** befindet sich in der ul. Kačinskaja 64.

Ein Internetcafé findet man im ›Tekken‹, ul. Dekabristov 36, Tel. 51 11 15.
www.krasnoyarsk.ru (R).
www.admkrsk.ru (R).
www.krasair.ru (R).

Tajšet

Tajšet ist einer der bedeutendsten Eisenbahnknotenpunkte an der Transsib. In Richtung Osten beginnt die Baikal-Amur-Magistrale. Nach Westen beginnt außerdem eine 1965 fertiggestellte Bahnstrecke in Richtung Abakan. Während die BAM bei Eisenbahnfans recht bekannt ist, ist die am Sajangebirge verlaufende einspurige Strecke nach Abakan landschaftlich ebenfalls reizvoll, aber touristisch nicht erschlossen.

Die Siedlung Tajšet entstand 1893 mit den Vorarbeiten zum Bau der Großen Sibirischen Bahn. Sie bekam ihren Namen vom Fluß Tajšetka. Das ursprüngliche alte hölzerne Bahnhofsgebäude ist noch neben dem neuen Bahnhof von Tajšet zu sehen. Bereits ab 1904 befand sich im Ort ein Lokomotivendepot, an das auch der alte Wasserturm aus dem Jahr 1906 erinnert.

Mit den ersten Bauplänen für die BAM erlangte der Ort vor allem in der Stalin-ära eine traurige Berühmtheit. In den 1930er Jahren lag hier einer der größten Umschlagplätze für die nach Sibirien und in die Fernen Osten deportierten Häftlinge. Hier hatten mit BAMLag und OzerLag zwei Lagerverwaltungen des GuLag-Systems mit in Spitzenzeiten 35 000 Gefangenen ihren Sitz. Die den beiden Tajšeter Verwaltungen unterstellten Häftlinge kamen vor allem bei zwei Bahnbauten zum Einsatz: dem ersten Bauabschnitt der künftigen Baikal-Amur-Magistrale in Richtung Bratsk und dem zweigleisigen Ausbau der Transsib-Haupttrasse östlich von Čita. Das BAMLag-Hauptgebäude befand sich an der Ecke ul. Lenina/ul. Čapaeva. Damit wuchs auch die Einwohnerzahl, was dem Ort 1938 das Stadtrecht einbrachte. Heute leben ungefähr 42 000 Menschen in der Stadt.

Tajšet (Тайшет), Zentrum

0   150   300 m

Legende

1 Bahnhof (Вокзал)
2 Museum (Музей)
3 Dampfluk (Паровоз)
4 Ehemalige Lagerverwaltung
5 Kirche (Церковь)
6 Moschee (Мечеть)

Das Bahnhofsgebäude

Stadtrundgang

Vom Bahnhof gelangt man ins von Plattenbauten geprägte Zentrum, wo ein kleines Denkmal an das 100jährige Jubiläum der Ostsibirischen Eisenbahn und eine alte Dampflok der L-Serie an die Leistungen der Eisenbahner im Zweiten Weltkrieg erinnert.

Die Spuren des alten Tajšet und seine **Holzhäuser** findet man auf der anderen Seite der Bahntrasse. In der heutigen ul. Kirova verlief vor dem Bahnbau der Moskauer Trakt. Die Kirche wurde 1935 zerstört. Da viele Tataren in der Stadt leben, gibt es eine kleine **Moschee** in der ul. Kirova 128. Anfang 2008 soll in der ul. Komsomol'skaja ein **Heimatmuseum** seine Pforten öffnen. Ein interessantes **Eisenbahnmuseum** gibt es bereits seit vielen Jahren im örtlichen Lokdepot (ul. Lazo, nach telefonischer Voranmeldung über Tel. 243 75, Igor Šaligin).

Im 20 Kilometer entfernten Birjusinsk gibt es ein kleines Museum, das aus einer Expedition zum Ort des **Tunguska-Meteoriten** entstand und Geologie, Ethnographie und Bahngeschichte zeigt.

Tajšet-Informationen

GPS: 55°56'21''N/98°0'3''O.

Zeitunterschied: MEZ+ 7 h.
Vorwahl: 007/395 63.
PLZ: 665 000.
Hauptpostamt: ul. Partizanskaja 119.
Bank: Sberbank, ul. Gagarina 94.

In Tajšet halten alle Fernzüge. Es gibt täglich Züge zwischen Irkutsk und Severobajkal'sk bzw. Ust'-Ilimsk sowie einen Zug Richtung Abakan.

Das einzige Hotel in der Stadt ist das **Hotel Birjusa**, ul. Transportnaja 13a, Tel. 20 2 01.

Die beste Lokalität ist das **Ogni Tajšeta**, ul. Suvorova 7, Tel. 235 14.

www.taishet.ru (R).

Irkutsk

Die heute ungefähr 639 000 Einwohner zählende Stadt Irkutsk gehört ohne Zweifel zu den interessantesten und schönsten Städten Sibiriens. Das ›Paris‹ Sibiriens wird die Metropole auch genannt. Aufgrund der Nähe zum weltberühmten Baikalsee genießt Irkutsk auch unter allen Metropolen entlang der Transsib das größte touristische Interesse. Erstmals 1652 als Winterlager erwähnt, entstand am Angara-Ufer 1661 eine Festung im Kampf gegen die Burjaten. 1686 erhielt sie das Stadtrecht. Schnell wurde der Ort ein wichtiger Handelsplatz. Sibirische Pelze, chinesischer Tee und Seide mehrten den Reichtum der Kaufleute.

Irkutsk wurde Zentrum der wirtschaftlichen, diplomatischen und wissenschaftlichen Aktivitäten Rußlands in Richtung Mongolei und China sowie Ausgangspunkt der Eroberung des Fernen Ostens bis nach Alaska. So wie Petersburg zum Fenster nach Westen, wurde Irkutsk zum Fenster nach Osten. Als Rußland 1761 die Beringstraße überquerte, stammte diese Expedition und auch die ersten nachfolgenden Kaufleute und Siedler aus Irkutsk. Alaska, die Aleuten und damals zu Rußland gehörende Teile Kaliforniens waren administrativ dem Irkutsker Generalgouverneur unterstellt. Im 19. Jahrhundert war Irkutsk mit Abstand die größte Stadt Sibiriens.

Bekannt wurde Irkutsk auch durch die Dekabristen, unter denen sich viele nach Jahren der Zwangsarbeit in Bergwerken und Festungen in Transbaikalien in Irkutsk niederließen und die geistig-kulturelle Entwicklung der Stadt nachhaltig beeinflußten. Die wohl schwärzesten Tage in der Geschichte der Stadt waren vom 22. bis 24. Juli 1879, als ein Großbrand etwa zwei Drittel der Stadt zerstörte. Über 100 Steingebäude und mehr als 3000 Holzhäuser wurden ein Raub der Flammen, 15 000 Menschen verloren ihr Obdach. Aber nach 1880 entstand das gesamte Stadtzentrum neu aus Stein. Da zur gleichen Zeit Goldfunde der Stadt einen wahren Boom bescherten, erfolgte der Wiederaufbau in den letzten Jahren des 19. Jahrhunderts in einem unglaublichen Tempo.

Nachhaltige Impulse kamen durch die 1898 erfolgte Anbindung an die Transsibirische Eisenbahn. Irkutsk war im Bürgerkrieg, der auf die Oktoberrevolution folgte, sehr hart umkämpft. Der Heerführer der Weißen, der zaristische General Kolčak, wurde hier 1920 hingerichtet. Die Jahre der stalinistischen Herrschaft hinterließen durch ihre Kirchenbarbarei deutliche Spuren im Stadtbild. Die wirtschaftliche Entwicklung wurde durch den in den 1950er Jahren begonnenen Bau der Kraftwerkskaskade an der Angara beeinflußt. Er zog entsprechende Industrieansiedlungen sowohl in der Stadt als auch in der Umgebung nach sich. Nirgendwo wurde und wird in Rußland so billig Strom produziert.

Irkutsk ist eine interessante Metropole, deren Besuch in jedem Fall mit einer Fahrt zum Baikalsee verbunden werden sollte. Vielerorts findet man Spuren der wohl seinerzeit sehr aktiven Städtepartnerschaft zwischen Irkutsk und Chemnitz. Heute besteht eine Städtepartnerschaft mit Pforzheim.

Stadtrundgang

Der Hauptbahnhof befindet sich auf der linken Seite der Angara. Zwar zieht sich die Stadt mittlerweile auf beiden Seiten des Flußes hin, das Stadtzentrum und das alte Irkutsk liegen aber genau auf der gegenüberliegenden Seite der Angara in Höhe des Bahnhofs.

Sehenswert auf der Bahnhofseite der Angara ist das zur Irkutsker Technischen Universität gehörende Mineralogie-Museum, wo es eine ausführliche allgemeine Abteilung für das Geologie-Studium sowie viel Interessantes über die Minerale Sibiriens zu sehen gibt. Besonderes Augenmerk verdient der Čaroit, ein lilaner Halbedelstein, der erst Anfang der 1970er Jahre entdeckt und bis heute auch nur an einem Platz in der Welt gefunden wurde – dem schwer zugänglichen Tal des Lena-Nebenflußes Čara im Dreiländereck zwischen den Gebieten Irkutsk, Čita und der Republik Jakutien (ul. Lermontova 83, Gebäude ›E‹ der TU, Tel. 43 03 53).

Nördlich des Bahnhofs gelangt man über die Brücke der ul. Čkalova ins Stadtzentrum. Geradeaus kommt man zum Kirov-Platz (pl. Kirova) oder man wählt die Uferpromenade, den bul. Gagarina, vorbei am Hotel ›Baikal‹ (vormals ›Inturist‹) bis zum Zarendenkmal. Hier beginnt die Hauptstraße der Stadt – die Karl-Marx-Straße (ul. Marksa), die früher und evtl. auch wieder künftig die ›Große Straße‹ (Bol'šaja ul.) hieß bzw. heißt. Die Magistrale verläuft an der Stelle der

alten Festungspalisade und ist – am Zarendenkmal an der Angara beginnend – einerseits die Hauptgeschäftsstraße und andererseits auch mit einer Vielzahl historisch interessanter Gebäude aus dem Ende des vergangenen Jahrhunderts bebaut.

■ **Entlang der ul. Karla Marksa**
Wenn man mit dem Rücken zum Denkmal in Richtung Stadtzentrum schaut, erhebt sich rechts das Irkutsker **Heimatkundemuseum**. Mit dem Gründungsjahr 1782 ist es das älteste Museum Sibiriens. Die derzeitige Heimstatt wurde nach dem großen Brand zwischen 1882 und 1891 im mauretanischen Stil aus Spenden der Irkutsker errichtet. Unter den an der Außenwand verewigten 22 Sibirienforschern sind auch mehrere Deutsche. Im Erdgeschoß kann man eine aufschlußreiche Sammlung über die Traditionen und Bräuche der örtlichen Ureinwohner (Evenken, Burjaten, Karagassen) sowie Exponate zur Stadtgeschichte besichtigen. Im ersten Stock schließt sich dann die Geschichte ab 1917 an, die wohl aus ihrer sowjetischen Urfassung heraus nur minima-

Legende
1. Bahnhof (Вокзал)
2. Zarendenkmal (Памятник им. пер. Александру III.)
3. a/b Heimatkundemuseum (Краеведческий музей)
4. Weißes Haus (Белый дом)
5. Insel der Jugend (Остров юности)
6. Schauspielhaus (Областной драматический театр им. Н.П. Охлопкова)
7. Gemäldegalerie (Картинная галерея)
8. Erlöserkirche (Спасская церковь)
9. Gotterscheinungskathedrale

(Собор Богоявления)
10. Katholische Kirche (Польский костёл)
11. Kreuzkirche (Крестовоздвиженская церковь)
12. a Museumshaus des Dekabristen S.P. Trubeckoj (Дом-музей декабриста С.П. Трубецкого)
12. b Museumshaus des Dekabristen S.G. Volkonskij (Дом-музей декабриста С.Г. Волконского)
13. Markt
14. Eisbrecher ›Angara‹ (Ледокол ›Ангара‹)

Irkutsk (Иркутск), Zentrum

Städte entlang der Transsib

Angara

ul. Čkalova

pl. Kirova / пл. Кирова

ul. Surikova / Ул. Суриkova

Ул. Чкалова

ul. Rossijskaja / ул. Российская

ul. Stepana Razina / ул. Степана Разина

ul. 5 - ij Armji / ул. 5-ой Армии

bul. Gagarina / Гагарина, бул.

Bajkal

ul. Gor'kogo / ул. Горького

ul. Marata

ul. Lenina / ул. Ленина

ul. Suche - Bato / ul. Suche-Batora / ул. Сухэ Батора

ul. Rabočaja

ul. Nekrasova

ul. Zeljabova

ul. Chalturina

ul. Poľskich

ul. Postancev

ul. Karla Marksa / ул. К.Маркса

ul. Sverdlova

ul. Gor'kogo

ul. Lapina / ул. Лапина

ul. Grjaznova

ul. Kievskaja

ul. Chmeľnickogo

ul. Litvínova

Viktoria

ul. Karla Marksa / Ул. Карла Маркса

ul. Urickogo / ул. Урицкого

ul. Fur'e / ул. Фурье

ul. Čechova

ul. Dzeržinskogo / ул. Дзержинского

ul. Oktjabr'skoj Revoljucii

ul. Dekabr'skich Sobytij

ul. Timirjazeva / ул. Тимирязева

Ул. Энгельса / ul. F. Engeľsa

Ул. Карла Либкнехта / ul. Karla Libknechta

ul. Šmidjazeva / ul. Šmidjazeva

ul. Partizanskaja

ul. Gotnaja

ul. Pervova

ul. Podgornaja

ul. - Timirjazeva

ul. Kommunarov

ul. Sedova

ul. Selova / ул. Селова

ul. Bajkaľskaja / ул. Байкальская

Bajkal Biznes Centr.

ul. Karla Libknechta / ул. Карла Либкнехта

Angara

0   300   600 m

le Korrekturen erfuhr (ul. Marksa 2, Tel. 33 34 49). Das Museum hat in der selben Straße noch eine Filiale für Naturkunde, einschließlich eines Überblicks über die hiesigen Pelztiere und eine kleine ›Kunstkamera‹, was die Ausstellung

Das Heimatmuseum

pathologischer Anomalitäten bedeutet (ul. Marksa 11, Tel. 34 08 32). Daneben gibt es am Stadtrand noch das 1996 eröffnete, aber bescheidene Heimatmuseum für Stadtgeschichte (ul. Čajkovskogo 5, Tel. 43 67 20).

Linker Hand an der Uferpromenade steht das geschichtsträchtige **Weiße Haus**. In den Jahren 1800 bis 1804 von dem bekannten Irkutsker Kaufmann K. Sibirjakov im Stil des Klassizismus errichtet, wurde es von 1837 bis 1917 die Residenz des Generalgouverneurs von Ostsibirien. Hier gingen die Dekabristen und viele bekannte Persönlichkeiten wie Bakunin, Gončarov oder Radiščev ein und aus. Heute ist hier die Universitätsbibliothek mit über drei Millionen Bänden untergebracht. Dem Begriff ›Weißes Haus‹ kann man in Rußland oft begegnen. In Anlehnung an das Washingtoner Zentrum der politischen Macht erhielten die örtlichen ›Machtzentren‹ – die zumeist in weiß gehaltenen und in den 1960er und 1970er Jahren landesweit

errichteten Neubauten – im Volksmund jeweils schnell den Spitznamen ›Weißes Haus‹ (Belyj Dom). Heute hat in den Räumlichkeiten in der Regel die Gebietsadministration ihren Sitz. Irkutsk ist hier eine Ausnahme, denn die heutige Gebietsadministration und frühere Parteizentrale befindet sich im ›Grauen Haus‹, da der Begriff des ›Weißen Hauses‹ an der Angara schon belegt war. Erstaunlicherweise erscheint dieses nun aber seit seiner letzten Renovierung 2006 in einem eher gelblichen Farbton.

Auf der ul. Marksa, kommt man recht schnell zum nach dem Irkutsker Theaterrevolutionär Nikolaj Ochlopkov benannten **Schauspielhaus** (ul. Karla Marksa 14). Daneben existiert das nach dem auch über die Grenzen seiner Heimatstadt bekannt gewordenen Dramatiker Aleksandr Vampilov benannte Jugendtheater (ul. Lenina 13), die Philharmonie (ul. Dzeržinskogo 2) ein Musiktheater (ul. Sedova 17), ein Puppentheater (ul. Bajkal'skaja 32) sowie ein Zirkus (ul. Proletarskaja 13).

Die ul. Marksa kreuzt in Höhe des Gebäudes der **Russisch-Asiatischen Bank** die Leninstraße. Dieses ehemalige Bankgebäude ist nicht nur architektonisch interessant. Die Russisch-Asiatische Bank war um die Jahrhundertwende die bedeutendste Bank Sibiriens und hinterließ in der wirtschaftlichen Entwicklung dieser Zeit nachhaltige Spuren. Der Versuch, diese Traditionen in den 90er Jahren unseres Jahrhunderts zu neuem Leben zu erwecken, scheiterte allerdings. In dem Gebäude befindet sich heute ein Krankenhaus.

■ Kunstmuseum und Kirov-Platz

An dieser Kreuzung führt die ul. Lenina in Richtung Norden zum **Irkutsker Kunstmuseum** (ul. Lenina 5, Tel. 24 25 28).

Mit über 14 000 Exponaten ist es die umfangreichste Gemäldegalerie Sibiriens und nach der Moskauer Tret'jakov-Galerie und dem Petersburger Russischen Museum auch die drittgrößte Sammlung russischer Kunst in Rußland (u. a. Polenov, Repin, Vasnecov). Daneben findet man aber auch westeuropäische Kunst (z.B. Schinkel). Die Galerie nahm ihren Ursprung in der Sammlung des berühmten Irkutsker Mäzens Vladimir Sukachov (1849–1920).

Vom Kunstmuseum kommt man durch Grünanlagen mit Springbrunnen zum **Kirov-Platz** (pl. Kirova) und weiter zur Angara. Kirov war in den 30er Jahren als Parteichef von Leningrad die Alternative zu Stalin. Seine Ermordung durch Stalin im Dezember 1934 war der Beginn der Schauprozesse und massenhaften Repressalien. Die Namensgebung des Platzes erinnert an seine ersten revolutionären Sporen, die er sich in Irkutsk verdiente. Der 2007 neu gestaltete Platz ist heute das administrative Zentrum der Stadt. Anstelle der von den Bolschewiken gesprengten Kazaner Kathedrale steht heute das besagte ›Graue Haus‹, das früher Sitz der örtlichen KPdSU-Zentrale war und heute die Gebietsadministration beherbergt.

■ Insel der Jugend

In der Mitte des Flusses Angara erhebt sich die ›Insel der Jugend‹, die unweit des Zarendenkmals über eine Brücke zu erreichen ist. Dieser beliebte Erholungsort der Irkutsker hat für alle Eisenbahnfans und solche, die es werden wollen, eine besondere Anziehungskraft. Hier fährt eine **Parkeisenbahn**, die als ›Spielzeug‹ und Nachwuchsförderung unter der Aufsicht der örtlichen Eisenbahnverwaltung allein von Kindern und Jugendlichen betrieben wird. Auf einem 20minütigen

Rundkurs, während dem man auch einen Blick auf den Baufortschritt der neuen Autobrücke über die Angara werfen kann, drehen Schmalspurvarianten der Expreßzüge ›Bajkal‹ und ›Sibirjak‹ gemäß aushängendem Fahrplan ihre Runden. Im ersten Stock des 2003 aufwendig rekonstruierten Bahnhofsgebäudes der Parkeisenbahn wurde auch ein neues **Eisenbahnmuseum** zur Geschichte der Eisenbahn im Irkutsker Gebiet und rund um den Baikal eröffnet.

■ Kirchen

Das Schicksal der Irkutsker Kirchenlandschaft verdient besondere Beachtung. Im Buch ihrer Geschichte dominieren allerdings die tragischen Seiten. Zur Jahrhundertwende wurde die Silhouette der Stadt von über zwanzig Kirchen bestimmt. Außerdem gab es über fünfzig Gebetshäuser. Heute sind von den größeren Kirchen sieben übrig geblieben, die teilweise nach wie vor zweckentfremdet sind. Das Stadtbild des alten Irkutsk bestimmte vor allem die 1892 errichtete Kazaner Kathedrale. Sie war die viertgrößte Kirche in ganz Rußland und stand nur vierzig Jahre. Anfang der 30er Jahre wurde sie – analog zu der derzeit wiedererrichteten Moskauer Kathedrale – gesprengt. Heute existiert noch die Kazaner Kirche (ul. Barrikad).

Am Kirov-Platz sieht man heute die **Erlöserkirche** (Spasskaja cerkov') sowie die daneben befindliche, von 1718 bis 1746 errichtete **Gotterscheinungskathedrale** (sobor Bogojavlenija). Die zwischen 1706 und 1710 erbaute Erlöserkirche war bis vor kurzem noch ein Museum. Die Kirche war eines der ersten steinernen Gebäude in Irkutsk. Ihre vom Beginn des 19. Jahrhunderts stammenden Außenfresken sind zwischen dem Ural und dem Pazifik einzigartig. Das gewaltige Tryp-

tichon zeigt links die Christianisierung der burjatischen Ureinwohner, im Zentrum die Kreuzigung Christi und rechts die Heiligsprechung des ersten Irkutsker Bischoffs Innokentij Kulčickij. Der Glockenturm wurde um 1860 angebaut. Zur Sowjetzeit zunächst dem Verfall preisgegeben, begann um 1970 die Rekonstruktion und ab 1982 die Nutzung durch das das örtliche Heimatmuseum.

Die Gotterscheinungskathedrale beherbergte lange Zeit als Filiale der örtlichen Gemäldegalerie die Ikonen-Sammlung des Museums. Sie wurde bereits vor mehreren Jahren der Kirchengemeinde zurückgegeben und viele Innenfresken wurden bereits neu gestaltet. Bemerkenswert ist in ihrer Architektur die Mischung von Elementen des europäischen Barock mit altrussischen Motiven, die man hier auch unter dem Begriff ›sibirischer Barock‹ zusammenfaßt (ul. Suchė Batora 2).

Die **katholische Kirche**, die 1886 aus Spenden der über 20 000 nach Irkutsk verbannten Polen errichtet wurde, dient nach wie vor als Orgel- und Konzertsaal. Orgelkonzerte finden jeden Donnerstag um 14 Uhr statt (pl. Kirova). Die eng mit den Dekabristen verbundene **Erlösererscheinungskirche** (Spaso-Preobraženskaja cerkov') ist die Heimstatt des Universitätsarchives (ul. Timirjazeva). Die **Pfingstkirche** (Troickaja cerkov') beherbergte lange Jahre ein Planetarium (ul. 5. Armii) und wurde 2005 wieder neu geweiht.

Das bedeutendste russisch-orthodoxe Gotteshaus der Stadt, das die Sowjetzeit überdauert hat, ist die **Kreuzkirche** (Krestovozdviženskaja cerkov', ul. Timirjazeva). Bezüglich anderer Konfessionen existieren interessanterweise in der selben Straße eine Moschee (ul. Karla Libknechta 86, Tel. 27 77 96) und eine Synagoge (ul. Karla Libknechta 23, Tel. 27 53 67).

■ Holzhäuser

Sehenswert ist in Irkutsk auch die Holzhausarchitektur. Unter allen Städten Sibiriens weist die Stadt neben Tomsk die größte Ansammlung von reich verzierten, zumeist aus dem 19. Jahrhundert stammenden Holzhäusern auf. Der Brauch, die Holzbalken anstelle einer Bretterverkleidung mit verschiedenen Ornamenten zu verzieren, ist heidnischen Ursprungs. Die vielfältigen Motive galten als magische Zeichen, die das Böse vom Haus fernhalten sollten.

Die meisten Holzhäuser befinden sich im Quartal zwischen den südlich zur ul. Marksa verlaufenden Straßen ul. Dzeržinskogo und ul. Timirjazeva, insbesondere in der Nähe der beiden **Dekabristen-Museen**. Das Andenken an die Dekabristen wird in hohen Ehren gehalten. Ursprünglich bestand das Dekabristenmuseum nur aus dem 1970 eröffneten **Trubeckoj-Haus** (ul. Glavnaja Arsenal'skaja 64, Tel. 27 57 73). Die Exposition berichtet über den Dezemberaufstand in St. Petersburg und die Zwangsarbeit vorrangig in der Umgebung von Čita. Des weiteren bemüht man sich mit verschiedenen Originalen aus dem Besitz der Trubeckoj-Familie, die Atmosphäre der damaligen Zeit wiederherzustellen. 1985 kam das in der Nachbarschaft gelegene **Volkonskij-Haus** dazu (per. Volkonskogo 10, Tel. 27 75 32).

■ Fußgängerzone

Von der ul. Marksa zweigt die interessante ul. Urickogo ab. Sie ist die einzige

Holzschnitzereien in Irkutsk

Städte entlang der Transsib

Das Museumschiff ›Angara‹

Fußgängerzone der Stadt und wohl auch Sibiriens. Das Phänomen der Fußgängerzone zum Bummeln und Einkaufen ist bis jetzt in Rußland noch kaum verbreitet. In Irkutsk führt sie zum größten Irkutsker Kaufhaus sowie zum **Markt**. Dieser ist heute eine interessante Symbiose aus der alten Markthalle aus den 1950er Jahren und einem funktionalen, hypermodernen Anbau aus dem Jahre 1997.

■ Staudamm

Der ruhige Lauf der als stürmisch bekannten Angara im Stadtgebiet von Irkutsk ist dem im Süden gelegenen **Irkutsker Wasserkraftwerk** zu verdanken. Mit diesem von 1950 bis 1958 errichteten Staudamm begann die Erschließung der Wasserressourcen Sibiriens. Deren Nutzung zur Energiegewinnung führte zum Bau von Kraftwerkskaskaden an der Angara und in noch größeren Dimensionen am Enisej. Der Bau hatte nachhaltige Auswirkungen auf das Ökosystem des Baikalsees. Der Wasserspiegel der Angara stieg um 30 Meter, der Wasserspiegel des gesamten Baikalsees stieg um durchschnittlich einen Meter. Mehrere Dörfer und auch die alte Transsibstrecke von Irkutsk nach Port Bajkal wurden dabei geflutet. Die neue Streckenführung der Transsib verläuft von Irkutsk direkt nach Süden.

Unweit des Damms im Stausee liegt die ›Angara‹ vor Anker. Das in England gefertigte Schiff ist der kleinere der beiden Eisbrecher, mit denen in der Anfangsphase der Transsib der Baikalsee überquert wurde. In Einzelteilen angeliefert, wurde es in der Schiffswerft von Listvjanka in 18 Monaten zusammengebaut. Nach der Fertigstellung der Bajkal-Bahn fuhr die ›Angara‹ als Frachtschiff und Eisbrecher auf dem Baikalsee. Das größere Schwesterschiff ›Bajkal‹ wurde 1920 in den Kämpfen des Bürgerkrieges schwer beschädigt und sank. Die ›Angara‹ drohte nach der Außerdienststellung ebenfalls zu verrotten. Von 1977 bis 1991 rekonstruiert, beherbergt es heute das Museum ›**Die Geschichte der Schifffahrt auf dem Baikalsee**‹.

Irkutsk-Informationen

Zeitunterschied: MEZ + 7 h.

PLZ: 664 000.
Vorwahl: 007/39 52.
Hauptpostamt: ul. Stepana Razina 23.

Banken: Vneštorgbank Irkutsk, ul. Sverdlova 40, Tel. 33 47 88.
Geldautomaten: in den Foyers der Hotels ›Bajkal‹, ›Angara‹ und ›Rus'‹.
Reisebüros: Bajkal Travel (früher Inturist), ul. Gagarina 44, Tel. 20 01 34, www.irkutsk-baikal.com. Cross Siberia (Lernidee-Vertretung), Tel. 34 39 65). Sibtimes, Tel. 666785.
Mongolisches Konsulat: ul. Lapina 4, Tel. 34 24 47.

Irkutsk liegt an der Transsibirischen Eisenbahn. Von Moskau oder Novosibirsk aus ist man knapp 90 bzw. 35 Stunden unterwegs. Der Bahnhof befindet sich außerhalb des Stadtzentrums auf der gegenüberliegenden Seite der Angara, Tel. 39 47 47, 28 28 20.
GPS: 52° 17'0''N / 104° 15'34''O.

Der Busbahnhof befindet sich in der Nähe der Dekabristenmuseen in der ul. Timirjazeva, Tel. 27 24 11.

Die Stadt hat einen eigenen Flughafen. Die Strecke Moskau–Irkutsk wird täglich 3–4 x beflogen. Novosibirsk–Irkutsk wird 4 x pro Woche bedient.

Das **Hotel Bajkal** (vormals Inturist) bietet akzeptable Zimmer und eine gute Gastronomie, direkt am Ufer der Angara, bul. Gagarina 44, Tel. 29 01 67, 29 01 71.
Hotel des Bajkal Biznes Centr, an der Ausfallstraße in Richtung Baikalsee gelegen, ul. Bajkal'skaja 279, Tel. 35 09 22, 35 09 23.

Hotel Angara, im Zentrum, ul. Suche-Batora 7, Tel. 34 69 01.
Hotel Vikoria, ul. B. Chmelnickogo 1, Tel. 55 04 64, neues Mittelklassehotel.

Am pl. Kirova bietet das **Tichvinskaja plošćad'** traditionelle russische Küche in angenehmer Atmosphäre, ul. Lenina 146, Tel. 29 36 51.
Restaurant Seoul, ul. Dekabr'skych Sobytij 57, Tel. 24 38 24. Koreanisch-chinesische Spezialitäten.
Empfehlenswert sind die **Bierkneipen** samt Sommerbiergarten:
Das **Efimyč** steht in der Tradition der ersten Pils-Brauerei von Irkutsk, ul. Karla Marksa 3, Tel. 20 01 70.
U Švejka, ul. Karla Marksa 34, Tel. 24 26 87, würdigt das Pilsner Bier in Verbindung mit dem Helden aus Jaroslav Haseks Roman, der Autor arbeitete einige Zeit in Irkutsk als Redakteur.
Beliebt ist auch die **Teestube Russkaja Čajnaja**, ul. Karla Marksa 3, Tel. 20 16 76.
Das **Venskoje Kafe**, ul. Stepana Razina 19, Tel. 20 21 16, verbreitet durchaus Wiener Charme in Sibirien.

Das einzige große **Kaufhaus** (Torgovyj Kompleks) befindet sich in der ul. Dzeržinskogo in Höhe der Fußgängerzone ul. Urickogo. Unmittelbar daneben befindet sich der **Markt**.

www.irkutsk.com (R/E).
www.baikal.irkutsk.ru (R/E).
www.1irkutsk.ru (R).
Internetcafé ›Epicentr‹, ul. Suchė Batora 18 (www.epicentre.ru).

Das Zarendenkmal

Die Geschichte des Zarendenkmals gegenüber dem Weißen Haus an der Angara in Irkutsk reflektiert die Paradoxe der russischen Geschichte im 20. Jahrhundert. Nach der Eröffnung der Transsibirischen Eisenbahn wurden in St. Petersburg, in Moskau und in Irkutsk drei Denkmäler zu Ehren des 1894 verstorbenen Zaren errichtet, denn in

Das Transsib-Denkmal mit der Zarenstatue

seiner Regentschaft waren die Entscheidungen über den Bahnbau gefallen und mit dem Bau begonnen worden. In den Wirren der Oktoberrevolution und des Bürgerkrieges wurde die Bronzestatue aber demontiert und vermutlich eingeschmolzen, denn es gibt keine Informationen über ihren Verbleib. Erhalten blieb nur der Sockel mit den vier Bronzereliefs. Im Jahre 1960 wurde anstelle des Zaren zur Erinnerung an die Erbauer der Transsib ein schmuckloser Obelisk auf das Podest gehievt. Seit Oktober 2003 steht nun aber wieder Aleksandr III. als originalgetreuer Nachguß des ursprünglich 1908 errichteten Denkmals an seinem angestammten Platz.

Die Ostseite des Bronzereliefs zeigt den Doppeladler mit dem Zarenerlaß über den Bau der Eisenbahnlinie. An der Nordseite wird an den Kosakenhauptmann Ermak, der Ende des 16. Jahrhunderts die russische Eroberung Sibiriens einleitete, erinnert. Die West- und Südseite zeigen die Porträts zweier bedeutender, in Irkutsk ansässiger Generalgouverneure Ostsibiriens: Michail Speranskij (1772–1839) und Nikolaj Murav'ëv-Amurskij (1809–1881).

Der Priestersohn Speranskij hatte es in Petersburg bis zum persönlichen Adjutanten des Zaren gebracht, den er 1808 in seinen Gesprächen mit Napoleon begleitete. Mit dem Einfall des Korsen nach Rußland fiel Speranskij jedoch in Ungnade und wurde in die Provinz geschickt. Mehrere Jahre Gouverneur in Penza, wurde er 1819 Generalgouverneur in Irkutsk. Nach einer umfangreichen Rundreise leitete er vielfältige Reformen ein. Als Verfechter der Rechtstaatlichkeit für Rußland krönte er sein Lebenswerk mit der ersten Herausgabe der ›Vollständigen Sammlung der Gesetze des Russischen Reiches‹ (1830).

Der liberale Offizierssohn Murav'ëv war nach einer militärischen Laufbahn bereits Gouverneur in Tula, als im das Irkutsker Amt übertragen wurde. Er sicherte mit Hilfe der Kosaken durch neue Vorposten und verstärkte Militärpräsenz den Fernen Osten für den Zaren. Besondere Bedeutung kam dabei dem Amurgebiet zu, wo es ihm 1858 mit dem Abschluß des Vertrages von Aigun (heute Heihe) gelang, die russischen Ansprüche auf alles Land nördlich des Amurs gegen China durchzusetzen. Für diese Verdienste wurde er in den Adelsstand erhoben und erhielt den Beinamen Amurskij. Drei Jahre später kehrte er in die Hauptstadt zurück und lebte danach in St. Petersburg und Paris.

Die Verdienste beider bildeten genau wie die Schlachten Ermaks Voraussetzungen für die russische Machtentfaltung in Sibirien und somit auch für die Entstehung der Transsibirischen Eisenbahn.

Der Baikalsee

Die ›Perle Sibiriens‹ – wie man den Baikalsee auch nennt – ist nicht nur für Sibirien, sondern für unsere Erde ein unvergleichliches Stück Natur. So wie die Galápagosinseln ein einmaliges Eiland im Ozean sind, ist der Baikalsee ein weltweit einzigartiges Gewässer auf dem Festland. Der See, den viele auch ein Meer nennen, ist das **größte Süßwasserreservoir der Erde**. Sein Alter wird auf 25 Millionen Jahre geschätzt, und jedes Jahr verbreitert er sich um ein Bruchstück von etwa zwei Zentimetern, was die Wissenschaft zu der Vermutung veranlaßt, daß hier ein neuer Ozean im Entstehen begriffen ist. Die Länge des Baikalsees beträgt 636 Kilometer, seine Breite schwankt zwischen 27 und 80 Kilometern. Die Oberfläche des Sees entspricht mit 31 500 Quadratkilometern in etwa der Fläche Belgiens. Damit ist er zwar nur auf dem siebten Platz unter den Binnengewässern dieser Welt. Da er aber mit einer Wassertiefe von maximal 1637 Metern den absoluten Weltrekord hält, enthält der Baikal mehr Wasser als alle fünf großen nordamerikanischen Seen zusammen. Hier liegen etwa 20 Prozent der Süßwasserreserven der Erde.

Über die Herkunft das Namens ›Baikal‹ streiten sich nach wie vor die Gemüter. Vom Klang des Wortes her überzeugt die Turkfassung, die (›bai‹ – reich und ›kul‹ – See) für reicher See steht. Die burjatischen Ureinwohner nannten ihn ›Baigaal dalai‹, was sich mit ›großes Gewässer‹ übersetzen läßt. In alten chinesischen Dokumenten findet sich auch die Bezeichnung ›Baichay‹, was ›nördliches Meer‹ bedeutet.

Das Wasser des Sees ist außergewöhnlich rein und klar, die Sichttiefe beträgt bis zu 43 Meter. Die Mineralanteile machen etwa nur ein Viertel der sonst in vergleichbaren Binnengewässern gemessenen Werte aus. Heute ist der Baikalsee das einzige offene Trinkwassergebiet der Welt. Seit 1992 erfolgt auch eine wirtschaftliche Vermarktung. Das in Plasteflaschen zum Verkauf abgefüllte Was-

Am Baikalsee

ser wird aus einer Tiefe von etwa 400 Metern gepumpt und nur durch einen rein mechanischen Filter gereinigt.

Der See fasziniert zu jeder Jahreszeit: majestätische Meeresstille vor den schneebedeckten Gipfeln am Horizont im Sommer, buntes Blätterspiel und manchmal unberechenbare Winde und stürmischer Wellengang im Herbst. Unter den knapp **30 spezifischen Winden** ist der nach dem gleichnamigen Zufluß ›Sarma‹ genannte Nord-West-Wind besonders gefürchtet. Dabei sind in der Seemitte Wellen von fünf bis sechs Metern Höhe keine Seltenheit. Berühmt wurde auch der – allerdings besseres Wetter verheißende – Barguzin-Wind, der aus dem gleichnamigen Tal in den Baikalsee bläst und Eingang in den Text des bekannten Volksliedes ›Glorreiche See – heiliger Baikal‹ fand. Im Spätherbst friert der See zu und beeindruckt im Winter durch das manchmal auf der Oberfläche bizarre Eisgebilde schaffende Packeis. An bestimmten Stellen existieren warme Quellen, die vor allem bei

0   50   100 km

winterlichen Überquerungen Vorsicht anmahnen. Der Frühling kommt mit Tauwetter und urwüchsigem Eisbruch. Die flachen Buchten gefrieren Ende Oktober, die Seemitte Anfang Januar. Die **Dicke des Eises** schwankt zwischen 70 und 110 Zentimetern, so daß man den See im Winter nicht nur auf Skiern, sondern auch im Auto überqueren kann. Auch Eisangeln ist in Rußland allgemein und insbesondere hier sehr beliebt.

Fauna und Flora des Sees sind einzigartig. Von den im See und in seiner Umgebung lebenden 1500 Tierarten und über 2000 Pflanzenarten kommt mehr als die Hälfte nur hier vor. Am bekanntesten ist die hier ›Nerpa‹ genannte **Baikalrobbe**. Die Artverwandtschaft zu den nördlich des Polarkreises lebenden Eismeerrobben ist unverkennbar. Der vermutete Umzug vom Eismeer über die sibirischen Ströme Enisej und Angara zum Baikalsee und insbesondere die Umstellung von Salzwasser auf Süßwasser sind aber bis heute für die Wissenschaft ein Rätsel. Es gibt heute im Nord- und Mittelteil des Baikalsees schätzungsweise 60 000 Baikalrobben. Die besten Aussichten für eine Beobachtung der Tiere bieten sich in der ersten Junihälfte im **Uškan'i-Archipelag**.

Unter den für den Baikal typischen Fischen dominiert der zur Gattung der Lachse gehörende und in vier Arten auftretende **Omul'**. Er wird etwa 25 bis 35 Zentimeter lang und erreicht ein Gewicht von bis zu 400 Gramm. Nachdem man Anfang der 1970er Jahre eine dramatische Bestandsreduzierung beobachtet hatte, gab es ein mehrjähriges Fangverbot. Heute werden jährlich wieder etwa 1000 bis 1200 Tonnen Omul' gefangen. Neben der Grundlage der Kaviargewinnung ist er generell der typische Speisefisch der Region und wird

in allen Restaurants und im Straßenverkauf feilgeboten. Auf der Speisekarte findet man daneben noch häufig den **Charius**, einen forellenartigen Fisch, den es ebenfalls nur im Baikalsee gibt. Von Interesse – wenn auch nicht für den Fischkoch – ist daneben noch die **Golomjanka**, auch Fettfisch genannt. Die rosafarbenen, halbdurchsichtigen Fische werden bis zu 25 Zentimter lang und bevorzugen Wassertemperaturen unter 6 °C. Sie bestehen zur Hälfte aus Fett und bringen ihren Nachwuchs an der Wasseroberfläche im Frühling oder im Herbst als kleine Larven zur Welt.

Freiluftmuseum Tal'cy

Für einen ein- oder mehrtägigen Kurzausflug an den Baikalsee eignet sich am besten eine Tour in das nahegelegene

Im Freilichtmuseum Tal'cy

Dorf Listvjanka , wo der Strom Angara dem Bajkalsee entspringt. Die Entfernung zwischen Irkutsk und Listvjanka beträgt 65 Kilometer. Die Fernverkehrsstraße wurde 1960 im Eiltempo für ein geplantes Treffen zwischen Chruščev und Eisenhower am Baikalsee gebaut, welches dann aber wegen der Affäre um das über dem Ural abgeschossene Spionageflugzeug U2 platzte. Heute fahren täglich sechs Linienbusse in beide Richtungen. Alternativ besteht die Möglichkeit, die Strecke mit dem Tragflächenboot auf dem landschaftlich sehr schönen Angara-Stausee zurückzulegen (ebenfalls sechs Verbindungen täglich). Für eine Strecke muß man eine Stunde einplanen.

Wer die Straße nimmt, findet am Kilometer 47 das einen Halt lohnenden und auch aus dem Boot auf der Angara sichtbare Freiluftmuseum von Tal'cy. Hier findet man am Uferhang des Flußes Angara hölzerne Architekturdenkmale aus ganz Ostsibirien. Viele wurden wegen der Flutungen von Dörfern im Zusammenhang mit dem Bau von Staudämmen (insbesondere Ust'-Ilimsk) abgetragen und hier wieder originalgetreu aufgebaut. Besondere Beachtung verdienen der Erlöserturm (Spasskaja bašnja), einer von acht Türmen der ersten ostsibirischen Festung in Ilimsk sowie die ebenfalls von dort stammende Kazaner Kapelle. Beide wurden vor über 400 Jahren ohne einen einzigen Nagel erbaut. Interessant sind auch die Jurten der burjatischen Ureinwohner und vor allem aus dem Gebiet Bratsk stammende Bauerngehöfte und Grabstätten. Wenn man den Besuch des Museums mit dem Ausflug nach Listvjanka verbindet, sollte man mindestens eineihalb Stunden für das Museum einplanen (Öffnungszeiten im Winter von 10 bis 16 Uhr, im Sommer von 10 bis 17 Uhr, Tel. 33 47 05).

Listvjanka

Listvjanka bietet dörfliche Romantik am Ufer des Baikalsees und ist eine Domäne der Tagesausflügler. Der Ort wurde als Poststelle und Fährplatz 1773 erstma-

Die Baikal-Hymne

Herrliches Meer, o heil'ger Baikal,
Herrliches Schiff, gleich einer Omultonne.
He, Bargusin, blas die Wogen noch mal,
Bald ist das rettende Ufer gewonnen.
Klirrende Ketten hab lang ich verflucht,
vorsichtig bin durchs Gebirg' ich geschlichen.
Ein alter Gefährte verhalf mir zur Flucht;
Schließlich bin so ich ins Freie entwichen.
Schilka und Nertschinsk stehen wohl noch da,
Keiner der Wachposten hat mich gefangen,
Kein Raubtier im Dickicht kam mir zu nah,
Des Schützen Kugel ist vorbeigegangen.
Bin dann gewandert bei Tag und bei Nacht,
In Städte mied ich mit Vorsicht zu geh'n.
Die Bauersfrauen haben Brot mir gebracht,
Burschen oft auch den Tabak zum Dreh'n.
Herrliches Meer, o heil'ger Baikal!
Das löchrige Hemd ward zum Segel am Mast.
He, Bargusin, blas die Wogen noch mal!
Der nahende Sturm gewährt keine Rast.

Dmitrij Davydov

lig erwähnt. Die Siedlung erstreckt sich mit etwa 1500 Einwohnern auf etwa fünf Kilometern entlang der Buchten des Sees und des ersten Stückes des Flusses Angara. Die Hauptstaße ist die asphaltierte Uferstraße, von der in den Tälern die Dorfstraßen in Richtung der nahen Berge abzweigen.

Hier befindet sich der Ursprung des 1779 Kilometer langen Flusses Angara, der den einzigen **Abfluß des Baikalsees** darstellt. Mit einer Breite von 863 Metern, einer maximalen Tiefe von vier bis sechs Metern und einer enormen Fließgeschwindigkeit ist dieser ›Abfluß‹ in seinen Dimensionen von durchschnittlich 2000 Kubikmetern pro Sekunde weltweit einzigartig und insbesondere im Winter ein beeindruckendes Naturschauspiel, da das aus der Tiefe des Sees abfließende Wasser auch bei stärkstem Frost erst nach etwa 15 Kilometern gefriert. In der Mitte des Flußes sieht man noch die Spitze des aus der Legende von Vater Baikal und seiner Tochter Angara bekannten Schamanensteines (mys Šamanskij), von dem aber durch die Entstehung des Irkutsker Stausees heute wirklich nur noch die Spitze aus dem Wasser ragt. Wenn man am Angaraabfluß aus dem Baikalsee auf das andere Ufer schaut, erblickt man die Siedlung und den Hafen von **Port Bajkal**. Heute endet dort die Baikalbahn. In den ersten Jahren nach dem Bau der Transsib stachen aus Port Bajkal die beiden Fährschiffe ›Bajkal‹ und ›Angara‹ in See, nachdem sie das rollende Material und die Reisenden in sich aufgenommen hatten. Später, nach der Fertigstellung im Jahr 1904, rollten dann die Züge auf den Gleisen der auch Krugobajkalka genannten Baikalbahn am felsigen Ufer des Sees entlang.

Auf der Höhe des Baikalabflusses

steht ein **Denkmal für den Schriftsteller Aleksandr Vampilov**, einen der erfolgreichsten russischen Dramatiker vor allem der 60er Jahre. Er lebte in Irkutsk und Port Bajkal und wurde besonders durch – auch ins Deutsche übersetzte – Stücke wie ›Entenjagd‹ und ›Provinzanekdoten‹ bekannt. Er kam hier 1972 bei einem Bootsunfall im Alter von nur 35 Jahren tragisch ums Leben. Hier erhebt sich auch **Čerskovs Fels** (kamen' Čerskogo, 757 Meter), den man über einen asphaltierten Wanderweg von 2,5 Kilometern Länge vom Sanatorium ›Bajkal‹ zu einem kleinen Pavillon auf der Spitze erreichen kann. Seit 2006 kann man den größten Teil des Aufstiegs auch mit einem Sessellift zurücklegen. Die herrliche Aussicht auf das Angara-Tal und den Baikalsee ist sehr beeindruk-

In Listvjanka am Baikalsee

kend. Der Berg ist nach dem Geographen Jan Čerskij (1845–1891) benannt. Als Teilnehmer am Polenaufstand 1863 nach Sibirien verbannt, erwarb er sich zwischen 1871 und seiner Amnestierung 1885 mit umfangreichen Forschungen über den Baikalsee und das Sajangebirge großes Ansehen.

Das **Baikalsee-Museum** befindet sich im Erdgeschoß des Limnologischen Institutes der Russischen Akademie der Wissenschaften. Limnologie (Limne – griech.: See) ist die Wissenschaft von den Gewässern. Eine Forschungsstation zur Untersuchung des einzigartigen Sees war bereits 1928 entstanden. 1961 erfolgte die Umwandlung in ein Institut. Von Anfang an existierte eine kleine Ausstellung, seit 1993 hat sie den Status eines Museums. Es vermittelt einen Überblick über die unikale Fauna und Flora der Region sowie einen Eindruck über die Dimensionen des Baikalsees und die Geschichte seiner Erforschung. (ul. Akademičeskaja 1, Tel. 11 21 55, 29 05 51).

Im Krestovka-Tal befindet sich heute die **Nikolaj-Kirche**, die in der Mitte des 19. Jahrhunderts gebaut wurde. Sie wurde 1957 im Zusammenhang mit dem steigenden Wasserpegel des Baikalsees hierher umgesetzt. Den Bau der Kirche am Ufer des Baikalsees hatte der angesehene Irkutsker Kaufmann Ksenofont

Serebrjakov als Zeichen des Dankes veranlaßt, nachdem er – auf dem Baikalsee in Seenot geraten – in seinem Gebet zum Schutzpatron, dem Seefahrer Nikolaj, erhört und gerettet worden war.

Beliebte Anlaufpunkte für Touristen sind die **Kunstgalerie** und das **Liedertheater**. Der Liedermacher Evgenij Krankl veranstaltet in seinem Liedertheater immer samstags und sonntags Konzerte mit Liedermachern und Musikern aus Irkutsk und Umgebung (ul. Ostrovskogo 45, Tel. 11 23 61). Die von Vladimir Plamenevskij begründete private Kunstgalerie erwacht zu neuem Leben. Nach dem Tod des Gründers und einem verheerenden Brand im Januar 2004 haben seine Geschwister die Galerie mit Unterstützung vieler örtlicher Künstler wieder aufgebaut und wollen sie weiterführen (ul. Čapaeva 76, Tel. 11 27 52).

Listvjanka-Informationen

Die Unterkünfte in Listvjanka weisen mittlerweile ein breites Spektrum auf. Am Hang hinter dem Baikalmuseum befindet sich das zum **Bajkal-Hotel** in Irkutsk gehörende gleichnamige, 1981 gebaute Hotel mit 112 Betten (vormals Inturist), Tel. 29 03 91.
Die beste Adresse ist heute allerdings das in rustikaler Holzbauweise errichtete Hotel **Bajkalskie Terema**, ul. Gornaja 16, Tel. 11 25 99.

Ein komfortabler ›Stilbruch‹ ist das neue **Hotel Majak** direkt am Hafen, ul. Gorkovo 79, Tel. 55 04 64.
Daneben gibt es auch **einfachere Unterkünfte** und zumeist über Irkutsker Agenturen zu mietende **Privatzimmer**.

Kulinarisch finden sich neben den unzähligen **Omul'-Räuchereien** auch eine Reihe empfehlenswerter Restaurants wie zum Beispiel das **Prošlyj vek**, ul. Lazo 1, Tel. 11 25 54, entlang der Uferstraße.

Sljudjanka

Am südlichen Ende des Baikals liegt die Stadt Sljudjanka. Der Ortsname, der zugleich auch der Name des hier in den Baikal mündenden Flusses ist, leitet sich vom Wort ›Sljuda‹/Glimmer ab.

Früher wurde hier Glimmer abgebaut. Die Geschichte der Stadt begann mit dem Bau der Baikalbahn. Das Stadtrecht erhielt der heute 21 000 Einwohner zählende Ort im Jahr 1936. Das 1905 entstandene Lokdepot ist bis heute der

Der Bahnhof von Sludjanka

Straße am anderen Ende der Brücke
(ul. Železnedorožnaja 22, Tel. 23 51).

Entlang der Baikalbahn

Die alte Baikalbahn zwischen Sludjanka
und Port Bajkal entwickelt sich langsam
zu einem der touristischen Höhepunkte
am Baikalsee. Als Mischung aus einzigartiger Landschaft, Architektur- und
Technikdenkmal hat sie auch Chancen,
in gewisser Weise stellvertretend für die
gesamte Transsibirische Eisenbahn, in
das Weltkulturerbe der UNESCO aufgenommen zu werden. Über die damit
verbundenen Anforderungen und Konsequenzen wird seit 2003 verhandelt.
In den letzten Jahren wurden bereits
umfangreiche Anstrengungen unternommen, die Strecke zu neuem, touristischen Leben zu erwecken. Einige Gebäude wie zum Beispiel der alte **Bahnhof
von Port Bajkal** wurden originalgetreu
wieder aufgebaut, aber auch einige mit
Sicherheit den Denkmalschutzvorgaben
der UNESCO widersprechende Bausün-
den wie zum Beispiel das Erholungsheim
am alten Bahnhof ›Šaryžalgaj‹ sind zu
besichtigen.

Als touristische Herausforderung lockt
die alte Bahnstrecke eine zunehmende
Besucherzahl an. Insbesondere in den
letzten Jahren beginnt man sich auch
etwas darauf einzustellen. Die Touristen-
herbergen entlang der Strecke wurden
renoviert, zwei sind allerdings auch ab-
gebrannt. Einige alte Bahnhöfe wurden
bereits rekonstruiert, und man beginnt,
für Krugobajkalka-Ausflüge Werbung zu
machen.

Es gibt heute verschiedene Möglichkeiten, die Krugobajkalka zu erkunden.
Fahrplanmäßig gibt es nur einen Zug,
der auf Strecke zwischen Sludjanka und
Port Bajkal verkehrt. Er nimmt es aber
mit dem Fahrplan nicht sehr genau. Eine

größte Arbeitgeber im Ort. Die industrielle Marmor- und Mineralförderung
in der Umgebung wurde nach der Wende eingestellt, aber die Gegend ist bei
Mineralogen nach wie vor bekannt und
beliebt.

Die bekannteste Sehenswürdigkeit ist
der **Bahnhof** (GPS: 51°39′44″N/103°
43′9″O). Sljudjanka ist wohl der einzige
Ort in der Welt mit einem Bahnhof aus
reinem Marmor. Da sich der Steinbruch
nur knapp zehn Kilometer entfernt befand, wäre jeder andere Baustoff teurer gewesen. Eine schöne **Holzkirche**
befindet sich am Bahnhofsvorplatz. Im
Museum des örtlichen Eisenbahnde-
pots beginnt die Ausstellung mit einer
ausführlichen Dokumentation des Baus
der Baikalbahn. Darüber hinaus bietet
das liebevoll gestaltete Museum viele
Details aus der 100jährigen Geschichte des Bahnstandortes Sludjanka. Das
Museum erreicht man vom Bahnhof
aus, genau wie das eigentliche Zentrum
des Ortes, über die Fußgängerbrücke
am Bahnhof. Das Museum befindet
sich etwa 300 Meter entfernt an der

Diesellok mit einem Güterwagen sowie zumeist drei Personenwagen (Typ Plackartnyj) startet zwei bis dreimal wöchentlich gegen 14 Uhr ab Sludjanka und erreicht ihr Ziel Port Bajkal (GPS: 51° 52'13''N/104°48'33''O) gemäß Fahrplan um 19 Uhr, real jedoch selten vor 21 Uhr. Am kommenden Morgen startet der Zug um 4 Uhr seine Rückreise, die er zumeist mit größerer Pünktlichkeit absolviert. Man sollte bedenken, daß es **abends keine Fährverbindung** mehr von Port Bajkal nach Listvjanka gibt und die Übernachtungsmöglichkeiten in Port Bajkal begrenzt sind. Der Güterwaggon ist neben Gepäck- und Postwagen ein mobiler Einkaufsladen und zugleich bei vielen Erzeugnissen die einzige Einkaufsmöglichkeit für die an der Strecke gelegenen Siedlungen, denn eine Straße gibt es in dieser Gegend nicht. Auch in der Frage der Haltepunkte erweist sich der im Volksmund auch ›Rumtreiber‹ (Motanja) genannte Bummelzug als flexibel und reagiert auf Sonderwünsche mit Extrastops.

Im Sommer bietet die Irkutsker Eisenbahnverwaltung einen besonderen **Ausflugszug** für die Strecke an. Der mit Schlaf- und Platzkartenwagen ausgestattete sogenannte ›Gesundheitszug‹ (Poezd zdorovja) fährt mit Anschluß an den Irkutsker Vorortzug in Sludjanka sowie die Angara-Fähre nach Listvjanka in Port Bajkal zwei Tage mit vielen Stops an den interessantesten Punkten der Strecke und einer Zugübernachtung. Außerdem verkehrt noch eine umgebaute Elektritschka unter der Bezeichnung ›Bajkalskij Kruiz‹ (Tel. Irkutsk 64 59 07).

Neben den zugfahrenden Rucksacktouristen, die im Sommer zum Zelten in eines der Dörfer oder an eine Baikalbucht fahren, wird die Strecke auch bei Wanderern immer populärer. Je nach

Sonderzug auf der alten Bahnstrecke

Lust und Laune, Wetter, Kondition und Gründlichkeit bei der Besichtigung der verschiedenen Baudenkmäler kann man die Strecke in zwei bis fünf **Tageswanderungen** entlang des Schienenstranges ablaufen. Übernachtungen im Zelt oder mit Vorplanung oder etwas Glück in einer der Herbergen runden das Abenteuer ab. Auf einigen Streckenabschnitten gibt es unmittelbar neben den Gleisen einen Pfad, vielerorts hat man aber nur einen Marsch auf den Eisenbahnschwellen zur Auswahl. Aufgrund der vielen Tunnel sollte in jedem Fall eine Taschenlampe im Gepäck nicht fehlen.

Während die Regelzüge der Transsibirischen Eisenbahn die alte Strecke zwangsläufig ignorieren, steht sie bei allen **Transsib-Sonderzugreisen** als einer der Höhepunkte fest im Programm. Die Züge fahren von Sludjanka bis Marituj, Polovinnaja oder bis Port Bajkal, wo dann meist ein Picknick oder Folkloreabend am Seeufer stattfindet und man oft auch mit einer Übernachtung auf der Strecke zurückfährt, um sich in Sludjanka dann wieder in den Regelfahrplan auf der Hauptstrecke einzuschieben.

Sehenswürdigkeiten

Die markantesten Sehenswürdigkeiten entlang der alten Baikalbahn lassen sich anhand der Kilometerschilder sowohl aus dem Zugfenster als auch auf einer entsprechenden Wanderung entlang des Schienenstranges ausmachen. Ab Sludjanka beginnen die Kilometerangaben rückwärts. Sie beziehen sich auf die alte Strecke von Irkutsk nach Sludjanka. Heute ist dann in Port Bajkal aber bei Kilometer 72 Schluß.

Km 149: Nur auf diesem Abschnitt sieht man noch Überreste der zugeschütteten **Ufermauer** der ersten Eisenbahn. Die jetzige Bahntrasse verläuft auf dem breiteren Damm.

Der Steinviadukt überquert den Fluß Angasolka.

Km 148: Die Brücke über die Bucht Upornaja ist der einzige **Bogenviadukt** über den Baikalsee.

Km 147: Hier ist die einzige **Eisenbahnbrücke** ohne Portale auf der Strecke.

Km 144: Auf der Landzunge Šabartuj erhebt sich ein hohes, malerisches **Felsenkap**.

Km 141: Über den Fluß mit dem Namen ›Große gebogene‹ Lippe (Bolšaja Krutaja Guba) führt ein malerischer **Steinviadukt**.

Km 138: Um den **Bahnhof Šaryžalgaj** herum befinden sich ein Sommersportlager und ein elitäres Erholungsheim der Irkutsker Eisenbahngesellschaft.

Km 131: Die steile **Klippe** auf der Landzunge trägt den Namen ›Pfähle‹ (Stolby).

Km 130: Der pittoreske **Bogenviadukt** überquert den Fluß Šabartuj. Bei Kilometer 120 überquert ein ähnlicher Viadukt den Fluß Marituj.

Km 128: Am Tunnel ›Baklanij‹ erhebt sich ein **Fels** in Form eines Pilzes.

Km 126: Hier folgt ein riesiger **Steinblock**, der an eine Glocke erinnert.

Km 123: Hier mußte das Baikalufer

durch unterstützende ›italienische‹ **Ufermauern** zusätzlich befestigt werden. Uferbefestigungen dieser Art folgen noch bei Kilometer 102 und Kilometer 96.

Km 121: Ein 2005 neu gestalteter **Pavillon** erinnert an das 100-jährige Jubiläum der Inbetriebnahme der Baikalbahn.

Km 119: Das sich weit ins Tal ziehende **Dorf Marituj** ist die größte Siedlung entlang der Strecke. Östlich davon machen die touristischen Sonderzüge meist einen Picknick-Stop.

An der Krugobaikalka

Km 110: Über den Fluß Polovinnaja führt ein weiterer malerischer **Bogenviadukt**. Die gleichnamige Siedlung ist ebenfalls ein beliebter Stop für Sonderzüge. Es folgt der mit knapp 800 Metern längste Tunnel des Streckenabschnittes.

Km 105: In der sogenannten ›Weißen

Senke‹ kann man im Uferbereich des Sees den **Austritt von Marmor** in einer seltenen Kombination mit Gesteinen und Mineralien beobachten.

Km 100: Die **Brückenruine**, die abrupt am Wasser endet, war ursprünglich eine temporäre Brücke über die Bucht, die später abgerissen wurde.

Km 92: Die **Osinovskaja-Eisenbahnbrücke** ist die einzige zweigleisige Eisenbahnbrücke, die heute aber nicht mehr benutzt wird.

Km 73: Hier ist der **Marmor-Austritt** noch besser zu begutachten. Der Ort ist ein beliebtes Ausflugsziel für Geologen.

Km 72: Endstation am **Bahnhof Port Baijkal** am Austritt der Angara aus dem Baikalsee. Die einzige vorstehende Klippe an der Angara-Stromschnelle ist der Schamanenstein, der dank der schönen Legende von der Angara berühmt geworden ist.

Am Endpunkt Port Bajkal hat sich in den letzten Jahren einiges getan. Der alte Holzbahnhof wurde originalgetreu rekonstruiert und beherbergt heute ein kleines Museum zur Krugobajkalka sowie ein kleines Hotel. Auch eine alte Dampflok aus der L-Serie fand hier ihre neue museale Heimstatt (51°52'13''N/ 104°48'34''O).

www.baikalinfo.ru (R/E/D).
www.baikalplan.de (D).
www.irk.ru (R).
www.baikal.irkutsk.ru (R).

Ulan-Udė

Ulan-Udė ist die heutige Hauptstadt der Republik Burjatien. Etwa ein Viertel der Bevölkerung sind Burjaten, ein mit den Mongolen verwandtes Volk. Hier hat der Reisende auch erstmalig östlich des Ural im Stadtbild den Eindruck, in Asien angekommen zu sein. Der Ort wurde 1666 erstmals unter dem Namen Udinsk erwähnt. Es handelte sich um eine Winterbefestigung der ostwärts strebenden russischen Kosaken am Fluß Uda. 23 Jahre später entstand an der Mündung der Uda in die Selenga, die wiederum in den Baikalsee mündet, die Festung Verchneudinsk, was soviel wie Ober-Udinsk heißt. Ihren heutigen Namen Ulan-Udė, was auf burjatisch ›rotes Tor‹ bedeutet, erhielt die Stadt erst zu sowjetischen Zeiten im Jahre 1934. Fast zur gleichen Zeit wie Irkutsk wurde auch Verchneudinsk von einem Großbrand heimgesucht, der am 10. Juli 1878 über die Hälfte der Stadt zerstörte. Danach hielt im Stadtzentrum die Steinbauweise Einzug. Heute ist Ulan-Udė eine interessante und ein bißchen exotische Großstadt mit etwa 353 000 Einwohnern, die trotz umfangreicher Industrie in ihrer leicht hügeligen Lage am Fluß mit interessanter Architektur und vielen Grünanlagen gefallen kann. Erwähnenswert sind vor allem folgende Feste, die man nur in Burjatien feiert: das Reiterfest Sucharban am ersten Juli-Wochenende, das buddhistische Tsagaalgan-Fest am Vorabend des neuen Jahres nach dem Mondkalender sowie das dem künftigen Buddha gewidmete Maidari-Fest im Sommer.

Stadtrundgang
Der Bahnstrecke tangiert nördlich das Stadtzentrum von Ulan-Udė. Das Bahnhofsgebäude befindet sich aber auf der dem Zentrum abgewandten Seite der Bahntrasse. Es gibt eine Fußgängerbrük-

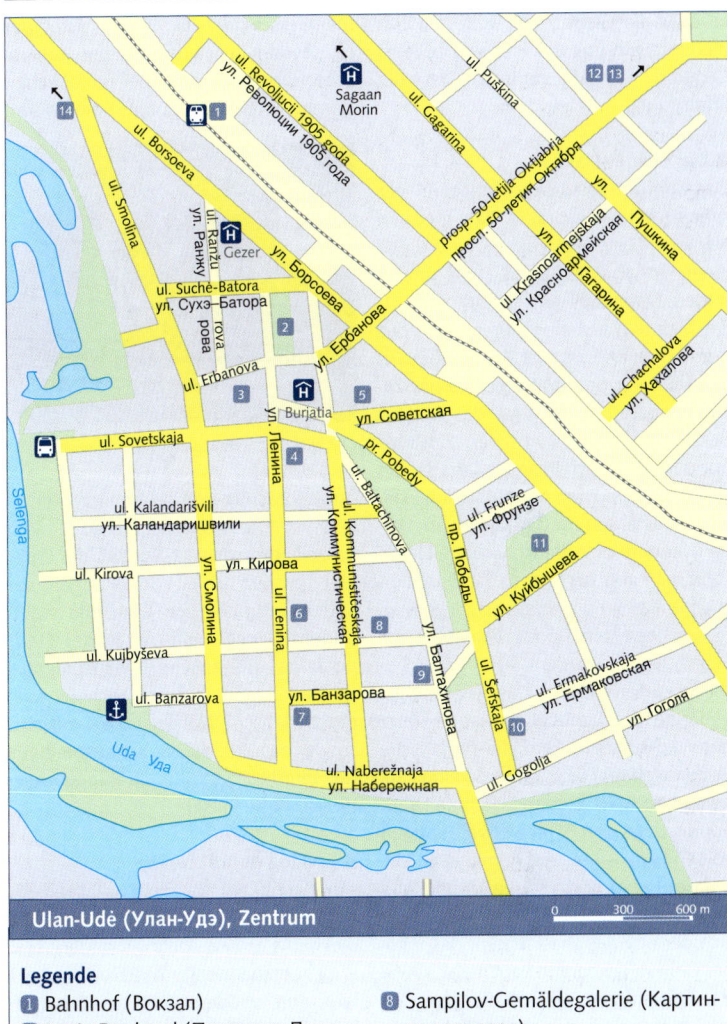

Ulan-Udė (Улан-Удэ), Zentrum

Legende

1. Bahnhof (Вокзал)
2. Lenin-Denkmal (Памятник Ленину)
3. Burjatische Nationaloper (Бурятский театр оперы и балета)
4. Naturkundemuseum
5. Museum zur Geschichte Burjatiens
6. Alte Handelsreihen
7. Hodigitreja-Kathedrale (Одигитриевский собор)
8. Sampilov-Gemäldegalerie (Картинная галерея)
9. Markt (Рынок)
10. Burjatisches Schauspielhaus
11. Pfingstkirche
12. Bahnausbesserungswerk
13. Ethnographisches Freilichtmuseum
14. Kloster Ivolginsk (Монастырь Иволгинск)

ke über die Gleise oder weiter südlich die Unterführung am Prospekt 50letija Oktjabrja, die zum zentralen Platz der Stadt führt.

■ Der Sowjet-Platz

Das Zentrum Ulan-Udės bestimmt der sehr sowjetisch geprägte Platz gleichen Namens. Der Sovetskaja pl. wird durch einen bombastistischen, fünf Meter hohen **Leninkopf** aus Granit geprägt. Die bizarre Meisterleistung stammt aus dem Jahre 1971 und ist den Bildhauern G. und J. Neroda (Vater und Sohn) zuzuschreiben. Seinerzeit war die Skulptur Bestandteil des sowjetischen Pavillons auf der Weltausstellung in Kanada. Da sich nach dem Ende der Ausstellung keine Interessenten für das Kunstwerk fanden, landete es in Transbaikalien. Heute stellt man ironisch fest, daß in Burjatien ja schon immer die abgeschlagenen Köpfe der besiegten Feinde öffentlich zur Schau gestellt wurden.

Hinter Lenin steht das **Regierungsgebäude** der Republik Burjatien, über dem die russische und die burjatische Flagge wehen. Die blau-weiß-gelbe Fahne symbolisiert Himmel, Reinheit und Sonne bzw. den hier weitverbreiteten gelben Lamaismus. Auf dem blauen Untergrund sind noch Sonne, Mond und Sterne dargestellt. Linker Hand befindet sich der Sitz des Präsidenten, das ›Großer Churval‹ genannte Parlament, sowie das Gebäude des Geheimdienstes. Auf der rechten Seite bilden die Philharmonie und das neu rekonstruierte Hotel ›Bajkal‹ den Rahmen.

Ebenfalls am Rande des Sovetskaja pl. gelegen, beeindruckt das 1947 bis 1952 errichtete Gebäude der **Burjatischen Nationaloper** (ul. Erbanova 6, Tel. 22 36 00), das originell europäische, orientalische und fernöstliche Elemente verbindet. Ein Besuch der Oper ist sowohl bei Aufführungen italienischer Opern als auch bei burjatischen Komponisten dank guter Stimmen und

Die burjatische Nationaloper

farbenprächtig-exotischer Inszenierungen ein Erlebnis. Das Gebäude wird derzeit rekonstruiert, so daß die Oper viel gastiert bzw. Vorstellungen auf anderen Bühnen von Ulan-Udė stattfinden. Daneben gibt es in der Stadt noch das Burjatische Schauspielhaus (pr. Pobedy 16), in dem manchmal auch der Burjatische Nationalzirkus auftritt, sowie das Russische Schauspielhaus (ul. Tereškovoj 1) und ein Puppentheater (ul. Puškina 3a).

■ Entlang der ul. Lenina

Am Platz beginnt – leicht abfallend zur Altstadt – die ehemalige ul. Bol'šaja, die heute – wie sollte es anders sein – ul. Lenina heißt. Man durchquert hier den wiedererrichteten **Triumpfbogen** zum Besuch von Nikolai II. im Jahr 1891. Parallel dazu verlaufen die ul. Kommunističeskaja und etwas höher am Hügel versetzt der pr. Pobedy. Zwischen diesen beiden Straßen und der Mündung der Uda in die Selenga, wo ein Gedenkstein an den Ursprung der Stadt erinnern, befindet sich das Stadtzentrum. Die ul. Lenina wird durch alte, vor allem ein- bis zweistöckige Kaufmannshäuser aus dem vergangenen Jahrhundert geprägt. Das hier stehende **Naturkundemuseum** vermittelt mit vielen ausgestopften Modellen und Panoramabildern einen sehr anschaulichen Eindruck von der Fauna der Region bis zum Baikalsee (ul. Lenina 46, Tel. 21 41 49).

Auf jeden Fall lohnt sich auch ein Besuch des neuen **Museums zur Geschichte Burjatiens**. Auf drei Etagen findet man interessante Ausstellungen zu Ur- und Frühgeschichte, zur Ethnographie und eine prunkvolle Exposition zur Geschichte des Buddhismus in Burjatien (ul. Profsojuznaja 29, Tel. 21 65 87). Das **Geologie-Museum** hingegen nimmt sich bescheiden aus (ul. Lenina 57).

Der ul. Lenina folgend, kommt man am Stadtmuseum vorbei (ul. Lenina 26) zum **pl. Revoljucii** (Revolutionsplatz), wo sich linker Hand die alten **Handelsreihen** erheben. Sie entstanden von 1803 bis 1838, beherbergten damals zwei große Handelsmessen jährlich und zeugen noch heute vom Reichtum der Kaufmannschaft zu jener Zeit. Heute gibt es hier das zentrale Kaufhaus von Ulan-Udė sowie eine Vielzahl kleiner Geschäfte, die wiederum von unzähligen Kiosken und Zelten umgeben sind. Im Zentrum des Revolutionsplatzes steht ein in den 1920er Jahren zu Ehren der Revolutionsopfer errichteter Obelisk.

Am Ende der Straße erhebt sich die **Kathedrale der Gottesmutter Hodigitreja**. Die 1745 erbaute Kathedrale gilt als eine der schönsten Barockkirchen Ostsibiriens und erwacht gegenwärtig zu neuem Glanz und Leben. Lange Jahre befand sich hier der Lagerbestand des Burjatischen Nationalmuseums. Im Jahr 2003 wurden die Bestände überführt und die Glaubensstätte an die Kirche zu-

rückgegeben. Nach der erneuten Weihe begannen die Gottesdienste sowie eine umfangreiche Rekonstruktion.

■ Östlich des Zentrums

Hinter den Handelsreihen nach links abbiegend, führt die ul. Kujbyševa zum Marktplatz. In dieser Straße befindet sich die **Sampilov-Gemäldegalerie**, wo eine umfangreiche Sammlung burjatischer und russischer Malerei (u.a. Kuindži, Šiškin, Ajvasovskij) zu betrachten ist (ul. Kujbyševa 29, Tel. 21 29 09).

Wenn man am Markt die Straßenbahngleise überquert, die durch die ul. Baltachinova führen, und am Burjatischen Schauspielhaus vorbei geht, gelangt man zur 1798 erbauten **Pfingstkirche** mit ihren grünen Kuppeln (cerkov' Troicy), die Anfang der 1990er Jahre den Gläubigen provisorisch wieder ihre Tore öffnete. Der angrenzende **Kulturpark** diente einst als Friedhof, was man auf alten Fotos noch erkennen kann. Wenn man hier in Richtung des Flußes Uda läuft, kommt man zum Gründungsort der Stadt. Hier hat man einen schönen Ausblick auf die Altstadt und die am anderen Ufer gelegenen Stadtteile Ulan-Udės, wo sich rechts der Uda-Brücke noch viele alte Holzhäuser und die zu Sowjetzeiten einzige geöffnete **Auferstehungskirche** (cerkov' Voskresenija) befinden.

■ Bahnausbesserungswerk

Wenn man vom Stadtzentrum an der ul. Ėrbanova durch die Eisenbahnunterführung dem Prospekt des 50jährigen Oktoberjubiläums in Richtung Stadtpark folgt, gelangt man in einen Stadtteil, der seine Entstehung der Eisenbahn zu verdanken hat. Hier beginnt das Gelände des größten Bahnausbesserungswerkes entlang der gesamten Strecke der

Transsib. Hier wird das rollende Material an Loks und Waggons gewartet und repariert. Am Eingang des mit heute wieder über 8000 Beschäftigten größten Arbeitgebers der Stadt steht eine alte Dampflok aus der Baureihe ›Sergo Ordžonikidze‹. Der gesamte nördliche Wohnbezirk wurde mit dem Bau des Werkes 1932 begonnen und entsprechend der Expansion des Werkes erweitert. Seit 1970 gibt es ein **Museum zur Geschichte** des Werkes, in dem nach Voranmeldung auch Gruppenführungen möglich sind (ul. Komsomol'skaja 23, Tel. 44 56 10).

■ Ausflüge

Vom Stadtzentrum Ulan-Udės lohnen sich drei Ausflüge. Am nördlichen Stadtrand befindet sich die erste Empfehlung – das 1972 eröffnete **Ethnographische Freilichtmuseum**. Der Park gliedert sich in einen kleinen Tierpark und sieben Komplexe, die den verschiedenen in Transbaikalien ansässigen ethnischen Gruppen gewidmet sind. Hunnengräber, die ›Tschum‹ genannten Spitzjurten der Ewenken, burjatische Sommer- und

Im Ethnographischen Freilichtmuseum

Winterjurten sowie ein buddhistisches, ›Dugan‹ genanntes Gebetshaus, russische Holzhausarchitektur unter dem Einfluß der Kosaken und der verbannten Altgläubigen – all das kann man hier

besichtigen (ul. Verchnjaja Berezovka, Buslinie 8).

Auf dem Weg zum Museum lohnt ein Stop am **neuen Dazan** von Ulan-Udė (ul. Verchnjaja Berëzovka). Im Zeichen des roten Sterns wurden nicht nur die orthodoxen Kirchen der Russen, sondern auch die buddhistischen Betstätten der Burjaten Ziel von Verfolgung und Zerstörung. Die Dazan genannten Gebetstempel, deren Zahl in Ulan-Udė zwei Dutzend überstieg, fielen nach 1930 ausnahmslos dem atheistischen Terror zum Opfer. In den letzten Jahren

Dazan in Ulan-Udė

erleben sie mit der Wiedergeburt des Buddhismus in Burjatien eine entsprechende Resonanz. Vielerorts entstehen neue Tempel. Auf dem die Stadt überragenden Kahlen Berg steht ein weiterer 2007 geweihter **buddhistischer Tempel**, der in sich sowohl die Funktion eines Dazan als auch eines lamaistischen Informationszetrums beherbergt. Der Ausflug lohnt auch wegen des phantastischen Blicks vom Kahlen Berg auf die gesamte Stadt (Lysaja Gora, Tel. 48 52 72, Endstation Routentaxi 97).

Der dritte empfehlenswerte Ausflug führt zum etwa 40 Kilometer westlich von Ulan-Udė gelegenen, 1949 errichteten **Lamakloster Ivolginsk**. Im zentralen Heiligtum des Buddhismus in

Burjatien und Rußland leben derzeit etwa 60 Mönche und 150 Studenten der Buddhistischen Universität sowie der Hambo-Lama, der oberste Lama für ganz Rußland. Der Dalai Lama besuchte Ivolginsk 1991 und 1993. Bei der Besichtigung des Klostergeländes sollte man sich, dem buddhistischen Glauben gemäß, im Uhrzeigersinn bewegen. Zwischen den Gebäuden stehen mehrere Gebetsmühlen unterschiedlicher Größen, die ebenfalls im Uhrzeigersinn zu

Das Lamakloster Ivolginsk

drehen sind. Daneben gibt es noch weißgetünchte, pyramidenartige Kultstätten, die die Gläubigen durch Verbeugungen würdigen und mit Stirn, Lippen oder Händen berühren. Von Ulan-Udė erreicht man das Kloster vom Busbahnhof mit den Buslinien 104 nach Koljanovo oder 130 nach Ivolga (ca. 30 Minuten), von wo etwa fünf Kilometer Fußmarsch verbleiben. Das Kloster bietet auch eine bescheidene Herberge.

 ## Ulan-Udė-Informationen

Zeitunterschied: MEZ + 7 h.
PLZ: 670 000.
Vorwahl: 007/30 12.
Hauptpostamt: ul. Suchė Batora 1.
Bank: Sberbank, ul. Lenina 15, Tel. 21 45 89. Geldautomaten befinden sich in den Foyers der Hotels ›Sagaan Morin‹ und ›Burjatija‹.
Reisebüro: ›Inturist‹, ul. Ranžurova 12 (Hotel ›Gezer‹), Tel. 21 69 54.
Konsulat der Mongolei: ul. Profsojuznaja 6, Tel. 22 04 99.

Im Osten der Stadt gabelt sich die Transsib in den Strang Richtung Čita/Vladivostok und die Transmongolische Bahn in Richtung Ulaanbaatar/Peking. Die durch das Tal des Flußes Selenga und am Südufer des Baikalsee verlaufende Strecke zwischen Ulan-Udė und Irkutsk ist einer der schönsten Abschnitte der Transsibirischen Eisenbahn. Der Bahnhof liegt zentral.
GPS: 51°50'21''N/107°35'13''O.

Die Stadt hat einen Flughafen, der sich etwa 20 Kilometer südwestlich befindet. Es gibt eine tägliche Flugverbindung von und nach Moskau (Domodedovo), allerdings an verschiedenen Wochentagen zu unterschiedlichen Zeiten. Daneben bestehen Flugverbindungen nach Irkutsk, Krasnojarsk, Novosibirsk und in die Mongolei.

Die besten Unterkünfte am Platze sind das nach dem gleichnamigen burjatischen Nationalhelden benannte **Hotel Gezer**, ul. Ranzurova 11, Tel. 21 61 51, und das **Hotel Sagaan Morin** nordöstlich des Zentrums, ul. Gagarina 25, Tel. 44 40 19.

Eine Alternative ist das mit zwölf Stockwerken im Stadtzentrum nicht zu übersehende **Hotel Burjatija**, ul. Kommunističeskaja 47a, Tel. 21 18 35.

ein Stück hinter dem Abzweig zum Ethnographiemuseum gelegene stilechte **Jurtenrestaurant Baatarai Urgoo**, ul. Verchnjaja Berëzovka, Tel. 44 74 92.

Die Restaurantlandschaft Ulan-Udės entwickelt sich. Neben dem auch hier verbreiteten Baikalfisch Omul' sind die sogenannten ›Pozy‹ das burjatische Nationalgericht. Dabei handelt es sich um in Teig gekochte Frikadellen, eine Art Riesenpelmeni. Empfehlenswerte Gaststätten sind das **Restaurant Staryj Gorod**, ul. Limonova 4, Tel. 26 11 77, oder das

Das zentrale Kaufhaus der Stadt und viele Geschäfte gruppieren sich um die alten **Handelsreihen**. Der **Zentralmarkt** befindet sich in der ul. Kujbiševa.

www.ulan-ude.ru (R/E).
Internetcafé im Gebäude von Burnet, ul. Borsoeva 16, Tel. 21 28 86.

Petrovskij Zavod

Der Name bedeutet etwa ›Peters Werk‹ und nimmt seinen Ursprung in der Würdigung Peters, des Großen. Mit der Wahl des Ortsnamens im Jahre 1788, als hier nach einem Ukaz von Zarin Ekaterina eine der ersten Eisenschmelzen Sibiriens errichtet wurde, wollte man natürlich besonders seiner Verdienste um die künftige russische Schwerindustrie gedenken. ›Peters Werk‹ war auch knapp 200 Jahre lang eine große Eisenschmelze, die in all den Jahren das Werkzeug für den sibirischen Bergbau herstellte. Von 1830 bis 1839 kamen viele der zunächst nach Čita deportierten Teilnehmer am Aufstand gegen den Zaren zur Zwangsarbeit hierher. Bedeutungsvoll für die Entwicklung des Ortes waren die Jahre der sowjetischen Industrialisierung unter Stalin, als der Ort 1926 das Stadtrecht und seinen neuen Namen erhielt: Petrovsk-Zabajkal'skij. Der Anhang ›Zabaijkal'skij‹ wurde notwendig, da es in der Nähe von Saratov an der Volga bereits ein Petrovsk gab. In den nächsten 15 Jahren entstand ein neues Metallurgiekombinat mitsamt Kleinstadt für die Belegschaft. Heute leben ca. 24 000 Einwohnern in Petrovsk-Zabajkal'skij und man gedenkt vor allem der Dekabristen und besserer Zeiten, denn das einstige Metallurgiekombinat ist, aus dem Zugfenster gut sichtbar, wohl heute die größte Investruine entlang der Transsib. Petrovsk-Zabajkal'skij ist aber auch der einzige Ort an der gesamten Transsib-Strecke, der das Thema Eisenbahn auch im Stadtwappen verewigt hat. In der Mitte durch die Dekabristen-Stele getrennt, zeigt es in der linken Hälfte auf rotem Untergrund eine Bessemerbirne zur Stahlproduktion und in der rechten Hälfte auf blauem Grund eine entgegenkommende Diesellok.

Stadtrundgang

Petrovsk-Zabajkal'skijs **Bahnhof** gehört zu den originellsten Bahnhofsgebäuden entlang der Transsib. In den 1980er mit kleinem Turm erbaut, kann er sich auch neben den aktuellen Neubauten sehen lassen. Daneben gibt es an der Außenfront ein großes Mosaik, das an die Dekbristen erinnert. Am Bahnsteig sind noch Porträtreliefe der hierher verbannten Dekabristen zu besichtigen. Sie werden vom Lenindenkmal überragt und dokumentieren damit eine zur Sowjetzeit sehr viel propagierte Traditionslinie. Die Stadt zieht sich weitflächig durch zwei Täler und umfasst drei Ortsteile: Das Bahnhofsviertel liegt ebenso wie Sozgorod westlich der Bahnstrecke, das Zentrum östlich der Bahn.

Dekabristen und Lenin vor dem Bahnhof

Im **alten Zentrum** des Ortes befindet sich seit 1980 im ehemaligen Wohnhaus von Ekaterina Trubeckaja das örtliche **Dekabristenmuseum** (ul. Dekabristov 19, Ecke ul. Damskaja, Tel. 222 00). Während die die zur Zwangsarbeit veruteilten Ehemänner im Gefängnis lebten, ließen sich die ihren Männern gefolgten Ehefrauen im Ort nieder – zumeist in der Damenstraße (Дамская ул.), die diesen Namen bis heute trägt. An der Bahnunterführung gelangt man zum örtlichen Friedhof, wo die Dekabristen Ivan Gorbačevskij und Alexandra Murav'eva ihre letzte Ruhestätte fanden. Vom Friedhofshügel sieht man die Ruinen des Metallurgiekombinates.

Etwa drei Kilometer entfernt befindet sich auf der anderen Bahnseite der **Stadtteil Sozgorod** – Sozialistische Stadt. Hier kann man vergleichsweise kompakt sowjetische Architekturgeschichte mit Bauten aus den 1930er, 1950er und 1970er Jahren besichtigen. Das eindrucksvollste Gebäude ist der monumentale ›Palast der Metallurgen‹.

Petrovskij Zavod-Informationen

Zeitunterschied: MEZ + 8 h.
PLZ: 673 000.
Vorwahl: 007/302 36.
Hauptpostamt: ul. Gorbačovskovo 12, Tel. 211 09
Bank: Sberbank, ul. Sportivnaja 25, Tel. 216 25.

Der Bahnhof gehört zu den originellen Neubauten an der Transsib. Der Bahnhof Dekabristy befindet sich ebenfalls im Stadtgebiet.
GPS: 51° 17'28''N/108° 51'28''O.

Es gibt mit **Planeta** und **U Saschi** zwei sehr einfache Cafés am Markt.

Der zentrale Markt befindet sich in der ul. Damskaj.

www.petrovsk.com (R).
www.petrovsk.net (R).

Čita

Auf dem Weg vom Baikalsee zum Amur errichteten Kosaken unter Führung von Petr Beketov 1653 auf dem Gebiet der heutigen Stadt Čita ein Winterlager am Fluß Ingoda. Hundert Jahre später lebten hier knapp 100 Einwohner, und die einzige bedeutende Veränderung war die Einrichtung eines Zollamtes. Eine größere, aber traurige Berühmtheit erlangte Čita im 19. Jahrhundert als Verbannungsort vieler Dekabristen. Der Einfluß der Dekabristen auf die Stadtentwicklung war enorm. Der netzartige Stadtentwicklungsplan wurde nach Petersburger Muster umgesetzt. Insbesondere Bildung und Kultur profitierten vom Einfluß der Intellektuellen. Im Rahmen der Verwaltungsreform von 1851 wurde der östlich des Baikalsees gelegene Landstrich aus dem Gouvernement von Irkutsk herausgelöst und Čita als zentral gelegener Ort zur Hauptstadt gemacht. In den nächsten zehn Jahren verfünffachte sich durch den Zuzug von Kosaken und Beamten die Einwohnerzahl auf allerdings immer noch bescheidene 4000.

Entscheidenden Einfluß auf die weitere Entwicklung hatte im Jahre 1899 der Anschluß an die durch die Stadt verlaufende Transsibirische Eisenbahn.

Um die Jahrhundertwende lebten etwa 11 000 Menschen hier.

Die Wirren der Oktoberrevolution und des Bürgerkrieges brachten der Stadt einen ungewöhnlichen Sonderstatus. Bereits 1905 hatten revolutionäre Arbeiter für zwei Monate die Macht in der Stadt übernommen, bevor am 27. Juni 1905 die Republik Čita fiel. 15 Jahre später wurde sie dann Hauptstadt einer anderen Republik: nachdem die Rote Armee sie im Oktober 1918

Das moderne Schauspielhaus

endgültig erobert hatte, wurde Čita 1920 zur Hauptstadt eines eigenständigen, wenn auch künstlich gebildeten Staates. Die ›Demokratische Fernöstliche Republik‹ war als Pufferstaat ein Kompromiß zwischen Sowjetrußland und Japan im Zusammenhang mit dem bilateralen Abkommen über den Abzug der japanischen Truppen aus dem Fernen Osten. Nach dem Abzug des

Legende

1 Bahnhof (Вокзал)
2 Kathedrale (Кафедральный собор)
3 Dekabristenmuseum (Музей -церков декабристов)
4 Christi-Auferstehungs-Kirche (Храм Воскресения Христова)
5 Moschee (Мечеть)
6 Heimatkundemuseum (Краеведческий музей)
7 Gemäldegalerie (Художественный музей)
8 Militärmuseum (Музей истории войск Заб.ВО)
9 Eisenbahnmuseum im Lokdepot (Музей локомотивного депо)
10 Museum zur Bahngeschichte (Музей забайкальского ЖД)
11 Park des Sieges (Парк победы)
12 Titov-Hügel (Титовская сопка)

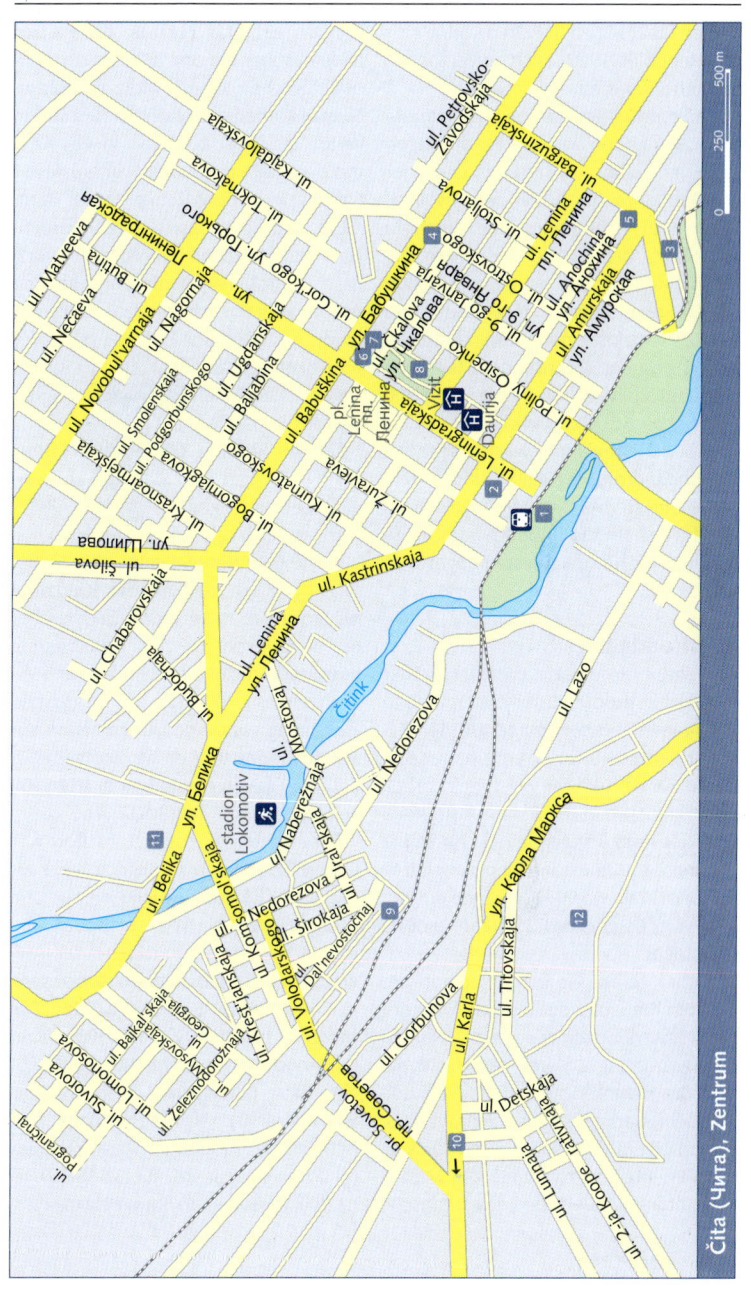

Čita (Чита), Zentrum

Städte entlang der Transsib

letzten japanischen Soldaten schloß sich die Republik 1922 auch unverzüglich Sowjetrußland an.

Als Zentrum des Transbaikalischen Militärkommandos war die Stadt wegen der Grenznähe zu China bis Ende der 1980er Jahre für Ausländer gesperrt. Auch heute sieht man viel Militär in der Stadt, die aus der geplanten Zusammenlegung der beiden sibirischen Militätverwaltungen in Novosibirsk und Čita als Gewinnerin hervorging und somit künftig das Zentrum der Militärverwaltung Sibiriens ist. Heute zählt die Stadt etwa 320 000 Einwohner. In Čita und in der Umgebung wächst sehr viel Rhododendron (Bagul'nik), der zur Blütezeit wie ein rosa Rahmen um die Stadt wirkt, weshalb die Rhododendronblüte hier gern als fünfte Jahreszeit angesehen wird.

Stadtrundgang

Am Bahnhofsvorplatz erhebt sich seit 2003 der größte Kathedralenneubau Ostsibiriens – die **Kathedrale der Kazaner Gottesmutter**. Wenn man rechts daran auf der ul. Leningradskaja vorbeigeht, kreuzt man mit der ul. Amurskaja und der darauffolgenden ul. Anochina die beiden interessantesten Geschäftsstraßen Čitas, wo viele Gebäude aus der Zeit vom Beginn des 20. Jahrhunderts stammen.

Weiter geradeaus breitet sich an der zweiten Kreuzung der zentrale Platz der Stadt aus, der nach wie vor den Namen Lenins trägt und durch sein Denkmal und das dahinter befindliche Gebäude der Gebietsadministration geprägt wird. Ansonsten rahmen ihn die Transbaikalische Eisenbahnverwaltung, die Militärverwaltung Sibiriens und das städtische Rathaus ein. Das Zentrum des Platzes bildete früher die um 1900 im russisch-orientalischen Stil errichtete Aleksandr-Nevskij-Kathedrale. Nach der Revolution wurde sie 1924 zunächst in ein Kino mit dem bezeichnenden Namen ›Ateist (Atheist)‹ umfunktioniert, um dann 1935 gänzlich abgerissen zu werden. Den Platz kreuzt nun die ebenfalls noch nach Lenin benannte und hier für den Autoverkehr gesperrte Paradestraße der Stadt. Am Rand des Platzes stehen vier Obelisken, die auf insgesamt 16 Reliefs die entscheidenden Ereignisse der Stadtgeschichte darstellen.

Da die Straßen des Stadtzentrums noch seinerzeit von den Dekabristen gitternetzartig geplant wurden, kann man sich also nur schwer verlaufen.

Wenn man der ul. Lenina gen. Osten folgt, gelangt man an der Kreuzung ul. Stoljarova in Richtung Süden über die ul. Dekabristov zum **Dekabristenmuseum** in der ehemaligen Michailo-Archangelsker Kirche. Die 1771 errichtete Holzkirche wurde den Dekabristen zur zweiten Heimstatt, da sie hier beim Gebet ihre Fesseln abnehmen durften (ul. Selenginskaja 17, Tel. 30 02 14).

Ein weiteres russisch-orthodoxes Gotteshaus, das ursprünglich 1851 als römisch-katholische Kirche erbaut und nach dem 2. Weltkrieg orthodox umgebaut wurde, ist die **Kirche der Auferstehung Christi** (Chram Voskresenija Christova, ul. 9. Janvarja 54a). Die Moschee der Stadt wurde 1909 erbaut (ul. Anochina 3). In der Nähe entsteht eine neue baptistische Kirche (ul. Selenginskaja 5). Als Gebietshauptstadt hat Čita ein modernes Schauspielhaus (ul. Profsojuznaja 26, Tel. 35 18 66), eine Philharmonie (ul. Bogomjagkova 23,

Auf dem Bahnhof

Kindereisenbahn im Park des Sieges

Tel. 32 46 94) und ein Puppentheater (ul. Vercholenskaja 2, Tel. 30 13 14).

■ Museen

Das neu rekonstruierte **Heimatkundemuseum** ist sehenswert und bietet auch vergleichsweise viel zum Thema Eisenbahn: je eine Vitrine zu den Themen Transbaikalische Bahn, Amurbahn, Ostchinesische Eisenbahn und BAM (ul. Babuschkina 113, Tel. 23 55 30). Gegenüber dem Heimatkundemuseum gibt es noch ein interessantes **Geologie-Museum** (Sa, So Ruhetage, ul. Gor'kogo 28, Tel. 35 58 56). Die **Gemäldegalerie** zeigt vor allem Wechselausstellungen (ul. Čkalova 120, Tel. 35 51 42).

Das im örtlichen Offiziers-Casino untergebrachte **Militärmuseum** mit dem offiziellen Namen ›Museum des kämpferischen Ruhmes des Transbaikalischen Militärbezirkes‹ belegt mit mehreren Ausstellungen von den ersten Kosaken bis zum Zweiten Weltkrieg einschließlich der Opfer des stalinistischen Terrors und allerlei Militärtechnik die exponierte Stellung Čitas für die Armee (ul. Leni-na 86, Tel. 22 41 32).

Daneben verfügt die Eisenbahnverwaltung in Čita noch über zwei eigene Museen, wobei vor allem das **Museum zur Bahngeschichte** einen Besuch lohnt (Sa, So Ruhetage, ul. Magistral'naja 15a, Tel. 24 37 88). Das zweite **Eisenbahnmuseum** befindet sich im Gebäude des örtlichen Lokomotivendepots (Sa, So Ruhetage, ul. Depovskaja 1, Tel. 24 30 81).

■ Ausflüge

Ein beliebtes Ausflugsziel ist der in den 1970er Jahren entstandene **Park des Sieges** (park Pobedy), der eine ansonsten eher ungewöhnliche Mischung aus Vergnügungspark und Gedenkstätte darstellt. Westlich des Parkes fährt die auf etwa fünf Kilometern Schmalspur betriebene ›**Kleine Transbaikalische Eisenbahn**‹ mit vier Haltepunkten. Die Pioniereisenbahn verfügt über zwei Züge und wird als Nachwuchsförderung fast ausschließlich von Kindern betreut.

Im Süden Čitas grenzen die Ausläufer des Mittelgebirges Chrebet Čerskogo an die Stadt. Der nächstgelegene, 944

Meter hohe Berg heißt Titovskaja. Ein Hügel an seinem Anstieg ist als **Titov-Hügel** (Titovskaja sopka) bekannt und bietet einen sehr schönen Blick auf die gesamte Stadt. Hier steht seit 2002 eine kleine Kapelle, die mit ihrer Widmung für Alexander Nevskij auch an Namensgeber der zerstörten Kathedrale im Zentrum erinnert. Der die Stadt vielerorts symbolisierende Bronze-Hirsch, der dort früher seinen Platz hatte, steht heute an der Ortsausfahrt in Richtung Darasun.

Čita-Informationen

Zeitunterschied: MEZ + 8 h.
PLZ: 672 000.
Vorwahl: 007/30 22.
Hauptpostamt: ul. Butina 37, Tel. 23 60 00.
Bank: Sberbank, ul. Poliny Osipenko 40, Tel. 33 60 00
Reisebüro: Inturist, ul. Lenina 56, Tel. 23 12 46.

Es gibt zwei Bahnhöfe in der Stadt, von denen der Hauptbahnhof Čita II wiederum aus zwei Bahnhofsgebäuden besteht. Er befindet sich am südlichen Rand des Stadtzentrums, Tel. 97 51 11.
GPS: 52°1′42″N/113°29′43″O.

Direkt am Bahnhof befindet sich auch der Busbahnhof, Tel. 23 68 97.

Der Flughafen der befindet sich knapp 15 Kilometer entfernt südwestlich des Kenon-Sees. Es gibt täglich einen Flug nach Moskau. Daneben bestehen mehrere Flüge pro Woche nach Irkutsk, Novosibirsk, Omsk, Vladivostok sowie Peking und Harbin in China, ul. Lenina 55, Tel. 32 55 72.

Das wohl beste Hotel ist derzeit das 2007 eröffnete **Hotel Vizit**, das die vier oberen Etagen eines neuen Geschäftszentrums belegt, ul. Lenina 93, Tel. 35 69 45.
Eine Alternative ist das traditionelle **Hotel Daurija**, ul. Profsojuznaja 17, Tel. 26 23 65.

Es gibt eine ganze Reihe empfehlenswerter Gaststätten in Čita, wie z. B. das **Zelënaja Rošča**, ul. Lenina 65, Tel. 32 27 14, oder das **Chmel'naja Korčma**, ul. Poliny Osipenko 10, Tel. 16 77 21.
Eine nette Kneipe mit Biergarten bietet das **Traktir**, ul. Čkalova 93, Tel. 35 22 29.

Das größte Kaufhaus der Stadt ist das **CUM**, wobei das C für ›Zentrales‹ (central'nyj) steht, ul. Lenina 62. Daneben gibt es noch ein auch für Zivilisten offenes – **VUM** genanntes – Militärkaufhaus wobei das V für ›Militär‹ (voennyj) steht, ul. Lenina 111.
Der **Zentralmarkt** liegt westlich vom Leninplatz in der ul. Čkalova.
Den früher sehr beliebten **Chinesenmarkt** vor dem Park des Sieges gibt es noch, aber seine Bedeutung und Beliebtheit nimmt ab.

7www.chita.ru (R).

Städte entlang der Transsib

Die Dekabristen

Der Name des Monats Dezember (dekabr') steht hinter diesem in Sibirien häufig anzutreffenden Begriff. Im Dezember 1825 erlebte Rußlands Metropole St. Petersburg einen bis dato unvorstellbaren Aufstand von Teilen des Adels und der Armee gegen die zaristische Selbstherrschaft. Im November 1825 war Zar Alexander I. unerwartet verstorben. Bis zur Krönung des neuen Zaren Nikolaj I. war aufgrund des Thronverzichtes seines älteren Bruders zunächst ein Machtvakuum entstanden, das mehrere Gruppen junger Adliger zum Sturz der Zarenherrschaft nutzen wollten. Rußlands Erfolg über Napoleon und der russische Feldzug nach Europa brachten viele Adlige und Offiziere nach Frankreich, wo sie an den Ideen der Französischen Revolution Gefallen fanden und mit ansahen, wie Länder wie Frankreich und Polen Verfassungen annahmen. Als sich ihre Erwartungen in der Heimat nicht erfüllten, gründeten viele der vom ›Geist von 1812‹ Besessenen verschiedene Geheimbünde mit dem Ziel, den Zaren zu stürzen. Als sich am 14. Dezember 1825 im Morgengrauen etwa 2000 unter dem Kommando der rebellierenden Offiziere stehende Soldaten auf dem Petersburger Senatsplatz sammelten, war der neue Zar durch Verrat bereits informiert, und seine Garde stand zur Umzingelung der Aufständischen bereit. Am Nachmittag war der Aufstand niedergeschlagen. Am Abend begannen die Verhaftungen.

Dem militärischen Scheitern folgten dramatische Konsequenzen. Die Rebellion in der eigenen Elite erschien dem neuen Zaren verständlicherweise besonders verwerflich und sollte durch eine gnadenlose Vergeltung bestraft werden. 579 Personen wurden als ›Angehörige der übelgesinnten Gesellschaft‹ zur Verantwortung gezogen, 131 von ihnen kamen vor das Petersburger Strafgericht. Fünf führende Köpfe der Bewegung (K. Ryleev, P. Pestel', S. Murav'ëv-Apostol, M. Bestužev-Rjumin und P. Kachovskij) wurden im Juli 1826 hingerichtet. 121 Mitstreiter wurden zur Zwangsarbeit nach Sibirien verbannt. Das Urteil lautete lebenslänglich, und die meisten verbrachten den Rest ihres Lebens hinter dem Ural, wo sich noch heute in Tobol'sk, Irkutsk, Nerčinsk und anderswo die Gräber und Gedenkstätten befinden. Nach 30 Jahren kam 1856 die Begnadigung, die noch 19 der damals Verurteilten erlebten und wovon wiederum 16 in den europäischen Teil Rußlands zurückkehrten.

Freiwillig folgten den Dekabristen auch elf ihrer Ehefrauen, bevor der Zar es verbot. Darunter befanden sich Ekatarina Trubeckaja, Tochter eines vom Zaren geadelten französischen Offiziers, die Urenkelin Lomonosovs, Maria Volkonskaja, und auch zwei Französinnen, die alles in Rußlands blendender Metropole St.Petersburg aufgaben, um das Schicksal ihrer Männer in den Weiten Sibiriens zu teilen. Diese mutigen Frauen waren die eigentlichen Heldinnen der Geschichte, da sie nicht nur den Verlust ihrer Standesrechte und Besitzstände in Kauf nehmen mußten, sondern zudem in einer Verzichtserklärung anerkennen mußten, daß in Sibirien geborene Kinder Leibeigene des Staates wurden.

Die Silberbergwerke von Nerčinsk und Akataj hinter dem Baikalsee waren die ersten Bestimmungsorte der Dekabristen. Im darauf folgenden Jahr wurden sie in das Gefängnis der damals noch kleinen Festung Čita verlegt, wo sie erheblichen

Dekabristenmuseum in Irkutsk

Einfluß auf die Planung der Stadtentwicklung hatten. Die nächste Station war das 500 Kilometer weiter südöstlich gelegene Petrovskij Zavod.

»Welchen Mut man benötigt, um in diesem Land zu leben. Es ist ein Glück, daß wir Euch keine freimütigen Briefe darüber schicken dürfen«, umschrieb Maria Volkonskaja ihre Lage.

Mit unzähligen Petitionen und wegen guter Führung konnten nach der Umwandlung der Katorga in die Ssylka (Zwangsansiedlung) viele Dekabristen Einfluß auf die Wahl und Gestaltung ihres Verbannungsortes nehmen. Zumeist fiel die Wahl auf die damalige Hauptstadt – das ›Paris Sibiriens‹. Irkutsk wurde – wenn auch notgedrungen – zur zweiten Heimat für viele Dekabristen, so zum Beispiel für den Zarenoffizier Sergej Volkonskij und den Diplomaten Sergej Trubeckoj, deren Häuser durch Bälle, Konzerte, Lesungen schnell zu kulturellen Zentren des Irkutsker Geisteslebens wurden und die heute als Museen Zeugnis über diese Zeit ablegen. Der Aufklärer Vladimir Raevskij, der Philosoph Michail Lunin, der Verwaltungsexperte Aleksandr Murav'ëv und viele andere brachten » ... die wahre Aufklärung dadurch, daß sie sich nicht mit ihrer Herkunft oder ihrer Bildung brüsteten, sondern bemüht waren, sich eng und ehrlich an ihre provinzielle Umgebung zu binden und das Licht der Erkenntnis einzubringen.« So ihr Schüler Nikolaj Belogolovoj, der später ein berühmter Arzt werden sollte.

›Vivos voco‹ (Aufruf an die Lebenden) nannten sie in Anlehnung an Schillers ›Glocke‹ ihre Ketten. Der Aufruf wurde erhört und später immer wieder von allen liberalen, sozialdemokratischen und bolschewistischen Gegnern des Zarismus aufgegriffen. Die Dekabristen wurden in Rußland zum Inbegriff für den Geist der Freiheit gegen den zaristischen Absolutismus. In Sibirien gedenkt man ihrer bis heute und dankt ihnen den geistig-kulturellen Schub, den sie der Elite Sibiriens brachten.

Sretensk

Sretensk kann auf eine lange Geschichte zurückschauen. Bereits 1689 wurde der Ort erstmalig als Winterlager erwähnt. Seine Blüte erlebte es in den Jahren des Baus der Transsibirischen Eisenbahn. Etwa sechs Jahre lang befand sich hier am Fluß Šilka der Endpunkt der Eisenbahnlinie. In den Jahren von 1897 bis 1903 war eine Transsibreise sozusagen eine kombinierte Bahn- und Schiffsreise und Sretensk der wichtigste Umsteigebahnhof. Von hier ging es im Sommer mit dem Schiff oder im Winter mit Schlittengespannen weiter auf den Flüssen Šilka und Amur bis nach Chabarovsk, von wo aus man dann wieder mit dem Zug bis Vladivostok weiterfuhr.

Über 100 Handelsfirmen, Banken, ein Zollamt, eine Brauerei und vieles mehr bestimmten den Lebensrhytmus der Stadt. Nach der Inbetriebnahme der Ostchinesischen Eisenbahn verlor Sretensk schnell seine Bedeutung und auch die später eröffnete Amurbahn zweigte im 50 Kilometer entfernten Kuenga gen Osten ab und besiegelte die Bedeutungslosigkeit. Zu Sowjetzeiten noch prägende Arbeitgeber wie die örtliche Schiffswerft sind heute Investruinen. Der geschichtsträchtige Ort mit heute etwa 10 000 Einwohnern dient eher als Anschauungsmaterial für Rußlands gewaltige Probleme in der sibirischen Provinz.

Stadtrundgang

Das Ortszentrum befindet sich auf der dem Bahnhof gegenüberliegenden Seite des Flusses Šilka. Hinter dem Flußhafen befindet sich der zentrale Platz mit einigen historischen Gebäuden, wo heute das Standesamt und das örtliche Kaufhaus ihren Sitz haben. Etwa ein Dutzend historische Gebäude sind vor allem in der ul. Naberežnaja und der parallelen ul. Lunačarskovo noch zu erkennen. Die große Kirche auf dem Marktplatz hat die Sowjetära nicht überlebt. Dort findet man heute Lenin und ein Kriegsdenkmal. Am Berg befindet

Fähre über den Fluß Šilka

sich am Friedhof eine kleine Kirche. Es gibt ein Heimatkundemuseum, dessen Ausstellung sich aber in die allgemeine Trostlosigkeit des Ortes einordnet (ul. Lunačarskovo 233, Tel. 213 68). Nur ein Bruchteil des Ortes verfügt heute über einen Anschluß an die Kanalisation, so daß man ständig Wasserwagen sieht, die das Wasser in der Šilka auftanken und dann ausfahren.

Sretensk-Informationen

Zeitunterschied: MEZ + 9 h.
PLZ: 673 500.
Vorwahl: 007/302 46.
Postamt: ul. Lunatscharskovo 202, Tel. 212 61
Bank: Sberbank, ul. Lunatscharskovo 190, Tel. 216 73.

Der alte Bahnhof bildet die Endstation am nördlichen Šilka-Ufer. Einige Meter weiter enden die Gleise an einer Felswand. Die 1986 gebaute Brücke über die Šilka befindet sich auf Höhe der vorherigen Bahnstation Matakan, von wo auch Busse ins Zentrum fahren. Es gibt tgl. eine Zugverbindung von und nach Čita. Fahrtzeit 12 Stunden mit längerem Aufenthalt in Kuenga, ab Kuenga 2,5 Stunden.
GPS: 52°15′13″N/117°41′50″O.

Es gibt nur eine **Herberge** an der Uferstraße, ul. Naberežnaja 44, Tel. 217 73.

Das **Café Nadežda** befindet sich im selben Gebäude wie die Herberge.

Birobidžan

Birobidžan ist vor allem als Hauptstadt des ›Jüdischen Autonomen Gebietes der Russischen Föderation‹ bekannt. Doch man sollte die Erwartungen an Klein-Israel im Fernen Osten nicht zu hoch schrauben. Der größte Ort dieses Stalin zu verdankenden Kuriosums der Weltgeschichte ist heute eine kleine Provinzstadt mit 83 000 Einwohnern. Birobidžan entstand 1931 an der Stelle der alten Halbetappe Tichonka. Den Namen erhielt der 172 Kilometer westlich von Chabarovsk liegende Ort von den beiden Flüssen Bira und Bidžan, die in der Nähe zusammenfließen. Im Jahr 1934 wurde die unwirtliche Gegend zum ›Jüdischen Autonomen Gebiet der UdSSR‹ proklamiert, und Birobidžan erhielt als Hauptstadt drei Jahre später das Stadtrecht.

Dabei ging es keineswegs um ein Deportationsgebiet, obwohl zur Zarenzeit Pogrome in Rußland keine Ausnahme waren. Viele Juden hatten sich auch von Anfang in der bolschewistischen Bewegung engagiert. In der Hoffnung auf soziale wie nationale Emanzipation übte die sowjetische Ideologie eine starke Anziehungskraft aus. Stalin griff für die Juden die Idee des Neubeginns auf und wollte mit seiner damals weltweit einzigartigen Initiative der staatlichen Unterstützung für die Autonomie eine Alternative zum von vielen erträumten, aber damals doch unrealistischen Neubeginn in Palästina schaffen. Über 40 000 freiwillige Siedler brachen in den folgenden Jahren auf, um den dünn besiedelten Raum unter der Fahne einheitlicher jüdischer Nationalität zu füllen.

Aber die Umsiedler fanden beklagenswerte Lebensbedingungen vor. Für Landwirtschaft waren Boden und Klima deutlich ungeeignet. Dem Handel fehlte es in der Umgebung an Kunden. Fünf Jahre später hatten über zwei Drittel der Neusiedler bereits wieder aufgegeben. Von den für die letzten Lebensjahre Stalins charakteristischen antisemitischen Repressalien blieb das Gebiet ebenfalls nicht verschont, die gesamte Führungsriege verschwand im GULag. Heute leben in diesem Gebiet etwa 200 000 Einwohner, wovon sich aber nur acht Prozent zum Judentum bekennen. Mit der beginnenden Liberalisierung Ende der 80er Jahre wagten viele Juden nochmals den besagten Neuanfang nun im richtigen Israel.

Ein Stadtrundgang

Birobidžan ist ein sehr beschauliches

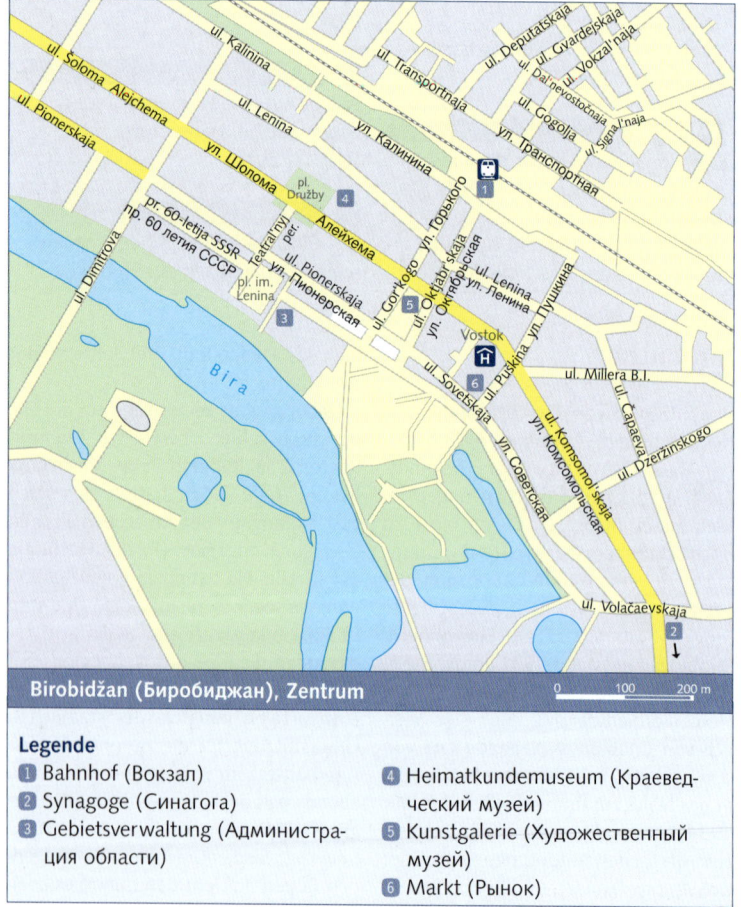

Birobidžan (Биробиджан), Zentrum

0   100   200 m

Legende

1 Bahnhof (Вокзал)

2 Synagoge (Синагога)

3 Gebietsverwaltung (Администрация области)

4 Heimatkundemuseum (Краеведческий музей)

5 Kunstgalerie (Художественный музей)

6 Markt (Рынок)

Auf dem Bahnhofsvorplatz

und ruhiges Städtchen. Die im Stadtzentrum parallel auf halber Höhe zwischen der Bahnlinie und dem Amur-Nebenfluß Bira verlaufende Hauptstraße von Birobidžan ist nach dem russisch-jüdischen Schriftsteller Scholem-Alechjem (›Der Fiedler auf dem Dach‹ bzw. ›Anatevka‹) benannt. Vor dem frisch renovierten Bahnhofsgebäude beginnt die ul. Oktjabr'skaja, die die Hauptstraße an der zweiten Ecke kreuzt, wo sich gegenüber auch die **Gemäldegalerie**

(ul. Šoloma-Alejchema 8) befindet. An der ersten Ecke gelangt man rechter Hand zum **Heimatkundemuseum** (ul. Lenina 25). Davor entstand ein neues jüdisches Gemeindezentrum mit einer neuen Synagoge. Am dahinter stehenden Rathaus abbiegend, kommt man über die Theatergasse zum Lenin-Platz, wo sich auch das **Verwaltungszentrum** des Autonomen Gebietes befindet. Ein Dramentheater gibt es nicht mehr, nur noch ein Puppentheater (Švejnyj per. 5). Vom Lenin-Platz sieht man schon den Fluß und gelangt an der für die Stadt wohl etwas zu groß geratenen **Philharmonie** (pr. 60letija Oktjabrja 14, Tel. 667 73) vorbei zum am Ufer gelegenen **Kulturpark**. Zur alten **Synagoge** (ul. Majakovskogo, Tel. 631 00) gelangt man auf der Hauptstraße in Richtung Osten, die hinter dem Markt dann ul. Komsomol'skaja und zwei Kreuzungen später ul. Sovetskaja heißt.

Birobidžan-Informationen

Zeitunterschied: MEZ + 9 h.
PLZ: 682 200.
Vorwahl: 007/426 22.
Hauptpostamt: pr. 60-letija SSSR 16, Tel. 336 33.
Bank: ul. Šoloma-Alejchema 16, Tel. 404 35.
Reisebüro: Birobidžan-Intur, ul. Šoloma-Alejchema 55, Tel. 615 73.

Der kyrillisch und hebräisch beschriftete Bahnhof liegt am nördlichen Rand des Stadtzentrums. Dank der kürzlich neu eröffneten Amur-Brücke bei Chabarovsk hat sich die Verkehrsanbindung der Stadt deutlich verbessert. Vom Busbahnhof

gibt es tägliche Verbindungen nach Chabarovsk, wo sich auch der nächstgelegene Flughafen befindet, ul. Kalinina, Tel. 670 42
GPS: 48°47'35''N/132°56'3''O.

Es gibt nur ein Hotel aus den 80er Jahren mit 140 Zimmern und einem Restaurant namens **Vostok**, ul. Šoloma-Alejchema 1, Tel. 653 30.

Unter den Restaurants sind das **Élita**, ul. pr. 60-letija SSSR 14, Tel. 697 18, und das das und das **Lechaim**, ul. Gor'kogo 10, Tel. 684 19) zu empfehlen.

www.jar.ru (R)

Dauerfrostboden

Entlang der Route der Transsibirischen Eisenbahn tritt der Dauerfrostboden nur inselhaft zwischen Krasnojask und Chabarovsk auf. Die oberen 0,5 bis 5 Meter Erdoberfläche tauen im Sommer auf, darunter erstreckt sich eine ständig gefrorene Schicht von 60 bis 100 Metern Tiefe (auf Russisch ›ewige Gefrornis‹ genannt).

Weiter nördlich, zum Beispiel in der Tundrazone, erreicht der Dauerfrostboden eine Tiefe von 400 Metern, so daß die Wasserversorgung größerer Orte nur gesichert werden kann, indem der Frostboden durchbohrt wird und die darunter liegenden Wasservorräte angezapft werden.

Beim Hausbau direkt auf Dauerfrostboden würde die Wärme des Hauses den Boden unweigerlich destabilisieren und die Häuser versinken lassen. Daher finden sich heute im Norden große Wohnblocks einen Meter über der Erde auf Stelzen, die zehn Meter oder tiefer in den Frostboden gerammt wurden.

Beim Bahnbau östlich des Baikalsees sowie fast überall auf der Baikal-Amur-Eisenbahn mußten aufwendige Dämme aufgeschüttet werden. Versorgungsleitungen wie Gas, Fernwärme und Wasser müssen in der Zone des Dauerfrostbodens überirdisch verlegt und gut isoliert werden.

Von den 17 Millionen Quadratkilometern russischen Territoriums enthält über die Hälfte Dauerfrostboden. Unter anderem ist er Speicher für Mammutreste. Auch heute noch werden immer wieder Stoßzähne bei Bergbauarbeiten entdeckt.

Den zahlreichen Nachteilen des Dauerfrostbodens steht ein großer Vorteil gegenüber: Jedes Haus konnte sich immer schon leicht einen Kühlschrank zulegen: man mußte nur neben dem Haus ein wenig graben bis zur Dauerfrostschicht – fertig ...

Sibirischer Winter

Chabarovsk

Der Ort wurde 1858 als Festung Chabarovka gegründet und sollte die Region am Amur für Rußland sichern. Die vormals zur Mandschurei gehörenden Landstriche waren nach dem russisch-chinesischen Friedensschluß von Aigun an Rußland gegangen. 1880 erhielt der Ort das Stadtrecht, seit 1893 heißt er zu Ehren des Eroberers Erofej Pavolovič Chabarov Chabarovsk. 1897 wurde nach sechsjähriger Bauzeit mit der Ussuri-Bahn zwischen Chabarovsk und Vladivostok das erste Teilstück der Transsibirischen Eisenbahn übergeben. Da die Transsib in ihren Anfangsjahren aber durch die Mandschurei verlief, dauerte es noch knapp 20 Jahre, bis mit der Übergabe der gewaltigen Amurbrücke Chabarovsk an die durchgehende Zugverbindung zwischen Moskau und Vladivostok angeschlossen wurde.

Im Jahre 1924 wurde die Stadt zur administrativen Haupstadt des Fernen Ostens, der dann 1938 in die Gebiete Chabarovsk und Primor'e mit der Hauptstadt Vladivostok aufgeteilt wurde. Die Stadt, in der heute 614 000 Einwohner leben, zieht sich auf einer Länge von knapp 40 Kilometern am Amur entlang. Sie ist heute eine bedeutende Industriestadt. Mit der Verwaltungsreform im Jahr 2001 wurde Chabarovsk zur Hauptstadt eines Föderalbezirkes.

Stadtrundgang

Der mit Zuckerbäckerstilelementen verfeinert, rekonstruierte Bahnhof liegt nordöstlich des Stadtzentrums. Auf dem Bahnhofsvorplatz erhebt sich ein Denkmal für Erofej Chabarov. Hier am Bahnhof beginnt der **Amurskij bul'var**, ein grüner Boulevard im wahrsten Sinne des Wortes, der über knapp drei Kilometer zum Amurufer führt. In einer Nebenstraße unweit des Bahnhofs befindet sich ein kleines interessantes **Eisenbahnmuseum**, das man aber nur nach telefonischer Terminabsprache besuchen kann (ul. Vladivostokskaja 40, Tel. 38 95 13).

Chabarovsk wurde am Amur auf drei Hügeln und zwei Tälern erbaut und der Amurskij-Boulevard bildet das eine und

Bahndepot

der südlich parallel dazu verlaufende Ussurijskij-Boulevard bildet das andere Tal. Beide schließen sozusagen das auf dem mittleren Stadthügel liegende Stadtzentrum ab. Zwischen beiden verläuft die Hauptstraße, die in ihrer Geschichte schon viele Namen trug: zunächst Chabarovskaja, dann Bol'šaja; zur Jahrhundertwende wurde sie nach dem Gouverneur Ostsibiriens Murav'ëv-Amurskij und nach der Oktoberrevolution nach Karl Marx benannt. Jetzt fand man hier im vielerorts geführten Disput über die Rückkehr zu den alten Straßenbezeichnungen einen fifty-fifty-Kompromiß. Eine Hälfte der langen Straße heißt jetzt wieder nach Murav'ëv-Amurskij, für die andere Hälfte östlich des Leninplatzes blieb Karl Marx erhalten. Man kann dem Amurskij-Boulevard vorbei am Zentralmarkt bis zum Hotel Inturist am Ufer folgen oder über die Querstraße zur Hauptstraße gelangen. Hier hat man einen schönen Blick auf den Amur. In Richtung Sportstadion ist in der Ferne auch die große Amurbrücke zu sehen.

Am Flußufer liegt der schöne **Stadtpark**. Man gelangt zum Passagierhafen, zum städtischen Badestrand und zum **Klippenturm**, eine der bekanntesten Sehenswürdigkeiten der Stadt. An der Klippe schlugen russische Soldaten am 31. Mai 1858 ihr Lager auf und legten somit den Grundstein für das heutige Chabarovsk, woran ein Obelisk und ein Felsrelief erinnern. Auf der Klippe befindet sich das 1992 wiedererrichtete Denkmal für Nikolaj Murav'ëv-Amurskij.

Parallel zum Fluß verläuft die **ul. Ševčenko**, in der sich die wichtigsten Museen der Stadt befinden: Das **Heimatkundemuseum** lohnt auf jeden Fall einen Besuch (ul. Ševčenko 11, Tel. 38 39 54). Die Grundlage der Sammlung bildet eine Schenkung des ersten Gouverneurs

der Stadt, Baron Alexander Korf. Im Erdgeschoß kann man die örtliche Pflanzenund Tierwelt besichtigen, die beiden Obergeschosse sind der Stadtgeschichte und der Ethnographie der Ureinwohner gewidmet. Daneben befindet sich die umfangreiche **Gemäldegalerie** (ul. Ševčenko 7, Tel. 39 93 12). Schräg gegenüber liegt das **Militärmuseum** (ul. Ševčenko 20, Tel. 33 63 50).

Auch die **Theaterlandschaft** der Stadt kann sich sehen lassen. Das Schauspielhaus trägt den Namen Maksim Gor'kijs (ul. Dzeržinskogo 44, Tel. 22 69 79). Es gibt ein Kinder- und Jugendtheater (ul. Murav'ëva-Amurskogo 10/12, Tel. 22 61 69), ein Operettentheater (ul. Karla Marksa 64, Tel. 33 48 21) und ein Pantomime-Theater (ul. Lenina 27, Tel. 51 59 02).

Auf der Museumstraße kommt man zum **Komsomolplatz**, von dem einst auch die Besiedlung der Stadt ausging. In seiner Mitte erhebt sich ein Denkmal für die Opfer des Bürgerkriegs im Fernen Osten. Ursprünglich stand hier die größte Kirche der Stadt, die Maria-Fürsprach-Kathedrale (Uspenskij sobor), die 1886 errichtet wurde und wie so viele andere Kirchen auch dem Sowjetatheismus in den 30er Jahren des 20. Jahrhunderts zum Opfer fiel. Einige Meter versetzt wurde in den vergangenen Jahren ei-

---

Legende

1 Bahnhof (Вокзал)
2 Eisenbahnmuseum (Музей дальневосточной ЖД)
3 Passagierhafen (Речной вокзал)
4 Klippenturm (Башня на скале)
5 Heimatkundemuseum (Краеведческий музей)
6 Gemäldegalerie (Художественный музей)
7 Militärmuseum (Военный музей)

8 Schauspielhaus (Краевой театр драмы им. М. Горького)
9 Bürgerkriegs-Denkmal (Памятник жертвам Гражданской войны)
10 Kathedrale (Кафедральный собор)
11 Christi-Geburts-Kirche (Собор рождества Христова)
12 Innokenti-Kirche (Церковь св. Иннокенти)

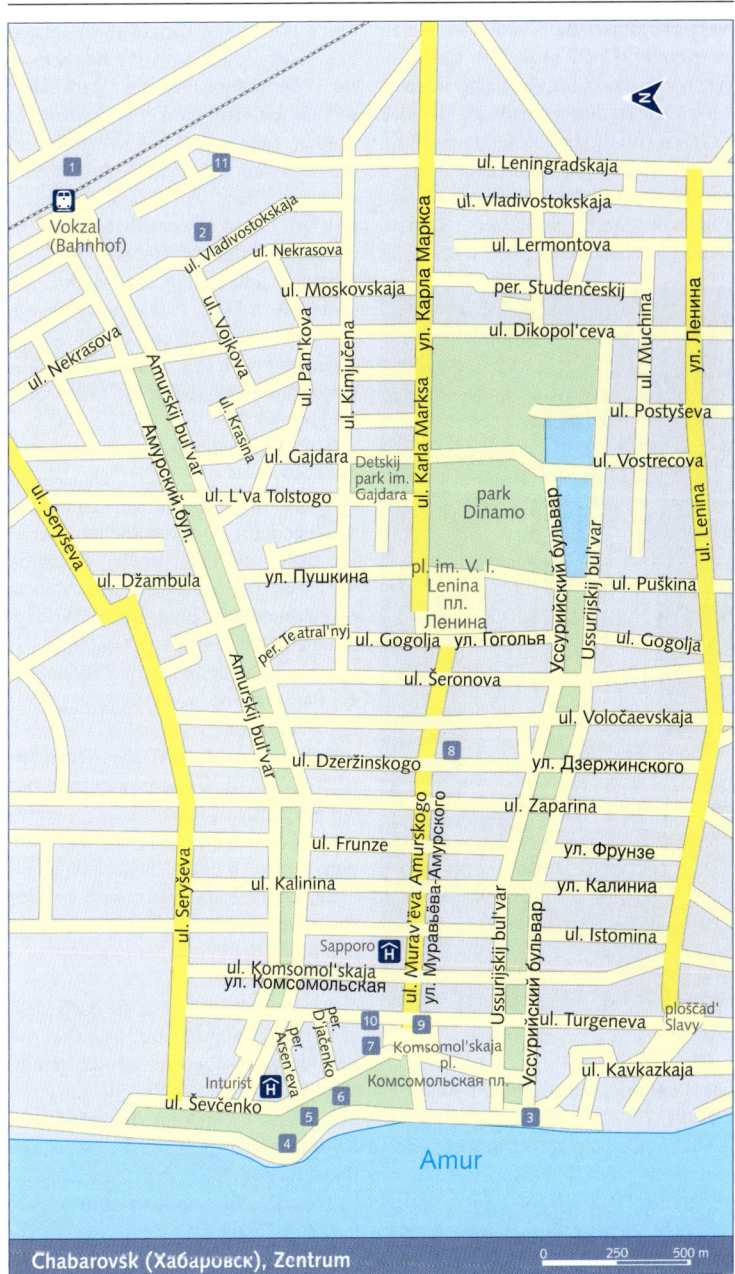

ul. Leningradskaja
ul. Vladivostokskaja
ul. Lermontova
per. Studenčeskij
ul. Dikopol'ceva
ul. Postyševa
ul. Vostrecova
ul. Puškina
ul. Gogolja
ul. Voločaevskaja
ул. Дзержинского
ul. Zaparina
ул. Фрунзе
ул. Калиниа
ul. Istomina
ul. Turgeneva
ul. Kavkazkaja
ploščad' Slavy

ul. Muchina
ул. Ленина

park Dinamo
pl. im. V. I. Lenina
пл. Ленина

Ussurijskij bul'var
Ussurijskij bul'var
Уссурийский бульвар
Уссурийский бульвар

ул. Карла Маркса
ul. Karla Marksa

ul. Vladivostokskaja
ul. Nekrasova
ul. Moskovskaja
ul. Kimjučena
ul. Pan'kova
ul. Gajdara
Detskij park im. Gajdara
ul. L'va Tolstogo
ул. Пушкина
ul. Gogolja   ул. Гоголья
ul. Šeronova

ul. Krasina
ul. Vojkova
Amurskij bul'var
Амурский бул.
ul. Nekrasova
ul. Seryševa
ul. Džambula

Amurskij bul'var
per. Teatral'nyj
ul. Dzeržinskogo
ul. Frunze
ul. Kalinina

ul. Murav'ёva Amurskogo
ул. Муравьёва-Амурского

ul. Komsomol'skaja
ул. Комсомольская
per. D'ačenko
per. Arsen'eva
ul. Ševčenko
Komsomol'skaja pl.
Комсомольская пл.

Sapporo
Inturist

Vokzal (Bahnhof)

Amur

Chabarovsk (Хабаровск), Zentrum

0   250   500 m

ne neue **Kathedrale** erbaut, deren blau glänzendes Dach samt der turmartigen Form etwas untypisch bis kitschig wirkt. Am Stadion erfreut sich die kleine **Innokenti-Kirche** (ul. Turgeneva 73b, Tel. 34 05 75) großer Beliebtheit bei den Chabarovskern. Die früher einzige Kirche der Stadt, die hölzerne **Christi-Geburt-Kirche**, befindet sich in der Nähe

Neue Kathedrale am Komsomolplatz

des Bahnhofes (ul. Leningradskaja 65, Tel. 38 06 71).

Am Komsomolplatz beginnt die ebenfalls nach Nikolaj Murav'ëv-Amurskij benannte **Hauptstraße**. Hier finden sich viele interessante **Gebäude aus der Gründerzeit**, Cafés, zwei Theater, zwei

Kinos und die wichtigsten Geschäfte der Stadt. Interessant ist der schönste Lebensmittelladen der Stadt samt seinem kleinem Café im ›**Gastronom Merkur**‹ mit Jugendstil-Spielereien und Glasmosaiken – zu Beginn des Jahrhunderts als Filiale von ›Kunst & Albers‹ errichtet (ul. Murav'ëva-Amurskogo 9). Ein Stück weiter befindet sich die 1886 errichtete **ehemalige Stadtduma**, die später als örtlicher Pionierpalast diente und seit einigen Jahren neben einem Jugendzentrum im Erdgeschoß sehr nette Läden beherbergt (ul. Murav'ëva-Amurskogo 17).

Die Straße mündet auf einen großen Platz, den sie leicht versetzt tangiert und von dem aus sie dann als ul. Karla Marksa weiterläuft. Den **Lenin-Platz** zieren vor dem gewaltigen weißen Gebäude der Gebietsadministration (ul. Marksa 66) ein Lenindenkmal und ein Springbrunnen. Am Leninplatz beginnt auch eine große innerstädtische Grünanage, der Park Dinamo, der Möglichkeiten zur Erholung bietet.

Südlich zur Hauptstraße liegen im nächsten Tal der **Ussurijskij bul'var**, der am Flußbahnhof seinen Anfang nimmt, und auf der nächsten Anhöhe die **ul. Lenina**. An deren Beginn liegt neben dem örtlichen Fernsehzentrum ein typisch sowjetischer Memorialkomplex, der an den Ruhm der Fernöstler in Kampf und Arbeit erinnert.

In der Stadt gibt es auch noch viele **alte Holzhäuser**, die trotz vielfacher An- und Umbauten und manchmal gerade auch aufgrund dieser Neuerungen ihren Reiz haben. Die meisten dieser teilweise unter Denkmalschutz stehenden Häuser. findet man vor allem in den parallel zum Fluß verlaufenden Straßen, zum Beispiel in der ul. Turgeneva.

Chabarovsk-Informationen

Zeitunterschied: MEZ +9 h.
Vorwahl: 007/42 12.
PLZ: 680 000.
Hauptpostamt: ul. Murav'ëva-Amurskogo 28, Tel. 22 51 99.
Banken: Vneštorgbank, ul. Moskovskaja 7, Tel. 32 86 34.
Reisebüro: Intur Chabarovsk, Amurskij bul. 2, Tel. 39 93 70.
Konsulate: Japanisches Konsulat im Hotel ›Sapporo‹, ul. Komsomol'skaja 79/3, Tel. 33 87 75; Chinesisches Konsulat: Nord-West-Ecke des Lenin-Stadions, Tel. 33 83 90.

Es gibt zwei Bahnhöfe. Der Hauptbahnhof befindet sich in der ul. Leningradskaja 11, Tel. 34 21 92. Von und bis Moskau und Irkutsk dauert die Reise etwa 130 bzw. 36 Stunden. Es gibt von Chabarovsk aus bequeme Nachtzugverbindungen nach Vladivostok (12 Stunden), Nachodka (15 Stunden) und Komsomol'sk am Amur (14 Stunden).
GPS: 48°29'48''N/135°4'22''O.

Der Flughafen von Chabarovsk liegt etwa zehn Kilometer außerhalb. Es gibt tägliche Flugverbindungen nach Moskau, Irkutsk, Vladivostok, Magadan, Petropavlovsk-Kamčatka und Južno-Sachalinsk sowie wöchentlich Flüge nach Japan, China, Südkorea und in die USA, Tel. 37 87 58.

Der Passagierhafen liegt befindet sich in einem fest verankerten alten Raddampfer. Es gibt Schiffsver-

bindungen den Amur herunter nach Komsomol'sk am Amur und nach Nikolaevsk. Schiffsausflüge nach Fuyuan in China sind möglich, ul. Ševčenko 1, Tel. 39 88 32.

Das traditionsreichste Hotel ist das **Inturist**, das schon zu sowjetischen Zeiten ausländische Touristen betreute. Es ist auch heute mit Amur-Blick eine gute Wahl, Amurskij bul. 2, Tel. 39 93 13.
Als das beste Hotel der Stadt gilt derzeit das von Japanern betriebene, vergleichsweise kleine **Hotel Sapporo**, ul. Komsomol'skaja 79/3, Tel. 22 67 45.

Das chinesische **Restaurant Harbin** hat in einem roten und einem weißen Saal mit unterschiedlichen Angeboten die beste chinesische Küche der Stadt, ul. Voločaevskaja 118, Tel. 33 13 56.
Den Ausblick auf den Amur genießt man vom **Klippen-Café** (Kafe Utes) an der Uferpromenade, Tel. 38 93 52. Eine gute Fischgaststätte ist das **Okean**, ul. Lenina 45, Tel. 33 161 1.

Das größte Kaufhaus der Stadt, **ZUM**, befindet sich in der ul. Murav'eva-Amurskogo 23, Tel. 22 60 17. Der **Zentralmarkt** befindet sich in Bahnhofsnähe, ul. Tolstogo 11, Tel. 33 86 58.

www.khv.ru (R).
photo.kht.ru (R/E).
Ein Internetcafé findet man in der ul. Murav'ëva-Amurskogo 30.

Die Liebe am Fluß Amur

Der Zug war eine gespenstische Erscheinung, ein Traumgebilde wie von einem anderen Stern. Er kam jeden Abend am Bahnwärterhäuschen vorbei und gab mit seiner schnellen Durchfahrt den Takt der Zeit, die bei uns ganz geruhsam verging.

Die kleine Isba, in der meine Tante ihren vierundzwanzigstündigen Dienst versah, kauerte sich neben den Gleisen in die Taiga, die das Dach überragte. Zu Fuß brauchte man gut drei Stunden, um vom Dorf hierherzukommen. Doch meine Tante hatte ein Abkommen mit den Fahrern der Holztransporter, die im Morgengrauen durch unser Dorf fuhren. Sie nahmen sie bis zur Teufelskurve mit, wo sich die Straße gabelte. Das war schon ein gutes Stück des Weges. Für die restliche Strecke brauchte sie nur noch eine Stunde.

Die Einrichtung der kleinen Behausung hatte jenen unbeschreiblichen provisorischen Charakter, den man in Wohnungen findet, in denen niemand wirklich zu Hause ist.

Eine schmale Eisenpritsche. Über dem Tisch ein Wachstuch mit längst verblichenem Muster. Ein Kanonenofen. An der Wand über dem Bett Ansichtskarten, die wie eine Ikonostase angeordnet waren.

Der wichtigste Gegenstand in dem schmalen Zimmer war eine runde Wanduhr. Ihr von kleinen Strichen eingefaßtes Zifferblatt hatte sich längst zum sprechenden Gegenüber gewandelt. Diesem vertrauten Gesicht konnten wir alle Abfahrtszeiten und Verspätungen entnehmen, indem wir jeder Stunde und jedem Zug einen anderen Ausdruck zuschrieben. In seinem Mienenspiel spiegelte sich etwas wieder, was ich an den Abenden, die ich bei meiner Tante verbrachte, besonders mochte. (...)

Ich ging ins Haus. Ich hörte das leise Pfeifen des großen Kessels auf dem Ofen und sah meine Tante das Abendessen zubereiten: Kartoffeln und gefrorenen Speck, den sie aus einem kleinen Verschlag holte, der an die Isba gebaut war und uns als Kühlschrank diente. Dazu gab es Tee und Mohngebäck. Das Blau hinter den Arabesken der Eisblumen an dem kleinen Fenster wurde allmählich violett und schließlich schwarz.

Mit der letzten Tasse Tee begannen wir, kurze Blicke auf das Gesicht der Uhr zu werfen. Wir ahnten schon den Zug, der sich auf seinem Weg zu uns irgendwo durch die schlafende Taiga schlängelte.

Wir gingen vor seiner Ankunft hinaus. In der abendlichen Stille hörten wir ihn kommen. Zuerst ein fernes Dröhnen, das aus dem Erdinnern aufzusteigen schien. Dann ein dumpfes Krachen, als würde eine Schneehaube von einer Tanne rutschen. Schließlich ein Trommeln, das immer lauter, immer durchdringender wurde.

Wenn er in Sicht kam, hatte ich nur noch Augen für den Lichtertanz der Waggons. Und für die Lokomotive – eine echte, uralte Dampflokomotive mit riesigen, rotlackierten Rädern und blitzenden Schubstangen! Sie sah aus wie ein schwarzes, mit flockigem Reif bedecktes Ungeheuer. Und auf ihrer Brust prangte ein großer roter Stern! Der nächtliche Bolid schnaubte wild, seine Atemstöße ließen uns einige

Schritte zurückweichen. Meine Tante schwenkte ihre Laterne, und ich riß die Augen auf, so weit ich konnte.

Ich stellte mir vor, wie behaglich es die Fahrgäste in den warmen Abteilen hinter den erleuchteten Fenstern hatten, und kam aus dem Staunen nicht mehr heraus. Was waren das für geheimnisvolle Wesen, die darin saßen? Hin und wieder konnte ich die Umrisse einer Frau erkennen oder ein Paar hinter einem kleinen Tisch ausmachen, auf dem zwei Teegläser standen. Manchmal sah ich sogar eine Gestalt in der Dunkelheit eines Liegewagens. Doch solche Blitzaufnahmen gelangen mir nur selten. Eine dicke Eisschicht oder ein zugezogener Vorhang versperrten mir die Sicht. Dabei gab ich mich schon mit dem Anblick eines Schattens zufrieden.

Eine sympathische Provodniza

Ich wußte, daß es in diesem Zug einen besonderen Waggon gab, der mit Aufschriften in drei fremden Sprachen versehen war: Wagon-lit – Schlafwagen – Vagoniletti. Darin reisten Menschen aus dem Westen durch das Reich. Für uns waren sie Wesen von einem anderen Stern.

Ich stellte mir eine Frau in dem Abteil vor: Sie war schon einen Tag unterwegs und würde noch eine ganze Woche darin verbringen! Im Kopf ging ich ihre Reiseroute durch: Baikal, Ural, Wolga, Moskau... Wie gerne hätte ich diese fremde Reisende begleitet! Wie gerne hätte ich in diesem kleinen, warmen Abteil Platz genommen, wo man so dicht beisammen saß, daß aus jedem Handgriff, jedem Blick eine Liebeserklärung werden mußte, besonders wenn es dunkel wurde. Und unter dem rhythmischen Stampfen der Waggons war die Nacht lang, sehr lang.

Schon legte sich das Schneegestöber, das der märchenhafte Zug aufgewirbelt hatte, und die beiden roten Rücklichter verschwanden immer mehr im eisigen Nebel über den Schienen.

Aus. Andrei Makine, Die Liebe am Fluß Amur, München 2000, S. 52ff.

Vladivostok

Vladivostok – die Übersetzung des aus russischer Sicht programmatischen Stadtnamens lautet ›Beherrsche den Osten‹. Die Stadt ist Rußlands Tor zum Pazifik und ohne Zweifel einer der interessantesten Orte Rußlands. Die Stadt liegt an der Südspitze der nach dem Gouverneur Nikolaj Murav'ëv benannten Halbinsel und ist im Westen von der Amur-Bucht und im Osten von der Ussuri-Bucht umgeben. Als wichtigster Stützpunkt der Pazifik-Flotte war Vladivostok zu sowjetischen Zeiten nicht nur für Ausländer, sondern auch für Bürger der Sowjetunion geschlossen. Ohne Sondergenehmigung kam man hier auch besuchsweise nicht her.

Im Jahr 1860 setzte der Flottentransporter ›Mandschur‹ die ersten 40 Soldaten in der ›Goldenes Horn‹ genannten Bucht ab, um im zwischen Rußland und China umstrittenen Gelände die russische Flagge zu hissen und ein kleines Fort zu befestigen. Der Handel und vor allem das Militär werteten den Ort schnell auf. Als die Pläne zum Bau der Transsibirischen Eisenbahn Realität wurden und der Zarewitsch Nikolaj 1891 in Vladivostok das Jahrhundertprojekt symbolisch mit einer vollgeschaufelten Schubkarre eröffnete, begann die Euphorie, die allerdings nur sechs Jahre währte. Nachdem die Entscheidung zugunsten der Ostchinesischen Eisenbahn fiel und Rußland sich mit einem zunächst auf 25 Jahre befristeten Pachtvertrag im chinesischen Port Arthur einmietete, verlagerten sich die militärischen Interessen Rußlands auf die ganzjährig eisfreie Spitze der Halbinsel Liaotung, und Vladivostok drohte die Bedeutungslosigkeit. Durch die Niederlage Rußlands im Krieg gegen Japan und den Verlust von Port Arthur erlangte Vladivostok wenige Jahre später jedoch seine exponierte Stellung für Rußland zurück.

Mit dem beginnenden Bürgerkrieg schickten Japan und andere Staaten Truppen nach Vladivostok, um hier im Fernen Osten eine zweite Front gegen die neue Macht zu eröffnen. Nach dem Sieg der Bolschewiki und langwierigen Verhandlungen, die zur Etablierung der Fernöstlichen Republik mit der Hauptstadt Čita als Pufferstaat führten, verließen die letzten japanischen Soldaten die Stadt im Oktober 1922. Zu Sowjetzeiten boomte die Stadt als strategisch wichtiger Standort, was insbesondere in den 1940er und 1960er Jahren forciert wurde. Heute hat Vladivostok 659 000 Einwohner und fühlt sich wie die ganze Region etwas auf verlorenem Posten. Vor allem die hohen Bahnpreise lockerten die wirtschaftlichen Bindungen innerhalb Rußlands. Die Lieferungen

Legende

1 Bahnhof (Вокзал)
2 Passagierhafen (Морской вокзал)
3 Denkmal für die Kämpfer für die Sowjetmacht im Fernen Osten (Памятник »Борцам за власть Советов«)
4 U-Boot (Подводная лодка)
5 Fährhafen

6 GUM, ehem. ›Kunst & Albers‹ (быв. Торговый дом Кунста и Альберса)
7 Adlernest (Орлиное гнездо)
8 Gemäldegalerie (Картинная галерея)
9 Ozeanarium (Океанариум)
10 Heimatkundemuseum (Краеведческий музей)

vom Pazifik zum Ural verteuerten sich in beide Richtungen ins Unermeßliche. Man hört heute angesichts der Öffnung des Fernen Ostens gegenüber China und dem Pazifikraum schon Stimmen, die Rußland vor dem Verlust dieser strategischen Region durch wirtschaftliche Aushöhlung warnen. Inzwischen blüht der russisch-chinesische Grenzhandel, und die Stadt ist von japanischen Gebrauchtwagen überflutet, so daß ein russisches Fabrikat so selten wie in Deutschland anzutreffen ist und man sich über die aus dem Linksverkehr in Japan resultierende Rechtssteuerung nicht wundern darf.

Stadtrundgang

Der Vladivostoker Bahnhof liegt direkt

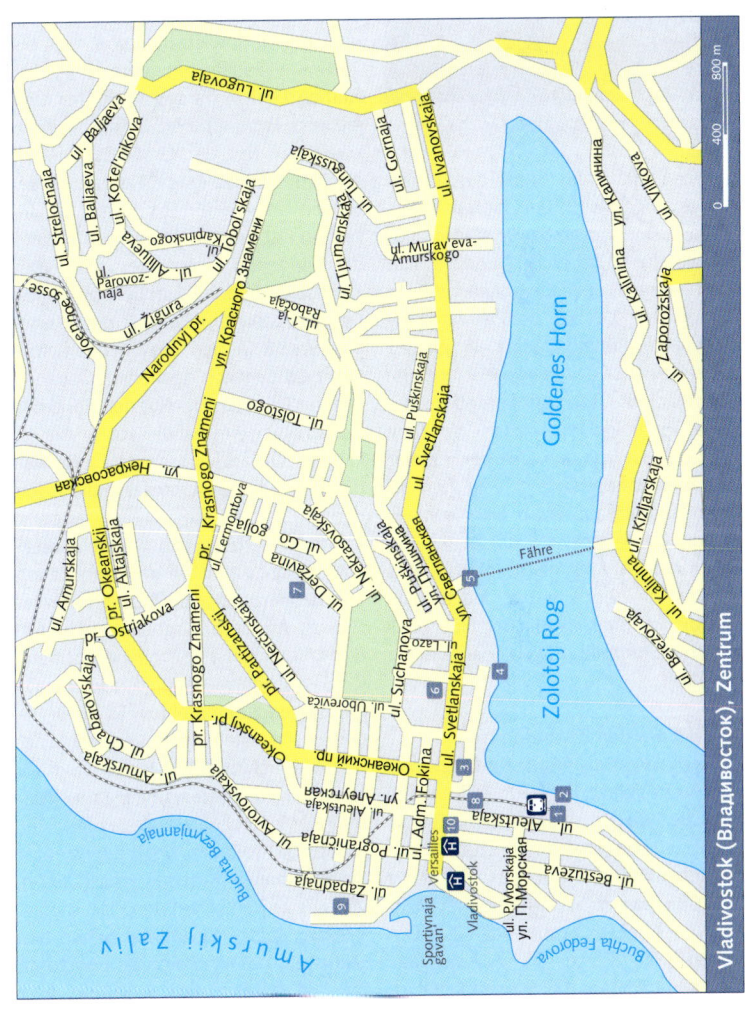

Vladivostok (Владивосток), Zentrum

neben dem Hafengebäude an der Goldenes Horn (Zolotoj Rog) genannten
Bucht. Kurz zuvor fahren die Züge im
letzten Tunnel sozusagen unter dem

Der Bahnhof von Vladivostok

zentralen Platz der Stadt durch. Das
jetzige, in den 1990er Jahren rekonstruierte Bahnhofsgebäude stammt aus
den Jahren 1908 bis 1912 und besticht
durch seinen verspielten Jugendstil. Es
ist genauso wie der dem Anfang der
Transsib gewidmete Obelisk ein Muß für
jeden Besucher. Daneben steht eine alte
amerikanische Dampflokomotive, die
die Sowjetunion im Zweiten Weltkrieg
im Landlease von den USA bekam. Aus
dem Bahnhofsgebäude gelangt man auf
die ul. Aleutskaja. Nach links geht es
auf die Landzunge, wo die Besiedlung
1860 ihren Anfang nahm. Nach rechts
kommt man über einen der kleinen Hügel, die in unterschiedlicher Höhe das
gesamte Stadtbild prägen, ins Zentrum
der Stadt.

■ **Rund um den Zentralplatz**
Weiter in Richtung Norden gelangt man
zum Zentralplatz der Stadt. Hier erhebt
sich das wiederum mit dem Attribut
›weiß‹ zu versehende Hochhaus der
Gebietsadministration, das hier noch
den Spitznamen ›Weisheitszahn‹ (zub
mudrosti) hat (ul. Svetlanskaja 22). Daneben fällt ein Denkmal ins Auge, das
den Kämpfen für die Sowjetmacht im

Fernen Osten (1917–1922) gewidmet
ist. Der Kämpfer mit Budjonny-Mütze,
Flagge und Trompete symbolisiert in
den unterschiedlichsten Veröffentlichun-
gen noch oft die Stadt.
Am Platz kreuzen sich die vom Bahnhof kommende **ul. Aleutskaja** (früher
ul. 25. Oktjabrja) und die Hauptstraße
von Vladivostok namens **Svetlanskaja**.
Sie war auch die erste Straße der Stadt
und trug zu Sowjetzeiten von 1924 bis
1992 – wie sollte es anders sein – den
Namen Lenins. Ihr ursprünglicher und
jetziger Name erinnert an die Fregatte
›Svetlana‹, mit der Großfürst Aleksej
1873 im Zarenauftrag die neuen Eroberungen inspizierte. Die Straße durchzieht in Ost-West-Richtung am Nordufer
des Goldenen Horns die Stadt, vom
Jachthafen an der Amurbucht bis zu den
Gewerbegebieten. Entlang der Hauptstraße und in den umliegenden Straßen befinden sich noch viele Gebäude
aus der Gründerzeit. Auf der Höhe des
Denkmals zweigt parallel zur ul. Aleutskaja der Okeanskij prospekt – eine weitere bedeutende Geschäftsstraße – von
der Hauptstraße ab.
Wieder zurückgekehrt zum Zentralplatz, gelangt man am Ufer zum **Haupt-
quartier der russischen Pazifikflotte** und
zum als Museum ausgebauten **U-Boot**.
Das U-Boot mit der Typenbezeichnung
C-56 ist schon allein aufgrund seiner Dimensionen zu empfehlen. Es bietet neben einer Ausstellung zur Geschichte des
russischen U-Boot-Baus einen Eindruck
von den Lebensbedingungen unter Wasser (ul. Korabel'naja Naberežnaja, Tel.
21 67 57). Daneben liegt der **Kreuzer
›Roter Wimpel‹** (Krasnyj Vympel). In Anlehnung an den bekannten Petersburger
Kreuzer, dessen berühmter Schuß den
Sturm auf das Winterpalais und somit
die Oktoberrevolution einleitete, wird

der Kreuzer auch die Aurora von Vladivostok genannt. Eine ›ewige Flamme‹ erinnert an die Opfer der Seekriege. Das ganze nennt sich zusammen ›Museumskomplex Kampfesruhm der pazifischen Rotbannerorden-Flotte‹. Weiter unten am Ufer gibt es noch ein Denkmal für im Zweiten Weltkrieg gefallene Seeleute der Handelsflotte, ein gewaltiges dem Flottenadmiral Gennadij Nevel'skij (1813–1876) gewidmetes Denkmal sowie einen an das 125-jährige Stadtjubiläum erinnernden Obelisken.

Etwas weiter östlich gelangt man zum **Fährhafen**, von dem aus im 20-Minuten-Takt eine Fähre an das Čurkin-Kap am anderen Ufer des Goldenen Horns verkehrt und auch der Fährverkehr zu den Inseln, die der Stadt vorgelagert sind, beginnt.

■ Die ul. Svetlanskaja

Zurück auf der ul. Svetlanskaja, erhebt sich das heute größte **Kaufhaus** von Vladivostok, das von Gustav Kunst und Gustav Albers in einer Mischung aus Jugendstil und russischer Türmchenarchitektur zwischen 1902 und 1906 erbaut worden war und den Vergleich mit europäischen Metropolen nicht zu scheuen brauchte. Die etwas versetzten und für Vladivostok exotisch anmutenden Holzhäuser waren Ende des vergangenen Jahrhunderts von Kunst & Albers

Das ehemaltge Kaufhaus von Kunst & Albers

mit Namen wie ›Fernsicht‹, ›Sibir‹ und ›Karlsruhe‹ erbaut worden. Letzteres stand aber nicht für die gleichnamige Stadt, sondern für Karls Ruhestätte (ul. Svetlanskaja 39).

In der kleinen Parkanlage steht hinter dem Denkmal für den Revolutionär Sergej Lazo auf der Anhöhe das **Maksim-Gor'kij-Theater** (ul. Svetlanskaja 49, Tel. 26 05 20). Außerdem gibt es – ebenfalls in der Svetlanskaja – noch die Philharmonie (ul. Svetlanskaja 15, Tel. 26 99 40), ein Kammertheater (ul. Svetlanskaja 15a, Tel. 22 52 17) und den Zirkus (ul. Svetlanskaja 103, Tel. 26 56 50). Die ul. Svetlanskaja endet am Ende des Goldenen Horns. Die südlich der Bucht verlaufenden Straße heißt ul. Kalinina. Direkt in südlicher Richtung, etwas außerhalb der Stadt auf dem Čurkin-Berg, befindet sich der sehenswerte Marinefriedhof von Vladivostok. Hier sind auf einem von vielen Bäumen überschatteten Gelände viele interessante und geschichtsträchtige Grabstätten zu besichtigen. Gemeinschaftsgräber untergegangener Schiffe, wie beispielsweise des im russisch-japanischen Kriegs versenkten Kreuzers ›Varjag‹ oder das Grab des vor allem durch den Roman ›Dersu Uzala‹ bekannt gewordenen Erforschers des Fernen Ostens Vladimir Arsen'ev.

■ Die ul. Puškina

Parallel zur ul. Svetlanskaja verläuft die ul. Puškina, in der sich eine ganze Reihe eindrucksvoller **Gründerzeitvillen** befinden. An der Abzweigung der ul. Puškina stand früher die 1935 gesprengte Kathedrale der Stadt. Hier gelangt man durch die ul. Puškina auch zum schönsten Aussichtsplatz der Stadt. Diese phantastische Aussicht über die Stadt und die Bucht bietet das **Adlernest**

(Orlinoe gnezdo) auf dem gleichnamigen 214 Meter hohen Hügel, den man mit einer Drahtseilbahn erreichen kann. Die Talstation des Funikulars befindet sich in der ul. Puškina und fährt hinauf zur ul. Suchanova, in der sich linker Hand das **Suchanov-Museum** befindet. Es erinnert an Aleksandr Suchanov (1863–1921) und seinen Sohn Konstantin (1894–1921). Während der Vater um die Jahrhundertwende angesehener Bürgermeister der Stadt war, folgte der Sohn der Revolution und wurde als Innenminister des Primore ermordet (ul. Suchanova 9, Tel. 22 88 54).

Abseits des Zentrums liegt westlich die heute einzige russisch-orthodoxe Kirche. Die **St.-Nikolaj-Kirche** wurde seinerzeit aus der für die Opfer des russisch-japanischen Krieges errichteten Kirche der trauernden Gottesmutter (cerkov' Skorbjaščej Bogomateri) umgebaut (ul. Machalina 30, Tel. 26 46 53).

■ **Museen**

Auf einer kleinen Anhöhe in der Nähe des Bahnhofes befindet sich in einem alten Bankgebäude die 1966 eröffnete **Gemäldegalerie**, die neben einer reichen Sammlung russischer Malerei (Ajvasovskij, Repin, Kandinskij) auch Werke westeuropäischer Maler zeigt (ul. Aleutskaja 12, Tel. 22 72 95). Gegenüber befindet sich das gelbe **Brynner-Haus**. Der Familie gehörte zu Beginn des Jahrhunderts eines der größten Handelshäuser im Fernen Osten. Berühmt wurde der Name dann aber vor allem durch den Sohn, Yul Brynner, der später in Hollywood Karriere machte.

Das 1991 in russisch-japanischer Kooperation errichtete **Ozeanarium** am Jachthafen zeigt in Aquarien, Dioramen und Einzelexponaten sowie einem riesigen, kreisförmigen Becken die Meereswelt des Pazifiks. Besonders sehenswert sind die Schwertfische und die Kamčatkakrabben (Montag Ruhetag, ul. Batarejnaja 4, Tel. 25 59 65). Im Jachthafen gibt es auch ein enges Del-

Im Ozeanarium

phinbecken, wo mehrmals täglich eine kleine Vorstellung geboten wird.

Das nach Vladimir Arsen'ev benannte **Heimatkundemuseum** bietet sehr umfangreiche Ausstellungen zur örtlichen Tier- und Pflanzenwelt, zur Geschichte der Stadt und zu den Ureinwohnern des Fernen Ostens (Montag Ruhetag, ul. Svetlanskaja 20, Tel. 22 73 13).

Das **Museum der Grenztruppen** zeigt auf drei Etagen die militärischen Erfolge von den Ussuri-Kosaken bis zum russisch-chinesischen Grenzkrieg 1969 (ul. Semenovskaja 17/19, Tel. 21 80 74).

Das **Museum der Pazifikflotte** befand sich lange Jahre in der protestantischen St.-Pauls-Kirche (ul. Puškinskaja 14) und sucht nach der Rückgabe der Kirche einen neuen Standort. Derzeit vermittelt nur das in der alten Festung Vladivostok befindliche Museum einen Eindruck von vergangenen Seeschlachten. Die rekonstruierten Befestigungsanlagen und eine Ausstellung in den Kasematten zeigen die Entwicklung der städtischen Seeverteidigung am Steilufer der Amurbucht (ul. Batarejnaja 2a, Tel. 25 89 96).

Die bekannte Säule mit dem Segelschiff auf der Spitze und dem wohl einzigen, aber programmatischen Lenin-Zitat über die Stadt – ›Vladivostok ist weit weg, aber es gehört uns!‹ – steht auf halber Höhe zwischen Vladivostok und dem Flughafen Artem. Kurz vor der Säu-le befindet sich rechter Hand der 1948 begründete Botanische Garten, wo man einen kompakten Eindruck von der Fauna der Ussuri-Taiga bekommen kann (ul. Makovskogo 142, Tel. 33 07 15).

Vladivostok-Informationen

Zeitunterschied: MEZ + 9 h.
Postleitzahl: 690 000.
Vorwahl: 007/42 32.
Hauptpostamt: ul. Aleutskaja, Tel. 26 00 29.
Banken: Bank Dalnevostočny, ul. Russkaja 19, Tel. 32 27 61.
Geldautomat: ul. Svetlanskaja 69.
Reisebüros: ›Inturist‹, Okeanskij pr. 90, Tel. 25 86 66, ›Dalinturist‹, ul. Fokina 1, Tel. 26 15 44.
Konsulate: USA: ul. Puškina 32, Tel. 30 00 70; Südkorea: ul. Aleutskaja 45a, Tel. 22 81 15; Australien: ul. Uboreviča 17, Tel. 22 86 28; Japan: ul. Verchneportovaja 46, Tel. 26 75 58; Indien: ul. Aleutskaja 14, Tel. 22 81 10.

Der Bahnhof liegt im Stadtzentrum. Hier wurde der Grundstein für die Transsibirische Eisenbahn gelegt, ul. Aleutskaja 2, Tel. 21 04 40.
GPS: 43°6'43''N/131°52'60''Ost.

Der Busbahnhof befindet sich am Vorortbahnhof ›Vtoraja Rečka‹, ul. Russkaja 2a, Tel. 32 33 78.

Der Flughafen befindet sich etwa 50 Kilometer nördlich von Vladivostok in der Stadt Artem, Tel. 22 25 81 (direkt aus Vladivostok Tel. 237/

973 39). Es gibt zwei bis drei tägliche Flugverbindungen von und nach Moskau (Flughafen Domodedovo bzw. Šeremet'evo I). Man kann auch täglich nach Novosibirsk, Irkutsk, Chabarovsk oder Petropavlovsk-Kamčatka fliegen. Pro Woche gibt es mehrere Verbindungen nach China (2 x Harbin), Japan (2 x Niigata), Korea (4 x Seoul) und in den Nordwesten der USA (2 x Seattle und 1 x San Francisco über Anchorage).

Der als Meeresbahnhof bezeichnete Passagierhafen liegt direkt hinter dem Bahnhof. Von Mai bis Oktober gibt es mit dem Schiff ›Antonina Neždanova‹ eine wöchentliche Fährverbindung nach Niigata. Die Reise dauert 42 Stunden, Tel. 22 81 56.

Das beste Hotel der Stadt in zentraler Lage ist das 1993 eröffnete, sehr stilvolle **Luxushotel Versal'** (Versailles), ul. Svetlanskaja 10, Tel. 264201. Eine preiswertere Alternative mit Meeresblick ist das **Hotel Vladivostok**, ul. Naberežnaja 10, Tel. 22 22 08.
Gleich daneben liegt das **Hotel Amurskij Zaliv**, ul. Naberežnaja 9, Tel. 22 55 20.

Das **Café Nostal'gija** lohnt sowohl als Gaststätte wie auch als Kunstgewerbeladen den Besuch und ist in jeder

Hinsicht sehr zu empfehlen, ul. Pervaja Morskaja 6/25, Tel. 26 78 13.
Restaurant Russkij, ul. Svetlanskaja 12, Tel. 26 45 63. Russische Küche.
Restaurant Vladivostok-Zakura, ul. Naberežnaja 10, Tel. 21 25 76. Japanisches Restaurant.
Restaurant Moranbon, ul. Pervaja Morskaja 6/25, Tel. 22 77 25. Empfehlenswerter Koreaner.

Das größte Kaufhaus der Stadt ist das **GUM**, das im von ›Kunst & Albers‹

errichteten Gebäude residiert, ul. Svetlanskaja 35, Tel. 22 55 50.
Einen guten **Kunstgewerbeladen** findet man am Okeanskij pr. 140, Tel. 25 27 91, unweit des Zentralmarktes.

www.bosfor.ru (R).
www.vladivostok.com (R,E).
www.fegi.ru (R,E).
Internetcafé: ul. Svetlanskaja 49.

Die Partisanen vom Amur

Durchs Gebirge, durch die Steppe
Zog unsre kühne Division
Hin zur Küste dieser weißen,
Heiß umstrittenen Bastion.

Rot vom Blut, wie unsre Fahne
War das Zeug. Doch treu dem Schwur
Stürmten wir die Eskadronen,
Partisanen vom Amur.

Kampf und Ruhm und bittere Jahre!
Ewig bleibt im Ohr der Klang,
Das ›Hurra‹ der Partisanen,
Als der Sturm auf Spassk begann.

Klingt es auch wie eine Sage,
Kann es doch kein Märchen sein:
Wolotschajewka genommen!
Rotarmisten zogen ein.

Und so jagten wir zum Teufel
General und Ataman.
Unser Feldzug fand sein Ende
Erst am Stillen Ozean.

Dieses Lied ist ein sowjetischer Klassiker und immer noch populär. Alle, die in Ostdeutschlands Schulen Russischunterricht hatten, müßten es zumindest noch vage als ›Po dolinam i po vzgorjam…‹ in Erinnerung haben. Das Lied beschreibt die für die roten Revolutionäre letztendlich erfolgreichen Kämpfe im Bürgerkrieg gegen die Weißgardisten. Zwei im Lied erwähnte Orte erbitterter Kämpfe lagen an der Transsib-Strecke: Voločaevka bei Kilometer 8476 und Spassk bei Kilometer 9048. Ursprünglich galt das Lied mit einem andereren Text im 1. Weltkrieg als ›Marsch der sibirischen Schützen‹. Zu Beginn der 20er Jahre gaben S. Parfenov und S. Alymov der populären Melodie einen neuen Text. In der deutschen Nachdichtung von Kurt Bartel wurden ›Die Partisanen vom Amur‹ vor allem im Repertoire des Arbeitersängers Ernst Busch in der DDR sehr bekannt.

Nachodka

Nachodka ist eine vergleichsweise junge Stadt und entstand aus der Notwendigkeit für Rußland bzw. die Sowjetunion, über einen großen inter-

Zugpersonal im Sonderzug

nationalen Handelshafen am Pazifik zu verfügen. Da Vladivostok aufgrund seiner militärischen Bedeutung und der entsprechenden Geheimhaltung diese Funktion nicht erfüllen konnte, begann man Ende der 30er Jahre unseres Jahrhunderts mit dem Bau eines Hafens in einer nicht zufrierenden Bucht des Pazifik. Zuvor war 1936 der Eisenbahnanschluß an die Transsib fertiggestellt worden. Offensichtlich war man mit der Standortwahl nicht unglücklich, denn Nachodka bedeutet etwa ›Fundstück‹. Hafen und Stadt wurden vor allem von Gulag-Häftlingen errichtet. Nach dem Zweiten Weltkrieg kamen japanische Kriegsgefangene dazu.

Die für ausländische Touristen zugänglichen Züge durchfuhren die Strecke von Chabarowsk nach Nachodka nachts, damit man von den Grenzanlagen an der russisch-chinesischen Grenze nichts sehen konnte. Nach der Öffnung von Vladivostok hält sich das touristische Interesse für Nachodka in Grenzen. Seine wirtschaftliche Bedeutung ist aber ungebrochen und wird heute durch den Hafen bzw. die Häfen Nachodkas (Handelshafen, Fischereihafen, Ölhafen) und durch den in den 70er Jahren an der Wrangel-Bucht gebauten Hafen ›Vostočnyj‹ bestimmt. Projekte, in Nachodka eine Sonderwirtschaftszone zu errichten, werden in den letzten Jahren viel diskutiert, waren aber bis jetzt noch nicht von Erfolg gekrönt. Die Stadt erhielt das Stadtrecht 1950 und hat heute ungefähr 188 000 Einwohner.

Stadtrundgang

Die Hauptmagistrale der Stadt ist der **Nachodkinskij prospekt** der an der Nordseite der Bucht von Nachodka fast parallel zur Eisenbahnlinie am Ufer die Windungen der Bucht nachvollzieht. Das Stadtzentrum im eigentlichen Sinne läßt sich schwer ausmachen. Es befindet sich etwa zwischen den drei Bahnhöfen Torgovyj Port, Tichookeanskaja und Zavodskaja oder zwischen der Südspitze der Bucht des Passagierhafens und dem Šeffner-Kap. Auf der Höhe des Šeffner-Kaps befindet sich der **zentrale Platz** der Stadt mit dem Rathaus und dem obligatorischen und in Nachodka aber erst sehr spät – 1985 – errichteten Lenindenkmal. Aus dem angrenzenden Park hat man einen schönen Blick auf die Bucht.

Hinter dem Zentralmarkt liegt das 1980 gegründete **Nachodka-Museum**, in dem man eine Archäologie-Abteilung, eine umfangreiche Fotoausstellung zur Geschichte der Stadt sowie eine Gemäldegalerie mit angeschlossener Verkaufsausstellung besichtigen kann (ul. Vladivostokskaja 6). Am Museum biegt die **ul. Lenina** ab, die mit ihren vielen Geschäften und Institutionen von Interesse ist.

Städte entlang der Transsib

Russisch-Amerika

Am 18. März 1867 verkaufte Rußland für 7,2 Millionen Dollar Alaska und die Aleuten-Inseln an die Vereinigten Staaten. Zu einem Quadratmeterpreis von 0,00 05 Cents wurde das Kapitel Russisch-Amerika abgeschlossen. Zwei Jahre hatte der amerikanische Kongreß gebraucht, um diese damals spektakuläre Entscheidung abzusegnen. Doch wie kam der russische Zar eigentlich zu Alaska und warum wollte er sich wieder davon trennen?

Unter Peter I. begann die Eroberung des Nordens

Die Nachrichten über die Eroberung und die Reichtümer der Neuen Welt waren selbstverständlich auch nach Rußland gedrungen. Zwar hatten die Russen bereits lange das Pazifikufer erreicht, aber zu Beginn des 18. Jahrhunderts herrschte immer noch Unklarheit über die Existenz einer Landzunge zwischen Sibirien und Amerika. Als Zar Peter I. die Befehle für die Große Nordische Expedition gab, ging es auch um Klarheit über die Frage, ob Rußland den Westen Amerikas erobern konnte oder eine Invasion westwärts strebender Eroberer in Sibirien fürchten mußte. Mit dem umstrittenen Erfolg der Expeditionen Berings und Čirikovs im Jahre 1741 konnte die Frage der beide Kontinente verbindenden Landzunge schließlich verneint werden.

Die Berichte der Teilnehmer über die Pelzreichtümer der Nordpazifikinseln ließen nach den ersten Abenteurern unter Emeljan Basov etwa ab 1750 jeden Sommer ein Dutzend Schiffe aufbrechen, um die Pazifikinseln zu ›jassakieren‹, also den Pelzreichtum von den Inselbewohnern einzutreiben.

Vor allem der Irkutsker Kaufmann Grigorij Selichov, der später den Spitznamen ›russischer Kolumbus‹ erhielt, rüstete seine Flotte auf und schickte fast 100 000 Felle im Gesamtwert von 1,5 Millionen Rubeln zurück nach Irkutsk. Da der Handel mit China in dieser Zeit stagnierte, investierten viele Kaufleute in die vielversprechenden Handelsexpeditionen nach Amerika.

So gründete Selichov 1781 die ›Nordöstliche Amerikanische Compagnie‹ – sozusagen ein sibirisches Gegenstück zu den in Europa bekannten Ostindischen Handelsgesellschaften in Amsterdam und London. Mit der Rückendeckung des Irkutsker Gouverneurs wollte man sich auch in Petersburg Unterstützung in Form von Geld und Militär für die Expansionsideen sichern. Zarin Katharina hielt sich zwar mit der Erteilung eines Handelsmonopols zurück und versagte auch sonstige finanzielle oder militärische Hilfe, sie ließ aber den Irkutsker Kaufleuten ansonsten freie Hand.

Selichov und nach seinem Tode 1795 seine Witwe Natalja gründeten entlang der Handelsroute nach Alaska mehrere Niederlassungen, die zumeist aus einer Palisadenumzäunung, einer Handelsmission, einem Lazarett und einem Bethaus bestanden. Ihr Statthalter in Alaska, der clevere Alexander Baranov, heiratete 1799 die Tochter eines Aleüten-Häuptlings und erhielt so die Hoheitsgewalt über Alaska und die Aleüten-Inseln. Mehrere Eingeborenenstämme gingen zum russisch-orthodoxen Glauben über. Man schloß sich mit der Konkurrenz zur ›Russisch-Amerikanischen Compagnie‹ zusammen und erhielt vom neuen Zaren auch das Handelsmonopol. Der noch heute existierende Ort Sitka wurde zu einer Art Hauptstadt der neuen Provinz. Doch die Bitte, hier die Ansiedlung russischer Bauern als freie Farmer zuzulassen, fand in St. Petersburg keine Unterstützung. Dafür begann man für die Versorgung Alaskas, Kontakte mit dem spanisch besetzten Kalifornien zu knüpfen. Da die Spanier sehr reserviert reagierten, begann man auch dort Grenzpfeiler des russischen Reiches einzuschlagen.

So wurde 1808 an der Bodega-Bucht die russische Kolonie Fort Ross gegründet. Im Jahre 1812, zur Zeit des Winterkrieges mit Napoleon, schossen russische Kanonen nicht nur vor Smolensk und Moskau, sondern auch im sonnigen Kalifornien. Während es Rußland 1824 und 1825 in bilateralen Verträgen mit England und Amerika gelang, die Grenzen Alaskas festzuschreiben, blieb der kalifornische Vorposten als Streitpunkt mit dem nun von Spanien unabhängigen Mexiko davon ausgespart. Die im Privatbesitz der ›Russisch-Amerikanischen Compagnie‹ befindliche Siedlung Fort Ross wurde 1836, dem Jahr der Unabhängigkeit Kaliforniens von Mexiko, an den aus der Schweiz stammenden Kaufmann Johann A. Sutter verkauft. Die fehlende wirtschaftliche Rentabilität war dabei ausschlaggebend.

Die Aufgabe von Fort Ross hat wohl später auch im russischen Staatsapparat der Erkenntnis zum Durchbruch verholfen, daß Alaska zu weit entfernt, zu dünn besiedelt, in der Unterhaltung zu teuer und im Ernstfall kaum zu verteidigen sei. In der zweiten Hälfte des 19. Jahrhunderts rückte außerdem über Südsibirien und das Amur-Gebiet der unberechenbare Nachbar China stärker in den Fokus der russischen Ostpolitik, so daß man die diplomatischen wie finanziellen und militärischen Ressourcen auf diesen Nachbarn zu konzentrieren suchte. Die russisch-amerikanischen Beziehungen hingegen waren entspannt. In beiden Riesenreichen herrschte ein neuer Liberalismus, nachdem man mit der Aufhebung der Leibeigenschaft in Rußland und der Abschaffung der Sklaverei in den Vereinigten Staaten seine Untertanen befreit hatte.

»Das russische und das amerikanische Volk haben einander nichts zugefügt, was sie vergessen oder woran sie sich erinnern müßten«, resümierte Zar Nikolai I. 1866. Aber auch nicht zuletzt die gemeinsame Feindschaft zu den Briten machte beide Länder zu idealen Partnern für den größten Immobilienkauf der Weltgeschichte.

Eine einzigartige ethnographische Sammlung zum Thema Russisch-Amerika besitzt die Universität Göttingen. Der russische Arzt und Sibirienforscher Georg Thomas von Asch (1729–1807) vermachte sie der Universität, an der er studiert hatte, nach seinem Tod. Im Jahre 2007 wurde die älteste Sammlung dieser Art weltweit anläßlich seines 200. Todestages erstmals der Öffentlichkeit in einer Ausstellung präsentiert.

Ulaanbaatar

Als Stadt und Hauptstadt ist Ulaanbaatar – auch kurz nur UB genannt – im herkömmlichen Sinn sehr jung. Die mongolische Hauptstadt wurde

Parlament in Ulaanbaatar

zwar bereits 1639 als Jurtensiedlung für einen neuen Khan gegründet. Die dem Khan vorbehaltene Palastjurte hieß damals ›Urgöö‹ und gab der ganzen Siedlung den Namen. Aussprachlich vereinfacht, war der Ort fast 300 Jahre lang im Westen als ›Urga‹ bekannt.

Aber er wurde häufig verlegt, ähnlich wie die einheimischen Nomaden mit ihrem Wohnsitz je nach Weidemöglichkeiten umzogen. Damals gab es in der Stadt auch zahlreiche Jurten auf Rädern. Allein zwischen 1717 und 1770 notiert die Chronik 21 Ortswechsel der Hauptstadt. Erst 1778 vollzog die Stadt ihren letzten Ortswechsel und wurde dort eingerichtet, wo sie heute noch liegt. Den heutigen Namen Ulaanbaatar (Ulaanbaatar) erhielt sie erst 1924, drei Jahre nach Ausrufung des Kommunismus in der Mongolei. Der Name steht für ›Roter Held‹ und war stets das Zentrum des zentralistisch organisierten Staatswesens.

Die Angaben zur Einwohnerzahl von Ulaanbaatar schwanken heute zwischen 700 000 und einer Million – damit lebt ca. ein Drittel der Gesamtbevölkerung des Landes in der Hauptstadt, ein erheblicher Teil davon in den traditionellen Jurten im Norden und Westen der Stadt, viele aber auch in den großen Neubausiedlungen, die in den vergangenen zwei Jahrzehnten errichtet wurden und das Gesicht der Hauptstadt mit prägen. Damals war man bestrebt, im Interesse besserer Kontrollmöglichkeiten das landestypische Nomadentum seßhafter zu machen. Heute ist hingegen wiederum das größte kommunalpolitische Infrastrukturproblem der Hauptstadt der unkontrollierte Zuzug. Wer in Ulaanbaatar

Legende

❶ Bahnhof		❾ Stadtmuseum
❷ Gandan-Kloster		❿ Žukov-Museum
❸ Parlamentsgebäude		⓫ Militärmuseum
❹ Opern- und Schauspielhaus		⓬ Staatsbibliothek
❺ Nationalmuseum		⓭ Nationaltheater
❻ Naturkundemuseum		⓮ Eisenbahn-Freilichtmuseum
❼ Gaststätte ›Khan-Bräu‹		⓯ Palast des Bogd Khan
❽ Lama-Klostermuseum		⓰ Zaysan-Tolgoy-Berg

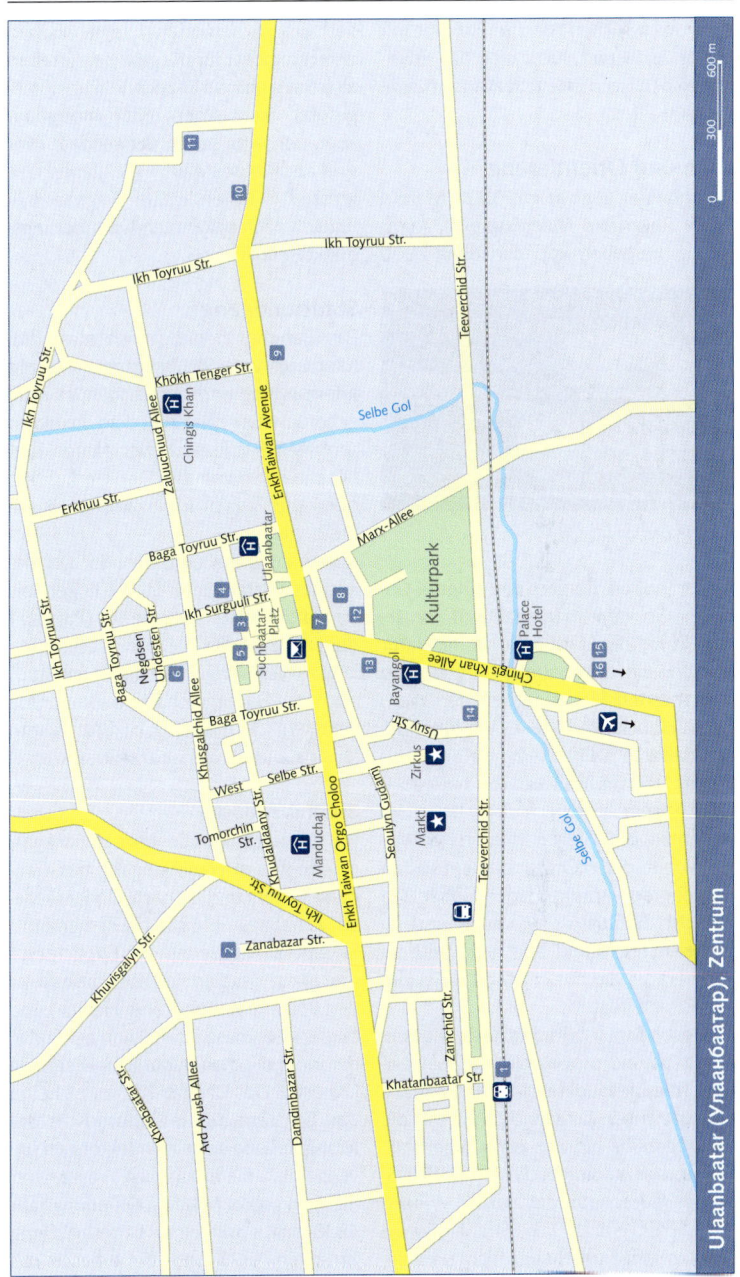

Städte entlang der Transsib

Ulaanbaatar (Улаанбаатар). Zentrum

sein Glück suchen möchte, kommt mit seiner Jurte und sucht sich am Stadtrand einen Fleck Erde und avanciert zum Hauptstädter.

Lage und Orientierung

Ulaanbaatar liegt in gut 1500 Metern Höhe über dem Meeresspiegel, ringsherum umgeben von den über 2000

Jurte in der Stadt

Meter hohen Bergen des Khentii-Gebirges. So kann man praktisch von jedem Punkt der Stadt in die grüne Natur blicken, ein angenehmer Kontrast zu den meisten Hauptstädten der Welt. Diese Höhen- und Kessellage führt dazu, daß die Wintertemperaturen mit einem Januarmittelwert von bei –25,6 Grad nochmals deutlich unten denen im Süden Sibiriens liegen, ganz zu schweigen von anderen Orten auf dem selben Breitengrad. Aufgrund der Höhenlage erreicht der Juli als wärmster und regenreichster Monat aber eine mittlere Temperatur, die nur ein Grad unter der von Zürich liegt.

Ulaanbaatar wirkt insgesamt beschaulich und provinziell, und fast alle Besichtigungspunkte sind bequem zu Fuß erreichbar. Taxis sind preiswert; die Grundgebühr beträgt etwa einen US-Dollar, der Kilometer kostet 0,35 US-Dollar. Jedes Auto, das auf Ihr Winken hin anhält, gilt als Taxi. Straßennamen wurden lange überhaupt nicht verwen-

det; erst in den letzten Jahren haben sich zumindest für die größeren Straßen allgemein übliche Bezeichnungen durchgesetzt. Sie werden unter Mongolen aber nur sehr selten verwendet. Hier sind auch in der Stadt – die Steppe läßt grüssen – ausführlichere Wegbeschreibungen nach bekannten Orientierungspunkten üblich.

Stadtrundgang

Der Bahnhof befindet sich etwa drei Kilometer vom Stadtzentrum in wenig interessanter und ansprechender Umgebung. Man kann mit dem Taxi zum zentralen Suchbaatar-Platz fahren und Ulaanbaatar von dort aus erkunden oder aber seinen Rundgang am Bahnhof beginnen.

Man kann aus dem Bahnhof geradeaus der Khatanbaatar Straße folgen, bis sie auf die Enkh-Taiwan-Straße (Prospekt des Friedens) stösst. Diese ist als zentrale Ost-West-Magistrale durch die Stadt auch ihre Hauptgeschäftsstraße. Ihr folgend, erreicht man nach ca. 800 Metern linker Hand die Zanabazar-Straße.

■ Gandan-Kloster

Die Zanabazar-Straße führt als Sackgasse direkt zum Haupteingang des Gandan-Klosters und ist nach Önder Gegeen Zanabazar (1635–1723) benannt. Er galt zu Lebzeiten als Erleuchteter und nach Studien in Tibet bekam er den Beinamen ›Bogd‹ (der Heilige) und begründete diese bis 1924 an der Spitze der mongolischen Buddhisten stehende Dynastie. Das Gandan-Kloster ist heute das Zentrum des Buddhismus in der Mongolei und zeigt architektonisch unverkennbar die tibetischen Wurzeln der hiesigen Lehre. Mit dem Gründungsjahr 1838 ist es mit einer Unterbrechung zwischen 1939 und 1944 heute das größte Kloster im Lande. In der weitläufigen Anlage befinden sich insgesamt zehn Dazan genannte Tempel sowie verschiedene religiöse Einrichtungen wie die **buddhistische Universität**, ein **Kolleg für tibetische Medizin** und eine große **Bibliothek**. Der bedeutendste Tempel ist der **Zhanrajsig-Tempel**. Im Gebäude steht eine 26 Meter hohe Statue des tibetischen Schutzherren Bodhisattva. Der Dalai Lama gilt als seine Inkarnation. Die heutige 90 Tonnen schwere Statue, in der 8,6 Kilo Gold und über 2000 Edelsteine verarbeitet wurden, ist eine 1996 geweihte Kopie des ursprünglich 1913 geweihten und 1938 in der Zeit der Lamaverfolgung von den Russen demontierten Originals. Heute leben und studieren ca. 900 Lamas und Lama-Schüler im Gandan-Kloster (Tel. 36 01 64, www.gandan.mn).

■ Suchbaatar-Platz

Zurück auf der Hauptgeschäftsstraße erreicht man vorbei am 7-stöckigen ›State Department Store‹ als größtem Kaufhaus der Stadt nach etwa 1,5 Kilometern den Suchbaatar-Platz. Der zentrale Platz der Hauptstadt ist nach wie vor nach dem kommunistischen Staatsgründer Suchbaatar benannt ist, der 1921 gegen China mit russischer Unterstützung den Kampf für den Kommunismus und die mongolische Eigenstaatlichkeit für die damalige äußere Mongolei führte. Der Glanz seines Reiterdenkmals in der Platzmitte wird nun allerdings durch ein neues, dem Parlamentsgebäude vorgelagertes **Memorial für Dschingis Khan** und seine Heerführer überlagert. Der Herrscher des Mongolischen Weltreiches thront buddhagleich in der Mitte der Anlage. Der Platz bildet zweifellos nicht nur das geographische, sondern

auch das ideelle Zentrum der Stadt und wird durch das monumentale Denkmal weiter aufgewertet. Am Rand des Parlamentsgebäudes befindet sich ein aller-

Am Suchbaatar-Platz

dings für Touristen nicht zugängliches **Mausoleum** für die beiden Führer Suchbaatar und seines Nachfolgers in der Stalinzeit Čojbolsan. Dschingis Khans Grabstätte wurde bekanntlich bis heute nicht gefunden.

An der westlichen Seite befinden sich mehrere Verwaltungsgebäude sowie die Börse von Ulaanbaatar. An der Ostseite erheben sich der seinerzeit von Moskau spendierte **Zentrale Kulturpalast** und das **Operntheater**. Der Platz ist ein Muß für jeden Hauptstadtbesucher, so daß man hier außer vielen Hochzeitsgesellschaften auch Besucher aus verschiedenen Landesteilen in ihren farbenfrohen Trachten beobachten kann.

Das **Nationalmuseum für Geschichte** war früher das Revolutionsmuseum. Es befindet sich linker Hand auf der Höhe des Parlamentsgebäudes und lohnt einen Besuch. Von Dschingis Khan bis zur Wendezeit bekommt man einen guten Überblick über Geschichte und Tradition in der Mongolei einschließlich Trachten und Kopfbedeckungen (im Winter So und Mo Ruhetage, Tel. 32 56 56).

Städte entlang der Transsib

Die große Yasa Dschingis Khans

Auszüge aus: Mongolische Gesetze. Darstellung des geschriebenen mongolischen Rechts; von Dr. jur. Curt Alinge, Verlag von Theodor Weicher, Leipzig 1934.

(3) Wer bewußt lügt oder sich mit Zauberei abgibt oder einem anderen aufpaßt oder sich zwischen zwei Streitende mischt oder dem einen gegen den anderen hilft, wird mit dem Tode bestraft.

(4) Wer in Asche oder Wasser harnt, wird mit dem Tode bestraft.

(5) Wer Waren empfängt und dreimal hintereinander Bankrott erklärt, wird mit dem Tode bestraft.

(8) Beim Schlachten eines Tieres soll man ihm die Beine fesseln, den Bauch aufschlitzen und das Herz solange mit der Hand zusammendrücken, bis es stirbt; dann kann man sein Fleisch essen. Wer aber das Tier nach Art der Mohammedaner schlachtet, den soll man selbst so schlachten.

(11) Alle Bekenntnisse sollen gleicherweise geehrt werden, da sie Mittel sind, Gott zu gefallen.

(13) Durchreisende sollen bei Leuten, die essen, vom Pferde steigen und, ohne um Erlaubnis zu fragen, mit ihnen essen. Niemand darf es ihnen verbieten.

(14) Verboten ist es, die Hände in Wasser zu tauchen; zum Schöpfen soll ein Gefäß benutzt werden.

(15) Verboten ist es, seine Kleider zu waschen, solange man sie trägt und bis sie nicht völlig abgetragen sind.

(29) Der, bei dem ein gestohlenes Pferd gefunden wird, ist verpflichtet, es seinem Herrn mit neun gleichwertigen Pferden zurückzugeben.

Ist er hierzu nicht imstande, so soll man ihm statt der Pferde seine Kinder nehmen, und den, der keine Kinder hat, soll man abschlachten wie einen Hammel.

(30) Die Yasa verbietet: Lüge, Diebstahl, Ehebruch und befiehlt: seinen Nächsten zu lieben wie sich selbst, Beleidigungen nicht zuzufügen und sie völlig zu vergessen, Stadt und Land zu schonen, insofern sie sich freiwillig unterwerfen, Gott geweihte Tempel sowie die Diener Gottes von jeglichen Abgaben zu befreien und zu ehren.

(32) Wer sich von übermäßigem Essen erbrochen hat, den soll man unter dem Zelt hindurchschleifen und sofort töten. Ebenso soll man den töten, der mit dem Fuß auf die Schwelle des Zeltes des Heerführers tritt.

(33) Wer vom Trinken nicht lassen kann, mag sich dreimal im Monat betrinken. Geht es darüber hinaus, so ist er schuldig. Sich zweimal im Monat zu betrinken, ist besser; einmal noch lobenswerter. Aber überhaupt sich nicht zu betrinken -ja, was kann besser sein als dies? Doch wo ist ein solches Wesen zu finden; Wenn man es aber findet, so ist es allen Ehren würdig.

(34) Kinder von der Beischläferin gelten als eheliche Kinder und erhalten nach der Verfügung Ihres Vaters den entsprechenden Anteil der Erbschaft. Die Teilung des Nachlasses erfolgt so, daß der älteste Sohn mehr erhält als die jüngeren; der jüngste Sohn erbt den Haushalt des Vaters. Der Vorrang im Alter der Kinder richtet sich nach dem Range der Mutter, gewöhnlich entsprechend der Dauer der Ehe.

In der Umgebung von Ulaanbaatar

Eine Ecke weiter nördlich steht das **Naturkundemuseum** (manchmal auch noch als Zentralmuseum bezeichnet, da es früher auch eine jetzt im Nationalmuseum zu sehende Geschichtsabteilung hatte) mit heimatkundlicher Flora und Fauna sowie interassanten Saurier-Exponaten, die aber häufig teilweise im Ausland gezeigt werden (im Winter Mo und Di Ruhetage, Tel. 31 56 79).

■ Weitere Museen

Wenn man südlich des Suchbaatar-Platzes an der jurtenförmigen **Gaststätte** ›Khan-Bräu‹ nach links abbiegt, gelangt man zum **Čoijin-Lama-Klostermuseum**. Das ehemalige Kloster mit fünf Tempeln wurde zwischen 1904 und 1908 erbaut. Es war der Sitz des Čoijin-Lamas, dessen wichtigste Aufgabe das Staatsorakel war. Das Museum ist ein wunderschönes Kleinod mit einer großen Sammlung buddhistischer Tanzmasken und bildlichen Darstellungen der Himmelsfreuden und Höllenqualen (Do Ruhetag, Tel. 32 47 88).

Südlich davon befindet sich der städtische **Kultur- und Erholungspark**. 2007 wurde er bis auf einige Eingänge vollkommen mit einer Blechwand eingezäunt, was für die Zukunft auf große Bauaktivitäten schließen läßt. Es bleibt zu hoffen, daß dabei der Park erhalten bleibt.

Weiter östlich auf der Hauptgeschäftsstraße befinden sich noch hinter der Brücke über den Selge-Fluß weitere Museen. In Höhe der Abzweigung zum Dschingis Khan Hotel befindet sich rechts die Ringersporthalle und gleich daneben in einem Holzhaus das **Stadtmuseum** von Ulaanbaatar (Tel. 45 09 60).

Einen weiteren Kilometer weiter östlich gelangt man zum kleinen **Georgij-Žukov-Museum**. Der große Heerführer des 2. Weltkriegs verdiente sich 1939 mit der Führung der sowjetischen Truppen in den Kämpfen am Chalchin Gool in der Ostmongolei, einem sowjetisch-japanischen Präludium zum 2. Weltkrieg, seine ersten Orden (Tel. 45 37 81). Die Niederlage der Japaner soll den Aus-

Städte entlang der Transsib

schlag gegeben haben, daß Tokio keine Front in Sibiren eröffnete.

Durch die hier abzweigende Lhagvarusen-Str. gelangt man zum 1996 neu eröffneten **Militärmuseum**, wo sich auch das – allerdings nicht zu besichtigende – nationale Heiligtum der Mongolen, Dschingis Khans legendäre Schwarze Standarte aus den Pferdehaaren seiner Krieger, befindet (Tel. 54 42 92).

■ Südlich des Zentrums

Zurück am Khan-Bräu sieht man die **Staatsbibliothek** und das rote modern-klassizistische **Nationaltheater** (Tel. 32 09 91). Hier beginnt die Seoulyn Gudamj – die zweite Hauptstraße, wo man in Richtung Zirkus auf mehrere nette Kneipen und Biergärten stößt.

Wenn man vom Musiktheater Richtung Süden am Kulturpark entlang weiterläuft, kommt man vorbei an den beiden Türmen des Hotels ›Bayangol‹ zur Brücke des Friedens über die Transmongolische Eisenbahn und den Fluß Duud. Davor geht es rechts zum **Eisenbahn-Freilichtmuseum** – sieben Loks aus verschiedenen Zeiten des 20. Jahrhunderts von der Dampflok P36 bis zur Diesellok TE2 mit Stalin-Profil sind hier ausgestellt. Die Straße führt parallel zur Bahn wieder zum Bahnhof.

Wer die große Brücke überquert, erreicht nach gut einem Kilometer in Richtung Süden das sehenswerte **Bogd-Khan-Museum**. Benannt ist es nach dem letzten Khan der Mongolei aus der im 17. Jahrhundert durch Zanabazar begründeten Bogd-Dynastie, der zwischen 1911

und 1924 zugleich das politische und religiöse Oberhaupt der Mongolen war. Die zahlreichen Exponate, unter ihnen eine Sammlung religiöser Gebrauchsgegenstände, vermitteln zusammen mit der beeindruckenden Architektur der zwischen 1893 und 1903 erbauten Anlage seines ehemaligen Winterpalais ein informatives Bild über den Buddhismus und das religiöse Leben in der Mongolei (im Winter Mo und Di Ruhetage, Tel. 34 21 95). Westlich des Museums befindet sich ein bei Touristen beliebtes Kashmir-Geschäft.

Das Russische Ehrenmal hoch über der Stadt

Weiter in Richtung Süden gelangt man über den Fluß Tuul zum **Zaysan-Tolgoy-Berg**, dem beliebtesten Aussichtsplateau in Ulaanbaatar. Vorbei an einem Park mit einer neu aus Südkorea gespendeten Buddha-Statue kommt man zum seinerzeit von der Sowjetunion gespendeten Ehrenmal für den Sieg der russischen Armee über den Hitlerfaschismus. Der Aufstieg zum Rondell mit Denkmal und Mosaik lohnt sich wegen des phantastischen Ausblicks auf die Stadt.

Ulaanbaatar-Informationen

Zeitunterschied: MEZ + 6 h während der mitteleuropäischen Sommerzeit, MEZ + 7 h während der mitteleuropäischen Winterzeit.
PLZ: es gibt keine, ebensowenig wie Hausnummern.
Vorwahl: 009 76 / 11.

Hauptpostamt: Am Suchbaatar-Platz/ Ecke Enkh Taiwan Orgo Choloo, Tel. 31 34 21.

Bank: Geldwechsel ist am einfachsten im Hotel; sonst nach anderen Möglichkeiten an der Rezeption fragen. Trade & Development Bank, Ecke Baga Toiruu/Khudaldaany Str. (Tel. 32 11 71)

Reisebüro: Tsolmon, Tel. 32 28 70, www.tsolmontravel.mn, gegenüber der Staatsbibliothek, deutschsprachige Geschäftsführung.

Der Bahnhof liegt etwa drei Kilometer westlich vom Suchbaatar-Platz, Zuginformation unter Tel. 194, für internationale Ticketreservierung gilt Tel. 94 41 33. Sinnvoller ist es aber, die Fahrscheine bei einem der Reisebüros oder im Hotel zu kaufen. Der Mehrpreis beträgt etwa fünf Prozent, man spart dagegen viel Zeit und Nerven und hat ein Ticket in der Hand, mit dem man auch tatsächlich reisen kann.

Hinweis: Vor Ort einen Platz im Zug Nr. 4 Moskau–Beijing zu bekommen, ist stets Glückssache; für den Zug Nr. 24 Ulaanbaatar–Beijing in der Zeit zwischen Juni und Mitte September ebenfalls. Für folgende Verbindungen sind die Tickets leichter zu erhalten, dafür ist das Reisen umständlicher: Mit Zug Nr. 216 (zweimal wöchentlich) Ulaanbaatar–Hohhot/chinesische Innere Mongolei, unterwegs in Jining umsteigen nach Beijing. Die Züge nach Rußland sind nicht so stark gebucht, und es gibt mehr Alternativen, z.B. täglich den langsamen Zug Nr. 263 nach Irkutsk.

GPS: 47°54'31''N/106°53'2''O.

Der Flughafen, vormals Buyant Ukhaa, wurde in Dschingis Khan Airport umbenannt. Er befindet sich knapp 20 Kilometer vom Zentrum am südwestlich Stadtrand. Vier internationale Fluggesellschaften sind vertreten: Aeroflot (nach Moskau und Irkutsk), Air China (nach Peking und Hohhot), Korean Air (nach Seoul) und MIAT (von Juni bis September 2 x wöchentlich direkt nach Berlin, in den übrigen Monaten 1x; 4 x wöchentlich nach Peking, 1–3 x nach Hohhot), Tel. 31 27 59.

Als bestes Touristenhotel in puncto Lage, Service, Infrastruktur und Preis darf weiterhin das **Drei-Sterne-Hotel Bayangol** gelten, Tel. 32 67 81. Eine Alternative ist das **Ulaanbaatar**, Tel. 32 06 20.

Das neue **Nobelhotel Chingis Khan** hat einen Stern mehr und gilt als das beste Haus im Ort (Zimmergröße, Modernität, Lobby). Es liegt aber abseits des Zentrums, und beim Service merkt man den Stern mehr nicht, Tel. 31 33 80, www.chingis-hotel.mn. Während diese drei Hotels jeweils über mehr als 200 Betten, mehrere Restaurants, Bar sowie Kioske verfügen und auf die Bedürfnisse ausländischer Besucher eingerichtet sind (Filme, Postkarten, Briefmarken), gibt es einige einfachere Hostels ohne diese Standards, wie zum Beispiel das **Manduchaj-Hotel**, neben dem großen Kaufhaus, Tel. 32 22 04.

Wer nach langer Transsib-Fahrt nicht ohne Bahngeräusche schlafen mag, ist im **Palace Hotel** (früher Hotel Zuchi) gleich jenseits der großen Eisenbahnbrücke am besten aufgehoben, Chinggis 25, Tel. 343565, www.palace.mn.

Das beste mongolische Restaurant ist das **Modern Nomads**, Baga Toiruu, Tel. 31 87 44.

Ebenfalls empfehlenswert ist das **Khandorjin Örgööl** in einer alten Prachtjurte in der Seoulyn Gudamj, Tel. 32 07 63.

Rund um das Zentrale Kaufhaus sowie zwischen Suchbaatar-Platz und Hotel Bayongol findet man ein paar **Fast-Food-Einrichtungen**, wo es zum Beispiel Blätterteigpasteten mit Stutenmilchquark gibt.

Die deutsche Braukunst hat sich mit Gaststätten und Biergärten auch in Ulaanbaatar sehr erfolgreich etabliert. Neben dem **Khan Bräu**, Tel. 32 66 26, neben der Staatsbibliotek gibt es den **Chingis Beer Club**, Tel. 32 55 82, hinter dem Musiktheater, das **Ikh Mongol**, Tel. 34 04 50,

am Zirkus sowie das **Brauhaus** in der selben Straße weiter östlich.

In der Hauptgeschäftsstraße Enkh Taiwan Orgo Choloo ist das **größte Kaufhaus des Landes** nicht zu verfehlen. Sowohl an Souvenirs als auch an Kashmir-Artikeln findet man hier eine gute Auswahl.

Nicht weit entfernt am Zirkus liegt der **Lebensmittelmarkt Dalai Eej**, bekannter als Zirkusmarkt.

Ein weiterer Tip ist das **Gobi Cashmere House**, Chuvsgalchdyn Organ Choloo, Tel. 31 36 62.

Für das weltabgeschiedene Land mit schlechten und teuren Telefondiensten ist das Internet ein wahrer Segen. Es gibt zahlreiche Internetcafés, die Stunde kostet etwa einen US-Dollar. Man freut sich überall über ausländische Besucher.

Erlian

Die Zeiten, als der Zug durch ein lichterbekränztes freundliches Tor nach China einfuhr, wo riesige Lautsprecher die Zugankunft mit Melodien wie ›Heidi‹ und ›Der Osten ist rot‹ musikalisch untermalte, sind vorbei. Erlian ist heute kein allein an den Bahnhof angeschlossenes, verkommenes Provinznest mehr. Man erinnert sich eher an die Lektionen in Wirtschaftsgeographie, wie Orte unter bestimmten Voraussetzungen dank ihrer günstigen geographischen Lage einen ungeahnten Aufschwung nehmen. Genau das passiert seit 15 Jahren in Erlian. Nicht nur der 2005 neu eröffnete Bahnhofsneubau, sondern die gewaltige

Rikschas in Erlian

Expansion des Ortes mit neuen Häusern, Firmen, Geschäften und Hotels zeigen eine dank des Grenzhandels florierende Stadt in der Wüste mit heute über 20 000 Einwohnern – Tendenz steigend. Erlian gehört zum autonomen Gebiet der Inneren Mongolei, weshalb man auf viele Aufschriften sowohl in Chinesisch als auch in Mongolisch in kyrillischen Buchstaben trifft.

Stadtrundgang

Vom Bahnhof folgt man der Xinhua Dajie bis zum die Qianjin Lu kreuzenden Kreisverkehr. Diese Straße ist die wichtgste Magistrale der Stadt. Sie führt Richtung Norden zur Grenze und Rich-tung Süden ins Stadtzentrum. Linker Hand befindet sich das **Dinosaurier-Museum**, mit diesem Thema will sich Erlian dank vielfältiger Saurierfunde in der Wüste Gobi profilieren. So finden sich auf dem weiter südlich gelegenen zentralen Platz verschiedene Saurier-Figuren. Die Dino-Galerie setzt sich auch auf der Fernverkehrsstraße in Richtung Beijing fort, was man aus dem Zugfenster nach Abfahrt in Richtung Beijing erkennen kann. Den Abschluß bilden

Erlian

0   400   800 m

Legende

1 Bahnhof
2 Dinosaurier-Museum
3 Markthalle
4 Textilmarkt
5 Hauptplatz

Städte entlang der Transsib

zwei riesige Dinosaurier-Skulpturen, deren Köpfe sich am Ortsausgangsschild über der Straße kreuzen. Ein populäres Verkehrsmittel ist die Fahrrad-Rikscha und wenn beim Stop der touristischen Sonderzüge Moskau-Beijing eine Karawane aus über 100 Rikschas mit Langnasen vom Bahnhof zur Stadtrundfahrt startet, so ist das im Ort ein Ereignis. Neben dem Markt für Lebensmittel gibt es am **Zentralplatz** auch einen großen überdachten Textilmarkt.

Bei den Regelzügen beträgt der Aufenthalt ca. drei Stunden. In alter Tradition passieren diese Züge die Grenze nachts. Wenn die Kontrollen vorüber sind, kann man den Zug verlassen. Dieser fährt dann für 1,5 Stunden in die Umspurhalle, um die Radgestelle von Breitspur auf Normalspur zu wechseln. Bei touristischen Sonderzügen, die am Tage ankommen und in der Regel ein kleines Besichtigungsprogramm in Erlian absolvieren, steigen die Touristen in Richtung Beijing dann in einen chinesichen Sonderzug um und die in der Gegenrichtung reisenden Gruppen fahren mit dem Sonderzug weiter in Richtung Ulaanbataar und Moskau.

Erlian-Informationen

Zeitunterschied: MEZ +7 h.
Vorwahl: 0086/479.
Hauptpostamt: Yingbin Lu.
Bank: Qianjin Lu, neben dem Textilmarkt.

Der Bahnhof befindet sich am östlichen Rand des Stadtzentrums, Tel. 712 34 56.
GPS: 43°39'18''N/111°58'50''O.

Es gibt mehrere Mittelklassehotels in der Stadt:
Yin Du in der Xilien Jie.
Eine einfache Herberge ist das **Eisenbahn-Hotel** in der Yingbin Lu.

Gegenüber dem alten Bahnhofsgebäude befindet sich das **Chai Fen Buudal**, ansonsten mehrere Restaurants entlang der Qianjin Lu.

Datong

Im bevölkerungsreichsten Land der Erde mit nicht wenigen Millionenstädten ist Datong wahrscheinlich die nächste Großstadt, die bei der Einwohnerzahl die Millionengrenze überschreiten wird. Die Industriestadt Datong ist ein Schwerpunkt des Maschinenbaus und bildet das Zentrum eines Kohlebeckens. Der Stadtname bedeutet etwa ›große Einheit‹ und für diesen Traum stand der Ort wohl im 4. Jahrhundert als Zentrum einer der Provinzen nach dem bis in das 6. Jahrhundert andauernden Zerfall des Reiches. Später brachte der Handel mit den Mongolen einen gewaltigen Aufschwung. Die strategisch wichtige Bedeutung ließ Datong zu einer Garnisonsstadt werden.

Heute ist die Stadt vor allem für ihren historischen Altstadtkern und das

Chinesischer Zugschaffner

am Stadtrand gelegene Höhlenkloster bekannt und interessant. Datong und Umgebung besitzen zweifellos die bedeutendsten kulturgeschichtlichen Attraktionen zischen Ulaanbaatar und der Großen Mauer. Im vergangenen Jahr wurde eine neue Bahnlinie Peking–Da-

Hängende Klöster bei Datong

tong eröffnet, die nicht mehr über die Bergpässe durch die Große Mauer führt. Auch die nicht Richtung Sibirien fahrenden Züge zwischen Peking und der Mongolei benutzen nun teilweise diese neue Strecke. Einzelne Reiseveranstalter sind bereits umgestiegen und bieten in ihrem Transsib-Angebot einen Hotelstop in Datong oder verbinden Peking und

Datong per Bus mit entsprechendem Ausflug zur Chinesischen Mauer.

Stadtrundgang

Vom Bahnhof aus geht man zunächst geradeaus über die Xinjian Beilu und dann an der ersten Kreuzung nach links. Dort kommt man auf die wichtigste Nord-Süd-Magistrale der Stadt, die auf verschiedener Höhe sechs verschiedene Straßennamen hat. Richtung Süden gelangt man zur **Altstadt**, die von einer 600 Jahre alten, fast quadratischen Stadtmauer umgeben wird.

Kurz vor dem gut sichtbaren **Trommelturm** kreuzt die Straße mit der Da Xijie die zweite wichtigste Geschäftsstraße von Datong. Hier befindet sich auch die **Neun-Drachen-Wand**. Die ursprünglich als Sichtblende für den Palasteingang gedachte Wand mit einem Mosaik aus Keramikziegeln stammt aus der Zeit der Ming-Dynastie. Weiter südlich befindet sich das im 8. Jahrhundert begründete **Shan-Hua-Kloster** mit fünf vergoldeten Buddha-Statuen in seiner Haupthalle.

Datong ist ein Zentrum des chinesischen Lokomotivbaus. Bis 1989 wurden hier noch Dampfloks gebaut. Mit dem Aufbau des neuen Beijinger Eisenbahnmuseums wurde das Dampflok-Museum des Werkes geschlossen und die Exponate zogen in die Hauptstadt um.

■ **Ausflüge von Datong**
Die bekannteste und zum UNESCO-Weltkulturerbe gehörende Sehenswürdigkeit von Datong liegt etwas außerhalb – die **Wolkengrat-Grotten** (Yungang). In diesem Höhlenkloster erstrecken sich auf

Legende	
❶ Bahnhof	❹ Shan-Hua-Kloster
❷ Trommelturm	❺ Restaurant ›Huayan Fandian‹
❸ Neun-Drachen-Wand	❻ Richtung Wolkengrat-Grotten

Datong, Zentrum

Städte entlang der Transsib

Xinhua Jie

Zhangjian Jie

Xinjian Beilu

Xin Xiu

Caochangcheng

Huanghua Jie

Caochangcheng

Caochangcheng

Xinkai Beilu

Xinjian Beilu

Yantong Xilu

Yantong Donglu

Da Beijie

Yuhe

Datong Park

Beilu

Tongguan Lu Xinjian Xiiu

Da Xijie

Da Dongjie

Xinkai Nenlu

Xinjian Nanlu

Xiao Nanjie

Nanguan Nanjie

Yuhe Nanlu

Xinsheng Donglu

Nanguan Xijie

Nanguan Donglie

Datong Binguan

Yungang

Yingbin Xliu

Yingbin Donglu

0   250   500 m

über 1000 Metern Länge insgesamt 53 in Sandstein gehauene Höhlen. Sie beherbergen 50000 Statuen und Reliefs aus der Zeit zwischen 450 und 500 nach Christus. Die meisten sind nur wenige Zentimeter groß, einige sind aber über zehn Meter hoch.

In der Umgebung nordöstlich von Datong sind auch alte, meist weitgehend verfallene Abschnitte der **Großen Mauer** zu finden.

In 80 Kilometer Entfernung liegt bei Hunyuan das berühmte an eine Felswand geschmiegte **Hängende Kloster** aus dem 4. Jahrhundert, das heute für Touristen geöffnet ist und wirklich einen Besuch lohnt.

Datong-Informationen

Zeitunterschied: MEZ +7 h.
Vorwahl: 0086/352.
Hauptpostamt: Ecke Da Xijie/Xinjian Nanlu, Tel. 2033 36.
Bank: Bank of China, Ecke Caochangcheng Jie/Caochangcheng Xilu, Tel. 5033790.
Reisebüro: CITS, Yingbin Donglu 21, im Hotel Yungang, Tel. 5024176.

Der Bahnhof befindet sich nordöstlich des Stadtzentrums, Tel. 712 34 56.
GPS: 40°7'8''N/113°17'47''O.

Der Flughafen liegt südlich der Stadt und hat nur regionale Bedeutung, Tel. 2044039.

Als das beste Hotel der Stadt gilt das südlich der Altstadt gelegene **Datong Binguan**, Ying-bin Xilu, Tel. 203 24 76. Eine günstige Alternative ist das in der selben Straße gelegene **Yungang**, Tel. 502 16 01.

Empfehlenswert ist u.a. das Restaurant **Huayan Fandian** in der Da Xijie.

Harbin

Harbin ist die Hauptstadt der Heilongjiang genannten chinesischen Amurprovinz. Heilongjiang bedeutet ›Schwarzer Drachenfluß‹ – die chinesische Bezeichnung des Amurstromes. Mit ihren heute 2,6 Millionen Einwohnern ist die lebendige Metropole im wahrsten Sinne des Wortes ein Produkt der Transsibirischen Eisenbahn. Die ersten Siedlungsspuren eines Dorfes namens Arjin reichen zwar bis in das 12. Jahrhundert zurück, die Entwicklung des Ortes begann aber mit dem Eisenbahnbau. Hier sollte die Streckenführung den Amurnebenfluß

Songhua (russ. Sungari) überwinden und sich dann einerseits nach Süden in Richtung Dalnyj und Port Arthur und andererseits in Richtung Osten zur bereits bestehenden Ussurij-Linie bewegen. Der Ortsname Harbin stammt wahrscheinlich vom mandschurischen

Anlegestelle am Amur

Wort Harba – Furt ab. Da alle notwendigen Materialien für den Eisenbahnbau durch die Mandschurei über den Fluß hierher gebracht wurden, entstanden an dieser Furt die Infrastruktur und der Verwaltungssitz der ostchinesischen Eisenbahn. Harbin entwickelte sich mit der Eisenbahn ungeachtet der gewaltigen Schwierigkeiten der ersten Jahre als russische Stadt in China. Ab 1897 begann der Bau der Bahn, ab 1903 verkehrten die Züge regelmäßig. Aber

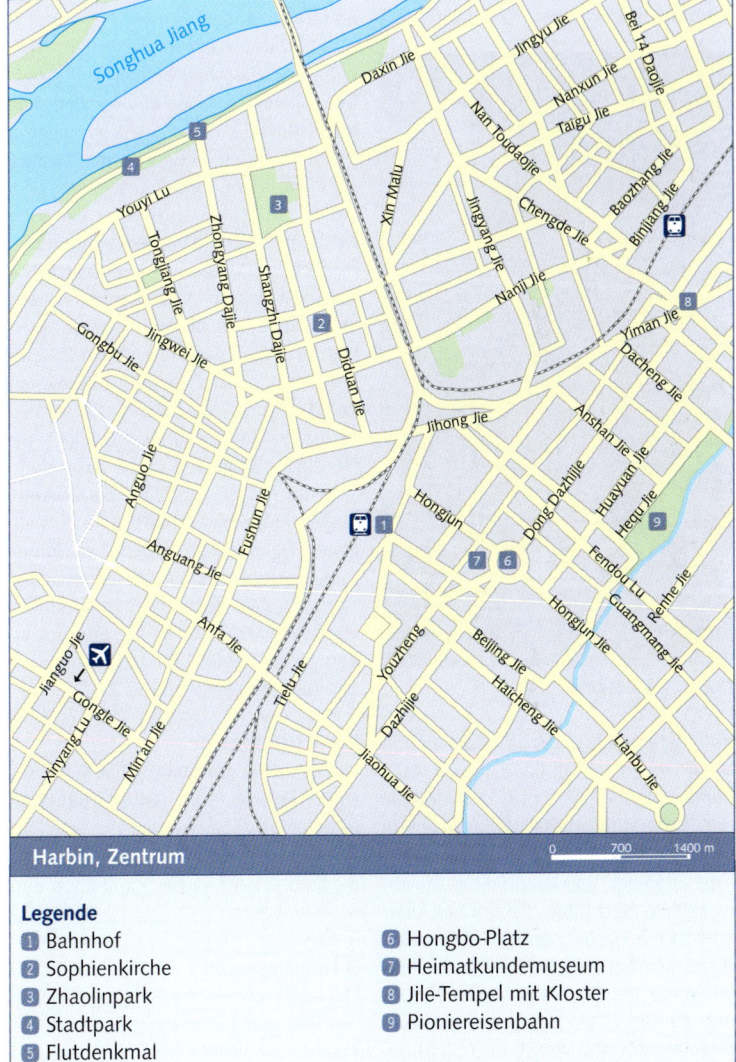

Harbin, Zentrum

0   700   1400 m

Legende

1 Bahnhof
2 Sophienkirche
3 Zhaolinpark
4 Stadtpark
5 Flutdenkmal

6 Hongbo-Platz
7 Heimatkundemuseum
8 Jile-Tempel mit Kloster
9 Pioniereisenbahn

bereits im Vorfeld des russisch-japanischen Krieges war die Bahnlinie zum Zankapfel der künftigen Kriegsgegner geworden, und 1906 verlor Rußland nach dem Krieg auch die Südtrasse nach Dalnyj an Japan.

Doch Harbin entwickelte sich als Schnittstelle zwischen Ost und West

Die Sophienkathedrale

sehr dynamisch und zog Händler und Kaufleute aus vielen Ländern an. Nach der Revolution 1917 und dem folgenden Bürgerkrieg wurde Harbin zu einem zentralen Fluchtpunkt für die Bevölkerung Sibiriens. Von knapp einer Million russischer Flüchtlinge ließen sich über 100000 in Harbin nieder. Sie machten fast ein Drittel der Bevölkerung aus, und so wurde die Stadt bis in die 1930er und 1940er Jahre zu einem bedeutenden Zentrum der russischen Emigration.

Nach der Entstehung des japanischen Protektorats Manschuko 1931 und dem folgenden Verkauf der Ostchinesischen Eisenbahn an Japan verloren aber viele Russen ihre an die Bahn gebundene wirtschaftliche Basis und verließen die Stadt sowohl in Richtung Sowjetunion als auch in andere Länder.

Die Wirren nach dem Zweiten Weltkrieg und die neue politische Perspektive Chinas, vor der die verbliebenen Russen bereits nach 1917 aus Rußland geflohen waren, ließen sie nun vorrangig in westliche Länder auswandern. So wurde ein Schlußstrich unter die noch heute im Stadtbild wahrzunehmenden, russischen Episoden in der Geschichte der Stadt gesetzt. Unter dem roten Stern entwickelte sich die Handelsmetropole Harbin gemäß der chinesischen Diktion ohne den russischen und japanischen Kolonialdruck zum bedeutendsten Verwaltungs- und Industriestandort im Nordosten Chinas.

Heute hat die Stadt für die Zukunft auch wieder ehrgeizige internationale Pläne. Dabei sollen neben dem Tourismus aufgrund des russisch-chinesischen Grenzhandels auch die gemeinsamen Wurzeln wieder an Bedeutung gewinnen. Unter den Partnerstädten befindet sich das dänische Aarhus.

Stadtrundgang

Die Bahnlinie durchkreuzt das Stadtzentrum Harbins. Vom Bahnhofsvorplatz führt langsam ansteigend die Hongjun Jie zum zentralen Platz der Stadt, wo die großen Hochhäuser, Kaufhäuser und Märkte locken.

■ Fußgängerzone

Um zum Fluß und zur Fußgängerzone in der Zhangjiang-Straße zu gelangen, muß man die ausufernden Eisenbahnanlagen entweder linker Hand über die 2002 neu errichtete Brücke der Shangzhi Dajie oder rechter Hand über die historische Brücke der Jihong Jie überqueren. Das Ziel, die etwa 1,5 Kilometer lange Zhangjiang-Straße war schon in der Vergangenheit die bekannteste Einkaufsstraße der in der Stadt lebenden Ausländer. Mit entsprechender Rekonstruktion wurde sie 1997 in eine Fußgängerzone umgewandelt. Die russisch geprägte Architekturmischung des beginnenden 20. Jahrhunderts aus Historismus und Jugendstil blieb weitestgehend erhalten. Cafés und Geschäfte der Flaniermeile strahlen ein ansonsten für China eher exotisches, fast etwas europäisches Flair aus, das sich teilweise auch in den mit Xi von 1 bis 14 durchnummerierten Seitenstraßen fortsetzt.

■ Sophienkirche
Über die Xi 12 Daojie gelangt man auf einen großen Platz, der durch das Harbiner Kaufhaus Nr. 1 bestimmt wird. Dahinter rechts erhebt sich das Gebäude der früher größten russisch-orthodoxen Kirche der Stadt. Die Sophienkirche (Sheng Suofeiya Jiaotang) mit ihrer 53 Meter hohen Zwiebelkuppel wurde zwischen 1923 und 1932 erbaut. Sie beherbergt heute neben einer kleiner Reliquienausstellung das Museum für Stadtgeschichte. Die Exposition geht aber in einem hinter der Kirche gelegenen, unterirdischen Ausstellungssaal, wo vor allem ein gigantisches Stadtmodell beeindruckt, noch weiter. (Ecke Zhaolin Jie/Xi 14 Daojie, Tel. 468 69 04).

■ Zhaolinpark und Songhua-Fluß
Wenn man der Zhaolin Jie in Richtung Fluß folgt, gelangt man zum Zhaolinpark, der ebenso wie die Straße nach dem Armeegeneral Li Zhaolin

(1908–1946) benannt wurde, der sich im Kampf gegen die Japaner verdient gemacht hatte und hier auch begraben wurde. Der Park beherbergt seit 1985 alljährlich vom 5. Januar bis zum 15. Februar Harbins größte touristische Attraktion: das dank eines hartes Kontinentalklimas und eines entsprechend

Der Tempel des Paradieses

garantiert eisigen Winters mögliche **Eislaternenfest**. Phantastische, hell und farbenprächtig illuminierte Eisskulpturen locken in wachsendem Maße in- und ausländische Besucher in den Zhaolin-Park und auch auf das Eis an den Ufern des Songhua Flusses.

An der Strandpromenade erstreckt sich der immer noch nach Joseph Stalin benannte **Stadtpark**, der in Richtung Autobahnbrücke in den Jiuzhan-Park übergeht. Ein halbrundes Monument erinnert an die Hochwasserkatastrophe des Jahres 1957 und würdigt die vielen freiwilligen Helfer von damals. Der Fluß wird hier auch von der **historischen Transsib-Eisenbahnbrücke** überquert. Daneben kann man auch mit einer imposanten Seilbahn oder mit kleinen Fährtaxen auf das andere Flußufer übersetzen, wo sich weitere Parkanlagen erstrecken. Im Winter kann der zugefrorene Fluß auch zu Fuß überquert werden.

Im Tigerpark

Hongbo-Platz

Zurück am Bahnhof, gelangt man nun über die Hongjun Jie zum Hongbo-Platz, dem Museumsplatz. Hier stand früher die erste Harbiner Kirche. Aus Holz 1899 erbaut, wurde die Nikolaikirche später zur Kathedrale. Mit Blick vom oder zum Bahnhof war sie ein beliebtes Ansichtskartenmotiv. Heute bildet den Mittelpunkt des Platzes das **Handelszentrum ›Schneeflocke‹**. Der Handel selbst floriert auf zwei riesigen unterirdischen Etagen, eine kleine Ausstellung erinnert an die Geschichte des Platzes.

Am Platz befindet sich auch das örtliche Theater und im ursprünglichen Kaufhaus ›Moskau‹ das **Heimatmuseum** der Provinz Heilongjiang, das in zwei Dauerausstellungen Natur und Geschichte der Region präsentiert.

Abseits des Zentrums

Wenn man vom Museumsplatz der Dongdazhi Jie in Richtung Nordosten folgt, gelangt man zunächst in das Einkaufsviertel auf der **Fendou Lu**. Immer geradeaus kommt kurz vor dem rummelgleichen Kulturpark eine kleine Fußgängerzone, auf deren linker Seite ein interessantes buddhistisches Heiligtum zu besichtigen ist. Der 1924 errichtete **Tempel des Paradieses** (Jile Si) ist mit über 70 Mönchen das größte Kloster der Provinz und beeindruckt durch die verschiedenen Hallen der Tempelanlage sowie durch eine gewaltige, siebenstufige Pagode.

Weitere Sehenswürdigkeiten etwas abseits des Stadtzentrums sind der **Tierpark**, die 1956 eingeweihte erste **Pioniereisenbahn Chinas** und ein neuer **Themenpark**, der unter dem Namen ›Fenster nach Europa‹ kitschige Miniaturdarstellungen von Sehenswürdigkeiten der westlichen Welt wie der Moskauer Basiliuskathedrale oder des Pariser Triumphbogens zeigt.

Im Harbiner Vorort Pingfang erinnert ein Museum an die Opfer eines besonders schrecklichen Kapitels der Harbiner Geschichte und an japanische Kriegsverbrechen. In Pingfang befand sich unter der japanischen Okkupation ein **Zentrum für biologische Forschung**, wo Japans Faschisten an chinesischen Häftlingen bakteriologische Waffen und für mögliche Agressionen in Richtung Sibirien die Wirkung extremer Frosttemperaturen auf den menschlichen Körper testeten (Xinjiang Dajie, Tel. 6804104, Bus Nr. 338).

■ Tigerpark

Nördlich von Harbin befindet sich eine Forschungseinrichtung für sibirische Tiger, die man bei uns Amurtiger nennt. Hier leben mittlerweile über 200 Amurtiger in 360000 Quadratmeter abgezäunter freier Wildbahn. Aktuell hat China bei der Internationalen Artenschutzkonferenz CITES einen Antrag auf die kommerzielle Tigerzucht gestellt. In Teilen dieses größten Tigerparks kann man heute safariähnlich mit Kleinbussen durch den Park fahren und die Tiere beobachten. Die Anlage ist auch aus dem Zug an der Bahnstrecke Harbin–Manzhouli zu erkennen (Songbei, Tel. 4090098, Bus Nr. 85).

Harbin-Informationen

Zeitunterschied: MEZ +7 h.
Vorwahl: 0086/451.
Hauptpostamt: Ecke Dongdazhi Jie/Fendou Li.
Bank: Bank of China, Honguin Jie.
Reisebüro: CITS, Zhongyang Dajie.
Taxi: Tel. 6323900.

Der Bahnhof befindet sich im Stadtzentrum. Im Jahr 2002 wurde er umfassend renoviert, Tel. 2345628
GPS: 45°45'35''N/126°37'38''O.

Der 1996 errichtete Flughafenneubau Taipin befindet sich 50 km südöstlich des Stadtzentrums. Es gibt internationale Flüge nach Seoul, Vladivostok und Chabarovsk, Tel. 2894219.

Neben dem Bahnhof befindet sich das **Hotel Kunlun**, Tielu Jie 8, Tel. 3606688.
Alternativen in Nähe des Flusses Songhua sind das **Songhuajiang Gloria Inn**, Zhongyang Dajie 257, Tel. 4638855, oder das **Shangri La**, You Jie Lu 555, Tel. 4858888.

Empfehlenswert sind die Restaurants des **Hotels Gloria Inn**.
Sehr beliebt ist das auf der Hauptstraße zwei Ecken weiter gelegene **Russian Tea House**, Xi Toudao Jie 57, Tel. 4563207.
Viele Restaurants gibt es in der **Zhongyang Dajie**.

www.harbin2010.org.cn.
Internet-Café: Join us Plaza, Ecke Songhua Jie/Wang Gang.

Dalian

Kaum jemand weiß heute, daß sich der eigentliche Endpunkt der Großen Sibirischen Bahn in den ersten Jahren im heutigen Dalian befand. Wer damals nach Vladivostok wollte, mußte in Harbin umsteigen, wo der durchgehende Transsibirien-Expreß nach Süden abbog und in den noch ziemlich unbekannten Ort mit dem damaligen Namen Dal'nyj fuhr. Das Zarenreich hatte große Pläne für seine neuen gepachteten Eroberungen in der Südmandschurei. Neben dem Hauptstützpunkt für die russische Pazifikflotte in Port Arthur wollte man mit ehrgeizigen Investitionen Dal''nyj zu einer großen Hafenstadt und Handelsmetropole werden lassen, das zu Beginn des 20. Jahrhunderts als russisches Pendant zu San Francisco in aller Munde war. Doch der Krieg zwischen Rußland und Japan und die vernichtende Niederlage Rußlands bescherten dem Traum ein schnelles Ende, da man diese Territorien und den Südteil der südmandschurischen Eisenbahn an Japan abtreten mußte und somit Vladivostok seine ursprüngliche Bedeutung für Rußland und die Transsib zurückerlangte.

Die Geschichte der Stadt Dalian ist wechselvoll. Unter japanischer Herrschaft hieß die Stadt sich die verschiedenen Stadtteile harmonisch in die hügelige Landschaft der Halbinsel ein. Mit seinen Stränden und Parks bietet Dalian seinen Bewohnern und Gästen viele Freizeitmöglichkeiten.

Neben Hafen und Gewerbegebieten gibt es ein architektonisch interessantes Stadtzentrum, in dem sowohl die alten Viertel als auch die moderne Skyline die Einflüsse verschiedener Stilrichtungen verraten. Die Wirtschaft der Stadt boomt unverkennbar. Dalian wird auch oft als ›die kleine Schwester von Schanghai‹ bezeichnet. Daneben gilt sie in China als Hauptstadt des Fußballs und der Mode. Die ›Dalianer Dachse‹ sind zum fünften

Blick vom Fernsehturm über Dalian

schaft hieß die Stadt Dairen und entwickelte sich zu einer bedeutenden Hafen- und Industriestadt. In der pazifischen Endphase des Zweiten Weltkrieges landeten am 23. August 1945 russische Truppen auf der Halbinsel Liaodong. Die Japaner übergaben die Stadt daraufhin kampflos. Die Rote Armee verließ die Mandschurei 1955.

Heute leben 2,4 Millionen Menschen in Dalian, das ohne Zweifel zu den attraktivsten Metropolen Chinas gehört. In einem für diese Breitengrade vergleichsweise milden Meeresklima fügen Mal in Folge chinesischer Fußballmeister. Die Modemessen in der Stadt locken nicht nur heimische Designer an. Alljährlich findet zur Zeit der Akazienblüte im Mai ein großes Programm mit farbenprächtigen Umzügen und Shows statt. Dalian unterhält Städtepartnerschaften mit Bremen und Rostock.

Stadtrundgang

Der Hauptbahnhof befindet sich am nördlichen Rand des Stadtzentrums, das vor allem durch unzählige, in den letzten Jahren entstandene Hochhäuser und viele grüne Parkanlagen gekennzeichnet ist. Vorbei an einem aus drei Hochhäusern bestehenden Quartal gelangt man auf die **Zhongshan Lu**, die als die Hauptstraße gilt und in Richtung Osten zum Passagierhafen führt. Dabei überquert

Städte entlang der Transsib

Dalian

Legende

1. Hauptbahnhof
2. Zhongshan-Platz
3. Fernsehturm
4. Messezentrum
5. Meerespark ›Ocean World‹
6. Zoo

man zunächst den Yonhao-Platz und erreicht an der übernächsten Kreuzung den **Zhongshan-Platz**. Das Rondell mit einem Durchmesser von etwa 200 Metern war in der Gründerzeit der zentrale Platz und ist bis heute von geschichtsträchtigen Gebäuden im Kolonialstil umgeben. Die Hauptstraße zum Hafenterminal heißt ab hier Renmin Lu.

Wenn man aber hier der Shanghai Lu in Richtung Norden folgt und die Bahngleise überquert, sieht man in Richtung Hafen auf das Gelände, auf dem vor gut 100 Jahren die Züge der Großen Sibirischen Bahn ihr Ziel erreicht hatten. In Dalian allerdings erinnert nichts an die Rolle des Ortes als erste Endstation der Transsib. Man bekennt sich aber zu den russischen und japanischen Spuren in der eigenen Geschichte. Einerseits betont man die freie Entwicklung der Stadt nach den Jahren der russischen und japanischen Unterjochung und andererseits würdigt man diese Etappen der Stadtgeschichte durch zwei im jeweiligen typischen Baustil mit einem leichten Hauch von Disneyworld rekonstruierte Straßen. Als Fußgängerzonen heißen sie

heute ›**Straße des russischen Flairs**‹ und ›**Straße des japanischen Flairs**‹ und sollen vor allem Touristen anlocken.

Wenn man der Zhongshan Lu in Richtung Westen folgt und die Jiefang Lu in Richtung Süden geht, gelangt man zum **Laodong-Park**, der größten Grünanlage im Stadtzentrum Dalians, die durch eine Skulpturenallee mit den chinesischen Sternzeichen zu einem Ausstellungsforum in Fußballform führt. Hier fährt auch eine Seilbahn zum **Fernsehturm** empor, wo man von der Aussichtsplattform einen phantastischen Ausblick auf das Stadtzentrum und die gesamte Halbinsel hat.

■ **Südliche Küste**

An der Xinghai-Bucht im Süden der Halbinsel befindet sich der **Xinghai-Park** zu Ehren des 100jährigen Stadtjubiläums. Hinter vier Hochhäusern steht eine von Neuschwanstein inspirierte Backsteinburg, die ein **Aquarium** beherbergt. Im angrenzenden **Messezentrum** befindet sich auch das ›Modern Museum‹ genannte Heimatmuseum der Stadt. In dem quadratischen Neubau

Im Zentrum von Dalian

mit Kuppel findet man neben Geschichte und wechselnden Ausstellungen eine gigantische Selbstvermarktung der Stadt und ihrer Wirtschaft (Huizhan Lu 10, Tel. 480 10 25). Weiter südlich an der Festlandküste befindet sich der **Meerespark ›Ocean World‹**. Hier liegen auch die größten Badestrände der Stadt.

Auf der Uferstraße gelangt man in Richtung Osten an den Eingang zum **Zoo** und **Safaripark**. Während sich der mit Bussen zu durchfahrende Safaripark an den Uferhängen entlangzieht, weist eine Seilbahn den Weg über den südlichen Kamm der Halbinsel zum im nächsten Tal phantastisch gelegenen Zoo.

Während der Seilbahnfahrt hat man eine sehr schöne Aussicht.

■ **Dalian-Rundfahrt**

In Dalian ist für Touristen die **Buslinie 801** zu empfehlen. Sie startet am Bahnhof und fährt auf einem 48 Kilometer langen Rundkurs um die Halbinsel an den meisten Sehenswürdigkeiten vorbei. Generell hat die Stadt ein vergleichsweise sehr gutes Busnetz, auf dem viele Doppeldecker unterwegs sind. Aufgrund des hügeligen Stadtbildes findet man in Dalian im Vergleich zu anderen chinesischen Großstädten auch deutlich weniger Fahrräder.

Dalian-Informationen

Zeitunterschied: MEZ +7 h.
Vorwahl: 00 86/411.
Hauptpostamt: Chanjang Lu.
Bank: Bank of China, Zhongshan Sq. 9.
Reisebüro: CITS, Chantong Jie 1, 4. Stock, Tel. 368 79 56.

Dalian hat vier Bahnhöfe. Der im Zentrum befindliche Hauptbahnhof wurde 2002 umfassend rekonstruiert und umgebaut. Es gibt täglich 6 Expreßzüge nach Shenyang, die zwischen 4 (nonstop) und 6 Stunden unterwegs sind. Weitere Züge fahren nach Beijing, Jiliin, Changchun und Lüshün.
GPS: 38°55′16″N/121°37′41″O.

Der örtliche Flughafen Zhoushuizi befindet sich 15 km nordwestlich des Stadtzentrums. Neben vielen Inlandsflügen gibt es Flüge nach Tokio,

Osaka und Seoul.

Es gibt Fährverbindungen nach Shanghai und nach Südkorea.

Im Stadtzentrum sind viele bekannte Hotelketten vertreten.
Das **Hilton** befindet sich in einem ovalen Turm, Changjiang Lu 123, Tel. 252 99 99.
Am Bahnhof steht das **Holiday Inn**, Shengli Sq. 18, Tel. 280 88 88.
Empfehlenswert ist auch das 10stökkige **Sea Horizon Jiangdo**, Xibin Hailu 81, Tel. 240 33 99, am Südufer der Halbinsel mit Pazifikblick.

Die Auswahl an Restaurants aller Klassen läßt kaum Wünsche offen. In der **Tianjin Lu** gibt es viele kleine Gaststätten.

www.dalian.gov.cn (C/E).

Lüshun

Lüshun, auch Lüshunkou genannt, ist heute ein Stadtteil von Dalian. Der an der Südspitze der Halbinsel Liaodong und etwa 35 Kilometer vom eigentlichen Dalian entfernte Ort ist aber besser unter seinem alten Namen Port Arthur bekannt. Während des Opiumkrieges ging ein britisches Schiff unter

In Lüshun, dem ehemaligen Port Arthur

seinem Kapitän William S. Arthur in dem nur durch eine enge Durchfahrt zu erreichenden und ringsum durch felsige Hügel abgeschirmten Hafen vor Anker, und Dorf samt Hafen hatten fortan einen Namen. Geschichte wurde in dieser etwa fünf Kilometer langen Bucht in den Jahren 1904 und 1905 geschrieben. Rußland hatte den Ort mit seinem windgeschützten Hafen im Rahmen seiner aus dem Bau der Transsib

resultierenden ›Pachtoffensive‹ in der Mandschurei zum künftigen zentralen Hafen für seine Pazifikflotte erkoren und China geholfen, die seit 1894 hier engagierten Japaner nach nur vier Jahren wieder zum Abzug zu bewegen. Doch vergleichbar mit Pearl Harbor im Jahr 1941 begann Japan seinen Krieg gegen Rußland am 8. Februar 1904 mit einem Überraschungsangriff zur Vernichtung großer Teile der russischen Flotte in deren eigenem Hafen.

Im Ergebnis verlor Rußland das Gebiet an Japan. Nachdem die Sowjetunion im Zweiten Weltkrieg die Japaner in der Mandschurei besiegt hatte, schloß sie mit China einen neuen 30jährigen Pachtvertrag für die Flottenbasis, zog sich aber bereits nach zehn Jahren endgültig aus Port Arthur zurück.

Heute ist Lüshun einer der wichtigsten chinesischen Flottenstützpunkte und im Prinzip für Ausländer geschlossen. Es gibt organisierte und vor allem bei russischen und japanischen Touristen populäre Busexkursionen, die das Museum der Belagerung an der sogenannten Höhe 203 und einen japanischen und russisch-sowjetischen Friedhof besuchen.

Das Stadtzentrum wird durch einen alten japanischen Aussichtsturm am Berg und den Turm der sowjetisch-chinesischen Freundschaft am Hafen geprägt. Neben mehreren Museen in den alten Festungsanlagen gibt es ein Heimatmuseum und ein Schlangenmuseum, zu dem ›Langnasen‹ aber der Zutritt verwehrt wird. An mehreren Stellen findet man noch alte, im Kolonialstil erbaute Häuser. Der mit der Fertigstellung der Südmandschurischen Eisenbahn von den Russen aus Holz erbaute Bahnhof sieht noch genau so aus wie auf den Fotos von vor 100 Jahren (GPS: 38°48′ 23″N/121°14′42″O).

Beijing (Peking)

Beijing gehört heute mit ca. 14 Millionen Einwohnern, von denen ca. 9 Millionen im unmittelbaren Stadtgebiet leben, ohne Zweifel zu den Megametropolen der Welt. Heute steht die Stadt gemäß dem Motto ›One world – One dream‹ mit dem Blick in das ›chinesische Jahrhundert‹ ganz im Zeichen der olympischen

Pekinger Hauptbahnhof bei Nacht

Ringe und der die 5 Ringe symbolisierenden Maskottchen Bei, Jing, Huan, Ying und Ni. Gleichzeitig blickt sie aber auch bereits auf eine etwa 3000jährige Geschichte zurück, in der sie die längste Zeit einen Vorposten am nördlichen Rand des Reiches der Mitte bildete.

Chinesische Quellen datieren bis ins 12. Jahrhundert zurück und belegen die Existenz eines Grenzortes Ji. Unter allen chinesischen Kaiserstädten Chinas ist Beijing die jüngste. Der Mongolenkaiser Kublai-Khan (1260–1294) ließ hier als erster eine große Palaststadt errichten, die unter dem Namen Dadu oder auch Khanbalik Berühmtheit erlangte, in Europa vor allem durch die überschwenglichen Berichte des Marco Polo, der deswegen als Lügner bezeichnet wurde. Bei der Vertreibung der Mongolen durch die Ming-Kaiser um 1368 wurde Dadu zerstört und an ihrer Stelle die heutige Kaiserstadt erbaut. Zu Beijing, was nichts anderes als ›nördlichen Hauptstadt‹ bedeutet, avancierte der Ort erst im 15. Jahrhundert. Das Pendant im Süden ist Nanjing, von wo Yong Le, der dritte Kaiser der Ming-Dynastie 1420 die Hauptstadt in die heutige Metropole verlegte und sie zum Zentrum der politischen Macht gestaltete. In der Folgezeit regierten hier 24 Kaiser die Geschicke des Reiches. Der letzte – Pu Yi – dankte 1911 ab, es folgte die Zeit der Republik, die auch die Hauptstadt wieder nach Nanjing und später nach Chongquing verlegte, bevor Mao 1949 Beijing den Hauptstadtstatus wieder zurückgab.

Orientierung

Stadtrundfahrten im klassischen Sinne bieten in Beijing – neben dem zentralen Platz des Himmlischen Friedens – vor allem auf den mehrspurigen Magistralen entlang der unzähligen Hochhaus-Neubauten einen Eindruck vom bei allem Chaos doch irgendwie harmonisch ablaufenden Straßenverkehr. Am besten erschließt man sich die Sehenswürdigkeiten mit gezielten Ausflügen, die entweder mit den Bussen von Reiseveranstaltern oder auf eigene Faust gemacht werden. Taxifahren ist in Beijing nicht viel teurer als der öffentliche Personennahverkehr in Europa. Sprachprobleme vermeidet man, wenn man dem Taxifahrer sein Ziel auf einem Stadtplan zeigt.

Alle internationalen Hotels haben eigene Visitenkarten, wo man sich auf die Rückseite den Zielort in chinesischer Schrift aufschreiben läßt und dann auch die Informationen für eine sichere Rückkehr parat hat. Alle Taxis haben Taxameter, Verhandlungen um den Preis erübrigen sich. Falls ein Taxifahrer den Taxameter nicht einschalten will – das kommt mitunter in der Nähe der typischen Touristenplätze vor –, nimmt man ein anderes Taxi.

Städte entlang der Transsib

Einige Orte sind auch gut mit der U-Bahn zu erreichen. Zu den olympischen Sommerspielen 2008 wurde das Metronetz erheblich erweitert, einige Linien sind noch im Bau. Die Eingän-

Rikscha-Transport

ge zu den U-Bahnhöfen sind an einem großen G-ähnlichen Symbol zu erkennen. Die Linie 1 unterlegt die zentale Ost-West-Magistrale. Die Ringlinie 2 umschließt im Großen und Ganzen das Stadtzentrum. An der Nordseite schließt sich mit der Linie 13 ein weiterer Ring in die Außenbezirke an. Der Hauptbahnhof liegt an der U-Bahn-Station Beijing Zhan an der Ringlinie. Vom Westbahnhof gelangt man in etwa 10 Minuten Fußweg zum U-Bahnhof Gongzhu Fen an der Linie 1.

Stadtrundgang vom Hauptbahnhof aus

Unsere Tour beginnt am Hauptbahnhof. Wenn man mit dem Rücken zum Bahnhofsgebäude steht, sieht man mit der Beijingzhan eine Straße, die nach Norden führt. Dieser Straße folgt man bis zur nächsten Kreuzung. Jetzt befindet man sich auf der Dongchang'an Jie, der Hauptmagistrale Beijings, die die Stadt in West-Ost-Richtung durchzieht. An der Nordostecke der Kreuzung steht das **International Hotel**, erkennbar an seinen runden Drehrestaurant auf dem Dach. Linker Hand geht es in Richtung Verbotene Stadt und Platz des Himmlichen Friedens. Zunächst bietet sich noch ein Spaziergang nach rechts (Osten) an. Vorbei an zwei großen Einkaufszentren mit zahlreichen Fast-Food-Möglichkeiten gelangt man an eine den zweiten innerstädtischen Ring überquerende große Brückenkreuzung. Heute gibt es bereits fünf innerstädtische Autobahnringe in Beijing.

An dieser Kreuzung kann man Reste eines Eckturms der alten Stadtmauer sowie altertümliche astronomische Instrumente besichtigen. Dieses **Observatorium** (Guanxiangtai) wurde 1442 in der Mingzeit erbaut und 1982 restauriert. Sechs der acht ausgestellten Instrumente wurden im 17. Jahrhundert von dem

---

Legende

1 Hauptbahnhof
2 Altes Observatorium
3 Seidenstraßen-Kaufhaus
4 Beijing-Hotel
5 Wangfujing-Kathedrale
6 Nachtmarkt in der Donganmen
7 Tiananmen-Platz
8 Tor des Himmlischen Friedens
9 Revolutions- und Geschichtsmuseum
10 Nationaler Volkskongreß
11 Mao-Mausoleum
12 Qianmen-Tor
13 Einkaufszentrum im alten Kolonialbahnhof
14 Abwechslungsreicher Einkaufsbezirk
15 Verbotene Stadt
16 Kohlenhügel
17 Himmelstempel

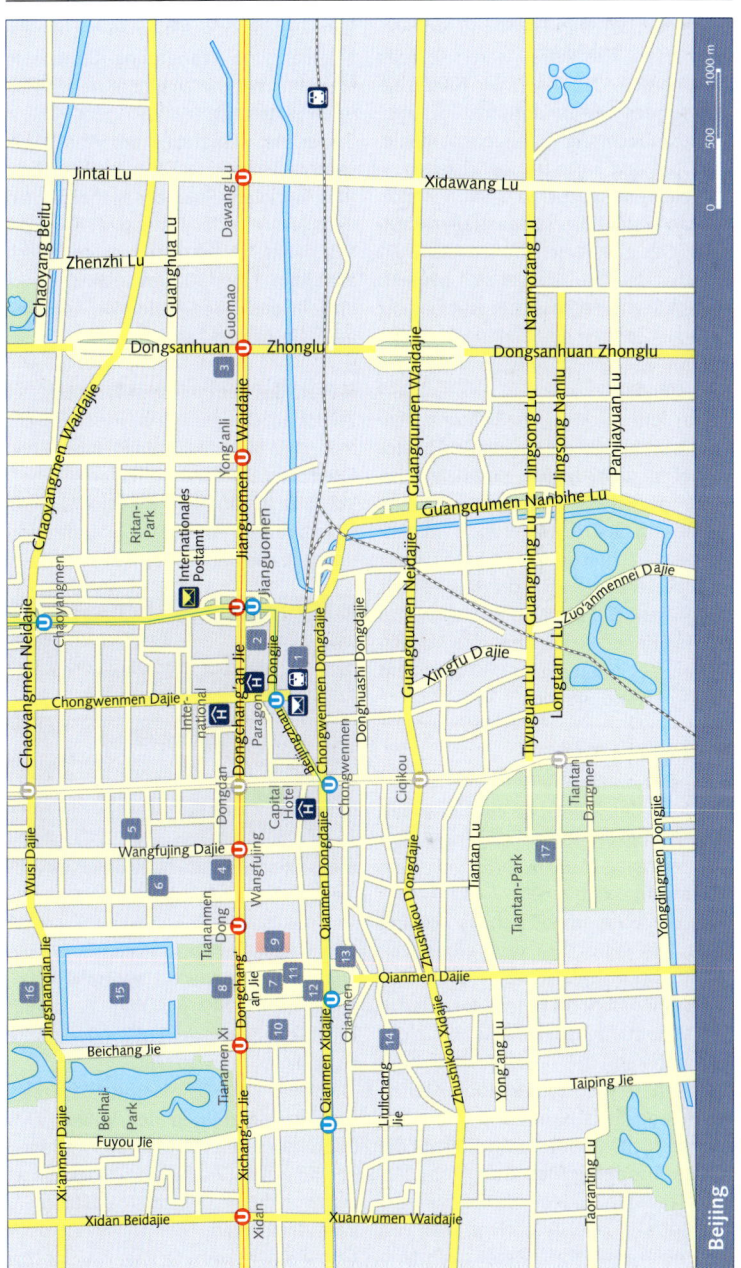

Beijing

belgischen Jesuiten Ferdinand Verbiest geschaffen. Die Patres waren so gute Astronomen, daß ihnen der Kaiser die Leitung des Observatoriums übertrug. Weiter in Richtung Osten folgen mehrere Hotels und Einkaufsmöglichkeiten.

In Höhe der nächsten U-Bahn-Station Yongan Li steht das **Seidenstraßen-Kaufhaus**. Der alte Seidenstraßen-Markt im Botschaftsviertel befindet sich heute in diesem Sechsgeschosser. Es ist eines der Beijinger Zentren für Schnäppchenjäger mit starken Nerven und Zeit für exzessives Handeln.

Auf dem Rückweg in Richtung Zentrum kommt man am **Chang-An-Theater** vorbei, in dem täglich originale, also nicht speziell für Touristen aufbereitete, Beijing-Opern aufgeführt werden. Sicherlich nicht jedermanns Sache, nicht umsonst erfreuen sich die T-Shirts mit der Aufschrift ›I survived Beijing Opera‹ nicht geringer Beliebtheit. Die Vorstellungen beginnen um 19.30 Uhr und dauern etwa 3 Stunden.

■ Wangfujing Dajie

Man läuft dann weiter gen Westen, bis man auf der Nordseite rechter Hand Beijings bekannteste Fußgängerzone und Shopping-Meile wahrnimmt – die Wangfujing Dajie.

An der Ecke erhebt sich das **Beijing Hotel**. Es gehört zu den großen alten Traditionshotels dieser Welt und lohnt einen Blick ins Innere. Der älteste Teil stammt aus dem Jahr 1917, der Turmbau kam 1974, der Westteil 1988 dazu. In der Fußgängerzone stehen rechts und links Kaufhäuser aller Art. Am nördlichen Ende kommt rechts die riesige **Shopping-Mall Sun Dong An** mit eleganten Läden und Restaurants und Imbissen aller Art. Wenn man von dort noch etwa 150 Meter nach Nor-

den weitergeht, sieht man rechts die anglikanische **Wangfujing-Kathedrale** (St. Andrew), die an einem neu gestalteten Platz liegt.

Wer die Wangfujing am Abend besucht, sollte in einer Querstraße in Richtung Verbotene Stadt der allabendlichen ›Freßgasse‹ in der Donganmen, einem sogenannten **Nachtmarkt**, einen Besuch abstatten. Über 100 ambulante Kioske in Reih und Glied bieten Delikatessen aus dem ganzen Land.

■ Platz des Himmlischen Friedens

Zurück auf Dongchang'an Jie ist es nicht mehr weit bis zum Platz des Himmlichen Friedens (Tian'anmen Guangchang). Von hier aus aus sind viele bedeutende Gebäude und Anlagen der Stadt sicht- und gut erreichbar. Der Platz wurde in

Auf dem Platz des Himmlischen Friedens

seiner heutigen Form genauso wie die Dongchang'an Jie als zentrale Magistrale nach 1949 gestaltet. Er ist mit 44 Hektar Fläche vermutlich der größte Platz dieser Art weltweit.

In seiner Mitte befindet sich das **Denkmal für die Helden des Volkes**. Das Sockelrelief zeigt wichtigen Stationen der jüngeren Geschichte Chinas. Blickt man von dieser Stelle aus nach Norden, liegt direkt hinter der von West nach Ost verlaufenden Chang An das **Tor** des Himmlischen Friedens, Tian'anmen (Men=Tor). Es war das Tor zur Kaiserstadt, die auch ›Verbotene Stadt‹ genannt wurde, weil dem gemeinen Volk der Zugang zu dieser Anlage verboten war. Das Tor ist gut am Mao-Portrait auszumachen.

An der Ostseite des Platzes steht ein großer Gebäudekomplex, der im Nordflügel das **Museum der Chinesischen Revolution** und im Südflügel das **Museum für Chinesische Geschichte** beherbergt.

In der **Großen Halle des Volkes** an der Westseite tagt der Nationale Volkskongreß Chinas. Hinter dem Gebäude entsteht Beijings **neues Opernhaus** mit 6500 Plätzen. In diesem neuen Haus der Superlative sollen allerdings nicht Beijing-Opern, sondern unterschiedliche Theateraufführungen und Konzerte stattfinden.

Wendet man sich von der Ostseite des Platzes aus nach Süden, sieht man rechter Hand auf der gegenüberliegenden Straßenseite das **Mao-Mausoleum**, wo auch heute noch tagtäglich eine lange Menschenschlange steht. Die Wartezeit schwankt je nach Andrang zwischen 15 und 45 Minuten.

Hinter dem Mausoleum folgt rechts mit dem **Qianmen** ein gigantisches altes Stadttor, das man auch besichtigen kann. Halbrund um das Tor liegt eine Reihe von Gebäuden, von denen das markanteste am Ostende der **alte Hauptbahnhof** von Peking ist, den man stilistisch am typischen Turm alter Kolonialbahnhöfe erkennen kann. Er ist zu einem Einkaufszentrum umgebaut worden. Von hier aus gelangt man nach Osten über die Qianmen Dong Dajie zum Hauptbahnhof zurück. Alternativ fährt man 2 Stationen auf der Ringlinie der U-Bahn.

In Richtung Süden gelangt man die Quianmen Dajie entlang zum Park des Himmelstempels. Wer sich mehr für das alte Beijing der Hutongs interessiert, sollte rechter Hand in die Nebenstraßen abtauchen, wo sich auch die durch ihre Kunstgewerbeläden bekannte Touristengasse **Liulichang Jie** befindet.

■ Die Verbotene Stadt

Der Kaiserpalast (Gugong, Palastmuseum) mit einer Fläche von 720 000 Quadratmetern soll 9999 Räume enthal-

In der Verbotenen Stadt

ten, einen weniger als der Palast des Himmelskaisers, der der Sage nach 10 000 Räume umfaßt. Als Raum galt in der antiken Architektur Chinas jede von vier Säulen umgebene Fläche. Doch auch die Zahl 9999 scheint legendären Charakter zu haben. Eine Zählung im Jahre 1958 ergab ›nur‹ eine Zahl von 8886 Räumen. Man betritt den in den Jahren 1406 bis 1420 erbauten Palast durch das **Wumen**, das Mittagstor. Während der Qing-Dynastie war es üblich, daß sich hier alle Beamten vor Tagesanbruch versammeln mußten, um auf die Audienz des Kaisers zu warten. Hat man das Tor passiert, überquert man die Goldwasserbrücke aus weißem Marmor, deren mittlerer Weg ebenso wie alle mittleren Durchgänge und Wege auf der Nord-Süd-Achse ausschließlich dem Kaiser vorbehalten waren.

Städte entlang der Transsib

Es folgt das **Tor der Höchsten Harmonie**. Hinter diesem liegt der größte Hof des Palastes, in dem fast 90 000 Menschen Platz finden. Während der großen Zeremonien hatten sich hier die Ehrengarde, Militärs und Beamte zu versammeln, um auf Knien dem Kaiser zu huldigen.

Die den Hof nach Norden begrenzende **Halle der Höchsten Harmonie** ist die größte Halle des Palastes und gleichzeitig der größte Holzbau des alten China. Mit 37 Metern Höhe war sie in der Kaiserzeit auch der höchste Bau Pekings, und kein anderes Gebäude der Stadt durfte diese Höhe überschreiten. 72 mächtige zinnoberrote Säulen stützen den Bau. Die mittleren sechs Säulen, die

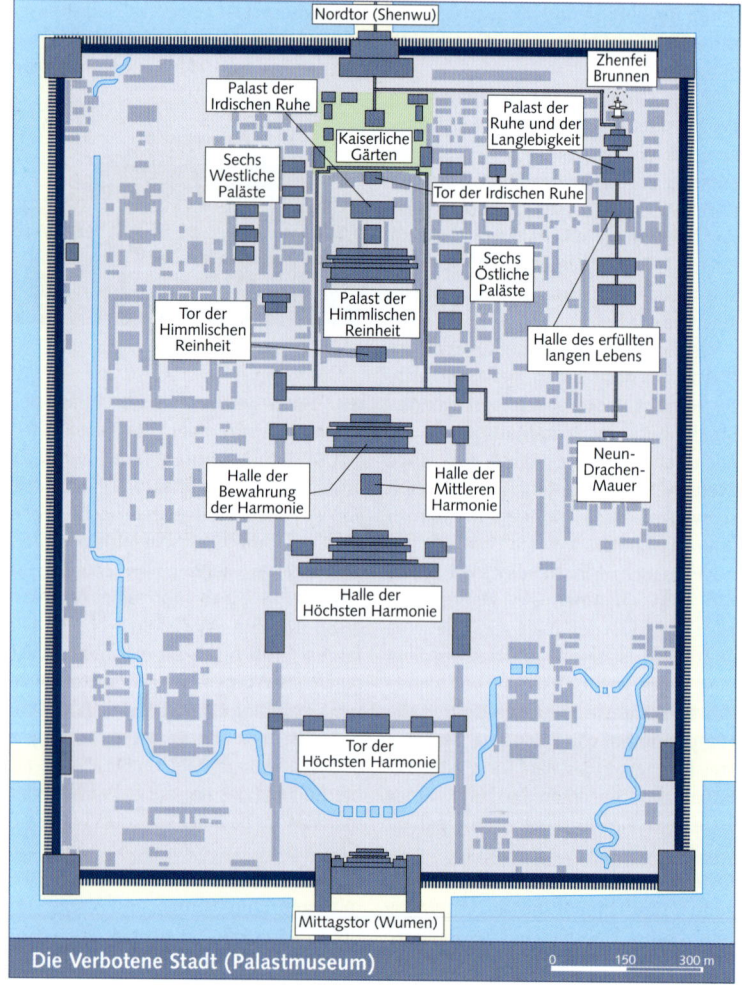

Nordtor (Shenwu)

Zhenfei Brunnen

Palast der Irdischen Ruhe

Kaiserliche Gärten

Palast der Ruhe und der Langlebigkeit

Sechs Westliche Paläste

Tor der Irdischen Ruhe

Sechs Östliche Paläste

Palast der Himmlischen Reinheit

Tor der Himmlischen Reinheit

Halle des erfüllten langen Lebens

Neun-Drachen-Mauer

Halle der Bewahrung der Harmonie

Halle der Mittleren Harmonie

Halle der Höchsten Harmonie

Tor der Höchsten Harmonie

Mittagstor (Wumen)

Die Verbotene Stadt (Palastmuseum)

0   150   300 m

den Thron umgeben, sind mit goldlakkierten Drachen verziert, dem Symbol der kaiserlichen Macht. Diese Halle war für die größten Zeremonien wie etwa die Thronbesteigung vorgesehen, für große Audienzen sowie Zeremonien an den Festtagen.

Dann folgt die **Halle der Vollkommenen Harmonie**, ein kleinerer Bau, der fast das Aussehen eine Pavillons hat. Hier ruhte der Kaiser und bereitete sich auf die Zeremonien vor. Auch diese Halle enthält einen Thron und zwei offene Sänften des Kaisers. Noch auf der gleichen Terrasse schließt sich dann die letzte der drei Großen Hallen an, die **Halle zur Erhaltung der Harmonie**. Hier empfing der Kaiser die Vertreter des Adels zu Banketten. Die Qing-Kaiser nahmen hier auch das kaiserliche Examen ab, das als Einstieg in die höhere Beamtenlaufbahn unerläßlich war. In der Mitte der Halle steht wieder ein großer Thron mit einer fünfteiligen, reich verzierten Rückwand. In den Hallen an der West- und Ostseite werden heute Exponate aus der Schatzkammer des Palastes gezeigt, darunter Gemälde, Kalligraphien, Gewänder des Kaisers und der Kaiserin sowie Schmuck- und Gebrauchsgegenstände.

Die Halle zur Erhaltung der Harmonie verläßt man über eine große **Marmortreppe**. Deren Mitte wird von einem einzigen Steinrelief gebildet, das aus einer 16 Meter langen und 200 Tonnen schweren Platte besteht. Die nun folgende purpurfarbene Mauer mit dem **Tor der göttlichen Reinheit** auf der zentralen Achse markiert die Grenzlinie zwischen dem Außenhof und den inneren Gemächern, in denen früher die kaiserliche Familie, die Hofdamen, Konkubinen und Eunuchen wohnten.

Hinter dem Tor liegen auf der Nord-

Süd-Achse folgende **Privatgemächer**: zunächst der Palast der Göttlichen Reinheit, das kaiserliche Schlafgemach, danach die Halle der Berührung von Himmel und Erde. Hier thronten die Kaiserinnen, feierten ihre Geburtstage oder züchteten im Frühjahr Seidenraupen. Die letzte Halle der inneren Gemächer ist der Palast der Irdischen Ruhe, der

Garküche auf einem Nachtmarkt

den Kaiserinnen als Schlaf- und Aufenthaltsraum diente. Hier befindet sich auch der ganz in Rot gehaltene Hochzeitsraum.

Durch das **Tor der Irdischen Ruhe** gelangt man in den letzten Teil der Anlage, den **Kaiserlichen Garten**. Mit seinen Miniaturlandschaften und den uralten Kiefern und Zypressen ist er ein Beispiel chinesischer Gartenbaukunst.

Im Ostteil der Anlage befinden sich die berühmte **Neun-Drachen-Mauer** mit ihren kunstvollen Keramikfliesen und der ebenfalls sehenswerte **Palast des Ruhevollen Alters**.

■ Kohlehügel und Beihai-Park

Gegenüber dem Nordtor des Kaiserpalastes erhebt sich der **Kohlehügel**, Jingshan. Der Volksmund berichtet, daß hier früher die Kohle für den Palast gelagert wurde. Der Hügel wurde mit dem Aushub des Palastgrabens aufgeschüttet und war zugleich ein Windschutz gegen die häufigen Nordwinde. Bei gutem Wetter lohnt sich ein Aufstieg, denn dann hat man einen herrlichen Blick über den Kaiserpalast, dessen goldgelbe Ziegeldächer im Gegenlicht erstrahlen. In Richtung Osten hat man eine gute Aussicht auf den **Beihai-Park**. So wie Beijing in der wörtlichen Übersetzung ›nördliche Hauptstadt‹ bedeutet, steht der Name des Parks für den gleichnamigen ›nördlichen See‹ – Beihai. Hier befand sich vor 1400 die Hauptstadt

Im Beihai-Park

Dadu des Kublai-Khan. Auf der über zwei Brücken zu erreichenden Jade-Insel steht die Weiße Dagoba, eine mächtige Stupa im tibetischen Stil, die 1651 anläßlich des Besuches des damaligen Dalai Lama gebaut wurde. Den Bei-See kann man mit einer kleinen Drachenbootfähre überqueren.

Im Norden grenzt der Park an die Di'anmen Xi Dajie. Links des Qian-Sees in der direkt am Ufer gelegenen, sogenannten **Lotusgasse** reiht sich ein Restaurant an das andere. Diese beschauliche Gasse in der hektischen Metropole hat sich in den letzten Jahren zu einer beliebten touristischen Ruhepunkt für fußmüde Touristen entwickelt. Zur Zeit der Lotusblüte im Juni ist der Blick auf den See besonders reizvoll. Zugleich befindet man sich mitten in größten Hutong-Viertel der chinesischen Hauptstadt, wo man den Geist des alten Beijings mit seinen Hofhäusern noch etwas spüren kann. Über die Kanalbrücke zwischen dem Quin-See und dem nördlicheren Hou-See gelangt man zum zentralen Orientierungspunkt des Viertels – zwei einander gegenüberstehenden Türmen.

◼ Glockenturm und Trommelturm

Der Glockenturm und der Trommelturm bilden dieses Turmpaar und beide sind zu besichtigen (siehe hintere Klappkarte). Zur Kaiserzeit erfuhr man hier im 2-Stunden-Rhythmus, was die Stunde geschlagen hatte. Tagsüber erklang die Glocke, nacht die aber eher der Kategorie Pauke zuzuordnende Trommel. Im Hutong-Viertel werden auch vielfältige Riksha-Exkursionen angeboten. Östlich der Achse beider Türme läuft die Rekonstruktion des Viertels und seine Ausrichtung auf wachsende Touristenströme auf Hochtouren. Westlich der Achse bieten die Gassen und Höfe vorläufig noch mehr Ursprünglichkeit. Am Rand des Viertels in Nähe zum 2. Autobahn-Ring befinden sich zwei der wichtigsten Tempelanlagen: der Lamatempel Yonghegong und der Konfuzius-Tempels Kong Miao.

◼ Lamatempel und Konfuziustempel

Der **Lamatempel** diente dem Kaiser Yongzheng vor seiner Thronbesteigung als Residenz. Nach seinem Tode wurde der Palast in ein tibetisches Kloster umgewandelt. Neben figürlichen Buddha-

Darstellungen und einer Bronzefigur des Begründers der lamaistischen Gelbmützensekte, Tsongkapa, ist die 18 Meter hohe Figur des Buddha Maitreya, die aus einem einzigen Sandelholzstamm geschnitzt wurde, bemerkenswert (U-Bahnstation Yonghe Gong, siehe hintere Klappkarte).

Nur wenige Fußminuten entfernt befindet sich die große Anlage des **Konfuziustempels** Kong Miao. Hier huldigte man zweimal jährlich unter Leitung

■ Himmelstempel

Zu den unbedingt sehenswerten Tempel- und Parkanlagen gehört der Himmelstempel. Der ebenfalls 1420 unter dem Ming-Kaiser Yongle erbaute Tempel (Tiantan) ist Chinas größte Tempelanlage. Zweimal im Jahr zogen die Ming- und später die Qing-Kaiser hierher, um den Himmelskaiser um eine reiche Ernte zu erbitten bzw. dafür zu danken. Die **Halle der Ernteopfer** mit dem einzigartigen dreistufigen Runddach mit blauen

Im Himmelstempel

des Kaisers oder eines Stellvertreters dem großen Lehrmeister – Konfuzius heißt auf chinesisch Kongzi, was ›Meister Kong‹ bedeutet. Das Gelände ist mit uralten Zypressen bestanden, in deren Schatten 198 Inschriftenstelen die Namen aller 51 624 Konfuzianer verewigen, die seit dem 14. Jahrhundert bis zu deren Abschaffung im Jahre 1904 die höchste Staatsprüfung bestanden haben. Auch wenn sich nicht viele Touristen hierher verirren, lohnt sich ein Besuch sehr. (U-Bahnstation Yonghe Gong).

Ziegeln wurde 1420 gebaut und einige Male renoviert. Sie mißt 30 Meter im Durchmesser und ist 38 Meter hoch; die Spitze des Dachs ziert eine vergoldete Kugel. Die Halle ist ohne Zuhilfenahme von Stahlgerüsten und ohne einen einzigen Nagel gebaut; Säulen, Balken und komplizierte Konsolen tragen das Dach. Die 28 zinnoberroten Holzsäulen haben symbolischen Charakter. Die vier mittleren, starken Säulen, um die sich goldene Drachen winden, symbolisieren die vier Jahreszeiten. Es folgen in kreisrunder Aufstellung zwölf weitere Säulen, die für die zwölf Monate eines Jahres stehen. Der äußere Ring von zwölf Säulen steht für die zwölf Stunden des Tages. Im Kaiserreich teilte man den Tag in zwölf Abschnitte ein, also in Zwei-Stunden-Takte, desahlb auch der 2-Stundenrhytmus bei der Zeitansage am Glocken- bzw. Trommelturm.

Über einen längeren, erhöhten Weg gelangt man nun zur **Halle des Himmelsgewölbes**. Das ist eine runde Halle – ebenfalls mit einem Dach aus blauglasierten Ziegeln –, in der früher Zeremonialgegenstände sowie die Gedenktafeln des Himmelsgottes aufbewahrt wurden. In dieser Halle gibt es keinen einzigen Querbalken; das Dach ruht lediglich auf einem besonderen System stufenförmiger Konsolen. Die Halle wird von der **Echomauer** umgeben. Sie ist so angelegt, daß man sich, selbst wenn man weit entfernt voneinander steht, bequem unterhalten kann, wenn beide Sprecher gegen die Mauer reden.

Es folgt als letztes Bauwerk der **Himmelsaltar**, eine runde, in drei Stufen erbaute Terrasse aus weißem Marmor. Die Gesamthöhe beträgt fünf Meter; die oberste Terrasse hat einen Durchmesser von 30 Metern. Ihren mittleren Stein bezeichneten die Chinesen auch als Mittelpunkt der Erde – ein besonders beliebtes Fotomotiv für Chinesen. Alle Platten der Terrasse wurden im Einklang mit der chinesischen Zahlenmystik gelegt. Im Westen des Parks gibt es noch eine kleine Burganlage, in deren Gemächern der Kaiser vor den Tempelzeremonien wohnte und fastete.

■ Sommerpalast

In die kühleren Gartenanlagen des Sommerpalastes (Yihe Yuan) im Nordwesten der Stadt (siehe hintere Klappkarte) zog sich der kaiserliche Hof in den heißen Sommermonaten zurück. Die jetzige Anlage geht in ihrer Struktur auf den Kaiser Qianlong (1736–1795) zurück. Im Süden des Parks liegt der künstlich angelegte **Kunming-See**, der mit der 150 Meter langen Siebzehn-Bogen-Brücke und der Jadegürtelbrücke aus Marmor dem Westsee von Hangzhou gleicht. Man betritt den Sommerpalast durch das Osttor und kommt zunächst zur **Halle des Wohllebens und der Langlebigkeit**, die für die Erledigung der Staatsgeschäfte vorgesehen war. Dahinter folgt in westlicher Richtung das Wohnviertel mit der **Halle der Freude und der Langlebigkeit** und der **Halle der Jadewellen**.

Ein 728 Meter langer überdachter **Wandelgang**, dessen Decken und Balken mit Landschaften und Szenen alter Legenden bemalt sind, erstreckt sich am Ufer des Sees entlang von Ost nach West. In der Mitte des Wandelganges steht direkt am Ufer ein großes Schmucktor. Hier beginnt man den Aufstieg zum Gipfel des **Wanshou-Berges**, auf dem sich der Pavillon des buddhistischen Wohlgeruchs und der Tempel des Weisheitsmeeres befinden.

Am Ende des Wandelganges steht das berühmte **Marmorboot**. Das ließ die Kaiserinwitwe Cixi mit Geldmitteln bauen, die ursprünglich für die Aufrüstung der kaiserlichen Marine vorgesehen waren.

Marmorboot im Sommerpalast

In der Nähe des Sommerpalastes befindet sich auch Pekings beliebtestes Ausflugsziel, der **Duftende Hügel** (Xiangshan). Die zwei wichtigsten Sehenswürdigkeiten des Parks sind der **Tempel der azurblauen Wolken** (Biyun Si) und der **Tempel des liegenden Buddhas** (Wofosi).

■ Eisenbahnmuseum

Ein Muß für alle Eisenbahnfans ist das 2002 neu eröffnete Beijinger Eisenbahnmuseum. Es befindet sich am östlichen

Im Eisenbahnmuseum

Stadtrand im Chaoyang-Bezirk, wo sich auch das Testgelände der Chinesichen Eisenbahnindustrie befindet. In einer bislang nur zu etwa zwei Dritteln gefüllen gigantischen Halle (16 500 Quadratmeter) sind neben der Mao-Dampflok alle Variationen des Modells Dong Feng (Ostwind) und viele alte ausländische und in China eingesetzte Dampfloks zu besichtigen (Montag Ruhetag, Jiuxiangqiao North Road, Tel. 64 3 81 31).

Die Große Chinesische Mauer

Chinesen behaupten, wer die Große Mauer (eigentlich die ›Lange Mauer‹ – Khangcheng) nicht bestiegen habe, der habe China nicht besucht. Ohne Zweifel ist sie mit etwa 6350 Kilometern Länge eines der imposantesten Bauwerke der Menschheit. Schon vor 2500 Jahren

begannen chinesische Fürstentümer mit dem Bau von Schutzwällen, um die kriegerischen Nomadenstämme aus dem Norden aufzuhalten. Kaiser Qin Shi Huangdi (221–210 v. Chr.) ließ erstmals die verschiedenen Teilmauern zu einer einzigen Wehranlage zusammenfassen, die allerdings eher Erdwälle waren. Die heute sichtbaren Abschnitte gehen auf das 15. Jahrhundert zurück, als man sich nach der Verlagerung der Hauptstadt nach Beijing mit dieser Mauer vor einer Rückkehr der Mongolen schützen wollte. Als Schutzwall war die Mauer aber letzendlich eine Fehlinvestition, denn ein General öffnete Anfang des 17. Jahrhundertds mandschurischen Truppen das Tor einer Festung. In China hatte eine Bauernarmee die Ming-Kaiser gestürzt und der General setzte auf mandschurische Truppen zur Wiederherstellung der Ming-Herrschaft. Ein klassisches Gärtner-Bock-Szenarium. Die mandschurischen Eindringlinge etablierten mit ihrer Qing-Dynastie für die nächsten 300 Jahre ihre Herrschaft im Reich der Mitte.

Nördlich von Beijing sind etwa ein Dutzend Mauerstücke touristisch erschlossen.

■ Mauer bei Badaling

Spitzenreiter in der Popularität ist dank guter Verjehrsanbindung per Autobahn das 60 Kilometer entfernt liegende Badaling. Hier ist die Mauer gut erhalten, und man kann auf ihr in westlicher oder in östlicher Richtung nach moderat steilem Aufstieg zu Wachtürmen gelangen.

Kurz vor Badaling befindet sich die **Festung Jiayuguan**, an der man auf der Autobahn nach Badaling vorbeifährt. Hier ist das ›Treppensteigen‹ etwas schweißtreibender, dafür aber die Aussicht, u.a. auch auf die Bahnstrecke Beijing–Datong, eindrucksvoller. Daneben gibt es am vollständig wiederaufgebauten Fort die interessante ›Wolkenplattform‹. Am Sockel einer ehemaligen Pagode sind gleichlautende Inschriften in verschiedenen Sprachen und Schriften zu besichtigen.

■ **Mauer bei Mutianyu und Simatai**
Weniger touristisch frequentierte Zielorte für Mauerausflüge sind Mutianyu oder Simatai. Im Gegensatz zu Badaling gibt es keine regulären Busverbindungen. Man ist auf Ausflugsbusse oder ein tageweise für Hin- und Rückfahrt zu mietendes Taxi angewiesen. Mutianyu ist ebenfalls gut restauriert, von Interesse sind insbesondere die Wachtürme. Für weniger trainierte Treppensteiger gibt es einen Sessellift und eine Sommerrodelbahn. Das weiter entfernte

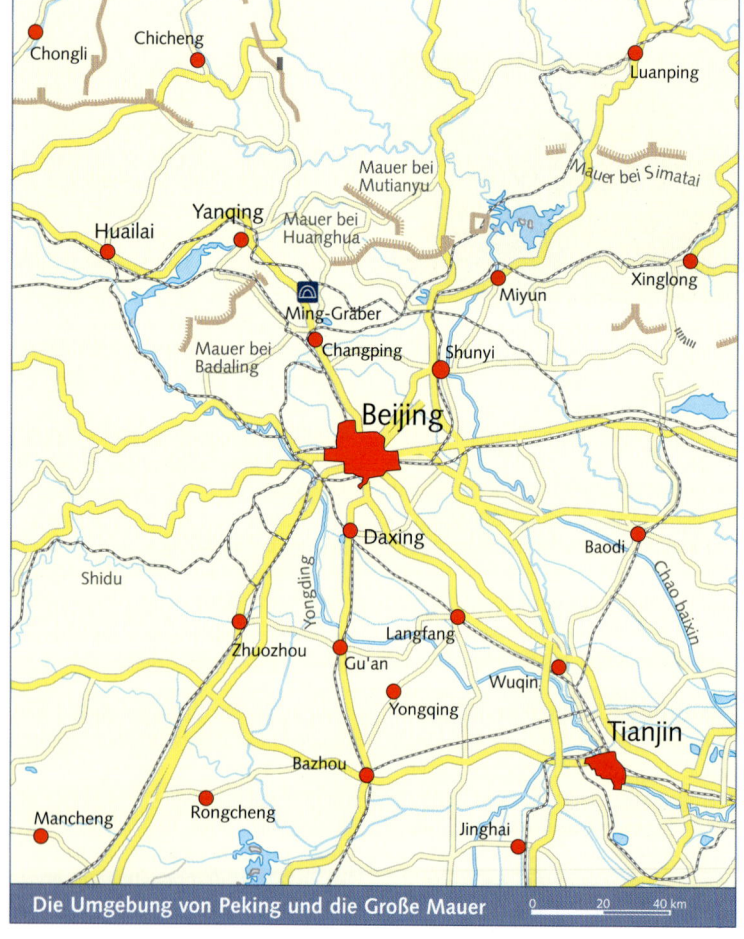

Die Umgebung von Peking und die Große Mauer

Simatai ist noch nicht so gut rekonstruiert, aber dafür landschaftlich sehr eindrucksvoll. Die Mauer verläuft auf einem Bergkamm, der auf beiden Seiten steil abfällt. Wenn man die Abholung mit dem Taxifahrer entsprechend organisiert, kann man auch ca. 12 Kilometer nach Jinshanling wandern.

■ Ming-Gräber

Mit dem Ausflug nach Badaling oder Mutianyu wird meistens ein Ausflug zu den Ming-Gräbern verbunden. Sie befinden sich gut 40 Kilometer nordwestlich von Beijing in einem Tal, das wegen seiner guten Fengshui-Eigenschaften als Grabstelle ausgesucht wurde. 13 von insgesamt 16 Ming-Kaisern sind hier bestattet.

Den Zugang bildet der etwa 700 Meter lange **Weg der Seelen** oder auch Geisterallee. 24 steinerne Tierfiguren und zwölf steinerne Menschenfiguren, militärische und zivile Würdenträger, deuten an, daß sie den Kaiser auch nach seinem Tode ehren und beschützen.

Die meisten Besucher besichtigen das **Grab Dingling** des Ming-Kaisers Wan Li, das 1956 geöffnet wurde. Über sechs Jahre hinweg sollen hier täglich 30 000 Menschen mit dem Bau des Grabes beschäftigt gewesen sein. Die Kosten entsprachen den Einnahmen aus der Bodensteuer des ganzen Landes von zwei Jahren.

Im dritten Hof der Grabanlage stehen

zu beiden Seiten zwei kleine **Ausstellungshallen**, in denen die Grabfunde gezeigt werden, darunter zwei kostbare Kronen aus Gold, Edelsteinen und

Auf der chinesischen Mauer

Perlen. Am Ende dieses Hofes führen Treppen zu einem Stelenturm hinauf, hinter dem sich schließlich der Eingang ins eigentliche Grab befindet. Der Unterirdische Palast besteht aus drei Haupt- und zwei Nebenhallen. Im mittleren Saal finden sich drei steinerne Thronsessel. Die Särge des Kaisers und seiner beiden Frauen stehen im hinteren Saal.

Städte entlang der Transsib

Peking-Informationen

Zeitunterschied: MEZ + 7h.
Vorwahl: 00 86 / 10.
Hauptpostamt: Schräg gegenüber vom ›International Hotel‹ an der Jianguomen Nei (Südseite, 200 Meter westlich der U-Bahnstation Jianguomen) bzw. am Hauptbahnhof (Nordwestseite, U-Bahnstation Beijing Zhan, Tel. 65 12 81 20, www. bibto. com).
Geldwechsel: Am besten im Hotel. Der Kurs ist überall gleich, für 1 Euro gibt es ca. 10 RMB (Renminbi –

Volksgeld, auch Yuan genannt).
Geldautomat: Hotel ›Kempinski‹ oder
am Eingang der Sun Dong An Plaza,
Wangfujing Dajie. Auf das Maestro/
Cirrus-Symbol achten, da ansonsten
nur wenige Geldautomaten ec-Karten
akzeptieren.
Reisebüro: CITS Peking, 28 Jianguomenwai Dajie neben dem ›Gloria
Plaza Hotel‹ (U-Bahnstation Jianguomen), Tel. 65 15 85 62.

Peking hat mehrere Bahnhöfe, von
denen zwei für Transsib-Reisende
relevant sind.
Die Regelzüge der Transsibirischen
Eisenbahn und fast alle Züge aus
dem Norden, Südosten und Osten
Chinas kommen am **Hauptbahnhof**
südöstlich des Zentrums an (U-Bahnstation Beijing Zhan).
GPS: 39°54'08''N/116°25 '15''O.
Die Züge nach dem Süden, Westen
und Südwesten verkehren vom neuen
Westbahnhof. An diesem derzeit
größten Bahnhofsgebäude der Welt
erfolgt auch die Ankunft/Abfahrt der
touristischen Transsib-Sonderzüge.
Beide Bahnhöfe haben einen gesonderten Fahrkartenschalter für Ausländer, an dem man zumindest Englisch
spricht. Man sollte sich aber keine
Illusionen über die kurzfristige Erhält-
lichkeit von Fahrkarten machen. Für
den Zug nach Chengde sind Fahrkarten kein Problem, für Langstrecken,
insbesondere solche der ›weichen
Klasse‹, bedarf es wegen ständiger
Überfüllung der Züge manchmal
einer mehrwöchigen Vorausbuchung.
Bahnreisen ab Peking sollte man
deshalb schon vorher in Deutschland
über ein Reisebüro buchen.
GPS: 39°53'40''N/116°18'55''O.

Der Flughafen befindet sich nordöstlich des Stadtzentrums und ist
ca. 30 Kilometer entfernt. Eine Fahrt
mit einem Taxi vom Taxistand in die
Stadt kostet je nach Größe des Taxis
zwischen 150 und 200 RMB. Die
bereits in der Flughafenhalle ihre
Dienstleistungen anbietenden Chauf-
feure vertreten meist Limousinen-
Agenturen, wo es in komfortableren
Autos ca. 500 bis 600 RMB kostet.

Beijing ist mit Hotels aller Kategorien
bestens versorgt. Bei Vorausbuchun-
gen über Deutschland kommt man
zumeist günstiger als bei Buchung
vor Ort. Dies kann man über die auf
S. 389 genannten Spezialreiseveran-
stalter erledigen. Hier einige Empfehlungen:
Hotel Paragon, Jianguomen Nei
Dajie 18, Tel. 65 26 66 88. Unmittelbar gegenüber dem Hauptbahnhof.
Capital Hotel, Qianmen Dong
Dajie 3, Tel. 58 15 99 88, www.capi-
talhotel.com.cn. Westlich des Haupt-
bahnhofes gelegen.
Haoyuan Hotel, Shjia Hutong 53,
Tel. 65 12 55 57, Fax 65 25 31 79.
Mittelklassehotel mit klassisch chinesischer Inneneinrichtung. Gute Lage
etwas nordöstlich der Wangfujing.
Lüsongyuan-Hotel, Banchang
Hutong 22, Tel. 64 04 04 36, www.
the-silk-road.com. Wer eine Übernachtung im Hutong-Stil vorzieht,
trifft mit diesem Hotel im Stil einer
alten Familienresidenz eine gute
Wahl. Das Hotel liegt in der Nähe
des Trommelturms und betreibt auch
einen Backpacker-Schlafsaal.
**Beijing Downtown Backpackers
Accomodation**, Nanluogu Xian 85,

Tel. 84 00 24 29, www.backpacking-china.com. Dieses einfache Hostel liegt in einer stimmungsvollen Altstadtgasse ebenfalls in der Nähe des Trommelturms.

Empfehlungen zu geben ist bei der großen Menge von Lokalen sehr schwer. In den Restaurants fast aller Hotels kann man gut essen, die Preise haben hier europäisches Niveau. Empfehlenswert sind die **Imbiß-Restaurants der großen Warenhäuser**. Das größte Einkaufszentrum heißt Sun Oriental Plaza, (Xin Dong An Shangchang) und liegt am Nordende der Fußgängerzone der Wangfujing-Straße (U-Bahnstation Wangfujing). Im vierten und fünften Stock befinden sich Restaurants und Imbisse, die keine Wünsche offen lassen.

Gegenüber dem ›International Hotel‹ in der Khang-An-Avenue (200 Meter westlich der U-Bahnstation Jiaguomen) befinden sich ebenfalls zwei große Einkaufszentren mit Restaurants und Imbißständen im Untergeschoß.

Das zwar teure, aber wohl stimmungsvollste Restaurant der chinesischen Kaiserlichen Küche (800 Rezepte) findet sich im **Fang Shan** an der Nordseite der Jade-Insel im Beihei-Park, Tel. 64 01 18 89, 64 01 18 79. Zahlreiche kleine **Garküchen** bieten überall in der Stadt gutes Essen zu kleinen Preisen, bei der Auswahl sollte man sich an den Einheimischen orientieren: ist das Lokal gut besucht, kann man davon ausgehen, daß die Qualität stimmt. Im Sprachführer auf S. 346 finden Sie die Schriftzeichen für einige der häufigsten Gerichte.

Ein Tip sind auch die sogenannten **Nachtmärkte**, auf denen abends zahllose Stände auf der Straße Spezialitäten aus ganz China anbieten. Ein beliebter Nachtmarkt findet sich in in der Dongan Men Dajie, einer Querstraße der Wangfujing Dajie.

Internetcafé: in zum Einkaufszentrum (The Station) umgebauten alten Bahnhof an der südöstlichen Ecke des Tiananmen-Platzes, 3. Etage.

Ganz China ist ein einziges großes Warenhaus. Für einen ersten und besten Überblick bietet sich die beliebte Fußgängerzone der **Wangfujing-Straße** an (U-Bahnstation Wangfujing). Hier findet man wirklich alles. Gegenüber der Mall Sun Dong An liegt hier auch die **Fremdsprachenbuchhandlung Guozishudian**. Ansonsten wird man auf Streifzügen und Ausflügen durch Peking bald einen Überblick bekommen.

Erwähnenswert für Qualität ist noch das **Lufthansa-Einkaufszentrum** am Kempinski Hotel am nordöstlichen 3. Ring.

Empfehlenswert ist auch ein Besuch des großen **Flohmarktes Panjiayuan Qiao** im Südosten des 3. Stadtringes, am Wochenende ab 4:30 Uhr geöffnet, Ecke Dongsanhuan Nan Lu/Panji Yuan.

Eine Ecke weiter befindet sich mit der **Antique City** noch ein großes Kunstgewerbe-Kaufhaus, Ecke Dongsanhuan Nanlu/Huawei Nan.

Fündig werden kann der Souvenirjäger auch in den beiden Einkaufsstraßen **Dazhalan** und **Liulichang** südöstlich des Tiananmen-Platzes (Metro Hepingmen).

›Die Faszination der Transsibirischen Eisenbahn beruht auf einer Mischung von Abenteuer und Nostalgie, und sie ist in unseren Breiten so manifest, daß sie sogar Leute in ihren Bann zu ziehen vermag, bei denen die Erwähnung des Begriffs ‚Sibirien‘ sonst ein Frösteln auslöst.‹

Ralf Kühne

Routenplan der Transsibirischen Eisenbahn

Wege nach Osten

Der Routenverlauf der Transsibirischen Eisenbahn ist mittlerweile nicht mehr so eindeutig und umfaßt mehrere Wege. ›Trans Sibirien‹, also ›durch Sibirien‹, führt etwa zwischen Omsk und Ulan-Udė südöstlich des Baikalsees nach wie vor nur die Trasse der seinerzeit zwischen Čeljabinsk im Ural und Vladivostok am Pazifik errichteten ›Großen Sibirischen Bahn‹. Westlich von Omsk und östlich von Ulan-Udė sind aber mehrere Varianten möglich, da verschiedene transsibirische Expresszüge auf unterschiedlichen Strecken fahren.

Die ›klassische‹ Strecke führt von Moskau in Richtung Nordosten über Jaroslavl' zum Ural und weiter durch Sibirien bis Vladivostok. Die ›ursprüngliche‹ Route führt von Moskau südöstlich über Samara zum Ausgangspunkt des Bahnbaus in Čeljabinsk. Einige Züge wählen von Moskau auch die ›tatarische‹ Route über Kazan' zum Ural, während seit einigen jahren viele Züge eine ›neue‹ Strecke über Nižnij Novgorod befahren. Hinter dem Baikalsee kann man entweder auf direktem Wege durch Rußland entlang des Stromes Amur nach Vladivostok gelangen oder mit vielen Umständlichkeiten auch über die chinesische Mandschurei. Analog gibt es auch zwei direkte Verbindungen nach Beijing: entweder mit der Transmongolischen oder mit der Transmandschurischen Bahn.

Die im hier beschriebenen verschiedenen Routen führen alle Bahnhöfe und -stationen entlang der Transsibirischen Eisenbahn auf. Die Haltepunkte der Fernzüge sind blau gedruckt. Auf der klassischen Strecke zwischen Moskau und Vladivostok orientieren sich die Kilometer-Angaben an der Streckenmessung und entsprechen den Kilometersteinen entlang der Trasse. Die Streckenmessung gilt auch für die Transmandschurische und die Transmongolische Bahn auf dem Territorium Chinas bzw. der Mongolei, während auf allen anderen Strecken die

Der Jaroslavler Bahnhof in Moskau

Tarifmessung die Grundlage der Kilometerangaben ist, die nicht mit den Kilometersteinen entlang der Trasse übereinstimmt. Die Unterschiede betragen für einzelne Standorte bis zu 10 Kilometer und basieren neben Ungenauigkeiten vor allem auf zwei unterschiedlichen Meßverfahren. Die Streckenmessung basiert auf dem genauen Streckenverlauf und kommt für Moskau–Vladivostok auf eine Entfernung von 9288,2 Kilometern. Die Tarifmessung für die Fahrpreisberechnung auf Teilabschnitten kommt bei entsprechender Summierung durch die vielen Auf- und Abrundungen auf eine Entfernung von 9297 bzw. 9298 Kilometern, die für viele Eisenbahnunterlagen die Grundlage bilden.

Ein daraus zu erklärender Lapsus ist beispielsweise die Tatsache, daß auf dem Transsib-Obelisken auf dem Vladivostoker Bahnhof die Zahl 9288 und auf der Transsib-Gedenktafel auf dem Jaroslavler Bahnhof in Moskau die Zahl 9298 steht.

Moskau–Vladivostok

Die Haltepunkte der Fernzüge sowie die Zeitzonenwechsel sind hervorgehoben

Km	Bahnhof (Вокзал)
0	**Moskva (Москва), Jaroslavler Bahnhof S. 100**
	GPS: 55°45'36''N/37°39'26''O.
3	Moskva 3 (Москва 3)
4	Malen'kovskaja (Маленьков- ская)
5	Jauza (Яуза)
8	Severjanin (Северянин)
10	Losinoostrovskaja (Лосиноос- тровская)
13	Los' (Лось)

Kurz hinter Los' überquert die Bahn parallel zur Jaroslavler Chaussee den in den letzten Jahren massiv ausgebauten Moskauer Autobahnring.

15	Tajninskaja (Тайнинская)
18	Mytišči (Мытищи)

Die Industriestadt mit ihren 155 000 Einwohnern ist der Hauptstadt schon fast eingemeindet. Mytišči ist älter als Moskau. Die ersten Siedlungen befanden sich hier bereits im 11. Jahrhundert und lebten vom Wegezoll (›Myt‹) der Händler, die hier ihre Boote über einen Landstrich zwischen den Flüssen Jauza und Kljasma transportierten. In den Chroniken taucht der Ort erstmals 1631 als Besitz des Pfingst-Sergiev-Klosters auf. Die Seen um Mytišči bilden seit 1804 die Grundlage der Moskauer Trinkwasserversorgung. Durch die Industrialisierung kam 1896 mit dem Fabrikanten Sergej I. Mamontov der Waggonbau in die Stadt, der sie auch heute neben der chemischen Industrie prägt. Zur Stadt wurde Mytišči 1925. Hier werden heute alle russischen Metrozüge hergestellt. In der riesigen Halle der ehemaligen ›Denk-

malfabrik‹, wo früher u.a. das Gros aller über das Land verstreuten Lenindenkmäler produziert wurden, stellt man heute Rohlinge für Plasteflaschen her. Im poetisch ›Sternenstädtchen‹ genannten Nachbarort befindet sich das russische Raumfahrtkontrollzentrum.

22	Čeljuskinskaja (Челюскин- ская)
26	Kljazma (Клязма)
30	Puškino (Пушкино)

Das Dorf wurde bereits 1499 als Station auf dem Weg zwischen Moskau und Sergiev Posad in den Chroniken erwähnt. Bekannt ist Puškino aber vor allem als Ort, wo mit der Inbetriebnahme der Eisenbahn viele Moskauer in der Mitte des 19. Jahrhunderts ihre ›Datschen‹ genannten Sommerhäuser erbauten. Mit einer Siedlung von über 700 solcher Häuser wurde die Datsche hier erstmalig zum Massenphänomen. Später kam die Industrie mit Webereien, die der Familie Armand gehörten. Heute leben in Puškino 75 000 Menschen.

33	Zavety Il'iča (Заветы Ильича)

Der Dorfname bedeutet übersetzt ›Vermächtnis des Il'ič‹ und bezieht sich auf den Vatersnamen des als Lenin bekannten Führers der Oktoberrevolution Vladimir Il'ič Ul'janov. Nach seinem Tod war es ein populärer Ehrenname für Fabriken, Sowchosen oder Dörfer wie hier. Wenn man sich das Dorf anschaut, wurde aus dem Namen auf eine traurige Art und Weise Programm.

36	Pravda (Правда)
45	Sofrino (Софрино)
51	Kalistovo (Калистово)
57	Abramcevo (Абрамцево)

Das Gut Abramcevo wurde dank des Mäzens S. Mamontov zu einer beliebten Künstlerkolonie. Polenov, Repin, Surikov, Vrubel' und andere verbrachten hier ihre Sommer und prägten den Landsitz mit ihrer Malerei und Entwürfen im Park. Diese ›Sommerfrische‹ der Tret'jakov-Galerie ist heute ein Museum. Unweit befindet sich auch der Landsitz Muranovo – ein beliebter Literatentreffpunkt im 19. Jahrhundert. Der Besitzer war der Dichter Fedor Tjučev, berühmt vor allem durch eine Zeile aus einem Gedicht: ›Rußland kann man mit dem Verstand nicht verstehen‹. Heute befindet sich dort ebenfalls ein Museum.

59   Chot'kovo (Хотьково)
73   Sergiev Posad (Сергиев Посад, ehem. Zagorsk/ Загорск)
GPS: 56°18'09''N/38°08'20''O.

Sergiev Posad, das zwischen 1930 und 1993 Zagorsk hieß, ist eines der bedeutendsten Zentren der russisch-orthodoxen Kirche und für Gläubige wie Touristen ein Pilgerort. Den Mittelpunkt bildet das 1345 begründete Pfingst-Sergiev-Kloster, das unter dem Großfürsten Dimitrij zum religiösen Zentrum des Moskauer Fürstentums wurde. Nach dem Überfall durch die Tataren 1408 wurde es im 16. Jahrhundert durch eine Mauer befestigt. 1749 eröffnete das Priester-Seminar. Nach der Oktoberrevolution wurde es geschlossen und erst 1946 sozusagen als Dank für die Unterstützung der Kirche im Zweiten Weltkrieg wiedereröffnet. Von 1946 bis zu seiner Rückkehr in das Moskauer Danilov-Kloster 1988 hatte der Patriarch Rußlands hier seinen Sitz. Seminar und Akademie wurden aber nicht nach Moskau verlegt. Heute leben etwa 150 Mönche hier. Die Stadt selbst zählt 115 000 Einwohner. Vom Zug hat man einen schönen Blick auf das linker Hand auf einem Hügel gelegene Klosterensemble mit seinen blauen und goldenen Kuppeln und Dächern. Im Kloster befindet sich ein Museum. Im Ort gibt

es an der Hauptstraße noch ein interessantes Spielzeugmuseum (pr. Krasnoj Armii 123).

86   Bužaninovo (Бужаниново)
95   Arsaki (Арсаки)
103   Strunino (Струнино)
112   Aleksandrov (Александров)
GPS: 56°23'53''N/38°42'17''O.
Der Ort wurde erstmals im 14. Jahrhundert als Aleksandrovskaja Sloboda erwähnt. Berühmt wurde er aber erst im

Holztransport

16. Jahrhundert, als Ivan der Schreckliche von 1564 bis 1581 aus Mißtrauen gegen die Moskauer Bojaren seine Residenz nach Aleksandrov verlegte. Das Stadtrecht erlangte der Ort aber erst 1778. Im ehemaligen Kreml befindet sich heute ein Kloster. Das bedeutendste Bauwerk im Kreml ist die Anfang des 16. Jahrhunderts erbaute Pfingstkathedrale. Bemerkenswert sind die beiden Kupfertore, die Zar Ivan nach der Unterwerfung der Städte Tver' und Novgorod

aus diesen nach Aleksandrov bringen ließ. Heute leben 68000 Einwohner in der Stadt, die vor allem als Heimat der russischen Fernsehgeräteproduktion einen Namen hat. Hier findet auch der erste Lokwechsel statt, da Aleksandrov noch der Moskauer Regionalverwaltung untersteht und das östlich davon gelegene Gebiet bereits zur Jaroslavler Regionalverwaltung gehört, welche ab hier die Lok stellt.

123	Mošnino (Мошнино)
130	Balakirevo (Балакирево)
145	Berendeevo (Берендеево)
151	Šuškovo (Шушково)
159	Rokša (Рокша)
164	Rjazancevo (Рязанцево)
175	Beklemiševo (Беклемишево)
182	Itlar' (Итларь)
191	Sil'nicy (Сильницы)
200	Petrovsk (Петровск)
210	Debolovskaja (Деболовская)
224	Rostov-Jaroslavskij (Ростов-Ярославский)

GPS: 57°11'52''N/39°24'32''O.

Bereits etwa ab Kilometer 215 sieht man rechts den eine Fläche von 54 Quadratkilometern bedeckenden Nero-See. An seinem Ufer befindet sich eine der Perlen des Goldenen Ringes um Moskau. Die alte russische Stadt Rostov liegt – eingeklemmt – zwischen Schienenstrang und Nero-See. Im Halbkreis um den 1162 begründeten weißen Kreml breitet sich die seit 1970 unter Denkmalschutz stehende Stadt aus. Sie hat heute etwa 36000 Einwohner. Erstmalig taucht Rostov 862 in den Annalen des Kiever Rus' als Stadt in einem ›Zales'e‹ (Hinter den Wäldern) genannten Landstrich auf. Ihr jetziges Bild bestimmen die Kirchen und Türme des Kremls aus dem 17. Jahrhundert, als Rostov zum Sitz des Metropoliten ausgebaut wurde. Häufig findet man auch noch die Orts-

bezeichnung Rostov-Velikij, die aber nur vom 12. bis zum 17. Jahrhundert verwendet wurde und mit der Verlegung des Metropolitensitzes nach Jaroslavl' endete.

239	Semibratovo (Семибратово)
249	Koromyslovo (Коромыслово)
261	Koz'modem'jansk (Козьмодемьянск)
282	**Jaroslavl' (Ярославль) S. 110**
288	Privolž'e (Приволжье)
289	Brücke über die Volga

Der Zug überquert ›Mütterchen Volga‹, Rußlands vielzitierten Fluß der Flüsse. Die Volga ist zwar mit 3531 Kilometern der längste Fluß Europas, in Rußland landet sie aber damit nur auf Platz fünf. Platz eins bis vier belegen Sibiriens Ströme, die wir mit Ausnahme des Flusses Lena (4400 Kilometer) auf der Strecke nach Vladivostok bei Novosibirsk, Krasnojarsk und Chabarovsk noch überqueren werden.

293	Filino (Филино)
313	Utkino (Уткино)
319	Pučkovskij (Пучковский)
326	Dogadcevo (Догадцево)
335	Putjatino (Путятино)
345	Panteleevo (Пантелеево)
356	Danilov (Данилов)

GPS: 58°11'13''N/40°11'8''O.

Der Ort, der mit seinen 19000 Einwohnern bereits im 15. Jahrhundert in den Chroniken auftaucht, genießt das Stadtrecht seit 1777. In Danilov zweigen die Züge in Richtung Archangel'sk und Vorkuta ab. Bekannt ist die Stadt vor allem für die zu Beginn des 20. Jahrhunderts aus rotem Backstein errichtete Kathedrale der Kazaner Gottesmutter. Nach 18jähriger Bauzeit wurde sie in den Revolutionswirren fertiggestellt und 1918 durch den damaligen Patriarchen Tichon als einzige Kirche unter der Sowjetherrschaft geweiht. Später erfuhr

Routenplan der Transsib

auch sie das Schicksal, zu einem Lager umfunktioniert zu werden, aber heute finden bei laufender Restauration bereits wieder Gottesdienste statt.

366   Lunka (Лунка)
373   Sot' (Соть)
383   Žarok-Jaroslavskij (Жарок-Ярославский)
394   Ljubim (Любим)
403   Ruša (Руша)
415   Sekša (Секша)
424   Kazarinovo (Казариново)

Moskauer Zeit + 1 h

432   Brodni (Бродни)
441   Korega (Корега)
450   Buj (Буй)
GPS: 58°27'34''N/41°32'39''O.

Ursprünglich im 16. Jahrhundert als Befestigung am Fluß Kostroma gegen die Kazaner Tataren errichtet, erlebte der Ort seine Höhen und Tiefen. Das Stadtrecht erhielt Buj 1778 verliehen, 1796 aberkannt und 1802 erneut zuerkannt. Das Stadtwappen belegt die Bedeutung des Flusses für die heute 32 000 Einwohner zählende Stadt, die auch ein eigenes Heimatmuseum hat. Unweit von Buj befindet sich das Dorf Sussanino. Es erinnert an den einfachen Bauern Ivan Sussanin, der hier den ersten Romanov-Zaren rettete, indem er das ortsunkundige Heer der Romanov-Feinde in die Sümpfe führte und dafür sein Leben ließ. Das heute bei jeder ›Irreführung‹ sprichwörtliche Thema wurde auch vom Komponisten Michail Glinka in seiner Oper ›Ivan Sussanin‹ aufgegriffen.

459   Machrovo (Махрово)
471   Veksa (Векса)
480   Rossolovo (Россолово)
492   Chramki (Храмки)
500   Galič (Галич)

GPS: 57°22'7''N/42°20'39''O.

Galičs Wurzeln reichen bis ins 12. Jahrhundert, als sich hier bereits mächtige Erdfestungen befanden. Vom im 15. Jahrhundert errichteten Kreml sind im Zentrum allerdings nur die Erdwälle der alten Mauern übrig geblieben. Die

Speisewagen des ›Bajkal-Express‹

Stadt war bekannt für ihre landwirtschaftlichen Erzeugnisse, der Handel blühte. Galič liegt am Südufer des gleichnamigen 75 Quadratkilometer großen Sees, dessen Schlamm vor allem in der Düngemittelherstellung Anwendung findet. Die 21 000 Einwohner zählende Stadt hat mit den Wallanlagen, der Seelage, den alten Handelsreihen dem Heimatkundemuseum (ul. Gagarina 24), und dem Paisiev-Kloster samt seiner Kirchen durchaus ihren eigenen Charme.

516   Krasil'nikovo (Красильниково)
524   Loparevo (Лопарево)
536   Monakovo (Монаково)
546   Antropovo (Антропово)
552   Nikolo-Ugol (Николо-Угол)
562   Tčanikovo (Тчаниково)
571   Nikolo-Poloma (Николо-Полома)

Unmittelbar neben dem Bahnhof erhebt sich eine alte Holzkirche.

581   Nomža (Номжа)
591   Elenskij (Еленский)
598   Neja (Нея)
604   Nel'ša (Нельша)

615   Abrosimovo (Абросимово)
626   Brantovka/Oktjabr'skij (Бран-
       товка/Октябрьский)
634   Petrušino (Петрушино)
641   Kostricha (Костриха)
651   Manturovo (Мантурово)

Die Industriestadt Manturovo ist noch vergleichsweise jung und erhielt erst 1958 das Stadtrecht. In diesem Zentrum der Holzverarbeitung leben heute 22 000 Menschen.

657   Unža (Унжа)
664   Vočerovo (Вочерово)
672   Krasnyj (Красный)
678   Šekšema (Шекшема)
688   Barakinskij (Баракинский)
701   Šar'ja (Шарья)
GPS: 58°21'55''N/45°31'44''O.

Auf dem Bahnhofsvorplatz steht eine restaurierte Dampflok des Typs P 36.

706   Sokolovskij (Соколовский)
712   Zebljaki (Зебляки)
725   Jakšanga (Якшанга)
734   Burundučicha (Бурундучиха)
740   Novoe Kiselevo (Новое Кисе-
       лево)
746   Ponazyrevo (Поназырево)
756   Suprotivnyj (Супротивный)
763   Metil (Метил)
768   Gostovskaja (Гостовская)
780   Krutenskij (Крутенский)
786   Bliny (Блины)
795   Šabalino/Leninskij (Шабали-
       но/Ленинский)
805   Semenovskij (Семеновский)
811   Čerpaki (Черпаки)
818   Sveča (Свеча)

Hier findet ein Wechsel der Lokomotiven statt. Die jetzt zuständige regionale Eisenbahnverwaltung hat ihren Hauptsitz in Nižnij Novgorod.

826   Juma (Юма)
842   Acvež (Ацвеж)
854   Ronžino (Ронжино)
861   Darovica (Даровица)

870   Kotel'nič (Котельнич)
GPS: 58°18'20''N/48°20'31''O.

Kotel'nič ist mit seinen 38 000 Einwohnern eine klassische Provinzstadt. Erstmals im Jahr 1181 erwähnt, war es im Mittelalter ein bekannter Handelsplatz. Nach dem Bahnhof überquert man den Fluß Vjatka. Die Umgebung gilt auch als reiche archäologische Fundstätte und brachte der Stadt ein kleines Paläontologisches Museum (ul. Marksa 5).

880   Mokricy (Мокрицы)
888   Maradykovskij (Марадыковс-
       кий)
895   Bystrjagi (Быстряги)
903   Šalegovo (Шалегово)
915   Oriči (Оричи)
921   Socialističeskaja (Социалисти-
       ческая)
928   Striži (Стрижи)
940   Ljangasovo (Лянгасово)
949   Čuchlominskij (Чухломинс-
       кий)
957   Kirov (Киров) S. 114
968   Pozdino/Novovjatsk (Позди-
       но/Нововятск)
976   Poloj (Полой)
979   Mutnica (Мутница)
995   Bumkombinat (Бумкомбинат)
1003   Prosnica (Просница)
1010   Konyp (Конып)
1019   Lugovoj (Луговой)
1030   Ardaši (Ардаши)
1041   Rechino (Рехино)
1051   Kordjaga (Кордяга)
1062   Zuevka (Зуевка)
GPS: 58°24'17''N/51°7'49''O.

Die heute 16 000 Einwohner zählende Stadt entstand 1899 mit dem Bau der Eisenbahnstrecke Perm'–Kotlas. Vor allem während des Zweiten Weltkrieges wurden viele Leningrader hierher evakuiert, weswegen der Ort 1944 das Stadtrecht erhielt. Bekannt ist die örtliche Fabrik für Karussels und andere

Rummel-Ausrüstungen. Auf dem Bahnhof steht eine alte Güterzugdampflok mit der Aufschrift ›100 Jahre Bahnhof Zuevka‹.

1070 Kosa (Коса)
1084 Černous (Черноус)
1093 Falenki (Фаленки)
1096 Knjazi (Князи)
1108 Sada (Сада)
1115 Bačumovo (Бачумово)
1128 Jar (Яр)
1129 Diz'mino (Дизьмино)
1134 Balyšur (Балышур)

Kurz vor dem Bahnhof befindet sich ein Lokomotivendepot mit vielen alten Dampfloks.

1142 Kožil' (Кожиль)
1159 Ubyt' (Убыть)

1162 Glazov (Глазов)
GPS: 58°7'58''N/52°40'16''O.

Die 1780 gegründete Stadt hat ihren Namen (Glaz – Auge) ihrem ersten Bebauungsplan mit halbrunden Straßen um den Marktplatz in Form eines Auges zu verdanken und besitzt auch ein entsprechendes Stadtwappen. In der heute 107 000 Einwohner zählenden Stadt gibt es noch viele mit Schnitzereien verzierte Holzhäuser und ein Heimatkundemuseum. Dort wird auch Geschichte der aus dieser Gegend stammenden Familie Knipper beleuchtet. Rußlands berühmter Dramatiker Anton Čechov heiratete Olga Knipper. Auch Neffe und Nichte beider – Michail und Olga, beide Schauspieler – gingen den Bund der Ehe ein und blieben 1923 nach einem Gastspiel in Deutschland. Ihre Tochter, die Schauspielerin Vera Tschechova, war auch schon im Museum zu Gast.

1173 Bezum (Безум)
1181 Tuktym (Туктым)
1190 Balezino (Балезино)
1198 Din'šur (Диньшур)
1208 Šur (Шур)

1216 Piban'šur (Пибаньшур)

1226 Čepsa (Чепса)
GPS: 57°53'13''N/53°24'38''O.

In Čepca kommt wieder eine neue Lokomotive. Bei diesem Lokwechsel kommen wir in den Einzugsbereich der Ural-Bahnverwaltung. Die Strecke führt nun ins Gebirge.

1236 Segedur (Сегедур)
1245 Kez (Кез)
1251 Lyp (Лып)
1255 Kabalud (Кабалуд)
1263 Filincy (Филинцы)
1266 Kuz'ma (Кузьма)

Moskauer Zeit + 2 h

1274 Šnyry (Шныры)
1283 Volegovo (Волегово)
1292 Borodulino (Бородулино)
1298 Putino (Путино)
1303 Chrustali (Хрустали)
1308 Subbotniki (Субботники)
1315 Vereščagino (Верещагино)

Vereščagino entstand als Station Voznesenskaja mit der Eisenbahn, die auch heute den Rhythmus des 25 000 Einwohner zählenden Ortes bestimmt. Im Jahre 1904 machte Vasilij Vereščagin (1842–1904) auf seiner Transsib-Reise an der Station Halt. Der pazifistische Künstler brachte die Botschaft seiner Bilder durch eine einzigartige Detailtreue in der Darstellung von Krieg und Leid auf den Punkt. Seine Reise zu den Schlachten des Russisch-Japanischen Krieges sollte seine letzte Reise werden. Bei der Explosion des russischen Panzerkreuzers ›Petropavlovsk‹ kam der Maler im Pazifik ums Leben. Zum Gedenken an den humanistischen Schlachtenmaler und seinen Stop vor dem Ural erhielt die Station 1915 den Namen des Malers und 1942 auch das Stadtrecht.

1322 Zjukaj (Зюкай)

1325 Anikino (Аникино)
1330 Kuketskij (Кукетский)
1335 Puzjata (Пузята)
1342 Mendeleevo (Менделеево)

Der Vater des Periodensystems der chemischen Elemente gab diesem Ort den Namen. Er arbeitete auch als Inspekteur für chemische Fabriken und besuchte die örtliche Chemiefabrik mehrmals.

1351 Obva (Обва)
1361 Mokino (Мокино)
1369 Grigor'evskaja (Григорьевская)
1377 Sjuz'va (Сюзьва)
1383 Vožakovo (Вожаково)
1387 Čajkovskaja/Majskij (Чайковская/Майский)

Die Station ist nach Rußlands berühmten Komponisten Peter Tschaikowsky (Čajkovskij) benannt. Sein Geburtsort Kamsko-Votkinsk befindet sich allerdings noch 180 Kilometer südöstlich von hier. Die nächstgelegene Siedlung Majskij gehört zu einem Staudamm. Die weitere Strecke bis Perm' ist recht kurvenreich.

1397 Šabuniči (Шабуничи)
1410 Overjata (Оверята)
1422 Kur'ja (Курья)
1429 Perm' Sortirovočnaja (Пермь Сортировочная)
1431 Brücke über die Kama

Die 1899 erbaute Brücke über die Kama bietet einen guten Panoramablick auf Perm'. Die Kama entspringt im Ural und fließt nach 1805 Kilometer bei Samara in die Volga, deren größter Nebenfluß sie ist.

1434 Perm' II (Пермь II) S. 127

1444 Bacharevka (Бахаревка)
1453 Ferma (Ферма)
1456 Kočkino (Кочкино)
1465 Muljanka (Мулянка)
1475 Jug (Юг)
1481 Janyči (Янычи)
1488 Kukuštan (Кукуштан)

1499 Kurašimskij (Курашимский)
1511 Ergač (Ергач)
1518 Bliny (Блины)
1525 Irenskij (Иренкий)
1535 Kungur (Кунгур) S. 132
1544 Čikali (Чикали)
1549 Kaman (Каман)
1555 Kišert' (Кишерть)
1562 Pjatkovo (Пятково)
1572 Šumkovo (Шумково)
1577 Tjurikovo (Тюриково)
1585 Tulumbasy (Тулумбасы)
1594 Lek (Лек)
1605 Kordon (Кордон)
1613 Gluchar' (Глухарь)
1620 Šutem (Шутем)
1641 Koz'jal (Козьял)
1651 Vogulka (Вогулка)
1662 Biz' (Бизь)
1669 Šalja (Шаля)
1679 Pastušnyj (Пастушный)
1687 Sarga (Сарга)
1693 Baskinskij (Баскинский)
1701 Berloga (Берлога)
1708 Sabik (Сабик)
1727 Kuzino (Кузино)
1737 Kaurovka (Кауровка)
1747 Bojcy (Бойцы))
1756 Bilimbaj (Билимбай)
1765 Podvološnaja (Подволошная)
1771 Pervoural'sk (Первоуральск)

Hier, am äußersten Rand Europas, errichtete die berühmte Demidov-Dynastie, eine der bekanntesten Industriellen-Familien im alten Rußland, im Jahre 1732 ihr erstes (daher auch der Name des Ortes) und 1760 ihr zweites Eisenwerk im Ural. Heute leben in der Industriestadt 148000 Einwohner. Bis zur Grenze zwischen Europa und Asien sind es noch sechs Kilometer. Es gibt ein Heimatmuseum (ul. Lenina 65).

1777 Veršina (Вершина)

Wenige Meter östlich des Haltepunktes steht auf der rechten bzw. Südseite

Routenplan der Transsib

der Bahnstrecke der weiße Europa-Asien-Obelisk, der die Grenze zwischen den beiden Kontinenten markiert. Von Westen kommend, ist man zwar jetzt bereits in Asien, aber noch nicht in Sibirien.

1783 Novo-Alekseevka (Ново-Алексеевка)

1786 Chrustal'naja (Хрустальная)

1794 Severka (Северка)

1813 Ekaterinburg/ehem. Sverdlovsk (Екатеринбург/Свердловск-Пасс.) S. 134

1819 Šartaš (Шарташ)

1822 Putevka (Путевка)

1829 Istok (Исток)

1857 Gagarskij (Гагарский)

1864 Mezenskij (Мезенский)

1871 Baženovo/Belojarskij (Баженово/Белоярский)

1879 Šipelovo (Шипелово)

1893 Grjaznovskaja (Грязновская)

1903 Kortoguz (Кортогуз)

1913 Bogdanovič (Богданович)

1923 Dubrovnyj (Дубровный)

1934 Pyšminskaja (Пышминская)

1941 Elanskij (Еланский)

1950 Kokšarovskij (Кокшаровский)

1957 Kamyšlov (Камышлов)

1966 Temnovo (Темново)

1980 Aksaricha (Аксариха)

1985 Jurmač (Юрмач)

1996 Oščepkovo (Ощепково)

2006 Proselok (Проселок)

2017 Pul'nikovo (Пульниково)

2038 Talica (Талица)

Die 1732 gegründete Siedlung, die seit 1942 das Stadtrecht genießt, liegt etwa fünf Kilometer vom Bahnhof entfernt. Talica hat 20 000 Einwohner. Aus den Mineralquellen in der Umgebung wird das nach dem Ort benannte Mineralwasser gewonnen.

2039 Čupino (Чупино)

2061 Jušala (Юшала)

Der durch Sergej Eisensteins berühmten Film bekannte Matrosenaufstand auf dem ›Panzerkreuzer Potemkin‹ fand hier sein letztes, grausames Kapitel. Die zum Tode verurteilten Matrosen des Schiffes wurden in Jušala hingerichtet und in einem Massengrab in Kamyšlov begraben.

2070 Bachmetskoe (Бахметское)

2078 Sibirien beginnt an der Grenze der Verwaltungsgebiete Ekaterinburg und Tjumen'.

2079 Tugulym (Тугулым)

2087 Mesjady (Месяды)

2097 Karmak (Кармак)

2102 Guževoe (Гужевое)

2118 Podem (Подъем)

2128 Utjaševo (Утяшево)

2138 Tjumen' (Тюмень) S. 151

2147 Vojnovka (Войновка)

2156 Ozero Andreevskoe/Borovskij (Озеро Андреевское/Боровский)

2165 Vinzili (Винзили)

2176 Bogandinskaja (Богандинская)

2183 Tugarskij (Тугарский)

2192 Berkutskij (Беркутский)

2204 Kavdyk (Кавдык)

2212 Jalutorovsk (Ялуторовск)

Ursprünglich befand sich am linken Ufer des Tobol die tatarische Siedlung Jalu Tur. Auf ihren Überresten errichteten die Russen 1639 ein Fort, das sich schnell ausdehnte und 1782 das Stadtrecht erhielt. Im 19. Jahrhundert kamen einige verbannte Dekabristen in die Stadt, woran heute ein Museum erinnert. Die Stadt zählt heute 37 000 Einwohner.

2217 Brücke über den Tobol, der, in Kasachstan entspringend, nach 1519 Kilometern südlich der Stadt Tobol'sk in den Irtyš mündet.

2226 Krivolukskij (Криволукский)

2236 Zavodoukovskaja

(Заводоуковск)
2246 Ukovo (Уково)
2257 Novaja Zaimka (Новая Заимка)
2269 Ol'chovskij (Ольховский)
2283 Vagaj (Вагай)
2306 Omutinskaja (Омутинская)

Zugtoiletten

2326 Lamenskaja (Ламенская)
2350 Golyšmanovo (Голышманово)
2361 Gladilovo (Гладилово)
2371 Skakunovo (Скакуново)
2387 Karasul'skaja (Карасульская)
2399 Openovka (Опеновка)
2410 Bezrukovo (Безруково)
2428 Išim (Ишим)
GPS: 56°6'42''N/69°30'43''O.

Am gleichnamigen Nebenfluß des Irtyš gelegen, war Išim, das zunächst als Siedlung Korkin hieß und mit der Verleihung des Stadtrechtes 1782 Išim wurde, ein bedeutendes Handelszentrum. Die dortige jährliche Nikolsker Messe lockte viele Kaufleute an. Auch Alexander v. Humboldt besuchte die Stadt während seiner Sibirienexpedition. Heute leben in Išim ca. 66000 Einwohner.

2440 Malyj Ostrov (Малый Остров)
2451 Šablykino (Шаблыкино)
2475 Masljanskaja (Маслянская)
2496 Novo-Andreevskij (Ново-Андреевский)

Moskauer Zeit + 3 h

2518 Mangut (Мангут)
2562 Nazyvaevskaja (Называевская)
GPS: 55°34'04''N/71°21'22''O.
In der 1910 gegründeten und 1956 zur Stadt erhobenen Ortschaft leben 14000 Einwohner. Ursprünglich bestimmte die Bahn das Leben in der Stadt, aber in der zweiten Hälfte der 50er Jahre wurde die Landwirtschaft forciert. Nikita Chruščevs Neuland-Kampagne zur Ausdehnung der landwirtschaftlichen Nutzfläche hatte zwar ihren Schwerpunkt im heutigen Kasachstan, reichte aber im Norden bis nach Westsibirien, beispielsweise Nazyvaevsk. Hier findet auch der nächste Lokwechsel statt, da hier aus der Sicht der Bahn die Ural-Verwaltung und die Westsibirische Verwaltung aneinander grenzen.
2587 Kočkovatskij (Кочковатский)
2601 Oširovskij (Ошировский)
2613 Dragunskaja (Драгунская)
2635 Novokievskij (Новокиевский)
2658 Ljubinskaja (Любинская)
2683 Petrušenko (Петрушенко)
2695 Plamja (Пламя)
2706 Karbyševo I (Карбышево)
Hier treffen sich der heutige und der von Čeljabinsk kommende ursprüngliche Verlauf der Transsib. Bis Čeljabinsk beträgt die Entfernung 770 Kilometer.
2707 Brücke über den Irtyš.
Der 4428 Kilometer lange Fluß entspringt dem chinesischen Teil des Altajgebirges und fließt dann über

Routenplan der Transsib

Kasachstan nach Rußland, wo er bei Chanty-Mansijsk in den Ob' mündet.

2711 Omsk (Омск) S. 155

2721 Moskovka (Московка)

2729 Gustaf'evo (Густафьево)

2757 Kormilovka (Кормиловка)

2790 Kalačinsk (Калачинск)

In dem 1837 gegründeten Ort leben heute 25 000 Menschen. Die Stadt liegt an einer Schleife des Flusses Om' (Länge 1901 Kilometer), der dann in Omsk in den Irtyš fließt. Kalačinsk hat seit 1952 das Stadtrecht und ist im Vergeich zu anderen Orten mit sehr vielen Grünanlagen durchsetzt.

2804 Valerino (Валерино)

2817 Il'juškino (Илюшкино)

2830 Kolonija (Колония)

2843 Lagunaka (Лагунака)

2865 Karatkansk (Каратканск)

2880 Tatarsk (Татарск)

GPS: 55°12'46''N/75°57'36''O.

Die 31 000 Einwohner zählende Stadt entstand 1911 aus dem Zusammenschluß der beiden Dörfer Tatarka und Stancionnyj und erhielt 1925 das Stadtrecht. Heute lebt die Stadt von den Eisenbahnwerkstätten und einer großen Molkerei. Tatarsk hat ein erstaunlich großes Heimatkundemuseum mit einer umfangreichen Techniksammlung unter freiem Himmel (ul. Telegina 52).

2898 Taryšta (Тарышта)

2904 Kabakly (Кабаклы)

2912 Čertokulič (Чертокулич)

2932 Čany (Чаны)

2949 Ozero Karači (Озеро Карачи)

Die Siedlung am gleichnamigen See soll ursprünglich nach dem Tartarenführer Mursa Karatscha benannt worden sein, der nach den Niederlagen gegen den ersten russischen Eroberer Ermak und gegen den Tatarenfürsten Kutschum in dieses Gebiet floh. Der Ort am See ist heute durch mehrere Sanatorien für seinen Heilschlamm bekannt. Aus seinen Quellen kommt das bekannte Mineralwasser ›Karačinskaja‹.

2958 Koškul' (Кошкуль)

2979 Tebisskaja (Тебисская)

2997 Moškar' (Мошкарь)

3009 Kirzinskoe (Кирзинское)

3035 Barabinsk (Барабинск)

GPS: 55°21'22''N/78°20'45''O.

Der Name Barabinsk stammt von den ›Barbara‹. So nannte sich ein tatarischer Stamm, der hier siedelte. Später kam ein russisches Fort, und mit der Eisenbahn entstanden Eisenbahnwerkstätten sowie eine Siedlung, die 1917 das Stadtrecht erhielt. Heute hat Barabinsk 36000 Einwohner. Neben dem Heimatmuseum (ul. Kirova 3) gibt es im Lokomotivendepot unter dem Namen ›Museum des Kampfes- und Arbeitsruhmes‹ (ul. Putevaja 121) eine Ausstellung zur Geschichte des Lokdepots vom Bau der Transsib bis heute, einschließlich mehrerer alter Loks und einer den örtlichen Veteranen der Arbeit samt ihrer Orden und Urkunden gewidmeten Exposition.

Erwähnenswert ist auch der zwölf Kilometer nördlich liegende Nachbarort Kainsk-Barabinskij, der als Kainsk 1722 gegründet und 1785 zur Stadt befördert wurde. 1935 wurde sie aber zu Ehren des zur Zarenzeit hierher verbannten Revolutionärs Valerian Kujbyšev umbenannt. Es ist nicht zu verwechseln mit Samara an der Volga, das zu sowjetischen Zeiten ebenfalls Kujbyšev hieß. Die Stadt liegt am Fluß Om'. In ihr leben heute ca. 52 000 Menschen. Kainsk lebte vom Handel und von der Butterherstellung. Einige alte Kaufmannshäuser sind erhalten (ul. Kujbyševa). Sehenswert ist auch die Johannes dem Täufer gewidmete Kirche (ul. Pugačeva 2). Die Stadt war aber auch ein Etappenort auf dem Weg in die Verbannung, so daß im 19. Jahrhundert viele Dekabristen und Anführer der polnisch-litauischen Aufstände hier Station machten. Es gibt ein Heimatmuseum (ul. Kujbyševa 10) und ein Kujbyšev-Museum (ul. Lenina 2). Beide Städte bilden sozusagen die ›Hauptstadt‹ der Barabinsker Steppenlandschaft, die die Strecke zwischen Omsk und Novosibirsk prägt.

3060 Trunovskoe (Труновское)
3063 Novogutovo (Новогутово)
3078 Kožurla (Кожурла)
3118 Ubinskaja (Убинская)
3124 Kajak (Каяк)
3140 Gruzdievka (Груздевка)
3165 Kargat (Каргат)

In der kleinen Stadt leben heute 13 000 Einwohner. Eines der Exponate im örtlichen Heimatmuseum ist ein altes BMW-Motorrad. Ein aus dem Ort stammender Soldat der Roten Armee hatte es 1945 von General Žukov in Berlin persönlich als Kampfauszeichnung bekommen und später samt Urkunde dem Museum vermacht.

3170 Kapralovo (Капралово)
3183 Kokošino (Кокошино)
3192 Sekty (Секты)
3205 Čulymskaja (Чулымская)
3235 Tichomirovo (Тихомирово)
3247 Duplenskaja (Дупленская)
3268 Lesnaja Poljana (Лесная Поляна)
3286 Kočenevo (Коченёво)
3308 Čik (Чик)
3311 Sady (Сады)
3319 Ob' (Обь)

Dieser Vorort von Novosibirsk hat ca. 26 000 Einwohner. Links von der Strecke befindet sich in Sichtweite der Novosibirsker Flughafen Tolmačevo.

3328 Novosibirsk-Zapadnyj (Новосибирск-Западный)
3332 Brücke über den Ob'

Mit der Transsib-Überquerung des Ob' entstand Novosibirsk. Der Ob' (russ. die Ob') entsteht bei Bijsk am Altajgebirge durch den Zusammenfluß der beiden Bergflüsse Katun und Bija und ist zusammen mit dem Katun 4338 Kilometer lang. Manchmal wird seine Länge auch mit 5410 Kilometern angegeben. Diese Länge ergibt sich, wenn man den Ob' zur Quelle seines Nebenflusses Irtyš vermißt.

3333 Novosibirsk-Central'nyj (Новосибирск-Центральный)

3336 Novosibirsk-Glavnyj (Новосибирск-Главный) S. 160

3342 Novosibirsk-Vostočnyj (Новосибирск-Восточный)
3348 Inja-Vostočnaja (Иня-Восточная)
3373 Sokur (Сокур)
3384 Koševo (Кошево)
3394 Moškovo (Мошково)
3403 Poros (Порос)
3417 Ojaš (Ояш)
3425 Kubovo (Кубово)
3436 Čebula (Чебула)
3450 Čachlovo (Чахлово)
3462 Bolotnoe (Болотное)

Bolotnoe – benannt nach dem Fluß Bolotnaja, was soviel wie sumpfig bedeutet – entstand 1805 am Rande des Sibirischen Traktes an der Abzweigung in Richtung Barnaul und Altaj. Seit 1943 hat der Ort mit heute 20 000 Einwohnern Stadtrecht. Im 1980 erbauten Kulturhaus befindet sich auch ein kleines Heimatmuseum (ul. Lenina 4).

3470 Tyn (Тын)

Moskauer Zeit + 4 h

3479 Taskaevo (Таскаево)
3498 Jurga I (Юрга-1)

Die 1894 gegründete Industriestadt Jurga teilt sich in Jurga I und II. Noch trennen beide Teile etwa sieben Kilometer voneinander. Das Stadtrecht wurde Jurga 1949 verliehen. Insgesamt leben hier 94 000 Menschen.

3499 Brücke über den Tom', der im Altaj entspringt und auf 827 Kilometern Länge durch die Städte Kemerovo und Tomsk fließt, bevor er in den Ob' mündet.

3504 Tutal'skaja (Тутальская)

3519 Tal'menka (Тальменка)

3532 Litvinovo (Литвиново)

3537 Jaškino (Яшкино)

3546 Chopkino (Хопкино)

3557 Kuzel' (Кузель)

3565 Tajga (Тайга)

GPS: 56°3'50''N/85°37'32''O.

Mitten in der Taiga entstand mit dem Bau der Eisenbahn dieser Ort, der heute 27 000 Einwohner zählt. Hier zweigt die Linie in die alte sibirische Stadt Tomsk ab, die etwa 80 Kilometer nördlich des Transsibstranges liegt. Am Bahnhof steht eine alte Schnellzugdampflok vom Typ P 36.

3578 Pichtač (Пихтач)

3596 Anžerskaja (Анжерская)

Die zum Bahnhof gehörende Bergarbeiterstadt Anžero-Sudžensk mit ihren heute 112 000 Einwohnern bildet das Nordende des Kuzbass-Kohlereviers. In den beiden Gruben, die der Stadt auch den Doppelnamen gaben, wurden zur Zeit des TranssibBaus etwa 95 Prozent der Kuzbass-Kohle gefördert. In den 20er Jahren wurde dann der gesamte Kuzbass durch eine entsprechende Abzweiglinie der Bahn erschlossen. Die Abzweigung führt in Richtung Kemerovo und Novokuzneck. 1931 bekam der Ort das Stadtrecht. Das Heimatkundemuseum ist eher ein Bergbaumuseum. Der Ort gilt als eine der sensiblen Stellen auf der Transsib-Trasse. Mehrfach blockierten streikende Bergarbeiter hier die Gleise, um ihre Gehaltsforderungen durchzusetzen. In der spektakulärsten Aktion vom Sommer 1998 legte eine durch die Arbeiter auf den Gleisen errichtete Zeltstadt den Schienenverkehr für vier Tage lahm.

3604 Sudženka (Судженка)

3614 Mal'cevo (Мальцево)

3632 Počitanka (Почитанка)

3640 Ižmorskaja (Ижморская)

3657 Iverka (Иверка)

3679 Berikul'skaja (Берикульская)

3689 Suluj (Сулуй)

3698 Antibesskij (Антибесский)

3715 Mariinsk (Мариинск)

GPS: 56°12'36''N/87°43'35''O.

Das 1698 am Verlauf des Sibirischen Traktes gegründete Dorf Kiskoe wurde 1857 mit der Verleihung des Stadtrechtes zu Ehren der deutschen Ehegattin des Zaren Alexander II., Marija Aleksandrovna, in Mariinsk umbenannt. Zu jener Zeit boomte der Ort, da man in der Umgebung Gold gefunden hatte, was viele Glückssucher anzog. Heute dominiert in der ca. 42000 Menschen zählenden Stadt die Holzindustrie. Doch auch die örtliche Spirituosenfabrik macht Furore, beispielsweise durch einen Kirschlikör mit dem schönen Namen ›Freulejnskoe‹. In Mariinsk erfolgt der nächste Lokwechsel. Gleichzeitig wechselt auch die Spannung in der Leitung. Während man westwärts mit Gleichstrom fährt, geht's mit Wechselstrom gen Osten.

3723 Predmetkino (Предметкино)

3729 Aleksandrovka (Александровка)

3736 Suslovo (Суслово)

3748 Sadovaja (Садовая)

3753 Aver'janovka (Аверьяновка)

3759 Razdolnoe (Раздольное)

3767 Lysyj Bor (Лысый Бор)

3773 Tjašin (Тяжин)

3778 Kedrač (Кедрач)	3892 Klubničnaja (Клубничная)
3786 Tisul' (Тисуль)	3898 Zercaly (Зерцалы)
3799 Burdasskij (Бурдасский)	3902 Belyj Jar (Белый Яр)

3808 Itat (Итат)

3817 Samsonovka (Самсоновка)

3834 Kosul' (Косуль)

3837 Kirsanovo (Кирсаново)

3846 Bogotol (Боготол)

Spielzeugverkäuferin in Kirov

GPS: 55°45'36''N/37°39'26''O.

Der Ort entstand mit der Transsib unweit eines alten Dorfes gleichen Namens. Seit 1911 besitzt Bogotol das Stadtrecht und hat heute 28 000 Einwohner. Von Interesse ist das Eisenbahnmuseum im Lokomotivendepot mit mehreren alten Dampfloks und einem Modell einer Schnellzuglok der Baureihe JS, was für Josef Stalin steht.

3854 Šuldat (Шулдат)

3863 Vagino (Вагино)

3879 Kritovo (Критово)

3888 Stepanovka (Степановка)

3917 Ačinsk I (Ачинск-1)

GPS: 56°18'15''N/90°31'6''O.

1642 gegründet, wurde Ačinsk dank seiner Flußverbindung über den Čulym nach Tjumen' und Tomsk ein bedeutender Handelsplatz. Heute ist Ačinsk eine wenig attraktive Industriestadt mit 122 000 Einwohnern. Braunkohlefunde etwa 80 Kilometer südlich der Stadt, wo in einem gigantischen Tagebau nach fünf Metern Erde ein etwa 120 Meter breiter Kohleflöz beginnt, und ein Tonkombinat machen die Stadt zu einem wichtigen Zulieferer für die weltweit größten Aluminiumwerke in Bratsk und Krasnojarsk. Daneben gibt es in Ačinsk aber auch ein Heimatkundemuseum und ein Theater. Ein berühmter Sohn der Stadt ist Dmitrij Davydov, der Autor der Bajkal-Hymne.

3918 Ivanovka (Ивановка)

3925 Irinka (Иринка)

3930 Kozlovka (Козловка)

3931 Ein kleiner weißer Obelisk auf der rechten Seite zeigt allen, die von Moskau über die Mongolei nach Peking reisen, daß sie jetzt die Hälfte des Weges hinter sich haben.

3937 Tarutino (Тарутино)

3948 Ibrjul' (Ибрюль)

3954 Černorečenskaja (Чернореченская)

3980 Kozul'ka (Козулька)

3988 Šarlovka (Шарловка)

3996 Kosači (Косачи)

4004 Kemčug (Кемчуг)

4027 Zeledeevo (Зеледеево)

4040 Krjučkovo (Крючково)

4047 Kača (Кача)

4061 Snežnica (Снежница)

4073 Minino (Минино)

Routenplan der Transsib

4083 Bugač (Бугач)

**4098 Krasnojarsk (Красноярск)
S. 169**

4100 Brücke über den Enisej.

Die etwa einen Kilometer lange Brücke ist Geschichte pur. Sie stammt aus dem Jahre 1890 und wurde auf der Weltausstellung 1900 als architektonische Meisterleistung mit einer Goldmedaille ausgezeichnet. Das zweite Bauwerk, dem diese Auszeichnung zuteil wurde, war der Eiffelturm. Der Enisej gilt als der wasserreichste Strom der Erde. Er entsteht aus dem Zusammenfluß zweier Bergflüsse – Großer und Kleiner Enisej genannt – in der Nähe von Kyzyl, der Hauptstadt von Tuva, und fließt auf einer Länge von 4092 Kilometern mit einer Breite von fast einem Kilometer in das Eismeer. So verwundert auch sein Name nicht: Enisej heißt in der Sprache des in seinem Mittellauf lebenden Volksstammes der Evenken soviel wie ›breites Wasser‹.

4103 Enisej (Енисей)

4107 Terganino (Терганино)

4110 Zlobino (Злобино)

4115 Šinnyj Zavod (Шинный Завод)

4118 Bazaicha (Базаиха)

Hier zweigt eine Sackbahnstrecke nach Krasnojarsk-26 (Železnogorsk), eines der Zentren der russischen Atomwirtschaft, ab. Krasnojarsk-26 war, ebenso wie diese Strecke, in keinen Karten des Landes verzeichnet.

4124 Suchoj (Сухой)

4130 Zykovo (Зыково)

4141 Maganskaja (Маганская)

4153 Sorokino (Сорокино)

4156 Samarka (Самарка)

4164 Taežnyj (Таежный)

4172 Grjaznyj (Грязный)

4179 Kamarčaga (Камарчага)

4185 Esaulovka (Есауловка)

4193 Mramornaja (Мраморная)

4204 Balaj (Балай)

Hier fährt die Bahn mehrere Kilometer auf einem teilweise aufgeschütteten Erddamm, dessen Höhe streckenweise über 25 Meter erreicht.

4214 Kosogor (Косогор)

4229 Ujar (Уяр)

Der Ort entstand 1760 und hat heute 17 000 Einwohner. Kurz vor der Einfahrt in den Bahnhof stehen mehrere Dampflokomotiven, die teilweise noch funktionsfähig sind, teilweise aber auch nicht mehr aus eigener Kraft von der Stelle kommen würden.

4241 Gromadskaja (Громадская)

4249 Sibirjak (Сибиряк)

4263 Zaozernaja (Заозерная)

Zaozernajas Geschichte begann 1776, als man hier anfing, Glimmervorkommen abzubauen. Heute leben 16 000 Menschen in der Stadt. Hier beginnt die Sackbahnstrecke nach Krasnojarsk-45 (Zelenogorsk), neben Krasnojarsk-26 das zweite Zentrum der russischen Atomwirtschaft in dieser Gegend.

4273 Irša (Ирша)

4283 Kamala (Камала)

4293 Jagodnaja (Ягодная)

4299 Soljanka (Солянка)

4311 Kurup (Куруп)

4315 Bošnjakovo (Бошняково)

4328 Filimonovo (Филимоново)

**4351 Kansk-Enisejsk (Канск-
Енисейский)**

GPS: 56°11'56''N/95°42'16''O.

Am Fluß Kan wurde 1628 im heutigen Dorf Kamarovka das Kansker Ostrog errichtet, das einige Jahre später etwa 40 Kilometer weiter an seinen heutigen Standort umzog. Einige Dekabristen verbrachten im 1822 zur Stadt erhobenen Kansk ihre Verbannung. Heute zählt die Industriestadt 110 000 Einwohner. Das Heimatmuseum existiert bereits seit 1912.

4349 Kansk II (Канск-2)
4364 Dalaj (Далай)
4367 Teplye Ključi (Теплые Ключи)
4377 Ilanskaja (Иланская)
Die Siedlung entstand 1733. Der Seefahrer Vitus Bering gab auf seiner Anreise zu seiner Zweiten Kamčatka-Expedition über den Sibirischen Trakt Empfehlungen für künftige Poststationen nach Petersburg und empfahl u.a.

Gelb bedeutet Abfahrbereitschaft

auch Ilanskaja. 1891 kam die Eisenbahn und bestimmte fortan das Leben des Ortes. 18000 Einwohner leben heute hier vor allem von den Eisenbahnwerkstätten. Im Lokomotivendepot gibt es ein kleines Museum zur Geschichte der Stadt und der Eisenbahn.
4384 Busjuk (Бузюк)
4391 Stajnyj Kondon (Стайный Кондон)

4398 Sulemka (Сулемка)
4405 Ingašskaja (Ингашская)
4413 Pojma (Пойма)
4432 Tinskaja (Тинская)
4441 Dogadaevo (Догадаево)
4452 Rešoty (Решоты)
4465 Ključi (Ключи)
4477 Uralo-Ključi (Урало-Ключи)

Moskauer Zeit + 5 h

4482 Širokovo (Широково)
4488 Jurty (Юрты)
4502 Brücke über den Fluß Birjusa
4503 Birjusinsk (Бирюсинск)
4515 Tajšet (Тайшет) S. 175
Hier beginnt die Abzweigung der Baikal-Amur-Magistrale, der sogenannten BAM. Auch die später errichtete Abzweigung nach Süden in Richtung Abakan hat hier ihren Ausgangspunkt.
4524 Lavrent'evo (Лаврентьево)
4537 Bajronovka (Байроновка)
4551 Šelechovo (Шелехово)
4556 Razgon (Разгон)
4565 Oblepicha (Облепиха)
4593 Alzamaj (Алзамай)
4596 Algašet (Алгашет)
4607 Zamzor (Замзор)
4615 Bolotnyj (Болотный)
4635 Kamyšet (Камышет)
4649 Uk (Ук)
Ein typischer Holzbahnhof aus der Zeit des Baus der Transsib. Reisende, die von Moskau nach Vladivostok unterwegs sind, haben hier die Hälfte der Strecke hinter sich.
4661 Mara (Мара)
4668 Kurjat (Курят)
4678 Nižneudinsk (Нижнеудинск)
GPS: 54°53'41''N/99°01'34''O.
  Die heute 40000 Einwohner zählende Stadt hat ihren Ursprung im Jahre 1649, als Kosaken hier am Fluß Uda ein kleines Fort errichteten. 1783 bekam

Routenplan der Transsib

der Ort das Stadtrecht, den er aber derzeit durch eine Fusion mit dem Landkreis wohl wieder verliert. Über viele Jahre war Nižneudinsk ein bedeutendes Handelszentrum, woran noch einige Kaufmannsvillen im Stadtbild erinnern. Heute ist davon wenig zu spüren, der größte Arbeitgeber ist das Bahnausbesserungswerk. Vor dem neu gebauten Bahnhofsgbäude steht eine alte Güterzugdampflok der L-Serie. Unweit des Bahnhofs erhebt sich die dem heiligen Nikolaus gewidmete Holzkirche des Ortes. Das Gebäude der alten Synagoge beherbergt heute ein Rechenzentrum. Das örtliche Heimatmuseum soll nach einem Umbau 2008 wieder seine Pforten

Im Speisewagen

öffnen. Neben Bildergalerie und Stadtgeschichte ist vor allem die Ethnographie-Sammlung zum Stamm der Tofalaren einzigartig (ul. Lenina 27, Tel. 712 27). Mit knapp 500 Seelen sind die Tofalaren

heute die kleinste nationale Minderheit Rußlands. Sie leben ca. 200 Kilometer von Nižneudinsk entfernt in drei Siedlungen. In das Gebiet führt keine Straße, es ist nur per Hubschrauber zu erreichen.

4684 Rubachino (Рубахино)
4695 Brücke über den Fluß Uda
4687 Uda II (Уда-2)
4703 Chunguj (Хингуй)
4716 Kaduj (Кадуй)
4726 Chudoelanskaja (Худоеланская)
4743 Šeberta (Шеберта)
4746 Varjag (Варяг)
4763 Budagovo (Будагово)
4777 Utaj (Утай)
4786 Kotik (Котик)
4795 Tulun (Тулун)

Tulun ist ein Zentrum des Bergbaus und der Holzindustrie. Im Zentrum der 54 000 Einwohner zählenden Stadt am Fluß Ija gibt es noch viele alte Häuser aus der Zeit, als Tulun ein wichtiger Umschlagplatz im Handel mit Jakutien war. Die Stadt hat ein kleines Dekabristenmuseum.

4807 Njura (Нюра)
4816 Azej (Азей)
4825 Šuba (Шуба)
4837 Šeragul' (Шерагуль)
4845 Tul'juška (Тулюшка)
4856 Mingatuj (Минтагуй)
4874 Kujtun (Куйтун)
4888 Charik (Харик)
4906 Kimil'tej (Кимильтей)
4919 Perevoz (Перевоз)
4934 Zima (Зима)
GPS: 53°55'31''N/102°3'6''O.

Zima bedeutet Winter. Ein Fluß gleichen Namens fließt hier in die Oka (nicht verwechseln mit der in die Volga mündenden Oka südlich von Moskau), die dann wiederum in die Angara mündet. Der Ort entstand 1898 mit dem Bau der Transsib und erhielt

1922 das Stadtrecht. Heute leben hier 39 000 Menschen. Berühmt wurde Zima durch den zeitgenössischen Dichter Evgenij Evtušenko (*1933), der in Gedichten und einem autobiographischen Film seine Kindheitserinnerungen auf der Station Zima beschrieb (siehe S. 65). In der Stadt gibt es ein Heimatmuseum.

4940 Oka (Ока)

4947 Charagun (Харагун)

4958 Deljur (Делюр)

4968 Tyret′ (Тыреть)

4999 Zalari (Залари)

5003 Chotchor (Хотхор)

5011 Golovinskaja (Головинская)

5017 Chortovskaja (Хортовская)

5021 Kutulik (Кутулик)

Kutulik ist das Zentrum eines autonomen Kreises, in dem Burjaten die Mehrheit der Bevölkerung stellen. Gleichzeitig ist es die Heimat des Schriftstellers Aleksandr Vampilov (1937–1972), an den ein kleines Museum erinnert.

5032 Zabituj (Забитуй)

5033 Noty (Ноты)

5046 Ossinzewo (Осинцево)

5049 Žargon (Жаргон)

5055 Čeremchovo (Черемхово)

Ein rechter Hand gut sichtbares Zentrum des Kohlebergbaus ist Čeremchovo, das sich über mehrere Siedlungen mit heute 75 000 Einwohnern knapp zehn Kilometer an der Bahntrasse entlangzieht. Im Jahre 1772 als Poststation am Sibirischen Trakt gegründet, kam die wirtschaftliche Dynamik mit dem 1896 in Betrieb genommenen ersten Bergwerk und wenige Jahre später mit der Eisenbahn.

5067 Kas′janovka (Касьяновка)

5070 Vostočnaja (Восточная)

5081 Polovina (Половина)

Polovina bedeutet Hälfte. Gemeint ist die Hälfte der ursprünglichen Strecke zwischen Moskau und Vladivostok über

Čeljabinsk und die Mandschurei. Heute betragen die beiden ungleichen Hälften 5081 Kilometer nach Moskau und 4207 Kilometer nach Vladivostok.

5088 Zaimka (Заимка)

5098 Belaja/Tajturka (Белая/ Тайтурка)

5104 Mal′ta (Мальта)

Mal′ta gilt als Fundgrube für Archäologen. Nachdem in den 1920er Jahren zufällig Mammutknochen gefunden worden waren, begann man mit umfangreichen Ausgrabungen, die neben Knochen auch noch Werkzeuge und Kultgegenstände zutage förderten, die belegen, daß hier bereits über 10000 Jahre vor Christus Menschen siedelten.

5111 Lužki (Лужки)

5118 Usol′e-Sibirskoe (Усолье-Сибирское)

Zu Zeiten sowjetischer Mangelwirtschaft galten Vorräte an Salz, Seife und Streichhölzern als Grundausstattung zum Überleben. Alle Einwohner von Usol′e-Sibirskoe kann man vor diesem Hintergrund der Schicht der Privilegierten zuordnen, denn zwei der drei Mangelprodukte wurden nirgends in der Sowjetunion in solchen Mengen wie in dieser sibirischen Stadt produziert. Usol′e läßt sich etwa mit ›beim Salz‹ übersetzen. Seit seiner Gründung im Jahre 1669 war und ist es die Salzhauptstadt Sibiriens. Seit 1956 befindet sich hier unter dem Namen ›Sibsol′‹ (Sibsalz) die größte Salzfabrik Rußlands. Zweitgrößter Arbeitgeber der 105 000 Einwohner zählenden Stadt ist die Streichholzfabrik ›Bajkal‹. Usol′e erhielt 1925 das Stadtrecht und 1940 den offiziellen Zusatz ›Sibirskoe‹, um nicht mit dem zweiten Usol′e bei Perm′ verwechselt zu werden. Daneben ist die Stadt auch für ihre Heilschlammbehandlungen bekannt.

5127 Tel'ma (Тельма)
5140 Kitoj (Китой)
5141 Majsk (Майск)

5145 Angarsk (Ангарск)

Angarsk ist eine der jüngsten Städte Sibiriens. Es entstand 1948 mit einer gigan-

Schaffner

tischen Ölraffinerie. Die Lebensqualität der 269 000 Einwohner versuchte man zu erhöhen, indem man von Anfang an konsequent Gewerbe- und Wohngebiet durch ein Waldgebiet getrennt hat. Vielleicht erklärt sich auch so das Stadtwappen, das – wie ansonsten typisch für diese Zeit – keine Reagenzgläser und Zahnräder, sondern eine goldene Meerjungfrau auf grünem Untergrund zeigt. Trotzdem liegt hier die Lebenserwartung deutlich unter dem russischen Durchschnitt. Interessant ist mit über 700 Zeitmessern das örtliche Uhrenmuseum, das auf der Privatsammlung das Angarsker Uhrmachers P. Kurdjakov beruht.

5148 Južnaja (Южная)
5151 Suchovskaja (Суховская)

Hier eröffnet sich ein guter Ausblick auf den Fluß Angara, der auch den Spitznamen ›Doč' Bajkala‹ (Tochter des Baikals) trägt und vom Baikalsee kommend nach 1779 Kilometern in den Enisej mündet.

5163 Meget (Мегет)
5170 Batarejnaja (Батарейная)
5173 Gorka (Горка)
5178 Irkutsk-Sortirovočnyj
      (Иркутск-Сортировочный)

5185 Irkutsk (Иркутск) S. 177

5192 Kaja (Кая)
5205 Gončarovo/Šelechov (Гончарово/Шелехов)

Der Name der Stadt erinnert an den Irkutsker Seefahrer und Kaufmann Grigorij Šelechov (1747–1795), der von Irkutsk aus den Handel mit der Pazifikregion forcierte und Rußlands Anspruch auf Alaska durchsetzte. Die Stadt selbst entstand 1956 mit dem Bau eines Aluminiumkombinates, das den billigen Angara-Strom nutzen sollte. Das Stadtrecht wurde ihr 1962 verliehen. Heute leben 49 000 Menschen hier.

5208 Izvestkovaja (Известковая)
5209 Olcha (Олха)
5213 Letnjaja (Летняя)
5217 Bol'šoj Lug (Большой Луг)
5229 Rassocha (Рассоха)
5235 Ogon'ki (Огоньки)
5241 Trudnyj (Трудный)
5249 Podkamennaja
      (Подкаменная)
5261 Glubokaja (Глубокая)
5273 Andrianovskaja
      (Андриановская)
5285 Angasolka (Ангасолка)

Etwa drei Kilometer hinter Angasolka öffnet sich nach einem 863 Meter hohen Berg erstmals der Blick auf den Baikalsee, der nun auf etwa 200 Kilometern immer wieder in Sichtweite kommt.

5306 Sljudjanka II (Слюдянка-2)

5311 Sljudjanka I (Слюдянка-1)
GPS: 51°39'44''N/103°43'9''O.

Hier beginnt die heute Baikalbahn genannte Strecke nach Port Bajkal, auf der die Transsib bis zur Flutung der Angara bei der Einweihung des Irkutsker Wasserkraftwerkes verkehrte. Der Ort erhielt 1936 das Stadtrecht und hat heute 20 000 Einwohner. Da in der Umgebung umfangreiche Marmorvorkommen existieren, wurde der Bahnhof damals vollständig aus diesem aufgrund der geringen Transportkosten billigen Rohstoff erbaut.

5314 Rybzavod (Рыбзавод)
5319 Buravščina (Буравщина)
5326 Mangutaj (Мангутай)
5335 Orechovaja Pad' (Ореховая Падь)
5340 Utulik (Утулик)
5351 Bajkal'sk (Байкальск)

Bajkal'sk ist der Inbegriff für ein dem Bajkalsee drohendes ökologisches Desaster. Hier befindet sich das vielgescholtene Baikalsker Zellulose- und Papierkombinat, das seit seinem Bau in den 1960er Jahren umstritten ist. Es ist der einzige Arbeitgeber für die 17 000 Einwohner der mit dem Fabrikneubau entstandenen Stadt

5366 Murino (Мурино)
5373 Pan'kovka (Паньковка)
5383 Vydrino (Выдрино)
5387 Tolbazicha (Толбазиха)
5399 Mamaj (Мамай)
5406 Kedrovaja-Sibirskaja (Кедровая-Сибирская)
5416 Dulicha (Дулиха)
5420 Tanchoj (Танхой)

In Tanchoj befanden sich als Alternative bzw. Reserve zu Mysovaja Hafenanlagen, wo die Baikalfähren am Südufer anlegen konnten.

5431 Pereemnaja (Переемная)

5443 Priboj (Прибой)
5456 Mišicha (Мишиха)
5463 Kovrižka (Коврижка)
5467 Kljuevka (Клюевка)
5477 Mysovaja (ehem. Babuškin) (Мысовая (Бабушкин)
GPS: 51°43'9''N/105°51'36''O.

Hier befand sich der wichtigste Südhafen für die Fährschiffe ›Bajkal‹ und ›Angara‹, die in den Anfangsjahren den Fährbetrieb über den Baikalsee zwischen Mysovaja und Port Bajkal gewährleisteten. Am Ufer finden sich noch Überreste der alten Kaianlagen sowie die Ruine des alten Leuchtturms. Zu Sowjetzeiten trug der Ort den Namen des hier auf dem Bahnhof wegen Waffenschmuggels erschossenen Revolutionärs Ivan Babuškin (1873–1906), der mit Lenin in der Leipziger ›Iskra‹-Druckerei zusammengearbeitet hatte. Heute leben in der 1892 gegründeten Stadt ca. 7000 Menschen. Es gibt ein kleines Heimatmuseum (ul. 3. Internacionala 39).

5482 Tel'naja (Тельная)
5486 Gremjačij (Гремячий)
5489 Manturicha (Мантуриха)
5493 Suchoj Ručej (Сухой Ручей)
5499 Bojarskij (Боярский)
5502 Povorot (Поворот)
5506 Kultušnaja (Култушная)
5513 Bajkal'skij Priboj (Байкальский Прибой)
5517 Gošok (Гошок)

Hier verabschiedet sich die Strecke vom Ufer des Baikalsees.

5521 Bol'šaja Rečka (Большая Речка)
5524 Posol'skaja (Посольская)
5528 Kamennyj Kar'er (Каменный Карьер)
5543 Timljuj (Тимлюй)
5550 Njuki (Нюки)
5554 Beregovaja (Береговая)
5561 Selenga (Селенга)

5571 Tarakanovka (Таракановка)
5574 Mostovka (Мостовка)
5582 Talovka (Таловка)
5583 Troick (Троицк)
5590 Lesovoznyj (Лесовозный)
5603 Tataurovo (Татаурово)
5610 Mandrik (Мандрик)
5615 Kolos (Колос)
5618 Brücke über die Selenga
Die durch dieses malerische Tal zum Bajkal fließende Selenga entsteht in der Mongolei im Zusammenstrom der Flüsse Ider und Muren. Die Selenga er-

Zamzor – typischer Holzbahnhof aus der Zeit des Bahnbaus

streckt sich von der Quelle der Ider über eine Länge von 1024 Kilometern.
5619 Mostovoj (Мостовой)
5631 Sotnikovo (Сотниково)
5634 Divizionnaja (Дивизионная)
5640 Ulan-Udė (Улан-Удэ) S.196
5649 Zaudinskij (Заудинский)
Hier beginnt die Abzweigung in Richtung Ulaanbaatar und Peking.
5657 Tal'cy (Тальцы)
5668 Kolchoznyj (Колхозный)
5674 Nördlich der Strecke befindet sich ein großer Lokfriedhof, wo neben alten Dampfloks auch Diesellokomotiven und Waggons stehen. Das Gelände ist eingezäunt und wird offensichtlich auch bewacht.
5676 Onochoj (Онохой)

5682 Brojlernaja (Бройлерная)
5698 Zaigraevo (Заиграево)
5712 Čelutaj (Челутай)
5722 Il'ka (Илька)
5737 Novoil'inskij (Новоильинский)
5740 Gorchon (Горхон)
5764 Kiža (Кижа)

Moskauer Zeit + 6 h

5784 Petrovskij Zavod (Петровский Завод) S. 202
5789 Dekabristy (Декабристы)
5805 Baljaga (Баляга)
5811 Kuli (Кули)
5818 Tarbagataj (Тарбагатай)
Kurz hinter Tarbagataj folgt die Strecke für die nächsten 200 Kilometer dem Flußlauf des Chilok. Bis hinter Zagarino fährt man landschaftlich reizvoll größtenteils in Sichtweite zu diesem südlich der Bahn liegenden Nebenfluß der Selenga.
5828 Novopavlovka (Новопавловка)
5836 Chochotuj (Хохотуй)
5883 Bada (Бада)
Hier befindet sich nördlich der Bahnstrecke ein großer Flughafen, auf dem man neben einem MIG-Monument auch einige Flugzeuge auf der Landebahn sehen kann.
5897 Charčetoj (Харчетой)
5907 Žipchegen (Жипхеген)
5934 Chilok (Хилок)
GPS: 51°21'48''N/110°27'21''O.
Am gleichnamigen Fluß entstand die Siedlung 1896 an der Bahnstrecke. Heute leben in der in den Ausläufen des Jablonovyj-Gebirges liegenden Stadt ca. 14 000 Menschen.
5951 Gyršelun (Гыршелун)
5971 Chušenga (Хушенга)
5993 Charagun (Харагун)
6013 Tajdut (Тайдут)

6033   Zagarino (Загарино)

6041   Uletka (Улетка)

6053   Mogzon (Могзон)

Mogzon entstand 1895 mit dem Bau der Transsib und ist bis heute ein wichtiger Eisenbahnknotenpunkt mit einem großen Lokdepot, wo auch in der Regel ein Lokwechsel erfolgt. Es gibt ein kleines Eisenbahn-Museum.

6075   Gongota (Гонгота)

6096   Sochondo (Сохондо)

Diese Bahnstation ist nach dem mit 2510 Metern höchsten Berg des die Wasserscheide zwischen Eismeer und Pazifik bildenden Jablonovyj-Gebirges benannt, durch das die Strecke hier führt.

6106   Turgutuj (Тургутуй)

Unmittelbar vor dem Bahnhof Turgutuj erklimmt die Bahnstrecke mit 1031 Metern über dem Meeresspiegel den höchsten Punkt auf der gesamten Transsib-Linie zwischen Moskau und Vladivostok. Etwa einen Kilometer hinter dem Bahnhof passiert die Strecke in einer Kurve ein Felsmassiv. Hier befand sich ursprünglich der von alten Ansichten bekannte kurze Tunnel, dessen beiden Einfahrten die Aufschriften ›Zum Stillen Ozean‹ und ›Zum Atlantischen Ozean‹ schmückten. Damals war die Strecke jedoch einspurig. Der Tunnel wurde beim zweigleisigen Ausbau gesprengt.

6119   Jablonovaja (Яблоновая)

6134   Kuka (Кука)

6139   Lesnaja (Лесная)

6156   Ingoda (Ингода)

Die Station ist nach dem gleichnamigen Fluß benannt, der nach 708 Kilometern zunächst mit dem Onon zusammen als Šilka weiter in den Amur fließt. Von Ingoda bis Kuenga fließt er auf den nächsten 380 Kilometern größtenteils in Sichtweite und über lange Abschnitte auch unmittelbar südlich neben der Bahnstrecke. Nach der Fahrt am Ufer des Baikalsees der wohl schönste Streckenabschnitt der Transsib.

6163   Domna (Домна)

6173   Černovskaja (Черновская)

6184   Kadala (Кадала)

6195   Čita I (Чита-1)

6198   Čita II (Чита-2) S. 204

6204   Antipicha (Антипиха)

6207   Pesčanka (Песчанка)

6214   Atamanovka (Атамановка)

6231   Kručina (Кручина)

6240   Novaja (Новая)

Express bei Kilometer 6116

6254   Makkaveevo (Маккавеево)

6264   Darasun (Дарасун)

6274   Turinskaja (Туринская)

6287   Kadachta (Кадахта)

6295   Karymskaja (Карымская)

GPS: 51°37′31′′N/114°20′39′′O.

Die Siedlungsgeschichte des Ortes reicht bis in das Jahr 1878 zurück, doch nach einer großen Überschwemmung im Jahre 1897 verlagerte sich das Siedlungszentrum vom Ufer der Ingoda zur im Bau befindlichen Bahnstrecke. Bis heute bestimmt die Eisenbahn den Takt des ca. 10 000 Einwohner zählenden Ortes.

6307   Tarskaja (Тарская)

Hinter dem Bahnhof beginnt die Abzweigung der Strecke durch die Man-

Routenplan der Transsib

dschurei, die zunächst bis zur Fertigstellung des Amur-Abschnittes über die ostchinesische Bahn nach Vladivostok führte und heute die direkte Verbindung zwischen Rußland und China bildet. An der Richtung Zabajkal'sk führenden Brücke über die Ingoda steht noch das Gebäude des alten Bahnhofs ›Kitajskij Razjezd‹. Der letzte Umsteigebahnhof ist Karymskaja.

6319 Kajdalovo (Кайдалово)
6323 Nacygun (Нацигун)
6337 Urul'ga (Урульга)
6363 Savinskaja (Савинская)
6376 Zubarevo (Зубарево)
6394 Razmachnino (Размахнино)
6407 Solncevaja (Солнцевая)
6418 Onon (Онон)
6420 Südlich der Bahnstrecke fließen die beiden Flüsse Ingoda und Onon zusammen. Ab nun trägt der Strom den Namen Šilka.
6429 Kazanovo (Казаново)
6443 Šilka-Tovarnaja (Шилка-Товарная)

6445 Šilka (Шилка)
GPS: 51°51′35″N/116°2′46″O.
Der Ort Šilka entstand 1897 mit dem Eisenbahnbau. Am heutigen Güterbahnhof Šilka-Tovarnaja sieht man noch vergleichsweise kompakt und gut erhalten die standardisierte Holzhausarchitektur aus der Zeit des Transsib-Baus – den alten Bahnhof, umgeben von etwa einem Dutzend Holzhäusern, die aber heute alle umgebaut als Wohnhäuser genutzt werden. Neben dem alten Bahnhof sticht auch die aus Holz erbaute Peter-und-Pauls-Kirche ins Auge. Um 1910 fand man Heilquellen in der Umgebung, so daß Šilka und sein Nachbarort Šivanda (auf burjatisch wörtlich: göttliches Getränk) damals zu populären Kurorten wurden. Heute ist davon jedoch wenig

zu spüren, obwohl das Mineralwasser nach wie vor gewonnen und geschätzt wird. Šilka besitzt seit 1951 das Stadtrecht. In diese Zeit fällt auch die Ausdehnung des Ortes Richtung Osten und der Neubau des heutigen Bahnhofs. Heute hat die Stadt ca. 16 000 Einwohner.

6451 Mirsanovo (Мирсаново)
6459 Cholbon (Холбон)
6469 Aprelkovo (Апрелково)
6475 Bišigino (Бишигино)
6490 Priiskovaja (Приисковая)
Etwa sieben Kilometer von dieser Station entfernt liegt die alte und bekannte Stadt Nerčinsk mit heute etwa 17 000 Einwohnern. 1653 von Kosaken am Fluß Nerča gegründet, erlangte der Ort bald zu großer Bekanntheit. Im Jahr 1689 wurde hier der erste Grenzvertrag zwischen Rußland und China abgeschlossen. Bereits 1696 erhielt Nerčinsk das Stadtrecht. In der Umgebung wurden Salz und später Silber, Gold und Edelsteine gefördert. Diese Gruben (Priiski) gaben dann später der Bahnstation den Namen. Die meisten Minen und Gruben gehörten dem Zaren und ließen den Ort im 19. Jahrhundert zum bedeutendsten und verrufendsten Zentrum der zaristischen Arbeitslager (Katorga) werden. Nerčinsk erlangte auch als Verbannungsort vieler Dekabristen ein traurige Berühmtheit. Daneben brachten es aber auch ortsansässige Kaufleute zu immensem Reichtum, wovon bis heute einige Architekturdenkmäler im Stadtbild, wie z.B. die alten Handelsreihen zeugen. Der bekannteste Unternehmer der Stadt war Michail Butin (1836–1907). Er errichtete sich einen für die örtlichen Gegebenheiten ebenso gewaltigen wie exotischen Palast im mauretanischen Stil und trat auch als Mäzen hervor, der das Gros seines Vermögens der Stadt vermachte. Leider

verfiel das Schloß nach der Revolution mit Ausnahme des Eckflügels. Dieser beherbergt das Heimatkundemuseum, das einen Besuch lohnt (ul. Sovetskaja, Tel. 302 42/445 15).

6502　Verchnie Ključi (Верхние
　　　　Ключи)
6515　Bjankino (Бянкино)
6526　Kuėnga (Куэнга)
GPS: 52°4'6''N/116°3'2''O.
Hier verläßt die Transsib-Strecke das Tal der Šilka. Dem Fluß folgt die der alten Strecke folgende Abzweigung zum 58 Kilometer entfernten Sretensk (S. 212).

6539　Šapka (Шапка)
6557　Šev'ja (Шевья)
6564　Ukurej (Укурей)
6576　Gaur (Гаур)
6579　Kunduj (Кундуй)
**6593　Černyševsk-Zabajkal'skij
　　　　(Чернышевск-
　　　　Забайкальский)**
GPS: 52°30'51''N/117°0'58''O.

Streckenarbeiter

Die Ortsbezeichnung erinnert an den vor allem durch sein Buch ›Was tun?‹ bekannten, liberalen russischen Aufklärer Nikolaj Černyševskij (1828–1889), der hier sieben Jahre in der Zwangsarbeit verbrachte. Von 1935 bis 1957 hieß der Ort allerdings nach einem Sowjetführer Kaganovič. Bemerkenswert ist die große Autoverladestelle am Bahnhof, denn hier endete bis vor kurzem im Prinzip, außer für Hartgesottene, die Fernverkehrsstraße gen Osten. Die Trasse erreicht hier auf den nächsten 600 Kilometern die südliche Grenze des Dauerfrostbodens, und das russische Sprichwort, daß es im Lande keine Straßen, sondern bestenfalls Richtungen gibt, erlangte nochmal eine neue Qualität. Gezwungenermaßen fuhr man also von Černyševsk-Zabajkal'skij bis Skovorodino bei Kilometer 7306 mit dem Autozug. Im Rahmen des Ausbaus der durchgängigen Autostraße in den Fernen Osten wurde 2006 dieser Abschnitt zumindest als Schotterpiste fertiggestellt. Die Fahrt ist aber noch sehr abenteuerlich, wie die nachfolgende Beschreibung von Frank Winkler aus Chemnitz aus dem Juli 2007 (www.de-russ.de) zeigt: ›Der Zustand der Straße überstieg unsere schlimmsten Erwartungen, weil das, was wir befuhren, nichts mehr mit einer Straße zu tun hatte. Eine Baustelle von 100 km (!) Länge verlangte von jedem Fahrer einiges Können. Bis zu 50 cm große Tief-Schlaglöcher, Pfützen groß wie kleine Seen, 30 cm tiefer Schlamm, Schotterbrocken mit bis zu 30 cm Größe und immer wieder schlecht oder nicht ausgeschilderte Umleitungen entlang der Trasse ließen die Durchschnittsgeschwindigkeit auf das Niveau eines straffen Wanderschrittes sinken.‹ Also vorläufig wohl keine Alternative zur guten alten Transsib.

6595　Aleur (Алеур)

6606 Ulej (Улей)

6623 Bušulej (Бушулей)

6644 Kavekta (Кавекта)

6651 Arčikoj (Арчикой)

6670 Zilovo (Зилово)

6692 Zudyra (Зудыра)

6703 Ul'jakan (Ульякан)

6719 Urjum (Урюм)

6737 Nanagry (Нанагры)

6765 Sbega (Сбега)

6770 Temnaja (Темная)

6789 Ksen'evskaja (Ксеньевская)

6836 Kislyj Ključ (Кислый Ключ)

6851 Arteuška (Артеушка)

6872 Pen'kovaja (Пеньковая)

6896 Razdol'noe (Раздольное)

6906 Mogoča (Могоча)
GPS: 53°44′20′′N/119°45′55′′O.

Der Landstrich um diesen 1910 mit dem Bahnbau gegründeten Ort bietet entlang der transsibirischen Bahnstrecke die wohl härtesten klimatischen Bedingungen. Strenges Kontinentalklima und Dauerfrostboden lassen das Thermometer im langen Winter auf bis –55°Celsius sinken. Mogoča bedeutet auf evenkisch ›goldenes Tal‹ und bezieht sich auf Goldfunde in der Gegend. Hauptarbeitgeber für die 18 000 Einwohner der Stadt ist aber die Eisenbahn mit ihren Werkstätten.

6930 Taptugary (Таптугары)

6955 Semiozernyj (Семиозерный)

6964 Čador (Чадор)

6995 Germanovskij (Германовский)

7004 Amazar (Амазар)

7014 Krasavka Changli (Красавка-Хангли)

7026 Kolokol'nyj (Колокольный)

7034 Potajka (Потайка)

7044 Čičatka (Чичатка)

7052 Žanna (Жанна)

7075 Die Grenze zwischen den Verwaltungsgebieten Čita und Amur ist die Grenze zwischen Ostsibirien und dem Fernen Osten.

7067 Malye Kovali (Малые Ковали)

7086 Ajači (Аячи)

7094 Tekan (Текан)

7111 Erofej Pavlovič (Ерофей Павлович)

Der Ort entstand 1909 mit dem Bau der Eisenbahn. Hinter dieser etwas ungewöhnlichen Ortsbezeichnung verbergen sich Vor- und Vatersname des russischen Fernosteroberers Erofej Chabarov, dem auch die Stadt Chabarovsk ihren Namen verdankt.

7126 Itašino (Иташино)

7135 Segačama (Сегачама)

7154 Bol'šaja Omutnaja (Большая Омутная)

7174 Uljatka (Улятка)

7182 Chalan (Халан)

7191 Sgibeevo (Сгибеево)

7209 Uruša (Уруша)

7223 Glubokij (Глубокий)

7230 Čitkan (Читкан)

7240 Uljagir (Улягир)

7250 Madalan (Мадалан)

7259 Ol'doj (Ольдой)

7266 Tachtamygda (Тахтамыгда)

7273 Bamovskaja (Бамовская)

Hier besteht eine weitere Abzweigung zur Bajkal-Amur-Magistrale. Der Umsteigebahnhof ist aber Skovorodino.

7287 Imači (Имачи)

7306 Skovorodino (Сковородино)
GPS: 53°59′19′′N/123°56′15′′O.

Als Zmejnyj im Jahre 1908 gegründet, wurde der Ort zunächst 1911 in Ruchlovo umbenannt und bekam 1927 das Stadtrecht. Ihren heutigen Namen erhielt die Stadt 1938 zu Ehren eines 1920 hier ermordeten Rotgardisten namens Alexander Skovorodin. Bemerkenswert ist wiederum die Autoverladestelle sowie östlich des Bahnhofs eine Schnellzugdampflok der Reihe P 36, die bis

1974 in Betrieb war. Skovorodino hat heute etwa 15 000 Einwohner.

7329	Bol'šoj Never (Большой Невер)
7339	Kovali (Ковали)
7346	Ul'ruč'i (Ульручьи)
7355	Kerak (Керак)
7362	Angarič (Ангарич)
7368	Urkan (Уркан)
7379	Džiktanda (Джиктанда)
7400	Taldan (Тальдан)
7419	Burinda (Буринда)
7439	Gudači (Гудачи)
7456	Gonža (Гонжа)
7474	Njukža (Нюкжа)
7494	**Magdagači (Магдагачи)**
7511	Krasnaja Pad' (Красная Падь)
7521	Tymersol' (Тымерсоль)
7528	Daktuj (Дактуй)
7538	Sulus (Сулус)
7559	Tygda (Тыгда)
7573	Gorki (Горки)
7579	Čalgany (Чалганы)
7609	Ušumun (Ушумун)
7626	Sivaki (Сиваки)
7650	Tu (Ту)
7663	Pereselenčeskij (Переселенческий)
7677	Muchinskaja (Мухинская)
7700	Bereja (Берея)
7711	Petruši (Петруши)
7723	**Šimanovsk (Шимановск)**

Der Ort entstand 1910 mit dem Namen Pera und wurde 1920 nach dem ermordeten Bolschewisten Vladimir Šimanovskij benannt. Die heute 26 000 Einwohner zählende Stadt boomte vor allem mit dem Bau der BAM, als hier große Werke der Baustoffindustrie entstanden.

7742	Seletkan (Селеткан)
7754	Djatva (Джатва)
7765	Ledjanaja (Ледяная)
7773	Dom Otdycha (Дом Отдыха)
7777	Buzuli (Бузули)
7790	Juchta (Юхта)

7800	Ust'-Pera (Усть-Пера)
7807	**Svobodnyj (Свободный)**

GPS: 51°23'32''N/128°8'13''O.

Der Ortsname bedeutet ›frei‹, und Svobodnyj trägt ihn seit 1924. Bei seiner Gründung im Jahre 1912 war der Ort am rechten Ufer des Amurnebenflusses Zeja nach dem Zarevič Aleksej Alekseevsk benannt worden. ›Es gab einmal im Fernen

Eine von zahlreichen großen Brücken

Osten eine Stadt mit dem Namen des Zarevič. Die Revolution benannte sie in ›Svobodnyj‹ um. Die Amurkosaken, die die Stadt besiedelt hatten, vertrieb man – die Stadt verkam. Irgendjemanden mußte man dort wieder ansiedeln. Und es kamen die Häftlinge und die sie bewachenden Čekisten. Die ganze Stadt Svobodnyj wurde ein Straflager (BAMLag). So gestaltet das wahre Leben die Symbole‹. So beschrieb Aleksandr Solženicyn die Stadt. Bis zum Ende der 20er Jahre befand sich hier die Verwaltung der Amur-Bahn. Heute leben 81 000 Menschen in der Stadt. Es gibt ein Heimatmuseum und eine kleine Pioniereisenbahn. Das umliegende Tiefland ist mit seiner ausgeprägten Landwirtschaft Rußlands fruchtbarster Landstrich östlich des Baikalsees. Neben Russen leben hier auch viele Ukrainer. Unweit der Stadt befinden sich außerdem Rußlands östlichste Abschußrampen für die während des Kalten Krieges

Routenplan der Transsib

auf die USA gerichteten Interkontinentalraketen. Svobodnyj ist neben Plisseck in der Nähe von Archangel'sk der zweite in Frage kommende Standort für ein neues russisches Kosmodrom.

7812 Michajlo-Česnokovskaja (Михайло-Чесноковская)
7822 Arga (Арга)
7827 Zejskij (Зейский)

Waschräume im Zug

7845 Seryševo (Серышево)
7857 Ukraina (Украина)

7866 Belogorsk (Белогорск)
GPS: 50°55'16''N/128°27'45''O.

Die Industriestadt mit 75 000 Einwohnern wurde 1860 unter dem Namen Aleksandrovskoe gegründet. Im Jahre 1926 erhielt sie das Stadtrecht und 1957 nach mehreren Umbenennungen ihren heutigen Namen. Hier steigt man nach Blagoveščensk, der gut 100 Kilometer entfernten Hauptstadt des Amur-Gebietes, die für ihren kleinen Grenzverkehr mit China berühmt ist, um. Belogorsk ist vor allem durch ein großes Landmaschinenkombinat geprägt.

7880 Itikut (Итикут)
7893 Vozžaevka (Возжаевка)
7905 Tola (Тола)
7915 Pozdeevka (Поздеевка)
7934 Koroli (Короли)
7943 Ekatarinoslavka (Екатеринославка)
7963 Troebratka (Троебратка)
7974 Tur (Тур)
7985 Zavitinsk (Завитинск)
Zavitinsk mit seinen 22 000 Einwohnern gilt als Rußlands Zentrum des Soja-Anbaus.
7996 Deja (Дея)
8007 Tjukan (Тюкан)
8030 Bureja (Бурея)
8040 Kulusutaj (Кулусутай)
8060 Uletuj (Улетуй)
8069 Žuravli (Журавли)
8080 Archara (Архара)
Hier findet der Lokwechsel zwischen den Eisenbahnverwaltungen Transbaikal und Ussuri statt.
8085 Kar'ernyj (Карьерный)
8091 Tatakan (Татакан)
8101 Bogučan (Богучан)
8110 Rači (Рачи)
8120 Uril (Урил)
8128 Otrogi (Отроги)
8137 Tarmančukan (Тарманчукан)
8146 Kasatkin (Касаткин)
8154 Kundur-Chabarovskij (Кундур-Хабаровский)
8164 Kazačij (Казачий)
8174 Esaulovka (Есауловка)
8184 Jadrin (Ядрин)

Moskauer Zeit + 7 h

8198 Obluč'e (Облучье)

Die 1909 gegründete Stadt mit ihren 12 000 Einwohnern befindet sich im Jüdischen Autonomen Gebiet. Interessant ist der Tunnel kurz hinter dem Ort. Er ist der erste Eisenbahntunnel der Welt, der unter den Bedingungen des Permafrostes gebaut wurde. Weitere folgten später beim Bau der BAM.

8207	Udarnyj (Ударный)
8215	Lagar-Aul (Лагар-Аул)
8220	Vorob'evo (Воробьево)
8231	Kimkan (Кимкан)
8242	Izvestkovaja (Известковая)
8256	Birakan (Биракан)
8266	Teploe Ozero (Теплое Озеро)
8269	Izvestkovyj Zavod (Известковый Завод)
8276	Londoko (Лондоко)
8283	Kandalik (Кандалик)
8289	Budukan (Будукан)
8298	Bobrovskij (Бобровский)
8306	Bira (Бира)

Der Fluß Bira, der hier knapp 100 Kilometer südlich neben der Bahnstrecke fließt gab diesem Ort und zum Teil auch Birobidžan seinen Namen.

8316	Semistočnyj (Семисточный)
8328	Trek (Трек)
8339	Kirga (Кирга)
8351	**Birobidžan (Биробиджан) S. 213**
8366	Ikura (Икура)
8378	Usov Balagan (Усов Балаган)
8393	Aur (Аур)
8408	Ol' (Оль)
8422	In/Smidovič (Ин/Смидович)
8435	Urmi (Урми)
8449	Ol'gochta (Ольгохта)
8461	Lumku-Korani (Лумку-Корани)
8474	Voločaevka (Волочаевка)
8485	Dežnevka (Дежневка)
8496	Nikolaevka (Николаевка)
8506	Priamurskaja (Приамурская)
8515	Brücke über den Amur

Die ursprüngliche, 2600 Meter lange Brücke über den Amur wurde 1916 als letztes Teilstück der Transsibirischen Eisenbahn mit rein russischer Streckenführung eröffnet und war die längste Brücke Rußlands. Im Bürgerkrieg wurde die Brücke zerstört. Bis zum Wiederaufbau wurden die Gleise über das Eis verlegt und zu Beginn der Jahre 1922 und 1923 fuhren hier bei schärfsten Frost ganzen Züge über das Eis. Aus militärstrategischen Überlegungen wurde Ende der 1930er Jahre neben der Brücke noch ein Tunnel unter dem Amur gebaut. Heute verkehren alle Züge von West nach Ost über die Brücke, während die Züge von Ost nach West teils durch den Tunnel teils über die Brücke fahren. Ende 1999 wurde eine neue kombinierte Eisenbahn- und Straßenbrücke dem Verkehr übergeben, die wiederum die längste Brücke Rußlands ist. Die alte Brücke wurde demontiert, nur ein Brückenbogen wurde zur Erinnerung am Ostufer versetzt stehen gelassen.

8518	Severnaja (Северная)
8521	Chabarovsk I (Хабаровск-1)
8532	**Chabarovsk II (Хабаровск-2) S. 217**
8542	Krasnaja Rečka (Красная Речка)
8551	Chechcirskij (Хехцирский)
8561	Korfovskaja (Корфовская)
8568	Čirki (Чирки)
8575	Kruglikovo (Кругликово)
8583	Zoevka (Зоевка)
8595	Verino/Perejaslavka (Верино/Переяславка)
8593	Kija (Кия)
8603	Brücke über den Fluß Kija
8605	Chor (Хор)
8615	Askan (Аскан)
8618	Dormidontovka (Дормидонтовка)
8623	Dubok (Дубок)

8633 Krasickij (Красицкий)
8651 Vjazemskaja (Вяземская)
8661 Avan (Аван)
8673 Kotikovo (Котиково)
8681 Gedike (Гедике)
8688 Ščebenčicha (Щебенчиха)
8697 Kamenuška (Каменушка)
8703 Snarskij (Снарский)
8714 Rozengartovka (Розенгартов-ка)
8736 Bojcovo (Бойцово)
8746 Perelesok (Перелесок)
8756 Bikin (Бикин)
8769 Zven'evoj/Lesopil'noe (Звеньевой/Лесопильное)
8782 Alčan (Алчан)
8792 Burlit-Voločaevskij (Бурлит-Волочаевский)
8803 Lučegorsk (Лучегорск)
8813 Lastočka (Ласточка)
8821 Bujnevič (Буйневич)
8825 Ljunino (Люнино)
8839 Guberovo (Губерово)
8850 Čaldanka (Чалданка)
8861 Ėbergard (Эбергард)
8868 Sokolicha (Соколиха)
8874 Dal'nerečensk (Дельне-реченск)

In der 1895 von Kosaken gegründeten Siedlung bestimmen heute Rußlands Grenztruppen den Rhythmus der Stadt und stellen auch das Gros der 34 000 Einwohner. Die Fernöstliche Verwaltung der Grenztruppen hat hier ihren Sitz. Neben einem Museum gibt es ein Denkmal für die Opfer des sowjetisch-chinesischen Grenzkonfliktes im Jahre 1969.

8884 Murav'evo-Amurskaja/ehem. Lazo (Муравьево-Амурская/Лазо)
8891 Gruševoe (Грушевое)
8914 Prochasko (Прохаско)
8921 Filaretovka (Филаретовка)
8931 Ružino (Ружино)
8938 Lesozavodsk (Лесозаводск)
8954 Kabarga (Кабарга)
8975 Šmakovka (Шмаковка)
8985 Belaja Rečka (Белая Речка)
8994 Kraevskij (Краевский)
9002 Sungač (Сунгач)
9014 Svijagino (Свиягино)
9025 Drozdov (Дроздов)
9036 Adarka (Адарка)
9048 Spassk-Dal'nij (Спасск-Дальний)

Der 1886 gegründete Ort erhielt 1911 das Stadtrecht und hat heute 61 000 Einwohner. Die Stadt ist als Zentrum der Zementindustrie berühmt und berüchtigt. Aleksandr Solženicyn war hierher deportiert worden und verarbeitete seine Erfahrungen in seiner ersten Erzählung ›Ein Tag im Leben des Ivan Denisovič‹.

9056 Staryj Ključ (Старый Ключ)
9067 Knorring (Кнорринг)
9078 Tichovodnoe (Тиховодное)
9090 Mučnaja (Мучная)
9101 Chalkidon (Халкидон)
9109 Sibircevo (Сибирцево)
9118 Orechovo-Primorskoe (Орехо-во-Приморское)
9131 Ippolitovka (Ипполитовка)
9141 Ozernaja Pad' (Озерная Падь)
9148 Novošachtinskaja (Новошах-тинская)
9151 Nekruglyj (Некруглый)
9158 Dubininskij (Дубинский)
9169 Limičovka (Лимичевка)
9177 Ussurijsk (Уссурийск)
GPS: 43°48'16''N/131°58'39''O.

In Ussurijsk vereinigt sich die heute aus dem chinesischen Harbin kommende historische Strecke der transmandschurischen bzw. ostchinesischen Eisenbahn mit der klassischen, vollständig russischen Transsibroute.

Ussurijsk wurde 1866 von ungefähr

300 Siedlern aus Südrußland zu Ehren des Zaren als Nikol'sk gegründet. Während der Sowjetzeit hieß die Stadt Vorošilov. Heute leben 162 000 Einwohner hier. Etwa 50 Kilometer südwestlich befindet sich das Ussurische Naturschutzgebiet, das vor allem für seine große Ginseng-Plantage bekannt ist. Auf dem Bahnhof steht eine alte amerikanische Güterzuglok der Reihe JE. Sie erinnert an eine Tragödie im Jahr 1920, als im Bürgerkrieg zwischen Roten und Weißen der von den Japanern gefangene Revolutionsführer Sergej Lazo mit zwei Gefährten im Heizkessel dieser Lok lebendigen Leibes verbrannten.

Es gibt täglich einen Zug nach Harbin, der aus Kurswagen der Züge aus Chabarovsk und Vladivostok zusammengestellt wird.

9190 Banevurovo (Баневурово)

Hier zweigt die Strecke in Richtung Korea ab, die möglicherweise künftig insbesondere für den Güterverkehr deutlich an Bedeutung zunehmen wird. Hier entlang rollen die in Ussurijsk umgekoppelten Kurswagen in Richtung Pyongyang. Auf russischem Territorium fährt der Zug noch 237 Kilometer bis zur Grenzstation Chasan. Von der 3 Kilometer entfernten koreanischen Grenzstation Tumangang sind es dann noch 862 Kilometer bis zur Hauptstadt Nordkoreas.

9199 Baranovskij (Барановский)

9215 Razdol'noe (Раздольное)

9226 Kiparisovo (Кипарисово)

9235 Sirenevka (Сиреневка)

9243 Nadeždinskaja (Надеждинская)

9248 Sovchoznaja (Совхозная)

9251 Amurskij Zaliv (Амурский Залив)

Hier beginnt die Abzweigung zum 175 Kilometer entfernten Nachodka, der nach Vladivostok wirtschaftlich be-

deutendsten Stadt der Region Primor'e. Dort befindet sich der größte Hafen des russischen Fernen Ostens, der sich über 30 Kilometer entlang der Pazifikküste erstreckt. Nachodka hat 188 000 Einwohner.

9255 Ugol'naja/Trudovoe (Угольная/Трудовое)

9259 Vesennjaja (Весенняя)

9261 Sadgorod (Садгород)

9263 Sputnik (Спутник)

9266 Okeanskaja (Океанская)

9269 Sanatornaja (Санаторная)

9270 Sedanka (Седанка)

9275 Čajka (Чайка)

9276 Pionerskaja (Пионерская)

Transsib-Obelisk auf dem Bahnhof in Vladivostok

9279 Vtoraja Rečka (Вторая Речка)

9280 Morgorodok (Моргородок)

9284 Pervaja Rečka (Первая Речка)

In der ursprünglichen Planung war der Endpunkt der Bahn hier vorgesehen, so daß die berühmte Schubkarre durch den Zarevič in der Umgebung dieses Bahnhofs ausgeschüttet wurde.

9288 Vladivostok (Владивосток) S. 224

Der Ausgangs- oder Endpunkt der Reise ist die Hauptstadt des Gebietes Primor'e

Routenplan der Transsib

Im sibirischen Luxuszuge

Es gibt so viel zu sehen und zu hören, dass man sich wundert, wie schnell aus Morgen und Abend wieder ein Tag geworden ist. Vor allem ist es mit dem Mangel an Bewegung gar nicht so arg, wie wir ursprünglich fürchteten. Auf der Strecke von Moskau nach Irkutsk macht der Zug nach dem Fahrplan, den wir in unserem Coupé vorfanden, neunundneunzig, während der Fahrt von Irkutsk nach Dalny sechsundsiebzig, in Wirklichkeit aber noch mehr Stationen. Wir kommen also im Ganzen innerhalb der vierzehn Tage zu über hundertfünfundsiebzig Ruhepunkten.

Die Dauer des Aufenthalts ist sehr verschieden, aber fast nirgends weniger als fünf Minuten, in vielen Fällen das Fünf-, in einzelnen das Zehnfache und darüber. In Tula, Ufa und Berdausch hält der Zug je zwanzig Minuten. In Tscheljabinsk, wo die sibirische Bahn beginnt und wir uns anschicken, Europa zu verlassen, bleibt er fünfzig, in Kurgan zwanzig, in Petropawlowsk fünfundzwanzig Minuten liegen. Ungefähr denselben Aufenthalt bringen Omsk, Kainsk, Ob und Taiga, wo die Eisenbahn sich nach Tomsk abzweigt. Hieran schließen sich Bogotoll mit zwanzig, Krasnojarsk mit dreißig, Ilanskaja wieder mit zwanzig, Tulun mit fünfundzwanzig, Sima mit vierzig Minuten und Irkutsk mit einer ganzen Stunde. (...)

Für die ganze Strecke bleiben mithin einige vierzig Stunden übrig, während deren der Zug stillsteht. Rechnet man, dass ein Drittel dieser Zeit in die Nachtruhe der Passagiere fällt, so haben sie für den Tag durchschnittlich etwa zwei Stunden übrig, und innerhalb eines größeren oder geringeren Umkreises der Stationsgebäude Spaziergänge zu machen und sich die Glieder elastisch zu erhalten. Das ist im Grunde mehr, als sich die meisten Stadtmenschen, die mit ihren Berufspflichten und -sorgen belastet sind, täglich an Körperbewegung gönnen.

Dabei braucht man beim sibirischen Zuge nicht ängstlich schon beim zweiten Glockenzeichen einzusteigen, sondern kann ruhig auf das dritte warten und dann irgendeinen Handgriff an den Treppen der Durchgangswagen ergreifen, ohne Gefahr zu laufen, dass man zurückbleibt.

Freilich darf man sich durch diese Gemächlichkeit und Gemütlichkeit zu keinerlei gefährlichen Scherzen verleiten lassen, wie sie ein paar von unseren Reisegefährten in jugendlichem Übermut versuchten. So sprangen sie einmal, während der Zug sich bereits in Bewegung gesetzt hatte, vom Trittbrett wieder herunter, liefen einige zwanzig Schritte nebenher und schwangen sich dann wieder hinauf. Ein anderer kletterte sogar auf einer Station, wo die Lokomotive Wasser nahm, auf einen Wagen hinauf, stellte sich mitten unter die Arbeiter, welche die von der Sonne erhitzten Dächer besprengten und hielt eine begeisterte Ansprache an die Reisegesellschaft. (...)

Was die Sicherheit auf der sibirischen Bahn betrifft, so wird darüber von Einzelnen je nach den Erfahrungen, die sie gemacht haben, sehr verschieden geurteilt. Die meisten empfehlen für alle Fälle einen Revolver mitzunehmen und ihn entweder in der Rocktasche zu tragen oder auf dem Tisch im Coupé liegen zu lassen, damit man ihn bei vorkommenden Fällen sofort zur Hand hat. Die Ehrlichkeit des Zugpersonals dürfte kaum zu bezweifeln sein, da diese Leute verhältnismäßig gut bezahlt werden und schon bei geringen Versehen ihre Stelle verlieren. Auf den

Stationen schleichen sich allerdings oft Elemente, die nur mit Mühe zurückgedrängt werden, an die Coupés heran, und es empfiehlt sich, sie durch den Kondukteur immer sofort schließen zu lassen, auch wenn man den Zug nur einige Minuten lang verlässt. (...)

Natürlich sind die Coupés auch von innen zu verschließen. Bei dem neuen Luxuszug, der seit diesem Sommer durch die Mandschurei fährt, kommt hierzu noch eine Sicherheitskette, die der Passagier anwendet, wenn er haben will, dass in den heißen Nächten ein frischer Luftstrom hindurchzieht, ohne dass die Tür von draußen geöffnet werden kann. Im russischen Verkehrsministerium werden beständig neue Vorschläge erwogen, wie weit man Diebstähle, die trotzdem vorkommen sollen, verhindern kann. Tatsache ist aber, dass von unseren Mitreisenden niemand in die Lage gekommen ist, seinen Revolver anzuwenden. Bei unserer Fahrt durch die Mandschurei erhielten wir jeden Abend eine Bedeckung von sieben Kosaken mit geladenem Gewehr, von denen sechs im Gepäckwagen untergebracht waren, während der siebente im letzten Wagen stand und nach beiden Seiten aufmerksam ausblickte. Es war anzunehmen, dass man eine plötzliche Zusammenrottung von Chinesen befürchtete, durch die dem Zug hätte Gefahr drohen können. Vielleicht handelte es sich aber auch um einen Geldtransport, den man für alle Fälle schützen wollte.

Jedenfalls war bei der Rückfahrt auf dieser Strecke von einer solchen Vorsichtsmaßregel nichts zu merken. Der Gendarm, der auf einzelnen Strecken den Zug begleitet, hat mit dem Dienst auf ihm nichts zu tun, sondern begibt sich nur zur Erledigung einer eiligen Amtssache nach den entsprechenden Stationen.

Der erwähnte Eisenbahnzug durch die Mandschurei, der zweimal in der Woche von Myssowaja nach Dalny und umgekehrt abgelassen wird, war erst vor wenigen Wochen in Gebrauch gestellt und übertraf in der Vortrefflichkeit des Materials und der Gediegenheit der technischen Ausführungen sogar den Zug der internationalen Schlafwagengesellschaft. Während diese ihre Waggons in einer französischen Fabrik, in St. Denis, erbauen lässt, sind jene ausschließlich russisches Erzeugnis und den Bedürfnissen in den ostasiatischen Provinzen genau angepasst. Auf den Wagen finden wir die Aufschrift »Chinesische Ost-Eisenbahn«, in russischer und chinesischer Schrift. Sie bestehen nicht aus gewöhnlichen eisernen, sondern aus gepanzerten Platten, die den Fahrgästen eine größere Sicherheit gewähren. Diese Panzerwände lassen sich im Fall eines Eisenbahnunglücks nicht so leicht wie die sonst angewendeten zusammenquetschen und gewähren vor allem bei einem Überfall oder gar im Kriegsfall zuverlässigen Schutz. Eine Gewehrkugel würde sie nicht durchbohren können. Außerdem sind die Fenster etwas kleiner, und zwar so angebracht, dass man hinausblicken kann, ohne selbst gesehen zu werden. Auch die Verteilung der Achsen ist eine andere, denn zwei von ihnen liegen vorn, zwei hinten, während die Mitte unter dem Wagen frei bleibt. Man kann ihn daher bequem als Deckung benutzen, sich unter ihm verstecken, hindurchkriechen und den Feind überraschen und beschießen.

Aus: Eugen Zabel, Transsibirien. Mit der Bahn durch Russland und China 1903, Erdmann Verlag 2003.

Die historische Strecke über Čeljabinsk

Nachdem im vorhergehenden Kapitel der Routenplan der Hauptstrecke der Transsibirischen Eisenbahn von Moskau nach Vladivostok vorgestellt wurde, möchten wir hier noch kurz einige andere Strek-

Europa-Asien-Express im Winter

kenführungen der Transsib vorstellen. Die Kilometerangaben basieren hier auf der Tarifmessung für die jeweiligen Strecken und sind nicht mit den Kilometerangaben entlang der Strecke identisch.

Der westliche Ausgangsort des Transsib-Baus war bekanntlich das im Südural gelegene Čeljabinsk, von wo aus die Strecke in Richtung Omsk gebaut wurde und kurz vor der Überquerung des Irtyš mit der heutigen Hauptroute zusammenläuft. In den ersten Jahren der Transsibirischen Eisenbahn erfolgte die Anbindung des Ausgangspunktes Čeljabinsk in das bestehende Eisenbahnnetz im europäischen Teil Rußlands über Penza, Samara und Ufa nach Čeljabinsk. Der Streckenabschnitt zwischen Penza, Samara und Čeljabinsk verknüpft heute mit direkten Zugverbindungen wie beispielsweise Novosibirsk–Volgograd (Nr. 81), Irkutsk–Soči (Nr. 141) oder Vladivostok–Charkov (Nr. 53) Sibirien mit Südrußland, der Schwarzmeerküste und der Ukraine. Ein Teilstück der Strecke zwischen Čeljabinsk und Omsk liegt aber heute bei Petropavlovsk in Kasachstan. Grenzkontrollen sollen im Zug zwar nur sporadisch vorkommen, man braucht aber als Ausländer ein kasachisches Transitvisum. Von Moskau verkehrt auf diesem Teilstück nur der Zug Nr. 220 nach Karaganda (Kazachstan).

Moskau–Čeljabinsk–Omsk

Km	Bahnhof
0	**Moskva (Москва), Jaroslavler Bahnhof S.100**
20	Ljubercy (Люберцы)
89	Voskresensk (Воскресенск)
117	**Kolomna (Коломна)**
136	Luchovicy (Луховицы)
	Podlipki (Подлипки)
152	Fruktovaja (Фруктовая)
	Al'pat'evo (Альпатьево)
169	Divovo (Дивово)
180	Rybnoe (Рыбное)
	Rjazan' I (Рязань-1)
197	**Rjazan' II (Рязань-2)**

Rjazan' wurde vor allem durch die Erzählungen des russischen Satirikers Michail Saltykov-Ščedrin bekannt, der hier mehrere Jahre Gouverneur war. Die Stadt ist stolz auf ihre reichen Handwerkstraditionen und zählt heute als Hauptstadt des gleichnamigen Gebietes 530 000 Einwohner.

	Stenkino (Стенкино)
	Denežnikovo (Денежниково)
245	Starožilovo (Старожилово)
	Chruščovo (Хрущево)

268	Čemodanovka (Чемодановка)
276	Birkino (Биркино)
	Korablino (Кораблино)

312   Rjažsk (Ряжск)

Die heute 27 000 Einwohner zählende Kleinstadt wurde bereits 1502 gegründet und ist ein wichtiger Eisenbahnknotenpunkt. Zur Zeit der Inbetriebnahme der Großen Sibirischen Bahn fuhren die Züge von Moskau noch über Tula und stießen hier auf die heutige Trasse.

	Egoldaevo (Еголдаево)
335	Kenzino (Кензино)
346	Sucharevo (Сухарево)
356	Želobovo (Желобово)
	Maljutino (Малютино)
377	Verda (Верда)
	Remizovo (Ремизово)
395	Muravljanka (Муравлянка)
	Jagodnoe (Ягодное)
416	Chludovo (Хлудово)
425	Rakša (Ракша)
433	Bazevo (Базево)

441   Moršansk (Моршанск)

	Koršunovka (Коршуновка)
	Kašma (Кашма)
462	Vjažli (Вяжли)
471	Fitingof (Фитингоф)
	Daškovo (Дашково)

491   Vernadovka (Вернадовка)

	Pominaevka (Поминаевка)
514	Sosedka (Соседка)
524	Chutor (Хутор)
532	Kandievka (Кандиевка)
540	Bašmakovo (Башмаково)
	Glebovka (Глебовка)
	Pjatnickoe (Пятницкое)

566   Pačelma (Пачелма)

	Tolkovka (Толковка)
580	Vygljadovka (Выглядовка)
	Vodenjapino (Воденяпино)
593	Titovo (Титово)
599	Varežka (Варежка)
	Adikaevka (Адикаевка)
	Kevda (Кевда)

623   Belinskaja (Белинская)

633	Lermontovskij (Лермонтовский)
643	Studenec (Студенец)
	Pančulidzievka (Панчулидзиевка)
664	Simanščina (Симанщина)
	Poslovka (Пословка)
685	Ramzaj (Рамзай)
	Pjaša (Пяша)
	Arbekovo (Арбеково)

709   Penza (Пенза)

GPS: 53°12'14''N/45°0'43''O.

Penza wurde 1663 als Grenzbefestigung des Russischen Reiches gegründet und kann heute auch auf umfangreiche kulturelle Traditionen verweisen. So verlebte der Dichter Michail Lermontov in der Umgebung seine Kindheit. In der 550 000 Einwohner zählenden Gebietshauptstadt gibt es zwei Theater und mehrere Museen.

	Seliksa (Селикса)
	Leonidovka (Леонидовка)
	Šnaevo (Шнаево)
	Kanaevka (Канаевка)
	Aseevskaja (Асеевская)
782	Čaadaevka (Чаадаевка)
795	Kodada (Кодада)
	Eljuzan' (Елюзань)
804	Sjuzsjum (Сюзюм)

830   Kuzneck (Кузнецк)

	Evlaševo (Евлашево)

Moskauer Zeit + 1 h

862	Nikulino (Никулино)
	Ključiki (Ключики)
888	Praskov'ino (Прасковьино)
898	Kanadej (Канадей)
	Novospasskoe (Новоспасское)
	Koptevka (Коптевка)
938	Rep'evka (Репьевка)
953	Novoobrascovoe (Новообразцовое)

962   Syzran' (Сызрань)
GPS: 53°10'12''N/48°28'53''O.

Die Stadt bekam ihren Namen vom gleichnamigen Fluß, der hier in die Volga fließt. Als Festung am Hochufer im Jahr 1683 gegründet leben heute 175 000 Menschen in der Stadt. Die 15 Kilometer entfernte eindrucksvolle Brücke über die Volga war bei ihrer Einweihung 1880 die längste Brücke Europas.

 Oktjabr'sk (Октябрьск)
 Pravaja Volga (Правая Волга)
994   Obšarovka (Обшаровка)
 Myl'naja (Мыльная)
1027 Majtuga (Майтуга)
 Bezenčuk (Безенчук)
 Zvezda (Звезда)
1055 Čapaevsk (Чапаевск)

Die Ortschaft entstand 1908 und wurde 1929 zu Ehren des legendären roten Bürgerkriegshelden Vasilij Čapaev umbenannt. Dieser war beim Schwimmen in der Volga ertrunken. Er ist heute gemeinsam mit seinem Adjutanten Petja nach wie vor als Held vieler Witze außerordentlich populär. Die Stadt hat 95 000 Einwohner.

1060 Tomylovo (Томылово)
 Žiguli (Жигули)
 Novokujbyševskaja (Новокуйбышевская)
 Liljagi (Лиляги)
 Krjaž (Кряж)
1098 Samara (Самара)
GPS: 53°11'9''N/50°7'16''O.

Die Hauptstadt des gleichnamigen Gebietes zieht sich über 30 Kilometer am Ufer der Volga entlang. 1586 als Festung am Flußufer gegründet, leben heute 1,2 Millionen Einwohner in der lebendigen Stadt. Samara ist eine alte Handels- und moderne Industriestadt. Das architektonisch vor allem im 18. jahrhundert geprägte Stadtbild ist an-

sprechend und bietet viele Sehenswürdigkeiten. Zu sowjetischen Zeiten hieß die Stadt Kujbyšev und war für Ausländer geschlossen. Heute fliegt Lufthansa zweimal wöchentlich von Frankfurt nach Samara.

 Bezymjanka (Безымянка)
 Smyšlaevka (Смышляевка)
 Alekseevskaja (Алексеевская)
1139 Kinel' (Кинель)
1154 Turgenevka (Тургеневка)
1165 Georgievka (Георгиевка)
 Krotovka (Кротовка)
1192 Novootrjadnaja (Новоотрядная)
 Tolkaj (Толкай)
 Podbel'skaja (Подбельская)
1257 Pochvistnevo (Похвистнево)

Moskauer Zeit + 2 h

1277 Buguruslan (Бугуруслан)
 Zagljadino (Заглядино)
1310 Asekeevo (Асекеево)
 Filippovka (Филипповка)
 Saraj-Gir (Сарай-Гир)
1372 Abdulino (Абдулино)
 Taldy Bulak (Талды Булак)
 Prijutovo (Приютово)
1429 Aksakovo (Аксаково)
1484 Šafranovo (Шафраново)
 Raevka (Раевка)
1525 Davlekanovo (Давлеканово)
 Šingak Kul' (Шингак Куль)
1574 Čišmy (Чишмы)
 Alkino (Алкино)
 Jumatovo (Юматово)
 Dema (Дема)
1621 Ufa (Уфа)
GPS: 54°44'54''N/55°37'6''O.

In der Hauptstadt der Republik Baschkortastan (früher Baschkirien) Ufa wohnen heute knapp 1,1 Millionen Menschen. Hier leben neben den zu den Turkvölkern gehörenden Baschkorten auch viele Tataren und Russen. In einer Schleife des Kama-Nebenflußes Belaja gelegen, ist Ufa ein bedeutender Wirtschaftsstandort mit dem Schwerpunkt Petrolchemie. Es gibt eine Universität und Museen sowie drei Theater und eine Philharmonie in der Stadt.

Černikovka (Черниковка)
1643 Šakša (Шакша)
1657 Iglino (Иглино)
1676 Tavtimanovo (Тавтиманово)
Urman (Урман)
Ulu Teljak (Улу Теляк)
1725 Aša (Аша)
1745 Min'jar (Миньяр)
Simkaja (Симкая)
Eral (Ерал)
1782 Kropačevo (Кропачево)
Jachino (Яхино)
Ust' Kataev (Усть-Катаев)
1818 Vjazovaja (Вязовая)
Mursalimkino (Мурсалимкино)
Kukšik (Кукшик)
Suleja (Сулея)
Edinover (Единовер)
1890 Berdjauš (Бердяуш)
Salgan (Салган)
Tunduš (Тундуш)
Aj (Ай)
Anosovo (Аносово)
1942 Zlatoust (Златоуст)
GPS: 55°11'55''N/59°43'2''O.

Die 205 000 Einwohner zählende Stadt wurde 1754 gegründet und ist vor allem als Zentrum der Metallurgie und der Metallgravur in ganz Rußland bekannt.

Taganaj (Таганай)
Uržumka (Уржумка)
Chrebet (Хребет)
Syrostan (Сыростан)
2006 Miass (Миасс)
Im 18. Jahrhundert fand man hier Kupfererz und später auch Goldvorkommen.

Im Jahr 1773 gegründet, erhielt der Ort 1926 das Stadtrecht. Heute leben 172 000 Menschen in der um das alte Ortszentrum mit vielen Holzhäusern entstandenen Industriestadt. Bekannt

Kellnerin im Speisewagen

ist Miass durch sein Autowerk, das geländegängige Lastwagen herstellt. Es gibt ein Heimat- und ein Mineralogiemuseum.

Ustinovo (Устиново)
2024 Čebarkul' (Чебаркуль)
Misjaš (Мисяш)
Biškil' (Бишкиль)
Birgil'da (Биргильда)
2076 Poletaevo (Полетаево)
Smolino (Смолино)
Šeršin (Шершин)
2102 Čeljabinsk (Челябинск)
S. 147
Traktorstroy (Тракторстрой)
Čurilovo (Чурилово)

Potanino (Потанино)
2146 Černjavskaja (Чернявская)
Kajasan (Каясан)
Pivkino (Пивкино)
2190 Ščuc'e (Щучье)
2227 Sumicha (Шумиха)
Butyrskoe (Бутырское)
Miškino (Мишкино)
Sladkoe (Сладкое)
2303 Jurgamys (Юргамыш)
Zyrjanka (Зырянка)
Logovuška (Логовушка)
Vvedenskoe (Введенское)

2360 Kurgan (Курган)
GPS: 55°26'27''N/65°19'6''O.

Die Stadt wurde 1662 auf einem am Ufer des Flusses Tobol gelegenen Schütthügel (Kurgan bedeutet Hügel) von Tjumener Siedlern begründet. Der Ort entwickelte sich vor allem dank des Handels mit Agrarerzeugnissen, die zu Beginn des 20. Jahrhunderts mit der Anbindung an die Transsib sogar nach Westeuropa exportiert wurden. Heute leben in der Gebietshauptstadt 365 000 Einwohner.

2380 Utjak (Утяк)
Vargaši (Варгаши)
Jurachly (Юрахлы)
Kravcevo (Кравцево)
2444 Lebjаž'ja (Лебяжья)
Baksary (Баксары)
Konovalovo (Коновалово)
2490 Makušino (Макушино)
P'jankovo (Пьянково)
2538 Petuchovo (Петухово)
Gorbunovo (Горбуново)

Neue Zeitzone: Moskauer Zeit plus drei Stunden

2583 Mamljutka (Мамлютка/Kazachstan)
Kondratovka (Кондратовка/Kazachstan)

Zaton (Затон/Kazachstan)
2627 Petropavlovsk (Петропавловск\Kaz.)
Asanovo (Асаново\Kaz.)
Tokuši (Токуши\Kaz.)
Jarmy (Ярмы\Kaz.)
Gankino (Ганкино\Kaz.)
2709 Bulaevo (Булаево\Kaz.)
Zarosloe (Зарослое)
Kara-Guga (Кара-Гуга)
Junino (Юнино)
2762 Isil' Kul' (Исиль-Куль)
Kucharevo (Кухарево)
2805 Moskalenki (Москаленки)
Piketnoe (Пикетное)
2851 Marianovka (Мариановка)
Lužino (Лужино)
Karbyševo I (Карбышево-1)
2900 Omsk (Омск) S. XXX

Die neue Strecke über Nižnij Novgorod

Der Fahrplanwechsel im Juni 2001 brachte überraschend einschneidende Veränderungen in den Zugverkehr zwischen Moskau und Sibirien. Mehr als die Hälfte der Regelzüge und vor allem die insbesondere bei ausländischen Touristen populären internationalen Express-Züge fahren nun von Moskau zunächst in Richtung Nižnij Novgorod, um dort die Volga zu überqueren und dann bei Kotel'nič wieder auf die alte Haupttrasse zu stoßen. Es gab dafür vor allem zwei Argumente. Einerseits ist die Strecke 40 Kilometer kürzer und bringt auch aufgrund einer höheren Durchlaßfähigkeit eine Zeitersparnis von zwei bis drei Stunden. Andererseits wird die bedeutende Wirtschaftsregion Nižnij Novgorod (S. 117) direkt in die bedeutendsten Ost-West-Trassen eingebunden, worüber die Bevölkerung der Stadt hoch erfreut war.

Während die internationalen Zugpaare Nr. 1/2 Moskau–Vladivostok, Nr. 3/4 Moskau–Peking sowie Nr. 19/20 Moskau–Peking am Jaroslavler Bahnhof ankommen bzw. abfahren, gibt es bei den russischen Zielorten sowohl Züge vom Jaroslavler Bahnhof (z.B. Nr. 5/6 Moskau–Irkutsk, 43/44 Moskau–Irkutsk, Nr. 55/56 Moskau–Krasnojarsk) als auch vom Kazaner Bahnhof (z.B. Nr. 37/38 Moskau–Tomsk, Nr. 47/48 Moskau–Omsk).

Moskau–Kotelnič

Km	Bahnhof
0	**Moskva (Москва), Jaroslavler Bahnhof S.100**
73	Frjazevo (Фрязево)
	Kazanskoe (Казанское)
	Vochna (Вохна)
87	Pavlovskij Posad (Павловский Посад)
94	Nazar'evo (Назарьево)
99	Drezna (Дрезна)
104	Kabanovo (Кабаново)
109	**Orechovo-Zuevo (Орехово-Зуево)**

Entstanden aus den an den beiden Seiten des Flusses Kljazma gelegenen Dörfern Orechovo und Zuevo wurde der Ort durch die Unternehmerdynastie Morozov zu einem Zentrum der russischen Textilindustrie. Heute leben 136 000 Menschen in der Stadt.

114	Krutoe (Крутое)
117	Vojnovo (Воиново)
121	Usad (Усад)
129	Pokrov (Покров)
137	Omutišče (Омутище)
145	**Petuški (Петушки)**

Der unscheinbare Vorort erlangte durch Venedikt Erofeevs Erzählung ›Die Reise nach Petuški‹ seinen zweifelhaften Ruhm. Vodkatrunkene, typisch russische Seelenerkundungen und einem den Magen umdrehende Cocktailrezepte

(u.a. ›Die Träne einer Komsomolzin‹) während einer Fahrt im Vortortzug von Moskaus Kursker Bahnhof ins besagte Petuški ließen das Büchlein in Rußland Kult werden.

	Kosterevo (Костерево)
162	Boldino (Болдино)
	Sušnevo (Сушнево)
	Krasnaja Ochota (Красная Охота)
180	Undol (Ундол)
193	Kolokša (Колокша)
	Jurevec (Юревец)
210	**Vladimir (Владимир)**

Als Festung 1108 gegründet, gehört die am Fluß Kljazma gelegene Hauptstadt des gleichnamigen Gebietes zu den äl-

›Vorsicht Züge‹ (in Čita)

testen Städten Rußlands. Heute leben 355 000 Einwohner in der an Kirchen und Museen reichen Stadt.

221	Bogoljubovo (Боголюбово)
226	Lemeški (Лемешки)
228	Vyselki (Выселки)
230	Karjakinskaja (Карякинская)
238	Vtorovo (Второво)
248	Terechovicy (Тереховицы)
259	Novki 1 (Новки-1)
274	Kovrov 1 (Ковров-1)
279	Kovrov 2 (Ковров-2)
289	Gostjuchino (Гостюхино)
	Osipovo (Осипово)
303	Krestnikovo (Крестниково)
	Daryevo (Дариево)

319 Mstera (Мстера)
  Sen'kovo (Сеньково)
346 Vjazniki (Вязники)
Die heute 45 000 Einwohner zählende Stadt gilt seit dem 17. Jahrhundert als eines der russischen Zentren für Ikonenmalerei.
355 Denisovo (Денисово)
  Čulkovo (Чулково)
  Molodniki (Молодники)
382 Gorochovec (Гороховец)

Moskauer Zeit + 1 h

  Il'ino (Ильино)
  Gorbatovka (Горбатовка)
  Sejma (Сейма)
  Žoldino (Жолдино)
427 Dzeržinsk (Дзержинск)
Die an der Oka gelegene Industriestadt zählt 285 000 Einwohner entstand Ende der 20er Jahre mit dem Bau eines gigantischen Chemie-Werkes. Der Name der Stadt erinnert an den Begründer des sowjetischen Geheimdienstes Feliks Dzeržinskij.
  Igumnovo (Игумново)
  Gor'kij Sortirovočnaja (Горький-Сортировочная)
461 Nižnij Novgorod (Нижний Новгород) S. 117
466 Tolokoncevo (Толоконцево)
  Rekšino (Рекшино)
475 Kiselicha (Киселиха)
  Špalozavod (Шпалозавод)
  Kalikino (Каликино)
491 Linda (Линда)
  Tarasicha (Тарасиха)
513 Osinki (Осинки)
530 Semenov (Семенов)
Die 27 000 Einwohner zählende Kreisstadt ist vor allem für ihr Kunsthandwerk bekannt. Hier entstehen die unter dem Namen ›Chochloma‹ bekannten

Löffel und Gefäße mit der typischen Lackmalerei.
  Keržénec (Керженец)
  Kamennyj Ovrag (Каменный Оврар)
564 Suchobezvodie (Сухобезводье)
  Perechvatka (Перехватка)
590 Vetlužskaja (Ветлужская)
601 Bystrucha (Быструха)
612 Šemanicha (Шеманиха)
  Mineevka (Минеевка)
  Usta (Уста)
644 Uren' (Урень)
  Ar'ja (Арья)
661 Obchod (Обход)
680 Zubanja (Зубанья)
  Šachunja (Шахунья)
  Šesterikovo (Шестериково)
  Tonšaevo (Тоншаево)
  Jangarka (Янгарка)
726 Pižma (Пижма)
  Burepolom (Буреполом)
750 Šerstki (Шерстки)
771 Ežicha (Ежиха)
805 Igotino (Иготино)
825 Kotel'nič 2 (Котельнич-2)
830 Kotel'nič 1 (Котельнич-1)

Die tatarische Strecke über Kazan'

Einige Regelzüge (z.B. 31/32 Moskau–Novokuznneck, 35/36 Moskau–Barnaul) und insbesondere viele touristische Sonderzüge fahren von Moskau über Tatarstan zum Ural und stoßen bei Ekaterinburg auf die Haupttrasse. Auch die Kurswagen, die von Berlin aus nach Omsk und Novosibirsk fahren sowie die von Minsk (Weißrußland) nach Irkutsk fahrenden Züge verkehren auf dieser Strecke. Die Route via Kazan' ist bis Ekaterinburg mit 1688 Kilometern etwa 150 Kilometer kürzer als die traditionelle Strecke.

Moskau–Kazan'–Ekaterinburg

Km	Bahnhof
0	**Moskva (Москва), Kazaner Bahnhof S. 100**
	Ljubercy (Люберцы)
	Kurovskaja (Куровская)
	Krivandino (Кривандино)
196	Čerusti (Черусти)
	Vekovka (Вековка)
252	Zakolp'e (Заколпье)
	Zolotkovskij (Золотковский)
268	Alferovo (Алферово)
275	Dobrjatino (Добрятино)
	Butylici (Бутылицы)
287	**Murom (Муром)**

Murom ist vor allem als Heimat des russischen Märchenrecken Ilja Muromez (der Muromer) bekannt geworden. Mit der erstmaligen Erwähnung im Jahre 862 ist es – romantisch an der Oka gelegen – einer der ältesten Orte Rußlands. Ansonsten ist das nette Provinzstädtchen mit 128000 Einwohnern weitestgehend unbekannt, da Murom zu sowjetischer Zeit aufgrund mehrerer Rüstungswerke eine geschlossene Stadt war.

295	Priokskij (Приокский)
	Navašino (Навашино)
309	Velet'ma (Велетьма)
	Rodjakovo (Родяково)
339	Teša (Теша)

350	Venec (Венец)
	Muchtolovo (Мухтолово)
	Balachonicha (Балахониха)

Moskauer Zeit + 1 h

410 Arzamas II (Арзамас-2)

Am Ufer des Oka-Nebenflußes Teša gelegen, entstand Arzamas im Jahre 1578 als Handelsplatz. Im 19. Jahrhundert entstand hier die erste Malereischule Rußlands. Heute ist die 112000 Einwohner zählende Stadt als eines der wichtigsten Forschungszentren der russischen Atomwirtschaft bekannt.

	Bobyl'skaja (Бобыльская)
442	Vadok (Вадок)
482	Smagino (Смагино)
515	Tartalej (Тарталей)
524	**Sergač (Сергач)**

Der heute 26000 Einwohner zählende Ort nimmt seinen Ursprung im Jahre 1674 und wurde in der Geschichte samt seinem Stadtwappen für eine große Meisterschaft in der Bärendressur bekannt.

	Andosovo (Андосово)
557	Pil'na (Пильна)
566	Knjažicha (Княжиха)
592	Šumerlja (Шумерля)
602	Myslec (Мыслец)
	Vurnary (Вурнары)

Die tatarische Strecke über Kazan'

0   140   280 km

Routenplan der Transsib

665   Kanaš (Канаш)
      Kibeči (Кибечи)
689   Šorkistry (Шоркистры)
704   Urmary (Урмары)
726   Tjurlema (Тюрлема)
742   Svijažsk (Свияжск)
756   Zelenyj Dol (Зеленый Дол)
      Vasil'evo (Васильево)
      Judino (Юдино)
      Novoe Arakčino (Новое Арак-
      чино)
793   Kazan' (Казань) S. 121
      Vachitovo (Вахитово)
801   Omet'evo (Ометьево)
      Kompressornyj (Компрессор-
      ный)
810   Derbyški (Дербышки)
      Kenderi (Кендери)
822   Vysokaja Gora (Высокая Гора)
830   Birjuli (Бирюли)
      Kurkači (Куркачи)
863   Arsk (Арск)
883   Korsa (Корса)
      Šemordan (Шемордан)
838   Kukmor (Кукмор)
**847   Vjatskie Poljany (Вятские
      Поляны)**

Der 46 000 Einwohner zählende Ort heißt übersetzt Vjatkaer Lichtungen und erhielt 1946 das Stadtrecht. Seine Entwicklung nimmt ihren Ursprung in der Gründung eines russischen Klosters im Jahre 1596.

854   Jamnoe (Ямное)
      Zastrug (Заструг)
      Sosnovka (Сосновка)
      Kizner (Кизнер)
894   Sarkuz (Саркуз)
929   Ljuga (Люга)
946   Možga (Можга)
976   Karambaj (Карамбай)
986   Urom (Уром)
1097 Agryz (Агрыз)

1114 Kičevo (Кичево)
1142 Sarapul (Сарапул)

Das im 16. Jahrhundert als Festung begründete Sarapul ist mit 110 000 Einwohnern nach Iževsk die zweitgrößte Stadt Udmurtiens. Hinter der Stadt überquert die Bahnstrecke den wasserreichen Volga-Nebenfluß Kama auf einer über 400 Meter langen Brücke.

1163 Armjaz' (Армязь)
      Šol'ja (Шолья)
1180 Kama (Кама)
      Kambarka (Камбарка)
1201 Amzja (Амзя)
      Karmanovo (Карманово)
1236 Janaul (Янаул)
1258 Rabak (Рабак)
      Kueda (Куеда)
1315 Černuška (Чернушка)

Hier zweigt ein Verladegleis zum seinerzeit von der DDR errichteten Permer Abschnitt der Erdgastrasse ab.

      Trun (Трун)
      Ščuč'e Ozero (Щучье Озеро)
1356 Ater (Атер)
1366 Bartym (Бартым)
1395 Čad (Чад)

Ab Čad beginnt der Zug den Anstieg zum Ural. Diese Strecke ist besonders schön und führt durch echte Gebirgslandschaften mit steilen Felshängen. Da beim zweigleisigen Ausbau an mehreren Stellen eine abweichende Streckenführung gewählt werden mußten, hat man aus dem Zug – vor allem bei der Fahrt Richtung Westen – einen sehr guten Blick auf die alten Viadukte und einige Tunnel der ursprünglichen Strecke. Einen Obelisken, der an verschiedenen West-Ost-Übergängen im Ural die Grenze zwischen Europa und Asien markiert, konnten wir auf dieser Route vom Zug aus noch nicht erkennen.

Die Bahnhofskirche von Buj

Nenast'e (Ненастье)
1420 Pudlingovyj (Пудлинговый)
Saraninskij Zavod (Саранинс-кий Завод)
1434 Krasnoufimsk (Красноуфимск)
Zjurzja (Зюрзя)
Ufimka (Уфимка)
1476 Osypljanskij (Осыплянский)
1486 Afanas'evskij (Афанасьевский)
1510 Klenovskij (Кленовский)
Kontuganovskij (Контугановский)
1542 Bisertskij Zavod (Бисертский Завод)
Čebotaevo (Чеботаево)
Soldatka (Солдатка)
1581 Družinino (Дружинино)
Revda (Ревда)
Fljus (Флюс)
Rešety (Решеты)
Peregon (Перегон)
1668 Ekaterinburg (Екатеринбург)
S. 134

Die alte Petersburger Strecke

Die Petersburger Zaren-Strecke verlief nach der Inbetriebnahme der Großen Sibirischen Eisenbahn, als St. Petersburg noch die Hauptstadt Rußlands war, entweder über Moskau oder direkt von der Neva-Metropole über Čerepovec und Vologda, um dann bei Kilometer 450 ab Moskau in Buj weiter der heutigen Transsib-Haupttrasse bis Ekaterinburg zu folgen. Von dort fuhr sie dann zunächst noch über Čeljabinsk und dann über Tjumen' in Richtung Omsk. Diese Streckenführung ist beispielsweise auch auf dem der Transsibirischen Eisenbahn gewidmeten Faberge-Ei (Abbildung S. 61) abgebildet. Heute spielt die Strecke beim Personenverkehr so gut wie überhaupt keine Rolle. Der einzige Regelzug ist Nr. 13/14, der St. Petersburg mit Sibirien

(Omsk) verbindet (Achtung: dieser Zug fährt zeitweise über Kasachstan, dafür ist ein Visum nötig). Ansonsten fahren auf dieser Strecke nur verschiedene Sonderzüge und der Regelzug Nr. 71/72 St. Petersburg–Ekaterinburg.

St. Petersburg–Buj

0	**St. Petersburg (Санкт-Петербург), Ladoga-Bahnhof**
32	Mga (Мга) Nazija (Назия)
	Žicharevo (Жихарево)
	Vojbokalo (Войбокало)
100	Novyj Byt (Новый Быт)
	Pupyševo (Пупышево)
121	**Volchovstroj (Волховстрой)**
	Kukol' (Куколь)
137	Myslino (Мыслино)
	Zelenec (Зеленец)
162	Valja (Валя)
173	Čerencovo (Черенцово)
	Zvylevo (Звылево)
196	**Tichvin (Тихвин)**
	Dymi (Дыми)
234	Pikalevo (Пикалево)
	Čudcy (Чудцы)
260	Koli (Коли)
	Efimovskaja (Ефимовская)
292	**Podborov'e (Подборовье)**
	Zabor'e (Заборье)
	Verchnevol'skij (Верхневоль-ский)
327	Tešemlja (Тешемля)
	Babaevo (Бабаево)
361	Timoškino (Тимошкино)
	Siuč (Сиуч)
	Ujta (Уйта)
426	Kaduj (Кадуй)
	Komaricha (Комариха)
450	Suda (Суда)
	Nelazkoe (Нелазкое)
	Košta (Кошта)
472	**Čerepovec I (Череповец-1)**
491	Chemalda (Хемалда)
	Schelomovo (Шеломово)

520	**Šeksna (Шексна)**
	Čebsara (Чебсара)
	Kuščuba (Кущуба)
549	Kipelovo (Кипелово)
	Dikaja (Дикая)
	Moločnaja (Молочная)
596	**Vologda I (Вологда-1)**

In Vologda findet ein Lokwechsel statt.

615	Papricha (Паприха)
	Tufanovo (Туфаново)
	Buschuicha (Бушуиха)
657	Leža (Лежа)
678	Vochtoga (Вохтога)
	Šuškodom (Шушкодом)
713	Rat'kovo (Ратьково)
726	**Buj (Буй)**

Neben dieser Regelzug-Trasse ab St. Petersburg verkehren Sonderzüge (insbesondere mit historischen Dampfloks, die auf den Gleisen der Moskauer Eisenbahn nicht mehr fahren dürfen) manchmal von Kostroma zur Transsib-Weiterfahrt nach Jaroslavl.

Bahnhof Manzhouli

Die Transmandschurische Bahn

Die Züge Nr. 19/20 Moskau–Peking–Moskau verkehren auf dieser Stecke, die bei Tarskaja (km 6307) die Hauptroute Čita-Vladivostok verläßt und nach Süden abbiegt. Zusätzlich fährt im Sommer manchmal ein Zug von Irkutsk nach Harbin. Die Strecke ist bis Harbin nicht elektrifiziert, so daß hier Dieseltraktion zum Einsatz kommt.

Auf nicht wenigen Hügeln entlang der Strecke durch die Daurien genannte, bergige Steppenlandschaft sieht man in Rußland noch Antennen und andere ausgeprägte militärische Präsenz vermuten lassende Bauten. Auf diesem Abschnitt zwischen Tarskaja und der chinesischen Grenze war Fotografieren zu Sowjetzeiten streng verboten. Heute wird zwar von den Zugbegleitern kein Verbot mehr ausgesprochen, aber unter Putin erwarten viele wieder Einschränkungen beim Fotografieren potentieller Militäreinrichtungen. Man sollte also nach wie vor etwas zurückhaltend sein.

Tarskaja–Harbin–Peking

Km	Bahnhof
6295	Karymskaja (Карымская)
6305	Tarskaja (Тарская)
6315	Adrianovka (Адриановка)
6330	Sedlovaja (Седловая)
6347	Burjatskaja (Бурятская)
6371	Mogojtuj (Могойтуй)
6385	Ostrečnaja (Остречная)
6394	Aga (Ага)
6418	Bulak (Булак)
6423	Step' (Степь)
6443	Olovjannaja (Оловянная)
6445	Hier überquert die Bahnstrecke den Šilka-Zufluß Onon, der auf den nächsten zehn Kilometern direkt neben den Gleisen fließt.

6457 Jasnogorsk-Zabajkal'sk (Ясно-
      горск-Забайкальский)
6463 Jasnaja (Ясная)
6479 Byrka (Бырка)
6486 Mirnaja (Мирная)
6495 Bezrečnaja (Безречная)
6509 Chada-Bulak (Хадабулак)
6524 Šerlovaja Gora (Шерловая
      Гора)

6543 Borzja (Борзя)

Borzja ist mit ca. 30 000 Einwohnern
Kreisstadt und zugleich ein wichtiger
Bahnknotenpunkt. Hier zweigt die al-

lerdings ausschließlich für den Güterverkehr genutzte Strecke zum mongolischen Ort Tschoibalsan ab. Der Ort
entstand 1899 als Bahnsiedlung und
erhielt zu Ehren des russischen Herrfüh-
rers Alexander Suvorov ein Jahr später
den Namen ›Suvorovskaj‹, der sich allerdings nicht durchsetzte, so daß man bei
der Verleihung des Stadtrechtes im Jahr
1950 wieder zu Borzja, was im Burjatischen ›Salzsee‹ bedeutet, zurückkehrte.
Auf den nächsten 25 Kilometern folgen
mehrere Serpentinen – wenn man in

Die Transmandschurische Bahn

den letzten Waggon geht, kann man den Zug in ganzer Länge fotografieren.

6582 Charanor (Харанор)
6608 Daurija (Даурия)
6636 Bilituj (Билитуй)
6648 Macievskaja (Мациевская)
6661 Zabajkal'sk (Забайкальск)
GPS: 49°38'20''N/117°19'55''O.

Der russische Grenzbahnhof bringt einen ca. vier- bis fünfstündigem Aufenthalt mit sich, denn hier müssen die Drehgestelle der Waggons von der russischen Breitspur auf die chinesischen Normalspur ausgewechselt werden. Der Aufenthalt in den Waggons ist dabei nicht erwünscht, so daß man zwangsläufig Gelegenheit bekommt, sich den Bahnhof bzw. die dazugehörige Siedlung genauer anzuschauen. Der Bahnhof ist neu renoviert und hinterläßt einen passablen Eindruck. Es gibt im Erdgeschoß ein Café sowie eine Post und einen Geldautomaten. Zabajkalsk selbst hinterläßt einen eher trostlosen Eindruck. Über die Fußgängerbrücke gelangt man in den Ort. Die zweite, parallel zur Bahnlinie verlaufende Strecke ist die ul. Krasnoarmejskaja, die als Hauptstraße Richtung Norden sozusagen das Zentrum des Ortes ausmacht: Sparkasse, Markt, Bus-Stop, Kirche und Kriegsdenkmal sowie verschiedene Läden und Cafés (akzeptabel sind das ›Samolet‹ sowie ein Café ohne Namen in der ul. Železnodorožnaja 2 direkt am Bahnhof). Zabajkalsk hieß ursprünglich Atamanovskaja und entstand 1904 an einer der während des Russisch-Japanischen Krieges neu errichteten Ausweichstellen. Um die Durchlaßfähigkeit der eingleisigen Strecke für die Frontversorgung zu erhöhen, entstanden 1904 sehr viele solcher zusätzlichen Stationen. Der Frontcharakter blieb dem Ort erhalten. Von 1929 bis 1954 hieß der Ort Otpor,

was sich etwa mit Widerstand übersetzen läßt. Im Jahr 1929 erfolgte die Umbennung wegen Auseinandersetzungen um die Zukunft der Ostchinesischen Eisenbahn, 25 Jahre später, als sowjetisch-chinesische Freundschaft sehr groß geschrieben wurde und im Januar 1954 erstmalig der Expreß Moskau–Beijing verkehrte, die Rückbenennung.

Der Grenzstreifen ist mit gut fünf Kilometern vergleichsweise schmal. Man fährt durch ein riesiges Tor. Neubauten

Chinesischer Zug

ziehen sich auf der chinesischen Seite bis dicht an die Grenze. Auf einem Platz neben den Gleisen sieht man ein futuristisches Denkmal, eine alte Dampflok und einen ausrangierten Düsenjäger.

6678/936 Manzhouli
GPS: 49°34'58''N/117°26'32''O.

Manzhouli ist die chinesische Grenzstation mit etwa zweistündigem Stop.

Bei der Paßkontrolle ist eine Devisendeklaration und ein Gesundheitsfragebogen auszufüllen. Das chinesische Visum bei Einreise zu erhalten ist noch nicht möglich. Für alle die mit dem ›Vostok‹-Expreß die Grenzen überqueren, ist ein Ausflug in die Stadt nicht möglich. Türmchenbestückte Neubauten in Sichtweite hinter den Gleisen künden aber wie vielerorts in den chinesischen Grenzorten vom Wirtschaftsboom des Grenzhandels. Wer sich auch Manz-

Routenplan der Transsib

houli anschauen möchte, sollte von Zabajkal'sk aus die Grenze mit dem Bus überqueren und dann mit lokalen Zügen weiterreisen. Die Schaffner teilen den ›Vostok‹-Passagieren mit, wann man aussteigen und sich auf dem langgezogenen Bahnsteig unter der Aufsicht im 50-Meter-Abstand aufgestellter Grenzer die Beine vertreten darf. Am nördlichen Ende des Bahnhofsgebäudes gibt es mehrere kleine Geschäfte (Lebensmittel im Erdgeschoß, Industriewaren im ersten Stock), ein kleines Café und eine Wechselstelle. Von Manzhouli aus geht die Kilometerzählung entlang der Strecke rückwärts zunächst bis Harbin (km 0), ab Harbin dann wird bis Peking gezählt.

In Datong

Östlich von Manzhouli fährt man an einem in weite Steppen eingebetteten See, dem Hulun Nur, vorbei.

912	Zhabennuoer
874	Ogang
749	**Hailar**

GPS: 49°13'37''N/119°44'1''O.

Hailar ist eine für chinesische Verhältnisse kleine Industriestadt mit 180 000 Einwohnern. Nun beginnt langsam das Hinggangebirge.

674	Haiman
667	Yakeshi
634	Mianduhe
564	Xinganling

	Bugt
	Zhalatun
539	**Boketu**
416	Zhalantun
323	Longjiang
284	Fulaerji
267	**Angangxi**
212	Taikang
	Langjang
	Dorbod
159	**Daqing**
	Anda
96	Song
	Zhaodong

1372/0   Harbin S. 248 (aus Rußland kommend)

In Harbin zweigt die alte Strecke nach Vladivostok ab. Über Acheng, Shangzi, Yimiapo, Yabuli, Hailin gelangt man in das 548 Kilometer entfernte Saifenhe an der russisch-chinesischen Grenze. Die Grenzstation auf der russischen Seite heißt Grodekovo, wo die Räder der chinesischen Normalspur gegen die russische Breitspur ausgetauscht werden, bevor die Reise nach Ussurijsk weitergehen kann.

	Shuangcheng
	Dehui

1126   Changchun

GPS: 43°54'36''N/125°19'3''O.

Changchun ist mit über einer Million Einwohner eine bedeutende Industriestadt Chinas. Besonders bekannt ist das örtliche Autowerk, wo die Komfortlimousine ›Rote Fahne‹ hergestellt wurde. Volkswagen hat sich ebenfalls für Changchun als einen seiner beiden chinesischen Standorte entschieden. Changchun gilt neben Peking auch als die zweite Filmstadt Chinas, da sich hier große Studios befinden. Zwischen 1933 und 1945 war Changchun die Hauptstadt des japanischen Marionettenstaates Mandschukuo.

1064 Gongzhuleng
1011 Siping
       Changtu
927   Kaiyuan
893   Tieling
826   Shenyang

Shenyangs Geschichte begann vor über 2000 Jahren. Im 17. Jahrhundert war die Stadt der Regierungssitz der mandschurischen Qing-Dynastie, die zu dieser Zeit ganz China eroberte. Aus dieser Zeit stammt auch der örtliche Kaiserpalast. Heute ist die auch unter ihrem früheren Namen Mukden bekannte vier-Millionen-Stadt das Zentrum der Provinz Liaoning und ein bedeutender Industriestandort. Im Südwesten befindet sich ein Lokomotivenmuseum. In Shenyang zweigt die Bahnstrecke in Richtung Dalian ab. Diese 398 Kilometer lange Strecke über Anshan, Yingkou, Gai Xian und Wafangdian bildete 1903 den ursprünglichen Verlauf der Transsib zum damals russischen Pazifikhafen Dalnyj. Reisende in Richtung Vladivostok mußten in Harbin umsteigen. Nach dem verlorenen russisch-japanischen Krieg mußte Rußland sowohl die Häfen von Port Arthur und Dalnyj als auch Mukden samt der sie verbindenden Bahnlinie an die Japaner abtreten. Heute ist Dalian eine blühende Hafenstadt mit über fünf Millionen Einwohnern, die als die nördliche kleine Schwester Schanghais gilt.

758   Liaozhong
       Xinmin
       Goubangzi
603   Jinzhou
       Jinxi
       Xingcheng
       Suizhong
442   Hier endet die Große Chinesische Mauer an der Pazifikküste

438   Shanhaiguan
422   Quinhuangdao
       Baidahe
       Changli
331   Luan Xian
262   Tangshan

Bis etwa 1990 wurden hier neue Dampfloks gebaut; heute finden nur noch Wartungsarbeiten statt. Bekannt wurde die Stadt weltweit 1976, als eines der opferreichsten Erdbeben der Menschheitsgeschichte die Region erfaßte. Amtlich zugegeben wurden 150 000 Tote; Schätzungen gehen von fünfmal so vielen Opfern aus. Selbst im 260 Kilometer entfernten Peking richteten die Erdstöße Schäden an, und die Pekinger schliefen nächtelang im Freien.

210   Hangu
177   Tangu
134   Tianjin

Mit neun Millionen Einwohnern ein echter Konkurrent für Peking. Die Stadt ist wichtigster Hafen für ganz Nordchina und auch der nächste Welthafen für die Mongolei. Die Stadt wirkt sehr modern, hat aber auch noch ein ungewöhnliches Stilgemisch von Bauten aus der Zeit, als Frankreich, Österreich, Deutschland, Italien, Belgien, Japan und die USA im 19. Jahrhundert hier ihre ›Konzessionsgebiete‹ unterhielten.

74   Langfang
33   Huangcun
0   Beijing/Peking S. 259

Auf der Route der Transmandschurischen Eisenbahn sind es 9001 Kilometer von Moskau hierher, so die bahnamtliche Zählung aus Moskau. Der internationale Fahrplanherausgeber Thomas Cook Overseas Timetable gibt 9025 Kilometer für dieselbe Strecke an – aber was sind schon 24 Kilometer Schwund bei diesen Dimensionen!

Routenplan der Transsib

Die Transmongolische Bahn: Ulan-Udė–Ulaanbaatar–Peking

5649 Zaudinskij (Заудинский)

Östlich von Ulan-Udė zweigt die Transmongolische Eisenbahn zunächst als zweispurige Bahnlinie von der Hauptroute südwärts in die Mongolei ab, diese Strecke ist nicht elektrifiziert. Die Bahn folgt dabei dem Tal der wilden Selenga – wirklich atemberaubende Landschaften erwarten einen die nächsten 200 Kilometer. Ehemalige Kolchosen eingestreut in diese extrem meerfernen Steppenweiten, Herden von Pferden und Rindern, betreut von Halbnomaden, bilden neben Gewässern und Wind die einzigen Elemente in Bewegung. Was man nicht zu Gesicht bekommt: Hier gibt es große Militärlager und Stützpunkte der russischen Luftwaffe.

5769 Zagustaj (Загустай)

Etwa fünf Kilometer vom Bahnhof entfernt befindet sich vom Zugfenster aus gut sichtbar die Kleinstadt Gusinoozersk, deren Panorma vor allem durch ein riesiges Kohlekraftwerk bestimmt wird. Sie entstand 1953 aus der 1939 gegründeten Bergarbeitersiedlung Šachty und wurde nach dem gleichnamigen See, dessen Name sich mit Gänsesee übersetzen läßt, benannt. Bekannt ist auch das am Südwestufer des schönen Sees gelegene buddhistische Kloster, dessen Geschichte bis in das Jahr 1740 zurückgeht.

5806 Gusinoe ozero (Гусиное Озеро)

5828 Selenduma (Селендума)

5853 Džida (Джида)

5881 Charanchoj (Харанхой)

5902 Nauški (Наушки)

GPS: 50°23'18''N/106°5'59''O.

Der Grenzort Nauški (Fahrtdauer von Ulan-Udė mit den Zügen Nr. 4 oder Nr. 6 ca. sieben Stunden, mit dem Zug Nr. 264 elf Stunden) bietet einen kleinen Park vor dem Bahnhof sowie linker Hand einen Markt mit ein paar Kiosken. Das Postamt mit Telefonvermittlung ist bis Mitternacht geöffnet, es ist zwei Minuten zu Fuß rechts vom Bahnhofsausgang entfernt. Die Hauptstraße des Dorfes hinter dem Park macht einen trostlosen Eindruck: Pelmeni-Bude, Eisenbahner-Kulturhaus und einige kleine Läden.

Die Grenzformalitäten sind aufwendig. Der Zug steht für ca. zweieinhalb Stunden in Nauški (Nr. 263/264 sogar sieben Stunden), aber man kann nach Abgabe des Reisepasses im Ort frei herumlaufen oder auch zur 15 Fußminuten entfernten Selenga-Brücke laufen (die hölzerne Furt über die Gleise nehmen).

5925/23 Suchbaatar (Сухбаатар)

GPS: 50°14'19''N/106°11'43''O.

Seit einiger Zeit richtet die Mongolei die Zählung ihrer Bahn-Kilometer nicht mehr mit Moskau als Bezugspunkt aus, sondern die Zählung beginnt an der russisch-mongolischen Grenze mit Kilometer Null. Der Aufenthalt hier beträgt gut eine Stunde. Wieder werden Zolldeklarationen verteilt (siehe Muster, S. 412) und die Pässe eingesammelt. Aussteigen ist hier nicht erwünscht. Manchmal wird in Begleitung der Uniformierten energisch versucht, eine Krankenversicherung (10 USD) zu verkaufen. Im Kleingedruckten der Police steht eindeutig, daß der Abschluß freiwillig sei – man sollte genau so energisch darauf hinweisen, denn wir bewerten diese Ausgabe als sinnlos.

49 Dulvan (Дулван)

62 Eree (Ерее)

73 Orchon (Орхон)

96 Ench-Tal (Энх тал)

122 Darchan (Дархан)

Darchan ist nach Ulaanbaatar das wichtigste Industriezentrum der Mongolei.

Erst 1961 gegründet, wuchs die Einwohnerzahl in diesen 25 Jahren auf über 80 000.

144 Cajdam (Цайдам)

157 Salchit (Салхит)

167 Erehet (Эрхэт)

201 Baruyn-Charav (Баруун харав)

221 Barch (Барх)

232 Suun-Charaa (Зуун хараа)

274 Tunch (Тунх)

295 Šatangi (Шатанги)

314 Mandal (Мандал)

335 Nogoon-Tolgoj (Ногоон толгой)

354 Aršant (Аршант)

396 Tolgojt (Толгойт)

403 Ulaanbaatar (Улаанбаатар)
S. 234

Südlich der Hauptstadt geht die Reise zunächst durch abwechslungsreiche Bergsteppen; weidende Viehherden, Nomadenzelte, vereinzelt auch Yaks und Wildpferde verleihen dem Abschnitt sein Gepräge. Mehrere weitläufige Kurven bieten gute Möglichkeiten, den Zug zu fotografieren. Die Strecke ist hier einspurig und nicht elektrifiziert. Sie wurde erst 1955 zur Hoch-Zeit der russisch-chinesischen Freundschaft gebaut. Es gibt übrigens, entgegen den

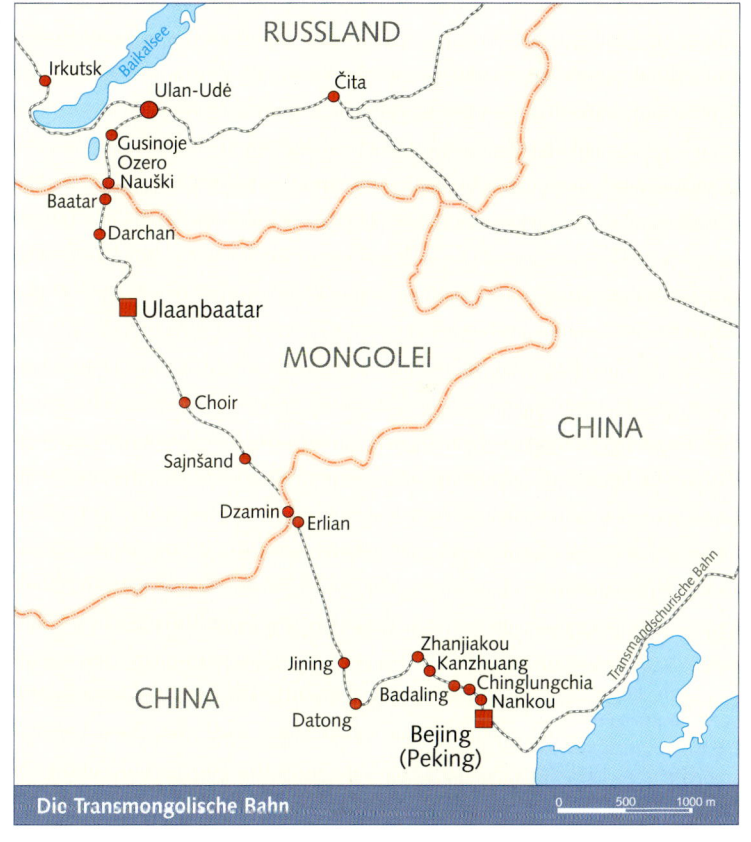

Die Transmongolische Bahn

Routenplan der Transsib

Angaben in Atlanten und Reisekarten, keine durchgehend asphaltierte Straße parallel zur Bahn, nur teils sandige, teils felsige Pisten.

412   Amgalan (Амгалан)

430   Chonchor (Хонхор)

Zwischen Chonchor und Bajan passiert man den höchsten Abschnitt entlang der gesamten Strecke Moskau–Beijing mit über 1425 Metern über dem Meeresspiegel in der Spitze.

450   Bajan (Баян)

468   Choolt (Хоолт)

477   Cagaan-Chjar (Цагаан хяр)

497   Changaj (Хангай)

509   Baga-Kangaj (Бага кангай)

521   Maanit (Маанит)

574   Naran-Elgen (Наран элгэн)

624   Lun (Лун)

648   Čoyr (Чоур)

GPS: 46°21'31''N/108°21'28''O.

Hier hält der Zug etwa 20 Minuten. Auf dem Bahnhofsvorplatz erinnert ein Denkmal an den einzigen Weltraumflieger der Mongolei. Jugderdemid Gurragchao, der heute das Amt des Verteidigungsministers innehat, flog 1981 in den Kosmos. Nun beginnen die monotonen, aber eindrucksvollen Ausläufer der Wüste Gobi. Begeben Sie sich hier ruhig einmal mit Fotoapparat in den letzten Waggon – besonders zum Sonnenuntergang herrscht eine stimmungsvolle Atmosphäre.

671   Šivee-Ovoo (Шивээ овоо)

718   Olon-Ovoo (Олон овоо)

751   Airag (Айраг)

819   Ulchyn-Ovoo (Улхын овоо)

844   Al-Sumbet (Аль сумбэт)

876   Sajnšand (Сайншанд)

Kurz vor der Stadt sind mehrere alte Dampflokomotiven zu sehen. In Sajnšand am Bahnsteig hängt der letzte Briefkasten auf Ihrer Reise durch die Mongolei.

939   Orgen (Оргэн)

988   Ulaan-Uul (Улаан уул)

1018   Cagaan-Chad (Цагаан хад)

An diesem einsamen Bahnhof in der Wüste Gobi machen neuerdings viele Sonderzüge einen etwa zweistündigen Stop, wenn sie hier am Tag entlangfahren. Somit können sich die Touristen nicht

Der Pekinger Hauptbahnhof

nur aus dem Zugfenster einen Eindruck von der Wüstenlandschaft verschaffen. Gleichzeitig kann man eine Kamelherde in Augenschein nehmen und auch einen kurzen Ritt zwischen den beiden Höckern eines Wüstenschiffs riskieren.

1046   Aagyn-Gol (Аагын гол)

1069   Nartyn-Chošuu (Нартын хошуу)

1111   Zamin Uud (Замин ууд)

GPS: 43°43'7''N/111°54'27''O.

Die bereits bekannten Paß- und Zollprozeduren laufen hier erneut in zwei bis drei Stunden Aufenthalt ab, aber wie gehabt alles bequem im Abteil. Der Bahnhof wurde neu renoviert. Bei der Ausfahrt in Richtung China salutiert eine Soldatentruppe. Rechter Hand sieht man die parallel verlaufene Fernstraße, wo offensichtlich ebenfalls viel Verkehr herrscht. Bei Kilometer 1113 passiert der Zug die Grenze, nach ca. zwei weiteren Kilometern fährt der Zug an den Umspurhallen vorbei in den Bahnhof Erlian ein.

842   Erlian S. 242

Ab Erlian (auch Erlan, mongolisch Erenhot) zeigen die Streckenschilder an der Bahn die Kilometer rückwärts bis Beijing an. Entlang der parallel verlaufenden Landstraße sieht man noch einige Kilometer entlang Saurier-Skulpturen.

820   Shil

739   Sönid Youqi

509   Zhurihe

549   Tömörtei

524   Houqi

498   Jining

Jining ist ein wichtiger Eisenbahnknotenpunkt. Hier zweigt die wichtige Bahnlinie in die Hauptstädte der Inneren Mongolei, Hohhot und Baotou, ab.

470   Quahar Youyi/Fengzhen

Hinter Fengzhen passiert man erstmalig die hier im Vergleich zum später folgenden Abschnitt zwischen Kanzhuang und Badaling allerdings weniger umfassend rekonstruierten Überreste der Großen Chinesischen Mauer.

371   Datong S. 244

Hinter Datong zweigen seit mehreren Jahren die touristischen Sonderzüge von der Hauptstrecke ab und fahren zum Beijinger Westbahnhof, während die Regelzüge am Hauptbahnhof ankommen. Die Erklärung dafür ist, daß die Sonderzüge nun mehr Wagen bekommen haben als die Regelzüge und deshalb die kurvenreiche und stark abfällige Strecke zwischen Badaling und Juyongguan meiden müssen. Die von den Sonderzügen befahrene Strecke führt etwa 30 Kilometer lang durch die Gebirgslandschaft des Hengshan Gebirges. Mehrere Tunnel und Brücken sowie Fahrten durch die felsigen Schluchten bieten ebenfalls einiges fürs Auge und lohnen ein Verweilen am Zugfenster. Die Mauer sucht man hier allerdings vergeblich.

317   Yanggao

226   Huaiyan

194   Zhanjiakou

Die Stadt ist über 2000 Jahre alt und auch unter ihrem alten mongolischen Namen Kalgan bekannt. Hier kreuzte die alte Handelsstraße zwischen Peking und Rußland die Große Mauer. Heute ist es eine Industriestadt mit mehr als einer Million Einwohnern.

161   Xuanhua

83   Kanzhuang

73   Badaling

An diesem Punkt durchquert man die Große Chinesische Mauer! Bei nur sechs bis acht Minuten Stop läuft man am besten rechtzeitig zum Zugende, um ein paar schöne Fotos zu machen.

68   Chinglungchiao

Vom Bahnhof und auf den folgenden Kilometern hat man einen guten Blick auf die über den Bergrücken verlaufende Chinesische Mauer. Es folgt eine langsame, spannende Talfahrt durch mehrere Tunnel.

60   Juyongguan

Hier ist ein fünfminutiger Halt erforderlich, damit die Zugbremsen nach der Talfahrt wieder abkühlen können.

51   Nankou

Der Name bedeutet etwa ›Südpaß‹. Hier werden eventuell die als Schubverstärkung angehängten Loks, die den Zug über den besagten Paß schleppten bzw. schoben, wieder abgehängt. Nun verläuft die vierspurige Autobahn mehrere Kilometer direkt neben der Bahnlinie in einem engen Tal. Man sieht u.a. den riesigen Parkplatz für Besucher der Großen Mauer bei Badaling.

0   /Beijing/Peking Hauptbahnhof S. 259

Ab Moskau via Mongolei waren es hierher 7865 Kilometer, ab Köln ziemlich exakt 10 000 Bahnkilometer, ab Berlin etwa 9500 Kilometer.

Sprachführer Russisch

Die aus der russischen Sprache übernommenen Namen und Begriffe sind in den vom ›Duden‹ empfohlenen Transliterationsregeln für das kyrillische Alphabet gehalten. Ungewohnt mag die Umschrift der in der russischen Sprache häufigen Zischlaute wirken (Ж – Ž, Ч – Č, X – CH, Ц – C, Ш – Š, Щ – ŠČ). Sie ist aber eindeutiger als die eindeutschende Übertragung und, wenn man sich einmal daran gewöhnt hat, auch gut zu lesen. Lediglich bei Namen, die im Deutschen sehr geläufig sind, haben wir auf die wissenschaftliche Umschrift verzichtet.

Das kyrillische Alphabet

Kyrillisch	Aussprache	Transkription	Transliteration	engl. Transkription
A a	›a‹ wie in ›Vater‹	a	a	a
Б б	›b‹ wie in ›Ball‹	b	b	b
В в	›w‹ wie in ›Wasser‹	w	v	v
Г г	›g‹ wie in ›gut‹, in den Endungen -ero und -oro wie ›w‹	g	g	g
Д д	›d‹ wie in ›dort‹	d	d	d
E e	am Wortanfang, nach Vokalen und in der Endsilbe ›ite‹ wie ›je‹, sonst wie ›e‹	e	e	e
Ё ё	am Wortanfang und nach Vokalen ›jo‹, sonst betontes ›o‹	jo	ë	yo
Ж ж	›sch‹ wie in ›Journal‹	sch	ž	zh
З з	›s‹ wie in ›Rose‹	s	z	z
И и	›i‹ wie in ›Ritus‹	i	i	i
Й й	kurzes ›j‹	j	j	y
К к	›k‹ wie in ›Kamm‹	k	k	k
Л л	›l‹ wie in ›Schall‹	l	l	l
М м	›m‹ wie in ›Milch‹	m	m	m
Н н	›n‹ wie in ›Natur‹	n	n	n
О о	›o‹ in betonten, ›a‹ in unbetonten Silben	o	o	o
П п	›p‹ wie in ›Post‹	p	p	p
Р р	rollendes ›r‹	r	r	r
С с	stimmloses ›s‹ (daß)	s	s	s
Т т	›t‹ wie in ›Tisch‹	t	t	t
У у	›u‹ wie in ›gut‹	u	u	u
Ф ф	›f‹ wie in ›falsch‹	f	f	f
Х х	›ch‹ wie in ›acht‹	ch	ch	kh

Kyrillisch	Aussprache	Transkription	Transliteration	engl. Transkription
Ц ц	›z‹ wie in ›Zar‹	z	c	ts
Ч ч	›tsch‹ wie in ›Tschechien‹	tsch	č	ch
Ш ш	›sch‹ wie in ›Schule‹	sch	š	sh
Щ щ	länger gezogenes ›sch‹	schtsch	šč	shch
ы	ein im hinteren Mundbereich ausgesprochenes ›jüi‹	y	y	y
ь	Weichheitszeichen, davorstehende Konsonanten werden weich ausgesprochen	entfällt	'	entfällt
Э э	›ä‹ wie in ›Ente‹	e	é	e
Ю ю	›ju‹ wie in ›Jugend‹	ju	ju	yu
Я я	›ja‹ wie in ›Januar‹	ja	ja	ya

Wichtigste Ausspracheregeln:
unbetontes o wird wie a ausgesprochen
š entspricht stimmlosen ›sch‹
ž entspricht stimmhaften ›sch‹
č entspricht ›tsch‹

deutsch	Transliteration*	russisch
Allgemeine Wendungen		
Guten Tag!	Dóbryj den'!	Добрый день!
Hallo!	Privét!	Привет!
Guten Morgen!	Dóbroe útro!	Доброе утро!
Guten Abend!	Dóbryj véčer!	Добрый вечер!
Gute Nacht!	Spokójnoj nóči!	Спокойной ночи!
Auf Wiedersehen!	Do svidánija!	До свидания!
Tschüß!	Poká!	Пока!
Wie geht's?	Kak delá?	Как дела?
gut	chorošó	хорошо
schlecht	plócho	плохо
Es geht.	Ták sebjé.	Так себе.
Danke!	Spasíbo!	Спасибо!
Bitte!	Požálujsta!	Пожалуйста!

* der Akzent zeigt die betonte Silbe an

Sprachführer

deutsch	Transliteration	russisch
ja	da	да
nein	net	нет
Hilfe!	Pomogíte!	Помогите
Entschuldigung!	Izviníte!	Извините!
Macht nichts!	Ničevó!	Ничего!
Sprechen Sie deutsch/englisch?	Vy govoríte po-nemék-ki/po-anglíjski?	Вы говорите по-немец-ки/по-английски?
Ich verstehe nicht.	Ja ne ponimáju.	Я не понимаю.
Ich spreche kein Russisch.	Ja ne govorjú po-rússki.	Я не говорю по-русски.
Sprechen Sie langsam!	Govoríte médlenno!	Говорите медленно!
Ich weiß es (nicht).	Ja (ne) znáju.	Я (не) знаю.
Schreiben Sie es bitte auf!	Zapišíte, požálujsta!	Запишите, пожалуйста!
Ist es frei?	Svobódno?	Свободно?
Darf ich?	Móžno?	Можно?
Sie dürfen nicht/Man darf nicht!	Nel'zjá!	Нельзя!

Orientierung

Wo?	gde?	Где
Sagen Sie bitte, wo ist ...?	Skažíte, požálujsta, gde ...?	Скажите, пожалуйста, где...?
Entschuldigen Sie, wie komme ich zu ...?	Izviníte, kak mne popásť k ...?	Извините, как мне попасть к ...?
rechts, nach rechts	právo, naprávo	право, направо
links, nach links	lévo, nalévo	лево, налево
geradeaus	prjámo	прямо
um die Ecke	za uglóm	за углом
hinter der Brücke	za mostóm	за мостом
hier	zdes'	здесь
dort	tam	там
nah	blízko	близко
weit	dalekó	далеко
Norden	séver	север

deutsch	Transliteration	russisch
Süden	jug	юг
Westen	západ	запад
Osten	vostók	восток
Hinweisschilder		
Eingang	vchod	вход
Ausgang	vychod	выход
geschlossen	zakrýto	закрыто
außer Betrieb	ne rabótaet	не работает
Kasse	kássa	касса
Umbau, Renovierung	remónt	ремонт
geöffnet	otkrýto	открыто
Information	správka	справка
Toilette (Damen/ Herren)	tualét (žénskij/mužskój)	туалет (женский/ мужской)
Orte		
Brücke	most	мост
Straße	úlica	улица
Gasse	pereúlok	переулок
Prospekt (große Straße)	prospékt	проспект
Platz	plóščad'	площадь
Uferstraße	náberežnaja	набережная
Boulevard	bul'vár	бульвар
Haus	dom	дом
Theater	teátr	театр
Kloster	monastýr'	монастырь
Kirche	cérkov'	церковь
Museum	muzéj	музей
Öffentliche Verkehrsmittel		
Bahnhof	vokzál	вокзал
Busbahnhof	avtovokzál	автовокзал
Haltestelle	ostanóvka	остановка
Bahnsteig	perrón, put'	перрон, путь

deutsch	Transliteration	russisch
Abfahrt	otpravlénie	отправление
Ankunft	pribýtie	прибытие
Bus	avtóbus	автобус
Fährt dieser Zug/Bus nach ...?	Étot póezd/avtóbus idët v ...?	Этот поезд/автобус идёт в ...?
Wann fährt der Zug nach ...?	Kogdá otpravljáetsja póezd v ...?	Когда отправляется поезд в ...?
Von welchem Bahnsteig?	S kakój platfórmy?	С какой платформы?
Gleis	put'	путь
Der Zug verspätet sich um ...	Póezd opázdyvaet na ...	Поезд опаздывает на ...
mit dem Boot, Tragflügelboot	na lódke, na rakéte	на лодке, на ракете
mit dem Bus	na avtóbuse	на автобусе
mit dem Taxi	na taksí	на такси
mit dem Zug	na póezde	на поезде
Einen Fahrschein nach Irkutsk, bitte!	Odín bilét v Irkútsk, požálujsta!	Один билет в Иркутск, пожалуйста!
hin und zurück	tydá i obrátno	туда и обратно
Gepäck	bagáž	багаж
Gepäckkarren	bagážnaja telёžka	багажная тележка
Gepäckaufbewahrung	kamera chranénija	камера хранения
Gepäckträger	nosíĺščik	носильщик
Gute Reise!	Sčastlívogo putí	Счастливого пути!
Im Zug		
Transsibirische Eisenbahn	Transsibírskaja magistrál'	Транссибирская магистраль
Schaffner/in	provodník/-níca	проводник/-ница
Wagennummer	nómer vagóna	номер вагона
Schlafwagen	spál'nyj vagón	спальный вагон
Zugabteil	kupé	купе
Platz	mésto	мссто

deutsch	Transliteration	russisch
Wann sind wir in...?	Čérez skól'ko my búdem v ...?	Через сколько мы будем в ...?
Wann muß ich aussteigen?	Kogdá mne výjti?	Когда мне выйти?
Bettwäsche	postél'noe bel'ë	постельное бельё
Kann ich bitte frische Bettwäsche bekommen?	Móžno li polučit' svéžee postél'noe bel'ë?	Мозно ли получить свежее постельное бельё?
Wo befindet sich der Speisewagen?	Gde nachóditsja vagón-restorán?	Где находится вагон-ресторан?
Haben Sie Tee?	Est' li u vas čaj?	Есть ли у вас чай?
Ich habe ... schmerzen!	U menjá bolít ...!	У меня болит ...!

Öffentliche Einrichtungen

Post	póčta	почта
Geschäft, Laden	magazín	магазин
Bank, Sparkasse	bank, sberkássa	банк, сберкасса
Konsulat	kónsul'stvo	консульство
Botschaft	posól'stvo	посольство
Krankenhaus	bol'níca	больница
Apotheke	aptéka	аптека
Arzt	vrač	врач
Zahnarzt	zubnój vrač	зубной врач

Im Hotel

Hotel	gostínica	гостиница
Pension	pansión	пансион
Zimmer	nómer	номер
für eine Nacht	na noč'	на ночь
heißes Wasser	gorjáčaja vodá	горячая вода
Dusche	duš	душ
Heizung	otoplénie	отопление
Preis	cená	цена
dies hier	vot éto	вот это
funktioniert nicht	ne rabótaet	не работает
Licht	svet	свет

deutsch	Transliteration	russisch
Einkaufen		
Haben Sie?	U vas est'?	У Вас есть?
Was kostet das?	Skól'ko éto stóit?	Сколько это стоит?
Geben Sie mir bitte ...!	Dájte mne, požálujsta ...!	Дайте мне, пожалуйста ...!
Zeigen Sie mir bitte ...!	Pokažíte mne požálujsta ...!	Покажите мне пожалуйста ...!
Tüte	pakét	пакет
Eine Packung ..., bitte	Odnú páčku ..., požálujsta	Одну пачку ..., пожалуйста
Eine Flasche ..., bitte	Odnú butýlku ..., požálujsta	Одну бутылку ..., пожалуйста
Zeitung	gazéta	газета
Zigaretten	sigaréty	сигареты
Schokolade	šokolád	шоколад
Kaugummi	ževétel'naja rezinka	жевательная резинка
Im Restaurant/Speisewagen		
Die Speisekarte bitte!	Menjú, požálujsta!	Меню, пожалуйста!
Ich möchte zahlen.	Ja chočú zaplatít'.	Я хочу заплатить.
Bringen Sie bitte ...!	Prinesíte, požálujsta ...!	Принесите, пожалуйста ...!
Teller	tarélka	тарелка
Tasse	čáška	чашка
Glas	stakán	стакан
Messer	nož	нож
Gabel	vílka	вилка
Löffel	lóžka	ложка
Zucker	sáchar	сахар
Salz	sol'	соль
Frühstück	závtrak	завтрак
Mittagessen	obéd	обед
Abendessen	úžin	ужин
Vorspeisen	zakúski	закуски
Erster Gang (Suppe)	pérvoe (sup)	первое (суп)

deutsch	Transliteration	russisch
Zweiter Gang	vtoróe	второе
Nachspeise	desért	десерт
Frühstück		
Tee mit Zitrone	čaj s limónom	чай с лимоном
Kaffee mit Milch und Zucker	kófe s molokóm i sácharom	кофе с молоком и сахаром
Brot	chleb	хлеб
Butter	máslo	масло
Honig	mëd	мёд
Marmelade	varén'e	варенье
Milch	molokó	молоко
Eier	jájca	яйца
Käse	syr	сыр
Wurst	kolbasá	колбаса
Vorspeisen		
Pfannkuchen	blinу́	блины
Fleischsalat	salat oliv'é	салат оливье
Gurkensalat	salát iz ogurcóv	салат из огурцов
Tomatensalat	salát iz pomidórov	салат из помидоров
Pilze	gribу́	грибы
Kaviar	ikrá	икра
Pirogge	piróg	пирог
Gemüsesalat	vinegrét	винегрет
Suppen		
Rote-Beete-Suppe	boršč	борщ
Kohlsuppe	šči	щи
Bouillon	bul'ón	бульон
Soljanka	soljánka	солянка
Fischsuppe	uchá	уха
Zubereitungsarten		
gekocht	varёnyj	варёный
gebraten	žárenyj	жареный
geräuchert	kopčёnyj	копчёный

deutsch	Transliteration	russisch
in Öl gebraten	fri	фри
Mittag- und Abendessen		
Kartoffeln	kartóška	картошка
Reis	ris	рис
saure Sahne	smetána	сметана
russische Maultaschen	pel'méni	пельмени
Fisch	rýba	рыба
Fleisch	mjáso	мясо
Hammelfleisch	baranina	баранина
Boulette	kotléta	котлета
Ragout	ragú	рагу
Würstchen	sosíski	сосиски
Huhn	kúrica	курица
Plow (Reisgericht mit Fleisch)	plov	плов
Gemüse und Salat		
Erbsen	goróch	горох
Gurke	oguréc	огурец
Kartoffeln	kartófel	картофель
Kohl	kapústa	капуста
Möhren	morkóv'	морковь
Rote Beete	sveklá	свекла
Salat	salát	салат
Tomaten	pomidóry	помидоры
Obst		
Apfel	jábloko	яблоко
Birne	grúša	груша
Honigmelone	dýnja	дыня
Süßkirsche	čeréšnja	черешня
Orange	apel'sín	апельсин
Wassermelone	arbúz	арбуз
Weintrauben	vinográd	виноград
Zitrone	limón	лимон

deutsch	Transliteration	russisch
Dessert		
Speiseeis	moróženoe	мороженое
Bonbons	konféty	конфеты
süßes Teiggebäck	pirožók	пирожок
Kuchen	piróžnoe	пирожное
Torte	tort	торт
Obst	frúkty	фрукты
Getränke		
Mineralwasser	minerál'naja vodá	минеральная вода
Saft	sok	сок
Rotwein	krásnoe vinó	красное вино
Weißwein	béloe vinó	белое вино
Bier	pívo	пиво
Vodka	vódka	водка
Cognac	kon'ják	коньяк
Telefonieren		
Ich höre.	Slúšaju	Спушаю.
Wer spricht?	Kto govorít?	Кто говорит?
Wen möchten Sie sprechen?	Kto vam núžen?	Кто вам нужен?
Ich möchte bitte ... sprechen.	Pozovíte požálujsta .. k telefónu.	Позовите пожалуйста ... к телефону.
Ich möchte nach Deutschland telefonieren.	Ja choćú pozvonít' v Germániju.	Я хочу позвонит в Германию.
Vorwahl	kod	код
Zahlen		
eins, zwei, drei	odín, dva, tri	один, два, три
vier, fünf, sechs	četýre, pjat', šest'	четыре, пять, шесть
sieben, acht, neun	sem', vósem', dévjat'	семь, восемь, девять
zehn, elf	désjat', odínadcat'	десять, одинадцать
zwölf	dvenádcat'	двенадцать
dreizehn	trinádcat'	тринадцать

deutsch	Transliteration	russisch
vierzehn	četýrnadcat'	четырнадцать
fünfzehn	pjatnádcat'	пятнадцать
sechzehn	šestnádcat'	шестнадцать
siebzehn	semnádcat'	семнадцать
achtzehn	vosemnádcat'	восемнадцать
neunzehn	devjatnádcat'	девятнадцать
zwanzig	dvádcat'	двадцать
hundert	sto	сто
tausend	týsjača	тысяча
Zeitangaben		
Wie spät ist es?	Kotóryj čas?	Который час?
heute	segódnja	сегодня
gestern	včerá	вчера
morgen	závtra	завтра
Stunde	čas	час
am Morgen	útrom	утром
tagsüber, am Tag	dnëm	днём
am Abend	véčerom	вечером
Woche	nedélja	неделя
Monat	mésjac	месяц
Jahr	god	год
Montag	ponedél'nik	понедельник
Dienstag	vtórnik	вторник
Mittwoch	sredá	среда
Donnerstag	četvérg	четверг
Freitag	pjátnica	пятница
Sonnabend	subbóta	суббота
Sonntag	voskresén'e	воскресенье
Januar, Februar	janvár', fevrál'	январь, февраль
März, April, Mai	mart, aprél', maj	март, апрель, май
Juni, Juli, August	ijún', ijúl', ávgust	июнь, июль, август
September, Oktober	sentjábr', oktjábr'	сентябрь, октябрь
November, Dezember	nojábr', dekábr	ноябрь, декабрь

Sprachführer Mongolisch

Obwohl relativ viele Mongolen eine Fremdsprache beherrschen, wird vor allem auf dem Land die Verständigung schwierig. Während der sozialistischen Zeiten wurde vor allem Russisch unterrichtet, heute werden Englisch, Deutsch und Koreanisch fleißig gelernt und auch gesprochen. Insbesondere in Ulaanbaatar findet man viele Mongolen, die sich durch Studium, Ausbildung oder andere längere Auslandsaufenthalte gute Sprachkenntnisse angeeignet haben.

Die mongolische Sprache ist nicht ganz einfach zu erlernen und für Europäer schwer auszusprechen. Zudem verwendet sie das kyrilische Alphabet, das einige Sonderzeichen zusätzlich enthält. Im folgenden Sprachführer wird versucht, eine möglichst genaue Aussprache zu beschreiben. Fehlende Endungen wie beispielsweise ›bain‹ statt ›baina‹ sind beabsichtigt, da das ›a‹ nicht mitgesprochen wird. Alle mongolischen Vokale werden kurz ausgesprochen, es sei denn, sie sind verdoppelt. Länge und Kürze der Vokale sind wichtig für die Verständlichkeit und Bedeutung. So bedeutet zum Beispiel цас (tsas) ›Schnee‹, während цаас (tsaas) für ›Papier‹ steht.

Das mongolische Alphabet

Mongolische Buchstaben	Aussprache	Transliteration	Englische Transkription
а	a	a	a
б	b	b	b
в	w wie in Winter	v	v
г	g im hinteren Gaumen	g	g
д	d	d	d
е	e	je	ye
ё	jo wie in Jolle	jo	yo
ж	dsch wie in Dschungel	ž	j
з	ds	z	z
и	i	i	i
й	i, zur Verlängerung	j	i
к	k	k	k
л	l	l	l
м	m	m	m
н	n	n	n
о	o	o	o
ө	o mit leichtem ö	ö	u
п	p	p	p
р	gerolltes Zungen-R	r	r
с	s	s	s
т	t	t	t
у	u	u	u
ү	u	ü	u
ф	f	f	f

Mongolische Buchstaben	Aussprache	Transliteration	Englische Transkription
х	ch wie in Buch	ch	kh
ц	z wie in Zahn	c	ts
ч	tsch wie in Tschechien	č	ch
ш	sch wie in Schule	š	sh
щ	schtsch	šč	shch
ъ	wird nicht gesprochen	-	-
ы	Verlängerung i wie Miene	y	i
ь	Weichheitszeichen	i	i
э	e wie in Ente	ä	e
ю	ju wie in Jubel	ju	yu
я	ja wie in Jacke	ja	ya

deutsch	Transliteration	kyrillisch
Begrüßung/Verabschiedung		
Guten Tag! (eine Person)	Sain bain uu!	Сайн байна уу!
Guten Tag! (mehrere Personen)	Sain baitsgaa nuu!	Сайн байцгаана нуу!
Ist die Sommerweide gut? (Begrüßung auf dem Land)	Saikhan dsusadsch bain uu?	Сайхан зусаж байна уу?
Wie geht es Ihnen?	Tany bie sain uu?	Таны бие сайн уу?
Wie heißen Sie? (höflich)	Tany ner aldar khen be?	Таны нэр алдар хэн бэ?
Wie heißt Du?	Tschinii ner khen be?	Чиний нэр хэн бэ?
Wo kommen Sie her?	Ta khanaas irsen be?	Та хаанаас ирсэн бэ?
Ich komme aus ... (Deutschland).	Bi (german-) ... aas irsen.	Би (герман-) ... аас ирсэн.
Auf Wiedersehen!	Bajartai!	баяртай!
Gute Reise!	Sain javaarai!	Сайн яваарай!
Leben Sie wohl!	Dsa, sain suudsch baig-aarai!	За, сайн сууж байгаарай!
Gute Nacht!	Saikhan noirsooroi!	Сайхан нойрсоорой!
Wann treffen wir uns?	Bid nar khedsee uuldsakh we?	Бид нар хэзээ уулзах вэ?
Wo treffen wir uns?	Bid nar khaana uuldsakh we?	Бид нар хаана уулзах вэ?
Abgemacht!	Dsa, tegi!	За, тэгье!

deutsch	Transliteration	kyrillisch
Allgemeines		
Ja.	Tiim, dsa.	тийм, за.
Nein.	ugui.	үгүй.
Danke!	Bajarlaa!	Баярлалаа!
Bitte (ist ok).	Dsa, dsugeer.	За, зүгээр.
Entschuldigung!	Uutschlaarai!	Уучлаарай!
Ich verstehe Sie nicht.	Bi oilgokhgui bain.	Би ойлгохгүй байна.
Würden Sie mir behilflich sein?	Ta nadad tusal nuu?	Та надад туслана уу?
Was ist das?	En ju we?	Энэ юу вэ?
Orientierung		
Norden	umard, khoid	умард, хойд
Süden	ömnö	өмнө
Osten	dsuun	зүүн
Westen	baruun	баруун
Landkarte	gadsryn dsurag	газрын зураг
Berg	uul	уул
Brücke	guur	гүүр
Düne/Sandwüste	els	элс
Fluß	gol	гол
Gebirge	Nuruu	нуруу
Höhle	agui	агүй
Mineralquellen	rashaan	рашаан
Paß	davaa	даваа
Quelle	bulag	булаг
See	nuur	нуур
Stadt	khot	хот
Steppe/Ebene	tal	тал
Strom	mörön	мөрөн
Verkehrsmittel		
Autobus	avtobus	автобус
Eisenbahn	galt tereg	галт тэрэг
Flugzeug	ongots	онгоц

deutsch	Transliteration	kyrillisch
Auto	maschin	машин
Geländewagen	mosttoi tereg	мосттой тэрэг
Fahrer	dscholootsch	жолооч
Ich möchte ein Auto mieten.	Bi neg tereg zeelj avtsch unahk gesen jum.	Би нэг тэрэг зээлж авч унах гэсэн юм.
Wieviel kostet es für einen Tag?	ödört jamar unetei ve?	Өдөрт ямар үнэтэй вэ?
Abschleppseil	tross	тросс
Achse	gol	гол
Benzin	bensin	бензин
Bremse	tormos	тормос
Flickzeug	khaimar nökhökh tsawuu	хаймар нөхөх цавуу
Licht	gerel	гэрэл
Motoröl	motoryn tos	моторын тос
Reparaturwerkstatt	dsaswaryn gasar	засварын газар
Rad	dugui	дугуй
Reifen	khaimar	хаймар
Tank	bank	банк
Wagenheber	damkrat	дамкрат
Essen/Restaurant		
Fisch	dsagas	загас
Fleisch	makh	мах
Hammelfleisch	khoniny makh	хонины мах
Hühnerfleisch	takhiany makh	тахианы мах
Kalbfleisch	tugalyn makh	тугалын мах
Rindfleisch	ukhriyn makh	үхрийн мах
Schweinefleisch	gakhain makh	гахайн мах
Ziegenfleisch	jamaany makh	ямааны мах
Brot	talkh	талх
Butter	maasal	мааслал
Ei	öndög	өндөг
Gurke	ogurtzy	огурцы

deutsch	Transliteration	kyrillisch
Kartoffeln	töms	төмс
Milch	suu	сүү
Mehl	guril	гурил
Nudeln (hausgemacht)	guril	гурил
Nudeln (Fabrik)	goimen	гоймон
Reis	tsagaan budaa	цагаан будаа
Salz	davs	давс
Tomate	pomidor	помидор
Weißkohl	baitsaa	байцаа
Zucker	elsen tschikhir	элсэн чихэр
Zwiebeln	songino	сонгино
Nudeln mit Fleisch und Gemüse	Zuivan	Цуйван
Gedünstete Teigtaschen mit Fleisch	buuz	бууз
Frittierte Teigtaschen mit Fleisch	khuschuur	хуушуур
Fischsuppe	dsagasny schöl	загасны шөл
Gemüsesuppe	nogootoy schöl	ногоотой шөл
Geflügelsuppe	takhiany schöl	тахианы шөл
gebraten	scharsan	шарсан
gekocht	tschanasan	чанасан
Ich möchte vegetarisch (pflanzliche Kost) essen.	Bi urgalmlyn garaltai khool idmeer bain.	Би ургалмлын гаралтай хоол идмээр байна.
Gesundheit		
Mir geht es schlecht.	Minii bie muu bain.	Миний бие муу байна.
Ich habe Fieber.	Bi khaluuntai bain.	Би халуунтай байна.
Ich brauche einen Arzt.	Bi emtschid udsuulmeer bain.	Би эмчид үзүүлмээр байна.
Mein Zahn schmerzt.	Minii schud övdödsch bain.	Миний шуд өвдөж байна.
Kopf	tolgoi	толгой
Ohr	tschikh	чих
Auge	nud	нүд

deutsch	Transliteration	kyrillisch
Hals	khooloi	хоолой
Arm/Hand	gar	гар
Herz	dsurkh	зүрх
Bauch/Gedärm	gedes	гэдэс
Bein/Fuß	khul	хөл
Wetter/Natur		
Wie ist das Wetter heute?	Önöödör tenger jamar bain?	Өнөөдөр тэнгэр ямар байна?
Heute ist es kalt (warm, heiß).	Önöödör khuiten (dulaan, khaluun).	Өнөөдөр хүйтэн (дулаан, халуун).
Es regnet (schneit).	Boroo (tsas) ordsh bain.	Бороо] (цас) орж байна.
Sonne	nar	нар
Regenbogen	solong	солонго
Mond	sar	сар
Stern	od	од
Baum	mod	мод
Wald	oi	ой
Blume	tsetseg	цэцэг
Pferd	mor	морь
Kamel	temee	тэмээ
Rind	ükher	үхэр
Schaf	khon	хонь
Ziege	jamaa	ямаа
Zeit		
Wie spät ist es?	Kheden zag boldsh bain?	Хэдэн цаг болж байна?
Morgen	öglöö	өглөө
Vormittag	üdees ömnö	үдээс өмнө
Mittag	üd	үд
Nachmittag	üdees khoisch	үдээс хойш
Abend	oroi	орой
Nacht	schönö	шөнө

deutsch	Transliteration	kyrillisch
heute	önöödör	өнөөдөр
morgen	margaasch	маргааш
gestern	ötschigdör	өчигдөр
Montag	negdekh ödör, davaa garig	нэгдэх өдөр, даваа гариг
Dienstag	khojrdakh ödör, mjigmar garig	хоёрдахь өдөр, мягмар гариг
Mittwoch	guravdakh ödör, lkhava garig	гуравдахь өдөр, лхагва гариг
Donnerstag	dörövdekh ödör, pürev garig	дөрөвдэх өдөр, пүрэв гариг
Freitag	tavdakh ödör, baasan garig	тавдахь өдөр, баасан гариг
Sonnabend	khagas sain ödör, bjamba garig	хагас сайн өдөр, бямба гариг
Sonntag	buten sain ödör, njam garig	бүтэн сайн өдөр, ням гариг
Zahlen		
eins, zwei, drei	neg, khojor, gurav	нэг, хоёр, гурав
vier, fünf, sechs	dürüv, taw, dsurga	дөрөв, тавө, зургаа
sieben, acht, neun	doloo, naim, jus	долоо, найм, ес
zehn, elf	araw, arwan neg	арав, арван нэг
zwölf	arwan khojor	арван хоёр
dreizehn	arwan gurav	арван гурав
vierzehn	arwan dürüv	арван дөрөв]
fünfzehn	arwan taw	арван тав
sechzehn	arwan dsurga	арван зургаа
siebzehn	arwan doloo	арван долоо
achtzehn	arwan naim	арван найм
neunzehn	arwan jus	арван ес
zwanzig	khor	хорь
einundzwanzig	khorin neg	хорин нэг
dreißig	guch	гуч
einhundert	dsuu (n)	зуу (н)

Sprachführer Chinesisch

Chinesisch wird von weit über einer Milliarde Menschen als Muttersprache gesprochen und ist somit die meistgesprochene Sprache der Welt. Innerhalb der Volksrepublik China wird es von rund 95 Prozent der Bevölkerung gesprochen, außerdem spricht man es auf Taiwan, in Hongkong, Singapur und Malaysia. Auch in den Gebieten, in denen Minderheiten wohnen, wird es meist verstanden und neben der eigenen Muttersprache gesprochen. In China ist die offizielle Sprache das dem nordchinesischen Dialekt um Peking angenäherte Hochchinesisch (Putonghua – Allgemeinsprache), das heute in ganz China verbreitet ist. Daneben gibt es noch verschiedene große Dialektgruppen, die sich in der Aussprache stark voneinander unterscheiden. So wird zum Beispiel in und um Hongkong und Kanton (Guangzhou) fast ausschließlich der kantonesische Dialekt gesprochen, den etwa Chinesen aus Peking praktisch nicht verstehen können. Wie auch die meisten Hongkong-Chinesen Putonghua, auch Mandarin genannt, nicht oder nur eingeschränkt verstehen.

Das monosyllabische Chinesisch ist für uns Europäer vor allem deswegen relativ schwer zu sprechen, weil jede Silbe noch einen besonderen Ton trägt, der bedeutungsentscheidend ist.

Die chinesische Schrift ist im Prinzip eine Zeichen- und Bilderschrift. Im modernen Chinesisch besteht ein Wort zumeist aus mehreren Schriftzeichen. Im Laufe der Geschichte entstanden bis zu 50 000 Schriftzeichen. Heute sind in China und Hongkong circa 5000 bis 7000 in ständigem Gebrauch. Mit Kenntnis von etwa 3500 Schriftzeichen kann man den Großteil einer Tageszeitung verstehen. Sie werden mit Erstaunen feststellen, daß Sie jeden Tag mindestens ein Zeichen lernen.

In der Volksrepublik China sind ein Teil der Schriftzeichen – jedes Schriftzeichen besteht aus einer festgelegten Anzahl von Strichen – in der Schreibung vereinfacht worden. In Hongkong und Taiwan werden noch die nicht vereinfachten Schriftzeichen benutzt.

Oft wird neben den chinesischen Schriftzeichen bereits eine lateinische Umschrift benutzt, das sogenannte Pinyin. So heißt in dieser auch von der UN anerkannten Umschrift die chinesische Hauptstadt Beijng, nach einer alten Umschrift Peking. Diese Umschrift wird auch in den meisten Publikationen benutzt. Da im Chinesischen die einzelnen Zeichen einfach nacheinander geschrieben werden, kommt es bei der Übertragung ins Pinyin oft zu unterschiedlichen Silbenzusammenstellungen: Tianmen, Tian An Men oder auch Tianan Men sind beispielsweise verschiedene Schreibmöglichkeiten für das Tor des Himmlischen Friedens; auch Straßennamen werden oft unterschiedlich geschrieben.

In den Touristen-Hotels beherrschen viele Angestellte Englisch, oft allerdings nur sehr eingeschränkt. Vor allem bei Zahlen sollten Sie im Zweifelsfalle alles aufschreiben. Jüngere Leute verstehen zwar oft Englisch, haben aber Schwierigkeiten, es zu sprechen. Nicht viele Taxifahrer in China sprechen Englisch. Wenn Sie bestimmte Ausflüge etc. auf eigene Faust planen, lassen Sie sich im Zweifelsfalle etwa Ortsnamen, Adressen und ähnliches an der Rezeption Ihres Hotels in chinesischen Schriftzeichen aufschreiben. Auch auf die Begriffe im nachfolgenden Sprachführer können Sie deuten.

Aussprache

a	lang, wie in ›Krater‹
ai	wie in ›Mainz‹
an	wie in ›Kanne‹; nach i, u, y als ›än‹ wie in ›Länder‹
ang	wie in ›Klang‹
ao	wie in ›Traum‹
b	wie in ›Baum‹
c	wie in ›stets‹
ch	wie in ›deutsch‹
d	wie in ›Donner‹
e	wie das ›e‹ in ›Ende‹, jedoch breiter; als ›ä‹ nach i, u, y
ei	als ›äi‹ wie in ›Layout‹
en	sehr kurz, wie in ›leben‹
eng	sehr kurz, also wie eine Mischung aus e und ö + ng
er	wie im engl. Wort ›mirror‹
f	wie in ›Freund‹
g	wie in ›Regen‹
h	wie in ›wach‹
i	am Wortende wie in ›Bieber‹; in der Wortmitte flüchtiger wie in ›wirken‹; nach c, ch, r, s,sh, z, zh sehr kurz wie eine Mischung aus einem kurzen e und einem ö
j	wie ›dj‹, wie in ›Rundjahr‹
k	wie in ›kalt‹
l	wie in ›links‹
m	wie in ›Mann‹
n	wie in ›Name‹
o	wie in ›konnte‹
ong	wie in ›Wirkung‹
ou	wie im engl. Wort ›go‹
p	wie in ›Pilz‹ (aspiriert)
q	wie ›tj‹ in ›tja!‹ (aspiriert)
r	wie im engl. Wort ›right‹
s	stimmlos wie in ›Nuss‹
sh	stimmlos wie in ›Schirm‹
t	wie in ›Tier‹ (aspiriert)
u	wie in ›im Nu‹, nach y wie ›ü‹ in ›Hürde‹
w	wie im engl. Wort ›water‹
x	wie in ›Kichern‹
y	wie ›i‹ in ›Maya‹
z	›ds‹ wie der Fluß ›Hudson‹
zh	wie in ›Dschungel‹

Deutsch	Pinyin-Umschrift	Chinesisch
Einige wichtige Sehenswürdigkeiten und Orientierungspunkte in Peking		
Peking-Hauptbahnhof	běijīng zhàn	北京站
Peking-Westbahnhof	běijīng xīzhàn	北京西站
Tor des Himmlischen Friedens	tiān'ānmén	天安门
Platz des Himmlischen Friedens	tiān'ānmén guǎngchǎng	天安门广场
Verbotene Stadt (Palastmuseum)	gùgōng	故宫
Kohlenhügel	méishān	煤山
Trommelturm	gǔlóu	鼓楼
Glockenturm	zhǒnglǒu	钟楼
Lamatempel	yōnghé gǒng	雍和宫
Tempel der Weißen Wolke	báiyún gūan	白云观
Himmelstempel	tiāntān	天坛
Qianmen	qíanmén	前门
Sommerpalast	yíhéyúan	颐和园
Tempel der Azurblauen Wolke	bìyún sì	碧云寺
Liegender Buddha (Wofosi)	wòfó sì	卧佛寺
Antiquitätenstraße Liulichang	líulíchǎng	琉璃厂
Wangfujing (Einkaufsstraße)	wángfǔjǐng	王府井
Peking Hotel	běijīng fàndìan	北京饭店
Dong-An-Men-Straße (Nachtmarkt)	dōng'ān mén dàjie	东安门大街
Sun Oriental Plaza (Einkaufzentrum)	xīn dōng'ān shāngcháng	新东安商场
Seidenmarkt	xìushǔi jīe	秀水街
Panjiayuan-Antiquitätenmarkt	pānjīayúan jìuhùo shìchǎng	潘家园旧货市场
Fang-Shan-Restaurant	fǎngshàn fàndìan	仿膳饭店

Deutsch	Pinyin-Umschrift	Chinesisch
Begrüßungen und allgemeine Floskeln		
Guten Tag, Hallo!	nǐ hǎo	你好
Guten Abend/Gute Nacht!	wǎn'ān	晚安
Guten Morgen!	zāo'ān	早安
Auf Wiedersehen	zàijiàn	再见
Hallo!	wèi !	喂
Bis morgen!	mǐngtiān jiàn	明天见
Willkommen!	huānyíng huānyíng	欢迎欢迎
Bitte!	qǐng	请
Danke!	xièxiè	谢谢
Nichts zu danken.	bú yòng xiè	不用谢
Keine Ursache, macht nichts.	méi guānxī	没关系
Entschuldigung!	duìbùqǐ	对不起
Ja (so ist es).	shì	是
Nein, nicht.	bù	不
Richtig!	duì	对
Konversation		
Woher kommen Sie?	nǐ shì cóng nǎli láide?	你是从哪里来的?
Wie heißen Sie?	nǐ jiào shénme míngzi?	你叫什么名字?
Erfreut Sie kennenzulernen.	gāoxīng rènshi nǐ	高兴认识你
Das ist meine Ehefrau (Ehemann).	zhè shì wǒde tàitài (zhàngfu)	这是我的太太 (丈夫)
Herr Wang	Wang xiānshēng	王先生
Frau Wang	Wang nüshí	王女士
Fräulein (auch im Service)	xǐaojie	小姐
Ich heiße...	wǒ jiào ...	我叫 …
Ich komme aus ...	wǒ shì cóng ... lái de	我是从… 来的
Ich bin Deutsche/r (Österreicher, Schweizer).	wǒ shì déguórén (àodìlìrén, ruìshìrén)	我是德国人 (奥地利人, 瑞士人)

Deutsch	Pinyin-Umschrift	Chinesisch
Wo ist...?	... zài nǎli	… 在那里?
Ich verstehe nicht.	wǒ tīng bù dǒng	我听不懂
Ich spreche kein Chinesisch.	wǒ bú huì jiǎng zhōngwén	我不会将中文
Sprechen Sie Englisch (Deutsch)?	nǐ huì bú huì jiǎng yīngwén (déwén)?	你会不会将英文 (德文)?
Könnten Sie das bitte wiederholen?	qǐng nǐ zài shuō yī xià	请你再说一下
Ich habe mich verlaufen.	wǒ mílù le	我迷路了
Einen Moment bitte!	qǐng děng yī xia	请你等一下

Länder

China	zhōngguó	中国
Deutschland	déguó	德国
Österreich	aòdìlì	奥地利
Schweiz	ruìshì	瑞士
Luxemburg	lúsēnbào	卢森堡

Einkaufen

Wo bitte gibt es ein Kaufhaus?	zài nǎli yǒu yī gè bǎihuò shāngdiàn	在哪里有一个百货商店
Supermarkt	chāojí shìchǎng	超级市场
Kiosk	xiǎomǎibu	小卖部
Was kostet das?	zhèigè duō shǎo qián	这个多少钱
Ich möchte das da kaufen.	wǒ yào mǎi zhèigè	我要买这个
Kann ich das da mal sehen?	kěyǐ kàn yī xià zhèigè	可以看一下这个
Das ist zu teuer.	Zhèigè tài guì	这个太贵
Gehen Sie mit dem Preis ein wenig runter!	nǐ yào bu yào dì yī diàn	你要不要底一点
Ich möchte das nicht kaufen.	wǒ bú yào mǎi zhèigè	我不要买这个
Ich möchte mich nur umschauen.	wǒ zhǐ yào kàn yi kàn	我只要看一看
Wo gibt es...?	zài nǎli yǒu	在哪里有 …

Deutsch	Pinyin-Umschrift	Chinesisch
etwas, ein wenig	yīdiàn	一点
etwas mehr	duō yī diàn	多一点
etwas weniger	shǎo yī diàn	少一点
zuviel	tài duō	太多
zu wenig	tài shǎo	太少
Kleidung	yīfu	衣服
Schuhe	xiézi	鞋子
Kosmetika	huàzhuāng	化妆
Lebensmittel	shíwù	食物
Papier	zhī	纸
Briefmarken	yóupiào	邮片
ausländische Zeitschriften	wàiwén zázhì	外文杂志
ausländische Bücher	wàiwén shū	外文书
Getränke	yǐnliào	饮料

Post/Bank/Telefon

Deutsch	Pinyin-Umschrift	Chinesisch
Ich möchte diesen Brief nach Deutschland schicken.	wǒ yào fā zhèigè xìn dào déguó	我要发这个信到德国
Ich möchte dieses Päckchen nach Deutschland schicken.	wǒ yào fā zhèigè bāoguǒ dào déguó	我要发这个包裹到德国
Briefmarken	yóupiào	邮票
Luftpost	hángkōng	航空
Seeweg	háiyùn	海运
Landweg	lùyùn	陆运
Wo ist das internationale Postamt?	guōjí yóujú zài nǎli?	国际邮局在那里?
Bank	yínháng	银行
Ich möchte Geld wechseln.	wǒ yào huàn qián	我要换钱
Telefon	diànhuà	电话
Fax	chuánzhēn	传真
Ich möchte telefonieren.	wǒ yào dǎ diànhuà	哦要打电话

Sprachführer

Deutsch	Pinyin-Umschrift	Chinesisch
Verkehr/im Taxi		
Auto	qìchē	汽车
Taxi	chūzūqìchē	出租汽车
Fahrrad	zìxíngchē	自行车
Ich möchte ein Fahrrad mieten.	wǒ xiǎng zū yī liàng zìxíngchē	我想租一辆自行车
Bus	gōnggòng qìchē	公共汽车
Zug	huǒchē	火车
Bahnhof	huǒchēzhàn	火车站
Ich möchte ein Zugtikket kaufen nach …	wǒ yào mǎi yī zhang dào … de huǒchēpiao	我要买一张到 … 的 火车票
Softsleeper-Ticket	rǔanwò-piao	软卧票
Softseater-Ticket	ruǎnzuò piao	软座票
Hardsleeper-Ticket	yìngwò piao	硬卧票
Hardseater-Ticket	yìngzuò piao	硬座票
Transsibirische Eisenbahn	Xībólìyà Lìechē	西伯利亚列车
Schaffner/in	shòupìaoyúan	售票员
Wagennummer	chēhào	车号
Schlafwagen	rǔanwò	软卧
Zugabteil	chēxīang	车厢
Platz	Wèizi	位子
	Zùowèi	座位
Wann sind wir in …?	wǒmen shénme shíhou dào	我们什么时候到…
Wann muß ich aussteigen?	wǒ shénme shíhou yào xià chē	我什么时候要下车
Kann ich bitte frische Bettwäsche bekommen?	qǐng nǐ hùan yīxià chúandān	请你换一下床单
Flughafen	jīcháng	机场
Hafen	mǎtou	码头
Ich möchte hierhin (wenn Sie die Adresse zeigen).	wǒ yào qù zhèigè dìfang	我要去这个地方

Deutsch	Pinyin-Umschrift	Chinesisch
Bitte benutzen Sie das Taxometer.	qǐng nǐ dǎ biǎo	请你打表
Ich möchte nach ...	wǒ yào qù ...	我要去…
Bitte halten Sie hier.	qǐng nǐ zài zhèli tíng	请你在这里停
Gesundheitliches		
Ich fühle mich nicht wohl.	wǒ bù shūfu	我不舒服
Ich brauche einen Arzt.	wǒ xǔyào yīgè yīshēng	我需要一个医生
Apotheke	yàodiàn	药店
Krankenhaus	yīyuan	医院
Chinesische Medizin	zhōng yào	中药
Im Restaurant/Hotel		
Restaurant	fàndiàn	饭店
Speisesaal	cāntīng	餐厅
Wo ist die Toilette?	cèsuǒ zài nǎli?	厕所在那里?
Männer	nán cèsuǒ	男厕所
Frauen	nü cèsuǒ	女厕所
Rindfleisch	niúròu	牛肉
Schweinefleisch	zhūròu	猪肉
Hühnerfleisch	jīròu	鸡肉
Fisch	yú	鱼
Meeresfrüchte	hǎixiān	海鲜
Gemüse	sùcài	素菜
Reis	báifàn	白饭
gebratener Reis	chǎofàn	炒饭
Nudeln	miàn	面条
gebratene Nudeln	chǎomiàn	炒面
Brot	miànbāo	面包
Salz	yán	盐
Zucker	táng	糖
zu scharf!	tài làde	太辣的
Obst	shuǐguǒ	水果

Deutsch	Pinyin-Umschrift	Chinesisch
Bitte bringen Sie die Speisekarte.	qǐng nǐ gěi wǒ kàn yī xià càidān	请你给我看一下菜单
Haben Sie eine englische Speisekarte?	yǒu méi yǒu yīngwén càidān?	你有没有英文菜单?
Zahlen bitte!	jiézhàng	结账
Bitte bringen Sie eine Gabel.	qǐng nǐ lái yī gè chāzi	请你来一个叉子
Haben Sie Einweg-Stäbchen?	yǒu méi yǒu wèishēng kuàizi?	有没有卫生筷子?
Sehr lecker!	fēichāng hǎochī!	非常好吃!
Hotel	lǚguǎn, bīnguǎn	旅馆，宾馆
Schlüssel	yàoshi	钥匙
Bitte bringen Sie abgekochtes Wasser.	qǐng nǐ lái kāishuǐ	请你来开水
Bitte machen Sie das Zimmer sauber.	qǐng nǐ dǎcǎo yīxià fángjiān	请你打扫一下房间

Diese Gerichte finden Sie im ganzen Land auf (fast) jeder Speisekarte

Gebratenes Gemüse	chǎo sūcài	炒蔬菜
Gebratene Nudeln mit etwas Gemüse und Schwein	chǎo mian	炒面
Huhn mit Erdnüssen und Chili	gōngbǎo jīdīng	宫保鸡丁
süß-saures Schweinefleisch	gǔlǎoròu	古老肉
Fisch im Sud aus Sojasoße und Reiswein	hóngshāo yu	红烧鱼
Tofu in sehr scharfer Chilisoße	málà dòufu	麻辣豆腐
Tofu mit Hackfleischsoße	mápó dòufu	麻婆豆腐
Rindfleisch mit grünem Paprika	qīngjiāo niúròu	青椒牛肉
Knusprig fritiertes Hühnerfleisch	xiāngsū jī	香酥鸡

Deutsch	Pinyin-Umschrift	Chinesisch
Gebratene Tomaten mit Ei	xīhóngshì chǎodàn	西红柿炒蛋
Kantonesischer Reis mit Erbsen, Ei und Schinken	guāngdōng chǎofàn	广东炒饭
›Die Ameisen krabbeln auf den Baum‹, Glasnudeln mit scharfer Hackfleischsoße	máyǐ shàng shù	蚂蚁上书
Zweimal gebratenes Schweinefleisch	huíguōròu	回锅肉
Feuertopf (Brühe-Fondue)	huǒguō	火锅
Die wichtigsten Getränke		
Wasser	shuǐ	水
Mineralwasser	kuàngquán shuǐ	矿泉水
Kaffee	kāfēi	咖啡
Milchkaffee	niúnǎi kāfēi	牛奶咖啡
grüner Tee	lüchá	绿茶
schwarzer Tee	hóngchá	红茶
Coca-Cola	kěkǒu kělè	可口可乐
Pepsi-Cola	bǎishì kělè	百事可乐
Fanta	fēndá	芬达
Orangensaft	júzizhī	橘子汁
Bier	píjiǔ	啤酒
Rotwein	hóng pútáojiǔ	红葡萄酒
Weißwein	bái pútáojiǔ	白葡萄酒
Getreide-Schnaps (meist billig)	báijiǔ	白酒
Maotai Getreide-Schnaps (teure Variante)	máotáijiǔ	茅台酒
ein Glas	yī bēi	一杯
eine Flasche	yī píng	一瓶
noch ein Glas	zài lái yī bēi	再来一杯

Deutsch	Pinyin-Umschrift	Chinesisch
Notfälle		
Hilfe!	jiùmìng a!	救命啊！
Polizei	jǐngchá	警察
Botschaft	dàshǐguǎn	大使馆
Ich muß mit der deutschen Botschaft telefonieren	wǒ xuyào gěi déguó dàshǐguǎn dǎ diànhuà	我需要给德国大使馆打电话
Personalpronomen		
ich	wǒ	我
du	nǐ	你
er/sie/es	tā	他, 她, 它
wir	wǒ-men	我们
ihr	nǐ-men	你们
sie	tā-men	他们
Zahlen		
eins, zwei, drei	yī, èr, sān	一, 二, 三
vier, fünf, sechs	si, wǔ, liù	四, 五, 六
sieben, acht, neun	qī, bā, jiǔ	七, 八, 九
zehn	shí	十
fünfzehn	shíwǔ	十五
zwanzig	èrshí	二十
einundzwanzig	èrshíyī	二十一
fünfzig	wǔshí	五十
einhundert	yībǎi	一百

Rußland-Reisetips von A bis Z

Autofahren

Obwohl der Bahnreisende wahrscheinlich kaum mit dem Auto fahren wird, ist anzumerken, daß der übliche Fahrstil in Rußland deutlich rücksichtsloser als hierzulande und somit sowohl für Autofahrer als auch vor allem für Fußgänger etwas gewöhnungsbedürftig ist. Es gilt das Recht des PS-Stärkeren. Als Fußgänger sollte man sich ruhig einmal mehr hinsichtlich der freien Straße vergewissern und sich keinesfalls auf solche für Autofahrer oft Empfehlungscharakter tragende Signale wie Zebrastreifen oder grüne Ampeln verlassen.

Banken, Geldwechsel

Die Währungseinheit Rußlands heißt **Rubel**. Das Wort stammt vom Verb ›rubit‹ ab, was soviel wie kerben oder zerteilen bedeutet. Edelmetallklumpen wurden früher in kleinere Einheiten zerteilt.

Nachdem eine Hyperinflation in der ersten Hälfte der 1990er Jahre den Rubel dramatisch entwertet hatte, wurden per 1. Januar 1998 in einer Währungsreform drei Nullen gestrichen. Die alten Scheine, die sich von den neuen nur durch die besagten drei Nullen unterscheiden, waren noch bis zum Ende des Jahres 2000 gültig, so daß Sie bei vielen Nullen auf den Scheinen ein gesundes Mißtrauen entwickeln sollten.

Heute zeigt der Rubel Stärke und gilt als durchaus stabile Währung. Seit 1 Euro mehr wert ist als 1 Dollar, nahm auch die Popularität des Euro als Berechnungsgrundlage für Devisenpreise zu.

Die Rubelscheine zeigen russische Stadtmotive: Krasnojarsk (10 Rubel, soll künftig durch Münzen ersetzt werden), St. Petersburg (50 Rubel), Moskau (100 Rubel) sowie Archangel'sk (500 Rubel) Jaroslavl (1000 Rubel).

Umtausch: Im Inland ist der Rubel problemlos konvertierbar. Die Bezahlung in Dollar oder Euro ist ungesetzlich und deshalb nur in den seltensten Fällen möglich. Man kann aber problemlos Rubel gegen Euro oder Dollar und umgekehrt in allen Banken tauschen. Häufig muß aber der Paß dabei vorgelegt

Russischer Besuch im Abteil

werden. In Richtung Osten nimmt die Popularität des Euro ab, hier sind Dollar besser, da für Euro zumeist schlechtere Umtauschsätze angeboten werden. Die Scheine sollten nicht abgenutzt sein und auf keinen Fall irgendwelche Markierungen haben. Die Ein- und Ausfuhr von Rubel ist in begrenztem Umfang zulässig (derzeit bis zu einem Gegenwert von maximal 3000 Dollar, die Bestimmungen können sich aber jederzeit ändern). Es ist nicht möglich, sich vor der Reise in Deutschland mit Rubel zu versorgen, der Umtausch kann also erst in Rußland stattfinden. Es gibt zahlreiche Wechselstuben, in den größeren Städten auch Geldautomaten, an denen man mit der ec-Karte abheben kann. Auch in größeren Hotels gibt es in der Regel einen internationalen Geldautomaten.

Wechselkurs: Anfang 2008 bekam man für 1 Euro ca. 35 Rubel und für einen US-Dollar ca. 25 Rubel.

Diplomatische Vertretungen Rußlands

Botschaft der Russischen Föderation in Deutschland
Unter den Linden 63–65
10117 Berlin
Tel. 0 30/2 29 11 10
Visaabteilung
Behrenstr. 15,
10117 Berlin
Tel. 0 30/22 65 11 84
www.russische-botschaft.de
Generalkonsulat Hamburg
Am Feenteich 20
22095 Hamburg,
Tel. 0 40/2 27 63 80
Generalkonsulat Leipzig
Kickerlingsberg 18
04105 Leipzig
Tel. 03 41/5 96 18 76
Generalkonsulat München
Seidlstr. 28
80335 München
Tel. 0 89/5 92 25 28
Botschaft der Russischen Föderation in Österreich
Reisnerstr. 45–47,
1030 Wien
Tel. +43/(0)1/7 12 12 29
http://vienna.rusembassy.org
Botschaft der Russischen Föderation in der Schweiz
Brunnadernstr. 53

3006 Bern
Tel. +41/(0)31/3 52 05 67
http://bern.rusembassy.org
Embassy of the Russian Federation in China
Dongzhimen Beizhong Jie 40, Beijing
Tel. 10/65 32 20 51
www.russia.org.cn
Embassy of the Russian Federation in Mongolia
Enkhtayvany gudamzh
A-6, Ulaanbaatar
C.P.O. Box 661
Tel. +9 76/11/32 68 36, Fax 32 70 18

Diplomatische Vertretungen in Moskau und Sibirien
Deutsche Botschaft
ul. Mosfil'movskaja 56
119 285 Moskva
Tel. +7/4 95/9 56 10 80
Konsular- und Visaabteilung
Leninskij prospekt 95a
117 393 Moskva
Tel. +7/4 95/9 36 24 10
www.moskau.diplo.de.
Deutsches Generalkonsulat Ekaterinburg
ul. Kujbyševa 44
620 026 Ekaterinburg
Tel. +7/3 43/3 78 73 93
Deutsches Generalkonsulat Novosibirsk
Hotel ›Centr Rossii‹
Krasnyj pr. 28
690 000 Novosibirsk
Tel. +7/3 83/2 31 00 20
Österreichische Botschaft
Starokonjušennyj per. 1
119 034 Moskva
Tel. +7/4 95/5 02 95 12
www.aussenministerium.at/moskau
Schweizer Botschaft
ul. Stopany 2/5
107 149 Moskva

Tel. +7/4 95/2 58 38 30
www.eda.admin.ch.
Chinesische Botschaft
ul. Družby 15
117 330 Moskva
Tel. +7/4 95/9 56 11 68
http://ru.chineseembassy.org

Einkaufen/Geschäftszeiten

Im Einzelhandel haben vielerorts bereits westliche Verkaufsformen Einzug gehalten. Die Bilder mit den endlosen

das insbesondere zu Sowjetzeiten den unerfahrenen Ausländer zur Verzweiflung trieb: Wenn man an einer Ware Gefallen gefunden hat, merkt man sich den Preis und marschiert zur Kasse. Wenn zum Beispiel bei Lebensmitteln auszuwählen und/oder abzuwiegen ist, reserviert man die Ware bei der Verkäuferin und läßt sich den Preis sagen oder sicherheitshalber auf einen kleinen Zettel schreiben, mit dem man dann zur Kasse geht. Nach der Bezahlung erhält

Erlöserkathedrale in Moskau

Schlangen aus der Zeit der sowjetischen Mangelwirtschaft sind endgültig Vergangenheit. Die Ladenausstattung wurde in vielen Geschäften in den letzten Jahren erneuert. Auch in der Provinz eröffnen die ersten großen Einkaufszentren. In vielen Läden kam der obligatorische, oft bewaffnete Security-Mitarbeiter hinzu. Die Abgabe mitgeführter Taschen ist in Selbstbedienungsläden häufig Pflicht. Zumeist können die Verkäufer selbst kassieren. Manchmal trifft man aber auch noch folgendes Verfahren,

man den Kassenbon, den man dann bei der Verkäuferin gegen die gewünschte Ware eintauscht.

Hinsichtlich verbraucherfreundlicher **Öffnungszeiten** macht heute selbst Rußland Deutschland etwas vor – es gibt keine gesetzlichen Regelungen über Ladenöffnungszeiten. Wochentags haben die meisten Geschäfte von 10 bis 19 bzw. 20 oder 21 Uhr geöffnet. Samstags haben die meisten Geschäfte bis 18 Uhr geöffnet. Große Lebensmittelgeschäfte und einige andere Läden haben auch sonntags meist bis 17 oder 18 Uhr geöffnet.

Einreise

Für Rußland besteht **Visumpflicht**. Das Visum muß persönlich oder per Visumsservice (nicht per Post!) bei einer der

Alte Baikalbahnstrecke im Winter

diplomatischen Vertretungen beantragt werden. Viele Reiseveranstalter bieten diesen Service gegen Entgelt, auch wenn man keine Pauschalreise bucht.

Wenn man das Visum selbst beantragen möchte, benötigt man entweder eine **offizielle Einladung** (Bearbeitungsfrist sechs Arbeitstage) eine **Reisebuchung** bzw. Hotelbuchung (Bearbeitungsfrist zehn Arbeitstage) oder eine vom örtlichen russischen Meldeamt (OVIR) beglaubigte **Privateinladung** (Bearbeitungsfrist sechs Arbeitstage) erforderlich. Der Reisepaß muß noch mindestens sechs Monate gültig sein, man benötigt ein Paßbild, und der Abschluß einer Reisekrankenversicherung ist obligatorisch (zugelassene Versicherungsunternehmen listet die russische Botschaft auf ihrer Interneteite auf (www.russische-botschaft.de).

In den letzten Jahren hat Rußland seine Visa- und Meldebestimmungen verschärft bzw. verkompliziert. Jetzt muß vor Einreise eine **Migrationskarte** ausgefüllt werden, auf deren Basis man

sich nach Ankunft innerhalb von drei Arbeitstagen bei der örtlichen **Meldebehörde OVIR registrieren** muß. Bei Hotelübernachtungen wird das vom Hotel übernommen. Bei Privatübernachtungen ist man selbst verantwortlich, ab 2008 soll dies auch brieflich auf jedem Postamt möglich sein. Die meisten größeren Hotels übernehmen gegen eine Gebühr die Anmeldung, auch wenn man nicht dort wohnt. Bei Pauschalreisen kümmert sich der Veranstalter bzw. dessen örtlicher Partner um die Formalitäten.

Die Kontrolle dieser Registrierung obliegt dem Innenministerium, dessen Mitarbeiter vor allem auf den Flughäfen bei Inlandsflügen kontrollieren. Die Grenzbeamten kümmern sich dagegen nur um die Einhaltung der Visumsfristen (siehe auch ›Visum‹).

Essen und Trinken

Rußland ist ein Land der Teetrinker. Kaffee ist im Regelfall Instantkaffee, ansonsten wird er ›türkisch‹ gebrüht. Bier wird in den letzten Jahren immer beliebter. Vodka ist bekanntlich ein Nationalgetränk. Mineralwasser, Softdrinks und Säfte sind populär. Landestypisch ist der gut den Durst löschende Brotsaft Kvas oder ein ›Kisel'‹ genannter Trunk aus Fruchtgelee.

Normalerweise werden in Rußland drei Mahlzeiten eingenommen, wobei Mittagessen und Abendbrot warme Speisen bieten. Zum Mittagessen gehört unbedingt eine Suppe als Vorspeise, der häufig ein Salat vorangeht. Zu Fleisch und Fisch als Hauptgericht wird dann in der Regel eine Beilage gereicht: Kartoffeln, Reis, Teigwaren, Gemüse oder Buchweizengrütze. Häufig wird Brot zu allen Speisen gegessen. Daher beschränkt man sich dann beim Essen auf die Verwendung der Gabel, da die zweite Hand das Brotstück hält. Der am Essbesteck orientierte Name einer neuen Kette von Selbstbedienungsrestaurants in Rußland heißt demenstsprechend auch nicht ›Messer und Gabel‹, wie man erwarten könnte, sondern eben landestypisch ›Gabel und Löffel‹ (›Vilki i Loški‹).

Es gibt in Rußland mittlerweile ein breiteres Angebot an akzeptablen Restaurants, das sich aber in erster Linie an den Besserverdienenden orientiert und im Vergleich zu China deutlich schmaler ist. In Imbißbuden werden häufig Würstchen, Fleischspieße oder Piroggen (Fleisch oder Kohl mit Teig umbacken) angeboten.

Etagen, Stockwerke

In Rußland ist das Erdgeschoß die 1. Etage, die 2. Etage entspricht somit dem deutschen 1. Stockwerk usw.

Feiertage

In Rußland feiert man gern und viel. Ob religiöse oder atheistische Feste, ob man demokratischer oder revolutionärer Traditionen gedenkt – ein Anlaß zum Feiern findet sich immer. Es gibt folgende offizielle Feiertage:

1./2. Januar (arbeitsfrei): Neujahrsfest.

7. Januar (arbeitsfrei): russisch-orthodoxes Weihnachtsfest.

13. Januar: altes Neues Jahr – das Neujahrsfest nach altrussischem Kalender.

25. Januar: Tatjanas Tag. Gründungstag der Moskauer Universität, der heute als Fest aller Studenten wachsende Popularität erlangt.

23. Februar: Tag der Vaterlandsverteidiger – so heißt er offiziell seit 1996. Früher war er entsprechend dem Gründungsdatum der Tag der Sowjetarmee

und gilt – als nicht arbeitsfreies Pendant zum 8. März – als Männertag, an dem kleine Aufmerksamkeiten üblich sind. Seit 1999 ist er im Rahmen der Gleichberechtigung ebenfalls arbeitsfrei.

8. März (arbeitsfrei): Internationaler Frauentag. Ein für die Frauen Rußlands sehr wichtiger Feiertag, der aber weder kämpferisch noch feministisch geprägt ist. Fehlende Blumen oder Aufmerksamkeiten werden aber den Männern beruflich wie privat sehr übelgenommen.

1./2. Mai (arbeitsfrei): Tag oder besser gesagt Tage der Arbeit.

9. Mai (arbeitsfrei): Tag des Sieges – Der Tag des Sieges im hier ›Großer Vaterländischer Krieg‹ genannten 2. Weltkrieg weicht aufgrund des Zeitunterschiedes vom Jahrestag der Kapitulation Deutschlands ab. Bei der Unterzeichnung am 8. Mai 1945 um 23.45 Uhr war es in

Russische Winter erfordern schweres Gerät

Moskau bereits zwei Stunden später und somit der 9. Mai.

12. Juni (arbeitsfrei): Tag der Unabhängigkeit. Der Tag der ersten freien Präsidentschaftswahlen, die Boris Jelzin zum Präsidenten werden ließen, war der 12. Juni 1993.

7. November (arbeitsfrei): Tag der Aussöhnung. Ursprünglich war es der Jahrestag der Oktoberrevolution, dem zu Sowjetzeiten sogar zwei freie Tage (7. und 8. November) gewidmet waren.

12. Dezember (arbeitsfrei): Tag der Verfassung.

Wenn offizielle Feiertage auf ein Wochenende fallen, ist generell der darauffolgende Montag ebenfalls ein arbeitsfreier Feiertag. Wenn zwischen Feiertag und Wochenende nur ein Arbeitstag liegt, gibt es manchmal offizielle Beschlüsse zur Verlegung dieses Arbeitstages auf einen anderen Samstag. Insbesondere die erste Januar- und die erste Maihälfte mit drei Feiertagen bieten sich hier an. Da zu dieser Zeit auch viele Urlaub nehmen oder Betriebsferien verkünden, lästern böse Zungen, daß man in dieser Zeit Rußland eigentlich generell für jeweils zwei Wochen schließen könnte.

Fernsehen

Es gibt ca. ein halbes Dutzend Programme, die landesweit zu empfangen sind. Marktführer sind die öffentlich-rechtlichen Kanäle ›Das Erste‹ (›Pervyj‹ Kanal) und RTR. Empfehlenswert ist der etwas anspruchsvollere, arte-ähnliche und werbefreie Kanal ›Kultura‹ Daneben gibt es private Programme, die aber heute zumeist den Medientöchtern großer Rohstoffkonzerne gehören. Der Fernsehstandard ist SECAM. Einige ausländische Sender sind per Satellit in einigen Hotels zu empfangen. Ausländische Filme werden im russischen Fernsehen selten synchronisiert. Der Text wird eingesprochen.

Flugreisen

Aufgrund der gigantischen Entfernungen ist das Flugzeug häufig die schnellste und manchmal auch die einzige Variante, um in Rußland schnell ans Ziel zu gelangen. Das Flughafennetz wurde zu Sowjetzeiten gut ausgebaut. Die staatliche Fluggesellschaft Aeroflot war die größte ihrer Art auf der ganzen Welt.

Heute fliegen neben Aeroflot eine Vielzahl weiterer Fluggesellschaften auf den Routen Sibiriens, wobei es sich zumeist um seinerzeit privatisierte regionale Ableger des früheren Monopolisten handelt. Rossija (vormals Pulkovo, St. Petersburg), Vnukovo Airlines (Moskau), S7 (vormals Sibir, Novosibirsk) oder der neue Lufthansa-Partner AirUnion (vormals KrasAir, Krasnojarsk und Domodedovo Airlines, Moskau) glänzen heute mit eigenen Logos an ihren Maschinen bereits auf deutschen Flughäfen (vor allem Frankfurt/M., Berlin und Hannover). Die einzige bei Null beginnende Neugründung einer Fluggesellschaft war Transaero, die sich sowohl national als auch international gut behauptet.

Die Flugzeuge sind zumeist russischer Bauart und heißen Tupolev, Jakovlev oder Il'jušin. Westliche Flugzeuge sind im Inlandsverkehr noch eher die Ausnahme. Viele russische Flugzeuge sind überaltert, und auch die Wartung läßt oft einige Wünsche offen. Zumeist trifft man auf folgende Flugzeugtypen:

Der am weitesten verbreitete Flugzeugtyp ist die **Tupolev TU-154**, die an ihrem Hecktriebwerk mit drei Düsen zu erkennen ist.

Auf Langstrecken – insbesondere von Moskau nach Fernost – trifft man zumeist auf den Langstreckenjet **Il'jušin IL-62**, der eine maximale Reichweite von 9200 Kilometer hat. Sie ist an ihren 2 x 2 Heckdüsen leicht zu erkennen.

Ebenfalls aus dem Il'jušin-Konstruktionsbüro stammt der russische **Jumbo-Jet IL-86**.

Auf kürzeren Strecken begegnet man den **Jakovlev-Jets**. Die Jak 42 bietet Platz für 120 Passagiere und ist neben den beiden vergleichsweise kleinen

Weihwasseranlieferung in Ekaterinburg

Hecktriebwerken auch am Heckeingang zu unterscheiden.

Fotografieren

In manchen Museen und Galerien ist Fotografieren gänzlich verboten, in anderen darf man nicht mit Blitzlicht knipsen oder muß für eine Fotoerlaubnis extra bezahlen. In Kirchen sollte man sich zurückhalten. ›Strategische Objekte‹, wie zum Beispiel Flughäfen darf man zwar nach wie vor nicht fotografieren, aber die Auslegungsmöglichkeiten sind recht locker. Militäranlagen und Uniformträger sollte man nicht ablichten. Ansonsten gehört es auch in Sibirien zum guten Ton, Leute auf der Straße um Erlaubnis zu fragen, bevor man sie ablichtet.

Speicherkarten und Filme bekannter Marken sowie Foto-CD-Erstellung und zügige Filmentwicklung in ein bis zwei Tagen sind in allen Großstädten kein Problem mehr. Problematisch sind Diafilme – sie sind fast nirgends erhältlich und werden auch nicht zur Entwicklung angenommen.

Gepäckaufbewahrung

In den meisten Hotels ist in der Garderobe auch eine Gepäckaufbewahrung. Auf den Bahnhöfen gibt es neben der Gepäckaufbewahrung in der Regel auch Schließfächer, die mit einem einzugebenden dreistelligen Code zu sichern sind.

Gesundheit, Impfungen und Medikamente

Es sind derzeit keine Impfungen vorgeschrieben. Ausländer, die länger als drei Monate in Rußland bleiben wollen, müssen die Bescheinigung über einen AIDS-Test vorlegen. Vor Auslandsreisen generell sollte ein **ausreichender Impfschutz** gegen Poliomyelitis (Kinderlähmung) und Tetanus (Wundstarrkrampf) sowie Diphterie bestehen. Eine geringe Infektionsgefahr mit Hepatitis A besteht eventuell bei schlechten Hygienebedingungen (in Rußland etwa bei Imbißständen auf Märkten). Hepatitis B wird hauptsächlich durch Geschlechtsverkehr mit infizierten Personen und durch Blutkontakte übertragen. Die Notwendigkeit einer Impfung gegen Hepatitis A und B sollte man mit seinem Hausarzt besprechen.

Wer in seinen Reiseplänen abseits des Schienenstranges insbesondere im Frühling und im Sommer auch einen Ausflug in die Taiga plant, sollte auf jeden Fall eine **Zeckenimpfung** haben.

Die Mitnahme einer **Mückenschutzlotion**, die auch gegen Zecken wirksam ist, ist vor allem in den Sommermonaten dringend anzuraten.

Zwischen Rußland und Deutschland besteht kein Sozialversicherungsabkommen, so daß der Abschluß einer **Auslandskrankenversicherung mit Rücktransport** nachdrücklich zu empfehlen ist. Zudem verlangen die russischen Behördern bei der Beantragung eines Visums den Nachweis einer Auslandskrankenversicherung. Unter www.visumexpress.de sind die akzeptierten Versicherungsunternehmen aufgelistet.

Hotels

Es gibt einige neue Hotels, die im oberen Preissegment liegen. Die meisten russischen Hotels sind aber rekonstruierte (manchmal nur teilweise) Plattenbauten aus den 1970/80er Jahren mit riesigen Eingangshallen und Restaurants, aber kleinen Zimmern. Sie haben Dusche/ WC, einen Kühlschrank, ein Fernsehgerät und Telefon. Meist gibt es zwei Kategorien: mit oder ohne ›Evroremont‹, also vor bzw. nach zumeist auch sichtbar billiger Rekonstruktion. Man bemüht sich um Sauberkeit, aber vor allem vor ›Evroremont‹ ist ein Hauch von Schmuddeligkeit kaum vermeidbar. Die Preise sind sehr unterschiedlich, untere Preisklasse bedeutet für ein Einzelzimmer unter 50 USD pro Nacht, mittlere Preisklasse unter 100 USD pro Nacht und obere Preisklasse entsprechend darüber. Die früher häufig anzutreffende Praxis, für Ausländer höhere Preise zu berechnen, ist kaum noch anzutreffen. Dafür hält sich vielerorts eine andere Gebühr aus den Zeiten der allgemeinen Knappheit: Bron' – eine Gebühr für die Vorbestellung (ca. 25% des Preises für eine Übernachtung).

Kleidung

Es empfiehlt sich bequeme, der Jahreszeit angepaßte und leicht waschbare Bekleidung. Die Besonderheiten des ausgeprägten Kontinentalklimas im Inneren des Landes bedeuten einen **kurzen heißen Sommer**, einen **langen kalten bis sehr kalten Winter** und vergleichsweise viele Sonnentage. Bei Kälte helfen mehrere übereinander gezogene dünne Kleidungsstücke mehr als ein dickes Klei-

Am Baikalsee oberhalb von Port Bajkal

dungsstück. Die offizielle Heizperiode läuft in den ferngeheizten Wohnhäusern vom 15. Oktober bis 15. April. Insbesondere in der ersten Oktoberhälfte oder zweiten Aprilhälfte ist es häufig recht ›frisch‹. Wenn keine Feierlichkeiten angesagt sind, lassen Sie elegante oder förmliche Kleidung und teuren Schmuck besser zu Hause.

Klima

Rußland und insbesondere Sibirien ist bekanntlich ein kaltes Land. Die gigantische Landmasse bewirkt das typische Kontinentalklima, das sich insbesondere zwischen dem Ural und Transbajkalien von seiner ausgeprägtesten Seite zeigt. In den Wintermonaten kann es auch in Südsibirien entlang der Transsib sehr kalt werden. Im Durchschnitt liegen die Temperaturen zwischen − 5 und − 20 Grad, was aufgrund der trockenen Kälte bei normaler Empfindlichkeit und richtiger Kleidung von den meisten angenehmer als erwartet empfunden wird. Unangenehm wird es erst, wenn die Quecksilbersäule unter − 25 Grad absinkt, was sie aber normalerweise jeden Winter in dieser Gegend nur etwa zwei Wochen macht. Die Winter 2000/2001 und 2007/2008 waren allerdings sehr kalt, wobei die Temperaturen in weiten Gegenden über vier Wochen auf unter − 40 Grad absanken. Frühling und Herbst vollziehen sich nach mitteleuropäischen Maßstäben im Schnelldurchlauf. Der etwa dreimonatige Sommer erreicht im Juli/August bei recht kühlen Nächten am Tage problemlos Temperaturen über 30 Grad.

Medizinische Hilfe

Eine medizinische Grundversorgung ist in den größeren Orten gewährleistet. Der Notarzt ist immer unter der Telefonnummer 03 zu erreichen. Neben den staatlichen Kliniken entstehen in den letzten Jahren zunehmend Privatpraxen. In allen Fällen ist Vorkasse angesagt. Der Abschluß einer Auslandskrankenversicherung ist seit 1999 bei Individualreisen Bestandteil des Visumantrages. Wer in seinen Reiseplänen insbesondere im Frühjahr oder im Sommer auch einen Ausflug in die Taiga plant, sollte sich auf jeden Fall über eine Zeckenimpfung informieren.

Mietwagen

Mietwagenangebote zum Selbstfahren sind die Ausnahme. In manchen Hotels werden hoteleigene Wagen mit Fahrer auf Stunden- oder Tagesbasis angeboten. Wenn man sich privat einen Wagen von Freunden ›mietet‹, benötigt man eigentlich eine notariell beglaubigte Vollmacht, aber: ›Der Zar ist weit‹. Mietwagen mit Fahrer sind überall mit etwa zweistündiger Vorbestellung erhältlich. Da die Gehälter niedrig sind, ist das vergleichsweise günstig.

Notrufnummern

Feuerwehr (Požarnaja komanda): 01
Polizei (Milicja): 02
Medizinischer Notruf: 03
Zentrale Notrufnummer zum **Sperren von EC-, Kredit-, Kunden- und Handykarten**: 00 49/11 61 16, oder über Berlin 00 49/30/40 50 40 50.
Sicherheitshalber sollte man sich die Notrufnummern für die persönlichen Karten extra notieren.

Öffentliche Verkehrsmittel

In Bussen, Trolleybussen und Straßenbahnen der meisten Städte erwacht in der letzten Zeit ein bereits in Vergessenheit geratener Beruf zu neuem Leben: der Konduktor genannte Schaffner, der die Fahrscheine verkauft. Hohe Schwarzfahrquoten (Schwarzfahrer nennt man ›zajcy‹ – Hasen) zwangen viele Kommunen, sich vom Kartenvorverkauf und dem Entwertersystem zu verabschieden. Die Preise betragen einen Bruchteil der deutschen Preise (10–15 Rubel). Die Einhaltung der Fahrpläne ist zumeist Glückssache, die Übersichten weisen oft auch nur das Intervall in der Spitzenzeit aus. Vielerorts gibt es als Konkurrenz zum Stadtverkehr **private Kleinbusse (Maršrutki)**, die zu etwas höheren Preisen – vor allem im Berufsverkehr – mit etwas weniger Gedränge ihre Passagiere auf denselben Routen befördern.

Post

Die Post ist nach wie vor staatlich. Die

Postämter bieten zumeist als ›Kybr-Počta‹ (Кыбр-Почта) Internet-Zugang und Fax-Service. Briefe und Karten sind aus Moskau in der Regel fünf bis sieben Tage und aus Sibirien etwa 15 Tage unterwegs. **Briefmarken** bekommt man auf den Postämtern, in vielen Hotels oder an Zeitungskiosken in den Bahnhöfen. In den meisten Großstädten Rußlands unterhalten weltweit bekannte internationale Kurierdienste wie DHL und EMS Garantpost Niederlassungen.

Religionsgemeinschaften

Nach langen Jahren des staatlich verordneten Atheismus erlebt die zu sowjetischer Zeit in ihrem Aktionsradius sehr stark eingeschränkte Kirche sowohl von offizieller Seite als auch durch die Bevölkerung ein außerordentlich starkes Interesse und einen entsprechenden Zulauf. Neben der dominierenden russisch-orthodoxen Kirche gibt es auch katholische, lutherische und baptistische Gemeinden, die aber von der russischen Kirche mit großem Argwohn betrachtet werden. Der Islam und der Buddhismus spielen vor allem in nationalen Republiken wir Tatarstan und Burjatien eine ausgeprägte Rolle. Daneben haben aber auch eine Reihe umstrittener Sekten wie beispielsweise Scientology einen bestimmten Zulauf.

Sicherheit

Kriminalität ist ohne Zweifel ein wichtiges Thema, wobei aber bei der Beachtung der überall gültigen elementaren Vorsichtsregeln das Risiko nicht größer ist als in anderen Ländern. Die sensationsheischende Berichterstattung in vielen deutschen Medien ist stark übertrieben.

Strom

Die Stromspannung beträgt im allgemeinen 220 V. Mit flachen Eurosteckern dürfte man keine Probleme haben, obwohl der Abstand der Stecklöcher einige Millimeter breiter ist. Ein **Universaladapter** ist allerdings in Ausnahmefällen hilfreich, da bei Renovierungen die Elektrik aus aller Herren Länder stammen kann.

Telefon

Ortsgespräche von individuellen Anschlüssen sind vielerorts durch die Grundgebühr abgedeckt und kostenlos. **Ferngespräche**, insbesondere Auslandsgespräche, sind aufgrund überlasteter Leitungen manchmal ein Problem. Wenn kein Anschluß zum Selbstwählverkehr besteht, muß das Gespräch über das Telefonamt bestellt werden. Verbindungen nach Moskau oder in die nächste Gebietsmetropole sind aber meist kein Problem.

In **Telefonzellen** sind nur Ortsgespräche möglich, die in diesem Fall kostenpflichtig sind. Man muß dafür häufig von Stadt zu Stadt unterschiedliche Jetons oder Telefonkarten erwerben, die an Zeitungskiosken verkauft werden.

Ferngespräche sind meist nur auf Postämtern oder speziellen Telefonzentralen (Meždugorodnyj Telefon) möglich. Dabei muß meist vorher eine bestimmte Minutenzahl bestellt und bezahlt werden. Geld zurück gibt es nur, wenn die Verbindung nicht zustande kommt. Hotels schlagen in der Regel eine Servicegebühr zwischen 25 und 50 Prozent auf. Meist existiert auch eine Mindestzeit von drei oder fünf Minuten, die einen Anrufbeantworter am anderen Ende zu einem teuren Vergnügen werden läßt.

Eis am Baikalsee

Im **Selbstwählverfahren** wählt man zunächst die 8. Danach wartet man auf einen Dauerton. Innerhalb Rußlands schließt sich dann die entsprechende Vorwahl (z.B. Moskau 495) und die gewünschte Nummer an. In Rußland haben sich 2006 viele Vorwahlen geändert (z.B. Moskau früher 095 – jetzt 495) bzw. in einigen (nicht allen) Großstädten wurde die vierstelligen auf dreistelligen Vorwahlen umgestellt.

Bei **Auslandsgesprächen** ist nach 8 und Dauerton zunächst eine 10 als Zugang zum internationalen Selbst-

Modenschau in Ulan-Udë

wählverkehr, dann die Landesvorwahl und die Städtevorwahl (in Deutschland unter Weglassung der 0) zu wählen. Einige wichtige Landesvorwahlen lauten: Deutschland 49, Schweiz 41, Österreich 43, USA 1, China 86, Mongolei 976. Wer beispielsweise aus Sibirien Berlin anwählt, hat 8 – Dauerton –10 – 49 – 30 – Teilnehmernummer zu wählen.

Die russischen **Mobilfunknetze** arbeiten mit den GSM 900- und 1800-Standards und erfassen weite Teile des Landes. Es bestehen Roaming-Vereinbarungen mit deutschen Anbietern, was in den großen Städten entlang der Transsib auch problemlos funktioniert.

Toiletten
In den letzten Jahren hielten in vielen öffentlichen Toiletten private Pächter Einzug. Dieses Geschäft mit gesicherter Nachfrage wurde damit kostenpflichtig, wodurch sich die Situation zwar verbesserte, man aber trotzdem keine allzu hohen Erwartungen haben sollte. Häufig sind es Steh- bzw. Hocktoiletten. Um Verstopfungen vorzubeugen, landet benutztes Toilettenpapier nicht im Abfluß, sondern im Papierkorb.

Damentoilette: ženskij tualet (женский туалет), **Herrentoilette**: mužskoj tualet (мужской туалет).

Trinkgeld
Trinkgeld, das hier Teegeld (čaevye) heißt, wird gern genommen. Es werden fünf bis zehn Prozent des Rechnungsbetrages als Trinkgeld erwartet. Manche Zeitgenossen kultivieren noch die Sitte aus Sowjetzeiten, bereits bei der Bestellung durch ein Scheinchen in der Speisekarte die Bedienung ›gnädig‹ zu stimmen. Vereinzelt wird auch eine prozentuale Servicegebühr in Rechnung gestellt.

Trinkwasser
Leitungswasser ist als Trinkwasser nicht zu empfehlen. Es ist zumeist stark gechlort. Verschiedene Mineralwassersorten sind überall erhältlich.

Zeitungen
Deutsche Zeitungen und Zeitschriften

sind in Rußland außerhalb Moskaus schwer, um nicht zu sagen überhaupt nicht erhältlich. Es erscheinen in Omsk und Barnaul lokale deutschsprachige oder zweisprachige deutsch-russische Zeitungen, die aber aufgrund ihrer geringen Auflagen schwer zu bekommen sind. Wöchentlich erscheint die ›Moskauer Deutsche Zeitung‹ (im Internet unter: http://62.5.183.114), täglich die englischsprachige ›Moscow Times‹.

Die führenden russischen überregionalen Tageszeitungen sind heute ›Izvestija‹ (Neuigkeiten), ›Novye Izvestija‹ (Die neuen Izvestija)und die Wirtschaftszeitung ›Daily Kommersant‹ (Der tägliche Geschäftsmann). Die wichtigste Zeitung der Opposition ist die zweimal wöchentlich erscheinende ›Novaja Gaseta‹ (Die neue Zeitung).

Zeitzonen
Durch seine immense West-Ost-Ausdehnung erstreckt sich Rußland über elf Zeitzonen. Näheres dazu im Kapitel Transsib von A bis Z (S. 93). In den Infokästen zu den einzelnen Städten ist die örtliche Zeitzone immer mit angegeben.

Zoll
Bei der Einreise folgt nach der Paßkontrolle die Zollabfertigung, bei der Ausreise dementsprechend vor der Paßkontrolle. Sowohl bei der Ein- als auch bei der Ausreise muß eine **Zolldeklaration** ausgefüllt werden. Während man beispielsweise in Moskau manchmal die Wahl zwischen grünem (nichts zu deklarieren) und rotem (etwas zu deklarieren) Korridor hat, ist in der Provinz die Zollkontrolle in der Regel obligatorisch. Nach der Gesetzgebung von 2002 muß man unbedingt bei Einreise eine Deklaration ausfüllen und durch den roten

Korridor einreisen, wenn man beliebiges Geld wieder aus dem Land mitnehmen möchte. Gold- und Silberschmuck ist zu deklarieren, auch sollte man ggf.wertvolle Ausrüstung (Kamera, Laptop) deklarieren, um bei der Ausreise keine Probleme zu bekommen. Die zollfreie Einfuhr von Geschenken ist bis zum Gegenwert von 1000 USD gestattet. Die Ein- und Ausfuhr der Landeswährung Rubel ist bis zum Gegenwert von 3000 USD erlaubt, was in der Praxis für Touristen kaum eine Rolle spielt, da man Rubel außerhalb Rußlands nicht eintauschen kann. Aufgrund des Washingtoner Artenschutzabkommens beschlagnahmen der deutsche, österreichische und der Schweizer Zoll Kaviar, dessen Menge mehr als 250 Gramm umfaßt.

Souvenirladen in Tal'cy

Da sich Zollvorschriften laufend ändern können, sollte man sich vor Reiseantritt entweder beim Auswärtigen Amt (www.auswaertiges-amt.de) oder bei der Russischen Botschaft (www.russische-botschaft.de) erkundigen.

Reisetips von A bis Z

Mongolei-Reisetips von A bis Z

Vorbemerkung: Geduld wird einem ja in vielen Ländern der Welt anempfohlen; in der Mongolei braucht es mehr als das, nämlich echte Langmut und die Bereitschaft, sich mit widrigen Gegebenheiten einfach abzufinden.

Autofahren

In allen Kommentaren zum Fahrstil in der Mongolei wird gern an das Nomadentum und die Reiterfahrungen aller Mongolen erinnert: »Gib dem Pferd die Sporen«, so hat man es hier über Jahrhunderte gelernt. Der Übergang vom Pferd zum Auto erfolgte für viele erkennbar sehr abrupt.

Banken, Geldwechsel

Die Landeswährung heißt **Tugruk** (Mehrzahl Tugrik). Der US-Dollar und in geringerem Umfang auch der Euro sind im Tourismus als Zweitwährungen nach wie vor hoch im Kurs. Es empfiehlt sich, entsprechend Fünf- und Zehn-US-Dollarnoten mitzubringen.

Umtausch: An den Grenzübergängen per Bahn kann man nicht mit geöffneten Wechselstuben rechnen, man sollte im Hotel einen kleinen Betrag in die Landeswährung Tugruk einwechseln, ein Rücktausch ist umständlich und aufwendig. Sie können übrigens damit rechnen, überall jemanden zu finden, der Ihnen einen kleinen US-Dollarschein in Landeswährung wechselt. Dies ist legal und offen möglich.

Mittlerweile gibt es zwar die ersten Geldautomaten in Ulaanbaatar, aber sie akzeptieren meist keine ausländischen Karten. Eine Ausnahme bildet der **Geldautomat im Hotel ›Bayangol‹**. Kreditkarten werden in den größeren Hotels in der Hauptstadt akzeptiert. Barauszahlungen auf Kreditkarten sind in der Kreditabteilung der Bank for Trade & Development möglich.

Wechselkurs: Anfang 2008 bekam für 1 Euro ca. 1640 Tugrik und für einen US-Dollar ca. 1190 Tugrik.

■ Diplomatische Vertretungen der Mongolei
Botschaft der Mongolei in Deutschland
Dietzgenstr. 31, 13156 Berlin
Tel. 0 30/4 74 80 60
www.botschaft-mongolei.de
Botschaft der Mongolei in der Schweiz
4, Chemin des mollies
1293 Bellevue (Genf)
Tel. 0 22/77 41 97 4/5
Botschaft der Mongolei in Österreich
Teinfaltstr. 3/6
1010 Wien
Tel. 01/5 35 30 12

■ Diplomatische Vertretungen in der Mongolei
Deutsche Botschaft in der Mongolei
Negdsen Undestnii gudamj 7
C.P.O. Box 708
Ulaanbaatar 210 613
Tel. 0 11/32 33 25
www.ulan-bator.diplo.de.
Die Deutsche Botschaft vertritt Österreich mit
Schweizer Konsulat in der Mongolei
Chingeltei District
4th Khoroo
Diplomatic Complex 95
Entrance 4
C.P.O. Box 218
Ulaanbaatar
Tel. 011/33 14 22
Russische Botschaft in der Mongolei
Enkhtayvany gudamzh

A-6 Ulaanbaatar
C.P.O. Box 661
Tel. 0 11/32 78 51
Chinesische Botschaft in der Mongolei
Zaluuchuudyn Urgun Chuluu 5
C.P.O. Box 672
Ulaanbaatar
Tel. 0 11/32 39 40

Drogen und Alkohol

Haschisch und harte Drogen sind in der Mongolei bisher noch wenig verbreitet, Besitz und Verkauf werden hart bestraft. Anders sieht es mit dem Alkohol aus. Insbesondere **Arkhi** (Wodka oder Klarer) wird bei allen möglichen Gelegenheiten getrunken, und so manches Mal wird das berühmte Maß überschritten. In der Steppe wird **Milchschnaps** und **gegorene Stutenmilch** getrunken, aber auch der Arkhi ist hier sehr beliebt. Wachsender Beliebtheit erfreut sich vor allem in der Stadt das **Bier**. Wein kommt seltener und wenn, dann für die Frauen auf den Tisch. Das Weinangebot in den Läden ist nicht sehr groß, und er ist auch recht teuer.

Einkaufen/Geschäftszeiten

Neben wenigen großen Läden gibt es viele kleine private Geschäfte (Delguur) und Kioske, die zumeist bis 20 Uhr geöffnet haben. Es gibt aber auch Kioske, die rund um die Uhr geöffnet sind. Das Angebot sowohl an Lebensmitteln als auch an sonstigen Erzeugnissen ist zufriedenstellend. China-Importe dominieren. Als Souvenirs sind vor allem Textilien aus Kashmir und Erzeugnisse aus Filz und Leder beliebt. Wenn man Zeit hat, sollte man sich ruhig auf den Märkten umsehen, wo es außer Lebensmitteln viele Dinge des täglichen Bedarfs zu kaufen gibt.

Einreise

Für die Einreise benötigt man ein **Visum**. Für das Visum sind ein ausgefülltes Antragsformular, ein mindestens 6 Monate über den Aufenthalt hinaus gültiger Reisepaß und ein Paßbild einzureichen. Die Bearbeitung dauert 7 bis

Auf dem Bahnhof von Ulaanbaatar

10 Tage. Die Kosten für ein Visum zur einmaligen Ein- und Ausreise bei einem Aufenthalt bis 30 Tage betragen 35 Euro, bei zweimaliger Einreise 65 Euro. Das Visum kann unkompliziert per Post beantragt werden. Das Antragsformular gibt es unter www.botschaft-mongolei-de.

Wer länger als vier Wochen im Land bleibt, muß sich polizeilich registrieren lassen.

Essen und Trinken

Die mongolische Küche ist vor allem eine **fleischreiche Küche**, wobei in erster Linie Hammelfleisch auf dem Speiseplan steht. Gemüse gedeiht hierzulande schwer und spielt auch in der nationalen Küche so gut wie keine Rolle. Beliebt sind auch Pelmeni-ähnliche Teigtaschen mit Fleischfüllung, die aber gegart werden und ›Booz‹ heißen. Das beliebteste landestypische Getränk ist die Airag genannte vergorene Stutenmilch. Tee ist ebenfalls sehr beliebt. Er wird zur Hälfte in Wasser und Milch aufgebrüht und dann aber nicht mit Zucker, sondern mit Salz verfeinert.

In Ulaanbaatar gibt es eine Fülle von Restaurants, Gaststätten, Bierzelten und kleinen Cafés. Die Speisekarten bieten unter anderem mongolische, europäische, russische, koreanische und chinesische Küche und auch Pizza an.

In den letzten Jahren hat sich nicht zuletzt dank mehrerer deutscher Brauer in Ulaanbaatar eine an Deutschland angelehnte **Bierkultur** mit Biermarken wie ›Khan-Bräu‹ und ›Dzhingis-Bräu‹ etabliert. Es gibt im Zentrum mehrere Biergärten mit guter, auch auf europäischen Geschmack ausgerichteter, Küche.

Feiertage

1. Januar, Neujahrsfest.
Februar: Neujahrsfest nach dem Mondkalender, also jährlich wechselnd drei freie Tage.
8. März: Internationaler Frauentag.
1. Juni: Internationaler Kindertag.
11.–13. Juli: Nationalfest Naadam.
26. November: Verfassungstag.

Fernsehen

Die Medienwelt in Ulaanbaatar ist in den letzten Jahren vielseitiger geworden. Vor allem das **Fernsehen** liefert von Nachrichten über Kulturveranstaltungen und aktuelle Sumo-Wettbewerbe mit mongolischer Beteiligung bis hin zu neuen Tele-Soaps aus Korea ein buntes Programm. Das staatliche Fernsehen ›Mongol Televis‹ sendet landesweit bzw. mit ›Ulaanbaatar TV‹ in Reichweite der Stadt. Es gibt private Sender wie ›Kanal 25‹, ›TV 5‹ und ›TV 9‹. Die ›Deutsche Welle‹ sendet täglich in deutsch und englisch.

Fotografieren

Beim Fotografieren von Menschen gehört es sich, um Erlaubnis zu bitten. Viele Mongolen werden es nicht verneinen, im Gegenteil. Schnell stellt man sich in eine würdige Pose, holt Familienangehörige dazu. Mit einem Abzug kann man den Fotografierten immer eine große Freude machen.

Außer **militärischen Anlagen** darf ei-

Jurtenumzug

gentlich alles aufgenommen werden. In **Museen und Tempelanlagen** muß in der Regel eine Fotoerlaubnis erworben werden.

In Ulaanbaatar ist es überhaupt kein Problem mehr, Filme entwickeln zu lassen. In speziellen Servicepunkten können auch digitale Fotos bearbeitet, gespeichert oder ausgedruckt werden.

Geschenke

Bei der Gastfreundschaft der Mongolen kommt es häufig vor, daß man eingeladen wird. Man sollte darauf vorbereitet sein und ein Mitbringsel dabeihaben. Spezialitäten und kleine Souvenirs aus der Heimat kommen immer gut an, aber auch Süßigkeiten und Kekse für die Kinder.

Gesundheit

Es gibt keine vorgeschriebenen Empfehlungen; der Gesundheitsdienst des Auswärtigen Amts empfiehlt **Impfungen** gegen Tetanus, Diphtherie, Polio und Hepatitis A, bei Langzeitaufenthalten auch Hepatitis B. Man kann nicht damit rechnen, benötigte **Medikamente** im Land kaufen zu können.

Eine **Reisekrankenversicherung**, die auch die Kosten eines Rücktransportes abdeckt ist unbedingt zu empfehlen.

Wegen der trockenen Luft ist immer auf genügend **Flüssigkeitsaufnahme** zu achten. Tee und Wasser sind hier bekanntlich die besten Mittel. Dafür kann man sich mit abgefüllten Mineralwasserflaschen eindecken.

Leitungswasser sollte nur abgekocht getrunken, Obst und Gemüse gründlich gewaschen werden. Gegenmittel gegen **Erkrankungen des Magen-Darm-Traktes** sollten in der Reiseapotheke nicht fehlen. Wer eher zu Verstopfung neigt, hat in der gegorenen Stutenmilch eine wunderbare Arznei. Sie ist nicht nur vitaminreich, sondern sie entschlackt und reinigt den Körper auf natürliche Art.

Häufig ist es leicht windig, und man spürt die Intensität der Sonne nicht, aber sie ist trotzdem gefährlich. Creme mit hohem UV-Filter und Sonnenhut schützen vor **Sonnenbrand**.

Eine weitere Gefahrenquelle für die Gesundheit sind die **stark schwankenden Temperaturen**. Hier gilt der Grundsatz: Lieber etwas wärmer anziehen als von Blasen- oder Nierenentzündung die Urlaubsstimmung trüben lassen. Wer sich im Winter in der Mongolei aufhält, muß sich vor Erfrierungen und Frostbeulen schützen. Trockene Kälte und strahlend blauer Himmel täuschen oft über die bestehende Gefahr hinweg.

Im Sommer muß man in Gewässernähe mit einer erheblichen Mückenplage rechnen, entsprechender **Mückenschutz** ist also ratsam.

Notfalltelefon: Mongolian First Assistance in Ulaanbaatar, Tel. 31 18 01, 99 11 48 48.

Hotels

In Ulaanbaatar übernachtet der Reisende in der Regel in einem **Hotel**. Verschiedene Preisklassen stehen zur Verfügung, vom vollklimatisierten Kempinski-Hotel ›Khan Palace‹ für 77 Euro pro Nacht bis hin zum kleinen Hostel, in dem man für drei bis fünf Euro unterkommen kann. Im Sommer sind die Hotels in der Regel mit Reisegruppen belegt und völlig ausgebucht. Individualreisende sollten sich entweder rechtzeitig um eine Reservierung kümmern oder einen örtlichen Reiseveranstalter um Unterstützung bitten. Viele Hotels bieten Buchungen per Internet an.

Die **Jurten- oder Ger Camps**, wie sie auf mongolisch heißen, findet man überall an den beliebtesten Touristenzielen. Die Jurten in den Camps sind gewöhnlich mit einigen niedrigen bunt bemalten Möbelstücken, einem Ofen und, je nach Wunsch oder Bezahlung, mit zwei, drei oder vier Betten ausgerüstet. Zu den meisten Camps gehört ein festes Gebäude, in dem man Duschen mit (heißem) Wasser und ein richtiges WC findet, und praktisch überall gibt es entweder ein Gebäude oder eine große Jurte, in der ein Restaurant untergebracht ist. Das Essen ist im allgemeinen eine annehmbare Mischung aus mongolischer und europäischer Kost, nur Vegetarier sollten sich auf jeden Fall frühzeitig anmelden, wenn sie nicht nur fleischlose Beilagen essen möchten.

Die Übernachtungspreise schwanken zwischen 25 und 50 Euro die Nacht und beinhalten drei Essen. Wenn man darum bittet, wird einem auch oft ein Lunchpaket gepackt. Meist kann man auch einfach nur für die Übernachtung bezahlen und das Essen extra abrechnen. Übernachtungspreise beginnen bei umgerechnet ca. zwölf Euro.

In der Regel werden die Camps nur im Sommer betrieben.

Kleidung

Zu empfehlen ist robuste, winddichte Kleidung, ein Regenschutz sowie ein Sonnenschutz im Sommer und ein guter Kälteschutz im Winter. Von entscheidender Bedeutung ist festes, recht hohes Schuhwerk, bei Überlandreisen ein bis zwei Reservepaare (oft Durchnässung). Auch die Mitnahme von Trekkingsandalen ist überlegenswert, falls man plant über Land zu reisen.

Klima

Das Klima ist **streng kontinental**. Ulaanbataar gilt im Jahresdurchschnitt

als die kälteste Hauptstadt der Erde, hat aber trotzdem einen kurzen und heißen Sommer. Das **Frühjahr** beginnt mit Stürmen. Erst Anfang Mai steigt die Tagestemperatur über Null, und am Ende dieses Monats öffnen die Jurtencamps im Lande. Um den 11. Juli, den Nationalfeiertag Naadom, liegt dann der erste Touristenboom.

Im Norden sowie im Zentrum des Landes sind Juni, Juli und die erste Au-

Kamele unterwegs

gusthälfte gekennzeichnet durch kurze regelmäßige Regenschauer, die gleich wieder von längeren sonnigen Abschnitten abgelöst werden. Bei bedecktem Himmel liegen die Tagestemperaturen um 10 Grad, bei Wolkenfreiheit schnell bei 25 Grad, so daß ein Pullover jederzeit ins Tagesgepäck gehört.

Die wettermäßig stabilste und niederschlagsärmste **Sommerperiode** liegt in der zweiten August- und ersten Septemberhälfte. Während im Norden, z.B. am Chuvsgul-See, auch im Juli und August mit Nachtfrösten bis –8 Grad gerechnet werden muß, herrscht im Südteil des Landes von Juni bis September tagsüber angenehme Wärme um die 25 Grad mit Spitzenwerten bis 38 Grad im Maximum. Die Nächte kühlen ab auf 10 bis 20 Grad. Stellen Sie sich also auf Schwankungen von über 25 Grad innerhalb von 24 Stunden ein.

Mitte September treten in Ulaanbaatar die ersten Nachtfröste auf, innerhalb eines nur zwei Wochen langen **Herbstes** fällt einiger Schnee, dann beginnt der gut **sechsmonatige Winter**, der durch sonnige, frost-klare Kälte gekennzeichnet ist. Niederschläge fallen kaum, so daß in den meisten Wintern keine geschlossene Schneedecke besteht.

Der schnelle Übergang von der Wachstumsperiode im Sommer zum kältestarrenden Winter ermöglicht erst die nomadische Lebensform ohne Stallhaltung des Viehes: Das Steppengras wird durch den Frost ›auf dem Halm‹ konserviert und dient dem Vieh auf freier Weide als Nahrung auch im Winter.

Medizinische Hilfe

Was die medizinische Betreuung so schwierig macht, ist weniger die fachliche Kompetenz der Ärzte, sondern die materielle Versorgung. Es fehlt an modernem medizinischen Gerät genauso wie an Einwegspritzen, Antibiotika etc. Sollte im Notfall doch ein Arzt konsultiert werden müssen, so findet man ihn im Krankenhaus des Aimagzentrums oder in Ulaanbaator. In besonders schweren Fällen wendet man sich am besten an die Botschaft seines Landes.

In Ulaanbaator kann man sich an folgende Einrichung wenden:

■ **SOS Medica Mongolia Clinic**
Im Osten der Stadt, Zaluuchuud Avenue bis zum Ikh Toiruu, nördlich vom Hotel ›Khan Palace‹ Tel. 4 64 32-5, -6, Klinikmanager 99/75 09 67, Notfallnummern außerhalb der Öffnungszeiten 34 55 26, 99/11 03 35 (engl.), 91 91 31 22 (mong.) www.sosmedica. mn Mo–Fr 9–18 Uhr.

Englischsprachige Ambulanz mit westlichem Standard. Bereits eine Konsultation kostet mindestens 40 Euro. Die Klinik ist rund um die Uhr erreichbar und macht im Notfall auch Hausbesuche. Sie verfügt über einen Evakuierungsservice, falls ein Notfall besser nicht in der Mongolei behandelt werden sollte.

Mietwagen

Die Straßenverhältnisse sind extrem verschleißträchtig, daher sind Leihwagen im internationalen Vergleich teuer. Außerhalb der Hauptstadt ist Allrad zwar nicht Pflicht, aber sehr empfehlenswert und meist nur ein Auto plus Chauffeur zu mieten.

Notrufnummern

Feuerwehr: 101
Polizei: 102
Medizinischer Notruf: 1 03
Verkehrspolizei: 1 24, 32 10 08
SOS Medica Mongolia: 34 55 26
Zentrale Notrufnummer zum **Sperren von EC-, Kredit-, Kunden- und Handykarten**: 00 49/11 61 16, oder über Berlin 00 49/30/40 50 40 50.
Sicherheitshalber sollte man sich die Notrufnummern für die persönlichen Karten extra notieren.

Öffentliche Verkehrsmittel

In Ulaanbaatar fahren **Busse und Trolleybusse**. In der Regel sind sie schon älteren Baujahrs, und auch die neueren sehen häufig schon arg mitgenommen aus. Obwohl mit den Bussen fast jeder Punkt in Ulaanbaatar erreichbar ist, werden die **Mikrobusse** bevorzugt. Diese Sammeltaxi-Linien ergänzen den öffentlichen Nahverkehr. Man wird sehr schnell die zentralen Haltestellen der Mikrobusse erkennen. Zur Sicherheit sollte man sich seine ›Heimatstation‹ und die des Ziels gut merken oder mit kyrillischen Buchstaben aufschreiben lassen und bei Bedarf nennen bzw. den Zettel vorzeigen.

Post

Briefmarken und Briefkästen findet man auch in den Hotels. Außerhalb der Postämter sind Briefkästen selten. Es gibt auch keine Postzustellung im Land, die Post muß von den Empfängern an zentralen Stellen abgeholt werden. Eine Karte nach Deutschland ist ca. 2 Wochen unterwegs.

Preise

Grundnahrungsmittel, Bus und Bahn sowie Mieten sind günstig. Importwaren (von der Matratze über Glühbirnen bis zum Auto) sind sehr teuer – der nächste Hafen liegt im Ausland, 1500 Kilomter südlich von Ulaanbaatar in Tianjin (China).

Sicherheit

Größere Geldmengen tragen Sie am besten in einem Geldgürtel bei sich, den Tagesbedarf halten Sie im Portemonnaie. Taschendiebstähle sind auf Märkten nicht selten; ansonsten sind Sie ziemlich überall sicher. Betrunkenen sollte man aus dem Weg gehen.

Strom

Die Netzspannung beträgt Regel 220–230 Volt bei 50 Hz. Manchmal sind die Klemmen in den Steckdosen aber zu eng. Deshalb ist es von Vorteil, einen **Weltadapter** dabeizuhaben. Es kann jedoch immer noch sein, daß der Stecker nicht paßt. In den Läden in Ulaanbaatar gibt es jedoch alle möglichen Varianten von Adaptern zu kaufen.

Telefon

Ortsgespräche sind durch die Grundgebühr abgedeckt und kostenlos.

Öffentliche Münz- bzw. Kartentelefone gibt es in Ulaanbaatar kaum, dafür viele Ein-Personen-Anbieter, die mit Ihren Funktelefonen an allen stark bevölkerten Punkten zu finden sind. Fax-Service bieten das Hauptpostamt und die großen Hotels an.

Auslandsgespräche sind aufgrund überlasteter Leitungen manchmal ein Problem. Die internationale Vorwahl der Mongolei lautet 0 09 76. Beim internationalen Selbstwählverfahren ist in der Mongolei zu beachten, daß im Unterschied zu allen anderen Ländern nach dem weltweit üblichen 00 noch eine 1 vor der Ländervorwahl eingeschoben werden muß. Einige wichtige Landesvorwahlen lauten somit: Deutschland 0 01 49, Schweiz 0 01 41, Österreich 0 01 43, Rußland 00 17, China 0 01 86. Wer beispielsweise aus der Mongolei nach Berlin anruft, muß 0 01 49/30/ Teilnehmernummer wählen.

Mobiltelefone: bei Eingabe der Landesvorwahl mit + anstatt 00 entfällt die 1, die Vorwahlen lauten entsprechend also: Deutschland +49, Schweiz +41, Österreich +43, Rußland +7 und China + 86. ›Mobicom‹ und ›Skytel‹ sind die Netzwerkbetreiber mit der größten Netzabdeckung im Landesinneren. Außerhalb Ulaanbaatars kann nur mit einem Empfang in großen Siedlungspunkten (Aimagzentren) und in deren Umkreis von ca 1,5 Kilometern gerechnet werden. Während einer Tour im Landesinneren hilft im Notfall das Handy also wenig!

Roaming aus Deutschland ist möglich. Telefon und SMS-Service funktionieren, sind aber sehr teuer.

Mobicom bietet **Pre-Paid-Karten** für 10 000, 25 000 und 50 000 Tugrig an. Diese sind mindestens einen Monat gültig (www.mobicom.mn). Vor dem Kauf einer mongolischen Handy-Nummer ist aber darauf zu achten, daß man über ein Dual-Mode-/Triband-Mobiltelefon mit automatischem Frequenzbandwechsel verfügt. Anderenfalls kann es passieren, daß das Handy nicht funktioniert und man bei Mobicom einen Tag damit verbringen muß, das Handy umstellen zu lassen.

Toiletten

In den besseren Hotels entsprechen die sanitären Anlagen dem westlichen Standard. In der Nähe touristischer Sehenswürdigkeiten sind die Toiletten, für die man einen kleinen Obolus entrichten muß, in der Regel sauberer als die normalen öffentlichen Toiletten. Diese sind Stehtoiletten. Außerhalb der Hauptstadt ist zumeist die Steppe die einzige Alternative. Im Bedarfsfall geht man in der mongolischen Sprache ›nach den Pferden schauen.‹ Toilettenpapier sollte man dabeihaben.

Trinkgeld

Trinkgeld war in der Mongolei eigentlich kaum verbreitet. Heute hat es sich in den Restaurants und Gaststätten eingebürgert, in denen viele Touristen verkehren. Die Höhe bewegt sich zwischen fünf und zehn Prozent des zu zahlenden Betrages.

Verhaltensregeln

Man nehme sich Zeit. Nirgendwo in der Mongolei ist Eile geboten, manchmal ist sie sogar unhöflich. Ist man auf dem Land und will nur nach dem Weg fragen, so sollte man nicht mit der Tür ins Haus fallen. Zuerst erkundigt man sich nach dem Wohlbefinden der Tiere und der Familie, fragt nach dem Wetter, nach dem Woher und Wohin, tauscht die Schnupftabakdosen, ersatzweise die Zigarette. Erst dann kommt die Frage nach dem Weg. Möglichweise erfolgt nun die Einladung in die Jurte.

Mongolische Mönche

Beim Betreten der Jurte ist darauf zu achten, daß man nicht auf die Schwelle tritt oder mit den Kopf an den oberen Türbalken stößt, es würde Unglück bedeuten. Betritt man die Jurte, begibt man sich als Gast immer in die linke Hälfte. Beim Hinsetzen sollten nie die Füße in Richtung Herd ausgestreckt werden, und nur kleinen Kindern ist

Buddha-Statue in Ulaanbaatar

es erlaubt, mit ausgestreckten Beinen zu sitzen.

Dann wird erst einmal Tee gekocht, und die Hausfrau stellt weiße Speisen und Gebäck auf den Tisch. Es wäre unhöflich, wenn man nicht wenigstens probieren würde. Bleibt man länger, kommt häufig eine Schüssel mit gekochtem Fleisch auf den Tisch.

Händeschütteln zur Begrüßung/Verabschiedung ist in der Mongolei eigentlich unüblich, auch wenn es sich der eine oder andere in Ulaanbaatar angewöhnt hat. Allerdings ist der Handschlag ein Muß, wenn man jemandem auf den Fuß getreten ist. Es ist also kein plumper Annäherungsversuch, wenn Sie von jemandem getreten wurden und dann auch noch seine Hand in die Ihre gedrückt bekommen.

Zeit

In der Mongolei gibt es drei Zeitzonen. Die Hauptstadt Ulaanbaatar befindet sich in der mittleren der drei Zeitzonen. Es gibt keine unterschiedliche Sommer- und Winterzeit mehr. Im Sommer gilt: mitteleuropäische Sommerzeit plus sechs Stunden.

Im Winter: europäische Winterzeit plus sieben Stunden.

Die Nomaden in der Steppe leben in vielen Bereichen noch wie ihre Ahnen. Sie ziehen von Weide zu Weide, immer damit beschäftigt, genügend Nahrung für ihre Herden zu finden. Sie leben im Hier und Jetzt, ihr Handeln wird von der Gegenwart bestimmt. Die Erfahrung sagt, wann welche Verrichtungen zu erledigen sind. Auf unvorhergesehene Veränderungen wird reagiert, wenn sie eintreffen.

Auch die Mongolen in der Stadt sind von dieser Mentalität geprägt. Kommt die Zeit für ein Vorhaben, wird es kurzfristig umgesetzt, vorbereitet wird nur das Nötigste. Während wir gern alles detailliert im voraus planen, belasten sich die Mongolen nicht mit Eventualitäten. Als Gast im Land tut man gut daran, es ebenso zu tun. So kann man sich den Streß ersparen, den man hat, wenn man Dinge ändern will, die man nicht ändern kann.

China-Reisetips von A bis Z

Autofahren

Eine beliebte Touristenfrage in China ist: Gibt es im Land Fahrschulen? Im Prinzip ja, auch wenn man beim Beobachten des Straßenverkehrs auf andere Gedanken kommt. Trotz gigantischer Magistralen ist in den Großstädten Stau der Dauerzustand. Das am weitesten verbreitete Verkehrsmittel ist nach wie vor das Fahrrad. Vielerorts gibt es gesonderte Spuren für die Massen der Radfahrer, spannend wird es aber immer an den Kreuzungen ohne Brücken. Autos hupen nahezu permanent. Der Fahrstil ist weniger aggressiv als in Rußland, man spürt im ständigen Ausweichen und Einordnen einen Hauch Harmonie im Chaos. Internationale Führerscheine haben keine Gültigkeit. Touristen ist es generell verboten, sich selbst ans Steuer zu setzen.

Banken, Geldwechsel

In China nennt sich die Währung **Renminbi** (wörtlich: Volkswährung, RMB) und hat als Grundeinheit den **Yuan**. Ein Yuan unterteilt sich in zehn Jiao – in der Umgangssprache auch Mao genannt – oder 100 Fen; Ein Jiao hat somit zehn Fen. Sämtliche Einheiten sind als Banknoten in Umlauf, und zwar als 1-, 2-, 5-, 10-, 50-, 100, 500-Yuan-Noten und 1-, 2-, 5-Jiao-Noten. Als Münzen gibt es Fen, Jiao und Yuan in diversen Münzausgaben. Anfang 2008 bekam man für 1 Euro ca. 10,40 Yuan und für einen US-Dollar ca. 7,50 Yuan. Banken nehmen meist höhere Gebühren als die Hotels.

Alle großen deutschen Banken sind zwar in China mit Filialen vertreten, unterhalten aber keinen Schalterverkehr für Privatkunden.

Zahlungsmittel: Kreditkarten sind mittlerweile in den Großstädten weit verbreitet, Reiseschecks werden in den staatlichen Banken gerne genommen, und an vielen Geldautomaten ist auch die Euroscheckkarte gut für Bares, sofern sie den Aufdruck ›Maestro‹ trägt. Es erscheint zwar auf dem Display ein Dollarsymbol, ausgezahlt werden aber Yuan. Nur wer sich weit von den Touristenzentren entfernt, sollte eine Notration chinesischer Währung dabei haben.

Seit Abschaffung der Devisenwährung ist Schwarztausch übrigens nicht mehr lohnenswert (und ohnehin illegal), auch wenn sich hier und da noch Vertreter des grauen Bankbusiness finden. Der Kurs ist meist schlechter als in der Bank, und ohne Quittung läßt sich der Renminbi bei Ausreise nicht zurücktauschen. Obwohl die chinesische Währung nicht frei konvertierbar ist, wurden die Einfuhreinschränkungen mittlerweile größtenteils aufgegeben. Bis zu 6000 Renminbi bzw. der Gegenwert von 5000 RMB dürfen eingeführt werden, größere Summen müssen deklariert werden.

Wechselkurs: RMB in Euro umzurechnen ist einfach: 10 RMB sind etwa 1 Euro.

Diplomatische Vertretungen Chinas

Botschaft der Volksrepublik China in Deutschland,
Märkisches Ufer 54
10179 Berlin
Tel. 0 30/27 58 80
www.china-botschaft.de
Generalkonsulat der VR China
Mainzer Landstraße 175
60326 Frankfurt/M
Tel. 0 69/90 73 46 87
Generalkonsulat der VR China
Elbchaussee 268

22605 Hamburg
Tel. 040/82 27 60 13
Generalkonsulat der VR China
Romanstr. 107
80639 München
Tel. 0 89/17 30 16 12
**Botschaft der VR China in der
Schweiz**
Kalcheggweg 10
3000 Bern
Tel. 0 31/3 52 73 33
www.china-embassy.ch

Modernes Dalian

Botschaft der VR China in Österreich
Metternichgasse 4
1030 Wien
Tel. 01/7 14 31 49
www.chinaembassy.at

Diplomatische Vertretungen in China
Deutsche Botschaft
德国大使馆
No. 71 Dongzhimenwai Dajie
东直门外大街
Sānlĭtún 三里屯
Beijing, China 北京
Tel. 00 86/10/65 32 21 61
Fax 00 86/10/65 32 53 36
Deutsches Generalkonsulat Shanghai
New Century Plaza
188 Wujiang Lu
Tel. 0 21/62 17 28 84
Botschaft der Schweiz
Sanlitun Dongwujie 3
Beijing

Tel. 0 10/65 32 43 53
www.eda.admin.ch
Botschaft der Republik Österreich
Dongwu Jie 5/ Xiushui Nanjie
Beijing
Tel. 0 10/65 32 20 62
www.bmeia.gv.at/peking
Botschaft der Russischen Föderation
4 Dongzhimen Beizhong Jie
Beijing
Tel. 0 10/65 32 20 51
www.russia.org.cn
Botschaft der Republik Mongolei
2 Xiushui Beijie Jianguomenwai,
Beijing
Tel. 0 10/6 53 21 18 10

Einkaufen/Geschäftszeiten

Staatliche Läden haben höchstens bis
21 Uhr offen. Private Läden können
länger offen sein. Ganz China ist ein einziges Warenhaus. Es gibt alles. Typische
Souvenirs sind Seide, Porzellan, Rollbilder, Keramik, Kalligraphien, Schmuck
(Jade), Cloisonné, Teppiche und natürlich der Tee.

Sie finden Souvenirs in Hülle und
Fülle in unterschiedlicher Qualität und
unterschiedlichen Preisen in vielen Hotelläden, in staatlichen und privaten Läden und freien Märkten. Auf den freien
Märkten und in vielen Privatläden wird
um den Preis gefeilscht. Sehr oft werden
hier die Produkte überteuert angeboten.
In staatlichen Läden und in den Hotelläden sind die Preise fest. Antiquitäten
sollten nur in staatlichen Geschäften
gekauft werden. Sie erhalten dort ein
Zertifikat, das die Echtheit bestätigt und
die Ausfuhr erlaubt. Die dazugehörigen
Wachssiegel dürfen nicht entfernt werden. (In der Regel erhalten Sie in China
keine besonders guten Antiquitäten).
Auf freien Märkten und bei fliegenden
Händlern sind Sie vor Fälschungen nicht

sicher. Achten Sie darauf, daß Sie keine Waren mit Bestandteilen von Tieren kaufen, die dem Washingtoner Artenschutzabkommen unterliegen.

Einreise

Westeuropäer können nur mit **Visum** nach China einreisen. Dieses muß persönlich oder per Visumsservice (nicht per Post!) bei einer der diplomatischen Vertretungen beantragt werden. Viele Reiseveranstalter bieten diesen Service gegen Entgelt, auch wenn man keine Pauschalreise bucht. Die genauen Bestimmungen sind unter www.chinabotschaft.de abrufbar, genauso wie die Anträge, die man sich als PDF-Datei herunterladen kann. Für Erwachsene gilt generell: Der Reisepaß muß noch sechs Monate gültig sein, ein Paßbild ist erforderlich. Kinder können mit dem Kinderpaß einreisen, er muß aber mit einem Bild versehen sein (auch bei Säuglingen!). Gruppenreisende haben es meist etwas einfacher, in der Regel kümmert sich der Veranstalter um das Visum. Bei der Ausreise per Flugzeug müssen 60 bis 100 Yuan in bar bezahlt werden (siehe auch ›Geld‹, ›Zoll‹.

Essen und Trinken

Typische Getränke sind Tees aller Art (abgekochtes Wasser gibt es überall), Bier (hat zwischen 3 und 3,5 Prozent Alkoholgehalt), Mineralwasser, aufbereitetes Wasser (z.B. Wahaha), amerikanische Softdrinks, Kokosnußsaft aus Heinan, Fruchtsäfte in Dosen. Normalerweise werden in China drei warme Mahlzeiten am Tag eingenommen. Grundnahrungsmittel sind dabei in Südchina eher Reis und in Nordchina eher Teigwaren. Dazu werden Fleisch-, Fisch- bzw. Gemüsegerichte gegessen. Die chinesische Küche als solche existiert nicht, sondern

statt dessen eine große Vielfalt (siehe auch ›Restaurants‹). Die Spezialitäten variieren je nach der Region des Riesenlandes. Es lassen sich vier Gruppen unterscheiden:

Der **Norden** mit Peking und Shandong: Bekannt sind die vielen Zubereitungsarten wie Frittieren, Grillen, Dünsten, Dämpfen, Rösten, Braten, Schmoren. Besonderheiten sind die Gerichte der kaiserlichen Küche, die Peking-Ente und der mongolische Feuertopf.

Einkaufszentrum in Harbin

Der **Osten** mit Shanghai, Jiangsu und Zhejiang ist wegen der Meeresnähe stark auf Meeresfrüchte ausgerichtet. Besonders bekannt sind die Geflügel- und Fischgerichte Zhejiangs und Jiangsus.

Der **Westen** (Sichuan und Hunan) zeichnet sich durch scharfe Gerichte (mit Ingwer, Knoblauch und Chili) aus. Eine Spezialität ist der scharfe Sojabohnenkäse (Tofu).

Der **Süden** mit Guangzhou (Kanton) schließlich bietet mit seiner eher milden Küche eine Unmenge an Gemüsegerichten und ausgezeichneten Enten sowie Fischspezialitäten.

Feiertage

Das für Chinesen wichtigste Fest ist das **Frühlingsfest** (chunjie), das Neujahrsfest nach dem traditionellen Mondkalender. Das Datum ändert sich entsprechend jährlich; es liegt meist im Februar. Vergleichbar ist es in seiner Bedeutung dem christlichen Weihnachtsfest. Zum Frühlingsfest haben die Chinesen mehrere Tage frei; da es ein Familienfest ist, kommen alle Familienmitglieder zu Hause zusammen. Während des Frühlingsfestes sollte man mit einer Beeinträchtigung von Serviceleistungen rechnen, da viele Büros und Firmen nur eingeschränkt arbeiten. Alle Transportmittel sind zu dieser Zeit übermäßig belegt. Im Mittelpunkt dieses Festes stehen große Essen im Familienkreis, Verwandtenbesuche und das Abbrennen von Knallkörpern (was in vielen großen Städten seit einigen Jahren nicht mehr erlaubt ist). Traditionell wurde an diesem Fest den Ahnen und Göttern geopfert, was auf dem Lande auch heute noch häufig getan wird.

Seit dem Jahr 2000 ist die erste Woche im Mai arbeitsfrei. In dieser Zeit sollte man China meiden, weil alle touristischen Kapazitäten ausgeschöpft sind.

Andere Feiertage nach dem traditionellen Kalender sind das Laternenfest, das Totenfest Qingming, das Drachenbootfest und das Mondfest. Bei letzterem werden die beliebten Mondkuchen gegessen, die mit Fleisch, Gewürzen, Melonenkernen, Mandeln, Orangenschalen, Zucker usw. gefüllt sind. Diese Feiertage sind im Gegensatz zum Früh-

lingsfest nicht arbeitsfrei. Sie werden meist innerhalb der Familien gefeiert.

Auch in den Gebieten nationaler Minderheiten gibt es etliche lokale traditionelle Feste, wie etwa das Wasserfest der Dai (ein traditionelles Neujahrsfest dieser Minorität) oder das Nadam-Fest der Mongolen, das tibetische Neujahrsfest oder das Fackelfest der Yi.

Im Gegensatz zu den traditionellen Feiertagen werden die wichtigsten offiziellen staatlichen Gedenk- und Feiertage nach dem Gregorianischen Kalender abgehalten:

1. Januar, Neujahrstag, ein Tag frei
Februar, Frühlingsfest, drei Tage frei
8. März, Internationaler Frauentag
5. April, Qingming-Fest (Totengedenktag)
1. Mai, Int. Tag der Arbeit, ein Tag frei
4. Mai, Jugendtag
1. Juli, Gründungstag der KPCh
1. August, Tag der Volksarmee
1. Oktober, Nationalfeiertag, zwei Tage frei

Auch an den arbeitsfreien Gedenk- und Feiertagen sind die meisten Geschäfte geöffnet. In den Parks gibt es oft Aufführungen etc. Traditionelle westliche Feiertage wie Weihnachten werden in der VR China zwar offiziell nicht begangen, aber der Kommerz hat es fertig gebracht, daß es seit dem Jahr 2000 in Peking auch einen Weihnachtsmarkt gibt.

Fernsehen

Das allgemeine staatliche Fernsehen ist natürlich auf Hochchinesisch gehalten. Es gibt jedoch auch einen englischsprachigen Kanal (CCTV9). Für Fußball- und Sportenthusiasten bietet CCTV eine breite und detaillierte Berichterstattung,

Souvenirverkäufer in China

inklusive je eines Live-Spiels der Bundesliga jeden Samstag und Sonntag. In den internationalen Hotels empfangen Sie fast immer CNN und teils sogar Deutsche Welle TV. An der Rezeption erhalten Sie in der Regel die staatliche englischsprachige Tageszeitung ›China Daily‹.

Flughafengebühren
In China wird für Inlandsflüge auf allen Flughäfen eine Abflugsteuer in Höhe von 50 RMB (ca. 5 Euro) erhoben. Die Flughafengebühren für internationale Abflüge betragen 90 RMB pro Person. Diese Gebühren müssen vor dem Abflug in der Landeswährung entrichtet werden.

Fotografieren
Gutes Fotomaterial ist überall erhältlich, Diafilme so gut wie nirgends. Die Aufnahme von Grenzanlagen, militärischen (auch Flugplätze mit gemischter ziviler und militärischer Nutzung) und militärstrategischen Objekten ist verboten.

Im Inneren von Tempeln und Museen darf häufig nicht fotografiert werden. Manchmal muß man in geschlossenen Räumlichkeiten für Foto- und Videoaufnahmen bezahlen. Wenn man Personen aufnehmen will, sollte man erst um Erlaubnis fragen.

Gesundheit, Impfungen und Medikamente
Es sind derzeit keine Impfungen vorgeschrieben. Wenn sich der Reisende innerhalb der letzten sechs Tage in Gelbfieberinfektionsgebieten aufgehalten hat, wird für China eine Impfung benötigt. Bei der Einreise nach China muß man auf einem Formular, der Health Declaration, versichern, daß man an keiner ansteckenden Krankheit leidet. Ausländer, die länger als ein Jahr in China bleiben wollen, müssen die Bescheinigung über einen AIDS-Test vorlegen. Vor Auslandsreisen generell sollte ein ausreichender **Impfschutz** gegen Poliomyelitis (Kinderlähmung) und Tetanus (Wundstarrkrampf) bestehen.

Reisetips von A bis Z

Eine Infektionsgefahr besteht vor allem bei schlechten Hygienebedingungen (in China etwa bei Garküchen und kleinen Restaurants auf Märkten). Hepatitis B wird hauptsächlich durch Geschlechtsverkehr mit infizierten Personen und durch Blutkontakte übertragen.

In den größeren Städten sind in der Regel immer westlich ausgebildete Ärzte und Krankenhäuser mit speziellen Abteilungen für Ausländer erreichbar. Vorkasse ist dabei angesagt. Falls eine ärztliche Behandlung während Ihrer Reise notwendig wird, vergewissern Sie sich, daß die verwendeten Instrumente sterilisiert sind. Behandlung in traditioneller chinesischer Medizin erhalten Sie nur auf ausdrücklichen Wunsch.

Die häufigste Erkrankung bleibt der ordinäre **Schnupfen**, denn chinesische Ladeninhaber besitzen ein ausgeprägtes Faible für eiskalte Klimaanlagen. Wie auch sonst in Asien gehören Eis und ungeschältes Obst nicht auf den Speiseplan. **Magen-Darm-Erkrankungen** sind häufig und lassen sich nur durch gute Hygiene vermeiden: nur gekochte Speisen, unbenutzte oder gut gespülte Stäbchen und vor allem häufiges Händewaschen!

Zwischen China und Deutschland besteht kein Sozialversicherungsabkommen, so daß der Abschluß einer **Auslandskrankenversicherung** unbedingt anzuraten ist.

Wirksame **Medikamente** sind unbegrenzt erhältlich. Sonnenschutzmittel sollte man mitbringen, sie sind in China nur selten erhältlich.

Hotels

In China kann man nach wie vor nicht in jedem, sondern nur in speziellen, für Ausländer genehmigten Hotels absteigen. Differenzierte Preise für Chinesen und Ausländer verstehen sich da von selbst. In Beijing und in allen touristisch interessanten Orten gibt es ausreichend Hotels aller Preisklassen, die westlichen Komfortvorstellungen entsprechen. Es gibt kaum Einzelzimmer, sondern nur Doppelzimmer mit zwei Betten, die man auch einzeln belegen kann. Doppelbetten sind allerdings eine Seltenheit. Die Preise sind unterschiedlich. Meist lohnt es sich, vorab bei einem Reiseveranstalter zu buchen. Die sogenannte ›Walk- in-Rate‹ vor allem der besseren Hotels ist meist viel höher als bei Vorausbuchung.

Kleidung

Es empfiehlt sich bequeme, der Jahreszeit angepaßte, leicht waschbare Bekleidung. Beachten Sie bitte die **unterschiedlichen klimatischen Verhältnisse** im Land. In den Wintermonaten wird es in Nordchina teilweise sehr kalt (auch in Beijing), so daß gute Winterkleidung angebracht ist. In den Frühjahrs- und Herbstmonaten gehören auch für südchinesische Gegenden Pullover und Jakken für die kühlen Stunden ins Gepäck. Regenbekleidung sollten Sie immer dabei haben, auch in den Wintermonaten in Südchina. Offiziell geheizt wird vom 15. November bis 15. März, und das auch nur nördlich des Yangzi. Elegante oder förmliche Kleidung und teuren Schmuck lassen Sie besser zu Hause.

Generell herrscht in China ein recht lockerer Kleider-Kodex, verschmutzte oder gar zerrissene Kleidung ist jedoch nicht akzeptabel, schon gar nicht in den Metropolen Peking und Shanghai.

Klima

China weist **große klimatische Unterschiede** auf, die aus den Monsunwinden, aus der Ausdehnung des Landes in

Länge und Breite und den beträchtlichen Höhenunterschieden resultieren. Während es in Südost- und Zentralchina im allgemeinen relativ warm und feucht ist, ist es in Nord- und Nordostchina relativ trocken. Beste **Reisezeit** ist der Frühling (Mai) und Herbst (September und Oktober).

In vielen Gebieten Chinas sind die Sommer heiß und regnerisch, oft mit hoher Luftfeuchtigkeit, während die Winter trocken sind. In Nordchina fallen über 80 Prozent der Jahresniederschläge in den Sommermonaten, in Südchina 40 Prozent. In Südostchina kommt es während der Regenzeit zwischen Juli und September häufig zu Taifunen. Nördlich des Yangzi sind die Winter zum Teil sehr kalt. Vor allem in den nördlichen Gebieten kann man eine deutliche Ausprägung der vier Jahreszeiten erleben.

Der Nordosten hat heiße, trockene Sommer und lange, kalte Winter. In den Wüstenregionen in Xinjiang und der Inneren Mongolei sind die Sommer ebenfalls heiß und trocken, die Winter hingegen kalt und trocken. Auf dem Tibet-Qinghai-Hochplateau (4000 m Höhe im Durchschnitt) ist die Sommerzeit kurz und gemäßigt warm, die Winter hingegen sind sehr kalt. Die Niederschlagsmenge ist hier das ganze Jahr über gering. Die Temperaturunterschiede zwischen Tag und Nacht sind sehr groß. In Zentralchina gibt es durchweg heiße und feuchte Sommer mit vielen Niederschlägen.

In den Regionen um Peking, Xian und Zhengzhou treten im Winter und Frühjahr manchmal Sandstürme auf.

Lärm

China ist ein lautes Land. Auch in guten Hotels kann es passieren, daß sich nachts um drei noch Gäste angeregt auf dem Gang unterhalten. Reisende mit leichtem Schlaf sollten Ohrstöpsel mitnehmen.

Post/Telefon

Briefmarken gibt es in manchen Hotels oder auf jedem Postamt zu kaufen. **Telefonverbindungen** nach Europa kann man in den meisten Hotels vom Zimmer aus durch Direktwahl selbst herstellen. Mit Ausnahme entlegener Landesteile

Rikscha-Taxis in China

Reisetips von A bis Z

und Grenzgebiete besteht von überall Telefon- und Faxverbindung.

In den Großstädten finden Sie mittlerweile auch **Kartentelefone**, die ebenfalls Auslandsgespräche zulassen. Eine chinesische Prepaid-Karte gibt es direkt am Flughafen und in allen Mobilfunk-Geschäften zu kaufen.

Fast jedes Hotel hat ein **Business-Center** mit Fax- und Internetanschluß. Der Modus der Wahl ist wie bei uns, also z.B. nach Berlin: 00 49-30-Nummer. Bitte erkundigen Sie sich im Hotel vorher genau nach den jeweiligen Tarifen (Auslandsgespräche sind teuer).

Deutsche Mobiltelefone funktionieren fast überall, einschließlich SMS (Grenzgebiete und Tibet nicht). Für einen Aufenthalt, der länger als eine Woche dauert, lohnen sich die in der Regel umgerechnet 5 Euro Gebühr für die SIM-Karte eines chinesischen Mobilfunkanbieters, da auf diese Weise innerchinesische Gespräche und der Anruf nach Hause deutlich günstiger werden. Ein Anruf nach Deutschland mit einer chinesischen Prepaid-Karte kostet ca. 1 Euro die Minute, ein innerchinesischer Anruf 10 Cent die Minute. Erreichbar sind Sie mit dieser Karte ab Europa mit der entsprechenden Billigvorwahl ab 1,5 Cent die Minute. Falls Sie Ihre deutsche SIM-Karte benutzen wollen: Erkundigen Sie sich unbedingt vor der Reise, ob Ihr Vertrag für das außereuropäische Ausland freigeschaltet ist und ob Ihr Anbieter einen Roaming-Vertrag mit der China Telecom oder China Unicom hat.

Religionsgemeinschaften

Offiziell wird in der Volksrepublik China der Atheismus propagiert. Aber mittlerweile sind wieder verschiedene Religionsgemeinschaften zugelassen. Hauptreligionen sind Buddhismus und Daoismus, deren Tempel und Klöster sich im ganzen Land finden. Daneben gibt es in den moslemischen Gebieten, vor allem entlang der Seidenstraße, aber auch in vielen Großstädten, Moscheen, die regelmäßig Gebetsstunden abhalten. Protestantische Kirchen und die katholische Kirche – beide mit wachsendem Zulauf – gibt es nahezu in ganz China.

Restaurants

Es gibt in China ein breites Angebot an Restaurants, großen wie kleinen, staatlichen wie privaten, Spitzenrestaurants sowie Imbißbuden und Garküchen (auf Tages- und Nachtmärkten). Bedenken Sie bitte, daß viele einfache Restaurants nicht unbedingt unseren hygienischen Standards entsprechen. In den Großstädten breiten sich auch die international bekannten Fast-Food-Ketten und ›Freßgassen‹ in den Warenhäusern aus. Problemlos können Sie in den Restaurants und Coffee-Shops der großen internationalen Hotels essen. Sie können sich auf Wunsch in den meisten Restaurants Messer und Gabel geben lassen, sollten aber nicht die Mühe scheuen,

Chinesischer Pandabär

das Essen mit Stäbchen zu erlernen. Es ist leichter, als es aussieht.

Daß alle Chinesen Hundefleisch essen, ist ein Vorurteil. Natürlich finden Sie Hundefleisch ebenso wie Schlangenfleisch und anderes bis hin zu Skorpionen und Grottenolmen auf dem Speiseplan der chinesischen Küche. Aber das sind meist Spezialitäten, die Sie nur auf besondere Bestellung und schon gar nicht in allen Gegenden und allen Restaurants erhalten.

Sicherheit

Tätliche Angriffe auf Ausländer sind selten, und auch Frauen können sich allein sicher bewegen. Allerdings haben Diebstähle und insbesondere Taschendiebstähle zugenommen. Eine normale Sorgfalt im Umgang mit den eigenen Wertgegenständen ist notwendig. Sie sollten von den Hotel-Safes Gebrauch machen.

Strom

Die Netzspannung beträgt in der Regel 220–230 Volt bei 50 Hz. Wir empfehlen die Mitnahme eines internationalen Adapter-Sets, auch wenn prinzipiell an den meisten Rezeptionen eine beschränkte Anzahl von Adaptern vorhanden ist.

Toiletten

In den besseren Hotels entsprechen die sanitären Anlagen unserem westlichen Standard. Ausnahmen sind insbesondere in abgelegenen Gegenden, entlang der Seidenstraße und in Tibet möglich. Vielfach gibt es bei touristischen Sehenswürdigkeiten oder in der Stadt öffentliche Toiletten, für die man einen kleinen Obolus entrichten muß. Diese sind in der Regel sauberer und gepflegter als die normalen öffentlichen Toiletten. Die meisten Toiletten an Bahnhöfen, Flugplätzen und Besichtigungs-punkten sind Stehtoiletten mit fließendem Wasser ohne Toilettenpapier. Dieses sollte aus dem Hotel mitgenommen werden. Die Toiletten sind oft nicht in sauberem Zustand. Das gleiche trifft auch auf viele Toiletten in Zügen zu.

Trinkgeld

Noch vor wenigen Jahren verbot die sozialistische Ehre jedes Trinkgeld. Diese Zeiten sind definitiv vorbei! Wie auch in Europa sind in hochklassigen Restaurants 10 bis 15 Prozent angemessen, das Trinkgeld wird jedoch nach dem Bezahlen diskret auf dem Tisch liegen gelassen. In einfachen Restaurants sind Trinkgelder weiterhin eher unüblich.

Gute Leistungen der chinesischen Fremdenführer sowie der Fahrer sollten ebenfalls durch ein Trinkgeld honoriert werden. Als Faustregel sollten Sie bei Teilnahme an einer Gruppen-reise von einem Betrag von circa 2,50 Euro pro Person und Tag für Fahrer und Fremdenführer bei Vollbetreuung ausgehen. Für den ständigen Reisebegleiter (Dolmetscher) sollte bei guter Leistung am Ende einer Reise zusätzlich in der Gruppe gesammelt werden.

Trinkwasser

Trinken Sie nur abgekochtes Wasser. Meiden Sie Leitungswasser generell, auch wenn es stark gechlort schmeckt. In fast allen Hotels finden Sie auf Ihrem Zimmer heißes Wasser für Ihren Tee/Kaffee in Thermoskannen oder einen Heißwasserbereiter vor.

Verhalten

Allgemeine Hinweise und Regeln für das Verhalten in China sind nur schwer zu geben. Wer brüllt, hat Unrecht. Zeigen Sie gerade in problematischen Situationen Geduld und achten Sie darauf, daß Sie Ihren jeweiligen chinesischen Ansprechpartner nicht willentlich oder unwillentlich in eine Lage bringen, in der er sein Gesicht verlieren könnte. Wenn Sie Reklamationen haben, bringen Sie diese zunächst diskret und taktvoll vor und wenn möglich nicht in Anwesenheit anderer Chinesen.

Verkehrswesen

Das Verkehrswesen hat sich in den letzten Jahren rasch entwickelt. Vor allem in den Großstädten sind neue, moderne Flughäfen entstanden und

Schildkröte im Palastmuseum in Peking

auf den Hauptlinien fliegen moderne Maschinen. Zu Verzögerungen kann es trotzdem immer wieder kommen, nicht zuletzt wegen den sehr unterschiedlichen Witterungsbedingungen in dem Riesenland China. Hauptverkehrsmittel für viele Chinesen ist bei Reisen innerhalb Chinas die Eisenbahn. U-Bahnen gibt es in Peking, Shanghai, Guangzhou und Hongkong. Hauptverkehrsmittel in den Städten sind Busse (meist sehr voll

bis überfüllt) und Taxis. In den Großstädten kann man problemlos an den Hotels und auch durch Winken auf der Straße Taxis bekommen. Erkundigen Sie sich bitte zur Sicherheit an der Hotelrezeption nach den jeweils gültigen Preisen, wenn Taxameter nicht üblich sind. In den meisten Städten sind die jeweils gültigen Kilometertarife bzw. die Grundgebühr am Taxi angezeigt.

Zeitungen

›China Daily‹ ist die einheimische Tageszeitung auf Englisch. Daneben erhalten Sie in einigen großen Hotels auch internationale Tageszeitungen, meist auf Englisch.

Zeitunterschied

Die Zeitdifferenz zur Mitteleuropäischen Zeit beträgt im Sommer plus 6 Stunden, im Winter plus 7 Stunden. Es gibt keine Sommerzeit und keine Zeitzonen, im ganzen Land gilt die gleiche Zeit.

Zoll

Gegenüber westlichen Touristen ist der Zoll recht liberal. Genaue Kontrollen finden sehr selten statt. Alles, was ein Tourist selbst tragen kann, erregt selten die Aufmerksamkeit des Zolls. Die Dinge des persönlichen Gebrauchs können in diesem Rahmen importiert werden. Selbstverständlich ist die Einfuhr von Waffen, Munition, Sprengstoff, gefährlichen Chemikalien, radioaktivem Material, Rauschgift etc. und Medienmaterial, dessen Inhalt sich gegen nationale chinesische Interessen wendet (Dalai-Lama-Bilder, aber auch Pornografie) verboten. In den Flughäfen wird das Gepäck im Zweifel schon vor der Auslieferung durch Röntgengeräte geschickt, so daß die Beamten bei der Kontrolle schon wissen, wen sie sich vornehmen müssen.

Reiseveranstalter

Deutschland

Baikal-Express
Unterholz 3
79235 Vogtsburg
Tel. 0 76 62/94 92 94
www.baikal-express.de

Bund Naturschutz
Eckertstr. 2
91207 Lauf an der Pegnitz
Tel. 0 91 23/9 99 57 10
www.bund-reisen.de

DERTOUR GmbH & Co. KG
Abteilung Rußland, Baltikum und
Ukraine
Emil-von-Behring-Straße 6
60424 Frankfurt/M.
Tel. 0 69/95 88 53 08
www.dertour.de

Doris Knop Reisen GmbH
Hollerlander Weg 77
28355 Bremen
Tel. 04 21/9 88 50 30
www.knop-reisen.de

GO EAST Reisen GmbH
Bahrenfelder Chaussee 53
22761 Hamburg
Tel. 0 40/89 69 09-0
www.go-east.de

Lernidee Reisen
Eisenacher Str. 11
10777 Berlin
Tel. 0 30/78 60 00-0
www.lernidee-reisen.de

Olympia-Reisen
Siegburger Str. 49
53229 Bonn
Tel. 02 28/40 00 30
www.olympia-reisen.com

Ost & Fern Reisedienst GmbH
An der Alster 40
20099 Hamburg
Tel. 0 40/28 40 95 70
www.ostundfern.de

Perelingua
Gosslerstr. 24
12161 Berlin
Tel. 0 30/8 51 80 01
www.perelingua.de

Schulz Aktivreisen
Görlitzer Str. 15
01099 Dresden
Tel. 03 51/26 62 55
www.schulz-aktiv-reisen.de

Sputnik Travel GmbH
Stresemannstr. 107
10963 Berlin
Tel. 0 30/20 30 22 46
www.sputnik-travel-berlin.de

Troika-Tour GmbH
Oberlau 34
48727 Billerbeck
Tel. 0 25 43/27 02 40
www.troika-tour.de

TSA Travel Service Asia
Nelkenweg 5
91093 Heßdorf-Niederlindach
Tel. 0 91 35/73 60 78-0, Fax -11
www.tsa-reisen.de

Ventus Reisen GmbH
Krefelder Str. 8
10555 Berlin
Tel. 0 30/3 91 00-3 32 und -3 33
www.ventus.com

VOSTOK Reisen
Weinbergsweg 2
10119 Berlin
Tel. 0 30/30 87 10 20
www.vostok.de, www.transsib.de

Schweiz

Atlas Reisen
Weinbergstrasse 22
8001 Zürich
Tel. 01/9 94 22 35
www.atlas-reisen.ch

Agiltours
Münstergasse 12
8001 Zürich

Tel. 01/2 62 15 35
www.agiltours.ch.
Kira Reisen KG
Mellingerstraße 6
5400 Baden
Tel. 0 56/2 00 19 00
Fax 2 22 77 24
www.kiratravel.ch.
Globotrek
Neuengasse 30
3001 Bern
Tel. 0 31/3 13 00 22
www.globotrek.ch.
Trans-Sib.ch
Benziwil 51/375
6020 Emmenbrücke
Tel. 0 41/2 80 90 07
www.trans-sib.ch
Ziegler & Partner
Orzens 42

Internet

Unangefochtener Link Nr. 1 ist die allerdings bislang auf die innerrussische Strecke von Moskau nach Vladivostok fixierte Seite **www.trans-sib.de** (R/D/E), die auch in diesem Buch ausführlich vorgestellt wird (siehe S. XXX). Zu ausgewählten Web-Seiten über die an der Bahnstrecke liegenden Orte finden Sie die Details am Ende des jeweiligen Stadtkapitels. Der Informationsgehalt der einzelnen Seiten differiert dabei allerdings sehr stark.

Die populärsten, nationalen Suchmaschinen in den Ländern sind in Rußland **www.rambler.ru** (R/E), in der Mongolei **www.mol.mn** (M/E) und **www.chinavista.com** (Ch/E) in China.

Allgemeines
www.auswaertiges-amt.de
www.bpb.de
www.die-reisemedizin.de

1095 Lutry Lausanne
Tel. 0 21/7 91 32 80
www.studyrussian.com

Österreich
ÖSG Reisedienst GmbH
Favoritenstr. 35
1040 Wien
Tel. 01/5 05 67 94
www.oesgreisedienst.info.

Dänemark
Jasoe Rejser
Tel. 0 74/72 25 18
www.jasoerejser.dk

Niederlande
Trans-Sputnik Nederland
Tel. 0 70/3 88 27 57
www.trans-sputnik.nl

Rußland
www.Rußlandweb.de (D/R)
www.visatorussia.de (D/E/R)
www.aktuell.ru (D)
www.president.kremlin.ru (R/E)
www.gov.ru (R)
www.expat.ru (E)

Mongolei
www.mongolei.de (D)
www.mongols.com (E)
www.abenteuer-mongolei.ch (D)
www.mongoliatoday.com (D)
www.ub-mongolia.mn (E)
www.mongolart.mn (M/E)

China
www.chinalink.de (Ch/D/E)
www.chinaweb.de (D)
www.fac.de (D)
www.chinanow.com (Ch/E)
http://chinanowmag.com (Ch/E)
www.travelchinaguide.com (E)

Eisenbahn

www.bahn.de

Hieri findet man mittlwerweile in der Rubrik ›Planen & Buchen‹ alle Transsib-Züge nach Vladivostok und Beijing, allerdings ohne Fahrpreisangaben.

http://rzd.ru (R)

Die russische Eisenbahn präsentiert sich hier, allerdings nur auf Russisch.

www.parovoz.com

Das ultimative Portal für alle Eisenbahnfans mit einer gigantischen Fotogalerie, Karten, Fahrplänen u.v.m.

Das professionelle Portal steht unter **www.gudok.ru (R)**. Daneben gibt es noch die Eisenbahner-Zeitschrift online: **http://semafor.narod.ru (R)**.

Die Seite der mongolischen Eisenbahn **www.mtz.mn (M)** ist sichtlich noch im Aufbau begriffen.

Zur chinesischen Eisenbahn wird man unter **www.chinamor.cn.net (Ch)** oder **www.china-train-ticket.com** (E) fündig.

Eine russische Karrikaturensammlung zum Thema Eisenbahn steht unter **www. cartoon.metro.ru**.

Fernsehen

ARD und ZDF liefern auch Seiten zum Thema Transsib. Als der frühere Moskauer Korrespondent Thomas Roth im Sommer 2001 seine Goodbye-Tour unternahm, fuhr er auch zwischen Vladivostok und Ulan-Udė mit der Transsib. Das Tagebuch der Reise (Russisches Tagebuch) findet sich unter **www.wdr.de** wobei die Aufzeichnungen vom 4. bis 9. August die Transsib betreffen.

Unter **www.zdf.de** sind die vom Frühjahr 2000 stammenden ›Reiselust‹-Erfahrungen des ZDF auf der Transsibirischen Eisenbahn abrufbar.

Aktueller sind beiden Eisenbahnromantik-Folgen 587 und 588, wozu man Informationen unter **www.swr.de** findet.

Die Firma Lernidee bietet auf ihrer Internetseite in der Rubrik Fernsehtipps Hinweise auf Sendungen zur Transsib unter www.lernidee.de.

Reiseberichte

Sehr interessant sind auch viele sowohl journalistische als auch private, persönliche Transsib-Reiseberichte im Internet, die neben Reisebeschreibungen, Tagebüchern, Fotosammlungen auch praktische Tips und weitere Internet-Links bieten.

Nachfolgend eine kurze alphabetische Auswahl mit Schwerpunkt im mitteleuropäischen, deutschsprachigen Raum:

Ernst Bernhauer: www.bernhauer. com

Marco Bertram: www.marco-bertram. de

Else Buschheuer: www.else-buschheuer.de

Georg Eispert: www.eispert.de

Kim Gronemeier: www.kim-gronemeier.de

Oliver Hammer: www.baikal-transsib. de.

Angela Humbold: www.angela-humbold.de

Herbert G. Jebbink: www.herbert. groot.jebbink.nl/tsr (engl., nl.)

Andrea Klingebiel: www.ak11.de

Tim Leichter: www.abenteuer-transsibirien.de.

Ortrud Mauk: www.nur-birken.de

Marcel Ochsner: www.membres.lycos. fr/mochsner/Transsib/startd.htm

John Pannell: www.trans-siberia.com (engl.)

Norbert Schott: www.andrea2000. de

Guido Schulte: www.globrailer.de/reiseberichte.htm

Clive Simpson: www.trans-siberianrailway.co.uk (engl.)

Helmut Uttenthaler: http://eurasia2005.blogspot.com

Jürgen Vogel: www.vogel-page.de

Jörg Weber: www.weber-joerg.de/transsib.htm

Mirko Witich: http://www.spin.de/hp/Fuente

Literaturtips

Allgemeines

Braunburg: Die Transsibirische Eisenbahn, Luzern 1997, 200 S. Wir sehen dem Autoren einige kleine Ungenauigkeiten im Text nach, denn dank der phantastischen Fotoauswahl kann man die Tour Moskau–Vladivostok in diesem Bildband sehr schön nachvollziehen.

Chen, H.: Kulturschock China, Bielefeld, 240 S. Aus der bekannten Kulturschock-Reihe von Reise Know How.

Čechov, Anton: Die Reise nach Sachalin, Berlin 1982, 509 S. Rußlands berühmter Dramatiker lieferte von seiner Reise zur Verbannungsinsel Sachalin (›eine ausgemachte Hölle‹) eine ausführliche Beschreibung Sibiriens zum Ende des 19. Jahrhunderts.

de Cars, Jean, Caracalla, Jean-Paul: Die Transsibirische Bahn, Zürich 1987, 160 S. Das beste, reich bebilderte Buch zur Geschichte der Transsib mit informativen Texten und sorgfältig ausgewählten Fotos und Illustrationen.

Deeg, L.: Kunst & Albers Wladiwostok, Essen 1996, 320 S. Die ungewöhnlich faszinierende Geschichte zweier Hamburger Kaufleute, die um die Jahrhundertwende im Fernen Osten Rußlands eine einzigartige Kaufhauskette aufbauten. In deren Geschichte gibt es vielfältige Bezüge zum Bau der Ussuri-Bahn und der Ostchinesischen Bahn.

Eichenberger, Peter: Sibirien. Naturparadies zwischen Ural und Pazifik, München 2003, 144 S. Ein aufwendiger Bildband, dessen Transsib-Kapitel die Überschrift ›Ein Mikrokosmos Rußlands‹ trägt.

Hahnemann, Kathleen: Die Transsibirische Eisenbahn. Von Moskau nach Peking, Köln 2004, 192 S. Ein in Bild und Text wirklich gelungener Bildband, der außerdem noch preiswert ist.

Heywood, Anthony, Button Ian: Soviet Locomotive Types. The Union Legacy, Malmö, 175 S. Das Buch bietet einen reich bebilderten Überblick über die Lokomotivenlandschaft Rußlands mit umfangreichen technischen und statistischen Angaben.

Lincoln, W. B.: Die Eroberung Sibiriens, München/Zürich 1996, 571 S. Ein außerordentlich lesenswertes Buch. Die Geschichte Sibiriens bis zur Gegenwart liest sich in Lincolns Buch wie ein spannender Abenteuerroman, der einen nicht mehr losläßt. Das absolut beste Buch zu dieser Thematik.

Löwe, B.: Kulturschock Rußland, Bielefeld 2007, 240 S. Viele auch in der Transsibirischen Eisenbahn hilfreiche Informationen für die mentale Annäherung an Rußland.

Pifferi, Emilio: Trans Sibirien. Auf der längsten Bahn der Welt, Augsburg 1996, 239 S. Das Originalbuch stammt zwar bereits aus dem Jahr 1982, doch dank der stimmungsvollen Fotos vom Alltag an der Bahn ist es auch heute noch sehr eindrucksvoll.

Poulsen, John: Die Transsibirische Eisenbahn, Malmö, 1986, 80 S. Ein zwar

Durch Transbaikalien in Richtung Mongolei

mittlerweile nicht mehr ganz frisches, aber doch aufgrund seines Schwerpunktes Eisenbahn ein informatives Buch über Route, Geschichte und das ›rollende Material‹ der Transsib.

Rakow, Witali: Russische und sowjetische Dampflokomotiven, Berlin 1986, 328 S. Entlang der Transsib stehen vielerorts noch alte Dampfloks, über die man in diesem Buch dann detaillierte Informationen finden kann. In Russisch gibt es vom selben Autor einen weiteren Band über sowjetische Diesel- und Elektrolokomotiven.

Schmid, Gregor M., Thöns, Bodo: Transsibirische Eisenbahn, Würzburg 2005, 224 S. Aufwendiger Bildband, als Lizenzausgabe auch bei Weltbild erhältlich.

Schmid, Gregor M.: Zarengold, Würzburg, 2007, 116 S. Bildband zur gleichnamigen Transsib-Sonderzugreise.

Thöns, Bodo: Die Transsibirische Eisenbahn. Die frühen Jahre 1900–1916, Erfurt 2004, 128 S. Der Bildband enthält viele interessante Fotos u. Karten aus den ›Gründerjahren‹ der Transsib.

Tupper, Harmon: To the great ocean, Boston, 1965, 536 S. Heute gilt das Buch bereits als Klassiker zur Geschichte der Transsib und Sibiriens. Auf dem Weg zum ›Großen Ozean‹ zieht das Buch Parallelen zur Eroberung des amerikanischen Westens.

Woebke, Petra: Die Transsibirische Eisenbahn, Luzern 2003. Aufwendiger Bildband.

Xiaobiao, Zhou u.a.: Die Lokomotiven der chinesischen Eisenbahnen, Basel-Stuttgart 1987, 196 S. Ein umfassender Überblick über die Eisenbahngeschichte Chinas.

Zabel, Eugen: Auf der sibirischen Bahn nach China, Berlin 1904 bzw. Stuttgart 2003. Mit der Eisenbahn 1903 von Berlin nach Schanghai – einer der ersten Reiseberichte über die Transsib.

Reiseführer

Evdočuk, Darja: Moskau und St. Petersburg, Trescher Verlag Berlin 2007, 392 S. Ein aktueller und kompakter Doppel-Stadtführer für Rußlands bedeutendste Metropolen.

Häring, Volker, Hauser, Francoise: China-Handbuch, Trescher Verlag Berlin 2005, 512 S. Umfangreicher Reiseführer, der nicht nur Reiseziele in ganz China vorstellt, sondern auch eine sympathische Annäherung an die oft fremd erscheinende chinesische Kultur bietet. Häring, Volker, Hauser, Francoise: Peking und Shanghai, Trescher Verlag Berlin 2008, 432 Seiten. Ausführliche Informationen über die beiden aufregendsten Städte Chinas.

Knop, Doris: Transsib, Bielefeld, 2003 384 S. Doris Knop schrieb 1985 den ersten deutschen Transsib-Reiseführer und legte nun eine kompakte und informative Aktualisierung – mit allerdings etwas zu vielen Bezügen zum Reiseveranstalter Doris Knop – vor.

Richmond, Simon: Trans-Siberian Railway, Melbourne 2006, 368 S. Lonely-Planet hat das Thema Transsib recht spät entdeckt und bleibt auch mit der 2. Auflage eindeutig hinter T. Bryn zurück.

Wisotzki, M., Käppeli, E., von Waldenfels E.: Mongolei. Trescher Verlag Berlin 2008. 400 S. Aktueller und umfassender Reiseführer über die gesamte Mongolei.

Thomas, Bryn: Trans-Siberian Handbook, Hindhead 2007, 480 S. In der 7. Auflage seit 1988 der beste englische Führer für Transsib-Reisen.

Thöns, Bodo: Den Baikalsee entdekken, Trescher Verlag Berlin 2007, 326

S. Eine sinnvolle Ergänzung zum vorliegenden Buch für alle, die einen längeren Aufenthalt am Baikalsee planen.

Belletristik

Cendrars, Blaise: Die Prosa von der Transsibirischen Eisenbahn und der Kleinen Jehanne von Frankreich, Basel 1998, 76 S. Neu editierte zweisprachige (französisch-deutsch) Ausgabe.

Iwanow, Wsjewolod: Panzerzug 14-69, Leipzig, 1954, 128 S. Die Handlung spielt in den Wirren des Bürgerkrieges nach 1917 in Sibirien.

Konsalik, Heinz: Transsibirien-Expreß, München 2000, 281 S. Konsalik eben, auch durch die Neuauflage 2000 wird das Buch nicht besser.

Makine, Andrej: Die Liebe am Fluß Amur, Hamburg 1998, 252 S. Der aus Sibirien stammende Autor lebt heute in Frankreich und beschreibt sehr originell seine Jugenderfahrungen unter dem Einfluß von Belmondo-Filmen in den 1970er Jahren in einem Dorf am fernöstlichen Strom Amur.

DVD, Video

Transsibirische Eisenbahn, Welt Weit – Lust auf Reisen, Komplett Video, 2006, 90 Minuten (DVD).

Abenteuer Transsib, Mit der Transsibirischen Eisenbahn von Wladiwostok nach Moskau, Gera Mond, München, 2005, 60 Minuten (DVD).

Transsibirische Eisenbahn. Die schönsten Reiseziele, AVU, München, 2005, 45 Minuten (DVD).

Transsibirien-Expreß. Moskau–Wladiwostok. Mit Dampf-Einsätzen. Rio-Grande, Freiburg, 1994 (VHS).

Trans-Siberia, Reihe: The World's Greatest Train Ride, Sleeve & Design, New York, 1995 (engl.), 55 Minuten (VHS).

Trans-Siberian Rail Journeys, Haysbridge Video, 1997 (engl.), zwei Teile, jeweils 60 Minuten (VHS).

Landkarten und Stadtpläne

Die besten **Übersichtskarten** sind heute die im Bertelsmann Verlag erschienenen Übersichtskarten ›Rußland West‹ und ›Rußland Ost‹ (Maßstab 1:4 Millionen, Ortsregister). In einem Stück gibt es aus Kanada von International Travel Maps mit englischer Beschriftung die Karte ›Russia‹ im Maßstab 1:6 Millionen.

In **Rußland** erschienen in den letzten Jahren in einer neuen Reihe ›Allgemeingeographische Karten der Russischen Föderation‹ in einheitlicher Aufmachung neue Karten der einzelnen Föderationssubjekte und beendeten damit weitestgehend die sowjetische, höchste Geheimhaltung der eigenen Geographie. Der Maßstab der nur kyrillisch beschrifteten Karten schwankt zwischen 1:500 000 und 1:1,5 Millionen. Es gibt allerdings keine Ortsregister. Wenn man mit der kyrillischen Schrift Probleme hat, kann man traditionell aber auch auf die bereits zu Sowjetzeiten in den USA erschienen ONC- und TPC-Flugkarten zurückgreifen (Maßstab 1:1 Millionen bzw. 1:50 000).

Für die **Mongolei** und **China** sind die englisch beschrifteten Karten aus dem ungarischen Verlag Gizi Map am besten. Sowohl die Mongolei als auch China in fünf Einzelkarten haben einen Maßstab von 1:2 Millionen.

Stadtpläne beruhen zumeist auf lokalen Initiativen und sind in sehr unterschiedlicher (manchmal russisch-englisch gehaltener) Aufmachung zumeist nur in den entsprechenden Städten erhältlich. Vor zwei Jahren wurde analog der Karten-Reihe zu den Regionen auch eine Reihe ›Städte Rußlands‹ aufgelegt. Die

Beschriftung ist aber nur kyrillisch. Heute gibt es in dieser Reihe zu Städten entlang der Transsib in guter Qualität Pläne von Moskau, Sergejev Posad, Jaroslavl', Kirov, Perm, Ekatharinburg, Tjumen', Novosibirsk, Krasnojarsk, Ulan-Udė, Čita, Chabarovsk und Vladivostok erschienen. In der Mongolei und China sind ebenfalls Stadtpläne vor Ort erhältlich.

Vor der Reise kann man spezielle Karten bei folgenden Anbietern bekommen:

Buchhandlung Schropp
Potsdamer Straße 129
10783 Berlin
Tel. 0 30/2 35 57 32-0
www.schropp.de.

Internationales Landkartenhaus GeoCenter
Schockenriedstraße 44
70565 Stuttgart
Tel. 07 11/49 07 22 10

Buchversand Jürgen Kesting
Geraer Weg 6
21107 Hamburg
Tel. 0 40/7 53 35 65

Der Internetladen Mapfox aus Kiel lohnt ebenfalls einen Blick: www.mapfox.de.

Fahrpläne

Richtung von West nach Ost

Abfahrtszeiten werden in Rußland immer nach Moskauer Zeit (MOZ) angegeben, + 2 h etc. zeigt die Zeitverschiebung zur Moskauer Zeit an. Die Schattierungen geben die Tageswechsel nach Ortszeit an. Stand: November 2007. Alle Angaben ohne Gewähr.

Fahrplan der Züge Moskau–Irkutsk–Vladivostok

Bahn-km	Bahnhof	Zug 2*	Zug 4	Zug 20	Zug 6	Zug 26	Zug 10
	Abfahrtstage	ungerade Daten#	Dienstag	Freitag	Mittwoch + Donnerstag	gerade Daten**	ungerade Daten##
0	Moskau Jaroslavskij Voksal Москва	ab 21:25	ab 21:35	ab 23:55	ab 21:35	ab 16:20	ab 23:25
210	Vladimir Владимир	an 00:19 ab 00:42	an 00:29 ab 00:52	an 02:54 ab 03:17	an 00:29 ab 00:52	an 19:27 ab 19:50	an 02:21 ab 02:44
461	Nižnij Novgorod Нижний Новгород	an 03:33 ab 03:45	an 03:43 ab 03:55	an 06:09 ab 06:21	an 03:43 ab 03:55	an 22:51 ab 23:03	an 05:36 ab 05:48
917	Kirov Киров	an 09:38 ab 09:58	an 09:48 ab 10:08	an 12:12 ab 12:32	an 09:48 ab 10:08	an 05:13 ab 05:33	an 11:52 ab 12:12
1154	Balezino Балезино	an 13:26 ab 13:49	an 13:36 ab 13:59	an 16:07 ab 16:30	an 13:36 ab 13:59	an 08:51 ab 09:14	an 15:44 ab 16:07
1397	Perm II MOZ + 2 h Пермь II	an 17:20 ab 17:40	an 17:30 ab 17:50	an 20:01 ab 20:21	an 17:30 ab 17:50	an 12:55 ab 13:15	an 19:42 ab 20:02
1778	Ekaterinburg MOZ +2 h Екатеринбург	an 23:05 ab 23:45	an 23:15 ab 23:38	an 01:46 ab 02:09	an 23:15 ab 23:38	an 18:41 ab 19:04	an 01:28 ab 01:51
2104	Tjumen' MOZ + 2 h Тюмень	an 04:13 ab 04:33	an 04:03 ab 04:23	an 06:37 ab 06:57	an 04:03 ab 04:23	an 23:42 ab 00:02	an 06:27 ab 06:47
2676	Omsk MOZ + 3 h Омск	an 11:39 ab 11:54	an 11:27 ab 11:42	an 14:18 ab 14:33	an 11:27 ab 11:42	an 07:09 ab 07:24	an 13:56 ab 14:15
3000	Barabinsk MOZ + 3 h Барабинск	an 15:51 ab 16:09	an 15:24 ab 15:47	an 18:04 ab 18:27	an 15:24 ab 15:47	an 11:04 ab 11:25	an 18:00 ab 18:19
3303	Novosibirsk MOZ + 3 h Новосибирск	an 19:42 ab 19:57	an 19:13 ab 19:28	an 21:47 ab 22:17	an 19:13 ab 19:28	an 15:00 ab 15:30	an 21:39 ab 22:01
3532	Tajga MOZ + 4 h Тайга	an 23:24 ab 23:29	an 22:35 ab 22:40	an 01:27 ab 01:32	an 22:35 ab 22:40	an 19:23 ab 19:25	an 01:20 ab 01:22
3680	Marijnsk MOZ + 4 h Мариинск	an 01:36 ab 02:01	an 00:44 ab 01:09	an 03:40 ab 04:05	an 00:44 ab 01:09	an 21:30 ab 21:55	an 03:30 ab 03:55
3774	Bogotol MOZ + 4 h Боготол	an 03:54 ab 03:57	an 03:02 ab 03:04	an 05:58 ab 06:00	an 03:02 ab 03:04	an 23:54 ab 23:59	an 05:48 ab 05:50
3813	Ačinsk 1 MOZ + 4 h Ачинск	an 04:54 ab 04:59	an 04:01 ab 04:03	an 06:57 ab 06:59	an 04:01 ab 04:03	an 00:56 ab 01:01	an 06:47 ab 06:49
4065	Krasnojarsk MOZ + 4 h Красноярск	an 07:56 ab 08:13	an 06:50 ab 07:13	an 09:58 ab 10:18	an 06:50 ab 07:13	an 04:01	an 09:48 ab 10:08
4344	Ilanskaja MOZ + 4 h Иланская	an 12:38 ab 12:58	an 11:26 ab 11:41	an 14:42 ab 15:02	an 11:26 ab 11:41		an 14:32 ab 14:52
4483	Tajšet MOZ + 4 h Тайшет	an 15:13 ab 15:15	an 14:02 ab 14:04	an 17:13 ab 17:15	an 14:02 ab 14:04		an 17:03 ab 17:20
4647	Nižneudinsk MOZ + 5 h Нижнеудинск	an 17:44 ab 17:56	an 16:15 ab 16:27	an 19:40 ab 19:52	an 16:15 ab 16:27		an 19:55 ab 20:07
4902	Zima MOZ + 5 h Зима	an 21:22 ab 21:52	an 19:49 ab 20:19	an 23:14 ab 23:44	an 19:49 ab 20:19		an 23:37 ab 00:12
5022	Čeremchovo MOZ + 5 h Черемхово	an 23:33 ab 23:35	-	-	-		an 02:00 ab 02:03
5153	Irkutsk MOZ + 5 h Иркутск	an 01:50 ab 02:20	an 00:13 ab 00:43	an 03:28 ab 04:03	an 00:13 ab 00:43		an 04:16
5279	Sljudjanka MOZ + 5 h Слюдянка	an 04:29 ab 04:31	an 02:52 ab 03:10	an 06:12 ab 06:15	an 02:52 ab 03:10		
5609	Ulan-Udé MOZ + 5 h Улан-Удэ	an 09:09 ab 09:39	an 08:00 ab 08:30	an 10:49 ab 11:14	an 08:00 ab 08:30		

Bahn-km	Bahnhof	Zug 2*	Zug 4	Zug 20	Zug 6		
5752	Petrovskij Zavod MOZ + 6 h Петровский Завод	an 12:02 ab 12:20	weiter nach Peking	an 13:37 ab 13:39	weiter nach Ulaanbaatar		
5902	Chilok MOZ + 6 h Хилок	an 14:32 ab 14:51		an 15:58 ab 16:17			
6166	Čita MOZ + 6 h Чита	an 19:05 ab 19:30		an 20:36 ab 21:01			
7275	Skovorodino MOZ + 6 h Сковородино	an 16:22 ab 16:24		weiter n. Peking			
7463	Magdagači MOZ + 6 h Магдагачи	an 19:21 ab 19:36					
7693	Šimanovsk MOZ + 6 h Шимановск	an 22:49 ab 22:51					
7777	Svobodnyj MOZ + 6 h Свободный	an 00:01 ab 00:03					
7835	Belogorsk MOZ + 6 h Белогорск	an 00:58 ab 01:28					
7954	Zavitinsk MOZ + 6 h Завитинск	an 03:26 ab 03:28					
7999	Bureja MOZ + 6 h Бурея	an 04:09 ab 04:11					
8160	Obluč'e MOZ + 7 h Облучье	an 06:58 ab 07:13			Zug 6		
8320	Birobidžan MOZ + 7 h Биробиджан	an 09:55 ab 10:00			Ocean		
8493	Chabarovsk MOZ + 7 h Хабаровск	an 12:08 ab 12:35			ab 12:00		
8621	Vjazemskaja MOZ + 7 h Вяземская	an 14:27 ab 14:42					
8845	Dal'nerečensk MOZ + 7 h Дельнереченск	an 18:04 ab 18:05					
9019	Spassk-Dal'nij MOZ + 7 h Спасск-Дальний	an 20:41 ab 20:43					
9079	Sibircevo MOZ + 7 h Сибирцево	an 21:36 ab 21:38					
9147	Ussurijsk MOZ + 7 h Уссурийск	an 22:38 ab 22:56			an 22:23 ab 22:41		
9226	Ugol'naja MOZ + 7 h Угольная	an 00:07 ab 00:09			an 00:11 ab 00:12		
9259	Vladivostok MOZ + 7 h Владивосток	an 01:03			an 01:00		

Hinweise,

* In Ergänzung zu Zug Nr. 2 fährt ab Novosibirsk Zug Nr. 8 mit gleichen Fahrzeiten an den Tagen, an denen Zug Nr. 2 nicht fährt, ab Novosibirsk gibt es daher eine tägliche Verbindung nach Vladivostok.

** Zug 26 fährt ab Novosibirsk nicht am 2. dafür am 1. ab.

Hinweis: wenn zwei ungerade Daten aufeinander folgen, wie 31.7. und 1.8. gibt es folgenden Regeln:

Zug Nr. 2 fährt ab Moskau am 29., 01., 03. usw. also nicht am 31.

Zug Nr. 10 Seit 1.11.07 bis 26.05.08 Abfahrt an geraden Daten, 29.5.-31.10.08 Abfahrt an ungeraden Daten, dann wieder an geraden Daten, Bei Abfahrt an ungeraden Daten gilt nach Monaten mit 31 Tagen folgende Regel: Abfahrt ab Moskau am 29., 31., 02., 05. usw. also nicht am 1. und 3. dafür am 2.

Fahrplan der Züge Irkutsk–Ulaanbaatar–Peking

Bahn-km	Bahnhof	Zug 4	Zug 6	Zug 24	Zug 362
	Abfahrtstage	Ab Irkutsk Samstag	Ab Irkutsk Sonntag + Montag	Donnerstag, ab Juni 08 zusätzlich freitags bis Ende September	täglich
5153	Irkutsk MOZ + 5 h	an 00:13	an 00:13		
	Иркутск	ab 00:43	ab 00:43		ab 15:45
5609	Ulan-Udè MOZ + 5 h	an 08:00	an 08:00		an 01:18
	Улан-Удэ	ab 08:30	ab 08:30		ab 01:58
	Guzinoe Ozero MOZ + 5 h	an 11:17	an 11:17		an 05:56
	Гусиное Озеро	ab 11:19	ab 11:19		ab 06:01
5821	Djida MOZ + 5 h	an 12:22	an 12:22		an 07:08
	Джида	ab 12:24	ab 12:24		ab 07:15
5864	Nauški MOZ + 5 h	an 13:08	an 13:08		an 08:06
	Наушки	ab 17:40	ab 17:40		ab 12:50
5887	Suchbaatar (mongol. Zeit)	an 00:20	an 00:20		an 18:45
	Сухбаатар	ab 00:20	ab 00:20		ab 21:45
5985	Darchan	an 01:53	an 01:53		an 23:50
	Дархан	ab 02:20	ab 02:20		ab 00:25
6094	Suun-Charaa	an 04:18	an 04:18		an 02:53
	Зуун хараа	ab 04:40	ab 04:40		ab 03:10
6266	Ulaanbaatar	an 07:30	an 07:30		an 06:20
	Улаанбатаар	ab 08:05		ab 08:05	
6513	Čoyr	an 12:15		an 12:35	
	Чоур	ab 12:30		ab 12:50	
6740	Sajnšand	an 15:43		an 16:00	
	Сайншанд	ab 16:03		ab 16:20	
6770	Zamin Uud	an 19:26		an 19:45	
	Замин ууд	ab 20:35		ab 21:35	
6780	Erlian (chin. Zeit)	an 21:00		an 21:00	
		ab 00:57		ab 00:42	
6940	Jining	an 05:47		an 05:15	
		ab 05:56		ab 05:28	
7240	Datong	an 07:59		an 07:14	
		ab 08:11		ab 07:22	
7622	Peking	an 14:04		an 14:31	

Fahrplan des Zuges Irkutsk–Peking

Bahn-km	Bahnhof	Zug 20
	Abfahrtstag	Ab Irkutsk Dienstag
5153	Irkutsk MOZ + 5 h Иркутск	an 03:28 ab 04:03
5609	Ulan-Udė MOZ + 5 h Улан-Удэ	an 10:49 ab 11:14
6166	Čita MOZ + 6 h Чита	an 20:36 ab 21:01
6339	Mogojtuj MOZ + 6 h Могойтуй	an 01:35 ab 01:37
6509	Borzja MOZ + 6 h Борзя	an 05:38 ab 05:58
6626	Zabajkal'sk MOZ + 6 h Забайкальск	an 08:42 ab 14:06
6638	Manzhouli (ab hier chin. Zeit)	an 19:30 ab 00:17
6734	Hailaer	an 02:54 ab 03:02
6973	Boketu	an 05:52 ab 06:00
7373	Daqing	an 10:54 ab 11:01
7573	Harbin	an 12:50 ab 13:10
8120	Shenyang	an 19:18 ab 19:33
8211	Jinzhou	an 22:11 ab 22:16
8311	Shanhaiguan	an 00:14 ab 00:22
8561	Tianjin	an 03:37 ab 03:57
8961	Peking	an 05:31

Richtung von Ost nach West

Fahrplan der Züge Peking–Ulaanbaatar–Irkutsk

Bahn-km	Bahnhof	Zug 3	Zug 5	Zug 23	Zug 361/363
	Abfahrtstage	Mittwoch	Dienstag* + Freitag	dienstags und ab Juni 08 zusätzlich samstags	täglich
	Peking	ab 07:45		ab 07:40	
382	Datong	an 13:51 ab 14:15		an 14:10 ab 14:26	
682	Cszininnan	an 16:03 ab 16:09		an 16:13 ab 16:23	
842	Erlian Grenzbahnhof	an 20:37 ab 23:15		an 20:39 ab 23:15	
852	Zamin Uud Grenzbahnhof Замин ууд	an 23:40 ab 01:20		an 23:40 ab 01:20	
882	Sajnšand Сайншанд	an 05:21 ab 05:41		an 04:51 ab 05:11	
1109	Čoyr Чоур	an 09:04 ab 09:19		an 08:44 ab 09:04	
1356	Ulaanbaatar Улаанбатаар	an 13:20 ab 13:50	ab 13:50	an 13:20	ab 19:35
1528	Suun-Charaa Зуун хараа	an 16:45 ab 17:05	an 16:45 ab 17:05		an 23:50 ab 00:05
1637	Darchan Дархан	an 19:15 ab 19:20	an 19:15 ab 19:20		an 02:36 ab 02:46
1940	Suchbaatar Grenzbahnhof Сухбаатар	an 20:50 ab 22:05	an 20:50 ab 22:05		an 04:55 ab 10:45
1735	Nauški MOZ + 5 h Наушки	an 19:14 ab 23:01	an 19:14 ab 23:01		an 06:44 ab 10:30
1801	Djida MOZ + 5 h Джида	an 23:43 ab 23:45	an 23:43 ab 23:45		an 11:20 ab 11:25
	Guzinoe Ozero MOZ + 5 h Гусиное Озеро				an 12:36 ab 12:41
2013	Ulan-Udė MOZ + 5 h Улан-Удэ	an 03:09 ab 03:35	an 03:09 ab 03:35		an 16:23 ab 17:12
2343	Sljudjanka 1 MOZ + 5 h Слюдянка	an 08:18 ab 08:20	an 08:18 ab 08:20		an 23:23 ab 23:34
2469	Irkutsk MOZ + 5 h Иркутск	an 10:28 ab 10:48	an 10:28 ab 10:48		an 02:35

Fahrplan der Züge Peking–Harbin–Irkutsk

Bahn-km	Bahnhof	Zug 19
	Abfahrtstag	Sonnabend
	Peking	ab 22:56
400	Tianjin	an 00:29 ab 00:37
650	Shanhaiguan	an 03:48 ab 03:56
750	Jinzhou	an 05:54 ab 05:59
841	Shenyang	an 08:35 ab 08:50
1388	Harbin	an 14:45 ab 15:05
1588	Daqing	an 16:47 ab 16:52
1988	Boketu	an 21:57 ab 22:05
2188	Hailaer	an 01:02 ab 01:10
2323	Manzhouli Grenzbahnhof	an 03:47 ab 07:01
2335	Zabajkal'sk MOZ + 6 h Забайкальск	an 03:26 ab 09:03
2452	Borzja MOZ + 6 h Борзя	an 11:52 ab 12:17
2795	Čita MOZ + 6 h Чита	an 20:51 ab 21:16
3353	Ulan-Udė MOZ + 5 h Улан-Удэ	an 06:11 ab 06:36
3682	Sljudjanka 1 MOZ + 5 h Слюдянка 1	an 11:19 ab 11:22
3808	Irkutsk MOZ + 5 h Иркутск	an 13:30 ab 13:55

Fahrplan der Züge Vladivostok–Irkutsk–Moskau
Hinweis zum folgenden Fahrplan Ost-West

*In Ergänzung zu Zug Nr. 1 fährt ab Vladivostok bis Novosibirsk Zug Nr. 7 mit gleichen Fahrzeiten an ungeraden Daten

Hinweis: wenn zwei ungerade Daten aufeinander folgen, wie 31.7. und 1.8. gibt es folgenden Regeln:

Zug Nr. 1 fährt ab Vladivostok nicht am 2.; 4.und 6. , dafür am 01.,03., 05. usw.

Zug Nr. 7 fährt ab Vladivostok nicht am 1.;3; , und 5., dafür am 2.und 4. des Monats ab.

Zug 9 fährt seit 1.11.07 bis 27.5.08 an ungeraden Daten ab. Vom 28.5.–30.10. 08 Abfahrt an geraden Daten, danach wieder an ungeraden Daten

Bahn-km	Bahnhof	Zug 1*	Zug 5
	Abfahrtstage	Gerade#.	täglich
0	Vladivostok MOZ + 7 h Владивосток	ab 14:35	ab 12:15
33	Ugol'naja MOZ + 7 h Угольная	an 15:14 ab 15:16	an 12:52 ab 12:54
112	Ussurijsk MOZ + 7 h Уссурийск	an 16:27 ab 16:45	an 14:10 ab 14:28
180	Sibircevo MOZ + 7 h Сибирцево	an 17:46 ab 17:48	an 15:32 ab 15:33
240	Spassk-Dal'nij MOZ + 7 h Спасск-Дальний	an 18:41 ab 18:43	an 16:23 ab 16:24
414	Dal'nerečensk MOZ + 7 h Дельнереченск	an 21:24 ab 21:26	an 19:13 ab 19:14
638	Vjazemskaja MOZ + 7 h Вяземская	an 00:45 ab 01:00	an 22:39 ab 22:59
766	Chabarovsk MOZ + 7 h Хабаровск	an 02:58 ab 03:25	an 01:00
939	Birobidžan MOZ + 7 h Биробиджан	an 05:30 ab 05:35	
1099	Obluč'e MOZ + 7 h Облучье	an 08:25 ab 08:40	
1260	Bureja MOZ + 6 h Бурея	an 11:20 ab 11:22	
1305	Zavitinsk MOZ + 6 h Завитинск	an 12:04 ab 12:06	
1424	Belogorsk MOZ + 6 h Белогорск	an 13:58 ab 14:28	
1482	Svobodnyj MOZ + 6 h Свободный	an 15:22 ab 15:25	
1566	Šimanovsk MOZ + 6 h Шимановск	an 16:33 ab 16:35	
1796	Magdagači MOZ + 6 h Магдагачи	an 19:48 ab 20:03	
1984	Skovorodino MOZ + 6 h Сковородино	an 22:59 ab 23:01	
2383	Mogoča MOZ + 6 h Могоча	an 06:30 ab 06:45	
2704	Černyševsk MOZ + 6 h Чернышевск	an 12:08 ab 12:33	
2846	Šilka MOZ + 6 h Шилка	an 14:58 ab 15:00	
3093	Čita MOZ + 6 h Чита	an 19:40 ab 20:05	
3357	Chilok MOZ + 6 h Хилок	an 00:16 ab 00:31	

Bahn-km	Bahnhof	Zug 1*	Zug 5
3507	Petrovskij Zavod MOZ + 6 h Петровский Завод	an 02:48 ab 02:50	
3650	Ulan-Udė MOZ + 5 h Улан-Удэ	an 04:59 ab 05:22	
3980	Sljudjanka MOZ + 5 h Слюдянка	an 10:05 ab 10:08	

Bahn-km	Bahnhof	Zug 1	Zug 3	Zug 19	Zug 5	Zug 25/55	Zug 9
	Ankunft		von Peking	von Peking	von Ulaanbaatar	von Novosibirsk	
	Abfahrtstage		Freitag	Dienstag	Mittwoch + Samstag	gerade	ungerade##
4106	Irkutsk MOZ + 5 h Иркутск	an 12:17 ab 12:40	an 10:28 ab 10:48	an 13:30 ab 13:55	an 10:28 ab 10:48		ab 11:15
4236	Čeremchovo MOZ + 5 h Черемхово	an 15:04 ab 15:06	-	-	-		an 13:36 ab 13:38
4356	Zima MOZ + 5 h Зима	an 16:52 ab 17:22	an 14:46 ab 15:16	an 17:54 ab 18:24	an 14:46 ab 15:16		an 15:37 ab 16:07
4495	Tulun MOZ + 5 h Тулун	an 19:18 ab 19:20	-	-	-		an 18:08 ab 18:10
4612	Nižneudinsk MOZ + 5 h Нижнеудинск	an 20:55 ab 21:07	an 18:45 ab 18:57	an 21:53 ab 22:05	an 18:45 ab 18:57		an 19:45 ab 19:57
4775	Tajšet MOZ + 4 h Тайшет	an 23:35 ab 23:37	-	-	-		an 22:31 ab 22:36
5193	Krasnojarsk MOZ + 4 h Красноярск	an 06:31 ab 06:56	an 03:57 ab 04:12	an 07:23 ab 07:46	an 03:57 ab 04:12	ab 18:35	an 05:27 ab 05:42
5377	Ačinsk 1 MOZ + 4 h Ачинск	an 09:51 ab 09:53	an 07:07 ab 07:09	an 10:44 ab 10:46	an 07:07 ab 07:09	an 21:32 ab 21:37	an 08:47 ab 08:49
5445	Bogotol MOZ + 4 h Боготол	an 10:49 ab 10:51	-	an 11:43 ab 11:45	-	an 22:36 ab 22:39	an 09:48 ab 09:50
5578	Marijnsk MOZ + 4 h Марийнск	an 12:55 ab 13:20	an 10:05 ab 10:30	an 13:45 ab 14:10	an 10:05 ab 10:30	an 00:43 ab 01:08	an 11:49 ab 12:14
5726	Tajga MOZ + 4 h Тайга	an 15:23 ab 15:26	-	-	-	an 03:17 ab 03:25	an 14:21 ab 14:25
5955	Novosibirsk MOZ + 3 h Новосибирск	an 18:43 ab 19:14	an 15:55 ab 16:10	an 19:53 ab 20:24	an 15:55 ab 16:10	an 6:48 ab 07:20	an 18:04 ab 18:19
6258	Barabinsk MOZ + 3 h Барабинск	an 22:49 ab 23:10	an 19:46 ab 20:07	an 23:40 ab 00:02	an 19:46 ab 20:07	an 10:45 ab 11:10	an 21:50 ab 22:15
6582	Omsk MOZ + 3 h Омск	an 02:46 ab 03:06	an 23:38 ab 23:54	an 03:28 ab 03:43	an 23:38 ab 23:54	an 14:55 ab 15:16	an 01:41 ab 01:56
6731	Nazyvaevskaja MOZ + 3 h Называевская					an 16:57 ab 17:00	
7154	Tjumen' MOZ + 2 h Тюмень	an 10:18 ab 10:38	an 06:58 ab 07:18	an 10:48 ab 11:08	an 06:53 ab 07:13	an 22:21 ab 22:41	an 09:16 ab 09:36
7480	Ekaterinburg MOZ +2 h Екатеринбург	an 15:06 ab 15:53	an 11:42 ab 12:05	an 15:38 ab 16:01	an 11:42 ab 12:05	an 03:10 ab 03:33	an 14:02 ab 14:25
7861	Perm II MOZ + 2 h Пермь II	an 21:17 ab 21:37	an 17:27 ab 17:47	an 21:27 ab 21:47	an 17:27 ab 17:47	an 09:13 ab 09:36	an 19:51 ab 20:12
8104	Balezino Балезино	an 01:07 ab 01:30	an 21:17 ab 21:40	an 01:17 ab 01:40	an 21:17 ab 21:40	an 13:06 ab 13:29	an 23:53 ab 00:16
8341	Kirov Киров	an 04:33 ab 04:53	an 00:43 ab 01:02	an 04:43 ab 05:03	an 00:43 ab 01:02	an 16:41 ab 17:01	an 03:28 ab 03:48
8797	Nižnij Novgorod Нижний Новгород	an 10:33 ab 10:47	an 06:42 ab 06:54	an 10:43 ab 10:57	an 06:42 ab 06:54	an 23:12 ab 23:24	an 09:39 ab 09:51
9048	Vladimir Владимир	an 14:01 ab 14:24	an 10:02 ab 10:45	an 14:11 ab 14:34	an 10:22 ab 10:45	an 02:52 ab 03:15	an 13:11 ab 13:22
9298	Moskau Jaroslavskij Voksal Москва	an 17:43	an 14:28	an 17:57	an 14:28	an 06:30	an 16:42

Fahrkarten

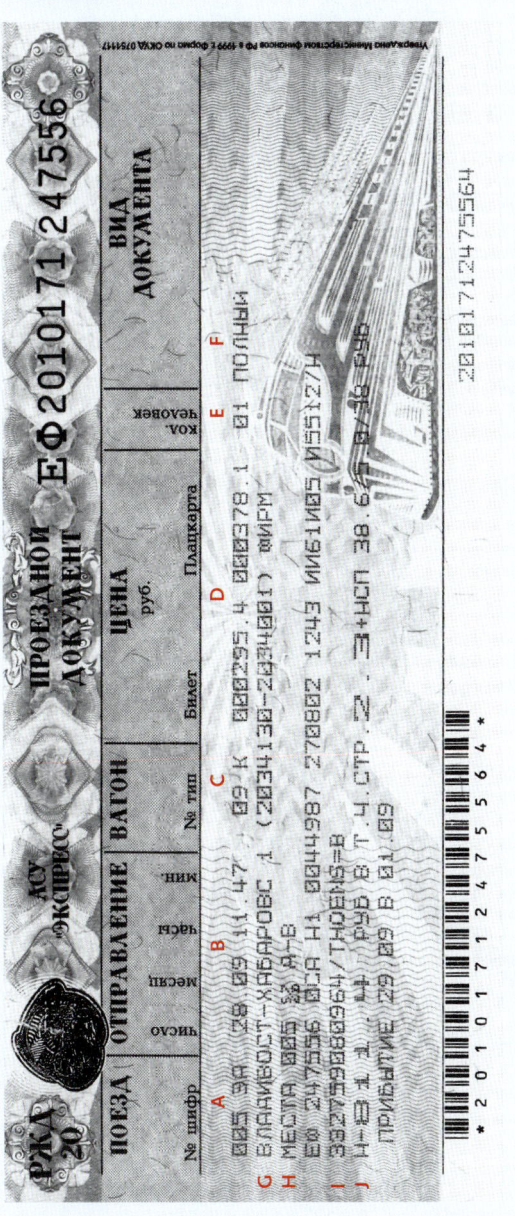

Legende zur russischen Fahrkarte

A Zugnummer
B Abfahrt (Datum, Uhrzeit)
C Waggon (Nummer, Typ)
   Л – 2-Bett SV
   M – 4-Bett SV
   K – 4-Bett-Coupé
   П – Platzkarten Coupé

O – nur Sitzplätze
D Preis (Fahrkarte, Platzkarte)
E Personenanzahl
F Kategorie
   полный – Erwachsener
   детский – Kind
   студенческий – Student
G Abfahrtsort, Ankunftsort

H Platz-, Bettnummer
I Ausweis-, Paßnummer, Name des
   Passagiers
J Preis insgesamt
K Ankunft (Datum, Uhrzeit)

Anhang

БИЛЕТ КУПОН
БИЛЕТ КУПОН/STRECKENFAHRSCHEIN

МТ3

A 155282 98.3

Тэмдэг олгосон
он сар өдөр
Штемпель с датой
выдачи
Stempel und Datum
der Ausgabe

для / für — one 1 — хунд олгов / человек / Reisende (n)

от/von Ulaanbaatar MTZ ээс

до / nach 1 анги кл Peking KJD хүртэл
2 анги кл хүртэл

дайрч /через/ uber Zamun Uud – Erlian

Хорогдуулах Скидка % Ermäßigung	Унэмлэхийн УдостоверениеNr Bescheinigung	Нэг зорчигчийн хэлс Плата за проезд одного пассажира/Preis je Person	Шв. фр.	84.36
Шалгалтын купон /контрольные купоны/ Kontollkarten		Бух дүн Обшая стоимость Gesamtbetrag	Шв. фр.	84.36
c/von Nr ээс/до/bis Nr			тег

ПЛАЦКАРТ
ПЛАЦКАРТА / BETTKARTE
Тасалбар – квитанция – Quittung

М Т 3

И 398715

Тэмдэг олгосон
он сар өдөр
Штемпель с датой
выдачи
Stempel und Datum
der Ausgabe
1998. 08. 25

билетэнд к билету 155282 zum Fahrausweis для / für one 1 хунд олгов / человек / Reisende (n)

от / von ээс / до / nach хүртэл
через / Uber Ulaanbaatar Peking дайрч

| Явах отправление Abfahrt | 4/19.48 | цаг в час. Std | мин мин Min 50 | галт тэргний поезд Zug Nr 024 | вагонд в вагоне Im Wagen |
| Төмөр зам жел. дор. Eisenbahn | MTZ | анги ба зэрэг класа и категория Klasse und Kategorie | 1/2 | байрны место Nº Platz Nr |

Нэг зорчигчийн хэлс Плата за одного пассажира Preis je Person	руб.	48.	Олгосон улсын валютаар В валюте страны выдачи In der Währung des Ausgabelandes	тег 25060
Бух дүн Обшая стоимость Gesamtbetrag	руб.	48.	Комиссийн хураамж Комиссионный сбор Provision	тег.
Комиссийн хураамж Комиссионный сбор Vermerkgebühr	руб.		Төмөр замын вагон ашиглав Использована в вагоне жел. дор. Im Wagen der Eisenbahn benutzt	

Mongolische Fahrkarte

Chinesischen Inlandsfahrkarte (Peking-Harbin)

Legende

A Reiseroute
B Zugnummer
C Abfahrtsdatum
D Abfahrtszeit

E Waggonnummer
F Platznummer
G Preis

Formulare

КОНСУЛЬСКИЙ ОТДЕЛ ПОСОЛЬСТВА РОССИИ В ФРГ / БОНН

VISUMANTRAG / ВИЗОВАЯ АНКЕТА

Achtung ! Bitte in Blockschrift mit Kugelschreiber oder Schreibmaschine ausfüllen.
Внимание ! Заполняйте анкету печатными буквами шариковой ручкой или на машинке.

Lichtbild
3X4

	BEARBEITUNGSVERMERKE NICHT BESCHRIFTEN! СЛУЖЕБНЫЕ ОТМЕТКИ

1. Staatsangehörigkeit (Im Falle eines vorherigen Besitzes der Staatsangehörigkeit der UdSSR oder Rußlands sind Gründe für deren Abgabe anzugeben) / Гражданство (если Вы имели гражданство СССР или России, то когда и в связи с чем его утратили)

DEUTSCH

| ☐ ТУ | ☐ ОБ |
| ☐ СЛ | ☐ ДП |

2. Familienname (in Blockschrift) / Фамилия (печатными буквами)

MUSTERFRAU

| ☐ 1 | ☐ 2 |

3. Vorname, (Vornamen) / Имя (Имена)

SABINE

| ☐ МН | ☐ ТР |

4. Falls geändert, die Namen vor der Änderung angeben / Если изменили, то фамилии и имя до изменения
GEB.SCHULZ

5. Nr. des Passes / № паспорта
12345678

| ☐ ВВ | ☐ В |

6. Geburtsdatum / Дата рождения 01.01.1945	**7. Geburtsort / Место рождения** BERLIN	**8. Geschlecht / Пол** W	ОПЛАТА

9. Zweck der Reise nach Rußland / Цель поездки в Россию
TOURISMUS

ЦЕЛЬ ПОЕЗДКИ:

10. Zu welcher Dienststelle / В какое учреждение
entfällt

В УЧРЕЖДЕНИЕ:

11. Reiseroute (Reiseziele) / Маршрут следования (в пункты)
MOSKAU - IRKUTSK - WLADIWOSTOK

МАРШРУТ:

12. Index und Benennung der Reisegruppe / Индекс, наименование туристской группы

ОСНОВАНИЕ

13. Visum ist gültig von .. / Виза с .. 18.11.2001	**14. Visum ist gültig bis.. / Виза по..** 28.11.2001	**15. Aufenthaltsdauer .. / На срок ..** 11 TAGE	СРОКИ ПРЕБЫВАНИЯ

16. Wievielmal waren Sie in Rußland? / Сколько раз были в России ? 1 x	**17. Datum Ihrer letzten Reise / Дата последней поездки в Россию** 1997	**18.Krankenversicherung für Rußland / Страховка, действующая в России** JA / ДА ☒ / JA / ДА / NEIN / НЕТ	С / ПО	НА СРОК

19. Vorgesehenes Beförderungsmittel. Fürs Auto bitte angeben : / При einreise na автом-ле укажите:	**Kennzeichen / Номерной знак**	**Typ, Modell / Тип, Марка**	**Farbe / Цвет**

20. Berufsangabe in Deutschland mit Anschrift und Telefonnummer / Место работы или учебы, должность, адрес, телефон
KAUFFRAU, MUSTERSTR. 17, 10123 BERLIN, 567890

21. Privatadresse in Deutschland mit Telefonnummer / Адрес постоянного местожительства, телефон
MANNSTR. 17, 10123 BERLIN, TEL: 98765432

	Familienname / Фамилия	**Vorname / Имя, Имена**	**Geburtsdatum /Дата рождения**	**Wohnort /Адрес местожительства**
22. Mitreisende Kinder bis 16 Jahre / Дети до 16 лет, следующие с Вами		KEINE		
23. Ihre Verwandten in Rußland / Ваши родственники в России		KEINE		

Ich versichere, daß alle vorstehenden Angaben der Wahrheit entsprechen. Ich weiß, daß im Falle von falschen Angaben das Passieren der Staatsgrenze Rußlands verweigert und das Visum auf dem Territorium Rußlands annulliert werden kann. Mir ist bekannt, daß der Besitz des Visums nur eine der Voraussetzungen für die Einreise in das Hoheitsgebiet Rußlands ist.

Я заявляю, что все данные, указанные мной в анкете, являются правильными. Я знаю, что неправильные данные могут повлечь за собой отказ в визе, в пересечении границы России или аннулирование визы на территории России. Я знаю, что наличие визы является только одним из условий для въезда на территорию России.

Ort / Место, Datum / Дата, Eigenhändige Unterschrift des Antragstellers / Личная подпись

MUSTERFRAU

Antrag für ein russisches Visum. Zusätzlich muß ein Formular für die Krankenversicherung ausgefüllt werden, es kann zusammen mit einer Liste der akzeptierten Versicherungsunternehmen unter www.russische-botschaft.de heruntergeladen werden.

ANTRAG AUF ERTEILUNG EINES
AUFENTHALTSVISUMS FUER DIE MONGOLEI   Photo
Visa application form for foreign citizens
wishing to enter Mongolia
/Gueltig seit 1.Mai 1997, Valid from May 1, 1997/

1. *Full name, sex*
    Name und Vorname, Geschlecht

2. *Citizenship*
    Staatsbuergerschaft

3. *Permanent address, phone Nr.*
    Anschrift des staendigen
    Wohnsitzes, Telefonnummer

4. *Type, Nr., validity of passport*
    Bezeichnung, Nummer und
    Gueltigkeitsdauer des Reisedokuments

5. *Means of transport, date of arrival in*
    Mongolia
    Transportmittel und Datum der Einreise in
    die Mongolei

6. *Purpose and duration of stay in Mongolia*
    Ziel und Dauer des Aufenthaltes in der
    Mongolei

7. *Receiving and or responsible authority*
    during the stay - if an individual, full
    name and address
    Empfangende und/oder zustaendige
    Einrichtung / falls privat, Name, Anschrift
    der/des Einladenen /

8. *Details of accompanying children, if any*
    Angaben zu mitreisenden Kindern, die
    Sie evtl. begleiten

Signature   Place, date
Unterschrift   Ort, Datum

Antrag für ein mongolisches Visum

(在您申请签证前，请注意背面的有关说明)
Bevor Sie das China-Visum beantragen, bitte die Bemerkungen auf der Rückseite beachten!
(请用印刷体或打字机填写)
Bitte mit Blockschrift oder Schreibmaschine ausfüllen!

签 证 申 请 表
Antragsformular für Visum in die VR China

1. 姓 .... 名 ....
   Familiename   Vorname

2. 国籍 .... 性别 ....
   Staatsangehörigkeit   Geschlecht

3. 出生日期 .... 出生地 ....
   Geburtsdatum   Geburtsort

照 片
Lichtbild

4. 护照号码 .... 有效期至 ....
   Paß-Nr.   Gültig bis

5. 家庭住址 .... 电话号码 ....
   Privat-Anschrift   Tel. Nr.

6. 职业 .... 工作处所 .... 电话号码 ....
   Beruf   Arbeitsstelle   Tel. Nr.

7. 来中国事由 .... 停留期限 ....
   Zweck der Reise   Aufenthaltsdauer

8. 入境日期 .... 入境次数 ☐ 一 次   两 次   多 次
   Tag der Einreise   Visa für   einmalige zweimalige   mehrmalige Einreise

9. 入境后前往地点 ....
   Besuchsorte in China

10. 使用同一护照的随行人
    im Familienpaß eingetragene mitreisende Personen

姓名	性别	职业及工作处所	与申请人的关系
Name	Geschlecht	Beruf und Arbeitsstelle	Beziehung zu dem Antragsteller
....	....	....	....

在华亲友 (此项只需探亲者填写)
Verwandte oder Freunde in China (Falls Sie sie besuchen möchten)

姓名	国籍	职业及工作处所	与申请人的关系
Name	Staatsangehörigkeit	Beruf und Arbeitsstelle	Beziehung zu dem Antragsteller
....	....	....	....

我保证以上填写的全部内容属实
Ich versichere, daß ich dieses Formular wahrheitsgemäß ausgefüllt habe.

申请人签字 .... 填写日期 ....
Unterschrift   Datum

备注 : ....
Sonstige Anmerkungen

Antrag für ein chinesisches Visum

Merkblatt zur Beantragung eines Visum für die Volksrepublik China

Stand: 20.01.2008

Erforderliche Papiere:

1. Reisepass, Gültigkeit noch mindestens 6 Monaten, mindestens eine leere Seite für das Visum
2. Ein vollständig und gut leserlich ausgefülltes Antragsformular (Blockschrift) mit einem Lichtbild
3. Einladung von den jeweils zuständigen Ministerien, Provinzregierungen oder von ihnen ermächtigten Firmen und Institutionen der VR China für ein Geschäftsvisum
4. Arbeitserlaubnis vom Ministerium für Arbeit und soziale Sicherung der VR China oder Expertenausweis vom Amt für Angelegenheiten der ausländischen Experten und offizielle Einladung von kompetenten Stellen (in Original und Kopie) für ein Arbeitsvisum. Ein AIDS-Test ist erforderlich bei einem Aufenthalt von mehr als 6 Monaten.
5. Zulassungsschreiben der Uni und Einladungsformular mit Nummierung JW201 oder JW202 (in Original und Kopie). Ein AIDS-Test ist ebenfalls erforderlich bei einem Aufenthalt von mehr als 6 Monaten.
6. Antragsteller ohne deutsche Staatsangehörigkeit benötigen eine Kopie der Aufenthaltserlaubnis in Deutschland. Andernfalls muss der Visa-Antrag im jeweiligen Heimatland gestellt werden.

Visagebühr (nur in Bargeld)

1. Touristen- und Geschäftsvisum für deutsche Staatsbürger
   1.a. Visum, einmalige Einreise pro Person 20 Euro
   1.b. Visum, zweimalige Einreise   pro Person 30 Euro
   1.c. Visum, mehrmalige Einreise für 6 Monate   pro Person 40 Euro
   1.d. Visum, mehrmalige Einreise für 1 Jahr   pro Person 60 Euro

2. Touristen- und Geschäftsvisum für Passinhaber ohne deutsche Staatsangehörigkeit
   2.a. Visum, einmalige Einreise pro Person 30 Euro
   2.b. Visum, zweimalige Einreise   pro Person 50 Euro
   2.c. Visum, mehrmalige Einreise für 6 Monate   pro Person 70 Euro
   2.d. Visum, mehrmalige Einreise für 1 Jahr   pro Person 100 Euro

3. Touristen- und Geschäftsvisum für US-Amerikaner   pro Person 90 Euro

4. Zuschlag für eine bevorzugte Bearbeitung
   4.a. am gleichen Tag (Annahme nur bis 11:00) pro Person 30 Euro
   4.b. innerhalb von 2 Arbeitstage   pro Person 20 Euro

Die normale Bearbeitungszeit beträgt 4 Arbeitstage, Express-Bearbeitung ist bei US-Bürger nicht möglich.
Die erforderliche Papiere können frühestens 50 Tage vor der geplanten Reise angenommen werden.
Alle Papiere müssen persönlich oder in Vertretung eingereicht bzw. abgeholt werden. Die Beantragung des Visums per Postweg wird nicht angenommen.
Alle im Visum eingetragenen Daten müssen beim Abholung gründlich geprüft werden.

Touristisches: Für Touristen ist nur ein Visum mit ein- oder zweimaliger Einreise möglich. Ein Touristen-Visum berechtigt für einen Aufenthalt in China von 30 Tagen. Eine Verlängerung in China vor Ort ist möglich. Ein erteiltes Visum verliert 3 Monate nach Ausstellung seine Gültigkeit und muss neu beantragt werden.
Wenn Sie mit eigenem Fahrzeug in China einreisen möchten, sollen Sie an einer Reisegruppe teilnehmen und durch ein chinesisches Reisebüro eine schriftliche Sondergenehmigung beantragen.
Für die Reise ins Autonome Gebiet Tibet der VR China muss ein Gruppenvisum beantragt werden.
Sonstiges: Das Formular steht auch auf unserer Homepage www.china-botschaft.de zum Ausdrucken zur Verfügung. Das Formular darf kopiert werden.
Falsche und unvollständige Angaben könnten die Verweigerung des Visums nach sich ziehen. Alle dabei entstehenden Folgen hat der Antragsteller selbst zu tragen.
Personen, deren Visum mit X. Z.J-1 versehen ist, haben innerhalb von 30 Tagen nach der Einreise bei den lokalen Behörden für öffentliche Sicherheit die erforderlichen Aufenthaltsformalitäten zu erledigen.
Ohne Genehmigung ist eine Arbeitsaufnahme oder Ausübung einer Berufstätigkeit in China nicht gestattet.
Bei Nichtbeachtung der Hinweise können Verzögerung und zusätzliche Kosten entstehen.

Für das Ausstellen eines Visum sind folgende Stellen zuständig:

Konsularabteilung der Botschaft der VR China, Bürozeit: Mo–Fr. 9:00–12:00, Brückenstraße 10, Tel. 0 30/27 58 85 72, 10179 Berlin, Fax 27 58 85 19, Telefonische Beratung: Dienstag und Donnerstag 15:00–17:00

Generalkonsulat der VR China in Frankfurt a.M., Bürozeit: Mo–Fr 9:00–12:00, Mainzer Landstr. 175, Tel. 0 69/75 08 55 48 (Pass), Tel. 75 08 55 34 (Visa), 60326 Frankfurt a.M., Tel. 75 08 55 49 (Beglaubigung), Tel. 75 08 55 45 (Konsularischer Schutz), Fax 75 08 55 30, Telefonische Beratung: Montag und Mittwoch 15:00 bis 17:00

Generalkonsulat der VR China in Hamburg, Bürozeit: Mo–Fr 9:00–12:00, Elbchaussee 268, Tel. 0 40/82 27 60 18, 22605 Hamburg, Fax 8 22 62 31, Telefonische Beratung: Dienstag und Donnerstag 15:00 bis 17:00

Generalkonsulat der VR China in München, Bürozeit: Mo–Fr 9:00–12:00, Roman Str. 107, Tel. 0 89/17 30 16 18, 80639 München, Fax 17 30 16 23, Telefonische Beratung: Montag und Mittwoch 15:00–17:00

CUSTOMS DECLARATION

> **If you hesitate what must be reported or declared please address any of Customs officers for helf**

1.a. Surname ....   2. Passport № ....
   b. Given name ....   4.a.Country of departure
3. Citizenship ....
5. Purpose of trip [ ] Business [ ] Pleasure b. Country of destination

6. Any items prohibited for exportation from
   or importation to Mongolia: [ ] Yes   [ ] No
IF YES, LIST THEM ....
....
....

7. Any items subject to veterinary,
phytosanitary regulations;   [ ] Yes   [ ] No
IF YES, LIST THEM ....
....
....

8. I have the following Mongolian national or foreign currencies and other monetary insruments;

Description	Quantity		Custom remarks
	In figures	In word	

9. I have in my possision or purchased abroad /in Mongolia the following precious stones, metals and articles made thereof:

Description	Quantity	Custom remarks

Mongolische Zolldeklaration, Vorderseite

10. My luggage including hand baggage consists of ....pieces.
11. I have the following dutiable goods;

Description	Quantity in figures	Price
Total value		

12. Calculation of duties and taxes (should be done be a passenger him/himself);

Duties and Taxes	Rate	Duty amount
Customs Duty		
Excise Tax		
Sales Tax		
Total amount		

13.

> **For official use ONLY**
>
> Bill of Payment №:
>
> _____
> State Customs Inspector s
> Signature and Stamp

14. Further more ..... units of cargo, containers have been sent separately.

FOR TRAVELLER'S ATTENTION

1. The passenger must keep this declaration form to present to Customs together with newly completed one at his (her) return.
2. The Customs declaration form is required for receiving cargo or containers sent separately.
3. Persons giving false information in Customs declaration form to Customs inspectors shall render themselves liable under Customs law of Mongolia

I have read the above statement and
have made a truthful declaration

Signature of Declarent   Date.......................

Mongolische Zolldeklaration, Rückseite

ARRIVAL RECORD

NOTE:
This form must be completed in English/ this page/ or Mongolian /opposite/ and presented to the Border officer.

1. Given name:	**2. Surname:**

3. Date of birth: Year Month Day   **4. Sex:** Male: ☐ Female: ☐

5. Number of children on your passport travelling with you:

6. Citizenship:	**7. Country of residence:**

8. Passport number: ☐☐☐☐☐☐☐☐☐☐☐☐☐☐☐☐

9. Visa Number /for visitors/   **Registration number** /for Mongolians/:
☐☐☐☐☐☐☐☐☐☐☐☐☐☐☐

10. Validity of visa /for visitors only/

up to 30 days ☐ a   up to 90 days ☐ b   more than 90 days ☐ c

11. Purpose of Travel:

Returning resident/Mongolians only/	☐ a	Diplomatic	☐ e
Leisure/Recreation/Holiday	☐ b	Transit/Stopover	☐ f
Viziting friends and relatives	☐ c	Other purpose	☐ g
Business/Conference	☐ d	/study, sport, health, religious /	

12. Address in Mongolia:

13. Date of entry: **14. Border port:**
Year   Month   Day
☐   ☐   ☐   _____

Mongolisches Anmeldeformular, englisch

Waggon-Numerierung

Jeder Eisenbahnwaggon hat an jeder Seite gut sichtbar seine eigene Nummer, die seine Zuordnung zur jeweiligen Eisenbahnverwaltung und den Waggontyp beschreibt. Unter einem in Mode kommenden Symbol in Form eines Wappens oder Logos befinden sich eine Zahl aus drei Ziffern sowie eine Zahl aus fünf Ziffern. Die dreistellige Zahl zeigt die Zuordnung zu den regionalen Einheiten der Russischen Staatsbahnen. Entlang der Transsib sind folgende Kennzeichnungen anzutreffen:

001–004 Oktober-Bahnverwaltung (Moskau–St. Petersburg)
017–022 Moskauer Bahnverwaltung
024–026 Gor'kij-Bahnverwaltung (Nižnij Novgorod entsprechend dem sowjetischen Namen der Stadt)
028–031 Nördliche Eisenbahnverwaltung (Jaroslavl')
076–078 Sverdlovsker Eisenbahnverwaltung (Ekaterinburg entsprechend dem sowjetischen Namen der Stadt)
083–087 Westsibirische Eisenbahnverwaltung (Novosibirsk)

088 Krasnojarsker Eisenbahnverwaltung
092–093 Ostsibirische Eisenbahnverwaltung (Irkutsk)
094 Transbaikalische Eisenbahnverwaltung (Čita)
096–097 Fernöstliche Eisenbahnverwaltung (Chabarovsk)

Kurswagen Moskau-Pjönjang

Die fünfstellige Zahl darunter zeigt an der 1. Stelle den Waggontyp, an der 2. bis 4. Stelle die eigentliche Waggonnummer und an der 5. Stelle eine Kontrollziffer. Bei den Waggontypen unterscheidet man:

0 Schlafwagen (CB) mit 2 Plätzen je Coupé
1 Schlafwagen (KP) mit 4 Plätzen je Coupé
2 Liegewagen (Platckartnyj)
3 Personenwaggon mit Sitzplätzen
4 Postwaggon
5 Gepäckwagen
6 Speisewagen
7 Spezialwaggon
8 Spezialwaggon, der nicht dem Eisenbahnministerium untersteht (beispielsweise ein touristischer Sonderzug).

Express Krasnojarsk-Moskau

Anhang

Über die Autoren

Hans Engberding (Jahrgang 1952) studierte an der Universität Freiburg Slavistik, Geografie und Nordamerikanistik mit Abschluß Lehramt am Gymnasium. Er ist heute Inhaber der Lernidee Reisen GmbH, Berlin und lebt in Berlin.

Erstmals 1980 mit der Transsibirischen Eisenbahn im Winter unterwegs, reist er heute beruflich etwa fünfmal pro Jahr auf der Route der Transsibirischen Eisenbahn. Seine zwölf Transsib-Reiseleiter sind mit diesem Handbuch unterwegs, ergänzen, erweitern und korrigieren, so daß dieses Werk wirklich aktuell ist.

Bodo Thöns (Jahrgang 1959) studierte und promovierte in Berlin und Moskau. Der Osteuropa-Experte arbeitet im Firmenkundengeschäft der Commerzbank. Nach mehrjährigen Auslandsaufenthalten in Rußland und Tschechien lebt er heute in Almaty/Kasachstan. Im Trescher Verlag erschienen von ihm die Reiseführer ›Litauen entdecken‹, ›Sibirien entdecken‹ und ›Den Baikalsee entdecken‹. Zum Thema Transsib veröffentlichte er zudem das ›Transsib-Lesebuch‹ (mit Hans Engberding), den Bildband ›Transsibirische Eisenbahn‹ (mit Gregor M. Schmid), den historischen Bildband ›Die Transsibirische Eisenbahn. Die frühen Jahre (1900–1916) sowie die Neuauflage der historischen Reisebeschreibung ›Trans-Sibirien. Mit der Bahn durch Rußland und China 1903‹ von Eugen Zabel.

Danksagung

Allen unseren mehr oder weniger der Transsib-Fangemeinde zuzuordnenden Freunden und Bekannten, die uns mit Tips, Informationen und Erfahrungen bei der Vorbereitung dieses Handbuches geholfen haben, möchten wir an dieser Stelle Dank sagen. Stellvertretend seien hier genannt: Tobias Büttner (Berlin), Wang Caifa (Beijing), Christian Fink (Berlin), Esther Flehl (Ingolstadt), Marco Graff (Pulsnitz) Volker Häring (Berlin), Bettina Herrmann (Berlin), Bernd Klaube (Kitzingen), Heike Lawin (Berlin) Ralph Leitloff (Halle/S.), Tatjana Semjagina (Irkutsk), Norbert Schott (Dresden), Sergej Sigačov (St. Petersburg), Igor Šalygin (Tajšet), Heinz Thannheiser (Starnberg), Wolfgang Wehner (Dresden) und Susanne Wunderlich (Berlin).

Bodo Thöns und Hans Engberding

Kartenregister

vordere Umschlagklappe: Moskau,
  Innenstadt
hintere Umschlagklappe: Peking,
  Innenstadt

Ortsregister

Personen- und Sachregister

Bildnachweis

Bodo Thöns, außer:
Marco Bertram: 226, 228, 355
Hans Engberding: 96, 359
Eva-Maria Muth: 151, 173
Andreas Sternfeld: 110, 112, 120, 232
Irina Thöns: 416
Jochen Töpfer: 168
Claudia Quaukies: 145, 187, 189, 191, 294

Titel: Mongolische Schaffnerin (Claudia Quaukies)
vordere Umschlagklappe: Der Express ›Vostok‹ östlich des Baikalsees (Bodo Thöns)
hintere Umschlagklappe: Der Express ›Rossija‹ verkehrt zwischen Moskau und Vladivostok (Bodo Thöns)
S. 14/15: Der Sonderzug ›Zarengold‹ in der Wüste Gobi (Bodo Thöns)
S. 42/43: Der alte Bahnhof von Sretensk (Bodo Thöns)
S. 98/99: Der Bahnhof in Krasnojarsk (Bodo Thöns)
S. 274/275: Der Express ›Vostok‹ in der Steppe (Bodo Thöns)

Anhang

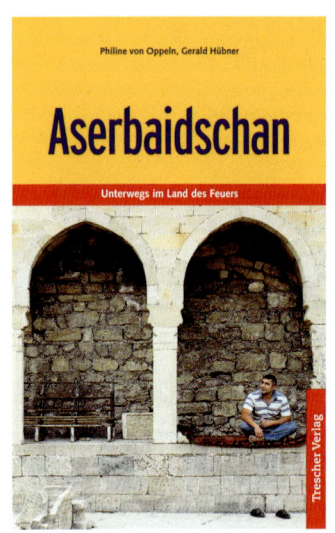

Trescher Verlag

Der Spezialist für den Osten

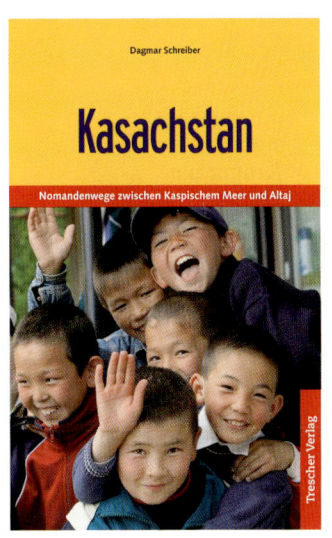

TRANSSIB-LESEUCH

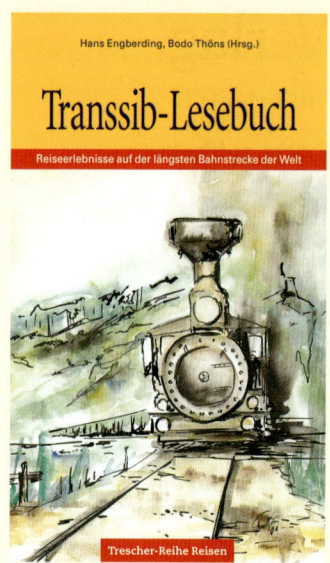

Mit Beiträgen von:
Fridtjof Nansen
Sven Hedin
Peter Fleming
Sigrid Undset
Ryszard Kapuściński
Paul Theroux
Hardy Krüger u.a.

Unterwegs auf der längsten Eisenbahnstrecke der Welt: Die Transsibirische Eisenbahn fasziniert seit mehr als hundert Jahren Reisende
aus aller Herren Länder. Prominente und weniger prominente Trans-
sib-Fahrer schildern ihre Reiseerlebnisse und geben Einblicke in die
wechselhafte Geschichte Rußlands, der Mongolei und Chinas.

Mit Illustrationen von Claudia Mathea

350 Seiten, Euro 14.95
ISBN 978-3-89794-011-6

Trescher Verlag
Der Spezialist für den Osten

Lernidee Erlebnisreisen
Wir haben Ihre Reise.

Erlebnisreisen und mehr –
von Ihrem Spezialisten für den Osten

- Transsibirische Eisenbahn, Russland, Baltikum –
  Europas umfangreichstes Programm
- Sonderzugreisen Zarengold, Registan und Bernstein
- Mit der Tibet-Bahn nach Lhasa
- Flusskreuzfahrt Sibirische Weiten auf Ob und Irtysch

Lernidee Erlebnisreisen
Eisenacher Straße 11 · 10777 Berlin
Telefon (030) 786 00 00
Telefax (030) 786 55 96
www.lernidee.de · E-Mail: team@lernidee.de

Lernidee Erlebnisreisen
20 Jahre
['lɛrnide:]
weltweit & naturnah

"Seit über 20 Jahren sind Reisen in die Regionen des Ostens unsere Leidenschaft. Ob mit der Transsibirischen Eisenbahn, auf Flusskreuzfahrten, unseren Sonderzugreisen „Zarengold" oder auf den Routen entlang der Seidenstraße – mit Lernidee erleben Sie die ganze Vielfalt des Ostens. Ganz gleich, ob Sie lieber allein oder in der Gruppe reisen: Wir betreuen Sie jederzeit kompetent und individuell. Unsere umfangreichen Ausflugprogramme ergänzen dabei Ihre Entdeckungsreisen durch das Reiseland.

Informieren Sie sich über unsere ungewöhnlichen Reiseangebote. Denn wir möchten, dass Ihr Urlaub zum Erlebnis wird!"

*Hans Engberding, Inhaber von
Lernidee Erlebnisreisen und
Autor des „Transsib-Handbuchs"*

---

www.lernidee.de

Bitte Bestellschein auf Postkarte kleben oder in geeignetem Kuvert versenden.

Antwort an
Lernidee Erlebnisreisen GmbH
Eisenacher Straße 11

10777 Berlin

Lernidee Erlebnisreisen
20 Jahre
[**'lernide:**]
weltweit & naturnah

Ja, ich möchte mehr erfahren. Bitte senden Sie mir Informationen über

☐ Sonderzugreise Zarengold auf der Transsibirischen Eisenbahn

☐ Sonderzugreise Registan auf der zentralasiatischen Seidenstraße

☐ Sonderzugreise Bernstein durch das Baltikum

☐ Tibet-Bahn nach Lhasa

☐ Flusskreuzfahrt Sibirische Weiten auf Ob und Irtysch

☐ Weitere Reisen im Gesamtkatalog Lernidee Erlebnisreisen 2008

Name, Vorname

Straße, Hausnummer

PLZ, Stadt

Telefon

E-Mail Adresse

TS-Handbuch 08

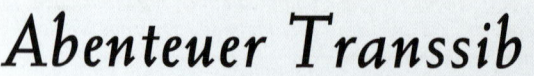

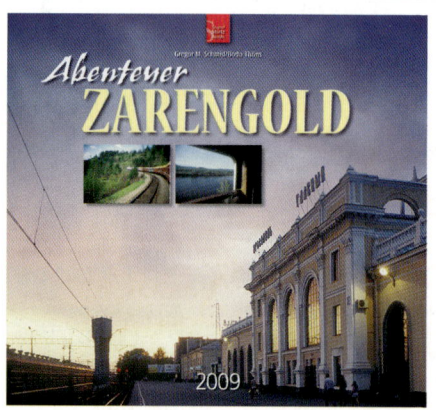

...so weit der Osten reicht.

TRANSSIB, BAM & mehr

**authentisch erleben
mit Ihrem Spezialisten für**

* geführte Reisen
* Aufenthalte entlang der Strecke
* Kombinationen mit der Transmongo-
  lischen oder Transmandschurischen
  Eisenbahn
* Reisen für geschlossene Gruppen
* Fahrkarten für individuelle Reisen

OLYMPIA-REISEN GmbH | Siegburger Straße 49 | 53229 Bonn
Tel.: 0228 40003-0 | Fax: 0228 40003-33
info@olympia-reisen.com | www.olympia-reisen.com